일본어 현대문법

■ 김공칠 저작집 7

일본어 현대문법

김공칠 지음

백산출판

책머리에

일본어는 한국에 인접한 국가의 언어로서 외교, 통상, 관광, 문화 교류 등 여러 분야에서 소홀히 할 수 없는 언어다. 먼 옛날에는 한반도로부터 일본으로의 주민 이주가 빈번했었기 때문에 한국어가 자연히 일본 쪽으로 파급되어서 일본어는 그 바탕 위에 성립하였다고 볼 수 있으나 시간의 흐름에 따라 두 언어의 간격이 많이 벌어지게 되어서 지금은 서로가 다른 양상의 언어가 되었다.

모든 언어가 그러듯이 순수한 본래의 바탕만으로 된 언어는 없다. 일본어도 선주민 언어의 요소도 간직하고 있을 것이고 남방에서 흘러 온 것도 얼마간 지니고 있을 것이다. 그렇지만 그 중심은 아직은 한국어적인 바탕이라고 보아진다. 19세기의 개화기 이후로는 서양의 언어도 그 비중을 더하고 있다. 앞으로도 세월이 흐를수록 서로의 음운과 어휘는 변화를 거치게 되고 문법도 다소 변화를 거치게 되지만 그 기본적인 바탕은 쉽사리 달라지지 않을 것이다.

그렇다 하더라도 문법을 다루는 관점은 한국인과 일본인이 같을 수 없기 때문에 비슷한 문법적 구조의 문법적 처리에도 연구자에 따라 같은 면도 다른 면도 있을 수 있다. 그러한 일도 가름하고 일본어의 문법적인 특성을 파악하기 위해서는 주변 언어 특히 동일한 알타이어계로 추정되는 언어와의 대비도 필요하다. 곧 문법에 대한 자체적인 인식도 중요하지만 보다 넓은 시야에서 바라보는 안목도 중요하다고 본다.

이 책에서는 한·일 두 언어에서 특히 다르게 나타날 수 있는 형태적인 부분은 일본의 전통적인 형태론적인 관점에서 다루고, 공통적일 수 있는 문 생성기제는 생성문법적인 통사적 관점에서 다루되 두 관점을 되도록 아울러서 나름대로 넓고도 깊게 해명하려고 하였다. 그리고 문법의 기술에서 관련된 알타이어계의 언급사항은 일단 해당부분에 보주(補注)로 표시해 놓고 마지막 장(제7장)에서 차례로 풀이하였다. 그 참고문헌도 '참고문헌 2'로 따로 묶었다. 이와 같이 이 책의 문법의 기술은 여러 분야의 실용적인 목적 이외에도 일본어 자체의 학문적 연구 그리고 한국어 기타의 동계 언어와의 비교 연구에도 주력하여 관심 있는 이에게 도움이 되도록 배려하고 있다.

이 모든 일을 이 한 책에 다 담을 수는 없지만 그래도 기본적인 부분만은 망라할 수 있도록 노력하였다. 독자 여러분들의 이해와 기탄없는 고언을 기대하는 바다. 또한 이 자리를 빌어 졸고를 가다듬고 편집·교정의 일을 잘 수행한 이유나 책임편집인에게 깊은 사의를 표한다.

2013년 2월

지은이 씀

차례

7. 부사

8. 접속사

9. 감동사

10. 조사

11. 조동사

12. 문 성분

제4장 통사론

제5장 어휘부

제6장 경어법

제7장 문법의 논의와 관련된 알타이제어

머리글

일본어를 공부하는 것은 1)인문적인 교양을 위해서, 2)통상, 외교 기타의 관계기관, 상사에 근무 또는 업무처리를 위해서, 3)일본어를 가르치는 교사가 되기 위해서, 4)일본어를 전공이든 부전공이든 그 자체를 본격적으로 연구하기 위해서 혹은 기타 여러 가지 이유에서일 것이다.

일본어는 그 어순이나 기본구조가 한국어와 꽤 닮아서 그 습득에는 다른 어느 언어의 경우보다 훨씬 가벼운 마음으로 임할 수 있다. 그렇다 하더라도 하나의 언어를 터득한다는 것은 그 어떤 언어도 그리 간단하지만은 않다. 일본어도 원래는 한국어와 바탕을 같이 지녔었다 하더라도 많은 세월이 흐르는 동안 그 나름대로의 오랜 역사와 전통을 지니게 되었고 일본인의 이지와 심성에 순화 도야되면서 성장해 온 것이므로 외국인은 물론 한국인으로서도 그 진수를 터득하기는 만만치 않다.

그러한 터득의 한 단계로 일본어 중에서 가장 기본적 골격을 이루는 문법적 분야에 접근해 보는 것이다. 문법도 연구자의 관점에 따라 달라질 수 있는 이론적 분야이기에 난해한 부분도 있겠지만 그 중에서도 공통적으로 추려 낼 수 있는 이해에 용이한 부분부터 접근해보는 것이다. 그리고 우리가 단순히 실용적으로 일본어를 구사하는데 그치지 않고 구사하는 일본어의 바탕의 통찰에 이르기 위해 학문적인 시각에서 짚어 볼 수도 있어야 하는데, 그것은 그만큼 일본어를 이해하고 사용하는 이의 어학적 품격도 갖추게 한다.

문법은, 객관적으로 일본어의 문을 분석하고 문 요소의 범주와 기능을 파악하면서 문장의 각 요소가 어떻게 병합하면서 문을 형성해 가는가를 아는 것이지만 그러한 과정 중에 일본인의 내적인 사상이나 정서가 어떤 방식으로 표출되는가도 인지할 수 있어야 한다. 그러한 언어 형성 과정의 파악은 그만큼 일본어를 이해하고 사용하는 자로서의 통찰력과 판단력의 배양에도 도움이 될 것이다. 곧 언어는 사람의 머리와 마음의 정신적인 활동에서 이루어지는 것이므로 일본어 역시 일본인의 마음이나 머리의 활동의 소산물로서 문법의 명시성은 바로 그러한 언어활동의 면모를 보여주는 것이다.

대개 어린 시절에 터득하는 문법의 틀은 세계적으로 보편적인 보편문법(Universal Grammar, UG)으로 보지만 각기 다른 지역에서 성장하면서 터득하는 문법의 틀은 조금씩 달라질 수밖에 없다. 그렇더라도 역사적 유래가 가까운 한일 두 언어는 어느 성장시기까지는 한국어와 일본어가 공통적인 기반을 유지하는 단계가 있다. 이를 핵문법(Core Grammar)이라는 말로 부르기도 한다. 예컨대 '누가 무엇을 한다'고 하는 언어표현의 골격은 한국어나 일본어는 물론 심지어 만주어, 몽고어, 튀르크어 등 알타이계의 어린이는 비슷하게 획득했다고 할 수 있다. 이에 대해 영어나 독일어 등 서양언어(중국어도)는 '누가 한다 무엇을'이라는 표현의 골격을 유지한다. 이 두 유형의 언어를 대조해보면 주어가 앞서는 것은 마찬가지지만 목적어와 술어의 순이 정반대로 되고 있다. 문법의 골격에서 술어의 역할이 중요하므로 이를 핵(중심어)(Head)으로 본다면 한국어나 일본어는 술어(핵)가 뒤에 오는 후핵언어이고, 영어형은 술어(핵)가 앞에 오는 선핵언어가 된다. 이것을 후핵(Head-Final)/선핵(Head-Initial)의 매개변항(Parameter)이라 하는데 어린이가 핵문법의 바탕을 이룰 때 이미 이러한 매개변항을 배어 있다고 보고 있다.

이후 유치원, 소학교 등의 교육이나 주위의 어린이들과의 친화(그리고 매스컴의 영향도 크다)를 통하여 어린이 나름대로 안정적인 개별언어가 이루어진다. 대개 세 살 때에 언어의 바탕이 이루어지고 열 두세 살 때에는 개별언어의 안정상태(Steady State)에 달한다고들 보고 있다. 다시 말해서 어떤 어린이든 언어습득의 바탕이 본래부터 있기 때문에 국적에 관계없이 어느 지역에서 성장하는가에 따라 핵문법의 바탕은 물론 이에 어휘적 요소가 가미되는 개별언어가 제각기 이루어진다는 것이 된다.

만일에 한국 국적의 어린이가 부모를 따라 일본 지역 내에서 자라게 된다면 부모의 말 쓰기에 따라 한국어 그리고 일본어를 몸에 배게 되고 거주 지역에서의 일본 어린이와의 교우, 유치원, 소학교에서의 수학(그리고 매스컴의 영향도)을 거치면서 일본어를 자연스레 익히게 된다. 한국어와 일본어가 핵문법을 공유한다고 보면 더욱 수월하게 이루어진다고 볼 수 있다. 일본 국적의 어린이가 이와 같은 환경에 놓이게 되어도 마찬가지다.

그렇게 익힌 일본어라 하더라도 그것에 대한 이론적 통찰은 자기가 처한 처지에 따라 다를 수 있겠지만 학습·응용·연구하는 처지에서는 필수적이다. 그런데, 이 책을 보게 되는 독자는 거의가 한국어의 안정상태를 겪고 제2 또는 제3의 외국어로서 일본어를 습득하는 이들일 것이다. 앞에서 어순의 핵매개변항에 대해 언급하였지만, 한국어와 일본어는 어순이 거의 동일하기에 두 언어 사이의 변이를 결정하는 과정은 각기 어휘항목을 어떻게 효율적으로 획득하느냐에 달려있다고 볼 수 있다. 어순도 어휘(동사) 자체의 목적어 선택방향의 지시로 결정될 수 있다. 그래서 앞서의 핵 선후의 매개변항도 어휘와 관련된다고 하는 어휘적 매개변항 가설(Lexical Parametrization Hypothesis)이 있을 정도다. 그러한 어휘항목과도 관련되는 전통적인 형태론의 이해는 그 점에서 매우 중요한 일이라고 생각한다. 물론 종전과는 좀 다르게 단순한 형태적 분석에만 그치지 않고 통사적 운용의 대상으로서의 형태의 통사적 자질이나 기능을 다루는 오늘의 문법에서는 그것들을 어떻게 명시화할 것인가가 고려되어야 한다. 한·일어의 문법 비교에도 그러한 기반 위에서 두 언어의 통사적 생성기제의 유사성을 유념한다면 효율적일 수 있다.

그러한 일들을 위해서 이 책에서는 먼저 전통적인 문법에서의 주 대상이었던 형태론 분야를 다루고 그 다음에 생성문법적인 구문 형성의 기제를 다루고자 한다. 문법이란 결국은 개개인의 한 언어에 대한 직관과 지식이다. 그것은 경험과 학습에 의해 공통적인 안정상태에 이른 이후에도 끊임없는 자성으로 세련화되어 가는 동적인 것이다. 일본인은 문법이라는 과목을 배우지 않고도 언어의 소통에는 지장이 없지만 언어주체자로서 내면적으로 늘 그리고 무의식적으로 수련하고 있는 것이다. 그렇지만 의도적으로 문법을 배우는 이에 비해 인식과 통찰에서 미흡할 수 있다. 더욱이 외국인으로서는 일본어를 잘 구사하게 되었어도 꾸준히 문법을 익히지 않고는 제격의 일본어를 획득했다고 할 수 없다. 문법지식은 독해, 작문에서의 정오(正誤)의 판별에도 결정적인 역할을 한다. 또한 문법은 인간의 내면적인 머리와 마음의 활동의 이치이면서 외부적인 세계 곧 풍토, 제도, 풍물 등과의 접합점(Interface)이 되는 것이므로 그러한 분야의 이해와도 연관된다. 일본어 문법을 안다고 하는 것은 그러한 접합점을 잘 살리고 있다는 것이 된다.

그런 뜻에서 난해한 문법술어나 사항의 나열에 그치는 문법에 치중하기보다 외부적인 접합점으로 형성된 어휘항목의 이치나 그것들이 병합되면서 문을 이루어가는 과정의 이론도 음미할 수 있으면 한다.

지금까지 언급한 것을 염두에 두고 이 책을 쓰기는 하였으나 얼마나 그러한 의도를 모두 살릴 수 있었는지는 자성해 본다.

한편, 이 책에서는 실용적인 면을 고려하여 다음과 같은 사항을 고려하였다.

본문의 기술은 읽기 쉽도록 한글 표기를 원칙으로 하고 한자를 병용할 필요가 있을 때는 ( ) 속에 넣었다. 다용되는 것은 매번 달지 않았다. 문법용어의 한자어의 일본어 독음은 권말의 색인을 참조 바란다. 예컨대 처음에는 명사(名詞)로 표기하다가 나중에는 한자어는 병기하지 않았고 그 한자어의 독음 'めいし'는 색인에서 나타냈다. 다만 제1장 서두의 일본의 국학 관계의 인명, 서명, 용어 등은 읽기 쉽게 독음을 달았다.

일본어 어휘와 예문의 표기는 독자가 일본문자 Hiragana를 숙지한 것을 전제로 해서 그것으로 표기했다. 그 안의 한자어는 Hiragana로 독음을 첨기하였고 빈번하게 나올 때는 생략하기도 하였다. 그리고 형태의 기술에서 활용형의 교체형의 명시화를 위해서 로마자 표기를 쓰기도 하였다. 예컨대 書(か)く, 書(か)か…로 표기하다가도 이를 대조적으로 파악하기 위해서 kak-u, kak-a로 표기하여 어간이 kak, 어미가 u/a로 교체되는 것을 보이게 하였다.

형태론에서도 필요에 따라서는 통사론에서 다용되는 것처럼 명사(N) 명사구(NP) 식의 용어를 쓰기도 한다. 이들 약자 표기의 일람을 이 머리글 다음에 모아 두었다.

독해의 편의를 위해 일본어의 단어나 문에 대하여 한국어의 대역을 가급적 붙였다. 문의 대역은 구조를 염두에 두고 직역 위주로 했기 때문에 두 언어의 차이성으로 어색한 부분이 없지 않을 것이다. 이해를 바란다. 한·일 두 언어의 구조의 같고 다름을 직감하는 데 도움이 되었으면 한다.

이 책에서 참고 혹은 인용한 참고문헌은 저서의 경우 그 페이지를, 논문의 경우 게재지의 페이지로 표시하였다. 논문의 경우 요약적으로 나타낼 때에 페이지 수를 생략한 경우도 있다. 혹시 참고문헌에서 누락된 부분이 있다면 그것은 필자의 기장의 누락의 실수이니 양해 바란다.

약식 표기 일람

이 책에서 간간이 영문 기타의 약자가 쓰여 있다. 전래의 술어와 달라서 이해에 혼동되지 않도록 따로 모아서 그 정자와 국문 대역을 달았다. 이것들 거의가 생성문법에서 쓰이지만 보통으로 간편하게 쓰일 수 있는 것들이다. 일부를 제하고 대문자로 약식부호를 표기했으나 경우에 따라 첫째 자 외는 소문자로 표기하기도 하였다. ＊표시는 필자가 사용하는 것이다.

A	Argument 논항
A'(A−bar)	Nonargument 비논항
A(V)/A(V)P	Adjective/Adjective Phrase 형용사/형용사구
ACC, Acc	Accusative Case 대격
＊Af	Affix 접사, ＊통사적 접사핵
AGR/AGRP	Agreement/Agreement Phrase 일치소/일치소구
Aux	Auxiliary 조동사
C(COMP)/CP	Complementizer/Complementizer Phrase 보문소/보문소구 ＊보문기능핵(구)
CFC	Complete Functional Complex 완전기능 복합체
D(DET)/DP	Determiner/Determiner Phrase 결정사/결정사구 ＊조사(구)
D−구조(DS)	D(eep)−Structure 심층구조
DAT, Dat	Dative Case 여격
DO	Direct Object 직접목적어

ECM	Exceptional Case-Marking 예외적 격표시
EPP	Extended Projection Principle 확대투사원리
FI	Full Interpretation 완전해석(원리)
GEN	Genetive Case 속격
HON, H	Honor, Honorifics 경의, 존대(성)
I(INFL)/IP	Inflection/Inflection Phrase 굴절사/굴절사구
IC	Intimate Constituent 직접구성요소
IO	Indirect Object 간접목적어
LF	Logical Form 논리형식(부)
N/NP	Noun/Noun Phrase 명사/명사구
NOM, Nom	Nominative Case 주격
NV(A)	Noun-ha Adjective 하다 형용사
NV(N)	Noun-i Predicate 명사술어
NV(V)	Noun-ha Verb 하다동사
O, OBJ, Obj	Object 목적어
P	Polite 공손(성)
P/PP	Preposition/Preposition Phrase 전치사/전치사구 * 후치사/후치사구
PF	Phonetic Form 음성형식(부)
PRO(big PRO)	Null Pronoun (a covert(null-case) subject pronoun) 보문주어 공대명사
pro(little pro)	Null Pronoun (a covert nominative/accusative case pronoun) 주어(/목적어)공대명사
φ(phi[fai])	Agreement-Feature 일치자질
Q	Question Particle/Feature 의문사/자질
Q/QP	Quantifier/Quantifier Phrase 양화사/양화사구
S	Sentence 문

S-구조(SS)	S(urface)-Structure 표층(/면)구조
＊S/SP	＊Sentence Settlement/Sentence
SC	Small Clause 소절
SC	Structual Change 구조변화
SD	Structual Description 구조기술
SPEC	Specifier 지정어
SUB, Subj	Subject 주어
T/TP	Tence/Tence Phrase 시제소/시제소구
t	Trace 흔적
TOP	Topic 주제
Θ(theta [θɛːta])	Thematic 의미역
Θ'(theta-bar)	Nonthematic 비의미역
UG	Universal Grammar 보편문법
V/VP	Verb/Verb Phrase 동사, ＊술어(동사)어근핵/동사구
VN	Verbal Noun 동작성명사
$\mathcal{V}$/$\mathcal{V}$P	Light Verb/Light Verb Phrase 경동사, ＊핵문술어핵/경동사구, ＊핵문술어구
WH	WH-Word/Feature 의문사/의문자질
X	Variable 변항
X/X'/X"	Head Word/Intermediate Projection of X/ Maximal Projection of X 핵어/핵어의 중간투사/핵어의 최대투사
∅	Zero Morpheme 제로 형태소

제1장 문법연구의 여러 관점

1. 문법연구의 흐름

고전 시가의 연구로서 일본인의 문법적인 자각은 18세기부터 비롯된다. 일본의 고전을 연구하는 국학(国学)의 처지에서, 자기네들의 시(和歌)를 짓는 데에 있어서의 일종의 수사(修辭)적 기술 곧 조사의 쓰임에 따라 서술의 호응이 달라지는 것을 의식하게 된 것이다.

이에 앞서 국학자(国学者) 契沖는 종래의 일본 글자(仮名)의 표기법의 잘못을 일부 시정하면서 어떤 말이 체언으로 쓰이는 경우와 용언으로 쓰이는 경우를 구별하여 전자를 躰(體), 후자를 用라고 나타내었다.

(1) 思　　おもひ體　　歌　うたひ　　使　つかひ
　　　　おもふ用　　　　うたふ　　　　つかふ(契沖 1697=1973:348)

體로 쓰이는 방식과 用로 쓰이는 방식의 인식은 당시로는 보기 드문 일이다.

이어서 지금의 조사에 상당한 teniwoha(て, に, を, は의 조사)와 뒤따르는 用의 호응의 문제가 관심의 대상이 된다. Moto´ori부자(父子)(本居宣長, 本居春庭)의 계결(係結)의 연구가 그것인데, 예를 들어 설명하면, 다음의 (2)의 1.~4.의 예문에서,

(2) 1. 人(は) あり (고전에서는 'ある'(있다)동사의 기본형(종지형)은 'あり')

2. 人こそ あれ (이연형)
3. 人ぞ ある　(연체형)
4. 人や/か ある(연체형)

1.~3.은 모두 '사람은 있다'는 뜻의 평서문인데 1.은 일반적인 서술로 종지형으로, 2., 3.에서는 '사람이야말로'의 뜻으로서 강조의 'こそ'조사가 나오면 이연형으로, 강조의 'ぞ'조사가 나오면 연체형으로 끝맺는 호응을 하고 있다. 4.는 의문의 'や'조사가 나와서 의문문으로서 연체형으로 끝맺는 호응을 하고 있다. '사람은 있는가'의 뜻이다. 'か'가 쓰이면 반어(反語)의 뜻이다.

이와 같이 주제의 'は'조사, 강조의 조사, 또는 의문의 조사가 체언 뒤에 오느냐에 따라 용언의 활용형이 달라지는 것을 계결이라 한다. 조사가 제약을 가하는 係(kakari)가 되고, 용언이 그것을 받아서 맺는 結(musubi)가 되는 것이다. 시작(詩作)에 있어서 체언에 어떤 조사가 뒤따르는가에 맞추어 활용어의 활용을 맞춘다든지 또는 활용어의 활용형을 미루어 이에 선행하는 명사를 분별하는 것과 같은 계결의 문제가 당시의 문법의 이슈였다고 할 수 있다.

이러한 계결은 한국어의 다음 경우와 대비해 볼 수 있지 않을까 한다.

(3) 1. 사람까지 있으니 (까지의 고어 'ᄀ장'이 일본어 이연형의 호응 こそ(ko_2so_2)에 대응)
2. 사람이사 있을/ 있는(거야)　연체형의 호응
3. 사람이야 있을(까)　연체형의 호응

Moto´ori(本居 1779:18)에서는 조사(계조사)와 술어와의 호응관계를 세 가지로 예시하고 있다.

(4) 1. は, も, 徒(ただ) (∅형)　— けり (고전어의 완료조동사의 종지형)

2. ぞ, の, や, 何(なに) — ける (고전어의 완료조동사의 연체형)

3. こそ — けれ (고전어의 완료조동사의 이연형)

단 과거조동사 ki의 경우는 종지형 호응 시에는 ki가 쓰이어야 하는데 연체형의 si가 쓰이는 경우도 있고, 연체형 호응 시에 si가 쓰이어야 하는데 종지형인 ki가 쓰이는 등 예외적인 경우가 있음도 언급하고 있다.

이와 같이 당시에는 teniwoha에서의 소리의 끊김, 그리고 뒤따르는 동사나 조동사의 활용형의 호응이 중요 관심사였다. 당시의 문법이라면 조사와 조동사, 활용어 등의 허사(虛詞)의 용법에 치중하는 것이었다고 할 수 있다.

이를 이어서 계결 이외의 활용단이나 활용의 패턴, 활용어의 명칭도 구체화되어 간다. 예컨대 Norinaga의 아들인 Haruniwa는 詞八衢(ことばのやちまた)(1808)(cf. 吉田·築島 1972:281)에서 활용형을 5단으로, 그리고 패턴을 4단 활용(현대의 5단), 1단 활용(현대의 1단), 중 2단 활용(고전어의 상 2단), 하 2단(고전어의 하 2단), 변격(変格)(か행, さ행, な행(고전어))의 7개로 나누었다. 지금도 쓰이는 정격(正格), 변격의 구별이 여기서 비롯된다. 더 나아가 활용단이나 활용어의 명칭도 구체화되어 간다. 예컨대, 賀茂真淵(かものまぶち)(1769=1931:9, 12)에 의하면,

(5)

初(はしめの)言(ことば)	体(うごかぬ)言	用(うごく)言	令(おほする)言	助(たすくる)言
加行 ゆかん	將行 ゆき	行の体 ゆく	今行 ゆけ	令行 ゆこ
(あ단, 미현형)	(い단, 연용형)	(う단, 종지형)	(え단, 명령형)	(お단, 청유형)

동사를 행(앞에 것은 행)과 단으로 나누고 단명을 붙인 것은 주목된다. 줄 밑에 ( )속에 적은 것은 현대어의 술어와 비교해 본 것이다. 미연형의 ゆ

かん의 말미의 ん은 추량조동사(む)에서 온 것이고 현대어로 '가겠다/갈 것이다'의 뜻에 상당한다.

谷川士清(吉田·築島 1972:220-221)도 이와 비슷하게 50음도를 기본으로 하여 각 단의 활용을 표시하였다.

(6)	声 体韻	韻 未定	韻 已定	韻 告人	韻 自言
書	カ	キ	ク	ケ	コ

저자는 倭訓栞(1777)에서 '書き'란 未定의 辞, '書く'는 已定의 辞, '書け'는 '사람에 시키는 말', '書こ'는 스스로를 위한 辞(현대의 의도형)라는 식으로 앞의 각 단에 붙인 것과 같은 것을 쓰고 있다. 활용의 각 단에 현재의 것과 비슷한 명칭을 부여한 것은 東条義門의 友鏡(1823년)(cf. 吉田·築島 1972:299-300)이다.

(7) 제1단 將然言 (지금의 미연형)
제2단 連用言 (지금의 연용형)
제3단 截断言 (지금의 종지형)
제4단 連躰言 (지금의 연체형)
제5단 已然言 (확정형인데 현재 가정형으로 용법이 바뀜)

여기에 使令(나중에 希求言으로, 명령형)까지 보태었다.

제1단의 將然言은 冨樫廣蔭(1826:176, 200)에서 현재와 같은 명칭의 미연단(未然段)으로 쓰여졌다.

활용의 논의와 더불어 단어의 분류의 시도도 있게 된다. Huzitani(富士谷, 1767=1939:29)는 다음의 예에서처럼 단어를 네 가지로 분류하고 있다.

(8) なほ 花 咲か ず (아직(/더욱) 꽃은 피지 않다)
頭插 名 装 脚結

여기서 挿頭(머리에, 또는 머리에 쓰는 관에 장식하는 조화(造花))는 부사(접속사, 감동사도)(여기서는 부사), 名는 명사, 装(의복, 또는 나들이옷)는 동사(형용사도)(동사는 事, 형용사는 狀로 2분), 脚結(하복의 무릎 아래 묶는 것)는 조동사(조사도)로 쓰이고 있다.

참고로 Huzitani(富士谷, 1773:64)의 단명(段名)은 a단 立(たつ), i단 起(oku), u단 坐(ゐる), e단 伏(ふす), o단 隠(なはる)인데, o단을 내세운 것이 주목된다. 현대어 문법에서는 o단을 내세우지만 고전(문어) 문법에서는 내세우지 않는다.

富樫(1826=1939:172)에서는 단어를 言(명사), 詞(동사, 형용사), 辞(조동사, 조사)의 3종으로 나누었다. 이 3분법은 후세에 큰 영향을 미쳤다.

Norinaga의 제자 鈴木朖(1824=1939:132)는 言語四種論에서는 동사와 형용사를 나누어 4분류 하고 있다.

(9) 1. 体の詞 (= 動かぬ詞)
2. てにをは
3. 形狀の詞 ┐
　　　　　　　├ 用の詞(= 働く詞, 活用の詞)
作用の詞 ┘

1.은 명사, 대명사류이고, 2.는 조사, 조동사, 감동사, 접속사류이고, 3.은 형용사류, 4.는 동사류이다.

여기서 주목되는 것은 2.이다. 이는 후일 Tokieda가 이를 辞로 하고 나머지 1. 3. 4.를 詞로 하여 차원을 달리한 것과 같은 맥락이다.

어떻든 활용의 연구에서든 말의 분류에서든 문법의 연구가 한두 사람의 짧은 시일에 이루어지는 것은 아니고 많은 이의 오랜 연구의 결과로 이루어진다는 것을 보여준다.

서양문법의 학습과 모방 개화기(開化期)에 외국인에 의해 일본어 문법이 영어, 불어, 화란어로 기술된 것은 중요한 의미를 갖는다. 일본에서 서양문법서의 조직을 모방해서 일본어의 문법을 기술하게 되는 계기가 된다.

일본에서는 일찍부터 화란어의 학습이 성하였다. 그것은 1639년의 쇄국(鎖國) 이후 화란이 무역을 독점하였고, 1720년에 종교관계 이외의 서적 수입이 허가되어 의학, 약학 관계의 학습이 있게 되어서이다.

화란어 조직은 다른 서양의 언어와 마찬가지로 그리스와 라틴 문법의 바탕 위에 오랜 전통과 자기 나름대로의 합리적 체계로 꾸리고 온 것인데, 일본에서도 이와 맞설 수 있는 문법서를 가질 필요를 느껴 그것을 모방하는 서양식 문법서가 나오게 된다.

그 최초의 시도가 鶴峰茂申의 「語学新書」(1833=1939)이다. 이는 순전히 화란 문법의 체제에 따른 것이다. 일본어를 9품사와 9격으로 나누었는데, 품사는 실체언(実体言)(명사), 허체언(虚体言)(형용사), 대명언(代名言)(대명사), 연체언(連体言)(分詞), 활용언(活用言), 접속언(接続詞), 形容詞(부사), 지시언(指示言)(전치사), 감동언(感動言)(감동사)의 아홉이며, 9격은 체언조사(助辞) 6격과 용언조사 3격(현재격, 과거격, 미래격)이다.(p.218)

앞에서 연체언은 오늘의 동사의 연체형에 해당되기는 하지만, 이는 서양문법의 분사(分詞)에 상당하다고 해서 따로 내세운 것이다.

또 현재의 조사, 조동사 등은 하나의 품사로 취급하지 않고 '명사 + 조사', '동사 + 조동사'로서 두 단어가 아닌 한 단어로 해석하고 있다.

영문법을 본떠서 만들어진 것으로는 中金正衡(なかかねまさひら)의 「大倭語字引草」(1871)가 있다.

화란식 문전(文典)의 품사에 있는 지시언을 빼고 실체언을 실명사, 허체언을 형용사, 연체언을 분사, 활용언을 동사, 형용언을 부사, 접속언을 접속사, 감탄언을 감탄사 등으로 이름을 고쳤다. 이렇게 무슨 언(言)을 무슨 사(詞)로 고친 용어들이 이후에 많이 쓰이게 된다. 물론 영어를 위주로 한 문법의 용어이니 실지 내용에서는 지금의 용어와는 내용이 다르다.

서양문법과의 절충 언어의 성질을 달리하는 서양의 문법을 그대로 일본어의 기술에 적용하는 것은 여러 가지로 불합리한 점이 없지 않다. 그것은 지금의 영문법에서의 관사, 전치사, 분사 등에 맞춰보아도 쉽게 알 수 있다.

서양문법을 모델로 하면서도 전통적인 것을 절충하는 식으로 문법을 엮게 되는데, 실지 오늘의 일본어 문법의 체계는 그러한 데서 기반을 구축했다고 할 수 있다.

지금 사용하고 있는 체언, 용언, 계결 그리고 활용형의 명칭인 미연형, 연용형…, 활용 종류의 4단 활용, 하1단 활용… 등은 앞에서 본 대로 일본인의 근세의 문법의 연구에서 계승한 것이지만, 품사의 이름은 대부분 서양문법의 번역에서 나온 것이다.

이러한 절충적인 문법서의 대표적인 것은 大槻文彦(おおつきふみひこ)의 「語法指南(ごほうしなん)」(1889)과 「広日本文典(こうにほんぶんてん)」(1897)이다. 「広日本文典」에서는 서양문법의 관사, 전치사, 분사를 없애고 조동사, ‘てにをは’를 독자적으로 내세우고 수사, 대명사를 명사의 하위분류에 넣는 등(p.41, 45) 절충적인 방식을 취하고 있다.

품사는 명사, 동사, 형용사, 조동사, 부사, 접속사, てにをは, 감동사의 8품사이다(p.36). 나중에(口語法) 대명사, 수사를 더하여 10품사로 하였다.

동사의 어미활용표(제1표)에서 a단을 제4 활용형으로 하여 부정법(不定法)이라 하였는데 이는 지금의 미연형에 상당한다. i단을 제5 활용형으로 하면서 명사법, 연용법, 중지법을 포괄하고 있다.

문의 요소로 주어, 설명어(지금의 서술어), 객어(목적어), 수식어를 들고 있다.

독립어라는 말을 쓰고 있지 않으나 접속사, 감동사는 주부, 객부, 설명부의 바깥에 나온다고 하였다(p.181-).

일본어학의 1분과로서 서양문법과 일본의 전통적인 것과의 절충에서 한 걸음 더 나아가 일본어 나름의 체계에 입각하는 과학적 문법의 확립을 서두르게 된다. 한편 서양에서는 1868년(화란어판, 1876년 영어판, 1877년 독어판)에 독일 태생의 Hoffman의 「일본어 문전」이 출간되었고, 1888년에는 영국인 Aston의 「일본어구어(口語)」(영어판)가 나왔다. 이러한 문법의 기술(記述)이 일본인의 일본어 문법연구에 자극과 도움이 되었을 것이다.

일본 국내에서도 일본어 나름의 체계의 기술을 시도하게 되는데 그 효시로 山田孝雄(やまだよしお)의 「日本文法論(にほんぶんぽうろん)」(1908)을 들 수 있다. 과거의 연구가 일본어의 본바탕에 맞지 않음으로 이를 근본적으로 뜯어고쳐서 새로운 조직을 내세우려 한 것이다.

과학적 문법의 출현에 영향을 끼친 것으로 소쉬르(Saussure)의 언어학설을 들 수 있다. 이는 그의 제자의 손에 의하여 소쉬르 사후(死後)에 「일반언어학강의」(Cours de linguistique gènèrale 1916)라는 이름으로 출판되고, 일본에서는 小林英夫(こばやしひでお)에 의해 「언어학원론」으로 번역되었다(小林 1928).

소쉬르는 당시의 유럽의 언어연구가 역사적인 변천을 다루는 일에 치중한데 대해서 (역사 비교언어학이 한창 성할 때이다) 언어를 한 시점에 멈춘 정지상태에서 언어간의 비교로서가 아니라 한 언어의 체계 자체를 연구할 필요성을 강조하였다. 그리고 언어의 연구도 언어의 개별적인 특징(파롤, parole)을 제외한 사회적으로 일반화, 관습화된 체계로서의 언어(랑그, lange)를 대상해야 한다고 하였다.

이러한 랑그는 청각영상(언어의 외면적 형태인 음성의 표상)과 개념(언어의 내면적 의미)이 연합한 것으로 언어 구성의 요소적인 성격을 띤다. 이들 요소가 선적(線的)으로 통합관계로 배열되고 각 부분이 동류 요소와 치환될 수 있는 연합관계를 지니는데서 언어는 구조체이며 체계이다. 이러한 데서 이후부터 문법이란 한 시대의 언어의 정태(靜態)에서 그 체계를 찾기 위하여 언어를 쪼개서 구성법을 연구한다든가 구성요소의 상관, 조직, 체계를 연구하는 것으로 생각하게 된다. 이러한 생각에서 전개된 문법이론이 Yamada와 Hasimoto의 문법이론이다.

2. 일본의 주요 문법 이론

Yamada(山田) 문법 Yamada(1911:89)에 의하면, 단어는 다음과 같이 네 가지로 크게 나뉜다.

(10) 단어
- 관념어
  - 자용어(自用語)
    - 개념어(체언과 같다)
    - 진술어(용언과 같다)
  - 부용어(副用語)
- 관계어

관계어는 조사이고 조사 이외는 관념어이다. 주술관계의 중심이 되는 단어는 자용어이고 개념어와 진술어가 이에 해당되며, 부용어는 수식요소(부사, 접속사, 감동사 p.87)의 것으로 보면 된다. 그렇게 되면 품사는 명사, 대명사, 수사(이상 체언), 동사, 형용사, 존재사(이상 용언), 부사, 접속사, 감탄사(부용어)의 9이다.

현재의 조동사는 인정하지 않고 동사의 복어미(p.315)와 존재사에 들어 있는 것으로 하였다. 곧 용언의 어미의 일부로 보고 있다. 형용동사도 따로 독립품사로 세우지 않았다. 예컨대 '静かだ'는 부사와 존재사로 된 것으로 본다.

그리고 종전의 temiwoha가 조사로 이름하게 되고, 계결에 관여하는 조사를 계조사(係助詞)로 세웠다(p.472-). 계조사 이외에 격조사, 부조사, 접속조사, 종조사, 간투조사가 있어 조사는 6분류 된다(p.404). 현재도 이에 따르는 경우가 많다. 곧 Yamada 문법은 교과문법에서는 충분히 받아들여지고 있지 않지만 학문적 체계의 논의에서는 아직도 중요시되고 있다.

문은 하나의 구(句)로 된 것(單文)과 2개의 구가 모여서 된 것(복문)으로 나누고 복문을 중문(重文), 합문(合文, 주종문), 유속문(有属文)으로 분류하였는데 이는 지금도 쓰인다. 구(句) 중에 논리상 명제의 형식을 갖춘 것(주어, 술어)은 술체(述体)의 구라 하고, 그러한 명제의 형식이 결여된 감정 발표의 구를 환체(喚体)의 구라 하였다.

환체의 구는 (연체수식어)체언(조사)과 같이 체언 중심의 호격으로 쓰이는 것으로 하나의 감탄문과 같은 것이다(( )부분은 임의적). 하나의 구는 통각(統覚)작용의 1회의 활동에 의하여 조직된 사상의 언어상의 발표(p.917)이다. 환체의 구를 제외하고는 주어와 술어의 결합체로서 거기에 설명, 의문, 명령, 감동 등의 일체의 사상이 통합적으로 의식화되어 있음을 의미한다.

Hasimoto(橋本) 문법 Hasimoto의 문법론은 1934년의 「国語法要説」

(후에 「国語法研究」에 수록됨) 및 사후(死後)에 강의노트를 모아서 출판된 일련의 저서(橋本 1948, 1958, 1969)에서 그 윤곽이 파악된다. 일본어 문법으로서는 가장 잘 알려지고 그만큼 중요한 비중을 지니고 있다.

Hasimoto 문법의 기본적 태도는 형태의 중시에 있다. 문의 외형적 형태에서 보다 작은 형태 단위로 순차적으로 분석하는 것인데 첫 번째 분절이 문절(文節)이다. 이 개념의 설정은 이 문법의 핵심이 된다. 문절은 우리 국문법의 어절(語節)에 해당된 것이며 근래에 쓰는 구(句, 명사구, 동사구…)에 상당한다.

이를 다시 분절하면 단어가 있게 된다. 단어에는 그것 자신으로 문절을 이룰 수 있는 것(제1종의 단어)과 그것 자신으로 문절을 이룰 수 없는 것(제2종의 단어)의 두 가지로 나뉘어 전자를 詞(し), 후자를 辞(じ)라고 이름하였다. 전자는 자립어, 후자는 부속어가 된다.

형태에서 중요한 것은 단어가 활용하는가 아니하는가이다. 곧 활용어와 비활용어의 구별이다. 여기에 단어의 의미와 직능까지 고려되면 다음과 같이 단어가 분류된다. 곧 품사 분류가 되는 셈이다.

(11) 자립어 (詞)
- 활용하는 것　용언
  - 명령형이 있는 것 — 동사
  - 명령형이 없는 것 — 형용사
- 활용하지 않는 것
  - 체언 (주어가 되는 것) — 명사·대명사·수사
  - 부용언(副用言) (수식·접속하는 것)
    - 용언수식　부사
    - 체언수식　부체사 (연체사)
    - 접속　접속사
  - 수식·접속하지 않는 것 — 감동사

부속어 (辭)
- 활용하는 것　조동사
- 활용하지 않는 것　조사

체언은 명사·대명사·수사에 해당된다. 직능상으로는 구별할 필요가 없다(1958:64). 명사 하나로 하면 밑줄 친 대로 모두 아홉 품사가 된다. 위에서 생소한 호칭 부체사(副体詞)는 용언을 수식(한정)하는 부사의 이름과 상대적으로 체언을 수식한다하여 부체사라고 한 것이다(p.65).

지금의 형용동사는 일종의 형용사로 취급하다가 하나의 독립품사로 내세우게 된다(p.65). 그렇게 되면 모두 10품사가 되는 셈이다.

Tokieda(時枝) 문법　Tokieda의 문법은 1941년 이후의 일련의 저서(時枝 1941, 1950, 1955)에서 나타난다. 다른 문법은 형태의 분석에 중점을 두고 있다면 이 문법은 언어 표현 주체자의 처지에 중점을 두고 있다.

언어를 외형(유형)과 내용(의미)을 요소적으로 파악하려는 소쉬르식 언어구성설과는 달리 언어의 표현과 이해의 주체인 인간의 의식과정 그 자체로 보는 언어과정설에 입각한다.

언어에 있어서 단위적인 것이 단어, 문, 문장인 점이 다르며, 품사분류에서 詞와 辞로 2분하는 것은 Hasimoto와 같으나 그 내용에서 다르다. Tokieda에서의 詞는 표현하는 대상을 객체화, 개념화한 것이고 辞는 주체적 정의(情意)(감정, 정서, 의지, 욕구 등)를 개념화하지 않고 직접 표현한 것이다. 예컨대, 감동사 'ああ'는 직접 표현의 辞이고 명사(형) '驚き'는 詞이다. 그러한 관점에서 품사 분류하면,

(12)

詞
- 체언 — 명사
- 용언 — 동사, 형용사
- 대명사 — 명사적대명사(인칭대명사, 지시대명사)
  - 연체적대명사(형용사적대명사, この, その, こんな)
  - 부사적대명사(こう, こんなに)
- 연체사
- 부사

(1950:160-161)

辞
- 접속사
- 감동사
- 조동사
- 조사

(1950:162-　)

밑줄 친 부분을 헤아리면 10품사가 된다.

위에서 대명사가 현저하게 제시된 것은 표현 주체와의 지시성의 객체화에서 오는 것이다. 조동사 중에서 수동, 가능, 존경, 사동 등은 동사와 복합하여 객체화된 개념을 나타낸다고 해서 동사의 접미사로 보고 있으며,

부정조동사는 주체적 표현이 강하다 해서 조동사로 보고 있다.

Hasimoto 문법의 문절은 여기서는 구(句)에 해당하며 詞 + 辞의 구조 곧 다음의 서랍과 손잡이와의 관계로 비유되는(時枝 1941:241-2) 것으로, 손잡이는 서랍(객체화된 개념)을 사용하는 주체자의 손(주관적인 감정, 의지 등)으로 상징되는 것이다. 곧 [ ]□의 앞부분은 객체화된 내용이며 뒷부분은 표현자의 정의(情意)이다.

詞인 수동조동사와 辞의 부정조동사의 차이를 보이면,

(13) 1.

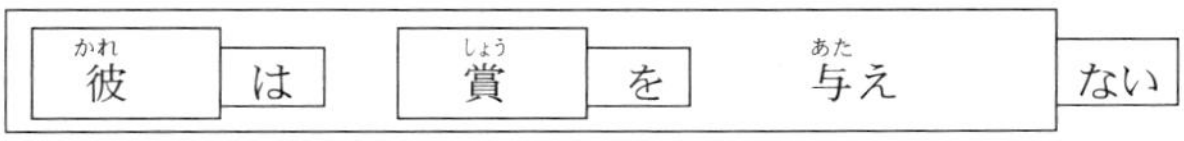

(그는 상을 주지 않는다)

2.

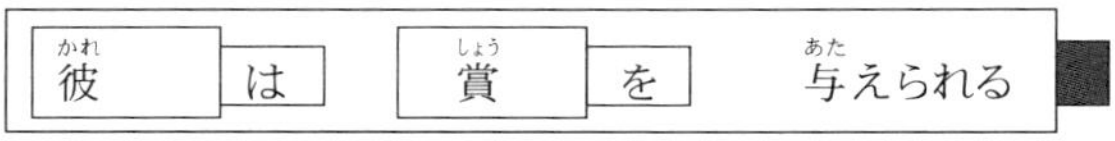

(그는 상을 (받는다)주어지다)

1.에서는 주어 '그'에 대한 술어는 '与え'이고, 2.에서는 주어 '그'에 대한 술어는 '与えられる'이다(p.1950: 118). 1.에서는 표현자의 판단이 맨 끝의 부정조동사에 나타난다. 그래서 辞가 된다. 2.에서의 수동은 '그가 상을 받는다'는 사실 자체가 판단이 깃들어 있지 않다고 보고 'られる'는 동사의 접미사로 보는 것이다(1950:117). 그러나 '詞 + 辞'의 기본적 구조에서 辞가 없을 수 없다. 辞의 일을 하면서 형태가 없는 '제로기호의 辞(■)'가 있는 것으로 본다. 긍정 판단인 da와 상당하는 것으로 생각할 수 있다.

詞의 용언은 순수한 개념만을 나타낸다고 봄으로 雨が降る■에서 판단은 제로기호(영기호(零記号)의 사가 맡으나, 雨が降ら[ない]、雨が降り[ます]처럼 부정과 경의가 따르면 그것이 판단 표현이 되어 유형의 辞가 따르는 것이 된다.

용언이 연체형으로 쓰일 때도 제로의 辞가 있는 것이 된다.

(14) 1. 2.

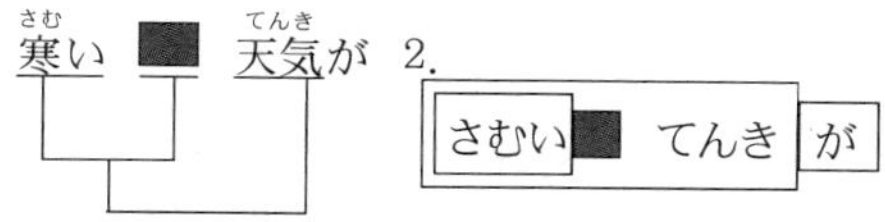

(추운 날씨가)

연체수식의 경우는 일본어는 한국어와 달라서 조사가 개재하는 경우가 많으므로 다음과 같이 된다.

(15) 1. 2.

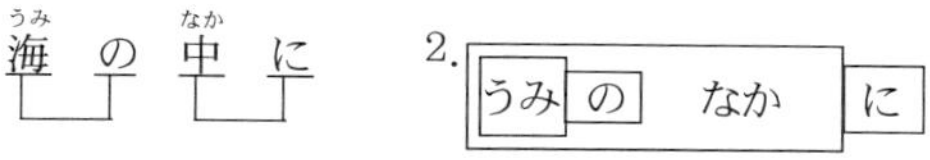

(바다 속에)

기타의 문법 그 밖에 이들 주요 문법에 앞서는 Matsusita 문법에서는 특이하게도 구조언어학의 형태소에 상당한 원사(原辭)의 개념이 설정되고 독특한 문법체계가 전개되기도 하였다. 다음과 같은 그의 품사분류 체계를 보더라도(1977:59), 현대적인 관점과도 연관된다.

(16)
- 명사
  - 본명사
  - 형식명사
  - 미정(未定)명사 誰(だれ(누구)), 何(なに(무엇))
  - 대명사(대명사는 명사의 일종으로)
- 동사
  - 동작사
  - 형용사 (형용사는 동사의 일종으로 다룸)
- 부사
  - 실질부사
  - 귀착(帰着)부사 (오늘의 후치사와 같은 것, 以(もっ)て(~으로(써)), 於(おい)て(~에 (있어)서))
  - 접속사 (부사의 일종으로)
- 부체사(오늘의 연체사)
- 감동사

형식명사의 범주를 내세운 것이나 동사와 형용사를 한 묶음 한 것, 양화사에 상응한 미정명사, 그리고 결속과 관련되는 대명사 등의 범주를 내세운 것, 그리고 품사분류의 간명화를 기한 것 등은 주목된다. 그리고 기능범주에 속하는 조사, 조동사가 독립하지 않고 단어의 일부로 되어 있는 것도 특색이다. Matsusita(1905:30)에서 후치사가 독립되어 있었다(就いて(~에 대하여), 取って(~로서/에게), 由って(~에 의해서)).

또 특징적인 것은 미국의 1930년대의 구조언어학에서의 형태소에 상당한 원사(原辭)의 관념을 설정한 것이다. 원사에 완사(完辭), 조사(助辭), 불숙사(不熟辭)의 3종이 있다(p:68). 이들은 형태소에 상당한 것이며 완사(完辭)는 체언·용언 등이며 불완사인 조사는 조사, 조동사 등이다. 전자는 자유형식에 상당한 것이고 후자는 부속형식에 상당한 것이다. 따라서 단어라면,

(17) 1. 완사
2. 완사 + 불완사 = 완사

의 두 가지 패턴이 있게 된다. '春'는 완사 하나가, '春は'는 완사 + 불완사가 완사가 되는 것이다. 따라서 품사는 완사 위주로 되어 불완사는 해당되지 않는다(접두사, 접미사는 접사로서 불완사에 속함).

이들 불완사를 조사(助辭)로 해서 다음과 같이 구별하기도 한다(p.71).

(18) 조사(助辭)	동조사(動助辭)(조동사)	書かせる (쓰이다, 쓰게 하다)
	정조사(静助辭)(조사)	春が (봄이)
	두조사(頭助辭)(御(お),	御(ご), 大御(おおみ)의 3개의 존칭의 접두사)

이외에 보통의 접미사는 특수조사로 따로 세운다.

따라서 Matsusita의 사(詞)는 Hasimoto의 문절에 해당하며, 우리 국문법의 종합적 입장에서 조사와 어미를 선행체언과 용언에 포함시키는 것과 같다.

3. 세계의 언어학의 흐름과의 접목

구조언어학 1930년대 이후의 미국의 구조언어학(Structural Linguistics)에서의 직접구성요소(IC) 분석은 문을 기계적으로 분석하는 무기로 사용되었다.

(19) 1. 私の弟が本を読んでいる。(저의 동생이 책을 읽고 있다)

2. 私の弟が/本を読んでいる。

3. 私の/弟が/本を/読んでいる。

4. 私/の/弟/が/本/を/読んで/いる。

1.을 2분(주부와 술부)하면 2.가 되고, 2.의 주부와 술부를 다시 2분하면 3.이 되고, 다시 2분하면 4가 된다.

술어부분도 분석의 방식에 따라 다를 수 있지만 미세분하면 読/ん/で/い/る에 미칠 수 있다. 이와 같이 2분법으로 바로 하위의 직접구성요소(Intimate Constituent, IC)를 차례로 분석하여 최후의 최소요소에 미치도록 조작하는 것이 직접구성요소 분석이다. 따라서 이때의 직접구성요소란 바로 직상의 성분에 대한 요소를 말하고 그 전 단계의 것과는 무관하다. 이렇게 해당 구조의 직접구성요소의 2분법을 계속하여 다다른 최종의 요소가 형태소이다.

50년대까지는 이러한 형태소의 분석과 그 조합으로 문을 이루는 규칙이나 원리를 구명하는 것이 언어학의 주 과제였다. 이러한 기계적인 분석방법과는 달리 Tokieda 문법처럼 언어사용자의 판단이나 통찰에 의거하는 변형생성문법이 1950년대 후반기에 미국에서 비롯된다. 이 이론은 현재에 이르기까지 많은 이론적 변천을 거치면서 언어생성의 기제를 주로 다루는 생성문법(Generative Grammar)으로서의 자리를 굳히고 있다.

생성문법 인간의 머리/마음에 언어 생성을 주도하는 언어능력(문법)이 있고 그것에는 어휘가 축적되어 있는 어휘부, 그 어휘들을 조립하여 문을 이루게 하는 통사부, 그 통사부의 출력을 소리와 의미의 양면에서 해석하는 음운해석(/형태)부(PF)와 의미해석(/형태)부(LF)의 부분이 있으며, 그들이 부분적으로 혹은 종합적으로 여러 가지 규칙이나 원리를 작동시켜서 적격문을 출력하고 실지의 언어사용의 수행체계를 통하여 언어기능을 수행하게 한다고 보는 것이다. 예시하면,

(20)

어휘부 ——→ 통사부 ——→ 음성해석부(음성형태(부))→소리

　　　　　　　　　　　　의미해석부(논리형태(부))→의미

(私, は, 詩人, の, 兄, に, 合っ, た) (私は詩人の兄に合った / 나는 시인의/인 형을 만났다)

①私は(ある)詩人の兄に合った
(나는 (어떤) 시인의 형을 만났다)
②私は詩人の(私の)兄に合った
(나는 시인인 (나의)형을 만났다)

괄호 속의 예시에서 어휘부는 어휘의 목록을, 통사부에서는 그것의 문의 조립을, 의미해석부에서는 똑같이 생긴 문이라도 두 가지의 해석의 가능성을 보여주고 있다. 이러한 각 레벨이 모듈(module)화 되어 있으며 이 모두가 문장 생성 규칙의 유한집합으로 되어있다. 각 모듈이 협동하여 언어를 생성하도록 하는 것이 인간 본유의 언어능력(Competence)이며, 비문법적인 문을 배제하고 문법적인 문을 이루어내는 능력이 곧 문법이다. 좁은 의미에서의 문법의 연구는 바로 언어능력의 해명에 있다. 넓게는 이에 언어 수행능력(Performance)까지 포괄하는 언어기능(Language Faculty)의 해명에까지 미친다.

어휘부는 소위 소쉬르의 랑그의 집합이며, 수행체계는 파롤의 실상이다. 구조주의에서는 자료의 수집과 분석을 통한 형태소의 추출과 목록의 작성이 주인데, 생성문법에서는 형태소의 목록은 직관적으로 이루어지고 있다. 통사부가 그것을 조립하여 문을 생성하는 규칙이나 원리를 구명한다. 구조주의는 형태론 중심이라면 생성문법은 통사론 중심이며 형태소의 병합·파생 과정을 명시적으로 보인다. 한 예로 수동문의 생성과정을 보게 되면,

(21) 1. 山田さんが[奥さん 死ぬ]られた。
(야마다 씨가 [부인 죽다] 당하다) - 간접수동문

2. 山田さんが[奥さん 山田さん 愛する]られた。
(야마다 씨가 [부인(이) 야마다씨 사랑하다] 받다) - 직접수동문

여기서는 직접수동문이나 간접수동문에서 동일하게 보문구조([ ]의 부분)이 가정되고 있다. 1.에서는 보문이 자동문으로, 2.에서는 타동문으로 가정되고 있다. 1., 2. 모두 주문이 감싸고 있다. 이와 같이 생성문법에서는 현실적인 문은 내면적인 기저구조(D-구조)에서 나오는 것으로 가정한다. 어휘부에서 어휘를 선택하여 그대로 문이 조립되는 경우도 있지만 술어의 병합에 따른 도입논항의 위치조정이나 이동, 삭제 등의 변형을 거쳐서 현실적인 표면구조(S-구조)를 이루는 게 보통이다.

(21) 1.은 대체로 (22) 1.과 같은 주문과 보문의 구조로 되어 있다가 술어의 병합으로 단일문으로 된다.

(22)
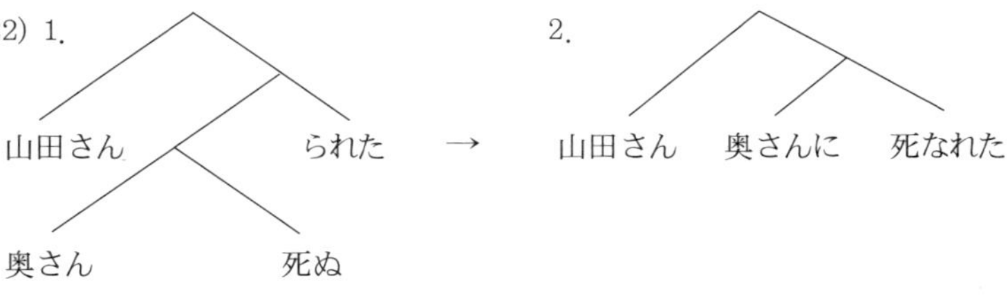

격조사는 대체로 S-구조에서 부여되는 것으로 가정되고 있다.

(21) 2.는 대체로 다음과 같이 가정된다. 내포문의 대상이 주문 주어 자리로 옮긴다.

(23)

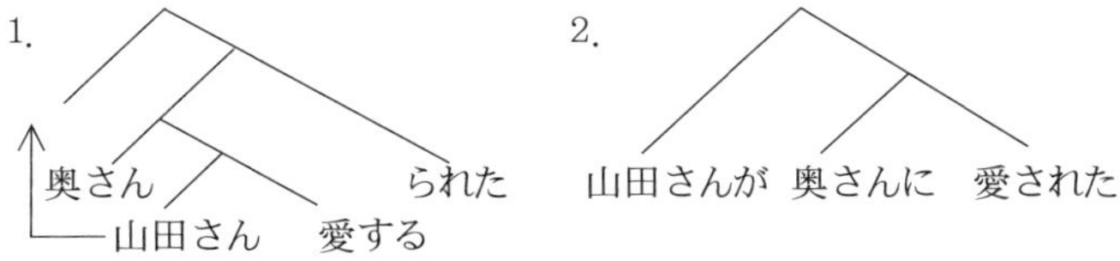

(21) 2.의 기저구조를 다음처럼 처음부터 수동사화하여 간략화 할 수 있다.

(24)

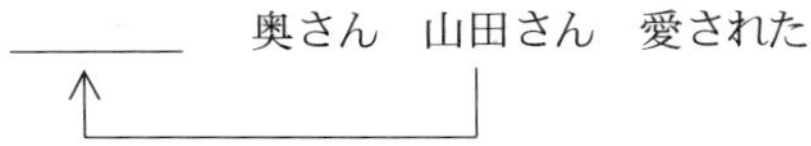

어떻든 (21) 2.(그리고 (23)의 1.)의 '愛する'의 타동사가 수동조동사와 병합되면 직전의 '山田さん'에 대격을 부여할 능력을 상실한다. 그렇게 되면 '山田さん'은 제자리에서 격을 받지 못하기 때문에 격을 받을 수 있는 주문의 빈자리로 이동하여 주격을 받게 된다는 것이다.

(22)의 2.와 (23)의 2.는 표면적으로는 비슷한 구조지만, (22) 1.은 부인이 사망함으로써 남편이 간접적으로 일을 당한 것이 되고(간접수동문, Indirect Passive), (23) 1.은 남편이 부인으로부터 직접적으로 사랑을 받는다는 것으로(직접수동문, Direct Passive) 사람의 마음의 내면을 형상화하는, 한 가지 가능한 방법을 보인 것이다. Tokieda가 말하는 언어주체의 활동, 생성문법에서 말하는 언어능력이 어떻게 작동하는가를 명시적으로 보이려고 하는 노력의 일단이다.

이와 같이 생성문법은 종전의 문의 내면에 기저구조를 가정하고 그것이 어떤 주체적, 정신적 활동에 의하여 구체적인 문으로 생성되는 기제를 보여주려고 하고 있다.

제2장 문법연구의 분야

1. 문법적 단위

단위 단위라고 하면 계량적인 것과 구조적인 것이 있다. 계량의 단위에는 1. 2. 3…과 같이 하나하나 떼어서 셀 수 있는 분리량이 있는가 하면 길이와 무게처럼 어떤 기준(cm, gram)을 세워서만 셀 수 있는 연속량이 있다. 단위에는 이러한 계량의 단위 외에도 구조의 단위가 있다. 구조의 단위는 사물을 분석적으로 파악하기 위한 하나의 수단이다. 여기에는 구조를 전체적으로 파악하는 전체 단위가 있고 부분적으로 파악하는 부분 단위가 있다. 이 관계는 상대적이다. 예컨대 노트 한 권은 노트로서는 전체구조(종이 한 장 한 장에 대하여)이며, 가방 속에 다른 노트와 함께 들었을 때는 그 전체에 대하여 부분 구조라고 할 수 있다.

문법적 단위에서의 단위는 문법이라는 체계를 지닌 구조이기 때문에 구조의 단위이다. 어떤 기준을 설정하고 비교하는 단위이기도 하므로 분석적인 연속량의 성격과 요소를 하나하나 떼어서 셀 수 있는 분리량의 성격도 지닌다고도 볼 수 있다. 기준의 설정은 상대적이어서 문 전체가 전체 단위가 될 수 있고 텍스트 내의 문은 부분 단위일 수 있다. 또한 단어는 그 자체 최소의 부분 단위일 수 있고 형태소로 분절되면 형태소의 집합의 전체 단위일 수 있다. 형태소에 따라 상대적인 어순으로 통합되기도 하고 다시 다른 요소와 환치되기도 한다. 의미와 직접적으로 관계하지 않는 단음(単音)이나 음절은 문법적 단위가 아니다. 문법적으로는 의미와 관계있는 형태만이 단위가 될 수 있다.

일반적으로 문법적으로 설정하는 단위는 문 – 문절 – 단어 – 형태소이며 보다 큰 단위로는 문장이 추가된다.

문 문법의 연구는 보통은 문(Sentence)에서 문절 그리고 단어로 가는 것이 일반적인 순서이나, 한편으로 단어(형태소) – 문절(구) – 문으로 쌓아올리기식 순서로 가는 것도 있다. 문의 정의에 대하여는 관념적으로는 주어와 술어가 바탕이 되어 생각하는 바를 완전하게 나타낸 것이라 하고, 구조주의적으로는 형식적으로 시작과 끝의 휴지(休止)가 있는 사이의 말의 연속이라고 한다. 생성문법적인 직관에서는 문의 인식 자체로 본다. 필자는 문은 직관적으로 시발구조로서 발제와 결말의 큰 테두리에서 시작되는 것으로 상정하고 있고 또 그것이 문의 형식을 완전하게 갖추게 한다고 본다.

(25)

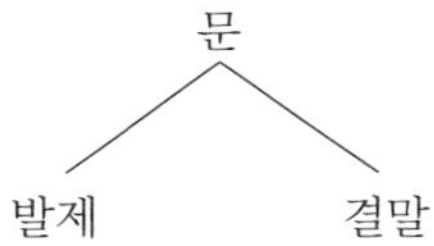

그 테두리 안에서 명제로서의 문이 안기는 식을 가정하고 있다. 이때의 안기는 문은 술어핵을 중심으로 상대 논항(성분구실 하는 명사구)을 도입해서 구축하는 문이 되는데, 사람이 생각하는 내용이 담기게 된다.

(26)

(25)의 시발구조는 문의 선행 맥락이나 화맥을 고려한 화용론적 차원과도 관련되고 (26)에서의 술어핵문이 일반적이고 명제적인 문이 된다. 물론

그러한 문도 내용문의 술어핵과 시발구조의 결말의 병합으로 완결지울 수 있다. 술어핵문의 주어도 발제가 주제가 아닌 이상은 동일한 주어와 같으므로 결과적으로 선형(線形)적인 문이 이루어진다.

따라서 이하의 문의 분석에서는 선형적인 문의 순서로 되었어도 내면적으로 사발구조와의 합체가 이루어진 것으로 보면 된다.

외적으로 주어진 문장을 분석해서 얻은 제1차적인 단위가 문이다. 이러한 문은 형식상 앞뒤에 발화단락이 있고 그 말미에 일정한 음조의 패턴으로 된 완결이 있다. 내면적으로 하나의 정돈된 사상 또는 감정을 주술관계로 진술한 것이다. 이러한 완결성, 진술정이 문의 특색이다. 따라서 문 자체가 전후에 발화단락을 갖는 독립체로서 최대의 자유형식(Free Form)이다.

이에 대해 발화단락으로서 나타날 수 없고, 다른 형식에 부속해서만 나타나는 것은 부속형식(Bound Form)이라고 한다. 예컨대 本箱(ほんばこ)에서의 hombako 자체는 자유형식(단어)이나 hom, 또는 bako는 그 자체로 쓰이는 경우가 없으므로 부속형식이 된다. 또, '書(か)いて' 자체는 자유형식이나 '書い'와 'て' 자체는 쓰이는 일이 없으므로 부속형식이다.

문절 문이 하나의 도막으로 되어 있는 경우(1어문)는 그 이상 분절할 여지는 없는 것 같으나, Tokieda의 제로기호의 辞(じ) 요소가 잠재하는 것으로 볼 수 있다. 혹은 생성문법적인 관점에서 기저구조에서 적어도 2개 이상의 요소가 있는데, 표면적으로는 하나만이 나타난 것으로 볼 수 있다.

곧 문은 최소한 주어 – 술어의 요소를 갖춘 언어표현인 이상, 적어도 두 개 이상의 도막으로 되어 있다(多語文). 그러기에 그러한 도막의 기능을 파악하기 위해서도 문을 분절할 필요가 있다. 문에서의 제2차적 단위는 문절(文節)이다. 문절로 나누어지는 근거로는 흔히 치환(置換, Replacement)과 삽입(挿入, Insertion)과 도치(倒置, Inversion)의 세 가지를 들 수 있다.

예를 들어서 다음의 (27) 1.의 임의의 문장에서 2.는 치환(本 → 雑誌), 3.은 삽입(新しい), 4.는 도치의 경우인데 그것들이 분절될 수 있는 단위임을 보여준다.

(27) 1. ぼくが本を買う (내가 책을 산다)

2. ぼくが雑誌を買う (내가 잡지를 산다)

3. ぼくが新しい本を買う (내가 새 책을 산다)

4. 本をぼくが買う (책을 내가 산다)

단어 제2차적으로 분석된 문절에는 그 이상 분석될 수 없는 것과 2개 내지 3개의 단어로 분석될 수 있는 것이 있다. 전자는 하나의 단어로 되어 있는 것이고 후자는 두 개 이상의 단어로 되어 있는 것이다. 전자의 단어를 자립어라 부르고 후자의 경우는 자립어가 선행하고 부속어가 따르는 형식으로 된다. 예를 들면,

(28) 1. 本 자립어

2. 本を 자립어 + 부속어

3. 本からも 자립어 + 부속어 + 부속어

앞의 예 (27) 3.에서 'ぼく, 新しい, 本, 買う'는 자립어(Independent Word)이고 '－が, －を'는 부속어(Dependent Word)이다. 문이 최대의 자유형식인데 대해 단어는 최소의 자유형식이라고 한다. 허나 일본어에서 보통 단어라고 인정되고 있는 조사나 조동사가 자유형식에 들어가는지 문제가 있다. Hattori(服部 1960: 461)에서 조사와 같은 부속어를 자유형식의 단어로 보고 있다. 단 접사와 조동사는 부속형식이다.

(29) 형식
- 부속형식(ほん-ばこ, 書い-て) (요소 하나하나로 보았을 때)
- 자유형식
  - 단어(=최소 자유형식)
    - 부속어(が)
    - 자립어(本, ある)
  - 부속어만의 결합(にも, からは)
  - 자립어를 포함하는 단어연결(ほんだ)

비자립형식
자립형식

내부요소의 부속형식과 부속어의 차이는 전자에서는 두 형식 사이에 다른 단어가 자유로이 나타날 수 없는데, 후자에서는 그런 경우가 있다는 것이다. 곧 두 요소 사이에 휴지가 들어갈 수 있느냐다. ほんばこ의 경우 전체적으로는 자유형식이나 ほん(hom)와 ばこ(bako) 자체는 부속형식이다. ほん(hom)→ほん(hoN), ばこ(bako)→はこ(hako)로 환원이 가능하기 때문에 단어 2개의 복합어로 할 수 있다.

(30) 食べ	させ	ない
		たい
		ます
		た

접사류와 달리 조동사의 이합(離合)은 상대적으로 자유로와 휴지(Pause)가 개재할 수 있다. 휴지가 개재한다고 해서 그 자체가 자립적으로 쓰이는 것은 아니다. 조사의 앞뒤에 휴지가 있을 수 있어도 그 자체가 독립적으로 쓰일 수 없다(비자립 형식).

단어는 단어대로의 특성을 지니는데 1)일정한 의미를 갖고 있을 뿐만 아니라 나름대로 고저 또는 강약의 악센트를 지니며 단어의 두음이나 말음에도 어떤 제약성이 있다. 어두에 r음이 잘 나오지 않는다든지 어말에 자음이 오지 않고 특이한 발음(撥音)인 N이 따르는 경우가 있다는 것 등이다.

앞에서처럼 명사 + 조사를 단어 2개, 용언 + 조동사를 단어 2개, 용언 + 조동사 + 조동사…를 단어 3…개로 보는 것은 단어에 대한 분석적인 태도이다. Hasimoto, Tokieda도 기본적으로 이러한 입장이다. 이에 대해 Matsusita는 명사 + 조사를 단어 1개, 용언 + 조동사를 단어 1개식으로 본다. 곧 1문절을 1단어로 보고 있는 것이다. 곧 분석적인 태도는 형태소적인 원사(原辭)로만 생각하지 말고 '花が'는 명사의 사(詞), '咲きました'는 동사의 사(詞)로 생각해야 한다 하였다(松下 1930=1977 P.19).

(31) 1. 花 | が | 咲き | まし | た　　형태소적인 단어분석(분석적 처지)
명사　조사　동사　조동사　조동사

2. 花が | 咲き ました　　문절적인 단어분석(종합적 처지)
명사　동사

3. 花 | が | 咲きました　　절충적인 처지
명사　조사　동사

1.은 Hasimoto의 처지이고 Tokideda는 咲き(동사) まし(접미사) た(조동사) 처럼 관점은 좀 다르지만 분석적인 것은 마찬가지다.

2.는 Matsusita의 처지이고 3.은 Yamada의 처지인데 국문법은 대체로 3.의 처지를 취한다. Yamada는 동사 + 복어미로, 국문법은 동사 + 보조어간 + 어미로 처리한다.

일본의 학교문법(교과문법)은 대체로 1.의 처지다.

2.와 같이 체언이나 용언의 어형이 바뀌는 것을 굴절(屈折)(Inflection)이라 하고 체언+굴절요소와 같은 경우는 곡용(曲用)(Declention), 용언어간 + 어미와 같은 경우는 활용(Conjugation)이라고 한다.

형태소 전통문법에서는 단어를 기본적인 최소의 단위로 보아왔다. 그러나 어형변화를 하는 가변어(可変語)를 위해서는 좀 더 작은 단위로 분석하는 것이 필요하게 되어 지금은 단어 이하에 형태소(Morpheme)의 단위를 설정하고 있다. 예컨대 5단동사인 '書く'는 전통적 방식에 의하면 (32)의 1.과 같으나, 형태소 분석의 처지에서는 2.와 같게 된다.

(32)	1.	2.
	かか(ない)	kak-a
	かき(ます)	kak-i
	かく	kak-u
	かく(とき)	kak-u
	かけ(ば)	kak-e
	かけ	kak-e
	かこ(う)	kak-o

1.에서는 활용형의 어간을 か, 그것에 따르는 -か, -き, -く, -け를 어미로 보는 식으로 이들 활용형의 어간의 영역을 정확히 파악할 수 없는 점이 있었다.

하나의 음절을 자음과 모음으로 분절하는 방식은 다음과 같은 복합어 형성에서의 형태 변이의 표시에도 이점이 있다.

(33) 1. あめ - かさ → あまがさ (우산)
2. ame - kasa → ama-gasa

1.에서는 제2음절의 'め'가 'ま'로 변화된 것으로 되지만 2.에서는 모음 또는 자음(か의 경우)만이 변동된 것으로 볼 수 있다.

이들 예의 경우처럼 あめ(ame) 그리고 かさ(kasa)라는 형태소가 전후 형식의 접합의 자리에서 あま(ama) 그리고 がさ(gasa)로 변동하는 경우가 있을 경우, 하나의 동일의 의미를 가진 형태소가 두 가지가 있다고 할 수 없기 때문에 일반적으로 쓰이는 'あめ, かさ'를 대표형태소(간단히 형태소), 경우에 따라 변동하는 'あま, がさ'를 이형태(異形態)라고 한다.

형태소는 보통 { }로 표시하고 이형태는 / / 안에 묶는다. 예컨대 형태소 ほん(hoN) '本'은 단독으로 hoN, 'ほんばこ'인 경우는 hom(bako), 'ほんだな'의 경우는 hon(dana), 'ほんかん'(本館)의 경우는 hoŋ(kaN)처럼 변동하기 때문에 다음과 같이 표기한다.

{hoN} – /hom~ hon ~ hoŋ/

여기서 앞서의 동사의 활용형식을 어떻게 해석하느냐의 문제가 있게 된다. (32) 2.처럼 어간 + 어미의 관계로 볼 것인 것인가, {kaku} – /kaka ~ kaki ~ kaku ~ kake ~ kako/의 이형태의 관계로 볼 것인가다. 이는 상보적으로 풀이하여 활용형의 형태분석이 아닌 어휘적 차원에서는 동일 단어가 경우에 따라 다르게 나타난 것으로 보고 싶다. 그렇게 되면 (32) 1. 에서의 'かき, かく, かけ'는 자립형식으로 쓰이지만 'かか(ない), かく(とき), かけ(ば), かこ(う)'는 자립형식으로 쓰이는 일이 없어 앞서의 부속형식과 같게 되어 일관성이 결여되는 감이 없지 않으나, 필자는 이들 형식은 자립형식인 'かき, かく, かけ', 특히 기본형 'かく'에 의미적으로도 형태적으로도 환원이 된다고 보고 자립어로 묶을 수 있다고 본다.

그것에 후속하는 조동사도 조사와 마찬가지로 부속어의 단어인 자유형식으로 묶기도 한다. 자립어는 자립(자유)형태소가 중심이 되어 있고, 부속어는 부속(의존)형태소만으로 된다.

생성문법에서는 동사(V)자리에 도출되는 형식은 어간으로만 되어 있다. 어미는 후속하는 술어핵과의 병합에서 나타난다. 그리고 앞에서 본 복합명사 내부의 이형태는 어휘부에서 복합명사 형성시에 나타나는 문제로 통사부와는 무관하다. 다만 명사가 조사와 병합 시에 일어나는 변동은 따로 형태부가 있어서 거기서 처리하거나 아니면 PF(음성형태부)에서 처리하는 것으로 본다.

예를 들어서 통사부에서 명사 '本(ほん)'을 명사 자리에, 조사 'まで'를 조사 자리에 각각 도입했다고 하면 그 이후에 hoN→hom의 변동이 있게 되는데 그것을 어느 부분에서 어떻게 처리하는가의 문제가 있게 되는 것이다. 어휘부에서 명사-조사→조사구로 병합시켜 통사부로 보냈다면 간단한 일이지만 그렇게 되면 어휘부가 너무 강력한 것이 되는 문제가 있다.

2. 문법의 여러 가지

규범문법 연구하는 관점에 따라 여러 가지 문법이 있을 수 있다. 문법은 언어를 바르게 쓰고 표현하기 위한 것이라는 생각에서, 언어의 본유의 규칙을 규명하려 하기보다 인위적으로 정해진 어떤 약정대로 지키고자 하는 것으로 보는 것을 규범문법(Normative Grammar)이라고 한다. 학교에서 가르치는 학교문법(School Grammar) 또는 교과로써 가르치는 교과문법(Subject Grammar) 등이 이와 같다고 할 수 있다. 공통어 중심이고 방언적 요소는 제거된다. 정서법(正書法)에서의 문자나 단어의 표기법의 규정도 그 한 예라 할 수 있다.

이론문법 한편 문법이란 언어의 여러 가지 사실을 여러 가지 측면에서 관찰하여 이끌어낸, 일반적으로 인정할 수 있는 포괄적인 규칙이나 원리라고 생각할 수 있다. 그러한 언어 사실을 자기 나름의 처지에서 연구하고 기술하다 보면 독자적 체계가 구축되기 마련이므로 서로의 이론이 다를 수 있다. 이를 이론문법(Theoretical Grammar)이라고 하며 이는 또 하나의 학문(과학)으로서 전개되는 것이기 때문에 학문문법, 과학문법이라고 한다. 앞서의 일본의 대표적인 문법이론이나 외국 이론을 접목한 이론 등을 예로 들 수 있다. 어떤 문법사항을 다루는데 의견이 갈리는 부분이 나온다면 이론이 다른 예가 된다.

기술(記述) 문법과 역사문법 문법은, 언어사실을 한 시대의 정태(静態)적, 공시(共時)적인 관점에서 연구하려는 것과 여러 시대에 걸치는 동태(動態)적, 통시적(通時的)인 관점에서 연구하려는가에 따라 기술문법(Descriptive Grammar)과 역사문법(Historical Grammar)으로 나눌 수 있다. 일반적인 문법이론은 보통 기술적인 관점에 서 있고 문법사 같은 것은 통시적인 관점에 서 있다.

대조문법과 비교문법 이외에도 하나의 문법 사실을 고립적으로 관찰하지 않고 동계의 유사한 형태의 언어와 비교해보든지, 동계라는 관계에 구애받지 않고 단순히 두 문법체계의 이동(異同)만을 대조하는 것도 있다. 전자를 비교문법(Comparative Grammar), 후자를 대조문법(Constrative Grammar)이라고 한다. 일본에서 비교문법이라고 한다면 주로 한국어와 관계된 것이며 역사적인 관계에까지 미친다고 보면 역사적 비교문법이 될 것이다. 한국어와 일본어의 비교의 간단한 어례를 보이면 부사법에 한국어는 -ke, 일본어는 -ku 형의 대응예가 있다. 한국어의 -ci형, 일본어의 si형은 종지형에도 쓰인다.

(34) 多 많지/많게　　まねし/まねく
　　 如 굳지/굳게　　ごとし/ごとく
　　 美 곱지/곱게　　くはし/くはしく(細, 妙)

대조문법이라면 일본어와 영어를 대조하는 것과 같다. 그러한 대조를 통해서 서로의 언어의 특색이 부각된다. 한 예로 일본어의 형용사문에서는 영어와 달리 계사(be동사)가 개재하지 않으며, 술어핵(동사)과 보어부(대상)의 어순처럼 요소의 배열이 연체수식어를 제외하고는 대부분 상반관계에 있다.

개별문법과 보편문법 앞서의 문법들은 모두 특정언어의 문법에 대한 것인데 그러한 개별문법에 한하지 않고 모든 언어에 적용될 수 있는 보편문법을 지향하는 것도 있다.

생성문법은 인간은 생득적으로 보편문법(Universal Grammar, UG)을 지니며 그러한 초기상태에서 특정 언어환경의 경험을 겪음으로서 안정적인 개별문법을 몸에 배게 된다고 가정하고 있다. 이상의 여러 가지 문법을 분류표로 정리하면,

(35) 문법의 분류
- 개별문법
  - 규범문법 학교문법(교과문법)
  - 학문문법
    - 1언어내
      - 기술문법
      - 역사문법
    - 2언어간
      - 비교문법
      - 대조문법
- 일반문법(보편문법) 생성문법

3. 문법의 부문

언어학의 분야 문법은 언어의 규칙을 다루는 언어학의 일부분인데, 대개 언어학의 분야로는 다음이 제시된다.

(36) 언어학 음운론 음운부문(음운형태(/해석)부)

형태론　형태부문
어휘론　어휘부문　　어휘사전
통사론　통사부문
의미론　의미부문(의미형태(/해석)부)

구조언어학에서는 음소를 대상으로 하는 단계를 다루는 음운론(Phonology), 음소의 결합으로 최소의 의미가 부여된 형태소를 대상으로 하는 형태론(Morphology), 그리고 형태소의 통합관계를 다루는 통사론(Syntax)으로 나누고 의미론(Semantics)에까지 미치지 못 하였다.

생성문법에서는 처지에 따라 다를 수 있으나 어휘가 축적되어 있는 어휘부(Lexicon)를 시발점으로 해서 어휘를 연산하여 문을 이루는 통사부, 그리고 그 출력을 의미해석 하는 의미부와 음성표시를 하는 음운부로 나뉜다.(p.43 참조) 형태부는 어휘부에, 혹은 통사부와 음운부문 사이에 있는 것으로 보기도 한다. 그렇게 되면 문법은 아주 넓게 언어생성의 전 기제에 미치지만 좁게는 통사부와 의미부문에 한정한다. 전자에서는 어휘들의 눈에 보이는 병합이나 이동과정이 연산되고, 후자에서는 눈에 보이지 않는 이동이 연산되고 의미의 다양성이 밝히게 된다. 그래서 전자를 외현적 통사론(Overt Syntax), 후자를 내현적 통사론(Covert Syntax)이라고 한다. 어휘론(Lexicology)은 어휘의 생성과 목록화, 그리고 어휘의 사회적, 역사적 변동, 변화 등의 양상을 다룬다.

전통적인 분야 전통적인 입장에서는 문법론이 넓게 음운부문까지 포괄한 적이 있다. 그것은 주로 형태의 결합에서 오는 음의 변동이나 표기법에 관련된 것이었다.

전통 문법의 중심은 품사론에 관련된 형태론과 문장 구성의 구문론, 곧 통사론의 초기단계다. 형태론에서는 단어의 문법적 측면에서 단어 곧 품사의 분류라든지 형태소와 형태소 내부의 구조, 단어의 합성, 파생 등을 다루고, 통사론에서는 단어의 연결로 이루어지는 문의 문법적 측면 곧 문의 성분, 성분관계, 문의 구조를 다루었다.

이 책에서는 음운론은 제외되고, 그 어휘부문의 일부와 형태부문을 합쳐서 형태론으로, 그리고 구문관계는 통사론으로(의미부문도 필요시 언급) 2대별해서 다루고 있다. 형태론에서는 품사를 분류하고 각 품사별로 차례로 그 형태적 특성을 살핀다. 그 명시성이나 설명에 도움이 된다면 생성문법적인 관점도 곁들이기로 한다.

제3장 형태론

1. 품사분류

분류 이유와 기준 형태론은 언어 표현의 기본이 되는 단어의 문법적 특징을 해명하는 부분이다. 사람의 머리/마음에서의 언어기능의 바탕인 단어들의 저장소가 어휘부분인데 저장된 어휘목록의 형태, 곧 품사를 표시하는 일도 형태론의 중요한 몫이 된다. 그 품사분류의 이유로 1.단어의 성격을 간단히 나타내고, 2.어휘적 의미를 달리하는 단어(赤い(붉다), 白い(희다), 黒い(검다)…)를 같은 문법적 의미로 묶고(형용사로), 3.통사적 직능의 기술을 보다 일반적인 형식으로(명사(주어) + 형용사(술어) 식) 하기 위함이다.

단어의 범주 명칭인 품사는 Part of Speech의 번역어로서 앞에서처럼 단어를 형태, 직능, 의미를 기준으로 해서 명칭을 부여한 것이다. 그 외에 단어를 詞와 辞 혹은 관념어와 관계어로 나누는 것은 의미와도 관계있지만 직능을 중시한 것이다. 활용의 유무에 의하여 체언과 용언으로 나누는 것은 주로 형태와 관련된다. 직능은 주로 주어, 목적어, 서술어 등의 성분관계를 맡는 것이다.

품사의 분류 Hasimoto는 단독으로 문절을 이룰 수 있는 자립어(詞)와 그렇지 못한 부속어(辞)로 나누고, 그 다음, 활용의 유무에 의하여 그리고 주어기능 여부와 수식기능 여부에 따라 10 내지 11품사로 나누었다. 이러한 문절에 의한 품사분류의 방식이 교과문법에서 널리 행해지고 있다. 다음은

詞의 분류(1948:65)와 辭의 분류(1948:78-79)에서 ±활용어, ±주어(주성분) 기능, ±수식어의 징표로써 필자 나름대로 손질하고 보이는 것이다.

(37) 단어
- +자립어 (詞)
  - +활용어 ——— 동사, 형용사, 형용동사(用言)
  - −활용어
    - +주어(주성분)기능−명사(体言)
    - −주어(부성분)기능
      - +수식기능 부사, 연체사
      - −수식기능 접속사, 감동사
- −자립어 (辭)
  - +활용어 ——— 조동사
  - −활용어 ——— 조사

최종적인 품사분류에는 의미상의 기준이 고려되어 있다. 어상에서 10품사로 분류되었지만 체언을 하위분류(명사, 대명사, 수사) 하느냐에 따라 늘어나기도 한다.

이외에 동사나 부조사에 속하는 후치적인 어군을 후치사로 설정하는 것도 있다(鈴木 1977:115-116). 그 어례로서,

(38) 1. ~(に) おいて(에 있어서), ついて(에 대하여), とって(에게는),
よって(에 의하여), 対して(에 대하여), 関して(에 관하여)
2. ~(と)して(로서), いっしょに(함께), いっしょの(같은),
ともに(함께), しての(로서의)
3. ~(を) めぐって(둘러싸고), もって(가지고), めぐっての(둘러싼)

격조사에 수반하기 때문에 조사의 연어(連語)로 한 묶음 할 수도 있다. (보주(補注) 1.(p.565))

일찍이 Aston(1888)에도 저서의 장별에 명사, 대명사, 수사, 동사, 형용사, 조동사, 조사, (부사), 접속사, 전치사(후치사), 감탄사가 마련되어 있

다. 조사와 구별해서 전치사(후치사)를 따로 세운 것도 주목된다. 부사는 독립된 품사는 아니고(p.6) 진정한 부사는 형용사의 연용형(부사형)[はやい(빠르다)→はやく(빠르게, 빨리)](p.157)이라 하면서 부사의 용례(시간, 장소, 방식 수량)를 보여주고 있다.

품사분류에서의 문제점 먼저 앞서의 분류와 Yamada 문법 그리고 국문법의 체계를 대비해보면,

(39)

	Yamada	국문법	(이희승)(최현배)
명사	명사	명사	
┌ 대명사 ┐	대명사	대명사	
└ 수사 ┘	수사	수사	
동사	동사	동사	
형용사	형용사	형용사	
형용동사 ········	········	(형용사)	
	존재사 ········	········	존재사 지정사
연체사		관형사	
부사	부사	부사	
접속사	접속사	(접속부사)	
감동사	감동사	감탄사	
조사	조사	조사	
조동사 ········	········	(접미사)	
		(서술격조사)······	(지정사)
		(조동사)	

(보주(補注) 2.(p.571))

이를 보아서 눈에 띄는 것은 형용동사, 존재사, 조동사의 처리 문제이다. 이는 분석상의 관점의 차이에 불과하다. 형용동사는 형용사로, 존재사는 명사술어로, 조동사는 그 성격에 따라 술어핵 아니면 접사핵으로 처리

할 수 있다. 동사의 태(수동/사동), 시제, 서법(평서/부정/의문…)에서의 구별은 하나로 혹은 몇 가지로 나누느냐의 차이로 언어에 따라 그 분석의 변이가 많을 수 있는 부분이다.

구체적으로 형용동사의 처리는, 예컨대 静(しず)かだ(조용하다)의 예를 들면,

(40) 1. Hasimoto는 형용동사의 독립품사로 1단어로
2. Tokieda는 체언 + 조정조동사(だ)의 2단어로
3. Yamada는 부사 + 존재사의 2단어로 하고 있다.

형용동사는 1단어로 보고 술어핵 자리에 도출(복사)하는 것이 통사상 간편하게 처리된다.

(41)

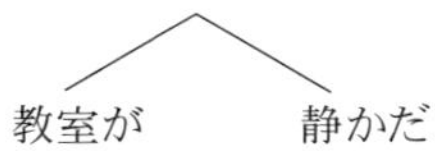

(교실이 조용하다)

만일에 '静かだ'를 2단어로 보게 되면,

(42)

각 단어의 상대항이 없는 구도가 된다. 静か-だ로 분석된다 하더라도 어휘부의 내부 사정이다. 어휘부에서 한 단어로 만들어지고 통사부에는 술어핵 자리에 도출(복사)되는 것으로 보는 것이다. 따라서 (42)는 어휘부의 일까지 표시되는 구도가 되어서 통사구조를 복잡화시킬 우려가 있다.

존재사는 Yamada 문법의 특유한 것인데 문말에서 단정이나 존재의 뜻을 나타내는 だ, なり(文語), である, です(でありますの 약) 등을 일괄한 것이다.

(43) 1. ここに梅(うめ)の樹(き)がある。(존재)　(여기에 매화의 나무가 있다.)

2. これは梅の樹である。　(이것은 매화의 나무(인 것이)다.)

3. これは梅の樹だ。　(이것은 매화의 나무다.)

Hasimoto는 1.의 존재의 'ある'는 동사, 2.의 긍정판단의 'ある'는 본래의 의미를 상실하고 보조적으로 사용되는 것이라 하여 보조동사로 하고 있다. 3.의 'だ', 그리고 'です'는 조동사(단정)로 하고 있다. Tokieda도 이와 비슷한 처지지만 [ある■], [本][だ]와 같이 전자의 'ある'는 동사의 詞(し)로서 제로기호의 辞(じ)가 따라야 하고, 후자의 'だ'는 조동사로서 그 자체가 辞(じ)로 구별하고 있다.

자립어인 'ある'는 그 자체가 자립형식으로 술어핵으로 도출될 수 있다.

(44)

이에 대해 부속어인 'で ある'나 'だ'는 비자립형식으로 그 자체가 술어핵으로 도출하기보다 어휘부에서 '명사+だ'와 같이 자립어를 포함하는 단어연결인 자립형식의 명사술어가 형성된 다음 술어핵으로 도출된다고 본다.

(45)

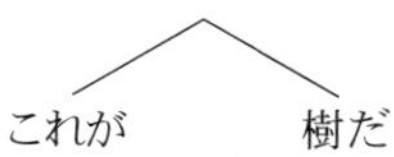

(이것은 나무다)

따라서 (43) 1.의 존재의 'ある' 이외에는 부속어로서 자립형식 구성의 요소역할을 하는 것으로 보고 있다.

조동사도 논의가 많은 것이다. 원래 동사에 종속했던 것인데 Oocuki가 처음으로 동사로부터 분리시켜 독립품사로 하였다.

조동사란 이름은 영문법의 auxiliary verb(조동사)에 따른 것이고, 동사의 활용이 그 뜻을 다하지 못하는 것을 도와주기 위해서 그 뒤에서 여러 가지 뜻을 보태주는 일을 하는 단어라고 하였다(大槻 1897:79).

Yamada는 조동사라는 독립품사를 인정하지 않는다. 본동사의 활용형 다음에 붙은 특별한 어미로 보고 이를 복어미(複語尾)라고 하고 있다. 그것은 용언의 어미가 복잡하게(복합적으로) 발달했다는 뜻이다.

Tokieda가 용언은 詞이고 조동사는 辭로 하듯, 조동사는 용언과는 다른 부속어로서 자립형식은 아니다.

생성문법에서는 詞류를 어휘범주, 辭류를 기능범주로 하여 통사상에서의 위치도 수평적이기 보다 구조적 계층이 다른 것으로 보고 있다.

(46) 1. 読ま − ない (읽지 − 않다)
2. 読ま − せる (읽 − 히다)
3. 読み − たい (읽고 − 싶다)
4. 読み − ます (읽 − 습니다)

와 같이 수평적으로 분리하여 전자를 동사, 후자를 이에 따르는 것으로 해서, 따르는 부분을 동사의 어미 혹은 접미사로 보든지 조동사로서 독립시든지 하는 데 대해서,

(47)
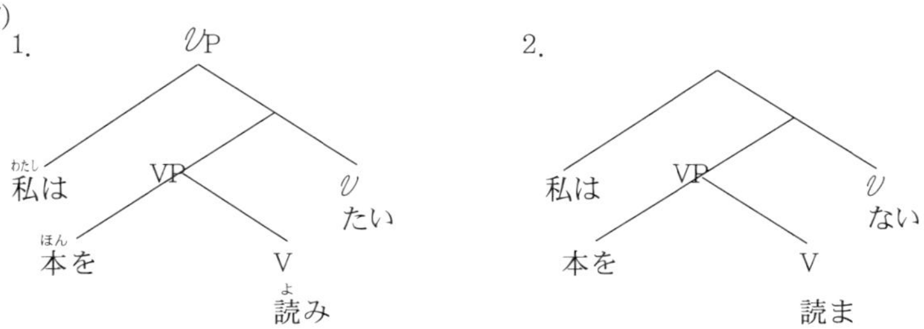

(나는 책을 읽고 싶다) (나는 책을 읽지 않는다)

3.

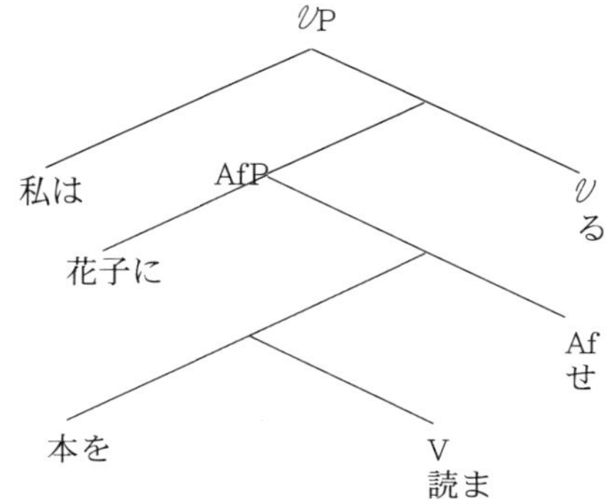

(나는 화자에게 책을 읽히다)

와 같이 동사 부분과 후접요소를 가르고 후접요소(기능범주)의 기능에 따라 구조상의 층위를 달리하게 하고 있다.

여기의 수형도를 대략적으로 말하면, 동사는 대상의 논항을 취하는 V(동사술어핵), 'せる'는 피사역주를 취하는 Af(접사핵), 'たい/ます'는 주어의 논항을 취하고 있는 𝑣(핵문술어핵)라는 식이다. 'ます'의 공손표현은 표현자의 주체적 의식으로 시발구조의 결말 자리에 있다고 본다.

이와 같이 조동사에 소속하는 구체적인 단어는 그 기능에 따라 접사술어핵(せる/れる), 핵문술어핵, 결말에 쓰이는 것으로 나눌 수 있다. Tokieda는 조동사 가운데서 수동·가능, 사역, 존경의 조동사를 접미사로 하고 그 나머지는 조동사로 다루는 것과 통한다고 할 수 있다. 전자가 접사술어핵으로 후자가 문발(핵문, 결말)술어핵으로 구실한다고 볼 수 있는 것이다.

다만 단정조동사의 경우는 명사에 후속하는 경우 '명사 - 단정조동사'의 2품사로 하고 있는데, 필자는 하나의 명사술어로서 (48)과 같이 동사, 형용사, 형용동사처럼 시발술어핵에 도출(복사)되는 것으로 하고 있다.

(48)

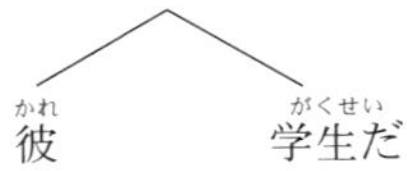

(그는 학생이다)

다른 조동사처럼 'だ'를 다음처럼 핵문술어핵에 도출되는 것도 예상할 수 있으나

(49)

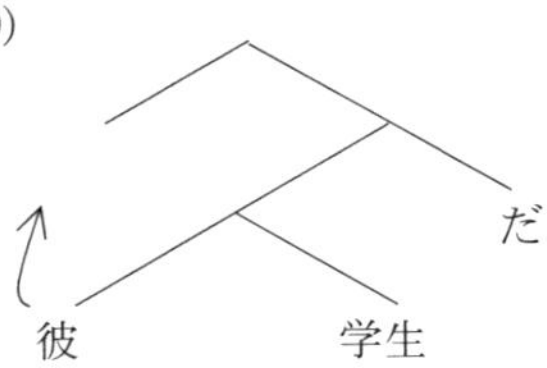

명사로서 도출되는 자리가 혼동될 수 있다. 어휘부에서 '学生-だ'로 명사술어가 되어 통사부의 시발핵에 나온다고 보면 그런 혼동은 없어진다.

이상과 같이 한국어나 일본어가 유사한 품사 체계를 지닌다면 이들 품사가 도출되는 통사구조의 자리와 그 기능을 다음과 같이 정리할 수 있다.

1. 형상적으로 위치가 정해져 있는 것

   1) 명사(N) : 명사에 대명사, 수사를 포함시키는 것과도 상응한다.
   논항으로 의미역할을 수행한다.
   문법기능상 주어, 간목, 직목, 보어가 된다.
   술어핵의 좌편으로 도출된다.
   조사와 병합하여 조사구(DP)가 된다.

   2) 동사(V) : 동사, 형용사(술어로 쓰이는 것), 명사술어가 여기에 속한다.(일본어는 형용동사가 포함된다)
   동사와 형용사를 합치는 처지와도 상응한다. 형용사를 빼는 처지는, 첫째, 동사하고 그렇게 큰 차이가 없으므로 동사와 합친다든지, 둘째, 형용사에는 활용이 없다고 보는 처지에서 아예 술어에서 뺀다.

필자는 형용사에도 시제, 평서/의문/감탄 등의 서법이 따르기에 활용이 있는 것으로 보고 있다. 명사술어도 '명사 + 조동사'의 형태분석이 있지만 통사적으로 한 요소이기에 크게는 동사에 포함된다.

이들은 통사구조의 후부(하부), 곧 통사적 연산이 시작되는 시발 술어핵의 자리에 도출된다. 술어핵으로 넓게 보게 되면 오른편의 V, Af, $\mathcal{V}$ 까지 포괄된다.

3) 조사 : 명사의 바로 뒤에서 명사를 기능화하기에 술어핵의 좌편에서 명사와의 병합체로 기능한다. 후치사는 따로 세운다면 조사와의 병렬구조로 포함시킬 수 있다.

4) 형용사 : 술어핵으로는 논의가 있겠지만, 수식어로서 명사 앞의 위치에 있는 것이(수식어)다. 한국어에서의 관형사, 일본어에서 보이는 연체사도 명사 앞에 나오지만 형용사와 함께 쓰일 때는 그 앞에 나온다. 관형사/연체사를 형용사의 일부로 포함시킬 수도 있다.

2. 형상적으로 위치가 정해져 있지 않는 것

부사와 접속사 그리고 감탄사(간투사)는 문두, 문중(구와 구 사이에)에 나올 수 있다.

다만 수식어인 형용사를 한정하는 부사는 반드시 형용사 앞에 나온다. 접속사도 문접속사는 문두에, 등위구 접속사는 등위구 사이에 위치하는 점에서는 자리가 정해져 있다고도 볼 수 있다.

지금까지의 한·일 두 언어의 공통적인 형태상의 분류와 통사적인 역할을 토대로 이들 어휘항목이 통사 구조상에 생성되는 전형적인 위치를 짚어 보고자 한다. 시발구조와 그 하위구조를 함께 표시해 보면,

(50)

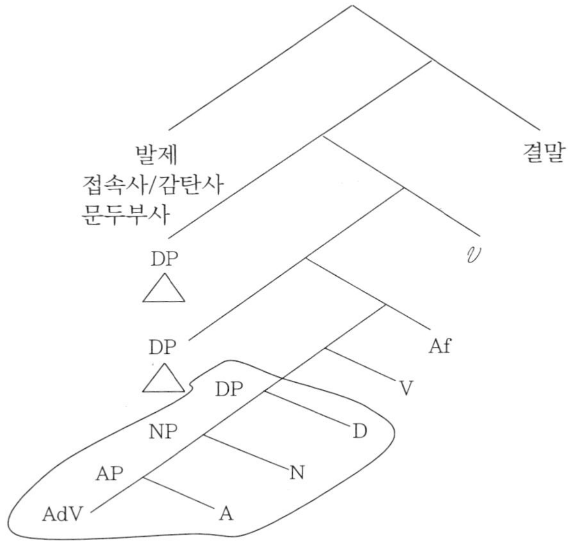

여기서 DP(△ 예시부분)는 포위선이 그려진 부분과 동일한 구조를 이룰 수 있다.

시발술어핵 V자리에 동사, 형용사, 형용동사, 명사술어가 도출된다. 여기서의 명사술어는 일본어의 '学生だ', 한국어의 '학생이-', 튀르크어의 'talebe-(y)i'와 같은 것이다. 한국어, 일본어는 일반적으로 '명사 - 조동사'로(튀르크어도 Türeli는 그렇게 봄) 보고 있으나 그러한 통사 구조에서의 생성은 약간 무리이다. 그 점은 형태의 논의에서 언급한 바 있다. 간편하게 한 단어를 도출할 일이다. 그러나 명사술어라는 독립품사 설정 여부는 많은 논란이 예상된다. 수형도의 오른쪽은 술어핵이 자리한다. 이들의 상대항은 모두 DP 곧 NP의 논항이다.

V의 상대항은 조사구(DP)이며 DP는 '명사-조사'로 이루어진다.

명사는 수식어인 형용사, 연체사를 취할 수 있다. 이들의 위치는 명사 앞으로 고정되어 있다. 이에 대해 부사는 그 위치가 비교적 자유롭다. 부가어로서 문두, 문중, V직전 어디에도 나타날 수 있다. 접속사, 감탄사도 문두, 문중에 나타날 수 있다.

문두접속사는 시발구조의 발제 자리로 보았다. 접속사는 선행화맥(문맥)을 전제로 해서 그것을 이어 받는 것으로 보는 것이며, 감탄사는 선행화맥(문맥)이나 장면에서 우러나온다고 보기 때문이다. 문두부사도 다분히 그와 같은 성질을 지닌다고 볼 수 있다.

시발구조에서의 결말 부분은 문을 완결 짓는 요소가 자리하는 곳으로, 용언과 조동사의 문말어미 혹은 종조사 그리고 몽고어에서와 같은 문말첨사가 자리하는 자리다. 이에 공손의 형태를 포함해서 문말사(文末詞)로 따로 세울 수도 있지 않을까 한다.

문말사 앞부분은 문의 개념적·명제적 부분이 되는 것이다.

2. 명사

명사 명사(名詞, Noun)는 자립어이며 활용이 없고 그 자신 주어는 물론 주어 이외의 문의 주성분이 될 수 있다.

국문법에서는 명사, 대명사, 수사를 독립한 품사로 다루는 것이 보통이지만, 일본에서는 일괄해서 명사로 다루는 것이 일반적이라 할 수 있다. 그러나 이 3자간에는 약간의 형태상, 기능상의 구별이 있으므로 명사의 하위분류로 쓰기로 한다.

명사(본명사)의 하위 분류도 가능하다.

(1) 보통명사와 고유명사

보통명사 花(はな)(꽃) 山(やま)(산) 公園(こうえん)(공원) 温泉(おんせん)(온천) 机(つくえ)(책상) 心(こころ)(마음)

고유명사 奈良(도시명, 옛 서울) 米国(미국) 印度洋(인도양) 森山一郎(인명)

고유명사를 포함한 명칭이 보통명사가 된 것이 있다. 예컨대 瀬戸物는 '도자기, 사기그릇'의 뜻인데 도자기류의 생산지 瀬戸市(愛知県)에서 유래한 것이다. 唐津屋는 '도기를 파는 사람(가게)'이란 뜻인데 도기의 생산지인 唐津(佐賀県)에서 유래한 것이다.

보통명사와 고유명사의 구별은 문법적으로는 특별히 필요는 없으나 고유명사가 특정한 대상에 쓰이기 때문에 수량사와 관련시켜서 쓸 수 없다(多くの東京, 東京2つ, どの東京). 다만 비유적 용법으로 보통명사처럼 쓰이면 가능하다.

(2) 실질명사와 형식명사

실질명사 - 구체적, 추상적인 것과 관계없이 실질적 개념이 있는 것.

형식명사 - 명사로서의 형식을 갖추되 실질이 없는 것. 언제나 그 앞에 연체수식어를 갖는다.

형식명사는 불완전 명사라고 하며 단독으로 쓰이기보다 수식어를 동반하여 쓰인다. 그 내용도 추상적이어서 추상명사라고 한다. 다음과 같은 예시를 들 수 있다.

(3) 1. 사람 (あの)人 [(저) 이], この方 [(이) 분], この者 [(이) 이]

2. 물건 (書く)の(は) [(쓰는) 것(은)], (読む)物 [(읽는) 것]

3. 일 (する)事 [(하는) 것], (した)ところ [(한) 바], (この)点 [(이) 점], (あの)件 [(저) 건]

4. 형편 (した)場合 [(한) 경우], (その)位 [(그) 정도], (つらい)め [(괴로운) 꼴]

5. 장소 (いった)所 [(간) 데], (この)方 [(이) 편/쪽]

6. 시간 (この)時 [(이) 때], (その)内 [(그) 새], (その)間 [(그) 동안/간], (その)頃 [(그) 즈음]

7. 이유 (その)由 [(그) 까닭에], (その)つもり [(그런) 작정], (そんな)筈 [(그럴) 리], (その)為 [(그) 때문]

문을 형성하는 단위로 작용할 때는 어느 자리에서도 단독으로 나타날 수 없고 수식어와 반드시 함께 해서 행동할 수 있다. 만일 단독으로 나타나도 적격문의 경우는 그것은 형식명사가 아닌 실질명사(완전명사)인 경우다. 事는 '일, 사항'의 뜻이면 실질명사, '것'의 뜻이면 형식명사, 人는 '사람'의 뜻이면 실질명사, '-이'의 뜻이면 형식명사라고 할 수 있다.

실질명사와 형식명사의 명칭상의 구별은 형태적 의미에 입각한 것이고 수식어 요소와의 공기라는 통사적 관점에서는 자립명사와 의존명사라는 명칭으로 부를 수 있다.

(수식어) + 명사(자립명사) (여기의 ( )는 수의적임을 나타낸다.)

수식어 + 명사(의존명사)

이름은 형식명사라 해도 통사적으로는 중요한 구실을 하는 요소다. 형식명사 중에 1~3의 것은 관형절(연체수식절)을 취하여 명사절을 이룰 수 있고, 4~7의 것은 관형절(연체수식절)을 취하여 부사절을 이룰 수 있다. 그러한 절은 문장의 성분구실을 한다. 명사절은 조사를 취하여 필수논항 구실을 하며, 부사절은 조사를 임의적으로 취하여 임의성분 구실을 한다.

(4) 1. 太郎は 花子が来るのを 待っている。(태랑은 화자가 오는 것을 기다리고 있다.)

연체수식절

명사절

2. 太郎は 花子が家に来た時(に) 本を読んでいた。(태랑은 화자가 집에 온 때에 책을 읽고 있었다.)

연체수식절

부사절

2.의 부사절은 서술어를 한정 수식하는 것이므로 '本を' 다음에 오는 것이 순리이다. 부사절이 길어서 해독에 어려움을 줄 것이고 대격(を)의 경우 술어에 인접할수록 바람직하여(격인접성조건, Case Adjacendy Condition) 그 앞에 있는 것으로 보아진다.

이러한 일을 하는 형식명사는 절을 이루는 중심요소가 되므로 보문소 혹은 보문표지(Complementizer)라는 이름이 있고, 그 절을 보문(Complement Sentence), 내포문(Embedding Sentence)이라고도 한다.

이외에도 명사가 지니는 의미특성(의미자질)에 의하여 여러 가지 이름이 주어질 수 있다. 그 중의 한 가지로 유정(有情)명사(혹은 유생(有生)명사)로 [+Animate]의 자질을 지니는 것과 무정(無情)명사(혹은 무생(無生)명사)로 [−Animate]의 자질을 지니는 것의 구분이 있다. 전자는 생명체의 속성을, 후자는 무생물의 속성을 나타낸다. 인칭대명사는 전자의 예이고 지시대명사는 후자의 예이다.

이중목적어 구문에서 간접목적어(IO)는 직접목적어(DO)를 소유 가능한 유생명사이어야 한다(유생명사 제약)고 풀이하기도 한다(Shibatani 1994 :45).

(5) 太郎は 花子に 本を 送った/あげた。(태랑은 화자에게 책을 보냈다/주었다.)

'花子に'의 유생명사 대신에 '家に'와 같은 무생명사가 치환되면 이는 주어가 IO에 대한 DO의 소유사상을 일으키지 못하는 구조가 되어 이중목적어 구문이 아닌 단순한 타동문이 될 수 있다. 이때의 '家に'는 (필수)논항이 아닌 부가어(임의 논항)가 된다. '家に'가 책을 소유한다는 뜻이 전연 환기되지 않는다고 할 수 없어도 소유자는 집 아닌 가족 누군가일 것이다. 그리고 'あげた' 술어와는 공기되지 않는다. 이러한 풀이가 성립한다면 유생명사 제약은 지켜져야 하는 것이다.

보통명사가 형식명사로 대용되는 경우의 예를 보이면,

(6) 1. 青(あお)いリンゴはすっぱく赤(あか)いリンゴはあまい。(푸른 사과는 시큼하고 빨간 사과는 달다)

青いものはすっぱく赤いものはあまい。(푸른 것은 시큼하고 빨간 것은 달다.)

青いのはすっぱく赤いのはあまい。(푸른 것은 시큼하고 빨간 것은 달다.)

1.은 보통명사, 2.는 그것이 추상화된 형식명사, 3.은 그것이 한층 추상화된 것으로 보는 것이다(한국어의 대역에서 2.와 3.을 구별짓기 어렵다). 3.의 'の'의 형식명사 외에 'の'가 격조사인 경우(私の本, 연체격)가 있는데 이를 일원적(一元的)으로 조사로 묶어서 형식명사의 경우는 준체조사라 하기도 한다.

생성문법에서는 이러한 형식명사가 반드시 수식어를 선행시킬 뿐만 아니라 명사절을 이루는 점에서 그러한 절의 주요부(필자는 보문기능핵)가 되는 기능범주로 처리하기도 한다.

예컨대,

(7) 私(わたし)は 彼女(かのじょ)が 来(く)るの(/事(こと))を 願(ねが)った。(나는 그녀가 올 것을 바랐다.)

이 예문을 제격대로 수형도를 그리게 되면 약간 번잡하므로 간략하게 그리면 (8)과 같다. 'の'가 핵이 되는 보문은 주문동사 願(ねが)った(바랐다)의 목적어(목적절)가 되고 있다.

(8)

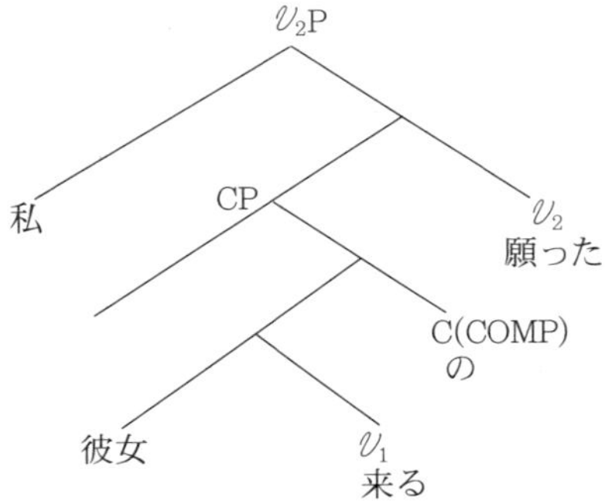

수형도 상위의 분지(v_2P)가 주문(주절, 상위문(절))이고 그 아래의 분지(CP)가 보문(보문절, 하위문(절))이다. 주문이 보문을 내포(內包)하는 형상이다. 아래쪽에서 보면 C가 보문을 주문에 연결시키는 기능범주로서(보문소(補文素),(COMP)) 구실하고 있다. 위쪽에서 보면 '바라다'라는 동사가 보문절을 선택하는 것이 된다. 따라서 이러한 구문에서는 하위절의 서술내용과 상위절의 구문동사의 의미상의 일치도 중요하다.

어떻든 형식명사는 그 명칭으로 볼 때는 단순히 형식을 갖추는 것으로만 보기 쉬우나, 주문 형성상에서 중요한 기능을 하는 것이라는 점을 유의할 필요가 있다.

명사의 성(性), 수, 격에 의한 형태상의 구별은 없다. 성을 접사에 의해 나타낼 수 있다.

(9) otoko(男) ~ otome(女)　musuko(子息) ~ musume(女息)
ondori(雄鳥 수탉) ~ mendori(雌鳥 암탉)　(Aston 1888:7)

주로 접사 또는 명사의 반복으로 복수를 나타낼 수 있다. 단수든 복수든 그것을 받는 동사가 바뀌는 경우는 없다.

(10) 1. 접미사 人達《ひとたち》(사람들), 学生達《がくせいたち》(학생들), 彼《かれ》ら(그들) (~ら는 사물에는

잘 쓰이지 않음)

2. 첩어 人人(ひとびと)(사람들), 山山(やまやま)(산들), 家家(いえいえ)(집집)

이런 표현은 일반적인 복수 표현법은 아니기에 일본어 명사는 기본적으로 단수와 복수는 동형(同形)이다.

격의 경우도 명사 자신의 굴절에 의한 격변화로 표시된다기보다 명사에 따르는 조사에 의하여 표시된다. 조사는 부속어인 단어(최소자유형식)이지만 자립형식은 아니다. 곧 단독으로 쓰이지 않는 비자립형식이다.

그러나 생성문법에서는 명사를 문장성분 구실을 하게 하는 기능범주로 다루며 그러한 조사를 보통 D(Determiner)로 나타낸다.

(11)

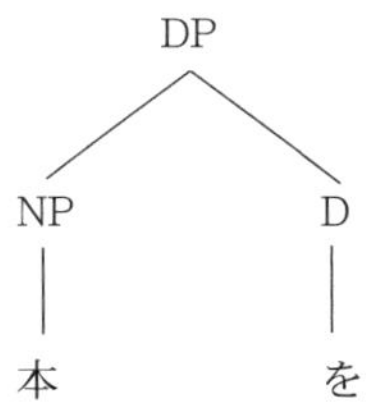

한국어, 일본어 같은 후핵언어에서는 후속의 조사가 명사를 주도하여 조사구(DP)를 이루는 것으로 보고 있다.

대명사 대명사(代名詞, Pronoun)는 명사의 대신으로 쓰이는 것이다. 그 자체 사물의 성질하고는 특별한 관계가 없으며 다만 사물을 지시하는 관계, 다시 말해서 지시물과 지시의 기점(화자)과의 관계만이 있다. 따라서 같은 명사라 하더라도 말하는 이의 거리에 따라 다른 대명사로 나타내고 또 다른 명사라 하더라도 그러한 지시 관계가 같으면 같은 대명사로 나타낸다.

그러나 대명사가 순전히 관계 개념만을 나타내는데 그친다고는 할 수 없고, 다음의 인칭대명사의 체계에서 알 수 있듯이 어느 정도의 지시내용을 가지고 있다고 볼 수 있다.

(12) 인칭대명사(Personal Pronoun)

1. 제1인칭 わたし(나) わたくし(저) ぼく(나)
   小生(しょうせい)(소생) 拙者(せっしゃ)(졸자) 我輩(わがはい)(나, 우리들)
2. 제2인칭 あなた(당신) おまえ(너) きみ(君) せんせい(先生)
   貴公(きこう)(귀공) 貴殿(きでん)(귀하) 貴兄(きけい)(귀형) 貴下(きか)(귀하)
3. 제3인칭 彼(かれ)(그) 彼女(かのじょ)(그녀) – 다음과 같이 세분화할 수 있다.

   a. 근 칭 このかた(이분) こいつ(이놈/이사람)
   b. 중 칭 そのかた(그분) そいつ(그놈/그사람)
   c. 원 칭 あのかた(저분) あいつ(저놈/저사람)
   かれ(彼)(그) かのじょ(彼女)(그녀)
   d. 부정칭 どのかた(어느 분), どいつ(어느 놈), どなた(어느 분), だれ(누구)

여기서의 부정칭의 이름은 가리키는 대상이 특정적이 아니기 때문이다. 영문법에서는 의문대명사(Interrogative Pronoun)로 부르는 것이다.

부정칭에 조사 'も'가 수반한 형태(どのかたも(어느 분도 → 아무도), どいつも(어느 것도 → 아무것도), どなたも(어느 분도 → 아무도), だれも(누구도 → 아무도), なにも(무엇도(아무것도)))는 의문의 뜻이 바래진다. Aston(1888:29)은 부정(不定)대명사(Indefinite Pronouns)로 부른다. 이들은 부정문에 쓰이면 전부 부정의 부정극어(否定極語)(Negative Polarity Item)의 기능을 지닌다.(だれもいない(아무도 없다)).

인칭대명사의 3인칭은 지시대명사와 관련된다. 1인칭과 2인칭이 예전에 그리고 방언에 더 나아가서 동계의 알타이어계 언어에서 어떻게 나타나

고 관련되는지 궁금하다.(보주(補注) 3(p.590))

(13) 지시대명사(Demonstrative Pronoun)

	사물	장소	방향
1. 근 칭(ko~)	これ(이것)	ここ(여기)	こちら, こっち(이쪽)
2. 중 칭(so~)	それ(그것)	そこ(거기)	そちら, そっち(그쪽)
3. 원 칭(a~)	あれ(저것)	あそこ(저기)	あちら, あっち(저쪽)
4. 부정칭(do~)	どれ(어느 것)	どこ(어디)	どちら, どっち(어느 쪽)

이상의 대명사는 명사로 환원되어 해석되는 변항적 성질을 띤다. 화자를 중심으로 그 주변의 것을 가리키는 상황 지시적 특징도 가진다. 그러한 지시요소라는 점에서 지시소(指示素) 또는 직시(直示)(deixis)라는 이름이 있다.

(14) 1. a. お前(まえ)が馬鹿(ばか)だ。(너가 바보다.)

b. なに、お前が馬鹿だ。(뭐, 너가 바보다.)

2. a. むこうに行け。(저 쪽에 가라) / *来い。(오라)

b. こちらに来い。(이 쪽에 오라) / *行け。(가라)

1.의 a., b.는 같은 표현이지만 화자와 청자의 처지에 따라 지시대상이 바뀌고, 2.의 a., b.에서의 비문은 화자와 청자와의 접근의 방향에 따라 다른 데서 온다. 그런 면에서 이동동사도 직시성을 지닌다고 할 수 있다.

(12)의 3인칭의 인칭대명사, (13)의 지시대명사의 근(近), 중(中), 원(遠), 부정(不定)칭의 상황계열이 こ, そ, あ, ど의 머리음으로 일관되고 있는 것을 볼 수 있다.

이와 관련된 다른 품사도 마찬가지다.

(15)	연체사	형용동사	부사
1.	この(이)	こんな(이러한)	こう(이리)

2. その(그) そんな(그러한) そう(그리)
3. あの(저) あんな(저런) ああ(저리)
4. どの(어느) どんな(어떠한) どう(어떻게)

이들이 모두 지시어이기 때문에 일본어의 지시어는 こ, そ, あ, ど 체계로 이루어져 있는 것이다.

앞에서 연체사, 부사에 대해서는 일반적으로 받아들이나, 형용동사의 경우는 *こんな* ~ *こんなに*(이렇게), *そんな* ~ *そんなに*(그렇게)처럼 활용한다고 해서 그리 본 것인데, 그러한 활용이 국한되어 있어서 활용어로 보지 않게 되면 연체사에 소속시킬 수밖에 없다.

(16) 1. 花子(はなこ)は太郎(たろう)を愛(あい)する。(화자는 태랑을 사랑한다.)
2. 花子は自分(じぶん)を愛する。(화자는 자신을 사랑한다.)
3. 花子は彼(かれ)を愛する。(화자는 그를 사랑한다.)

1.에서 '花子'와 '太郎'은 결속되지 않는 별개의 지시적 표현(실질명사)이고, 2.는 화자가 선행사로서 조응사 '自分'을 결속하여 동일 지시관계를 이루고 있고, 3.은 대명사는 선행사 화자에 결속되지 않으며 화자 아닌 제3자인 다른 남성을 지시하고 있다.

또 다음의 예문에서,

(17) 花子(はなこ)は太郎(たろう)に自分(じぶん)の部屋(へや)に行(い)かせた。
(화자는 태랑에게 자기 방에 가게 하였다)

이때 조응사 '自分'(자기)이 어느 선행사와 결속관계가 되느냐에 따라 의미가 달라진다. 선행사가 '花子'면, '花子'가 '太郎'에게 '花子'의 방에 가게 한 것이 되고, 선행사가 '太郎'이면, '花子'가 '太郎'에게 '太郎'의 방에 가게 한 것이 된다. 따라서 이 문은 표면적으로는 동일하지만 기저적으로는 다른 두 개의 문이다.

(18)

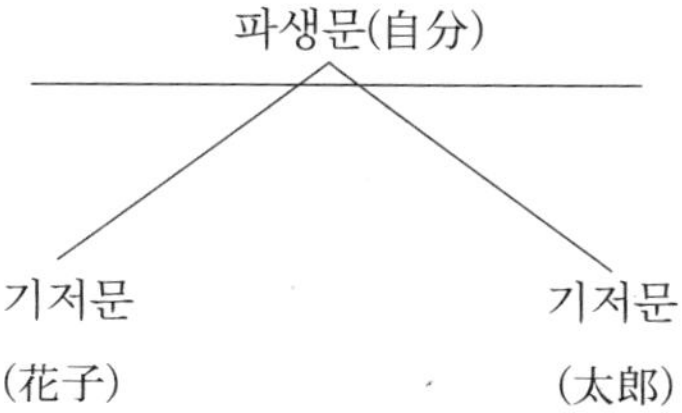

이렇게 선행명사와의 결속관계를 다루는 이론을 결속이론(Binding Theory)이라 하는데 통사론에서 다시 언급될 것이다.

선행사와 결속관계를 갖는 대명사를 反照(はんしょう) 대명사라고도 하는데, 영문법에서는 재귀대명사(Reflexive Pronoun), 생성문법에서는 조응형(Anaphor)이라고 한다.

(19) 私(わたし)は 自分(じぶん)の 事(こと)で (1인칭) (나는 자기 일로)

君も 自分の 事で (2인칭) (너도 자기 일로)

彼女(かのじょ)も 自分の 事で (3인칭) (그녀도 자기 일로)

이것은 모든 인칭에 쓰이고 그 말 자체는 인칭의 구별이 없는 것이므로 국문법에서 공통칭이라는 말을 쓰는 경우도 있다.

생성문법에서 재귀대명사(myself, 自分)(자기), 상호대명사(Reciprocal)(each other, お互(たが)い, 서로)를 조응사(照應詞, Anaphora)로 부르고 있다. 이들 조응사의 특색은 반드시 선행사가 있어야 한다는 것이다. 선행사(결속자)와 조응사(피결속자)와의 관계를 결속관계라고 한다. 결속관계의 3가지 패턴을 쉽게 말하면,

(20) 1. 보통의 명사(지시적 표현)는 선행사에 결속되는 일은 없다.
2. 재귀대명사는 하나의 문에서 반드시 선행사에 결속되어야 한다.
3. 이와 반대로 대명사는 하나의 문에서 결속되어서는 안 된다는 것이다.

참고로, 이전에는 앞의 (17)의 문장은 표층구조(Surface Structure, S-구조)이고, 심층구조(Deep Structure, D-구조) 달리 말해서 기저구조(Undelying Structure)는 다음의 두 가지가 있는 것으로 하였다.

(21) 1. 花子は 太郎に 花子の 部屋に 行かせた。
2. 花子は 太郎に 太郎の 部屋に 行かせた。

1.에서는 '花子の'의 부분이 조응사(自分)화 한 것이고, 2.에서는 '太郎の' 부분이 조응사(自分)화 한 것이다.

심층구조, 표층구조의 술어는 생성문법의 초기의 술어이고, D-구조, S-구조는 후기의 술어인데 그 내용이 꼭 일치하지는 않는다. 그리고 D-구조 술어 자체도 안 쓰여가는 경향이다. 그러나 생성문법의 이론 전개의 과정의 이해를 위해서는 익혀둘 필요가 있다.

일본어의 대명사는 원칙적으로 성, 수의 구별이 없다. 다만 인칭대명사에는 彼(かれ):彼女(かのじょ)와 같은 성의 구별의 표시는 있다. 다수를 나타내는 경우는 첩어 또는 접미사를 첨가해서 나타낸다.

(22) 첩 어 - われわれ(우리들) これこれ(이것저것) なになに(무엇무엇) だれだれ(누구누구)
접미사 - われら(우리들) きみたち(너희들) これら(이것들) だれども(누구들)

수사 수사(數詞, Numeral)는 수, 수량, 순서 등을 나타내는 말이다. 순수하게 수만을 나타내는 것이지만 조수사(助数詞)의 접합으로 수량, 순서 등을 나타낼 수 있다.

さんにん　　　　　にばんめ
3人(세 사람)　　2番目(두 번째)

수사에는 다음과 같은 것들이 있다.

(23) 1.
- 기수사(基数詞, Cardinal) - 1(いち) 2(に) 3(さん) 4(し) 5(ご) 6(ろく) 7(しち) 8(はち) 9(きゅう) 10(じゅう)
- 서수사(序数詞, Ordinal) - 第1(だいいち) 第2(だいに) 第3(だいさん) 第4(だいよん) 第5(だいご) …

2.
- 정수사(定数詞) - 1. 2. 3. 第4
- 부정수사(不定数詞) - 何度(なんど)(몇 번) 何度目(なんどめ)(몇 번째) 幾日(いくにち)(며칠)

3.
- 개수사(個数詞) - 1(ひとつ) 2(ふたつ) 3(みっつ) 4(よっつ) 5(いつつ) 6(むっつ) 7(ななつ) 8(やっつ) 9(ここのつ) 10(とお)
- 일수사(日数詞) - 1日(ひとひ) 2日(ついたち) 3日(みっか) 4日(よっか) 5日(いつか) 6日(むいか) 7日(なのか) 8日(ようか) 9日(ここのか) 10日(とおか)
- 인수사(人数詞) - 1人(ひとり) 2人(ふたり) 3人(さんにん) 4人(よにん) 5人(ごにん) 6人(ろくにん) 7人(ななにん) 8人(はちにん) 9人(くにん) 10人(じゅうにん)

4.
- 본수사 - 1 2 3 4 5 …
- 조수사 - 第(だい) 冊(さつ) 回(かい) 本(ほん) 匹(ひつ)

第3回	10冊	第1
(조수사-본수사-조수사)	(본수사-조수사)	(조수사-본수사)

국문법에서는 이러한 조수사류를 접두부분을 그대로 접두사로, 접미적인 부분에 대하여는 명사로서 수 단위의 불완전명사로 다루고 있다.

第3回	10冊	第1
(접두사-수관형사-불완전명사)	(수관형사-불완전명사)	(접두사-수사)

따라서 第3回의 표현은 일본어처럼 수사로 볼 것인가. 한국어처럼 명사로 볼 것인가의 문제가 있을 수 있다.

조수사는 본수사와 접합시에 본수사의 말자음과 조수사의 두자음이 변음

되는 경우가 많다(김공칠 1978:312-313 참조). Aston(1888:37~38)은 조수사를 Auxiliary Numerals라 하고 변음 되는 경우를 이미 예시하고 있다.

범주의 구별을 수사냐 명사냐 하기보다는 모두 이들은 수량사(数量詞)(Numeral Quantifier, NQ)로서 따로 내세우기도 한다. 통사론에서 내현적인 수량사 이동이 다루어진다. 내현적 이동은 눈에 보이는 외현적 이동과 달리 사람의 머리/마음에서의 의미해석부문인 LF에서에서 내부적으로 이동하는 것을 말한다. 예를 들면,

(24) 1. 兄(あに)が 3人(さんにん)の 弟(おとうと)に パン 三(みっ)つを やった。
(형이 세 사람의 동생에게 빵 3개를 주었다.)

2. 兄が パン 三つを 3人の 弟に やった。
(형이 빵 3개를 세 사람의 동생에게 주었다.)

1.에서는 a)세 사람의 동생 각자에게 빵 3개를 주었다. 2.에서는 b)빵 3개를 세 사람의 동생에게 주었다(각자 빵 하나씩)가 되는데 2.를 넓게 보면 빵 3개를 세 사람의 동생 각자에게 주었다((24) 1.과 같다)와 같은 다음의 a)의 해석도 나올 수 있다. 곧 수사가 내포된 명사구의 위치에 따라 다음 해석이 나오는 것인데

a) 셋의 아이에게 각자 빵 3개씩 주었다.
b) 셋의 아이 모두에게 합쳐서 빵 3개 주었다.(각자 빵 하나씩)

곧 (24) 1.에서는 a)의 해석만이 나오고, (24) 2.에서는 a)와 b)의 해석의 두 가지가 있을 수 있다. (24) 2.에서 b)의 해석이 일반적인데 a)의 해석이 나온다면 2.에서도 내면적으로 수사가 내포된 명사구(3人の弟)가 앞으로 이동하여 (24) 1.과 같은 어순이 되었다고 보는 것이다.

전통 문법적으로는 수사가 그렇게 중요시되지 않지만 앞에서 본 대로 통

사적으로 중요한 구실을 하고 또 비교문법의 견지에서도 중요시되고 있다.

한·일 두 언어 사이에 고대 고구려어와 일본어의 유사성이 보인다. 그것은 삼국사기지리지에 있는 고구려 지명의 한자 표기에서 수사의 한자음과 의미의 대응에서 엿볼 수 있다.

(25)

三 峴 縣 一 云 密 波 兮

五 谷 縣 一 云 于 次 之 忽

七 重 縣 云 難 隱 別

十 谷 縣 一 云 德 頓 忽

이를 보면 고구려어의 3에서 일본어의 mit(u)가, 5에서 일본어의 itu(tu)가, 7에서 일본어의 nana, 10에서 일본어의 to(〈tə)가 관련된 것을 알 수 있다. 이러한 관련성은 일본어의 수사가 한국어, 나아가서는 알타이어계 언어와의 관련의 가능성을 시사한다.(보주(補注) 4(p.588))

명사와 관계된 수사의 위치는 여러 가지 경우가 있다.

(26) 1. 部屋(へや)の 中(なか)に 3人(さんにん)の 弟(おとうと)がいる。 (방 안에 세 사람의 동생이 있다.)
2. ———— 3人 弟が いる。 (방 안에 세 사람 동생이 있다.)
3. ———— 弟 3人が いる。 (방 안에 동생 세 사람이 있다)
4. ———— 弟が 3人 いる。 (방 안에 동생이 세 사람 있다.)

1, 2, 3에서는 수사와 명사가 하나의 구(명사구)를 이루고 있다고 볼 수 있다. 조사 'が'가 명사구를 받쳐주고 있다.

그러나 4.에서는 '3人'이 조사 'が'를 건너서 떨어져 있기에 같은 명사구에 있다고 볼 수 없다. 본래는 명사구 안에 있던 것이 떨어져 나갔다 해서 이를 수(량)사의 유리(Quantifier Flouting)현상이라고 한다. 이를 유리현상으로 보지 않고 명사구와는 별도로 애초부터 부사로서 기저 생성되었다고 보기도 한다.

명사의 통사적 기능 명사는 조사를 동반해서 모든 성분이 될 수 있다. 그것은 술어핵의 특성에 따라 그것에 적합한 상대항으로 도입(선택, 병합)되기 때문이다. 술어핵의 의미역할에 상응한 명사를 보통 논항(論項)(Argument, A)이라고 한다. 몇 가지 예시하면,

(27)

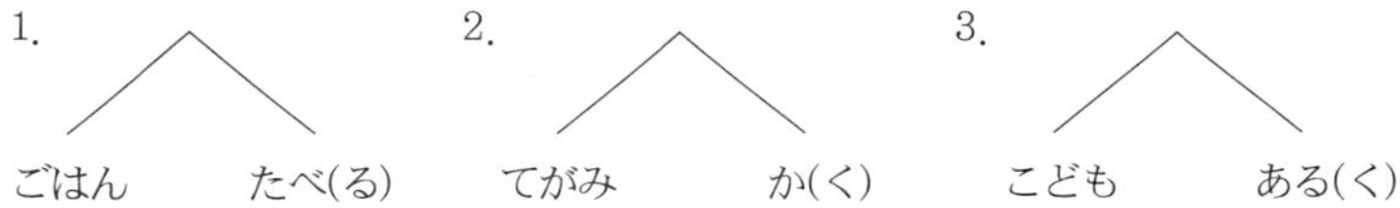

1.과 2.에서는 동작주의 논항이 빠져 있으므로 또 하나의 명사의 논항을 후행 술어핵이 투사(投射)해야 한다. 3.에서는 논항이 충족(포화, Saturate)되어 있으므로 주어 자리로 옮기면 된다.

(28)

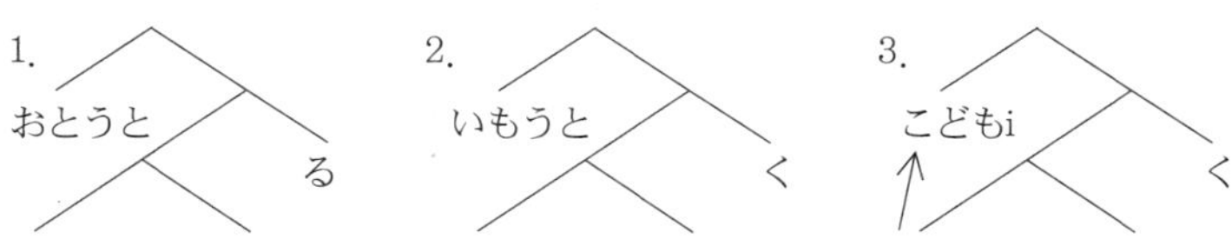

여기서는 술어핵을 Hiragana로 썼기 때문에 어간과 어미의 구별이 애매하게 되어 있다. 로마자로 tabe-ru, kak-u, aruk-u로 표기되어야 문말 술어핵의 공통점을 얻을 수 있다(자음동사 -u, 모음동사 -ru). 그리고 3.에서

는 술어핵이 자동사이므로 논항 더 하나를 투사할 필요는 없으나 핵문의 체재를 갖추기 위해 핵문술어의 상대항으로 이동해야 한다(t는 이동 전의 원자리(흔적, Trace) 표시고 i는 동일지시(Coreference)의 동일지표(Co-Index)이다).

앞의 수형도에서는 격을 나타내는 조사가 표시되어 있지 않지만, 1)조사는 나중에 부가된다는 의견과 2)애초부터 조사가 부가되고 있다는 의견으로 갈린다. 필자는 후자의 처지인데 이때 조사가 명시적으로 부가된 경우와 비명시적으로 부가된 경우로 나뉘는데 명시적인 경우는 형태격(Morphological Case), 비명시적인 경우는 추상격(Abstract Case)이라 한다. 앞 예의 명사는 모두 추상격인 셈이다.

비록 추상격이라 하더라도 술어핵의 대상은 대격, 핵문술어의 주어는 주격이라는 것을 형상적으로 알 수 있다.

대개 일본어의 경우 주어는 주격, 대상은 대격, 수식어는 속격이다. 주격과 대격은 추상격으로 쓰이는 경우가 많다.

'本だ, 本です, 本のようだ, 本らしい'와 같이 명사 + 조동사가 술어로 쓰이는 경우는 명사는 논항이 아니며 이 전체가 명사술어로 본다. 이들의 합성은 어휘부에서 이루어지고 통사부에는 그 전체로 나타난다고 본다. 다만 다음의 3., 4.의 경우는 다르게 처리될 수도 있다.

(29)

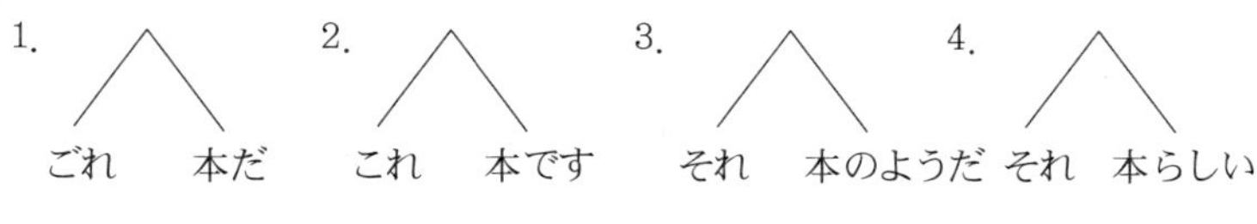

곧 오른쪽(뒷쪽)의 술어핵 자리에는 명사술어가 아닌 명사로는 나타날 수 없으며 명사는 반드시 술어의 왼쪽(앞쪽)에 나타날 수 있다.

여기서의 '명사-조동사'를 명사술어로 보느냐에 대해서는 이견이 있을 수 있다. 여기서는 간명하게 표시해 본 것이다.

그리고 명사에는 연체사가 자유스럽게 얹힐 수 있으나, 대명사는 형용적인 것 외는 자유스럽게 연체사가 얹힐 수 없는 경우도 있다. 수사는 조수사 없이는 곤란한 경우도 있지만 조수사가 있으면 연체사가 얹힐 수 있다.

(30)

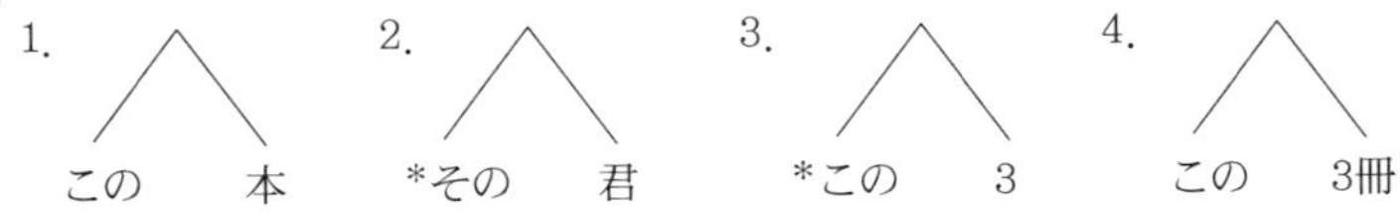

명사의 형태·의미 명사의 형태는 내부적인 형태소의 여하에 따라 다음과 같이 구별될 수 있다.

(31)		
	1. 하나의 형태소로 된 것	水(물), 君(너), 茶(차), われ(우리) 1
	2. 1.에 접두사가 붙은 것	お水, お茶, 第1
	3. 1.에 접미사가 붙은 것	われら(우리들), 君たち(너희들), 1年
	4. 복합명사	本(hoN)+棚(tana) → hondana(서가) 이 경우 hon와 dana는 부속형식이기는 하지만 각 요소가 기본형태로 환원될 수 있어서 두 단어의 복합어로 볼 수 있다.

1.에서 3.까지는 단일어, 4.는 복합어지만 통사적으로는 모두 하나의 단어로 처신한다. 곧 2~4의 합성과정은 어휘부에서 행해지는 것으로 가정한다. 그렇지 않고 그러한 합성과정을 통사부에서 하게 된다면 통사부에서 구조형성이 매우 복잡하게 된다. 곧 어휘부에서는 시대와 문물의 변동에 따라 합성 혹은 신조(新造)를 통하여 필요한 명사를 생산하게 되는 것이라고 할 수 있다.

여러 가지 요소를 합성해서 명사를 형성하다가도 통사부에 출력할 때는 하나의 명사로서 술어핵의 대상항 자리에 도입(병합)된다.

기본적으로 문형식을 갖추는 핵문에서의 명사의 위치는 대충 다음과 같다.

(32)

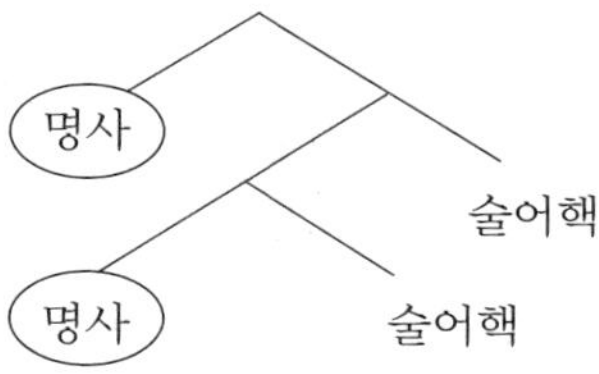

다음과 같은 예문의 경우를 들면,

(33)

1.	太郎(たろう)が	花子(はなこ)に	本(ほん)を	あげた。(태랑이 화자에게 책을 주었다)
	명사	명사	명사	술어
2.	주어	간접목적어	직접목적어	술어
3.	동작주	수혜주	대상	술어

1.에서는 술어의 특성에 상응한 명사가 배열되어 수여동사문의 논항이 되고 있다. 2.에서는 각 명사구의 문 중에서 문법적 기능이 표시되어 있다. 3.에서는 술어핵이 지닌 의미역할에 합당한 논항의 의미역할이 표시되어 있다. 이들 구조를 수형도로 나타내면, 다음 1., 2. 중의 하나인데,

(34)

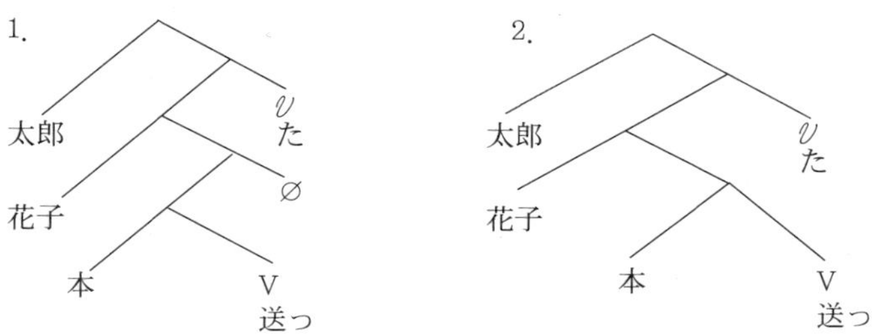

필자는 1.을 선호하고 있다. 술어핵은 하나의 논항을 도입하는 것을 원

칙으로 하고 있기 때문이다. ∅ 표시는 파생접사핵의 자리로 수동과 사동의 접사가 자리하는 곳인데 수여동사, 중간동사(후순)의 경우는 ∅ 요소의 파생접사가 있는 것으로 보고 있다.

명사의 생성 참고로 어휘부에서 원래 명사가 아닌 다른 품사로부터 명사를 형성하는 과정을 예시하면,

(34) 1. 동사의 어간 - 어말모음 교체 話す(이야기하다) → 話(이야기)
光る(빛나다) → 光(빛)

2. 동사의 어간 歌う(노래하다) → 歌(노래)
宿る(숙박하다) → 宿(숙소)

이 경우는 반대로 명사에서 동사로 된 것으로 볼 수 있는 경우도 있다.

3. 형용사의 어간 + 접미사 高い(높다) → 高さ(높이)
寒い(춥다) → 寒さ(추위)
深い(깊다) → 深み(깊이)
悲しい(슬프다) → 悲しみ(슬픔)
寒い(춥다) → 寒け(추위, 한기)
眠い(졸리다) → 眠け(졸음)
親しい(친하다) → 親しげ(정다움)
悲しい(슬프다) → 悲しげ(슬픔)

4. 형용사의 어간 赤い(빨갛다) → 赤(빨강), 白い(희다) → 白(흰색)
黒い(검다) → 黒(검정)

이 경우도 반대로 명사에서 형용사로 된 것으로 볼 수 있는 경우도 있다.

5. 명사 + 형용사의 어간 手(손) - 長い(길다) → 手長 (손이 긴(도벽이 있는) 사람)
   気(기질) - 短い(짧다) → 気短 (성급함)
6. 형용사의 어간 + 명사 青(い)(푸름/푸르(다)) - 空(하늘) → 青空 (푸른 하늘)
   白(い)(흰색/희다) - 馬(말) → 白馬 (백마)

이상은 다른 품사로부터 명사가 된 것이므로 파생명사(Derived Noun), 전성(転成)명사라고 한다. 명사의 역할이 중요하기에 여러 방식으로 사람의 머리/마음에서 명사를 만들어내고 있음을 보여준다.

3. 동사

용언 동사(動詞, Verb)와 다음에 다루는 형용사, 형용동사를 합쳐서 용언(用言)이라고 한다. 필자는 이외에 명사술어를 포함시킨다. 이들은 모두 활용에 의하여 문절을 이룰 수 있는 자립어이며 단독으로 서술어가 될 수 있다. 그 점에서 술어란 말이 쓰인다. 이 술어가 통사부에서의 연산의 시점이 되며 그 점에서 시발술어핵이 된다. 생성문법적으로는 시발술어핵 자리에 어간(어근)으로 도출되며 후행 술어핵과의 병합으로 술어 구실을 하는 것으로 본다.

(1)

1.		2.		3.		4.	
명사 (논항)	동사 (어간)	명사 (논항)	형용사 (어간)	명사 (논항)	형용동사 (어간)	명사 (논항)	명사술어 (어간)

'명사 + だ'의 경우도 시발핵 구실을 하므로 통사적으로는 포함시키는 것이 마땅하다. 전통적으로 명사라는 특성에다 조동사의 형태 결합이 전제되기 때문에 두 단어로 보고 용언에서 따로 떼어서 말하는 것이 보통이지만, 그렇게 되면 두 개의 통사적 위치를 마련해야 하는 난점이 있다.

동사와 형용사를 동사류로 한 묶음하기도 한다. Matsusita 문법에서 그렇고 생성문법에서 그렇다. 이 경우 형용사를 [+상태동사], 동사를 [-상태동사]로 구별한다.

형용동사의 설정의 역사는 그리 오래되지 않으며 관념상 형용사와 같으나 종지형이 -da로 끝나는 것이 다르다. 이 형용동사에 속하는 어류는 한국어에서는 모두 형용사이다.

활용 용언의 특징인 활용(Conjugation)이란 같은 용언이 어간을 근간으로 해서 어미부분이 여러 가지 모양으로 바뀌는 것을 말한다. 영어의 'take'동사의 예를 보면 take, takes, taken, taking처럼 어형이 변화하는 것과 같다. 영어의 be동사의 경우는 인칭, 수, 시(時)에 따라 어형이 달라진다. 이와는 달리 일반동사는 3인칭 단수 현재에만 변화형(원형 + (e)s)이 있고, 규칙활용이면 과거형(-ed), 과거분사(-en) 등의 변화형이 있다.

(2)

1. 인칭
   - 1인칭단수 am
   - 2인칭단수 are
   - 3인칭단수 is

2. 수
   - 1인칭복수 are
   - 2인칭복수 are
   - 3인칭복수 are

3. 시
   - 1인칭단수 과거 was　　복수 과거 were
   - 2인칭단수 과거 were　　복수 과거 were
   - 3인칭단수 과거 was　　복수 과거 were

이를 보면 복수의 경우는 인칭이나 시에 따른 구별이 없는 점에서 복수

동사가 따로 있었던 것 같이 보인다. 그러나 일본어의 경우 시(時) 외에는 인칭과 수에 관계없이 わたし/われら/きみ를 받는 be동사는 모두 'だ'이고, 시에서만 과거에서 'だった'로 바뀔 뿐이다.(보주(補注 5(p.598))

이 'だった'에서 말미의 'た'는 과거조동사이므로 영어처럼 be동사 자체가 변했다기보다 be동사 'だ'가 후행어(과거) 'た'와 접속하기 위해 변한다는 특색을 지닌다(学生だ(→だっ).

이는 'だ' 조동사의 경우가 되지만 동사의 경우도 마찬가지다.

(3) 書(か)か — ない (쓰지 - 않다)
　　き — ます (쓰 - ㅂ니다)
　　く — そうだ (쓴 - 다고 한다)
　　く — とき (쓸 - 때)
　　け — ば (쓰 - 면)
　　こ — う (쓰 - 자)

처럼 '書く' kak-(u) 동사가 후속어와 결합시에 어미가 a i u e o로 바뀌고 있다. 곧 일본어의 활용은 후속어와 결합하기 위한 어형 변화의 성격을 띠고 있다.

동사의 활용을 로마자로 분절하면 kak-u 동사는 두 형태로 되어 있다고 볼 수 있고 그렇다면 두 형태 하나하나는 부속형식이다. 하나의 음절을 자음과 모음으로 분절하는 것은 조어법(造語法), 비교 방법에는 유용한 방법이다.

(4)

kak — a
　　　i
　　　u
　　　e
　　　o

{kaku} ~ /kaka ~ kaki ~ kaku ~ kake ~ kako/와 같이 대표형태소 {kaku}의 이형태(異形態, Allomorph)로 처리하여 분절하지 않는 전체가 하나의 형태소로 볼 수 있다. 단어 처리에 편리하다.

분절적으로 보든, 이형태소로 보든 이들 형식 가운데 자립형식은 kaki(중지형) kaku(종지형) kake(명령형)이며, kako(청유형)는 발음을 길게 빼면 자립형식이 될 수 있다. 그렇게 되면 비자립형식은 kaka 뿐인데 그 뒤에 조동사(ない, れる…)가 따르면 합쳐서 자립형식이 될 수 있다.

활용형(活用形)과 유형(類型) 일본어의 음절은 자음 + 모음이 중심이기 때문에 결국 동사와 후속어의 연결은 모음이 감당하게 된다. 그리고 일본어의 모음은 5개뿐이므로 연결을 위한 활용형은 5가지에 한정된다. '読む'(읽다)와 '書く'(쓰다) 두 동사의 예를 보이면,

(5)

기본형	어간	미연형	연용형	종지형	연체형	가정형	명령형	청유형
yomu (読)	yom−	−a	−i	−u	−u	−e	−e	−o
kaku (書)	kak−	−a	−i	−u	−u	−e	−e	−o

이와 같은 패턴의 동사에는 咲く(피다), 泳ぐ(헤엄치다), 話す(이야기하다), 立つ(서다), 死ぬ(죽다), 習う(배우다), 思う(생각하다) 등 많은 동사가 있다.

이들 활용의 유형에 후속하는 단어를 보이면, 다음과 같다. 여기서 접속되는 말(연체형의 후속어 'とき'(명사) 제외)을 동사의 내부요소(복어미) 혹은 활용(Conjugution)으로(Aston 1888:44) 보느냐, 동사와 별개의 조사 혹은 조동사로 보느냐가 일본어 문법에서의 큰 갈림이 된다. 교과문법은 후자의 처지다. 다음의 형용사, 형용동사의 경우도 마찬가지다.

(6)

어간	어미	접속되는 말	활용형의 명칭	비고
yom-(読) kak-(書)	a	ない(부정조동사) (읽지 않다) せる(사동조동사) (읽히다) れる(수동조동사) (읽히다)	미연형(未然形) (혹은 부정형)	
	i	ます(공손조동사) (읽습니다) た(과거조동사) (읽었다) て(접속조사) (읽어서) ∅(중지형)(쓰고) たい(희망조동사) (읽고 싶다) そうだ(양태조동사) (읽을 모양이다)	연용형	yom-i-ta → yonda yom-i-te → yonde
	u	が(접속조사) (읽지만) ∅(종지형/기본형일 때) (읽다) らしい(추량조동사) (읽을 듯하다) そうだ(전문조동사) (읽는다고 한다)	종지형(기본형)	사전 등재형
	u	とき(時) (읽을 때) ようだ(비유조동사) (읽을 것 같다)	연체형	
	e	ば(가정의 접속조사) (읽으면)	가정형	
	e	∅ (읽어라)	명령형	
	o	う[o](추량조동사) (읽자/읽으려고)	청유형 (혹은 의도형)	

예외적으로 미연형의 a가 wa가 되는 경우가 있다. 그것은 思う(생각하다)와 같이 -u로 끝나는 동사의 경우이다. 이들 동사는 u어미가 -hu > wu > u로 변해온 것이다. 미연형에서 omoha > omowa로 발음되었기에 지금도 (w)음이 재생되는 것이 된다.

활용형의 명칭은 전통적으로 쓰인 것을 보인 것이고, 접속되는 말에 치중해서 미연형은 부정형이라고 할 수 있다. Aston(1888:42)에서는 Negative, Future form으로 나타내고 있다.

일본어의 모음이 한정적이기에 동일 모음이 여러 가지 기능을 맡고 있다. -o형을 제외한 a, i, u, e형이 그것인데 그 중에서 i형이 '많은 기능'을 부담하고 있다. 곧 기능부담량이 많은 것이 된다. 앞에서 ∅ 표시는 제로 표시이며 후속하는 말이 없다는 것을 나타낸다.

종지형과 연체형은 같은 -u형이므로 묶어 종지연체형으로 할 수 있지만 다음 예처럼, 후속하는 말이 달라지므로 보통 구별한다.

(7) 行くのだ。(가는 것이다)　　　　行く そうだ。(간다고 한다)
연체형 단정조동사　　　　　　　　종지형 전문조동사

비유조동사(ようだ)의 경우 형용동사에는 まじめなようだ(착실한 듯하다)처럼 연체형에 이어지므로 동사도 연체형에 이어진다고 본다. 'そうだ' 조동사의 경우는 연용형에 이어지면 양태(~것 같다), 종지형이 이어지면 전문(~한다고 한다)의 뜻으로 갈린다. 가정형과 명령형도 같은 -e형이지만 가정형은 반드시 가정의 접속조사가 이어지고 명령형은 그 자체로 끊기는 차이가 있다.

여기서의 '読む', '書く' 동사는 어미가 a, i, u, e, o의 5단에 걸쳐 활용하므로 5단동사라고 한다. 혹은 o단은 역사적으로 a단에서 유래하므로(au → o) 이를 a단과 함께 미연형으로 묶어 4단동사라고 부르기도 한다(고전문법에서 그렇다).

실지로 o단에 이어지는 'う'[o]는 그 자체 아무런 의미가 없고 해서 조동사라 하기 힘들어, 조동사가 아닌 어미(複語尾)로 보기도 하는데, 동사의 청유형과 결합하면 청유, 의지의 뜻이 나타나므로, 동사의 경계를 a, i, u, e, o에서 끊는 이상 조동사로 편의적으로 처리하고 있다.

동사에 따라서는 이러한 5 내지 7의 활용형을 갖추지 않는 것도 있다. 예컨대 '敢う'(견디다), '能う'(할 수 있다)와 같은 것인데 이를 불완전동사라고 한다.

이번에 着る(입다), 見る(보다) 동사의 예를 보면,

(8)

기본형	어간	미연형	연용형	종지형	연체형	가정형	명령형	청유형
kiru (着)	k(i)	i	i	i–ru	i–ru	i–re	i–ro/yo	i–yo
miru (見)	m(i)	i	i	i–ru	i–ru	i–re	i–ro/y0	i–yo

이와 같은 패턴의 동사에는 居る(있다), 起きる(일어나다), 過ぎる(지나다), 閉じる(닫다), 落ちる(떨어지다), 率いる(거느리다) 등이 있다.

이들 활용형에 후속하는 말을 보태면(앞서의 5단동사 참조),

(9)

<table>
<tr><th>어간</th><th>어미</th><th>후속하는 말</th><th>활용형의 명칭</th><th>비고</th></tr>
<tr><td rowspan="2">k(i)
(着)</td><td>(i)</td><td>ない (입지 않다)
させる(입히다)
られる(입게 되다)</td><td>미연형
(혹은 부정형)</td><td>5단은
a어미</td></tr>
<tr><td>(i)</td><td>ます (입습니다)
た (입었다)
て (입어서)
∅ (입고)
たい (입고 싶다)
そうだ(입을 것 같다)</td><td>연용형</td><td>5단은
i어미</td></tr>
</table>

<table>
<tr><td rowspan="5">k(i)
(着)</td><td>(i) ru</td><td>が　　(입지만)
∅　　(입다)
らしい(입을 듯하다)
そうだ(전문)
(입는다고 한다)</td><td>종지형
(기본형)</td><td>사전
등재형</td></tr>
<tr><td>(i) ru</td><td>とき(時)(입을 때)
ようだ(입을 것 같다)</td><td>연체형</td><td></td></tr>
<tr><td>(i)-re</td><td>ば　　(접속조사)
　　　(입으면)</td><td>가정형</td><td></td></tr>
<tr><td>(i) ro/yo</td><td>∅　　(입어라)</td><td>명령형</td><td></td></tr>
<tr><td>(i) yo</td><td>う[o](실지 발음은 お)
(입자) / (입으려고)</td><td>청유형
(의도형도 겸함)</td><td>5단은 y가
없다</td></tr>
</table>

이 동사의 분석의 난점은 예컨대 어간을 ki-(着)로 본다면 미연형, 연용형 어미가 없게 되고, 반대로 그러한 어미를 인정하면 어간이 자음 하나 k-로 되는 기이한 꼴이 된다는 것이다. 같은 i 음이 중복되는 것으로 처리할 수도 있다.

이 동사의 어미 r를 어간으로 해서 처리하는 방법이 있다. mi-ru(見)(보다)를 mir-u, iru(居)를 ir-u와 같이 분석하는 것이다.

이 이점은 5단 동사처럼 어간을 자음종지형으로 일관화할 수 있고, 일본어 ir-:한국어 있- (有), 일본어 mir-:한국어 볼- (見)과 같은 대응을 구할 수 있다. 그러나 미연형과 연용형에 자음이 빠져 있고 명령형 및 청유형도 모양이 다르니 어느 쪽으로 처리해도 불완전한 것은 마찬가지다. 전통적인 용례에 따라 상1단동사로 한다.

5단 동사처럼 어간을 자음종지형으로 분석할 수 있는 동사를 자음동사(Consonant Vowel)라고 한다면 상1단동사처럼 어간을 모음종지형으로 분석할 수 있는 동사를 모음동사(Vowel Verb)라고 한다. 다음의 하(下(しも))1단 동사도 모음동사이다.

예컨대 出(で)る(나가다), 寝(ね)る(자다) 동사의 예를 보이면,

(10)

기본형	어간	미연형	연용형	종지형	연체형	가정형	명령형	청유형
deru (出)	d(e)	e	e	e−ru	e−ru	e−re	e−ro/yo	e−yo
neru (寝)	n(e)	e	e	e−ru	e−ru	e−re	e−ro/yo	e−yo

이와 같은 패턴의 동사에는 考[かんが]える(생각하다), 得[え]る(얻다), 助[たす]ける(돕다), 逃[に]げる(도망가다), 任[まか]せる(맡기다), 捨[す]てる(버리다), 尋[たず]ねる(찾아가다), 並[なら]べる(나란히 하다), 流[なが]れる(흐르다) 등이 있다.

이들 활용형에 후속하는 말을 보이면(앞서의 5단, 상1단 동사 참조)

(11)

어간	어미	후속하는 말	활용형의 명칭	비고
de− (出)	(e)	ない (나가지 않다) させる (나가게 하다) られる (나가게 되다)	미연형 (혹은 부정형)	5단은 a어미 상1단은 i어미
	(e)	ます (나갑니다) た (나갔다) て (나가서) ∅ (나가고) たい (나가고 싶다) そうだ (나갈 모양이다)	연용형	5단은 i어미 상1단은 i어미
	(e)ru	が (나가지만) ∅ (나가다) らしい (나갈 듯하다) そうだ (전문)(나간다고 한다)	종지형 (기본형)	상1단과 같다 사전 등재형
	(e)ru	とき(時)(나갈 때) ようだ (비유) (나갈 것 같다)	연체형	상1단과 같다
	(e)re	ば (접속조사)(나가면)	가정형	상1단과 같다
	(e)ro/yo	∅ (나가라)	명령형	
	(e)yo	う[o](실지 발음은 お) (나가자) / (나가려고)	청유형 (혹은 의도형도 겸함)	5단은 y가 없다 상1단과 같다

상1단 동사의 경우처럼 어간과 어미의 경계의 애매성이 있다. 어느 하나의 (e)부분을 살리고 버리느냐의 차이다.

곧 d-eru, de-ru(이 경우도 de-(e)ru 식으로 하는 것), der-u의 세 가지 처리법이 있게 된다. 자음동사의 어간을 자음종지형으로 일관화하고 다음과 같은 비교의 관점에서는 der-u 쪽을 취할 수 있다.

(12)
한국어 눕-(寢): 일본어 ner-(寢), 한국어 맡기-(任): 일본어 makas-(任)
한국어 얻-(得): 일본어 er-(得), 한국어 떨-(離): 일본어 der-(出)

이들 동사는 상1단 동사와 마찬가지로 어미가 e 한 가지로(종지형부터는 r(청유형에서는 y)) 쓰이고 e단은 종지형 u단을 기준했을 때 아래쪽에 있으므로 하1단 동사라는 이름이 있다.

이외에, '来る'(오다)와 'する'(하다)동사는 다음과 같이 앞서의 동사와 다른 특이한 패턴을 보여준다.

(13)

기본형	어간	미연형	연용형	종지형	연체형	가정형	명령형	청유형
kuru (来)	k(u)	o (i)	i (i)	uru (iru)	uru (iru)	ure (ire)	oi (ii)	o(yo)

이러한 변칙적인 패턴의 단어는 '来る' 하나뿐이므로 ka 변칙동사라고 한다.

ka 변칙동사는 괄호 속에 표시한 것처럼 상1단 동사처럼 변하는 경향이 있다고 한다.

일본 본섬의 북단 아오모리(青森)의 어느 지방에서는 きーない(오지 않다), きーた(왔다), きる(오다), きる(오는), きれーば(오면)와 같은 활용을 보인다.

이들 활용형에 후속하는 말을 보태면,

(14)

<table>
<tr><th>어간</th><th>어미</th><th colspan="2">후속하는 말</th><th>활용형의 명칭</th><th>비고</th></tr>
<tr><td rowspan="7">k(u)</td><td>o</td><td>ない
させる
られる</td><td>(오지 않다)
(오게 하다)
(오게 되다)</td><td>미연형
(혹은 부정형)</td><td>5단은 a
상1단은 i
하1단은 e</td></tr>
<tr><td>i</td><td>ます
た
て
∅
そうだ</td><td>(옵니다)
(왔다)
(와서)
(오고)
(올 모양이다)</td><td>연용형</td><td>5단은 i
상1단은 i</td></tr>
<tr><td>(u)ru</td><td>が
∅
そうだ

らしい
</td><td>(오지만)
(오다)
(전문)
(온다고 한다)
(추량)
(올 듯하다)</td><td>종지형
(기본형)</td><td>사전 등재형</td></tr>
<tr><td>(u)ru</td><td>とき(時)
ようだ
</td><td>(오는 때)
(비유)
(올 것 같다)</td><td>연체형</td><td></td></tr>
<tr><td>(u)re</td><td>ば
</td><td>(접속조사)
(오면)</td><td>가정형</td><td></td></tr>
<tr><td>oi</td><td>∅</td><td>(오라)</td><td>명령형</td><td></td></tr>
<tr><td>(o)yo</td><td>う[o]
</td><td>(추량조동사)
(오자) / (오려고)</td><td>청유형
(혹은 의도형)</td><td></td></tr>
</table>

종지형과 연체형, 그리고 가정형의 (u)가 어간에 속하는가, 어미에 속하는가의 애매성이 있다. 어느 하나를 살리고 버리는 문제가 있다. 그 이외의 활용형을 고려하면 어간을 자음 하나의 k로 볼 수밖에 없다. 다음 sa변의 경우도 마찬가지다. 청유형의 어미를 o에서 끊고 yoo를 후속의 조동사라 하기도 한다.

(15)

1. k	oyo	o
어간	어미	조동사

2. k	o	yoo
어간	어미	조동사

(16)

기본형	어간	미연형	연용형	종지형	연체형	가정형	명령형	청유형
suru (為)	s	i e a	i	uru	uru	ure	iro e(yo)	i(yo)

이 패턴의 동사도 'する'(하다) 하나뿐이다.

미연형에 세 가지 있는 것은 si–nai 하지 않는다 (부정)
se–zu 하지 않고 (부정, 문어형)
sa–seru 하게 하다 (사동)
sa–reru 하게 되다 (수동)

와 같이 쓰이기 때문이다.

청유형에서 (yo)는 ka변의 경우처럼 다음의 어느 하나를 택하느냐의 차이를 나타낸 것이다.

(17)

1. s	iyo	o
어간	어미	조동사

2. s	i	yoo
어간	어미	조동사

(18)

어간	어미	후속하는 말	활용형의 명칭	비고
s	i e a	ない (하지 않는다) ず (하지 않고) せる/れる (하게 하다/하게 되다)	미연형 (혹은 부정형)	
	i	ます (합니다) た (하였다) て (하여) ∅ (하고) そうだ(양태)(할 모양이다)	연용형	

<table>
<tr><td rowspan="4">s</td><td>uru</td><td>が　　　(하지만)
∅　　　(하다)
そうだ(전문)(한다고 한다)
らしい(추량)(할 듯하다)</td><td>종지형
(기본형)</td><td>사전
등재형</td></tr>
<tr><td>uru</td><td>とき(時) (하는 때)
ようだ(비유)(할 것 같다)</td><td>연체형</td><td></td></tr>
<tr><td>ure</td><td>ば(접속조사)(하면)</td><td>가정형</td><td></td></tr>
<tr><td>i(yo)
(o)yo</td><td>う[o](추량조동사)
(하자) / (하려고)
어미와 조동사의 경계선 해석에 유의할 것.</td><td>청유형
(혹은 의도형)</td><td></td></tr>
</table>

sa변은 'する' 하나뿐인데 이때의 'する' 동사는 동작성 명사를 대상으로 취하는 타동사이다. 한편, 동작성 명사와 접합하는 'する'는 함께 타동사 구실을 하지만 실지 타동의 구실은 동작성 명사가 맡고, 후접한 'する'는 그것을 받쳐주는 구실을 하므로 경동사(輕動詞, Light Verb)라 하기도 한다. 예컨대 '研究する'라는 동사는 '研究'라는 한자 어휘에 누구(동작주)가 무엇(대상)을 연구한다는 의미역할을 간직하고 있는 것이다. 이에 대해 'する' 자체는 그러한 의미역할을 지니지 않고 동작성 명사에서 물려받는 처지다. 그래서 불완전한 동사라는 의미에서 경동사라는 이름이 있다. 그렇다면,

(19) 研究(けんきゅう)をする → 研究する
　　研究する → 研究をする

와 같은 분리나 접합이 있게 되는 것은 어떻게 볼 것인가?

(20) 私(わたし)は 英語(えいご)を 研究(けんきゅう)します。(나는 영어를 연구합니다.)
　　私は 英語の 研究をします。(나는 영어(의) 연구를 합니다.)

대상이 가벼우면 접합하고 무거우면 분리하는 기제가 있는 것으로 보아

진다. '散歩(さんぽ)する'처럼 자동사로 쓰이는 것도 있다.

sa변과 혼동되기 쉬운 동사의 예를 두 가지 든다면,

(21) 1. 信(しん)じる(믿다) (상1단 활용)
  2. 愛(あい)す(사랑하다) (略(りゃく)す(생략하다), 訳(やく)す(번역하다)) (5단 활용)

1.은 '信-ずる'와 관련되겠지만 이는 없어지고 있고, '信じ-ない, 信じ-ます, 信じ-る, 信じれ-ば…' 로 활용하고 있다. 2.는 愛さ-ない, 愛し-ます, 愛す, 愛せば… 로 활용하고 있지만 愛しない와 같이 상1단화 되고 있다.

이들 한자 유래의 동사를 정리하면,

(22) 1. 한자 2자 + suru 運動(うんどう)する　이는 두 요소의 복합으로 보면 복합동사이고, 후접한 する를 하나의 형식동사로 보면 경동사가 된다. suru동사, 경동사의 이름이 있다.(sa 변칙)
  2. 한자 1자 + suru 反(はん)する(위반되다)　한자 하나로 자립할 수 없기에 융합동사라고 한다.(sa 변칙)
  3. 한자 1자 + ziru 信(しん)じる　ziru 동사라는 이름이 있다.(상1단)
  4. 한자 1자 + su 略(りゃく)す　su 동사라는 이름이 있다. 5단에서 상1단화 하고 있다.

앞에서 보아온 활용의 유형의 판별은 동사의 미연형에 이어지는 부정조동사 nai가 어떤 어미에 이어지는가에 의해 이루어진다.

(23) 5단	書く(쓰다)	kak − a − nai (쓰지 않다)
상1단	見る(보다)	m − i − nai (보지 않다)
하1단	考える(생각하다)	kannga − e − nai (생각하지 않다)

나머지 ka 변칙은 '来(く)る'동사 하나뿐이고, sa 변칙은 'する'동사 하나뿐

이므로 그대로 외우면 된다.

관점에 따라 활용형의 유형을 다르게 나눌 수 있으나 교과문법에서는 이상의 5가지로 하는 것이 일반적이다.

활용형의 배열 5가지 모음에서 원래 활용에 쓰인 것은 a i u e의 네 가지였다. o는 나중에 a에서 갈라져 나온 것이다.

a, i, u, e 의 네 모음 중에 u가 두 가지로 쓰이고 e도 두 가지로 쓰여서 6단으로 쓰였었다.

(24)

a —— 미연
i —— 연용
u < 종지 / 연체
e < 가정(본래 이연(已然)) / 명령

이렇게 6단으로 나눈 것은 고전에서의 na 변칙동사 '死ぬ'(죽다)(지금은 5단 동사)동사가,

(25) 死(し)な—ない (죽지 않다)
死に—ます (죽습니다)
死ぬ—∅ (죽다)
死ぬる—とき (죽을 때)(현재는 –る가 떨어져 나가서 종지형과 같게 된다.)
死ぬれ—ば (죽으니)(현재는 'ぬれ'가 'ね'로 바뀌어 지금의 가정형, 명령형과 같게 된다. 그리고 바뀌기 전의 의미는 '죽으면(가정)'이 아닌 '죽으니까(이연)', 곧 이미 그렇게 되었다는 뜻을 나타냈다.)
死ね—∅ (죽어라)

처럼 6가지로 어형이 구별되었기에 그것을 나타내기 위해서였다. 그리고 활용단의 순서의 배열도 다음에서처럼 종지형을 중심으로 하면 대칭적으로 서로의 관계를 파악할 수 있고 마침 그 활용어미 자체가 a, i, u, e의 순이 되고 있어 50음도(音図)의 순서와 일치해서 이 방식이 많이 쓰인다.

(23)
미연 연용 [종지] 연체 이연 명령 (청유형)

미연형의 a형에 포함되었던 의도·추량의 어형 예컨대 '行かむ'(갈 것이다/가겠다)가 '行かう〉 行こう'로 변화하여 o형으로 바뀜으로써 따로 o단을 내세우게 되어 지금은 6단에서 7단으로 쓰기도 한다. o형을 따로 세우면 모음 5개가 모두 쓰이므로 5단 동사라고 하는 것이고 따로 내세우지 않으면 4개가 쓰이는 것이 되어 4단 동사라고 하기도 하는 것이다.

서양인들은 예컨대 Aston(1888:43-)은 5단 및 상1단에서의 i형이 명사와도 같으므로 이를 어근(root) + i의 어간(stem)으로 보았고, 여기에 다른 요소가 교착(Agglutination)하여 활용한다고 보았다.

Hoffman(1868:198)은 i형과 e형을 어근(verbal root)으로 보았다. 이들은 모두 -i형과 -e형은 지금의 연용형(명사형)에 상당한 것이어서 기능부담량이 큰 것들이다. 그래서 지금에도 일본에서 i형을 기본형으로 삼자는 제안이 있다. Hoffman(1868:198)은 상1단 동사의 어근모음이 i로 일관하고 하1단 동사의 어근도 e로 일관하는 점에서 이들을 어근모음 무변화(nondeflecting)(의 동사)의 규칙 활용으로 보고 있다. 이에 대해 5단 동사는 어간 -i형이 변화하는 것으로 해서 어근모음변화(동사)의 불규칙활용으로 보고 있다.

Bloch(1946=1970: 7, 9)는 전자를 모음동사(Vowel Verb), 후자를 자음동

사(Consonant Verb)라 하고 있다. 동사의 활용을 어떻게 보느냐의 시각에 따라 이론이 달리지는 예들이다.

동사의 음편형 이는 sa행 5단 동사(말음절이 'す'로 끝나는 것)를 제외한 모든 5단 동사에만 있는 것인데, i단 연용형에서 조사 'て', 'たり', 조동사 'た'가 후속할 때에 공식 그대로의 활용이 안 되고 변음되는 경우를 이른다. 이러한 변음현상은 이미 Aston(1888:46)에 의해 예시된 바 있다.

다음에서 왼쪽 예와 같이 조동사 'ます'가 후속할 때는 연결 부분이 아무런 변화 없이 접속하는데 오른쪽 예와 같이 '−て', '−た'같은 것이 후속할 때는 그 연결 부분이 변하고 있다.

(24)

본음	변음	변음
yomi−masu	yo [mi] −te → yo [n] −de	yo [mi] −ta → yo [n] −da
	변음	변음

이것은 mi 부분이 후속하는 설음에 동화되어서 동류의 n음으로 바뀌고 또 그 모음 때문에 유성음화 되어서 t가 d로 변한 것이 된다. 상호동화의 한 예로 볼 수 있다. 이때 어간 yom−에서 바뀐 어간 yon−을 음편 어간이라고 부르기도 한다.

음편형에는 다음 세 가지가 있다.

1) n음편(혹은 발음편(撥音便)). 앞서와 같이 어간 말음이 −m인 경우와 −n인 경우(死ぬ)와 −b의 경우(飛ぶ)가 해당하는데 이들의 어미 결합형 mi, ni, bi가 발음(撥音)(n)으 로 변하는 현상이다.

2) i음편. 어간 말음이 −k의 경우(書く)와 −g의 경우(泳ぐ)인데 i모음 앞에서 k, g가 탈락하는 것이다.

(25)
1. ka(k)i-te → kai-te
   탈락
2. oyo(g)i-te → oyoi-de
   탈락

k나 g가 탈락하면 i만이 남아서 다음 말과의 연결 방식이 같아질 것인데도 후자에서만 조사가 te → de로 유성음화되고 있다. 이를 보면 원래의 gi 부분의 자음이 유성음이었기에 후속어에도 유성음화시키고 있음을 알 수 있다.

예외로 '行く(い)'동사가 있다. 이는 다음의 t음편에 속한다.

(26)
i [ki] -te → it-te
   t ────┘

3) t음편(촉음편(促音便(そくおんびん))). 어간 말음의 -t(立(た)つ), -r(取(と)る), 또는 제로(w 활음의 흔적)(買(ka)う)인 경우인데 이들의 어미 결합형(ti, ri, (w)i)이 te, tari 앞에서 촉음(T)으로 변하는 현상이다.

(27)
1. ta [ti] -te → tat-te
   t ────┘
2. to [ri] -te → tot-te
   t ────┘
3. ka [(w)i] -te → kat-te
   t ────┘

동사의 서법 앞에서 일본어의 동사를 형태 분석하는 처지에서 어간 + 어미의 형태소로 나누고 이에 이어지는 부분을 부속어의 조동사, 혹은 조사(접속조사)로 나누어 살펴보았다.

일본어의 활용형의 어미의 수(a, i, u, e, o의 5음)가 제한되어 있고 또 후속어와의 접합의 어미가 항상 일정하기 때문에 그 형태가 단순하고 복합하지 않다. 그러므로 한국어의 경우처럼 비분석적으로 다루어 구태여 거추장스럽게 쪼갤 필요가 없지 않겠느냐고 생각할 수도 있다. Hoffman(1868: 198-)과 Aston(1888: 44)도 비분할적인 처지다. 그렇다면 서법에 맞추어 종합적으로 다음과 같은 활용형을 설정할 수도 있다(服部 外 1959:172-173 참조).

1) 종지서술형(종지법(終止法)

(28)

yom (読)	u		(읽다)	평서형(현재)
	i	ta[nda]	(읽었다)	(과거)
	a	nai	(읽지 않다)	부정형(현재)
	a	nakatta	(읽지 않았다)	(과거)
	u	mai	(읽지 않겠다)	(부정추량)
	e		(읽어라)	명령형
	u	na	(읽지 마라)	(금지형)
	o	o	(읽자)	청유형
	u	ka	(읽을까)	의문형(현재)
	i	taka(ndaka)	(읽었나)	(과거)
	i	masu	(읽습니다)	공손형(현재)
	i	masita	(읽었습니다)	(과거)
	i	tai	(읽고 싶다)	희망형
	u	daroo	(읽을 것이다)	추량형

2) 접속서술형(접속법)

(29)

yom	u	node/kara	(읽으므로)	구속형
	u	noni	(읽는데(도))	방임형
	u	ga	(읽지만)	
	i		(읽고)	중지형

i	cucu	(읽으면서)	동시형/진행형(cucu aru는 진행)
i	te[nde]	(읽어서)	설명형
i	nagara	(읽으면서)	동시형
i	tari[ndari]	(읽기도 하고)	예시형
i	ni	(읽으러)	목적형
u	to	(읽으면)(인과적)	조건형(순접)
e	ba	(읽으면)(습관적)	
i	tara[ndara]	(읽(었)으면)	
	temo[ndemo]	(읽어도)	(역접)
u	nara	(읽으면)	가정형

위에서 yom-i-ni의 경우의 'yomi'는 동작의 목적으로서 체언에 준하는 구실을 한다고 해서 목적 준체언이라고 하기도 한다.

이상의 예들은 아직까지는 어간-어미 다음의 부분(점선 이하)들은 동사와는 다른 품사로 처리하는 것이 일반적이다. 종합적으로 모두 어미로 처리할 때는 (28)은 종결어미, (29)는 연결어미의 경우가 되고, 또 (28)에서는 문말어미(어말어미)(Final Ending)와 선문말어미(선어말어미)(Prefinal Ending)으로 나뉘어진다. 일본어의 시제나 겸양은 문말에 나타나나, 사동, 피동은 선어말어미 곧 보조어간으로 어간과 문말어미 사이에 나타난다.

(29)는 (28)이 정동사형(定動詞形)(Finite Verb)인데 비정동사형(Non-Finite Verb)이다. 보주(補注) 6.(p.603)에서 보이듯 알타이제어에서의 동사의 서법의 분류에서 부동사(副動詞, Converb)로 분류되는 것과 같다. Alpatov (및 Podlesskaya)(1995)는 일본어의 부동사로 -te, -i, -tara, -ba, -tari, -zu, -tatte(이상 1차적 부동사(단일형)), -temo, -tekara, -inagara, -itsutsu, -ini, -i shidai (이상 2차적 부동사(복합형))를 예시하고 있다. 앞에에서의 -to, -kara 등은 여기서는 빠지고 있는데 그것들은 정동사에도

이어지기 때문에 비부동사적인 부사절을 이루는 것으로 하고 있다. 그러나 이들이 대등절을 이루거나 종속절-주절의 연결 구실을 하지 않는 한, 곧 내포절의 부사절에 쓰이는 한, 부동사에 들어가는 것이다. 다른 주어에 쓰였다 하더라도 상대적인 주어가 아닌 경우에 해당되는 것이다. 다음의 (30)은 동명사(動名詞, Gerund) 혹은 형동사로 불리기도 하는 것이다.

3) 전성법

(30)
yom ┬ u 연체형
├ u (명사형) 読(よ)むのは(읽는 것은), 読(よ)むのが(읽는 것이)
│ 고전에서는 'の' 없이도 쓰였다. 그렇다면
│ 연체형 그대로가 명사처럼 쓰인 것이 된다.
│ 현대어도 이에 준해서 생각할 수 있다.
└ i 音読(おんよ)み(음으로 읽기), 読(よ)み方(かた)(읽는 방식)

여기서의 u형(명사형)은 동사의 본성을 바꾸지 않고 명사의 구실을 하는 것으로 볼 수 있다. 이를 준체언(準体言)이라고 한다. 영어의 동명사, 한국어의 명사형에 견줄 수 있다.

이에 대해 i형(하1단은 e형)은 거의 명사화되고 있으며 복합어의 1요소로서 고정되다시피 한다. 이를 거체언(居体言)이라고 한다.

(31) nagare-bosi(流星) cukai-bito(奴婢)
nusumi-mi(엿봄) kai-ko(蚕, 누에)

이상과 같은 동사 활용의 일람을 통하여 문말, 절말의 서술의 윤곽을 포착할 수 있다.(보주(補注) 6(p.603))

자동사와 타동사 앞에서 예시한 '読(よ)む'동사는 타동사이다. 그것은 읽는다는 대상인 책이나 신문 등의 목적어를 취하기 때문이다. 이에 대해 자동사는 그러한 목적어를 취하지 않는 동사이다. '歩く'동사는 목적어를 취하지 않고 동작주가 그저 걷기만 해도 되는 동사이다. 그런데도 다음과 같이 대격의 명사를 취하는 경우가 있다.

(32) 道を行く(길을 가다)　山を下りる(산을 내리다)　空を飛ぶ(하늘을 날다)

이 경우의 자동사는 이동성의 자동사로서 이에 선행하는 목적어는 장소를 나타내는 말에 지나지 않는다. 타동사에 있어서의 동작의 대상을 나타내는 목적어와는 약간 성질을 달리하는 것이라고 볼 수 있다.

영어에서는 타동사에는 수동의 표현이 가능하나 자동사에는 그것이 불가능하다는 것이 특징인데, 일본어의 자동사에는 수동의 표현이 가능하기도 한다. 그 표현을 한국어로 대역하게 되면 부자연스러울 수밖에 없다.

(33) 雨に降られる。(비에 얻어맞다)
親が子に泣かれる。(부모가 아이한테서 울음을 당하다)

여기서의 '降る'(내리다), '泣く'(울다)는 자동사인데 수동조동사와 합쳐서 수동의 의미를 나타내고 있다.

이렇게 되면 자타(自他)의 구별이 애매할 수 있으나, 다음과 같은 경우에는 분명히 구별된다.

1) 사역(使役)의 표현에서,

(34) 1. 太郎がテニスをする(他) → 太郎にテニスをさせる
(태랑이 테니스를 하다)　(태랑에게 테니스를 하게 하다)

2. 太郎(たろう)が笑(わら)う(自) → 太郎(たろう)を笑(わら)わせる
(태랑이 웃다) (태랑을 웃기다)

타동에서 온 1.은 사역자(생략되어 있다)에 대해 피사역자는 간접목적어(ni격)가 되어 있고, 자동에서 2.는 피사역자는 직접목적어(o격)가 되고 있다.

2) 상(相)의 표현에서

계속상의 표현은 자동사나 타동사는 모두 '-て いる'를 쓸 수 있다.

(35) 1. 手紙(てがみ)を書(か)いている。 (편지를 쓰고 있다)(他)
2. こどもが泣(な)いている。 (어린이가 울고 있다)(自)

그런데 결과상의 표현에서는 타동사는 '-て ある'가 쓰이나 자동사에는 그런 표현이 없다.

(36) 1. 手紙(てがみ)が書(か)いてある。(편지가 쓰여 있다)
2. *子供(こども)が泣(な)いてある。(* 어린이가 울며 있다)

곧 '-て ある'의 보조표현을 이용한 결과상 표현의 가능 여부가 자동사와 타동사의 구별의 징표가 된다.

자동사와 타동사 가운데는 어근(또는 어간)이 동일하면서 뒤에 오는 음절이나 음의 교체에 따라서 구별되는 예들이 있다. 이하 자동사:타동사의 순으로 예시해 본다.

(37) 1. ru : su 残(のこ)る(남다) : 残(のこ)す(남기다)
余(あま)る(남다) : 余(あま)す(남기다)
移(うつ)る(옮다) : 移(うつ)す(옮기다)
回(まわ)る(돌다) : 回(まわ)す(돌리다)

2. iru : asu 伸びる(늘다) : 伸ばす(늘리다)

生きる(살다) : 生かす(살리다)

3. iru : osu 落ちる(떨어지다) : 落とす(떨어뜨리다)

起きる(일어나다) : 起こす(일으키다)

4. reru : su 現れる/現われる(나타나다) : 現す/現わす(나타내다)

流れる(흐르다) : 流す(흘리다)

隠れる(숨다) : 隠す(숨기다)

5. eru : asu 出る(나가다) : 出す(내다)

覚める(깨다) : 覚ます(깨우다)

濡れる(젖다) : 濡らす(적시다)

6. eru : yasu 絶える(끊기다) : 絶やす(끊다)

増える(불다) : 増やす(불리다)

冷える(식다) : 冷やす(식히다)

7. eru : su 消える(꺼지다) : 消す(끄다)

越える(넘다) : 越す(넘기다)

이상만을 보면 자동사의 끝음절이 ru, 타동사는 su로 대립되어 있는 것을 알 수 있다. 간혹 타동사에 -ru로 끝나는 것이 보여도 자동사에 -su로 끝나는 것은 보이지 않는다. 이는 자동사는 수동조동사 reru/rareru, 타동사는 사역조동사 seru/saseru와 유관함을 보여준다.

이상의 것 외에 접사의 분화가 불규칙적인 것도 있고 공통어근에서 분화된 것도 있다.

8. aru : u 타동사가 기본이 되고 aru/eru가 붙어서 자동사가 된 것.

連がる(연결되다) : 連ぐ(연결하다)

包(つつ)まる(포장되다) : 包(つつ)む(포장하다)

裂(さ)ける(쪼개지다) : 裂(さ)く(쪼개다)

折(お)れる(꺾이다) : 折(お)る(꺾다)

振(ふ)れる(흔들리다) : 振(ふ)る(흔들다)

9. u : eru　　자동사가 기본이 되고 eru가 붙어서 타동사가 된 것.

立(た)つ(서다) : 立(た)てる(세우다)

開(あ)く(열리다) : 開(あ)ける(열다)

続(つづ)く(계속되다) : 続(つづ)ける(계속하다)

10. aru : eru　　공통어근에서 분화된 것.

始(はじ)まる(시작되다) : 始(はじ)める(시작하다)

上(あが)がる(오르다) : 上(あ)げる(올리다)

集(あつ)まる(모이다) : 集(あつ)める(모으다)

定(さだ)まる(결정되다) : 定(さだ)める(결정하다)

앞에서 예외는 있지만 한자의 독음은 어미 표기에 혼돈을 가져오지 않는 한, 어간 전체에 미치고 있음을 알 수 있다.

수동사 수동(受動)은 남으로부터 동작을 받는다는 뜻이다. 그것은 교과 문법에서는 수동조동사 reru/rareru에 의해 표현되는 것으로 하고 '동사+조동사'의 두 단어로 된 것으로 한다. 이 조동사를 접미사(수동사화 접미사)로 보고 두 단어가 아닌 1단어로 보는 처지도 있다(時枝 1950: 117). 다음 A에서 B가 파생되는 것인데 B를 두 단어로 보느냐 한 단어로 보느냐의 차이다. 어느 경우든 C는 앞엣것은 동사의 활용형, 뒤엣것은 전체의 활용유형이다.

(38)

A	B	C	
踏(ふ)む(밟다)	huma(미연형)-reru(밟히다)	5단	하1단
呼(よ)ぶ(부르다)	yoba(미연형)-reru(불리다)	5단	하1단
見(み)る(보다)	mi(미연형)-rareru(보이다)	상1단	하1단
流(なが)れる(흐르다)	nagare(미연형)-rareru(흘리다)	하1단	하1단

수동사(Passive Verb)가 술어로 쓰일 때는 다음과 같이 문이 변형된다.

(39)

Aが ~ Bを ~ した　　学生(がくせい)が戸(と)をあげた。(학생이 문을 열었다)
　　　　　　　　　　先生(せんせい)が学生を教(おし)える。(선생님이 학생을 가르치다)

Bが ~ Aに/から ~ れた　　戸が学生にあけられた。(문이 학생한테서 열렸다)
　　　　　　　　　　学生が先生に/から教えられた。(학생이 선생님한테 가르침을 받았다)

일본어의 수동조동사(또는 접미사)는 한국어에서 수동보조어간에 상응하는데, 말에 따라 그러한 수동 보조어간이 결합되지 않는 경우가 있어 서로의 대역이 잘 안 되는 경우가 있게 된다.

수동의 형태가 조동사이든 접미사이든 그 결합은 어휘부에서 이루어진다기보다 통사부에서 이루어진다고 보고 있다. 통사상으로는 동사와는 차원이 다른 형태이다. 예컨대 다음 수형도에서, 술어핵은 동사(あく, 열다), 접사(れ, 리), 핵문술어(た, 과거)가 되고,

(40)

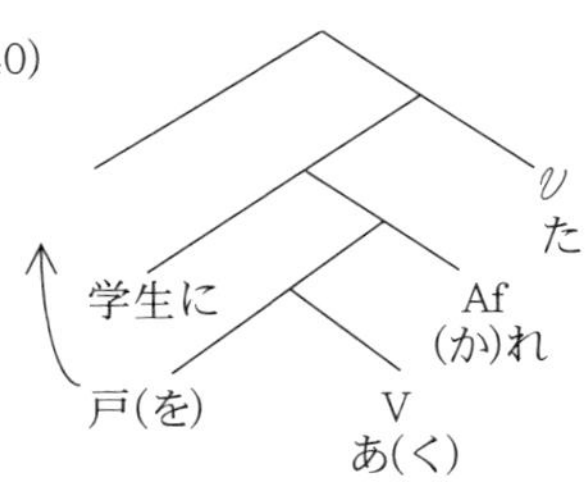

각 술어핵은 하나의 논항을 도입하고 있다. 술어핵의 병합에 따라 동사의 대상인 '戸(と)'가 제자리에서 구실 못하고 문 술어핵의 상대논항 자리에 이동하여 주어가 되고 수동문이 이루어진다. 다음과 같은 간접 수동문에서는 그러한 이동은 없다.

(41)

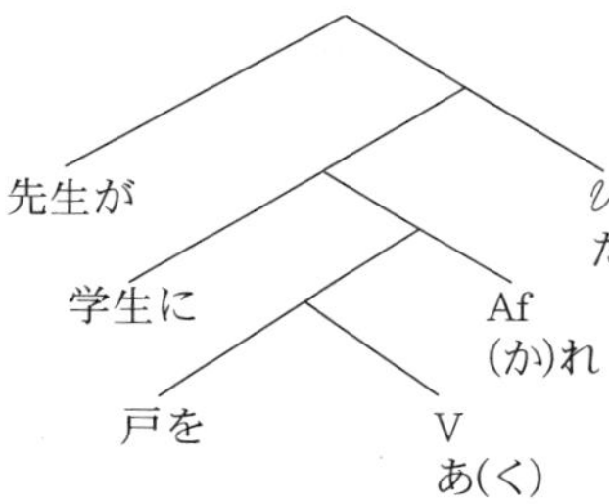

이러한 간접수동문은 한국어로는 대역이 어색해질 수밖에 없다(선생님이 학생한테서 열림을 받았다).

외견상 수동사는 평면적으로 '동사-수동조동사(또는 접미사)'로 연결되어 표현적 기능을 수행하고 있는 것 같지만, 구조적으로 각 술어핵과 상대논항과의 확장적인 병합으로 문을 구성하고 있다고 볼 수 있는 것이다(수동조동사 혹은 통사적접사핵 참조).

가능동사 5단 활용동사는 하1단 활용의 가능동사(Potential Verb)로 대부분 바꿀 수 있다. '書(か)く'가 '書ける'로 바뀌면 가능의 의미가 보태지는 것이다.

(42)
kak | u (쓰다)
| eru (가능동사화 접미사) (쓸 수 있다)

5단 동사 이외에는 '동사 + 가능조동사'의 두 단어로 형성된다. 이때의 가능조동사는 수동조동사와 같은 어형이다. '見(み)る'(보다) 동사의 경우,

(43)
1. mi | ru (보다)
   | rareru (가능조동사) (볼 수 있다)

2. tabe | ru (먹다)
   | rareru (가능조동사) (먹을 수 있다)

가능조동사 rareru를 5단동사의 가능동사화에 맞추어서 가능동사화 접미사로 할 수 있다.

이들 상1단 동사와 하1단 동사도 5단 동사의 가능동사화를 유추해서 다음과 같은 활용이 있게 되기도 한다.

見れる(볼 수 있다) — 見れない(볼 수 없다)
食べれる(먹을 수 있다) — 食べれ-ない(먹을 수 없다)

이러한 현상은 일본의 북부(북해도, 동북지방)에서 나타나기 시작한 것으로 아직 정칙은 아니다.

5단의 가능동사화 접미사 eru와 가능조동사 reru의 구별에 유의할 필요가 있다.

(44) 1. 走る(달리다) 자동사이며 5단 활용의 한 단어이다.
2. 走れる(달릴 수 있다) 가능동사화 접미사가 결합한 하1단 동사의 가능동사다. 한 단어이다.
3. 走られる (달리게 되다)의 수동(그리고 자발, 존경도)의 뜻을 지닌다. '동사 + 조동사'의 두 단어이며 하1단으로 활용한다.

가능동사가 술어로 쓰일 때도 문이 변형된다.

(45) 1. ~を ~する 私は英語の本を読む。(나는 영어 책을 읽는다)
2. ~が ~できる 私は英語の本が読める。(나는 영어 책을 읽을 수 있다)

2.는 직역하면 '영어 책이 읽을 수 있다'가 되지만 어색하다. 곧 일본어에서는 가능동사의 대상을 주격으로 나타내는 것이 특색이다. 다음의 3.과 같은 표현도 가능하다고 한다.

3. ~を ~できる 私(わたし)は英語(えいご)の本(ほん)を読(よ)める。(나는 영어 책을 읽을 수 있다)

그렇다면 가능동사는 대상에 を/が의 두 조사를 택할 수 있다는 것이 된다. 이를 설명하기 위해서 평면적인 나열로 보기보다 계층적인 구조적인 차원에서 설명해야 할 것이다.

(46)

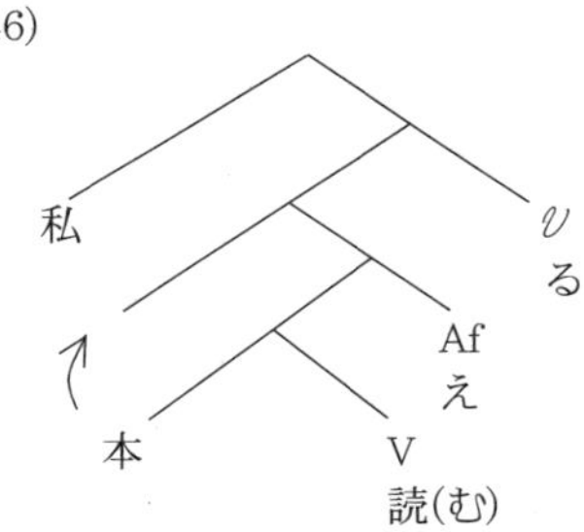

곧 '読(よ)む'동사가 대상인 '本'을 도입하여 대격을 먼저 부여하느냐 아니면 読む와 'え'(가능접사)의 술어가 병합하여 주격(주격목적어)을 부여하느냐의 차이에서 오는 것으로 볼 수 있다. 이 수형도상으로는 가능접사의 상대항이 비어 있으나 동사와 접사의 병합으로 자연적으로 대상이 접사의 상대항 자리로 옮긴다고 할 수 있다. 곧 책을 읽는 자체에 중점을 두는가 읽을 수 있다는 것에 중점을 두는가의 차이로 대상의 격이 を/が로 바뀐다고 보는 것이다.

이상의 예를 보아서 알 수 있듯이 가능문의 주어는 사람이고 동작주 논항이다.

사동(使動)동사 주어(사동주)가 직접 동작하지 않는 제3자가 되고, 다른 사람(피사동주)으로 하여금 일을 실현시키는 내용의 동사이다. '동사 +

사동조동사(seru/saseru)'에 의해 표현된다. 자동사도 사동사로 쓰일 수 있고 타동사도 그렇게 쓰일 수 있다.

(47) 1. 자동사의 경우 笑う(웃다) warawa-seru(웃기다)

2. 타동사의 경우 読む(읽다) yoma-seru(읽히다)

食べる(먹다) tabe-saseru(먹이다)

자동사와 대립하는 사동의 타동사가 있기도 하고, 자동사에 사동조동사가 결합하여 사동동사(Causative Verb)가 되기도 한다. 사동의 타동사는 대상(목적어)만을 취하고, 사동동사는 이외에 피사역주(に격)를 취하는 다름이 있다.

(48)

	자동사	타동사	사동사
1.	沈む(가라앉다)	沈める(가라앉히다)	沈ませる(가라앉게 하다)

다음은 1의 경우와 같으면서 타동사에서 사동사가 되기도 하는 예다.

	자동사	타동사	사동사
2.	浮く(뜨다)	浮かす(띄우다)	浮かせる(띄우다)
			浮かさせる(띄우다)

다음은 더욱 복잡한 양상을 보인다.

자동사	타동사		사동사
3. 寝(ね)る(자다)	寝(ね)す(재우다)	(→)	寝(ね)させる(재우다)
	寝(ね)かす(재우다)		
	寝(ね)かせる(재우다)		

앞에서 2.에서 -su 형태로 끝난 자동사는 그 자체 사동의 의미를 내포하고 있는데도 5단형이므로 사동조동사(せる)가 후속하여 사동사화되고 있다. 3.의 '寝す'도 이와 같다고 할 수 있다.

'寝させる'는 下1단 동사 '寝(ね)'의 어간에 'させる'가 후속하는 경우와 5단동사 '寝す'에 'せる'가 후속하는 경우에서 올 수 있다.

사동조동사가 후속한 사동동사의 단계에서 비로소 통사적 사동이라 할 수 있다. 사동동사의 경우도 다음처럼 변형이 있게 된다.

(49)

1. 자동사의 경우　子供(こども)が　笑(わら)った。(어린이가 웃었다)

親(おや) [が] 子供に(/を)　笑わせた。(어버이가 어린이를 웃겼다)

사동주

피사동주가 '~に'의 경우는 ni사동, '~を'의 경우는 o사동이라고 한다. 전자는 사역조동사는 자기통제가능의 동사(わらう, うたう)를 취하고, 후자는 자기통제가 안 되는 동사(かなしむ, よろこぶ, 気絶(きぜつ)する)를 취하는 경향에 있다.

2. 타동사의 경우　先生(せんせい)が　文法(ぶんぽう)を　教(おし)えた。(선생님이 문법을 가르쳤다)

[親(おや)] が　先生に　文法(ぶんぽう)を　教えさせた。

사동주　(어버이가 선생님에게 문법을 가르치게 하였다)

여기서는 타동문의 주어가 피사동주로 바뀌고(격 교체도 있다) 사동자가 새로 도입되고 있다.

이러한 통사적인 현상을 설명하기 위해서는 수동동사의 경우와 마찬가지로 술어핵이 도입한 논항으로 짜인 구조적인 관점에서 볼 필요가 있다.

(50)

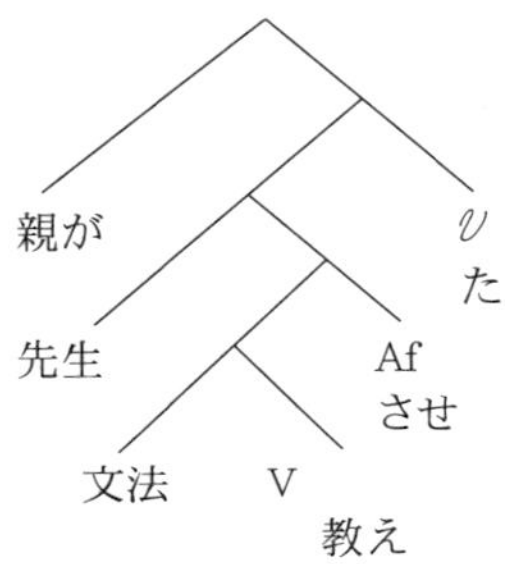

동사는 대상을, 사동접사는 피사동주를, 핵문술어는 사동주를 도입하는 형상이다. 대상은 대격을, 피사동주는 ni격을 취하고 있다.

상(相)에 의한 분류 핵문술어핵 자리는 추상적인 종지형(동사 -u, 형용사 -i, 형용동사 -da, 명사술어 -da)이 자리하는 자리다. 구체적으로는 시제(현재, 과거)를 지님으로써 명실상부한 핵문술어 구실을 수행한다. 그래서 생성문법에서는 시제(T)가 문의 핵으로 보기도 한다.

시제는 순간적인 시점(時点)인데 언어에 따라서 다르겠지만 일본어는 현재와 과거의 시점이 문법상으로 구별되고 있다. 이에 대해 상(相)은 시점과 시점 사이의 과정적인 양상을 뜻하는 것으로 본다.

예컨대 영어에서의 현재의 시점에서 다른 시점에 걸치는 진행, 완료의 양상이 그렇다고 할 수 있다.

일찍이 Kindaici(金田一 1950=1976:5-26)가 동사를 상(相, Aspect)에 의

하여 다음 네 가지로 분류한 바 있다.

1) 상태동사

상태의 불변화를 나타내는 동사로서 시간을 초월한 관념을 나타내는 것으로 형용사에 가까운 것이다. ~te(조사), ~iru(보조용언)를 접속시켜서 표현할 수 없는 것이다.

(51) 有る(있다), 居る(있다), 要る(요하다), 出来る(되다)

따라서 이들 동사는 시제의 구별은 가능해도 과정상의 양상을 표현할 수 없다.

2) 계속동사

뚜렷하게 동작, 작용을 나타내는 동작동사로서 그 동작, 작용이 상태의 일시적인 변화를 가져오는 동사다. 타동사이면서 의지적인 동사인 경우가 많다. -te iru의 접속표현이 가능하고 또 그 뜻이 흔히 동작이나 일의 진행중(진행상)임을 나타낸다.

(52) 食べる(먹다)　　食べている(먹고 있다)
歩く(걷다)　　歩いている(걷고 있다)
話す(이야기하다) 話している(이야기하고 있다)

3) 순간동사

동작, 작용을 나타내는 것은 같으나 그 동작, 작용이 순간에 끝나고 상태의 영속적 변화를 나타내는 동사이다. 자동사가 많으며 무의지적인 동사 쪽이다. -te iru를 접속시키는 표현은 가능하지만 그 뜻은 어떤 일이 끝나서 그 결과가 남아 있는 것(결과상)을 나타낸다. 이러한 동사는 주체의 변화와 관계하기 때문에 변화동사라 하기도 한다.

(53) 1. 死ぬ(죽다)　　死んでいる((이미) 죽어 있다)
落ちる(떨어지다)　　落ちている((이미) 떨어져 있다)
終わる(끝나다)　　終わっている((이미) 끝나 있다)

이들은 결과만을 가리키지 않고 진행 중인 것을 나타내는 경우도 있을 수 있다. '지금 그렇게 되어간다'란 뜻이 함의된다면 그것은 앞서의 계속동사의 범주에 들어갈 것이다.

이렇게 하나의 동사가 계속/순간의 두 가지를 겸유하는 예를 든다면,

(54) 1. 私は 今 東大へ 行っている。(나는 지금 동경대에 가고 있다)(계속상)
2. 父は 今 カナダへ 行っている。(아버지는 지금 캐나다에 가 있다)(결과상)

그렇게 본다면 -te iru의 보조동사는 두 개의 상(相)을 나타내는 구실을 한다고 할 수 있다.

4) 제4종 동사

원칙적으로 자동사이며 상태를 지니는 동사(특수동사)이다. 시간의 관점을 지니지 않는 것은 상태동사와 같으나 상태동사는 아예 -te iru를 사용하는 표현이 없는데, 이 부류의 동사는 그러한 표현이 가능할 뿐만 아니라 반드시 그러한 말이 있음으로써 그 뜻이 충분히 표현될 수 있는 것이다.

(55) 1. 優れる(뛰어나다)　　優れている(뛰어나(있)다)
そびえる(높이 솟다)　　そびえている(높이 솟(아 있)다)
尖る(뾰죽하다)　　尖っている(뾰죽하(여 있)다)

이러한 동사들은 보통 기본형대로 쓰이기보다 –te iru가 접속한 어형으로 쓰인다.

앞에서 'te iru'의 보조동사를 사용하여 계속상(진행상)과 결과상을 나타낼 수 있음을 보았는데, 다음과 같은 보조동사를 이용한 상의 표현도 생각할 수 있다.

(56) 1. 계속동사 + ある　読んである (읽어 있다) (결과상)
2. 계속동사 + しまう　読んでしまった (읽어버렸다) (완료상)
3. 계속동사 + 始める　読み始める (읽기 시작하다) (시동상)

계속동사 '読む'에 보이는 상(相)의 표현을 모아보면,

(57) 1. 단순상　読む (읽다)
2. 계속상(진행상)　読んでいる (읽고 있다)
3. 결과상　読んである (읽어 있다)
4. 완료상　読んでしまう (읽어버리다)
5. 시작상　読み始める (읽기 시작하다)
6. 종결상　読み終える (읽기 끝내다)

1. ~ 3.은 보조동사가 쓰인 것이고 5. ~ 6.은 복합동사로 쓰인 것이다.

계속상의 경우도 부사의 첨가에 의해 해석이 한층 명확하거나 달라질 수 있다.

(58) 1. 今本を読んでいる (지금 책을 읽고 있다) (계속상)
2. もう本を読んでいる (이미 책을 읽어 있다(읽었다)) (완료상)

한계/비한계 동사 지금까지 다룬 동사는 형용사와 묶어서 상대적으로

동사는 동작동사, 형용사는 상태동사라 하기도 한다.

그 중 동작동사의 의미에는 동작 계속의 가능 여부의 한계성이 있다고 보고, 그 한계에 이르면 그 이상 동작을 계속할 수 없는 것(한계동사)과 그 것과는 관계없이 계속될 수 있는 동사(무한계동사)로 구별하기도 한다. 그러한 구별은 절대적이 아니고 한계동사에도 상황에 따라 계속이 가능한 것도있다(경과성).

한계동사는 '壊(こわ)れる'(깨지다) '倒(たお)れる'(쓰러지다) 와 같은 순간동사와 같은 것이고, 무한계동사는 계속동사와 같은 것이다. 전자는 결과상을, 후자는 계속상을 나타내는 것도 같다.

과거형의 시제는 그러한 한계를 부여한다. 이에 대해 현재－미래의 비과거형은 한계를 부여하지 않으나 V_1－V_2에서는 예외가 있다(読んでしまう(읽어버리다)).

한계동사에는 한계자질[+d](Delimited)을 지니는 것으로 보고 있다. 이 한계동사의 목적어도 [+d]를 지녀서 동사와의 일치관계를 이룬다고 보는 것이다.

(59) 器物(きもつ)を 壊(こわ)す (그릇을 깨트리다)

이렇게 되면 목적어와의 자질 점검, 또는 일치의 기제를 가정해야 하는 난점이 있다. 다만 격자질이 아닌 의미자질의 한 가지로 본다면 문제는 다르다.

(60) 1. 器物を壊し始(はじ)めた。

2. 器物を壊してしまった。

처럼 1.에서는 V_2에 의해 [+d]자질이 바래고, 2.처럼 V_2에 [+d]자질이 살

아나는 경우도 있다.

‘歩(ある)く’(걷다), ‘泳(およ)ぐ’(헤엄치다)는 비한계동사이나, ~まで와 같은 한정적인 도달점을 나타내는 조사가 쓰인 명사구(むこう), 수량사구(1時(いちじ))와 함께 쓰이면 한계동사와 같아진다. ‘死んでいる’가 한계동사와 같이 ‘죽어 있다’ 혹은 비한계동사와 같이 ‘죽어가고 있다’로 풀이되는 것처럼 한계/비한계의 구별은 공기요소와의 의미적 관계가 중요하다고 보아진다. 동사 자체가 [+d]의 자질을 갖지 않아도 한계성의 의미를 지닌 조사구, V_2(조동사/보조동사)와 공기하게 되면 한계동사로 쓰인 것처럼 의미해석부에서 해석되는 것으로 본다.

시제·상·태(態) 그러한 면에서 일본어에서 시제의 과거형과 비과거형의 구별이 중요하다. 그러한 대립의 관계를 표시하는 기능을 갖는 형태소 체계를 시제(時制, Tense)라고 한다. 시제는 술어구를 구성하는 한 요소이다. 과거형은 동사 + 과거조동사(た)로, 비과거형은 동사의 종지형어미 -う/る로 나타난다.

(61) 1. 書(か)く(쓰다) kak-u　　비과거(현재-미래)
　　2. 書(か)いた(썼다) kai-ta　　과거

앞에서 본대로 보조동사의 도움을 받아 시제와 상(相, aspect)을 동시에 나타낼 수 있다.

書いて い　た　(쓰고 있었다) (여기서의 ‘い’는 ‘いる’의 어간)
　　계속상　과거
書いて い　る　(쓰고 있다) (여기서의 ‘い’는 ‘いる’의 어간)
　　계속상　비과거

이러한 시제 표시나 상의 표시는 그 의미하는 바가 술어핵(V) 자체보다는 문 전체의 의미와 관계되기 때문에 이들은 문핵술어(V)에 자리한다고 본다. 수동/사동의 접사핵의 뒤에 오는 것도 그것을 뒷받침한다.

수동/사동의 태(態, Voice)까지 보이면,

(62) 1. 書か せて い る (쓰이게 하고 있다)

書か	せて	い	る
동사	사동태	계속상	현재

2. 書か せ られて い た (쓰이도록 당하고 있었다)

書か	せ	られて	い	た
동사	사동태	수동태	계속상	과거

3. 書か せ られ 始(はじ)めて い た (쓰이도록 당하기 시작하고 있었다)

書か	せ	られ	始(はじ)めて	い	た
동사	사동태	수동태	시작상	계속상	과거

2.에서는 태가 겹쳐 있고 3.에서는 태가 2개, 상이 2개 겹쳐 있다.

참고로 일본어의 시제를 이해하는데 필요한 '시점(視点)의 이동'(柳原, 1978)에 대해 언급하고자 한다. 이는 화자(話者)가 발화시(発話時)를 가준하지 않고 과거 또는 미래에로 스스로의 거점을 이동하여 바라보는 관점이다. 예컨대 과거조동사 ta가 쓰인 경우를 들어보면,

(63) 1. おととい太郎(たろう)が訪(たず)ねて来(き)た。(과거) (그저께 태랑이 찾아 왔다)

2. こんど太郎(たろう)が訪(たず)ねて来(き)た時(とき)にこれを渡(わた)しなさい。
(미래) (이번에 태랑이 찾아왔을 때 이것을 건네주어요)

2.에서 발화하는 현재의 기준에서는 '太郎'이 찾아오는 것은 과거가 아닌 미래의 일이다. 그런데도 과거 시제의 'ta'를 쓰고 있다. 이는 발화시의 현재를 기준하지 않고 미래의 일정시 곧 상대방이 어떤 물건을 건네주는

때를 기준하고 있다. 그 기준에서 찾아온 것은 과거 또는 완료시가 되는 것이다. 이는 곧 화자가 상대방이 찾아오는 시점보다는 상대방에 건네주는 시점으로 이동하고 발화하고 있다는 것이 된다.

수형도상으로 앞서의 시제·상·태는 어떤 위치에 있을까?

필자가 가정하는 것은 다음과 같다.

(64)

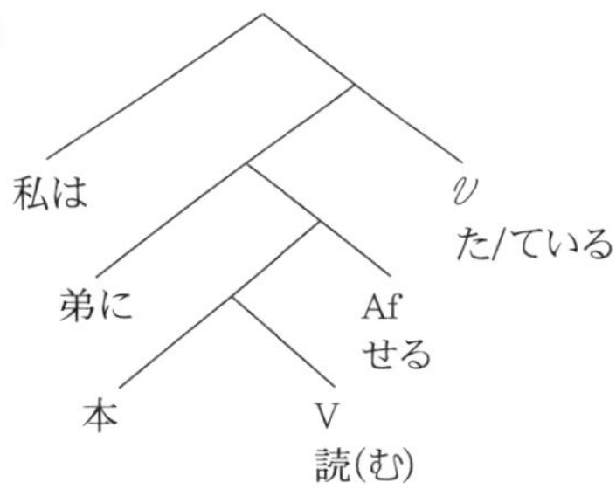

동사 술어핵은 대상을, ‘せる’의 접사술어핵은 피사동주를, ‘た(시제), ている’(상)의 핵문술어핵은 사동주를 도입하고 있다. 곧 시제와 상은 핵문술어핵과 같은 자리에 있다고 본다. 그 이유로는 1) 상은 다른 술어핵과 달리 상에 합당한 논항을 따로 도입하지 않는다는 것이고, 2) 논항 도출과 관계하지 않은 술어핵을 마구 늘리게 되면 통사구조가 복잡하게 된다는 것이다. 3)시제와 상과는 밀접한 관계가 있어서 같은 통사적 위치에 있어서 문제되지 않는다.

핵문술어핵에 상당한 부분은 생성문법에서는 처음에 Aspect로 쓰이다가 굴절사(INFL)로 쓰이기도 하고 혹은 시제(Tense)로 쓰이기도 한다. Aspect를 따로 내세우기도 한다. 한국어나 일본어는 후핵언어이기에 문(핵문)을 뒤에서 마무리하는 부분이 된다.

화자의 심적태도를 나타내는 양태(様態)(Modality, M)는 종조사, 조동사,

후치사가 수행한다고 보는데, 이것도 따로 투사체를 설정하기도 하나, 양태 역시 직접 연관된 논항을 따로 도입하는 것이 아니므로 또 발제의 주제, 주어에 상응하기 때문에 따로 내세울 필요는 없이 시발구조에서 발제와 상응하는 것으로 한다. 곧 명제문의 핵문술어핵과는 차원이 다른 것으로 보고 있다.

(65)

의미역할 이제 동사의 특색을 간추려보면, 1) 기본형이 -u로 끝나고, 2) 주어의 인칭, 성, 수에 의한 형태적 구별이 없고, 3) 활용은 자체적이라기보다 부가적인 요소(조동사, 조사 또는 접미사)의 도움을 받고 있다. 태(態), 시제, 상의 표현도 마찬가지다. 그러한 부가적인 요소에 의해 존비(尊卑)의 구별도 가능하다.

(66) 話す(はなす)
- 話します (공손) (이야기합니다)
  ます: 공손
- 話される (존대) (이야기하시다)
  される: 존대
- 話され ます (존대와 공손) (이야기하십니다)
  され: 존대, ます: 공손

그런데, 존대와 공손의 형태는 구조상 차원이 다르다. 존대는 핵문술어의 요소, 공손은 발제—결말에서의 결말의 요소이다. 존대는 주어와 관계된 것이고 공손은 청자와 관계하기 때문이다.

(67) 先生が問題を話されます。 (선생님이 문제를 이야기하십니다)

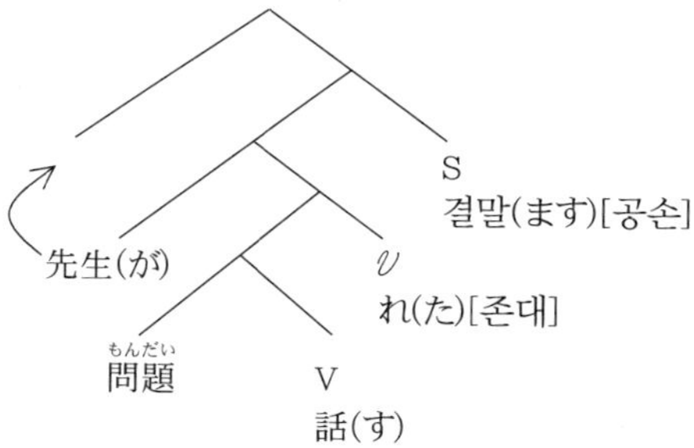

동사는 통사·의미적으로 중요한 구실을 하는 속성을 지닌다. 그 한 가지는 동사가 지니는 의미특성에 맞는 상대항(논항)을 선택하는 일이고 또한 동사가 지니는 격 자질에 의해 상대 논항의 격과 합치하는 일이다.

동사가 지니는 의미특성에 의하여 이에 맞는 상대항(논항)을 선택하는 구실을 의미역할(θ-role)이라고 한다. 다음 각 동사가 취하는 상대항을 보게 되면 동사에 따라 의미역할의 다름을 볼 수 있다.

(68) 1. 花子(はなこ)が 笑(わら)う。(화자가 웃는다) 논항 1 (동작주), 1치(値)동사

2. 花子(はなこ)が 本(ほん)を 読(よ)む。(화자가 책을 읽는다) 논항 2 (동작주, 대상), 2치동사

3. 花子が 太郎に 本を あげる。(화자가 태랑에게 책을 준다)

논항 3 (동작주, 수혜주, 대상), 3치동사

위에서 ~치 동사라고 한 것은 논항 몇 개를 갖느냐에 따라 그러한 이름이 있다. 의미역할(θ-role)로 예거되는 것은 다음과 같은 것이다.

(69) 동작주(Agent), 대상·주제(Theme), 목표(Goal), 원천·유래(Source)
장소(Location), 도구(Instrument), 경험주(Experiencer),
소동주·피사역주(Causee), 수혜주(Benefacative),

수동주·피동작주(Patiant), 명제(Proposition)

이에 관한 예문을 추가로 보이면,

(70) 1. 花子は喜ぶ。(화자는 기뻐한다) 논항 1 (경험주)

2. 花子がバスで学校から家に帰った。(화자가 버스로 학교로부터 집에 돌아왔다) 논항 4 (동작주, 도구(수단),기점, 목표, 단 여기서 동작주는 필수논항이고 나머지는 임의논항(경우에 따라 필수논항)이다.

3. 花子は女学生が自治会をもっと活性化すべきだと主張した。
(화자는 여학생은 자치 회를 보다 더 활성화해야 한다고 주장하였다) 논항 2 (동작주, 명제) 여기의 '주장하다' 동사는 명제의 논항을 취하는 외에 대상(주제)의 논항도 취할 수 있다.

4. 花子は自治会の活性化を主張した。
(화자는 자치회의 활성화를 주장하였다) 논항 2 (동작주, 대상)

이같이 동사가 지니는 의미역할에 따라 그에 상응한 명사의 논항을 취하여 문의 구도가 형성된다. 다만 일반적으로 동사핵이 기점이 되어 논항들을 하나의 투사체 내에 모두 투사한다고 보기도 하나, 필자는 하나의 술어핵은 하나의 논항을 취하는 것을 원칙으로 삼아서 동사에 후속하는 술어핵도 각각 하나의 논항을 도입하는 식을 취한다. 예컨대 타동사의 경우 다음의 1.과 같이 투사된다고 보는 것이 일반적이나 필자는 2.의 구도이다.

(71) 1.

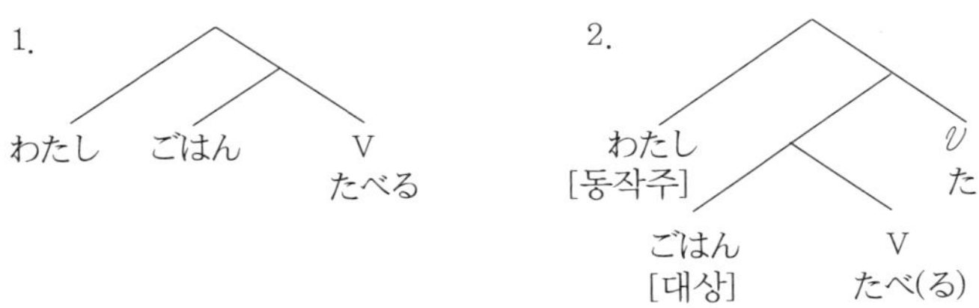

1.에서도 다음 3.에서처럼 시제핵(V 대신 T(ense)) 투사를 빌어서 문이 이루어지기 때문에 결과적으로 2.와 같아지지만 그러한 구도 재편(주어의 이동)이 없는 점에서 2.가 간명하지 않을까 한다.

3.

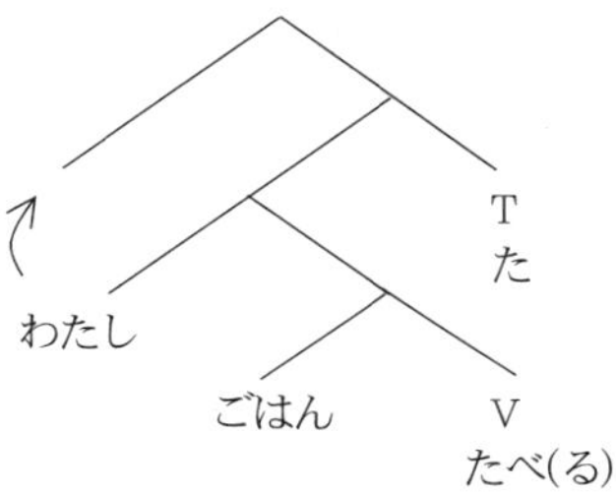

그리고 동사는 θ-역할의 구실 외에 격자질을 지니고 있어서 상대 논항의 격자질과의 격일치를 이루어야 한다. 앞에서 'たべる'동사는 대격 자질을 지니며 상대 논항 'ごはん'이 대격으로 실현되어 일치되기를 기한다. 핵 문술어핵(시제)은 주격 자질을 지니며 주어의 주격과 일치를 기한다. 'すきだ'(좋아하다)라는 형용동사는 주격 자질을 지녀서 대상 논항의 주격과 일치를 기한다.

(71) 2.의 구도에 접사핵 Af의 투사를 포함시킨 형상에서,

(72)

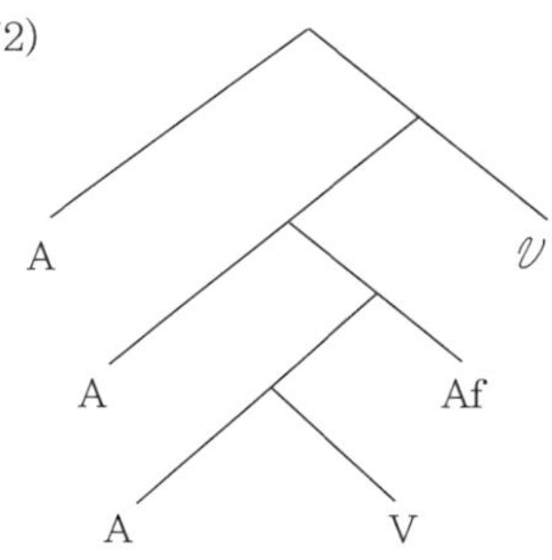

오른쪽의 술어핵이 왼쪽에 도입한 NP의 자리가 논항이 된다. 그만큼 술어핵이 1논항을 도입하는 투사제도는 논항자리가 가시적(可視的)이다. 또한 각 논항이 지니는 의미역도 V에 대해 o격, Af에 대해 ni격, 𝒱에 대해 ga격이 나타남으로써 그만큼 가시적이 된다.

A의 NP의 의미역이 가시적이기 위해서는 격이 있어야 한다는 가시성 가설(Visibility Hypothesis)의 관점에서 (72)는 그러한 격이 실현되는 위치에 있기 때문에 격이 부여된 요소(A, NP)만이 의미역이 가시적이라는 가시성 조건(Visibility Condition)(Chomsky 1986: 94)을 충족한다.

이외에 영어의 경우 특히 be동사는 수·인칭·자질 등 핵심적 굴절자질인 일치자질(φ-Feature)을 갖는다. 수자질(I am/we are) 인칭자질(I am/you are)은 일치에서 중요한 구실을 한다. 성자질은 3인칭에서 구별하는 기능(he/she, his/her…)을 한다.

한국어나 일본어에서는 동사에 이러한 φ자질은 갖지 않으나 복수동사를 갖는 언어에서는 갖는다.(보주(補注) 5(p.598)참조) 한국어 그리고 일본어도 아주 예전에는 동사의 단수/복수의 구별이 있었던 것으로 추측된다.

동사의 생성 참고로 어휘부에서, 원래 동사가 아닌 다른 품사로부터 동사를 형성하는 과정을 예시하면,

1) 명사를 어근으로 하는 것.

(73) 1. 頸(くび)(목) → くびる(끈으로 목을 졸라죽이다)

2. 綱(つな)(밧줄) → つなぐ(밧줄을 매고 끌다)

3. 歌(うた)(노래) → うたう(노래하다)

4. 腹(はら)(배) → はらむ(배다)

2) 형용사의 어간을 어근으로 하는 것.

(74) 1. 悲《かな》しい(슬프다) → 悲《かな》しむ(슬퍼하다)
2. 怪《あや》しい(이상하다) → 怪《あや》しむ(의아해하다)
3. 惜《お》しい(아깝다) → 惜《お》しむ(아쉬워하다)
4. 寒《さむ》い(춥다) → 寒《さむ》がる(추워하다)

3) 부사를 어근으로 하는 것.

(75) 1. いな(否)(아니) → 否《いな》む(부정하다)
2. とどろ(轟)(쿵쿵(울림)) → 轟《とどろ》く(울리다)

이러한 일은 어휘부에서 이루어지며 모두 동사의 범주가 주어진다. 통사부에서의 시발국면의 동사의 자리에 도출(복사)된다.

이상은 다른 품사로부터 동사가 된 것이므로 파생동사(Derived Verb), 전성(転成)동사라고 한다.

어휘부에서 어떤 경로로든지 동사가 되면 동사의 범주로 등재되고 그것을 통사부에 도출(복사)할 때는 추상적인 어미 -u/ru를 제외한 어근(어간)만으로 동사술어핵(V) 자리에 나타난다고 본다.((76) 1.)

어근핵에 이어지는 선어말어미(보조어간) 중에서 사동과 수동은 접사술어핵(Af) 자리에((76) 2.), 문말어미는 핵문술어핵(V) 자리에((76) 3.) 도출(복사)되는 기제는 전술한 바 있다.

(76)

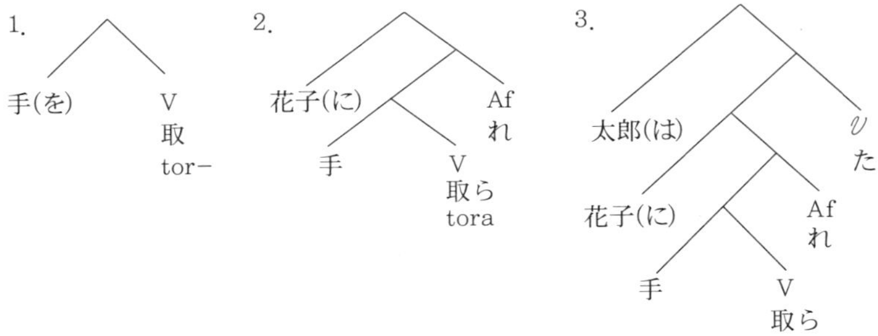

4. 형용사

형용사 형용사는 본래 Adjective 혹은 Atributive의 번역어이다. 실질개념을 나타내는 명사에 대하여, 속성개념을 나타내는 말로서 명사를 수식하는 데서 생긴 명칭이다. 영어에서는 술어로 쓰일 때는 be동사를 빌려야 한다. 이에 대해 한국어나 일본어는 형용사가 단독으로 용언의 한 가지로 쓰이고 또 수식어로도 쓰인다. 그렇다면 Adjctive의 개념에 상당한 것은 차라리 후술하는 연체사가 될 것이다.

어떻든, 일본어의 형용사는 동사와 마찬가지로 서술적 기능과 수식적 기능을 갖는 실질적 개념을 갖는 말이다. 그래서 형용사를 동사에 포함시켜서 동사는 비상태동사, 형용사는 상태동사(Stative Verb)로 구별하기도 한다. 내용적으로 동사는 대체로 사물의 동작, 작용, 존재를 나타내고, 형용사는 사물의 성질, 상태 등을 나타낸다. 다만 그러한 유별은 절대적이 아니다. 동사의 기본형이 -u로 끝나고, 형용사의 기본형이 -i로 끝나는데, 형용사적인 존재의 의미 'ある', 'いる'는 어형상 동사로 분류되고, 그와 반대의 의미를 지닌 'ない'는 어형상 형용사로 분류되는 것도 그러한 예로 볼 수 있다.

특색과 술어적 용례 일본어 형용사의 특색으로는 1) 기본형이 i로 끝나고, 2) 동사와 마찬가지로 연체수식어(한국어의 관형어)로 쓰이고, 3) 단독으로 술어로 쓰여서 동사적 성격을 띠는 것이다. 동사의 경우와 마찬가지로 그 자체의 속성으로 의미역할과 격자질을 지닌다.

한편, 동사처럼 형용사가 술어로 쓰이면서 소주어 혹은 주격목적어와 호응하는 것과 같이 Θ-역할과 격의 일치가 동사와 다르게 나타나는 것을 주목할 필요가 있다.

(1) 1. 海(うみ)が青(あお)い。 (바다가 푸르다) 논항 1 (대상)
2. 鼻(はな)が大(おお)きい。 (코가 크다) 논항 1 (대상)
3. 太郎(たろう)が鼻(はな)が大(おお)きい。 (태랑이 코가 크다) 논항 2 (대상, 대상)

3.의 경우와 같은 동일 Θ-역할의 연속을 피하기 위해 DP_1(太郎が)과 DP_2(鼻)에서 선행 DP_1의 유속화가 이루어진다. 이 경우 두 DP는 밀접불가분의 관계(예컨대 신체와 그 일부)에 있는 상위개념과 하위개념의 연속이다.

(2) 1. 先生(せんせい)が怖(こわ)い。 (선생님이 무섭다) 논항 1 (대상)
2. 花子(はなこ)が先生(せんせい)が怖(こわ)い。 (화자가 선생님이 무섭다) 논항 2 (경험주, 대상)

2.의 경우는 선행 DP_1(花子)의 유속화는 될 수 없다. 두 DP가 밀접불가분의 관계나 상위개념과 하위개념의 관계가 아니기 때문이다.

이와 같이 형용사도 그 자신의 의미역할에 의해 알맞은 의미역의 논항을 선택하며 그 도입 논항이 2개의 경우 그 상호관계에 따라 선행 논항의 유속화가 이루어지기도 하는 것이다.

다음처럼 논항 3개를 도입하는 경우도 있다.

(3) Aは 背(せ)(背丈(せたけ))が (/Bと) 等(ひと)しい。 (A의 키가 B와 같다) 논항 3 (대상, 주제, 여동주)

또한 형용사는 Θ-역할 외에 격자질도 지니고 있어서 상례에서 보듯이 대상 논항과는 주격으로 일치한다. 동사는 일반적으로 대격을 취하는 것과 다르다.

또 형용사 가운데는 본래의 활용의 틀대로 제대로 활용하지 못하는 것도 있다.

예컨대, 'いい'(좋다), '天気がいい'(날씨가 좋다)는 'いいです'(좋습니다)는 가능하나 'いく(부사형)ない'의 표현은 없다. 이 경우는 'よい'(좋다)의 부사형 'よく'를 써서 'よくない'(좋지 않다)로 해야 한다. 그렇지만 'よい' 형용사에는 조동사 desu가 붙여 쓸 수 없다(*よいです).

원래 동사나 형용사에는 desu조동사가 연결될 수 없었다. 동사에는 지금도 쓰일 수 없으나, 형용사에는 '*よいです'처럼 인정되지 않는 것도 있지만 쓰기 쉬운 경어형으로 일반적으로 인정받게 되었다.

여기서 형용사의 과거 공손의 표현은 두 가지가 가능하게 된다.

하나는 과거형 '大(おお)きかった'에 'です'를 붙이는 것이고, 다른 하나는 '大(おお)きい'에 'です'의 과거형 'でした'를 붙이는 것이다.

(4) 大きい(크다) ― 大きかった(컸다) ― 大きかったです(컸습니다)
大きい(크다) ― 大きいです(큽니다) ― 大きいでした(컸습니다)

활용형 형용사는 동사와 달리 활용의 유형은 한 가지 뿐이나, 활용형은 동사의 그것과 나란히 설정된다. 다만 명령형과 의도형은 없다. 추량은 미연형이 맡는다.

(5)

어례	어간	미연형	연용형	종지형	연체형	가정형	명령형
高い (높다)	taka	karo	ku kat	i	i	kere	×

동사의 미연형의 한 가지 일이 부정(그래서 부정형이라고도)인데, 형용사도 미연형을 부정형의 이름으로 쓴다면 다음과 같이 재편된다.

(6)

어례	어간	미연형 (부정형)	연용형	종지형	연체형	가정형	추량
高い (높다)	taka	ku	ku kat	i	i	kere	karo

전통적으로 첫 번째의 (5)의 미연형의 이름을 써 왔기에 교과문법에서는 그대로 그것을 쓰고 있다. 활용형의 명칭 부여의 일관성이냐 후속 형태와의 의미의 고려냐에 따른 각자의 처리방식의 차이다.

형용사의 술어적 역할은 이들 활용형에 이어지는 후속어와의 관계에서 이루어진다.

(7)

<table>
<tr><th>어간</th><th>어미</th><th colspan="2">후속하는 말</th><th>활용형의 명칭</th><th>비고</th></tr>
<tr><td rowspan="2">taka (高)

siro (白)</td><td rowspan="2">karo
(또는 ku)</td><td>う[o] (추량조동사)</td><td>白かろう(흴 것이다)</td><td>미연형</td><td>karo는 ku-aro의 축약</td></tr>
<tr><td>nai (부정형용사)</td><td>白くない(희지 않다)</td><td>(부정형)</td><td>여기 부정형을 연용형에 소속 시키기도 한다.</td></tr>
</table>

	ku kat	∅ 白く(희고) te (접속조사) 白くて(희어서) temo (〃) 白くても(희어도) 동사 白く咲いた (하얗게 피었다) -ta (과거조동사)白かった(희었다)	연용형 (중지형) (부사형) (연용형)	 kat는 ku-at의 축약
	i	ga (접속조사) 白いが(희지만) kara (〃) 白いから(희므로) si (〃) 白いし(희고) keredo (〃) 白いけれど(희지만) keredomo(〃) 白いけれども(〃) sooda (전문조동사)白いそうだ (희다고 한다) desu (단정조동사)白いです(흽니다)	종지형	양태는 어간에 붙는다 白そうだ (흰 것 같다)
	i	node (접속조사) 白いので(희므로) noni (〃) 白いのに(흰데도) yooda (비유조동사)白いようだ (흰 것 같다) toki (時) 白いとき(흰 때)	연체형	
	kere	ba (접속조사) 白ければ(희다면)	가정형	
	×	×	×명령형	
	karo	う[o] (추량조동사)白かろう (흴 것이다)	추량형	미연형을 두지 않을 때

미연형(부정형)에서 예시한 -ku(白くない)는 일반적으로 연용형에 포함시키기도 한다.

그렇다면 연용형 -ku는 부정형, 중지형, 부사형의 기능을 지닌 중요한 형태이다. 그 중의 부정형을 미연형에 넣어 본 것은 동사의 미연형(부정형)과 맞춰 본 것이다. 그리고 형용사에 이어지는 부정의 'ない'는 형용사이고, 동사에 이어지는 'ない'는 조동사이다. 그 이유는 'ない'형태의 자립형식 여부에 있다. 형용사의 경우는 형용사(白く)와 형용사(ない) 사이에 다음처럼 다른 요소가 개재할 수 있어서 'ない'가 자립형식임을 알 수 있고, 조동사의 경우는 앞의 동사와의 사이에 다른 요소가 개재할 수 없어서 비자립형식임을 알 수 있다.

(9) 1. 白く — は/も — ない
　2. 読ま — *は/*も — ない (*표시는 게제형의 부적격임을 나타냄)

형용사의 서법 형용사도 동사처럼 서법에 따라 다음과 같은 활용형을 설정할 수도 있다.

1. 종지서술형(종지법(終止法))

(10)

taka (高)	i	(높다)	평서형 (현재)
	kat-ta	(높았다)	〃 (과거)
	ku-nai	(높지 않다)	부정형 (현재)
	ku-nakatta	(높지 않았다)	〃 (과거)
	i-ka	(높으냐)	의문형 (현재)
	kat-taka	(높았냐)	〃 (과거)
	i-desu	(높습니다)	공손형 (현재)
	i-desita	(높았습니다)	〃 (과거)
	karo-o	(높을 것이다)	추량형
		*동사에 비해	×명령형 ×청유형 ×금지형

2. 접속서술형(접속법)

(11)

taka (高)	i	(높은)	연체형
	i node/kara	(높으므로)	구속형
	i noni	(높은데(도))	방임형
	i nara	(높으면)	가정형
	i ga	(높지만)	역접형
	ku	(높고)	중지형
	kute	(높아서)	설명형
	kutemo	(높아도)	조건형(역접)
	ke-reba	(높다면)	가정형
	ku-temo	(높아도)	방임/설명형
	kat-tari	(높(았)기도 하고)	예시형
	kat-tara	(높았다면)	조건형/가정형
		*동사에 비해	×동시형 ×의도형 ×진행형 ×목적형

3. 전성법(転成法)

(12) taka(高) ┌ u (높게) 부사형
└ i (높이) 명사형 山が高いのは(산이 높은 것은)

i의 경우는 연체형으로 'の'조사와 어울려 명사 구실을 한다고 할 수 있다. 명사형으로 처리하지 않고 그대로 연체형으로 해서 연체형 + 준체조사로 처리하기도 한다.

형용사의 음편 동사에서 볼 수 있는 특정동사형(5단 동사)에서의 어간 말음과 어미 결합형의 변음과 같은 음편형은 없고, 형용사의 연용형의 ku가 다음과 같은 특정 술어와 연결할 때 u로 변하는 u음편만이 있다.

(13) 1. 高(たか)く → たこう
2. 有難(ありがた)く → ありがとう
3. 早(はや)く → はよう
4. 美(うつく)しく → うつくしゅう

ございます — 높 / 고맙 / 빠르 / 아름답 — (으/우)십니다 / 습니다

存じます — 높다고 / 고맙게 / 빠르다고 / 아름답다고 — 여깁니다

'高く(takaku)', '有難く(arigataku)'처럼 어말 부분이 '−aku'로 된 것은 먼저 그 중간의 k가 탈락하여 au의 연속이 되고 그것이 oo로 축약되어 'たこう', 'ありがとう'로 변한다. '早く(hayaku)'처럼 yaku로 된 것은 그 중간의 k가 탈락하여 yau〉yoo로 축약되어 'はよう'로 변한다.

어간 말음절이 'し'(美しい)의 경우는 '美(うつく)しく'에서 그 중간의 k가 탈락하여 siku→siu〉syu로 축약되어 '美(うつく)しゅう'로 변한다.

형용사 어간의 용법 형용사의 어간은 독립성이 강하여 여러 가지 구실을 하고 있다.

1) 합성어를 만든다.

(14) 1. 어간+명사 → 명사 たかい(높다) → 高潮(たかしお)(해일)
ちかい(가깝다) → 近道(ちかみち)(지름길)
あおい(푸르다) → 青空(あおぞら)(푸른 하늘)
かるい(가볍다) → 軽口(かるくち)(익살, 농담)

2. 어간+동사(연용형) → 명사 やすい(싸다) → 安売(やすう)り(싸게 팔기)
ちかい(가깝다) → 近回(ちかまわ)り(지름길로 가기)

たかい(높다) → 高飛び(높이뛰기)

3. 명사+어간 → 명사 みじかい(짧다) → 気短か(성급함)

ながい(길다) → 日長(낮이 김)

さむい(춥다) → 夜寒(밤 한기)

4. 어간+접미사 → 명사 たかい(높다) → 高さ(높이)

さむい(춥다) → 寒気(한기), 寒さ(추위)

ふかい(깊다) → 深さ(깊이)

ちかい(가깝다) → 近く(근처)

5. 어간+동사 → 동사 たかい(높다) → 高鳴る(높게 울리다/고동치다)

ちかい(가깝다) → 近よる((가까이)다가가다)

→ 近づく((가까이)다가오다)

6. 어간+접미사 → 동사 さむい(춥다) → 寒がる(추워하다)

いたい(아프다) → 痛がる(아파하다)

ふかい(깊다) → 深まる(깊어지다)

7. 어간+형용사 → 형용사 あおい(푸르다)

→ 青白い(푸르스름하다, 창백하다)

ほそい(가늘다) → 細長い(가늘고 길다)

8. 어간+어간 → 부사 ちかい(가깝다) → 近近(멀지 않다)

かるい(가볍다) → 軽軽(가뿐히)

ふかい(깊다) → 深深(깊숙이)

たかい(높다) → 高高(겨우)

2) 문의 종결에도 쓰인다.

(15) 1. あつい(뜨겁다) → 熱　　あ, 熱。(아 뜨거(워).)

2. いたい(아프다) → 痛(いた)　　あっ, 痛(いた)。(아 아파.)

3. 어간 + 양태조동사　　つよい(강하다) → 強(つよ)そうだ(강한 것 같다)

따라서 형용사는 원래 명사, 동사, 부사와 함께 동일 어근에서 분화된 것으로 볼 수 있다.

(16) 赤(あか) 명사(빨강)/ 赤(あか)い 형용사(붉다) / 赤(あか)む 동사(붉게 되다) 고어
赤(あか)める 동사(붉히다) / 赤(あか)く 부사(붉게)

이상은 형용사의 어간이 다른 형태와 결합하여 다른 품사를 형성하는 경우를 보았는데, 이러한 일은 어휘부의 어 형성기능으로 보아진다.

전성형용사　이번은 이와 반대로 다른 품사로부터 형용사가 이루어지는 경우를 보기로 한다. 대부분이 다른 품사에 형용사 형섭접사 i 또는 이와 관련되는 접사가 붙어서 이루어지고 있다.

(17) 1. 명사 + i　　白(しろ)(하양)-い (하얗다)
丸(まる)(동그라미)-い (둥글다)

2. 명사 + sii　　おとな(어른)-しい (점잖다)

3. 명사 + rasii　　女(おんな)(여자)-らしい (여자답다)
馬鹿(ばか)(바보)-らしい (바보답다)
春(はる)(봄)-らしい (봄답다)

4. 명사 + gamasii　　勝手(かって)(형편, 편함)-がましい (제멋대로다)
差(さ)し出(で)(내미는 것)-がましい (참견하려 든다)

5. 명사 + nai　　勿体(もったい)(거창함)-ない (아깝다)

仕方(방법)-ない (하는 수 없다)

6. 형용사(어간) + tai 重(い)(무겁다) 重-たい(무겁다)
煙(い)(연기가 끼어 맵다) 煙-たい(연기가 끼어 맵다)
* 명사 煙(연기) 혹은 けむり(연기)의 명사에서 올 수도 있다.

7. 형용사(어간) + poi 白い(희다)-ぽい 白っぽい(희읍스레하다)

8. 동사(연용형) + poi 怒(る)(화내다)-ぽい 怒りっぽい(화내기 쉽다)

9. 동사(미연형) + sii 懐く(반가워하다)-しい 懐かしい(반갑다)

10. 동사(추량형) + sii 恐る(두려워하다)-しい 恐ろしい(두렵다)

11. 부사 + sii 甚だ(매우)-しい 甚だしい(심하다)

12. 첩어 + sii 重(い) 重(い)-しい 重重しい(육중하다)
軽(い) 軽(い)-しい 軽軽しい(경솔하다)

어떤 상태를 소상하게 또 미묘한 뉘앙스로 서술하거나 명사를 수식하는 형용사도 다양한 방법에 의해 생산적으로 형성되고 있다. 통사부가 아닌 어휘부에서의 어형성규칙에 의하는 것으로 본다.

이들은 모두 하나의 형용사로서 시발술어핵의 A(djective)의 AV범주로 도출(복사)된다. 다음의 (18) 1.은 논항을 하나 취하고 형용사구(AVP)를 이루고, 2.는 $\mathcal{V}$핵과 병합하여 논항을 두 개 취하는 경우다.

(18)

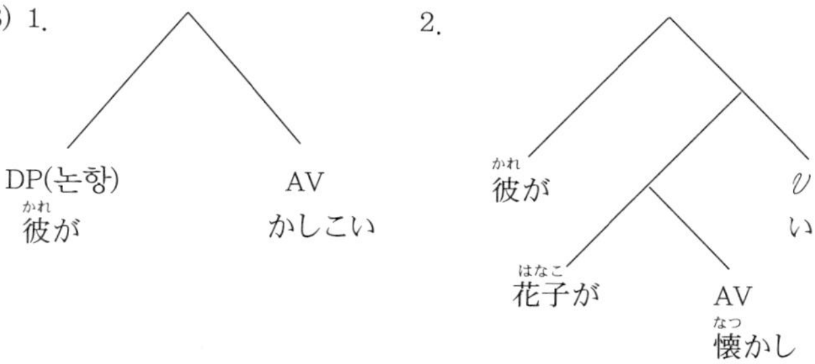

(그가 영리하다) (그가 화자가 그립다)

보조용언 이는 형용사뿐만 아니고 동사하고도 관련된다. 동사나 형용사가 본래의 의미를 상실하고 조동사와 같은 용법을 가지는 것이다. 다음과 같은 예문에서,

(19) 1. われわれは韓国人だ。(우리들은 한국인이다)
教室は静かだ。(교실은 조용하다)
2. われわれは韓国人である。(우리들은 한국인(인 것)이다)
教室は静かである。(교실은 조용하다)

1.은 하나는 단정조동사 da로 끝맺고 있고 다른 하나는 형용동사의 da 어미로 끝맺고 있다. 2.는 단정조동사 da 또는 형용동사 da의 연용형 de에 'ある'라는 동사가 따르고 있다. 그러나 양자는 비슷한 뜻을 보여 주고 있다. 곧 'だ'나 'で ある'가 같은 구실을 한다고 볼 수 있다. 다만 1.은 구어적이라면 2.는 문어적이고 1.보다 좀 강한 긍정이다.

그런데 2.의 ある는 자립어의 동사 '있다'인데 여기서는 그러한 뜻은 바래지고 앞 문절인 '韓国人で'를 보조해서 그것을 긍정판단으로 유도하고 있다. 이 같이 어엿한 의미를 가진 자립어인 동사나 형용사가 선행동사를 보조적으로 도와주는 구실을 할 때 보조용언이라고 한다. 먼저 보조동사의 예를 보이면,

(20)

본동사	보조동사
本をください(책을 주세요)	本を貸してください(책을 빌려주세요)
本を机に置く(책을 책상에 두다)	本を机に立てて置く(책을 책상에 세워 두다)
本を見る(책을 본다)	本を読んで見る(책을 읽어보다)
本をしまう(책을 치우다)	本を読んでしまう(책을 읽어버리다)
人が来る(사람이 온다)	人が走って来る(사람이 달려온다)
アパートに住む(아파트에 살다)	アパートに住んでいる(아파트에 살고 있다)

이외에 경어동사'ございます(계십니다)', '申します(여쭙니다), 存じます(여깁니다)' 같은 것도 보조적으로 쓰일 때 보조동사에 포함시키기도 한다.

(21) 1. 寒うございます。 (춥습니다)
2. 寒う存じます。 (춥다고 여깁니다)
3. お答え申します。 (대답을 드립니다)

보조동사가 본동사와 융합(또는 축약)하여 발음이 바뀌는 경우가 있다.

(22) 1. 雪が降っている。(눈이 내리고 있다) → 降ってる
2. 姉の日記を見てしまう。(누나의 일기를 봐 버리다) → 見ちゃう
3. 他人の手紙を見てしまった。(남의 편지를 봐 버렸다) → 見ちゃった
4. 新聞を読んでいらっしゃる。(신문을 읽고 계시다) → 読んでらっしゃる

그렇게 융합한 발음을 표준발음으로 보지 않고 무시할 수도 있으며, 만일 표준발음으로 인정하게 되더라도 독립의 형태(てる, ちゃう, らっしゃる 등으로)로 보기는 어렵다. 동사와 보조동사를 하나의 단위(곧 시제를 가진 하나

의 동사로)로 만드는 재구조화의 조작이 형태부나 음운부에서 있었다고 볼 수 있다. 어떻든 융합형 자체는 자립형식이 아니기 때문에 보조동사로 보기 어렵다.

다음처럼 Aspect와 관계되는 것들도 후접한 요소가 1문절이 아니므로 보조동사는 아니다. V자리에서 복합되는 복합동사로 볼 수 있다.

(23) 1. 降りだす (내리기 시작하다)
2. 書きはじめる (쓰기 시작하다)
3. 読みかける (읽기 시작하다)
4. 書きあげる (다 쓰다)
5. 読みおわる (다 읽다)

사전에 따라서는 이들은 하나의 단어로 게재되어 있기도 하고 안 되어 있기도 하다. 하나의 동사면 어휘부에서 합성되어서 다음 (24) 1.처럼 동사핵의 V자리에 도출(복사)된다고 볼 수 있고, Aspect는 핵문술어핵의 부분으로 생각하면 2.처럼 *v*핵 자리에 도출된다고 볼 수 있다. 술어핵의 병합으로 결국은 하나의 형식이 되기는 한다. 도출과정이 명시될 필요가 있다.

(24)
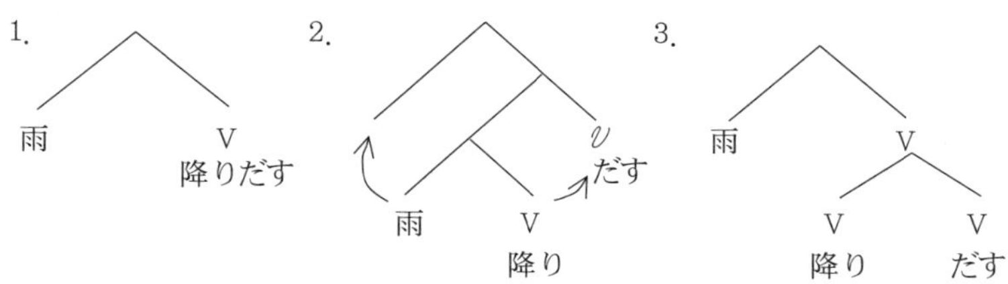

1.처럼 어휘부에서 하나의 형식으로 나온 것이면 간단하지만 문제가 두 가지 있게 된다. 어휘부에서 Aspect의 부분까지 관여하게 되면 모든 동사마다 그 부분이 합성되기 때문에 어휘사전이 너무 부풀게 된다. 또 동사에

는 Aspcet 이외에 여러 가지 문법형식(태(態), 시제, 법(法))이 따르기 때문에 이를 전부 어휘부에서 합성한다면 더욱 복잡해진다. 그러한 부분을 통사부에 위임하는 것이 문 형성기제를 간명하게 할 이점이 있다. 복합동사로 3.에서처럼 V자리에 복합된다고 보는 것이다. 어떤 쪽이 문법적 직관이나 통찰에 맞는지는 각자가 음미할 일이다. 보조동사도 복합동사와 마찬가지로 3.의 V자리에 나온다고 본다. 보조동사는 [+보조], 복합동사는 [−보조]곧 V_1−V_2의 V_2의 [±보조]성의 유무에서 갈린다.(보주(補注) 7.(p.634))

(25)

본형용사	보조형용사
新しい本はない(새로운 책은 없다)	この本は新しくない(이 책은 새롭지 않다)
この本はよい(이 책은 좋다)	それは忘れてよい(그것은 잊어도 좋다)

보조형용사는 분절되는 자립형식이므로 두 단어 사이에 조사(は)가 재재할 수도 있다.

(26) 1. 本で−は−ない。 (책(은) 아니다)

2. 新しく−は−ない。 (새롭지(는) 않다)

이에 대하여 조동사 'ない'의 경우는 자립형식이 못 되고 반드시 앞의 선행어에 밀착해야 한다.

(27) 書かない(쓰지 않는다) *書か(は)ない

따라서 같은 음형이고 부정의 'ない'라 하더라도 형용사에 이어지는 'ない'는 자립형식인 보조형용사이고, 동사에 밀착한 'ない'는 자립형식이 아닌 부정의 조동사이다.

보조형용사의 예를 보이면,

(28) 1. 寒く(형용사) — ない(보조형용사) (춥지 않다)
2. 大きく(〃) — ない(〃) (크지 않다)
3. 嬉しく(〃) — ない(〃) (기쁘지 않다)

동사에 이어지는 '部屋はまだ空いてない'(방은 아직 비(어 있)지 않다)의 경우도 부정의 보조형용사로 처리된다. 보조형용사는 'ない', 'よい'(좋다) 정도다.

다음처럼 동사에 이어진 형용사는 동사와 분절되지 않기 때문에 보조형용사로 보기 어렵다. 그렇다고 전체를 하나의 형용사로 보기도 어렵다(한국어는 분절되어 두 단어로 되어 있다).

(29) 書きにくい(쓰기 어렵다) 書きやすい(쓰기 쉽다)

이들은 결과적으로 형용사가 되는 것이지만, 이와 같이 형용사의 목록에 모든 동사(연용형)에 형용사가 붙은 것을 인정하게 되면 형용사가 엄청 불어 날 것이다. 그렇다면 V핵 자리에 동사만을, 𝓋핵 자리에 나머지를 도출하는 방식이 있고, 또는 이들을 따로 V와 𝓋핵 사이의 접사핵에 도출할 수도 있다. 필자는 용언의 부정은 통사부에서의 술어핵의 𝓋몫으로 긍정과 부정의 일은 동일한 통사적 위치에서 행해진다고 보므로 (28)에서 형용사는 AV핵 자리에, 부정은 𝓋자리에 도출되는 식이다. (29)는 (30) 1.처럼 V의 내부구조(동사–동사(형용사)로 보면 범주의 구별도 애매할 수 있고, 어휘부에서 V와 A(V)가 합성하면서 AV범주로 나온다고 본다.

(30)

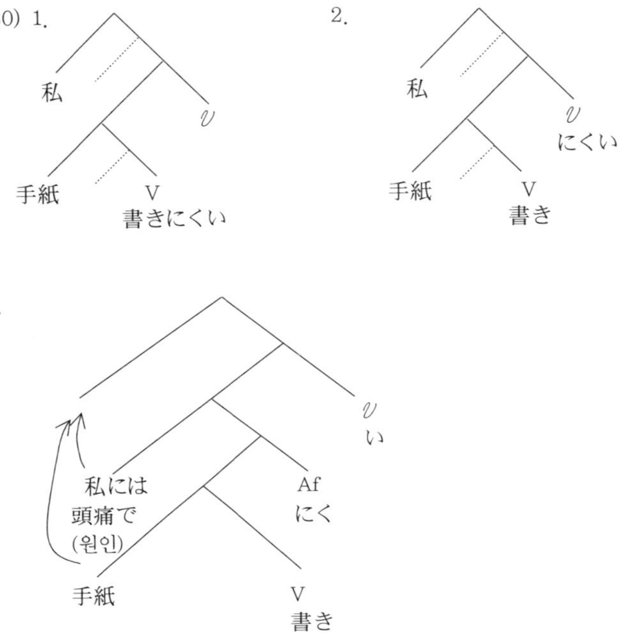

3.의 경우는 'にくい'를 접사핵으로 보고 원인이나 목표 같은 논항을 도입하는 것으로 볼 수 있다. v의 주어에는 경험주를 도입하거나 Af의 논항이 이동하여 메꿀 수 있다.

1.에서는 '書きにくい'가 동사가 아닌 형용사(AV)로 하면 대상의 手紙(てがみ)에 ga격을 부여할 수 있고, 2., 3.에서는 술어핵이 병합된 후에 대상에 ga격을 부여한다고 볼 수 있다. 격은 원래 추상격으로 있다가 통사 작용이 진행되면서 구체화된다고 볼 수 있다.

1.(술어핵 V/A(V)), 2., 3.의 어느 쪽이 문법적 직관이나 통찰에 합당한지는 각자가 음미할 일이나, 필자는 한 가지 일변도의 생성보다는 경우에 따른 다변도의 생성이 있는 것으로 보고 있다. 원인 등 강하게 드러낼 때는 부가어로서 별판으로 붙이기보다는 논항으로서 본판에 도출할 수도 있고

그 반대의 경우도 있을 수 있다. 부가는 그 의도(후행요소와의 관계)대로 2.의 점선 부분의 어디에도 가능하다. '書き-にくい' 사이에 다른 요소가 개재할 수 없는 점에서는 1.(술어핵 AV)쪽이 나은 듯하다.

5. 형용동사

성격 형용동사(Adjectival Noun)는 교과문법에서는 독립품사로 설정되지만 형용사와 비슷한 성격 때문에 형용사에 합치는 처지도 있다.

한편 형용동사는 동사와도 비슷한 활용면이 있기 때문에(22) 참조) 이 모두를 합쳐서 동사의 범주에 넣는 처지도 있다. 이들을 활용상으로 대조를 해 보면 형용동사는 동사적 성질을 지니면서 동사가 아니며, 형용사적 성질을 지니면서도 형용사가 아닌 독립적인 특성을 지닌다고 할 수 있다. 그래도 형용동사는 동사 쪽보다는 형용사 쪽에 매우 가깝다. 합친다면 형용사 쪽이 될 것이다.

(31)

	형용동사	형용사	동사
중지형	静かで(조용하고)	高くて(높고)	書いて(쓰고)
부사형	静かに(조용히)	高く(높이)	×
명령형	×	×	書け(써라)
종지형 〉 연체형 〉	静かだ 〉 異 (조용하다) 静かな 〉 形 (조용한)	高い 〉 同 (높다) 高い 〉 形 (높은)	書く 〉 同 (쓰다) 書く 〉 形 (쓰는)
가정형	静かなら(조용하다면)	高ければ (높다면)	書けば(쓰면)
금지형	×	×	書くな(쓰지 마라)

목적형	×	×	書きに(쓰러)
진행형	×	×	書きつつ(쓰면서)
동시형	×	×	書きながら(쓰면서)

이상에서 형용동사만의 특징으로는,

(32) 1. 종지형은 da, 연체형은 na로 갈리고 있다.
2. 부사형에 독특한 -ni형이 있다.
3. 가정형에는 반드시 -ba조사를 접속시키지 않다.
4. 중지형에 -de형은 있어도 -te형은 없다.
5. 형용사와 같이 명령, 금지, 목적, 진행, 동시형 등의 동사적 활용이 없다. 그런 점에서는 형용사와는 가깝고 동사와는 좀 멀다고 할 수 있다. 의미상으로도 형용사와 가깝다.

일본어의 형용동사를 한국어로 풀이할 때는 모두 형용사로 대역된다.

(33) 健康(けんこう)だ(건강하다)　静(しず)かだ(조용하다)　妙(みょう)だ(묘하다)

형용동사를 동사 혹은 형용사로 묶으려는 관점과는 달리 이를 하나의 품사로 보지 않고 두 단어의 결합으로 되어 있다고 보는 관점도 있다. 그 관점을 요약적으로 보이면,

(34) 1. 두 단어로 인정하는 것(형용동사 어간의 단어설)

1) Yamada(山田)　<u>静か</u>———— *だ/な*
부사　설명존재사(소위 지정조동사)

2) Matsusita(松下)　<u>静か</u>———— <u>*だ/な*</u>
형용사성 무활용어　단정조동사

3) Tokieda(時枝)　<u>静か</u>———— <u>*だ/な*</u>
명사　지정조동사

이들 처지는 형용동사의 어간을 단어로 인정하고 있는 것이다. 그것은 명사성을 지닌다고 해서 준명사(準名詞), 상명사(狀名詞)라 하기도 한다. 이들에 대해

2. 한 단어로 보는 것(형용동사 어간의 비단어설) 이는 형용동사의 품사의 독립성을 인정하는 처지다.

교과문법은 2.의 처지이지만 다음과 같은 형용동사류의 어류의 처리에 불통일성이 노출되기도 한다.

(35)	1. 静(しず)かだ	어간+어미(종지형)	한 단어
	2. 静かで	어간+어미(연용형)	〃
	3. 静かなら	어간+어미(가정형)	〃
	4. 静かだろう	어간+어미(추량형) — 조동사	두 단어
	5. 静からしい	어간-조동사	〃
	6. 静かか	어간-종조사	〃
	7. 静かさ	어간+접미사	한 단어

어간을 '静か'로 일관성 있게 잡을 수 있으나 그 다음은 어간-어미-조동사, 혹은 어간-조동사, 어간-조사, 어간-접미사 등의 형식으로 보듯이 형태적 분할에 혼선이 있게 된다.

어례 형용동사가 술어로 쓰이는 경우를 들어보면 형용사와 마찬가지로 주로 주어의 성질, 상태와 주어에 관한 감정, 능력의 서술이다.

(36) 1. 教室(きょうしつ)が静(しず)かだ。(교실이 조용하다.)		(상태)
2. 学生(がくせい)がまじめだ。(학생이 착실하다.)		(성질)
3. 数学(すうがく)がきらいだ。(수학이 싫다.)		(감정)

4. 歌が下手だ。(노래가 서툴다.)　　　(능력)

3., 4.의 경우는 경험주의 논항을 더 하나 취할 수 있다.

(37) 1. 私は数学がきらいだ。(나는 수학이 싫다.)
　　 2. 私は歌が下手だ。(나는 노래가 서툴다.)

논항을 세 개 취하는 경우도 있다.

(38) 太郎は背が花子と同じだ。(태랑은 키가 화자와 같다.)

형용동사의 어간만으로 쓰이는 경우가 있다. 형용사와 마찬가지로 어간의 독립성이 강한 것이다.

(39) 1. だいぶ きれい。(매우 예쁘다) 'きれい'를 i로 끝나는 형용사로 보지 않는 것은 奇麗의 한자어이기 때문이다. 이 한자어에 'だ'가 접합하여 형용동사가 되기 때문에 여기서는 그 어간만이 쓰인 것으로 보게 된다.
　　 2. それで結構。(그것으로 좋다)

다음과 같은 어례는 명사에 'さ'가 붙었다기보다 형용동사 어간에 'さ'접미사가 붙어서 명사로 전성된 것으로 볼 수 있다.

(40) 正直さ(정직함)　正確さ(정확함)　勇敢さ(용감함)　静かさ(조용함)

예컨대 '正直さ'의 경우 '正直だ'(정직하다)의 어간에서 왔기에 '정직'이 아닌 '정직함'의 뜻이 나오는 것으로 보는 것이다.

형용동사의 유래로는,

(41) 1. 고유어에서 온 것. あたたかだ(따뜻하다) にぎやかだ(번화하다) まれだ(드물다)

2. 한자어에서 온 것. 完全だ(완전하다) 健康だ(건강하다) 親切だ(친절하다)

3. 한자 하나에서 온 것. 急だ(급하다) 変だ(이상하다) 妙だ(묘하다)

4. 외래어에서 온 것. シャープだ(예리하다) スマートだ(말쑥하다) デリケートだ(섬세하다)

이와 같이 형용동사를 하나의 독립품사로 인정하는 것은 한자어 또는 외래어를 어근으로 해서 비교적 어휘 생산성이 높기 때문이다. 다음과 같은 '-的だ/な'의 사용도도 매우 높다.

(42) 良心的だ/な (양심적이다/양심적인)
自然的だ/な (자연적이다/자연적인)
人工的だ/な (인공적이다/인공적인)

이러한 형용동사의 단어 구성이나 유래를 볼 때 형용동사는 어휘부에서 명사/부사 + だ, 한자어 + だ, 외래어 + だ와 같은 어 형성규칙에 의해 형용동사가 이루어지고, 통사부에는 (43) 1.처럼 형용동사핵 자리에 도출(복사)되는 것으로 보아진다.

(43) 1.

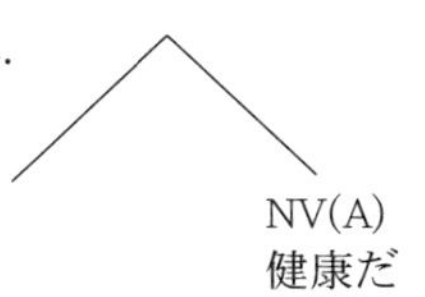

2.

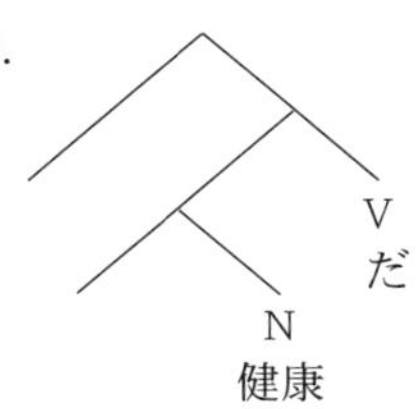

2. 처럼 N자리에 명사(한자어)가 도출되어 문 술어핵 'だ'와 병합된 것으로 볼 수 있으나, 후핵 자리에 술어핵이 자리한다는 일관성에 어긋나고 명사가 앞에서도 뒤에서도 도출되는 혼돈성을 초래할 수 있어 2.를 취하지 않는다. 그리고 어휘부에서 형성된 형용동사를 술어핵 자리에 도출(복사)해야만 그것이 Θ-역할이나 격자질에 상응한 상대논항을 도입할 수 있다. 아무 명사나 술어핵 자리에 도출(복사)하여 *v* 자리의 'だ'와 병합하여 형용동사가 될 수 있는 것은 아니다.

활용형

(44)

	어간	미연형	연용형	종지형	연체형	가정형	명령형	(추량형)
보통체	静(しず)か	daro (de)	dat de ni	da	na	nara	×	(daro)
공손체	静か	desyo	desi	desu	(desu)	×	×	(desyyo)

미연형은 다른 용언과 맞추어 부정형으로 한다면 de가 그 자리에 있고 daro는 (추량형)자리에 있게 된다. 전통적으로는 (　)부분은 고려됨이 없이 쓰인다.

공손체의 경우는 '静かだ'의 처리문제와 관계된다. '静か + だ'가 아닌 형용동사 1어로 보는 이상은 '静かです'도 이와 병행해서 형용동사의 1어로 보아야 하고 공손체로 처리하는 것이 간명하다.

이들 활용형에 후속하는 단어를 보이면,

(45)

<table>
<tr><th>어간</th><th>어미</th><th>후속하는 말</th><th>활용형의 명칭</th><th>비고</th></tr>
<tr><td rowspan="9">sizuka
(静か)</td><td>daro
(de)</td><td>u[o] 추량조동사
静かだろう(조용할 것이다)
(nai; 부정형용사)
静かでない(조용하지 않다)</td><td>미연형

(혹은 부정형)</td><td></td></tr>
<tr><td>dat</td><td>ta(과거조동사)
静かだった(조용하였다)</td><td>연용형</td><td rowspan="3"></td></tr>
<tr><td>de</td><td>aru(보조동사)
静かである(조용하다)
∅(중지형)
静かで(조용하고)
nai(부정형용사)
静かでない(조용하지 않다)</td><td>〃

(중지형)

(부정형)</td></tr>
<tr><td>ni</td><td>서술어(동사)
静かに(조용하게)</td><td>(부사형)</td></tr>
<tr><td>da</td><td>∅ 静かだ(조용하다)
sooda(양태조동사)
(단, 이 경우는 어미 da는 생략하고 어간에 바로 후속한다)
静かそうだ(조용한 것 같다)</td><td>종지형</td><td></td></tr>
<tr><td>na</td><td>명사 静かな(조용한)
yooda(전문조동사)
静かなようだ(조용한 것 같다)</td><td>연체형</td><td></td></tr>
<tr><td>nara(ba)</td><td>∅ 静かなら(조용하다면)</td><td>가정형</td><td>(ba)는 붙이지 않아도 된다.</td></tr>
<tr><td>×</td><td></td><td>명령형</td><td></td></tr>
<tr><td>(daro)</td><td>(u[o] 추량조동사)
静かだろ(う) (조용할 것이다)</td><td>추량형</td><td>미연형/추량형 어느 한 자리 선택</td></tr>
</table>

활용형의 특수형 형용동사의 활용형에서 유의할 것을 든다면, 종지형에서 동사나 형용사는 종지형에 의문의 종조사 'か'(かくか, しろいか)가 후속

하지만, 형용동사는 그러지 못하고(*しずかだか), 어간에 'か'가 붙는다(しずかか). 이것이 형용동사 1단어설의 약점이다. 그 다음 연체형에서, 동사나 형용사는 종지형과 연체형은 같은 형인데 형용동사에서만 갈리고 있다. 그것은 서로의 기원이 다르기 때문이다. 종지형 da는 'de-aru'에서 온 것이고, 연체형 na는 ~nari(고전의 단정조동사)에서 온 것인데 서로가 역할을 나누어 분담하게 된 것이다. 공손형의 연체형 desu는 보통 조사 node(이므로), noni(인데도)가 이어질 때만 쓰인다.

(46) 1. 教室が静かなので(교실이 조용하므로)
cf.美しいので(아름다우므로)
2. 教室が静かですので(교실이 조용하(오)므로)
cf.美しいので(아름다우(오)므로)
3. 教室が静かなのに(교실이 조용한데도)
4. 教室が静かですのに(교실이 조용한(/하온)데도)

공손체 'です'가 있는 것은 공손의 뜻을 반영해서 2.와 4의 대역의 ( )에 나타내는 것과 같이 되어야 하지만 한국어의 대역으로는 어색하다 싶다. 공손의 표현은 그 다음에 이어지는 서술어의 공손표현으로도 가능하지 않나 싶다. (46)에서처럼 진술어에서 공손체가 쓰이는 것은 동사, 형용사, 명사술어의 경우도 마찬가지다.

(47)	a.	b.
1.	a. 行くから(가므로)	b. 行きますから(가(오)므로/가오니)
2.	a. 行くが(가지만)	b. 行きますが(갑니다만)
3.	a. 美しいから(아름다우므로)	b. 美しいですから(아름다(오)므로)
4.	a. 美しいが(아름답지만)	b. 美しいですが(아름답습니다만)
5.	a. 学生だから(학생이므로)	b. 学生ですから(학생이(오)므로/학생이오니)
6,	a. 学生だが(학생이지만)	b. 学生ですが(학생입니다만)

1. b, 3. b 그리고 5. b의 공손체의 대역이 온전하지 못하다는 것은 한국어는 일본어와 달리 절술어의 공손체가 없는데서 온다. 그러나 2. b, 4. b 그리고 6. b의 경우는 대역이 부합하는 데서 공손체의 쓰임이 같은 경우도 있다는 것이 된다. 오히려 2. b는 '가옵니다만', 4. b는 '아름답사옵니다만', 6. b는 '학생이옵니다만'과 같은 보다 공손한 표현도 가능하다.

이렇게 본다면 절술어의 공손체의 쓰임이 한국어와 일본어에서 하나의 문법적인 차이를 보여주는 것인데, 원래 청자에 대한 공손표현은 한 언어에서도, 사용자에 따라서도, 또 서술내용(후속어)에 따라서도 변이성이 많은 것이어서 그 정도의 차이성은 두 언어의 비교에서 주변적인 것으로 보아진다.

또, 연체형에는 특수한 것이 있다. 연체형의 na가 생략되는 경우가 있는 것이다. 예컨대,

(48) 1. *こんなだ*(이러하다), *そんなだ*(그러하다)
  2. *あんなだ*(저러하다), *どんなだ*(어떠하다)

1.을 예로 들어 *こんなに*(이렇게), **こんなな*처럼 연체형에는 −*な*가 쓰여야 하는데, '*こんな, そんな, あんな, どんな*'로 되며 '同*じだ*'(같다)도 연체형에서 '同*じな*'가 되어야 하는데 '*な*'가 생략된 '同*じ*'가 된다. 다만 조사 noni, node가 이어질 때는 제대로 '同*じなので*'로 쓰인다. 이들은 어간 자체가 연체형 구실을 하는 셈인데, 이러한 예외적 활용을 하는 형용동사들을 특수한 구어(口語) 형용동사라고 한다.

그리고 연체형의 na 어미 외에 no 어미가 있는 것으로 해야 하는 경우가 있다.

(49) 必要*な*/必要*の*(필요한/의), 適当*な*/*の*(적당한/의), 急*な*/*の*(급한/다급의)

와 같이 'な' 이외에 'の'가 접미된 어례들이 많이 쓰이고 있기 때문이다. 'の'가 붙은 것을 '명사 + の'의 두 단어 혹은 한 단어의 연체사로 다룰 수 있지만, 다음과 같이 서술적으로 쓰이는 것을 고려하면,

(50) 量が適当の限り(양이 적당한 한) 事情が急の事(사정이 급한 일)
注意が必要の事項(주의가 필요하는 사항)

서술성이 있는 형용동사로 볼 수밖에 없다.

앞에서는 na/no 두 가지로 나오는 어례를 보였지만 no만 붙는 것도 있다.

(51) 別の人(다른 사람) 最高の成績(최고의 성적) 本当の話(정말인 이야기)

그 외 논의될 수 있는 것으로는 부사형 '-に'가 있다. 이것은 같은 부사하고 어형이나 기능면에서 닮은 점이 있기 때문이다.

(52) まさに(틀림없이) すでに(이미) ただちに(바로 곧)

이러한 に형에 닮은 형용동사의 부사형의 예에서,

(53) 静かに(조용히) 健康に(건강하게) まじめに(착실히/하게)

(53)을 부사(Yamada의 정태부사(静態副詞)의 대부분)로 보기도 하는데, (52)는 어형이 고정되어 있는데, (53)은 어형이 바뀌는(활용하는) 면이 있어서 부사하고는 구별하는 것이 보통이다.

이는 형용사의 활용과 대비해 보아도 형용동사의 활용에서의 부사형임을 알 수 있다.

(54)

	형용사	형용동사
1.	風が涼しく吹く。 (바람이 시원하게 분다.)	風が静かに吹く。 (바람이 조용하게 분다.)
2.	風が涼しい。(바람이 시원하다)	風が静かだ。(바람이 조용하다.)
3.	涼しい風。(시원한 바람)	静かな風。(조용한 바람.)
4.	風が涼しく気持がよい。 (바람이 시원하고 기분이 좋다.)	あたりが静かで気持がよい。 (주위가 조용하여 기분이 좋다.)
5.	涼しくない。(시원하지 않다.)	静かでない。(조용하지 않다.)

덧붙여서 같은 어간의 형용사와 형용동사를 대비해보면, 종지형과 연체형에서 그 구별이 확실히 나타난다.

(55)

	어간	미연형 (추량형)	미연형 (부정형)	연용형	종지형	연체형	가정	(추량형)
형용사 暖かい	atataka	karo	ku	ku kat	i	i	kere	(karo)
형용동사 暖かだ	atataka	daro	de	de, ni dat	da	na	nara	(daro)

미연형을 추량형 아니면 부정형으로 하느냐는 관점의 차이다.

그리고 형용동사는 고전어에서는 음편이 있으나 현대어에는 없다. 고전어에서의 음편은 다음과 같이 어미 ru가 N음으로 변하는 n음편일 뿐이다.

(56) 静かなり(종지형)

静かなる(연체형) + meri(추량조동사) → 静かなんめり (조용한 것 같다)
　　↓　　　　　　　　　　　　　　　　　(静かであるようだ)
　　ん

용언의 대조 지금까지 전통적으로 혹은 교과문법에서 다루어 온 용언,

곧 동사, 형용사, 형용동사의 문법적인 여러 면을 살펴 왔는데 그 주요점을 다음과 같은 대조표로서 대비시켜 보기로 한다.

(57)

	특징적인 것	동사	형용사	형용동사
어형에서	종지형 연체형	u u 〉동형	i i 〉동형	da na 〉이형(異形)
	부사형 중지형	× i/e	ku ku 〉동형	ni de 〉이형
	ta(과거조동사) te(접속조사) 〉접속사	i/e i/e 〉동형	kat ku 〉이형	dat (te는 접속않음)
활용형 에서	명령형	○	×	×
	부사형	×	○	○
	금지형	○	×	×
	목적형	○	×	×
	진행형	○	×	×
	동시형	○	×	×
접속상 에서	가정형	ba접속 (書けば)	ba접속 (高ければ)	ba불접속 (静かなら)
	접속조사 te	○	○	×(de어미가 있다)
	masu(공손조동사) nai, nu(부정조동사) tai(희망조동사)	○	×	×
	desu	×	○ (종지형에서) (高いです)	○ (어간에 접속) (静かです)

	기타의 조동사			
	reru(수동) } seru(사동)	○	×	×
	rasii	○(종지형에)	○(종지형에)	○(어간에 접속)
	souda(양태)	○(종지형에)	○(어간에)	○(어간에)

위의 표에서는 동사와 형용동사가 일치하는 것은 거의 없고(일치하더라도 접속이 좀 다르다) 형용사와 형용동사가 많이 일치하고 있다. 만일 용언을 2분한다면 형용동사는 마땅히 형용사 쪽에 들어갈 것이다.

이들 용언의 문법적 기능에는 서술어, 관형어, 부사어로서의 구실이 있는데, 특히 문의 형성에는 그 중 서술어적 기능이 핵이 된다. 필자는 다음과 같은 범주표시를 쓰고 있다.

(58)

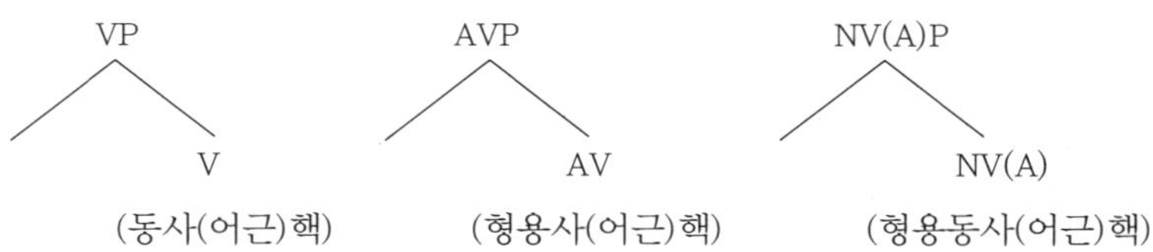

어근핵과 상대 논항과의 병합체의 상위절점은 해당범주의 구(동사구, 형용사구, 형용동사구)가 된다.

그리고 문의 술어핵으로는 이상의 세 가지 외에 명사술어가 있다. 명사술어는 어휘부에서 '명사 + だ'로 형성되어 통사부에 도출(복사)된다.

(59)

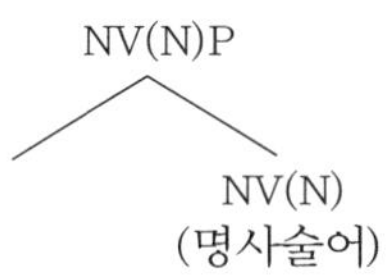

문제는 NV(A)와 NV(N)는 명사를 어근으로 하기 때문에 다음과 같이 동

형으로 나타나는 경우가 많다.

(60) 1. 健康だ (건강하다) NV(A)
2. 健康だ (건강이다) NV(N)

또 형용사는 술어적인지 아니면 수식어적인지 구분하기 어렵기 때문에 술어적임을 명시하기 위해서 AV로 쓰고 형용동사의 NV(A형), 명사술어의 NV(N형)와 맞추고 있다. (58), (59)를 다시 쓰면,

(61)
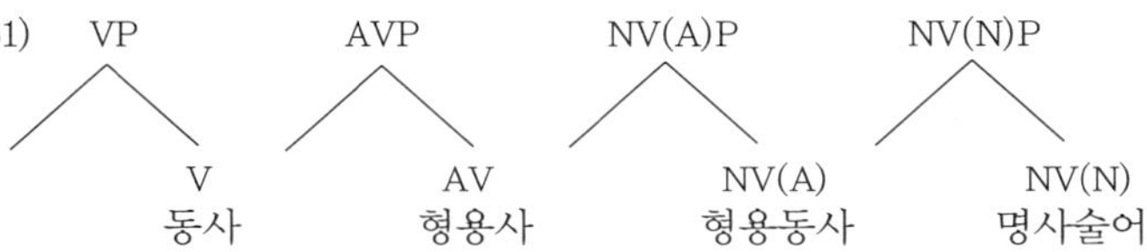

형용사를 간단히 A로 표시할 수 있고(논항 A하고는 분지의 좌우에서 구별), 특별한 구분이 필요 없다면 여기의 모든 술어핵을 공통의 V로 나타낼 수 있다.

어떤 표기를 쓰든 그것은 범주의 표기적인 문제로 범주적으로 어떻게 직관하고 있는가 하고는 별 문제이다. 명사술어의 경우 품사로서의 그러한 범주를 설정할 수 있고 설정하지 않아도 된다고 본다. 어휘부에서 '명사 + だ'의 조작을 끝내고 술어핵 자리로 나왔다고 보면 된다.

그리고 수형도에서는 수형도 절점의 이해를 위해서 범주표시를 하여도 실지 통사적 운용에서는 그러한 범주표시는 없어도 되는 것이다. 예컨대 '書く'라는 동사는 어휘부에 이미 동사라는 범주표시가 되었기 때문에 술어핵 자리에 도출(복사)되기만 하면 자동적으로 V-VP로 투사되고 후속의 핵문술어핵과 병합하게 된다.

(62)

그리고 각 술어핵 범주에 상응하는 A(논항)가 상대항으로 도입된다. 따라서 그 상대항도 범주 표시 없어도 명사 A라는 것을 알 수 있다. 동사도 술어핵 자리에 도출되면 동사술어가 되는 것이고 절술어로 쓰이면 그 쓰임에 따라 부동사(부사형), 형동사(연체형)가 되는 것이다.

동사는 통사론에서 언급하겠지만 몇 가지 구별이 있어서 그 구별에 따라 상대논항이 달라지는데, 동사는 일반적으로 대상 논항을 많이 취한다. 형용사도 그리고 형용동사도 대상논항을 취하고 명사술어도 주제를 취한다고 하면 다음과 같이 될 것이다.

(63)

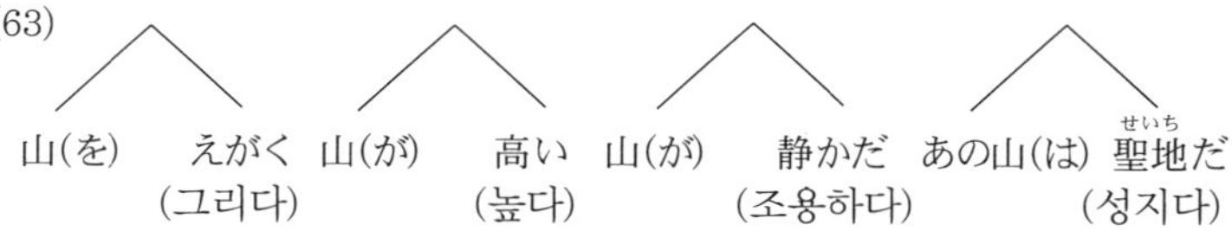

앞에서 보았듯이 동사, 형용사, 형용동사는 형태상, 의미상 구별이 되는 범주이기 때문에 어휘부에서 범주 표시가 되었다면 통사부에의 출력에서 혼동이 생기지 않는다.

다만 같은 -da 형으로 끝나는 형용동사와 명사술어와는 혼동을 가져올 수 있으나 직관적으로 구별하여 쓰고 있는 것이다. 전통적 혹은 교과문법적인 구별은,

(64) 1. 형용동사 健康(けんこう)(어간)—だ(어미) 단어 하나(건강하다)

2. 명사술어 健康((명사)—だ단정조동사) 단어 둘(건강이다)

이 두 가지 단어에 부사어를 얹혀서 의미가 통하느냐의 여부로 구별한다.

(65) 1. 형용동사 非常(ひじょう)に(매우) 健康(けんこう)だ(건강하다) — 매우 건강하다○

2. 명사술어 非常(ひじょう)に(매우) 健康(けんこう)だ(건강이다) — 매우 건강이다×

곧 부사어를 얹혀서 말이 되면 용언인 형용동사이고, 그렇지 않으면 명사술어이다.

종전의 문법대로 명사술어를 두 범주(명사-조동사)로 보게 되면 문 구조 형성에서의 위치나 과정이 문제된다.

형용동사든 명사술어든 술어핵으로서 술어의 기점에 도출(복사)되는 것으로 하고, 형용동사는 어휘부에서 '명사 + だ'의 형성규칙에 의해 형성되어 형용동사의 범주가 표시되고, 명사술어도 어휘부에서 명사 + だ의 형성규칙에 의해 형성되어 명사술어의 범주가 주어진다고 하면 그만큼 통사부에서의 출발이 수월해진다고 본다. 이때의 양자의 'だ'형태의 구별에 대해서는 여러 가지가 있겠지만 필자는 전자는 형용동사화접사, 후자는 명사술어화접사라는 말로 쓰고 싶다.

6. 연체사

부용어(副用語) 교과문법에서 연체사, 부사, 접속사, 감동사 등의 말은 비활용어로서 주어, 술어 등의 주성분이 될 수 없고 수식어나 독립어로서의 구실만을 하는 점에서 공통된다. 이 모두를 부용어라고 한다. 이에 대해 명사(대명사, 수사)와 용언(동사, 형용사, 형용동사(山田는 불인정))은 자용어(自用語)라고 한다. 자용어는 그 자신이 독자적으로 개념을 지니고 진술에서 직접적 재료가 되는데, 부용어는 자용어에 의지하여 부차적으로 사용되는 것으로 하였다(山田 1911 86-87). 부용어는 부용언이라고도 한다.

부용어 중에서 감동사 하나만 또는 감동사와 접속사 두 개를 합쳐서 이들이 문성분에서 독립어적인 성격을 띠고 있기 때문에, 부용어에서 떼어서 독립언으로 따로 세우기도 한다.

이들 단어의 특색은 활용하지도 않으며 조사를 동반하지 않는다. 조동사도 이어지지 않는 것이 원칙이지만 소수의 단어에 'だ, らしい'의 조동사가 이어진다.

(66) 1. そう—だ (부사-단정조동사, 이 경우는 두 단어, 이 전체가 한 단어의 양태조동사가 되기도 한다) (그러하다)
2. そう—らしい (부사-추량조동사) (그런 것 같다)
3. どう—です(か) (부사-단정조동사) (어떻다(어떤가))
4. この—ようだ (연체사-비유조동사) (이와 같다)

부용어 중에서 다음의 (67) 2.의 접속어(그리고 독립어)를 뺀다면 (67) 1.의 수식하는 구실의 품사만이 남아서 부용어를 수식어라는 말로 대체할 수 있다.

(67) 1. 수식하는 것 ┌ 체언을 수식하는 것 연체사
└ 용언을 수식하는 것 부사
2. 접속하는 것 접속사

연체사 연체사(連体詞, Pre-Noun)는 오로지 명사만을 수식하는 말이다. 명사를 수식하는 것은 연체사 외에도 다음과 같은 것이 있다.

(68) 1. この花(はな)(이 꽃) 연체사 + 명사
2. 春(はる)の花(はな)(봄의 꽃) 명사 + 조사 + 명사
3. 君(きみ)の花(너의 꽃) 대명사 + 조사 + 명사

4. 咲く花(피는 꽃)　　　　동사의 연체형 + 명사

5. 咲いた花(핀 꽃)　　　　동사의 연용형 + 과거조동사 + 명사

6. 美しい花(아름다운 꽃)　형용사의 연체형 + 명사

7. きれいな花(예쁜 꽃)　　형용동사의 연체형 + 명사

1.의 연체사 앞에는 수식어(부사어)가 얹히는 경우는 없다. 부사어가 앞에 있다면 그것은 뒤의 명사 다음에 오는 용언과 관계되는 경우일 것이다. 2.와 3.의 명사 앞에는 연체사 등 수식어가 얹힐 수 있다. 수식절도 얹힐 수 있다.

(69) 1. この春の花 (이 봄의 꽃)

2. 気温が異常だった春の花 (기온이 이상이었던 봄의 꽃)

(68)의 4., 5., 6., 7.은 용언이기에 부사가 앞에 올 수 있고, 용언의 주어가 선행하여 수식절이 될 수 있다.

(70) 1. とても美しい花 (매우 아름다운 꽃)

2. 蕾が美しい花 (꽃봉오리가 아름다운 꽃)

따라서 연체사는 영어의 부정관사, 정관사 혹은 지시대명사와 같은 오로지 명사를 한정하는 한정사(Determiner, DAT)의 구실을 하는 것과 같다고 할 수 있다.

(71) a / the / this / that　　flower

생성문법에서는 한정사(혹은 결정사) 범주를 D로 나타낸다. 영어는 선핵언어로서 다음의 형상성을 지닌다.

(72)

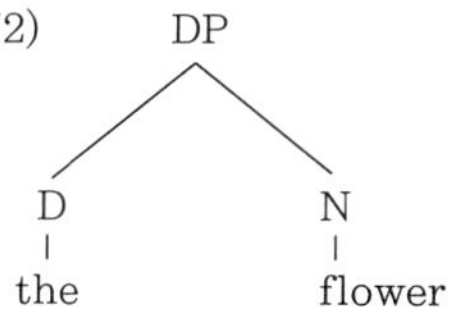

모든 명사적 표현에 선행하는 결정사가 핵이 되고 명사적 표현을 보충어로 취하는 투사체를 형성한다고 가정한다. 이를 DP가설(DP Hypothesis)이라고 한다.

한국어나 일본어의 경우는 후핵언어이며 명사적 표현에 후행하는 조사가 D 범주에 상당한 것으로 보며, 따라서 후핵 D가 명사적 표현을 보충어로 취하는 투사체를 형성하는 것으로 가정한다.

(73)

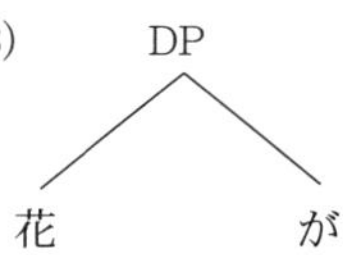

여기서 우리가 유의할 것은 일본어(한국어)의 술어핵은 수형도의 오른쪽에 전개되고 명사적 표현은 각 술어핵의 왼쪽 위치에 DP구로 존재한다는 것이며, 따라서 연체사는 왼쪽 분지에서 명사와 밀착한 위치에 있다는 것이다.

(74)

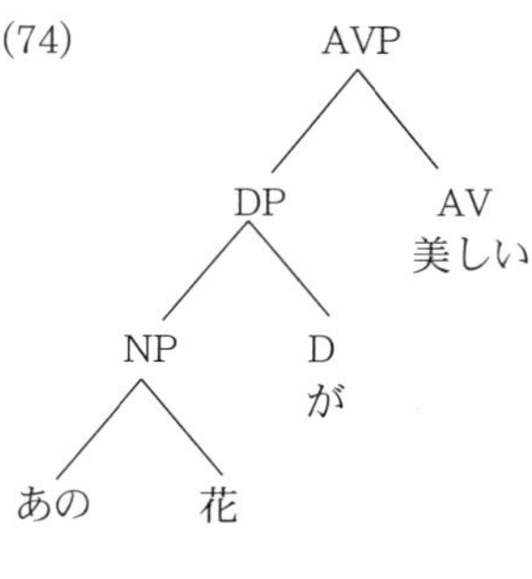

형태 연체사의 어례를 형태별로 든다면,

(75) 1. −no가 붙는 것 この(이), その(그), あの(저), どの(어느), ほんの(조금의)
이들에게는 특수하게 비유조동사가 접속하는 예외성이 있다.
このようだ(이와 같다), あのようだ(저와 같다)

よう(様, 모양)를 명사로 보고 '연체사 + 명사 + 단정조동사'와 같은 분석도 있을 수 있으나, 의미상 '이 모양이다'가 되어 비유의 뜻이 바래므로 '연체사 + 조동사'로 형태분석하는 것이 일반적이다.

2. −na가 붙은 것 大きな(큰), 小さな(작은), おかしな(이상함)
다만 こんな(이런), そんな(그런), あんな(저런), どんな(어떤)는 활용한다고 보고(こんなだ/こんなに/こんな) 형용동사에 넣는다.

3. −ta, da가 붙은 것 大した(대단한) とんだ(엉뚱한)

4. 기타 ある(어떤), たった(어원상으로는 ただ(그냥, 보통)을 강하게 한 것)

5. 문어적인 것 いわゆる(소위), あらゆる(모든), わが(우리의), さる(지난)
件の(건(사건)의), 例の(예의), 無二の(둘도 없는),
いかなる(어떠한), 偉大なる(위대한), 堂堂たる(당당한)
判然たる(판연한)

형태 처리의 문제 연체사와 유사한 다른 형태와의 구별은,

1. 접두사와의 구별

(76) 各会社(각 회사) 当商店(당 상점) 故森会長(고 모리회장)

밑줄 친 부분을 접두사로 보는 의견과 연체사로 보는 의견으로 갈린다. 이런 경우 띄어쓰기를 한다면 분절적인 것인지 비분절적인 것인지 알 수 있지만, 그렇지 않기 때문에 애매하게 된다. 음으로서의 끊김이 있는가 없는가의 차이다. 끊김이 있다면 연체사로 처리할 수 있다.

2. 동형의 동사와의 구별. 동사 '有る'(있다)하고 같은 기원의 연체사 aru와 대조하면,

(77) 1. 家に自転車がある。(집에 자전거가 있다) (동사 aru의 종지형)
2. 家にある自転車で練習した。(집에 있는 자전거로 연습했다)
(동사 aru의 연체형)
3. ある自転車にぶつかった。(어떤 자전거에 부딪치다) (연체사)

(77) 1., 2.에서는 '있다'는 개념이 분명히 있으나, 3.에서는 그런 개념은 없고 막연히 무엇인가를 지적하는 뜻으로 바뀌고 있다.

다음의 경우도 용언의 연체형과의 구별이 필요하다.

(78) 1. いわゆる学者　소위(말하는) 학자　(연체사)
2. 世にいわゆる学者　세상에서 소위 말하는 학자　(동사의 연체형)

같은 어형이라도 2.는 연용수식어(부사어 등)의 수식을 받으면서 서술하는 성질이 있으므로 용언의 연체형이라고 볼 수 있다. 연체사는 그 앞에 수식어가 오지 않는다.

국문법에서 a) 다른 학생, b) 성질이 다른 학생에서, a)는 관형사(연체사에 상당), b)는 형용사의 관용형(연체형에 상당)으로 처리한다.

3. 형용사의 연체형과의 구별. 다음의 대비에서,

(79)

연체사	大きな家(큰 집)	小さな山(작은 산)	おかしな人(이상한 사람)
형용사의 연체형	大きい家(큰 집)	小さい山(작은 산)	おかしい人(이상한 사람)

우리말로 대역할 때는 같게 되지만 일본어에서는 다르게 쓰이는 경우이다. '大きな'를 연체사로 보는 것은 활용하지 않는다는 데 있다. 그러나 서술성이 있는 경우도 있다.

(80) 構造の大きな家 (구조의(/가) 큰 집)

그래서 연체사로 보지 않고 용언으로 보기도 하나, 문제는 활용이 연체형밖에 없는 그리고 형용사나 형용동사의 어느 하나에 포함시켜야 하는 문제가 있게 된다. 어느 것에 포함시켜도 체계상의 구멍이 많은 것이 되는 단점도 있다. 형용사의 연체형 어미에 i 외에 na가 있게 하는 방법도 있다.

(81) 大きい/大きな家

그것 역시 체계상의 정돈성을 해칠 염려가 있다.

연체사가 독립품사로 인정된 것은 최근의 일이고 논의가 많은 품사라고 할 수 있다. 어떻든 연체사(관형사)가 독립품사로 인정되고 있다는 것은 한국어나 일본어문법 체계의 하나의 특징이라고 할 수 있다.

한편, 생각에 따라서는 한국어의 '큰'에 상당한 뜻의 말이 일본어에서는 형용사(연체형)의 '大きい'와 연체사(형용동사 연체형이라고도) '大きな'의 두 범주(형용동사까지 거론하게 되면 세 범주)로 갈리는 차이가 한·일 두 언어간에 있는 것인데, 이것도 어떻게 보면 해석의 관점의 차이라고 본다. 한국어도 '큰'이 고정적으로 쓰이면 관형사(연체사)로 보고, '무엇이 큰'과 같이

서술적으로 쓰이면 형용사의 관형형(연체형)으로 보기도 하여 비슷한 처지가 된다.

연체사의 생성 연체사는 원래 없었던 것이 다른 품사로부터 전성되어 생긴 것이다. 어원적으로 거슬러 올라가면 다른 품사 또는 그 복합으로 귀결된다. 어원적인 연구에서는 전성된 품사를 다시 복원하는 일은 있을 수 있으나, 문법적으로는 그대로 한 단어로 처리된다. 예컨대 *この*(이), *あの*(저), *その*(그) 등은 고전에서 *こ* + *の*, *あ* + *の*, *そ* + *の*로 분석되지만 현대어에서는 '*こ*, *あ*, *そ*' 등은 오로지 '*の*'만 따르기 때문에 하나의 단어로 처리될 수밖에 없다.

원래의 품사별로 나누어 본다면,

(82) 1. 대명사 + 조사　　この(이), あの(저), その(그), どの(어느), わが(우리)
2. 형용사 어간 + na　　小さな(작은), おかしな(이상한), 大きな(큰)
3. 동사　　ある(있다→어떤), 去る(지나다→지난)
来る(오다→오는), 明くる(明く(날이 밝다)의 연체형→다음)
4. 부사　　ただ(그저) → たった(단, 단지)
さしたる(부사 + 동사 + 조동사) → (이렇다 할 정도의)
とある(부사 + 동사) → (어떤, 어느)
5. 명사 + 조사　　앞서의 (75) 5.의 문어적인 것을 참조. 件の…
6. 형용동사　　(75) 5.의 문어적인 것을 참조. 堂堂たる…
7. 동사 + 조동사　　(75) 5.의 문어적인 참조. いわ-ゆる → いわゆる

이와 같이 연체사는 다른 품사로부터 전성된 전성연체사로 되어 있다.

이들 연체사는 영어의 관사, 지시대명사처럼 명사 앞에 얹혀서 명사를 한정적으로 수식하는 구실을 한다. 영어 용어의 대역으로는 꼭 맞지 않지만 Article(관사), Attributive(부가한정어)를 대용하여 후자의 At로 약식표기 할 수 있다. 여기서는 명사 직전에만 나온다는 뜻에서 Pre-Noun(PN)으로 쓴다.

(83)

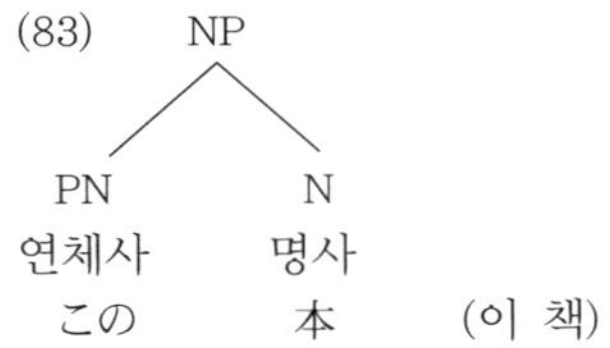

명사 앞에 형용사만 오는 경우는,

(84)

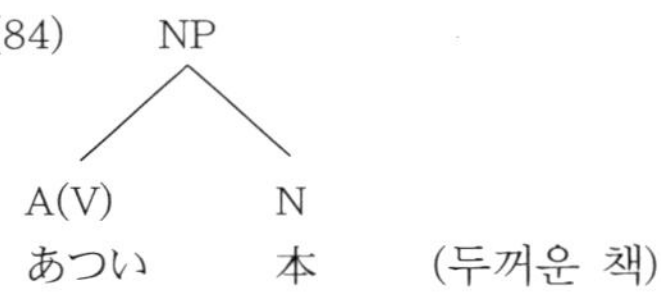

그러면 연체사-형용사-명사의 구조의 투사체는 어떻게 되는가? 일반적으로 핵의 투사체는 3단으로 보아 왔다.

(85)

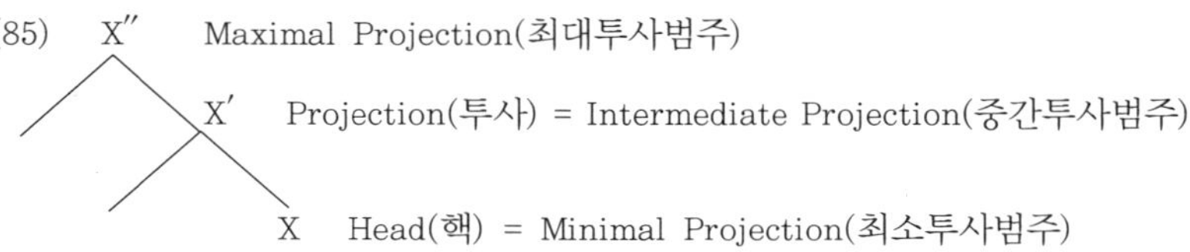

여기서 X는 범주의 변항이다. 곧 명사, 형용사, 동사…를 대신한다. 그 X는 투사의 시발점인 핵이 되는 것으로 최소범주라고 한다. X′는 그 X와 그것을 보충하는 보충어의 병합체로서 중간(투사)범주가 된다. X″는 X′와 병합하여 그것을 지정, 한정하는 구실을 하는 지정어를 관할하는 최대(투사)범주가 된다.

명사에는 한정－수식을 받는 속성이 있다면 이와 같은 3층으로 그것을 나타낼 수 있다.

(86)

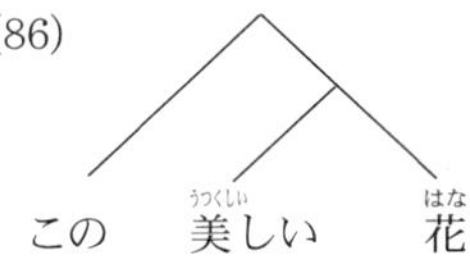

(이 아름다운 꽃)

그러나 필자는 3층이 아닌 2층의 투사만을 취하기 때문에 이 경우는 관형사－명사 아니면 형용사－명사의 2층만이 가능한데 이와 같이 연체사와 명사 사이에 형용사가 개재할 때는 이는 별판에서 형성되어 부가된 것으로 본다. 부가부분을 점선으로 표시한다면

(87)

蕾が美しい花(꽃봉오리가 아름다운 꽃)

곧 수식부분은 형용사 하나만이 오지 않고 절이 오기도 한다.

(88)

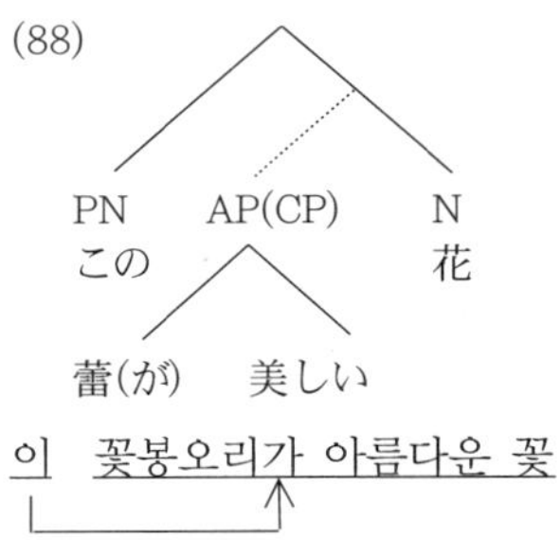

이때의 'この'는 蕾(つぼみ)와 무관하며 花(はな)를 지정한다. 만일 'この'가 蕾에 걸칠 때는,

(89)

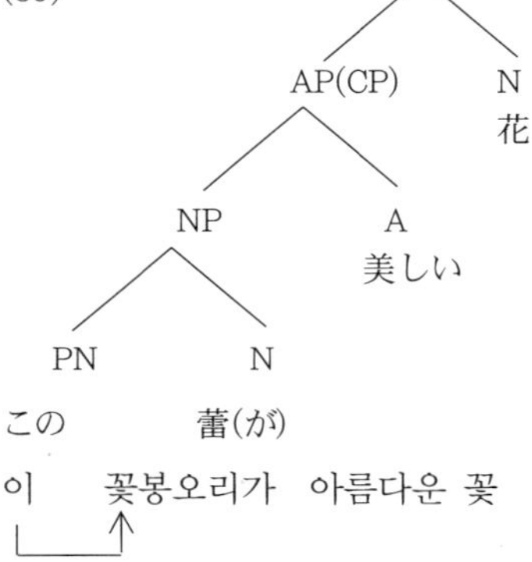

형용사 앞에 부사가 오는 경우 3층으로는 간단하게 기술하게 되는 듯하지만,

(90)

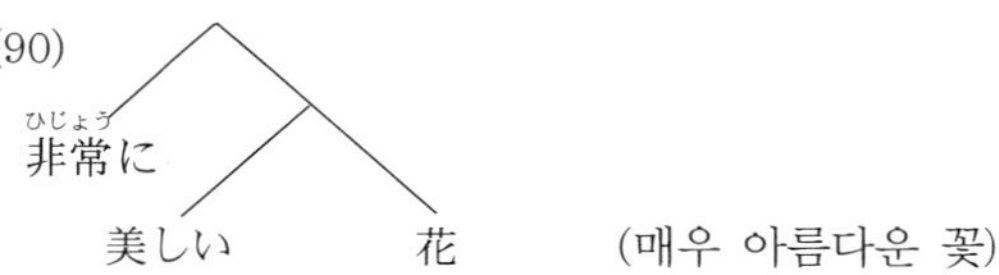

2층으로 보는 필자의 처지로는 이 경우의 AP는 부가어로서 별판에서 형성되어 부가되는 것으로 보고 있다.

(91)

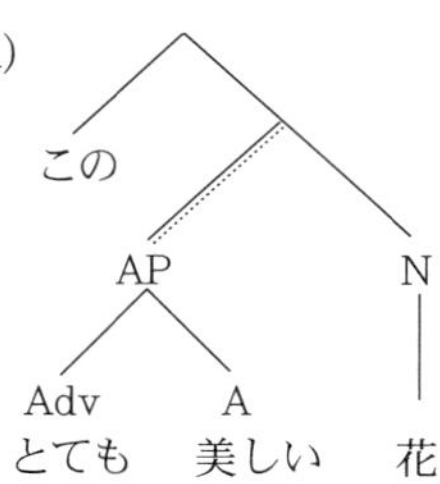

이러한 논의는 논자에 따라 여러 가지일 수 있겠지만, 여기서 필자가 말하고자 하는 것은 연체사는 명사에 직접 상대되는 범주라는 것이다.

7. 부사

성격 부사(副詞, Adverb)는 비활용어의 자립어로서 주로 용언을 한정한다. 용언 외에도 부사가 부사를, 그리고 문 전체를 한정하기도 한다. 또 어떤 것은 일부지만 체언을 한정하기도 한다. 그것은 주로 수량, 방향, 거리 등을 나타내는 체언에 한한 경우다.

이러한 한정의 방식에 따라, 부사를 Yamada(山田 1911:374)대로 다음과 같이 분류할 수 있다(원래는 접속사와 감동사도 부사로 분류됨).

(1)
부사 ┬ 속성부사 ┬ 정태부사 はっきり(と)(확실히), にっこり(방긋), ゆっくり(천천히)
　　 │　　　　　└ 정도부사 いと(매우), かなり(꽤), ずっと(줄곧)
　　 └ 진술부사 もし(만일), おそらく(아마), どうか(부디)

개괄적인 명칭인 속성부사를 제외하면 구체적인 명칭의 1) 정태부사, 2) 정도부사, 3) 진술부사의 세 가지로 나누어진다.

속성부사(그 중에서 정태부사)와 진술부사의 대조를 위해서 하나의 예를 보이면,

(2) 1. 我(われ)は実(じつ)にこれを愛(あい)する。(진술부사) (나는 정말로/참으로 이것을 사랑한다.)
　 2. 我はこれを実に愛する。(정태부사) (나는 이것을 참되게 사랑한다.)

1.은 용언의 진술에 관계되며 '사랑하는 것이 정말이다'라는 뜻이고 2.는 사랑이라는 속성에 관계되며 사랑하는 모습 곧 참된 사랑을 한다는 뜻이다.

이러한 차이를 Tokieda의 영기호의 사(辞)를 이용해서 구별 지을 수 있다.

(3) 実に これを愛する ▭　　　　実に愛する

부사의 주된 용법은 용언 앞에서 용언의 서술의 내용이나 정도를 한정적으로 수식하는 일이다. 용언에 이어지는 한정수식어라는 점에서 연용수식어(부사어)라는 말이 있다. 연용수식어로 쓰이는 것은 부사만이 아니므로 혼동하지 않도록 유의할 필요가 있다.

(4) 1. 花(はな)がひとつ咲(さ)いた。(꽃이 하나 피었다.)　명사(수사)
2. 花が美(うつく)しく咲いた。(꽃이 아름답게 피었다.) 형용사의 부사형
3. 花がきれいに咲いた。(꽃이 곱게 피었다.)　형용동사의 부사형
4. 花がたくさん咲いた。(꽃이 많이 피었다.)　부사

부사의 특이한 점으로는 부속어(조동사, 조사)를 동반하여 문말에 쓰이는 일이 있는 점이다.

(5) どうか。(어떤가)　どうですか。(어떻습니까)　まだよ。(아직에요)

문말에는 술어핵과 문말핵의 병합체가 온다고 보면 부사가 술어화(まだだ, どうだ)한 것으로 볼 수도 있다.

정태부사 상태부사라고도 한다. 주로 동사를 한정하여 그 동작, 작용 등의 정태(상태)를 보여주는 부사다. 이 부사가 실지로 사용되는 경우는 조사 -ni, -to를 동반하는 경우가 많다. -ni를 동반하는 경우는 형용동사의 부사형과의 구별에 유의해야 한다.

(6) 1. あきらか(に) (분명하게) 이것은 부사가 아닌 형용동사의 부사형이다.
cf. あきらかだ(분명하다)/あきらかな(분명한)/あきらかに(분명하게)

2. はるか(に) (아득하게) 형용동사의 부사형
cf.はるかだ(아득하다)/はるかな(아득한)/はるかに(아득하게)

이외에도 まこと(に)(정말로), さすが(に)(역시), 幸い(に)(다행하게) 등이 있다.

Yamada는 형용동사를 인정하지 않기 때문에 이들을 모두 부사로 보고 있다.

어떻든 -ni형식의 부사류가 나오면 -da/-na/-ni로 바뀔 수 있는 것인지 아닌지를 일단 짚어 볼 필요가 있다. 반드시 ni를 동반하는 다음 어례는 어김없이 부사다.

(7) 時に(그 때, 가끔)　しきりに(자주)

이외에 부사형이 아닌 정태부사의 어례를 주워보면, 앞의 (1)에서 예시한

(8) はっきり, にっこり, ゆっくり

와 같이 동사 앞에서 동작의 상태를 한정적으로 보여주는 것들이 있고, 그러한 상태를 상징적으로 보여주는 의성어(Onomatope), 의태어(Mimesis)가 있다. 이들은 동음첩어적으로 구체화한다.

(9) 1. 雷がごろごろ鳴る。(천둥이 우르르 울리다.)　(의성어)
2. 弟がべらべらしゃべる。(동생이 재잘재잘 지껄이다.)　(의태어)
3. 女の子がにこにこ笑う。(여자아이가 생글생글 웃다.)　(의태어)
4. 彼はげらげら笑う。(그는 껄껄 웃다.)　(의태어)

의성어와 의태어가 같은 형태로 함께 쓰이는 경우가 있다.

이상과 같이, 부사에서의 -ni 접미사, -to 접미사 그리고 의태의성어

계열의 동음첩어(ごたごた(어수선)), 유음첩어(ごたがた)의 형태가 부사의 어형상의 특징이다.

(10) 1. 雨がざあざあ(と)降る。(비가 잘잘 내리다.) (의성어)

2. 水がざあざあああふれる。(물이 철철 넘친다.) (의태어)

3. 鳩がばたばた(と)飛ぶ。(비둘기가 푸드득 난다.) (의성어)

4. 日程がばたばた(と)決まった。(일정이 후다닥 결정되었다.) (의태어)

괄호 속의 (と)가 쓰이면 위에 오는 용언을 강조·확인하는 기능이 있다. 통시적(역사적)으로는 −to의 사용이 고형이다. 부사의 어근만으로도 형태적으로 독립할 수 있는 경우는 −to는 안 쓰이나, 다음처럼 −to가 안 쓰이면 그러한 독립성이 약하게 되는 경우는 −to를 붙여 쓴다.

(11) さっと(휙, 대충), どんと(탕), とんと(조금도),
ぼかんと(멍하니), じいっと(가만히)

정태부사에는 한자어에서 온 것이 많다. 이들에게 −to 또는 −ni가 수반하기도 한다.

(12) 段段(と)(점점), 次第(に)(차츰), 一斉(に)(일제히), 近近(に)(멀지 않아/곧)

다음과 같은 것은 고유어의 경우처럼 활용하는 유형을 보여주기 때문에 부사가 아닌 형용동사의 부사형으로 본다.

(13) 1. 自然に(자연히) (自然だ(자연스럽다)/自然で(자연스럽고)/自然な(자연스러운))

2. 正確に(정확하게) (正確だ(정확하다)/正確で(정확하고)/正確な(정확한))

3. 明白に(명백하게) (明白だ(명백하다)/明白に(명백하게)/明白な(명백한))

이외에도 이러한 부류에 活発に(활발하게), 激烈に(격렬하게), 緩慢に(완만하게), 偉大に(위대하게), 善良に(선량하게) 등 무수히 많다.

정도부사 용언을 한정하여 그 상태의 정도를 수식하는 부사다. 용언뿐 아니고 다른 부사 및 체언을 한정하는 경우도 있다.

(14) 1. 今日はたいへん暑い。(오늘은 대단히 덥다)
2. 波はきわめておだやかだ。(물결은 매우 잔잔하다)
3. 山の中はずいぶん静かだ。(산중은 꽤 조용하다)

이와 같은 류의 것으로 ちょっと(조금), だいぶ(제법), かなり(꽤), やや(조금) 등이 있다. 부사가 부사를 한정하는 예로,

(15) もっとはっきり言いなさい。(좀 더 분명히 말하세요)

체언을 한정하는 경우의 부사는 방향, 수량, 거리, 관계 등을 나타내는 체언 바로 앞에 얹힌다.

(16) 1. ずっと前の話(훨씬 전의 이야기), もっと右の方(좀 더 오른쪽)
すこし右へ(조금 오른쪽에)
2. もう1枚(더 한 장), わずか3人(겨우 세 사람), ただ1人(단 한 사람)
今1つ(지금/바로 하나)
3. いちばん奥(제일 안쪽), 最も東(가장 동쪽)
4. 稍南(약간 남쪽)

일반적으로 명사 앞에는 연체사가 오는데 부사가 나오는 것은 특이한 경우가 된다. 부사는 용언 앞에 오는 것이 원칙이므로 이런 경우는 후속의

명사에 용언적인 뜻 곧 서술적인 뜻이 있는 것으로 풀이하기도 한다. 앞 예에서 '前の'에는 '~지난 전', '右'에는 '~향하는 오른쪽', '1枚'에는 '~헤아리든 것'과 같은 인지작용이 있는 것이 아닌가 싶어진다.

체언 앞에 있으니까 연체사로 처리함직도 하지만은 다음처럼 체언과 용언을 한정하는 구실을 하기 때문에 분립시키지 않고 부사로 처리한다.

(17) 1. かなり長い(꽤 길다)　かなり北だ(꽤 북쪽이다)
　　2. ずっとよい(훨씬 좋다)　ずっと前(훨씬 앞쪽)

다음과 같이 조사 no를 부속시켜 체언을 수식하는 경우도 있다.

(18) 1. ようやくの事で任務を終えた。 (간신히(일이 되어) 임무를 마쳤다.)
　　2. 今日はあいにくの強風で行事が中止になった。
　　(오늘은 공교롭게 (부는) 강풍 때문에 행사가 연기되었다.)
　　3. すべての会社(모든 회사), かなりの利益(상당한 이익),
　　すこしの損害(약간의 손해)

이들은 연체사와 비슷해서 연체사의 한 단어로 보기 쉬우나 부사 + 조사의 두 단어로 본다. 이들을 연체사로 보지 않는 것은 앞에서 언급한 대로 -no 없이 부사로 쓰이기 때문이다.

진술부사 이것은 문말의 단정, 가정 등의 진술의 태도를 유도하여 한정(예고)하는 것으로서 이를 서술부사라고도 한다. 진술부사의 유도에 따라 일정한 서술어의 표현이 뒤따라오게 하는 것을 호응이라고 하는데, 진술부사에 따라 서술어의 호응이 달라진다.

일본어의 경우 술어가 문말에 있기 때문에 긍정, 부정, 추량, 의문 등 진술의 차이는 끝까지 문말에 다다르지 않고는 모르는 경우가 많다. 진술부사는 문말의 진술의 호응을 미리 알려주는 구실을 하고 있는 것이다.

1. 부정적인 서술과의 호응

(19) 1. 決(けっ)して(결코)
2. 少(すこ)しも(조금도)
3. まさか(설마)
4. ちっとも(조금도)
5. さっぱり(전혀)

— しない(하지 않는다) / ない(없다) / あるまい(있지 않겠지)

'さっぱり'의 경우는 정태부사처럼 'さっぱり'(상쾌히, 시원히)의 뜻도 있다. 이 경우 대게 연어(連語)로 さっぱりした(상쾌해졌다)와 같이 쓰인다.

2. 반어(反語)적인 서술과의 호응

(20) どうして(어떻게)(する事が)あろうか。(하는 일이)있을까. (있을 수 없다는 것)

'どうして'는 의문에의 호응도 있다.

(21) どうして(어떻게) —やればよいか。(어떻게 ~하면 좋을까)
どうして来なかったの。(어째서 오지 않았니)

-も가 붙은 형태는 단정에의 호응에도 쓰인다.

(22) どうしてもやるべきだ。(어떻게 해서라도(무슨 일이 있어도) 해야 할 것이다)

3. 추측적인 서술과의 호응

(23) 1. おそらく(아마도)
2. あるいは(혹은)
3. たぶん(아마)
4. おほかた(아마/대체로)
— だろう(일 것이다) / でしょう(이겠지요)

4. 의문적인 서술과의 호응

(24) 1. どうして(어째서)
2. いつ(언제)
3. なぜ(왜)
〜 か(까?) / のか(것 까?) / だろうか(일 것인가?)

5. 가정적인 서술과의 호응

(25 1. もし(만일)
2. たとえ(비록/설사)
3. たとい(〃)
〜 たら(〜다면) / ても(어도)

6. 당위(当為)적인 서술과의 호응

(26) まさに(틀림없이/마땅히) 〜 するべきだ(해야 한다)

7. 의뢰적인 서술과의 호응

(27) 1. なにとぞ(아무쪼록)
2. どうか(부디)
3. ぜひ(꼭)
4. どうぞ(부디)
— ください(해주세요)

8. 비유적인 서술과의 호응

(28) 1. あたかも(마치)
2. ちょうど(마치)
3. まるで(마치/꼭)
} ～ のようだ(와 같다)

9. 금지적인 서술과의 호응

(29) 1. 決《けっ》して(결코)
2. とても(도저히)
3. 断《だん》じて(결단코)
} ～ (강한 부정의) ない

10. 단정적인 서술과의 호응

(30) 1. 勿論《もちろん》(물론)
2. 必《かなら》ず(반드시)
3. きっと(꼭)
4. なるほど(과연/정말)
} { だ / です / 용언의 종지형

이상과 같이 진술부사와 서술과의 호응은 절말에서 혹은 문말에서 이루어지고 있으며 문말의 조사(접속조사, 종조사), 용언, 조동사 등이 감당하고 있음을 볼 수 있다.

(19)의 부정적인 서술과의 호응에서 다음의 예들을 보게 되면,

1. ちっとも(조금도)
2. まったく(전혀)
3. まるっきり(전혀, 도무지)
4. なにも(아무것도)

} ～ ない(없다/않다)

이러한 부정은 극도로 부정하는 것으로서 부정극어(否定極語) 부사라는 이름이 있다. 이들 부사는 다음과 같은 긍정적인 서술과는 호응하지 않는다.

(31) 1. ちっとも(조금도) ～ ある(있다)×
2. まったく(전혀) ～ できる(할 수 있다)×
3. なにも(아무것도) ～ ある(있다)×
4. まるっきり(전혀, 도무지) ～ ある(있다)×

이와는 반대로 극도로 긍정하는 부사로서 부정이 따르지 않는 것을 긍정극어(肯定極語) 부사라고 한다.

부사의 생성 다른 품사로부터 부사로 전성된 것으로는,

(32) 1. 동사의 연용형 + ni — みだりに(문어의 みだる(〉みだれる 어지러워지다)의 연용형)(멋대로), 頼りに(의지로), あまりに(너무도)(이것은 -ni의 접합 없이도 쓴다)

2. 형용사의 어간을 겹친 것 — ちかぢか(멀지 않아), はやばや(と)(신속히), こわごわ(と)(두려워 조심조심)

3. 명사가 겹친 것 — 常常(늘), 道道(길을 가면서, 도중에) 所所(여기저기), 共共(함께) 조사 -ni가 부속되기도 한다. 所所に, 時時に(때때로)

4. 동사가 복합한 것 — くりかえし(반복하여), とりいそぎ(서둘러),

	おもいきり(마음껏) 동음첩어어도 있다. 見る見る(순식간에), 益益(더욱더욱), 次次(차례차례), 折折(이따금)
5. 명사 + 조사	まことに(정말로), さいわいに(다행히), 時に(가끔, 그 때), みんなで(모두가), わざと(일부러)
6. 동사 + 조사	いたって(매우) あいついて(잇달아)
7. 동사 + 조동사	思わず(저도 모르게) 相変わらず(변함없이) 絶えず(끊임없이)
8. 형용사 어간 + 조사	軽軽と(가뿐히) 細細と(세세히)

이 중에서 다음 두 예는 −ni가 붙은 것이 명사에서 온 것인지 부사에서 온 것인지 애매하다.

(33) 1. まこと(진실) 명사
2. まこと(참으로) 부사, まことに(참으로) 부사
3. さいわい(다행) 명사
4. さいわい(다행히) 부사, さいわいに(다행히) 부사

더욱이 'さいわい'의 경우는 'さいわいだ'(형용동사)의 예도 있고 해서 그 ni가 형용동사의 부사형의 것인지 판별하기 어렵다. 보통 'さいわい'라는 부사가 있기에 이에 맞추어 부사라고 한다. 그러나 私はこの事をさいわいに思っている(나는 이 일을 다행하게(으로/하다) 생각하고 있다)와 같이 서술성이 있는 경우는 형용동사의 부사형으로 보게 되는 것으로 본다.

이러한 부사의 합성적인 생성은 어휘부에서 이루어지는 것으로 본다. 이렇게 어휘부에서 형성된 부사들이 통사부에서는 어떤 자리에 도입될까? 마땅히 부사는 연용수식어이기 때문에 용언 앞에 도입되기는 하나 그 위치가 비교적 자유스러워서 문두에도 또 용선의 직전이 아닌 다른 위치에서

심지어 문말에도 나타나는 경우가 있는 것이다.

영어의 다음 경우를 보면 부사에도 작용역이 있어서 문두에 있는 (34) 1.의 경우는 부사가 문의 영역에 미쳐서 문 부정을 유도하고 있고, (34) 2.에서는 문말에서 직전의 동사에만 미쳐서 구 부정을 유도하고 있다.

(34) 1. Happily he did not die. 다행히도 그는 죽지 않았다. (문 부정)

2. He did not die happily. 그는 행복하게 죽지 않았다. (구 부정)

문 전체를 한정 수식하는 경우(문부사)와 구를 한정 수식하는 경우(구부사)가 있다고 볼 수 있다. 정태부사에서 보인 '実に'의 경우나 다음과 같은 정도부사의 경우도 그 예다.

(35) 1. たくさん(の)人が牛乳(ぎゅうにゅう)を飲んでいる。 (많은 사람이 우유를 마시고 있다.)

2. (あの)人が牛乳をたくさん飲んでいる。 ((저)사람이 우유를 많이 마시고 있다.)

그리고 진술부사의 경우에도 그러한 용법이 있다.

(36) 1. 決(けっ)して彼(かれ)は本(ほん)を買(か)わない。

2. 彼は本を決して買わない。

決(けっ)して~ない의 작용역이 문 전체냐 구냐의 차이에서 필자는 묘한 뉘앙스를 느낀다. 전자에서는 책을 사는 일은 없다는 것이고 후자에서는 책을 사지 않으나 빌려보기도 한다는 표현의 여운이 있다고 느껴진다.

부사는 수형도 상으로 어떤 위치에 도입될까. 오른쪽 가지는 술어핵이 병합되는 가지이므로 그 쪽은 아니다. 그렇다면 왼쪽이 되는데 그 형상성은 어떤지 생각해보기로 한다. 부사는 용언과 관계가 되므로 용언이 술어핵이 되는 투사체에 있다고 볼 수 있다. 용언이 수식어가 되는 경우도 마찬가지다. 3단의 투사체에서는,

(37) 1.

(많이 밥을 먹는다)

2.

(매우 재미있는 책)

3.

(좀 더 분명히 말한다)

와 같은 투사체도 생각할 수 있다. 그러나 1.은 다음의 4.처럼 어순이 바뀔 수 있고, 2.는 5.처럼 부사를 형용사와의 관계로 묶을 수 있고, 3.은 6.과 같은 술어의 필수논항이 들어설 여지가 없다.

4.

5.

6.

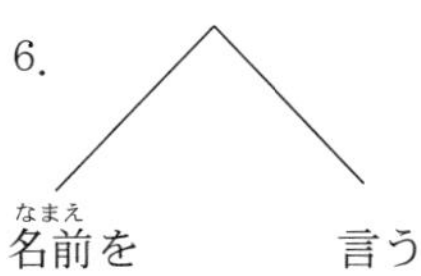

2단의 투사체로는,

(38) 1.

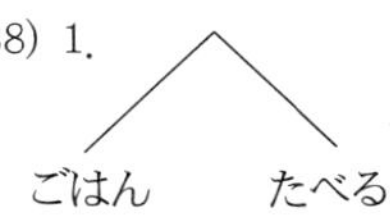

2.

3.

부사가 들어갈 자리를 정하기 곤란하다. 부사가 문두에도 문중의 어느 위치에도 심지어 문말에도 있을 수 있는 것을 보면 부사의 도입은 화자의 의도에 의한 수의적인 것으로 볼 수 있다.

부사는 나름대로 정태(상태)적인 뜻을 지니는 점에서 Tokieda는 개념적인 詞(し)로 보았지만, 조사에서 유래하는 -to, ni 접미사를 수반하기도 하는 특수성에서 詞 + 辞로 된 특수한 형태의 것으로 보아진다. 곧 그 자체 기능적인 역할을 수행하는 특수한 형태로 볼 수 있다. 그러한 부사의 위치를 보고 자리매긴 화자의 의도를 가늠할 수 있는 것이 아닌가 한다.

(39) 1. 人(ひと)がたくさん牛乳(ぎゅうにゅう)を飲(の)んでいる。(사람이 많이 우유를 마시고 있다.)
2. 人が牛乳をたくさん飲んでいる。(사람이 우유를 많이 마시고 있다.)
3. 決(けっ)して彼(かれ)は本(ほん)を買(か)わない。(결코 그는 책을 사지 않는다.)
4. 彼は決して本を買わない。(그는 결코 책을 사지 않는다.)
5. 彼は本を決して買わない。(그는 책을 결코 사지 않는다.)

부사의 위치의 여하에 따라 의미상의 차이가 있어 보인다. 1.에서는 많은 사람들이, 2.에서는 많은 우유라는 뜻이 나타난다. 3.에서는 다른 사람은 몰라도의 뜻이, 4.에서는 책은 안 사지만 다른 것은 살 수 있다는 뜻이, 5.는 책은 사지 않지만 복사는 할 수 있다는 뜻이 내포된다고 볼 수 있다.

부사어가 동일한 위치에 있어도 후행의 어느 구를 한정하는 가에 따라 의미가 달라진다.

(40) 太郎(たろう)が 珍(めずら)しく 読(よ)んでいた 本(ほん)が 破(やぶ)れていた。

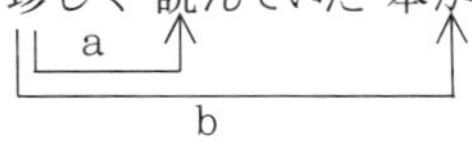

a.의 경우는 태랑이 희한하게(오랜만에) 읽고 있던 책이 찢어져 있었다. b.의 경우는 태랑이 읽고 있던 책이 희한하게 찢어져 있었다가 된다.

이와 같이 부사의 위치가 자유자재적이라면, 부사는 부가어로 볼 수 있고, 하위에서 상위로 혹은 상위에서 하위까지 미치는 기제가 있는 것으로 볼 수 있다. 술어핵이나 명사핵처럼,

(41)

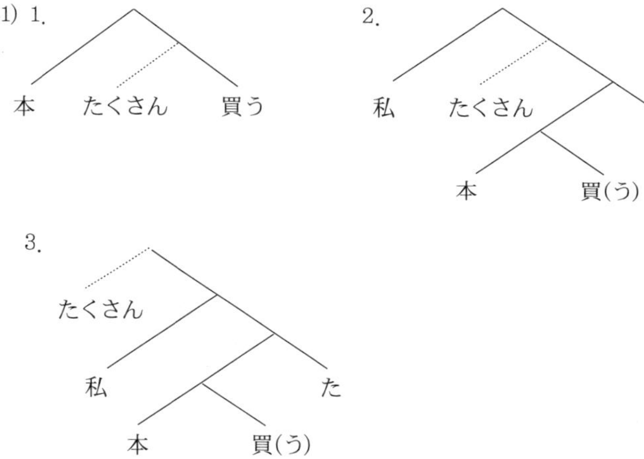

자체적인 속성에 의해 투사되는 것이 아니고 화자의 개념·의도 체계의 필요에 따라 용언을 형상화, 구상화, 명세화 하는 한정의 일을 적절히 수행할 수 있는 자리에 도출되는 것이다. 극단적으로 필요가 없다면 도출되지 않아도 되는 것이다.

(41) 1., 2., 3.은 의미상 별 차이가 없다 하더라도 강조의 차이는 있다고 본다. 필자는 부가어의 위치는 점선(……)으로 표시하는 방편을 쓰고 있다.

그러면 문두의 부사(진술부사)는 어떻게 되는가? 부사가 문두에 나온다는 것은 정상적인 명제의 문은 아니라고 본다. 명제문 중의 부사가 강조를 위해 전치될 수 있지만, 보통은 부사가 문두에 나왔다는 것은 그것은 명제적인 문이라기보다 화용적인 문일 것이다. 선행의 화맥(문맥)에서 언급된 것에 대한 반응이라고 볼 수 있다. 그렇다면 그것은 발제의 위치일 것이

다. 진술부사의 경우처럼 결말은 문두부사에 대한 호응의 서법이 따를 것이다. 그러면 발제의 자리에 오게 되어 있는 주어나 주제의 위치는 어떻게 되는가?

(42) 1.

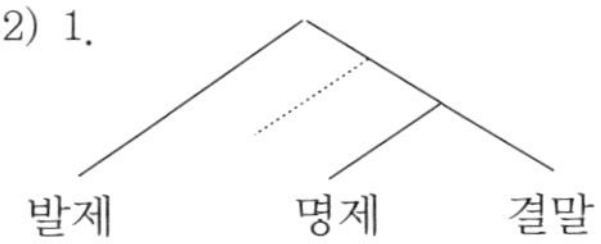

2.

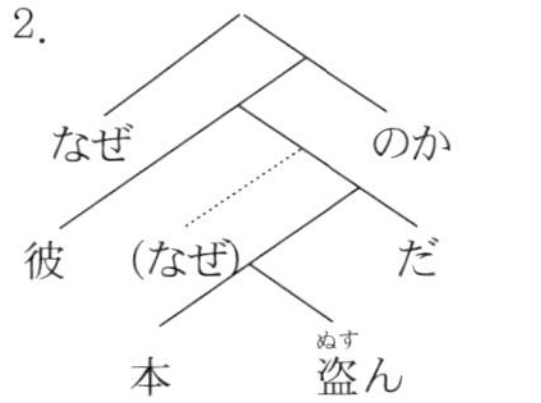

(왜 그는 책을 훔쳤는가)

화자의 의도에 따라 발제 이하의 자리가 부사 – 주제/주어의 순이 되든지 주제/주어–부사의 순이 될 것이다.

8. 접속사

성격과 용법 연체사, 부사, 접속사(接続詞, Conjunctive)를 합쳐서 부용어(부용언)라고 한 바 있는데, 그 중에 부사와 접속사는 용법이 비슷한 데가 있다. 접속사는 선행문을 이어받는 구실도 하지만 후행문을 한정하는 구실을 하기 때문이다.

그래서 국문법에서나 일문법에서도 부사를 한정부사, 접속사를 접속부사로 해서 한 데 묶는 것이 있다. 접속사는 문의 구성상으로 비교적 독립적인 위치에 있고 통사적으로도 다음과 같이 단어, 절, 문의 연결이라는 중요한 구실을 하기 때문에 독립품사로서 처리하기가 일수이다. 영어와 같은 서양어에서는 독립품사이다.

접속사의 용법으로는 다음 몇 가지를 들 수 있다.

(43) 1. 단어와 단어의 접속. A または B (A 또는 B) (선택)

A および B (A 및 B) (첨가)

2. 절의 접속. 1) 대등절의 경우 山も青く, かつ海も青い。

(산도 높고 게다가 바다도 푸르다) (첨가)

2) 종속절과 주절의 접속 やまは高かったが, しかし木は少なかった。(산은 높았지만, 그러나 나무는 적었다) (역접)

3. 문의 접속. 1) あすは遠足ですか, それとも登山ですか。

(내일은 소풍입니까, 아니면 등산입니까?) (선택)

2) あすは遠足です。ですから今日は早くお休みなさい。

(내일은 소풍입니다. 그러므로 오늘은 빨리 쉬세요) (순접)

3) あすは遠足です。さて天気の方はどうでしょうか。

(내일은 소풍입니다. 그런데 날씨 쪽은 어떨까요?) (전환)

접속사의 위치는 1., 2.의 경우는 앞뒤 단어의 중간, 3.의 1), 2), 3)의 경우는 후문의 문두이다.

접속의 유형 접속사는 접속하는 의미의 유형에 따라 다음과 같이 나눌 수 있다.

(44) 1. 병열 および(및), 並びに(및/아울러), また(또)

2. 첨가 なお(또한), それに(게다가), そうして(그리고), しかも(게다가)
そのうえ(더구나), それから(그 다음에)

3. 선택 または(또는), あるいは(혹은), それとも(아니면)

4. 결과(순접) それで(그래서), そこで(그래서,) だから(그러니까)
すると(그러자), そうすると(그러자), それなら(그렇다면)
ゆえに(그러므로), で(그래서)

5. 역접 しかし(그러나), でも(그렇지만), だが(하지만), けれども(그렇지만)

6. 전환 さて(그런데), ところで(그런데)

접속의 용법에서의 (43)의 예문에 거의 대입(代入)이 가능하다.

접속사의 분간 접소사와 혼동되기 쉬운 것으로는 접속조사(接続助詞)가 있다. 조사는 항상 다른 말에 부속되어 나타나서 앞엣말과 밀착되어 있는데, 접속사는 독립하여 문절을 이루기에 앞엣말과 떨어져 있어서 이 점에서 구별된다.

(45) 1. 彼(かれ)は来(く)るけれども彼女(かのじょ)は来(こ)ない。
(그는 오지만 그녀는 오지 않는다)(접속조사)
2. 彼は来る。けれども彼女は来ない。
(그는 온다. 그렇지만 그녀는 오지 않는다)(접속사)
3. 風(かぜ)は吹(ふ)かないが寒(さむ)い。(바람은 불지 않지만 춥다)
4. 風は吹く。が寒くない。(바람은 분다. 허나 춥지 않다)(접속사)

접속의 표현에 용언의 연용형(중지형)에 의한 것이 있다. 그것과 접속조사, 접속사하고 대조해 보면,

(46) 1. 雨(あめ)が降(ふ)って温度(おんど)が下(さ)がる。(비가 내려서 온도가 내린다)(동사의 연용형+접속조사)
2. 雨が降(ふ)り温度が下(さ)がる。(비가 내려 온도가 내리다)(동사의 연용형)
3. 風(かぜ)が寒(さむ)く温度が下(さ)がる。(바람이 차고 온도가 내리다)(형용사의 연용형)
4. 風がおだやかで気温(きおん)も温(あたた)かい。(바람이 잔잔하고 기온도 따뜻하다)(형용동사의 연용형)
5. 風がおだやかだ。しかも雪(ゆき)も降(ふ)っている。(바람이 잔잔하다. 게다가 눈도 내리고 있다)(접속사)

접속사에는 '명사 + 조사'로 합성된 것이 있는데, 이를 '명사 + 조사'의 것과 혼동되기 쉬워서 그 구별에 유의할 필요가 있다.

(47) 1. やっと目的地についた。そこで昼食をとった。(간신히 목적지에 닿았다. 거기서(명사+조사) 주식을 취하였다)

2. 雨が降りはじめた。そこで出発することにした。(비가 내리기 시작했다. 그래서(접속사) 출발하기로 했다)

3. 郵便ポストを開けた。それに手紙を入れた。(우체통을 열었다. 그것에(명사+조사) 편지를 넣었다)

4. 郵便ポストを開けた。それに手紙を持ち出した。(우체통을 열었다. 게다가(접속사) 편지를 꺼내었다)

문맥을 잘 파악하여 구별할 일이다.

접속사와 부사와는 비슷한 데가 있는데다가 부사에서 전성된 접속사가 있고 해서 혼동하지 말아야 한다.

(48) 1. 私は入試に失敗しまた落心した。(나는 입시에 실패하고 더욱이 낙심했다는 뜻도, 전에도 낙심했는데 다시 낙심했다는 뜻도 있다) (부사)

2. 私は入試に失敗しまた健康も失った。(나는 입시에 실패하고 게다가 건강도 잃었다) (접속사)

3. 私はあるいは会社に就職するかも知れません。(나는 혹이면 회사에 취직할지도 모릅니다) (부사)

4. 私あるいは弟が会社に就職するかも知れません。(나 아니면 동생이 회사에 취직할지도 모릅니다) (접속사)

접속사의 생성 본래의 접속사 이외에 두 단어 혹은 세 단어가 합성하여 그것이 한 단어의 구실을 하게 됨으로써 접속사로 전성된 것이 많다. 이들이 본래의 품사로서 쓰여 있는가 접속사로 쓰여 있는가는, 문중에서는 선행어하고는 떨어져서 독립된 문절을 이루고 있는가 문두에서 쓰여 있는가에 의해서 판별된다.

(49) 1. 명사 + 조사 ところが(그런데), それで(그래서), そこで(그래서/그러면), それなら(그렇다면), ために(때문에)

2. 동사 + 조사 すると(그러자, 그렇다면), ならびに(및), したがって(따라서), ついては(따라서, 그래서)

3. 부사에서 また((또한, 동시에), 부사로는 또(다시))
なお((또한), 부사로는 (역시, 아직))
あるいは((혹은), 부사로는 (혹시))
または(부사 + 조사)(또는)

4. 조사(접속조사)에서 が(하지만), けれども(그렇지만), と(그렇다면, 그러자)

5. 조동사 + 조사 だが(하지만), だから(그러니까), ですから(그러니까)
だのに(그런데도)

6. 부사 + 조동사 + 조사 そうですが(그렇습니다만), そうだから(그러기에)

7. 부사 + 동사 + 조사 そうすると(그러면), そうしたら(그리하였다면)

8. 형용동사 어미 + 조사 ですから(그러니까)

9. 연어(連語)적인 것 このようにして(이래서), これに対(たい)して(이에 대해)
いいかえれば(바꿔 말하면), いずれにしても(어쨌든간에)

일본어의 접속사는 조동사(だ, です)에서 전용된 것이 많다. 그러한 접속이 자연히 경어의 구실까지 맡고 있는 것도 하나의 특색이다.

(49) 5.의 ですから(조동사+조사)와 8.의 ですから(형용동사어미 + 조사)의 유래는 전자는 '学生ですから'(학생이므로), 후자는 '健康ですから'(건강하므로)와 같은 말에서 명사 혹은 어간의 생략에서 올 수 있음을 나타낸 것이고, 그 쓰임도 그러한 맥락에서 가릴 수 있다.

이상과 같은 접속사의 형성은 통사부가 아닌 어휘부에서 형성되고 접속사라는 범주가 주어진다고 본다.

이들이 통사부에 도출(복사)될 때에 어떤 위치에 있게 되는지 궁금하다. 아직까지 이에 대한 논의가 충분하지 않은 것으로 생각된다.

먼저 문중에서 단어와 단어의 접속은 다음과 같이 간단히 도시될 수 있는 것 같지만 이에도 여러 논의가 있을 수 있다.

(50)

대개 이러한 경우 같은 범주의 접속이기 때문에 상위의 구 범주도 같은 범주가 되어서 매우 간단한 형상이다. 그러나 오늘날에 많이 이용하는 구조의 형상은 2분법으로 이루어져 있기 때문에 그것에 위배되는 3분법의 구도가 된다. 여기서,

(51)

식으로 하더라도 河(강)이라는 명사가 3층으로 투사하는 꼴과 같게 되어버린다. 그래서 앞에서 언급한 부사와 같이 접속사를 부가어(점선 표시)로 생각해 보는 것이다.

Tokieda는 접속사를 辞로 분류하고 화자의 주관적 정의(情意)를 직접 표현하는 말로 하고 있다.

(52) 1. 山<u>また</u>山を越えてゆく。(산 그리고 산을 넘어서 간다)

2. 彼は英語も話せ<u>かつ</u>ドイツ語も読める。(그는 영어도 말할 수 있고 게다가 독일어도 읽을 수 있다)

3. それは私は読んだ。しかし面白い本ではない。(그것은 나는 읽었다. 그러나 재미있는 책은 아니다)

(時枝 1950:163)

1.에서는 '산'이라는 개념의 연속보다 또 다른 산의 연속이라는 의미가 가해지고 2.에서는 영어를 말하는 것과 독일어를 읽을 수 있는 것을 병열적으로 아니면 후자의 첨가적으로 보는가의 화자의 의도가 나타나고, 3.에서는 선행문을 지시적으로(それは) 아니면 역접으로 받는가라고 하는 화자의 처지가 나타난다.

3.과 같이 접속사가 문두에 나오는 경우는 부사의 경우처럼 발제의 자리 아니면 그 다음의 부가어의 자리이다. 접속사는 반드시 선행화맥(문맥)을 받는 것이기 때문이다.

(53)

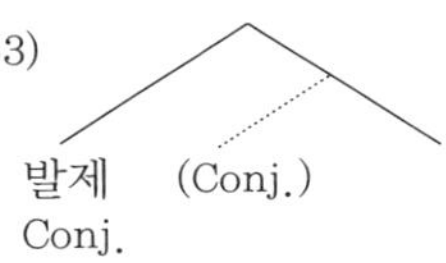

문제는 (52) 2.의 절과 절의 접속의 경우이다. 이는 3.과는 문(/절)말의 휴지의 유무의 차이이므로 3.의 경우와 함께 고려해야 할 것이다. 이에 대한 수형도의 예시에는 많은 논의가 있을 수 있다. 필자가 생각하는 바는 다음과 같다.

(54)

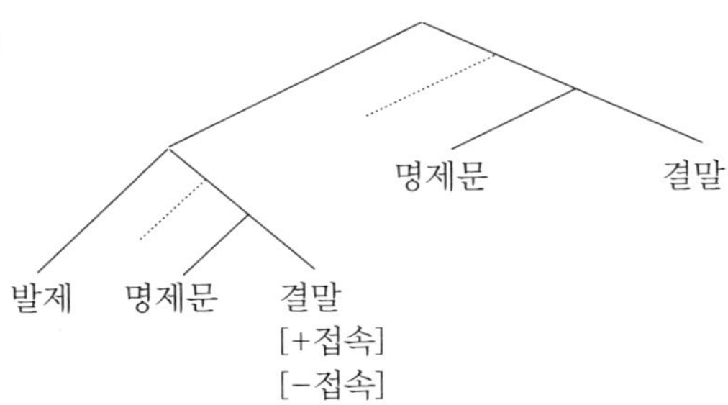

선행문의 결말이 [-접속]의 자질을 지니면 하나의 문이 완결되고, [+접속]이면 후행문의 발제의 자리에 접속사가 자리한다고(아니면 ∅의 발제 자리 다음에 부가되고) 보는 것이다. 앞의 (55) 2.를 가지고 예시하면,

(55)

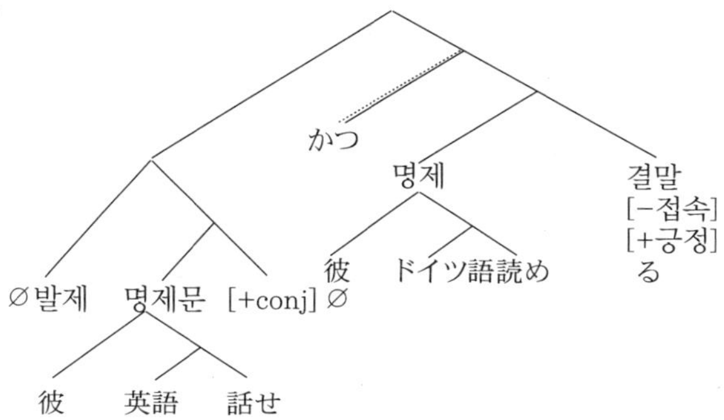

선행문(절)과 후행문(절)의 주어는 동일하면 동일명사구 삭제 혹은 ∅복사된다. 주어가 동일하기 때문에 VP의 연속체로 처리할 수도 있다.

(56)

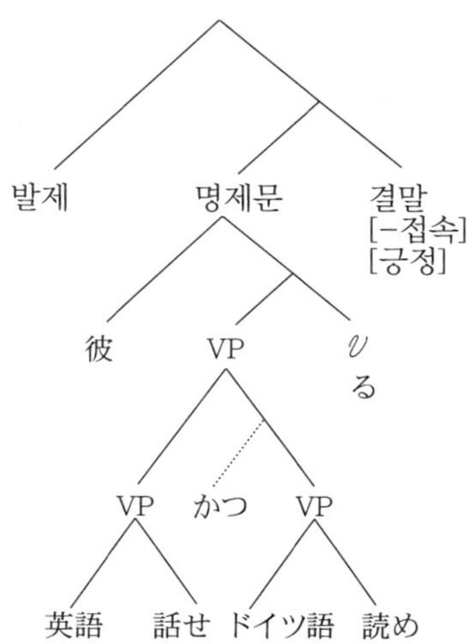

동일문을 (55)의 구조형상으로 된 것으로 보느냐, (56)의 구조형상으로 보느냐 혹은 또 다른 방법이 있는가는 숙고할 필요가 있다. 인간의 머리/마음의 작용은 오묘한 것이므로 필자는 천편일률적인 문 생성과정을 거쳐야 하는 것으로 보지 않으며 다경로의 과정이 있다고 보고 있다.

구의 병열, 첨가 같은 경우는 (56)의 방법으로 인지할 수 있는 범위 내에서 얼마든지 계속 VP 병열체를 만들어낼 수 있을 것이고, 종속절과 주절과의 구별 곧 화자의 의도의 중점의 자리를 생각한다면 (55)의 방법일 수 있다.

어떻게 해서라도 언어가 생성되는 과정을 명시적으로 나타내려는 것이 문법이며, 이는 곧 사람의 머리/마음의 인지와 정의(情意)의 움직임을 보이려는 것이다.

9. 감동사

성격 감동사(Exclamation)는 감탄사, 간투사라고 칭하는데, 일본에서는 감동사의 명칭이 일반적이다. 감동사는 감동과 호답(呼答)을 나타내는 말로 국문법의 감탄사와 같다. 감동사를 독립품사로 보지 않고 감동부사로서 부사의 일부로 다루는 것도 있으나, 문두에서 독립어적으로 쓰이는 점에서 분리해서 쓰인다. 화자의 감정이나 호답(呼答)을 직접적으로 표현하는 점에서 Tokieda는 辞(じ)의 하나로 보고 있다. 감동사는,

(57) 1. 의미상 감동을 나타내는 것.
(감동, 놀람, 의문, 안심 등) ああ(아), はて(글세), おお(오), あら(어머), あれ(어, 어머나) おや(어, 어머), まあ(정말), やあ(야), やれやれ(아이고), しめた(잘 됐어)

2. 부름과 주의, 환기를 나타내는 것.
   おい(어이, 이봐), もしもし(여보세요), あの, あのう(저), こら(이애, 안돼), あのね(저), やい(야), ね, ねえ(저, 네), おい, おおい(이봐, 어이)

3. 응답을 나타내는 것.
   いいえ(아닙니다), はい(예), そう(그래), うん(응), いや(아니, 아냐), ええ(에), はあ(예, 하, 놀램이나 기쁨을 나타내는 말), はっ(옛, 황공하며 대답하는 것), そうかしら(그럴까요), さて, さあ(자)

4. 인사말
   おはよう(아침인사, 안녕하세요)
   cf. はやい(빠르다)-はやく(빠르게)-はやう(음편형)-はよう(축약), 어두의 'お'는 경어의 접두사
   こんにちは(낮 인사, 안녕하십니까 〈직역 오늘은〉),
   さようなら(작별인사, 잘 가세요/계세요 〈직역 그렇다면, 그럼〉),
   では, じゃあ, じゃあね(그럼)

앞에서 3.의 말을 응답사라고도 한다.

통사적 특징 이상과 같이 감동사는 형태적으로 비활용의 자립어이며 독립성이 강한 말이다. 이 말만으로 하나의 문을 이룰 수 있다(1語文).

이 감동사를 떼어내도 나머지는 문으로 성립한다. 그리고 감동사는 선행문을 받아서 한 단어로써 문 전체를 축약하여 나타낼 수 있다.

(58) 1. あなたは学生ですか。(당신은 학생입니까)
2. はい。(私は学生です。) 예(저는 학생입니다)

그래서 감동사는 문의 성분상 독립어로 다루기가 보통이다. 주어, 목적어, 수식어, 술어가 못 됨은 물론 수식을 받는다든지 접속되는 일도 없고

조동사, 조사도 후속되지 않는다. 다만 종조사(よ、や), 간투조사(ね)가 후속하는 일은 있다.

(59) 1. いや(아니/싫어) — いやよ(싫어요)
2. まあ(어머, 정말) — まあね(그럴지도, 그러겠지, 아마도)

그리고 문두의 감동사는 문말에 감동을 나타내는 말을 잘 따르게 한다.

(60) 1. まあ, 上手だね。(정말 능숙하네요)
2. いいえ、そうでありませんよ。(아닙니다. 그렇지 않습니다)
3. そら、むこうにあるぞ。(봐, 저쪽에/맞은편에 있다(야))

감동사는 독립어로서 문두에 쓰여지는 것이기 때문에 감동을 나타내는 말이라 하더라도 다음의 (61)처럼 다른 말에 부속하여 문말에 쓰여 있는 것은 감동의 조사 곧 종조사로 하여 감동사와는 구별한다. 그리고 (62)처럼 문중에 쓰이는 것은 간투사(Interjection)로서의 간투조사로 따로 세우고 감동사와 구별하기도 한다.

(61) 1.	a. たいへん暑いですね。(매우 덥습니다(요))	(종조사)
	b. よくわかりましたなあ。(잘 아셨네요)	(종조사)
	c. それは悪いや。(그것은 나쁘지요)	(종조사)
2.	a. ね、暑いでしょう。(저, 더우시지요)	(감동사)
	b. なあ、よくわかりましたか。(저요, 잘 아셨습니까?)	(감동사)
	c. や、悪いぞ。(야, 나빠요)	(감동사)

간투조사와 종조사와는 위치적으로 구별된다.

(62) 1.	お前にさ あげるよ。(너에게(야) 주겠어요)	(간투조사)
	ここに あるさ。(여기에 있다(고))	(종조사)

2. これはね あなたのよ。(이것은요 당신 것이에요)　　　　(간투조사)
これは 面白《おもしろ》いですね。(이것은 재미있군요)　　　　(종조사)

이와 같이 감동사이든 간투조사이든 문말에 감동의 말(종조사)을 호응하게 하는 특징을 지닌다고 할 수 있다.

감동사의 생성　원래의 감동사는 의성어에 가까운 것으로 가장 본능적인 언어이다. 감동사 중에도 다른 품사에서 전성된 것이 있다.

(63) 1. 명사에서 전성된 것.
畜生《ちくしょう》(본래 개, 말 등의 가축의 짐승을 가리킨 말 → 욕하는 말, 개새끼)
糞っ(くそ(똥) → くそっ(제기랄))
2. 대명사에서 전성된 것.
これ(이것 → 이봐), なに(무엇 → 뭐), それ(그것 → 봐라)
どれ(어느 것 → 어디), あれ(저것 → 저런, 어머나)
3. 부사에서 전성된 것. どうぞ(어서, 부디), さて(자/그럼)
どうも(도무지(부정어와 호응) → 정말(고맙습니다/미안합니다의 줄인 말)
4. 조사(종조사)에서 전성된 것. (あの)ね, (きれい)なあ

이렇게 다른 품사에서 전성되는 것은 어떻게 보면 어휘의 의미적인 변화에서 온다고 할 수 있다. 그것은 비유에 의하거나 지시사의 영탄화 혹은 연어의 생략에서 오는 것이다. 이러한 기제는 통사적인 일로 보기 보다는 어휘부에서 의미해석부가 작용하여 이루어지는 것으로 볼 수 있다.

이들이 감동사의 범주로서 통사부에 도출되는 위치는 어디가 될 것인가?

감동사가 일반적으로 문두에서 독립어적으로 쓰이고 문말의 감동의 종조사와 호응하는 점 그리고 부사나 접속사처럼 선행문맥(화맥)에서 유도되는 점 등을 고려하면, 부사 그리고 접속사와 마찬가지로 발제의 자리에 도출(복사)되는 것으로 보인다.

(64)

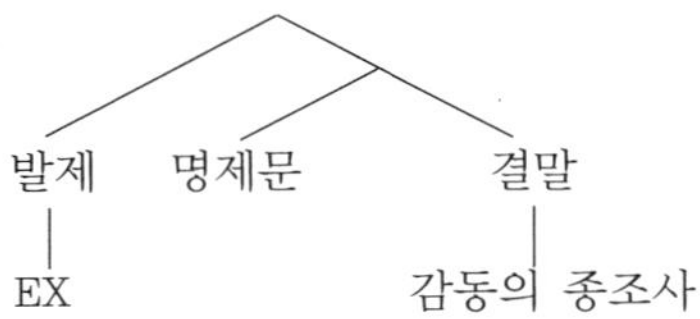

10. 조사

성격 조사(助詞)는 반드시 다른 품사(관념어)에 붙어서 그 품사의 통사적 기능을 표시하는 일을 하는 비활용의 기능범주이다. 이와 같은 일을 하는 것으로는 용언에 붙는 조동사가 있다. 조동사는 조사와는 달리 용언처럼 활용하지만 조사와 마찬가지로 비자립적인 것이다. 관념어에 부속하는 관계어라는 점에서는 공통적이나 비활용/활용인가에 의해 구별된다.

고전에서의 조사의 중심은 て, に, を, は였기에 'テニヲハ'로 불리기도 하였다. 이때의 テニヲハ에는 조사뿐만 아니라 조동사, 접미사도 포함되기도 하였다.

'テニヲハ'류의 조사, 조동사, 접미사에는 독립성이 없고, 의미도 실질적이고 구체적이지 못한 공통점이 있다. 조사와 조동사는 활용의 유무에 의하여 조사와 접미사와는 결과적으로 독립품사 여부에 따라 결정된다.

곧 접미사는 다른 말의 조어(造語)적 성분으로 다른 말과 접합하여 비로소 그것과 1품사를 이루지만, 조사는 다른 말과 접합해도 독립품사로서의 자격을 유지하므로 그 결합은 2품사로 처리된다.

예컨대, 접미사 ra가 접합한 '我(われ)ら'(우리들)는 한 단어지만 조사 ha[wa]가 접합한 '我(われ)は'(나는) 두 단어 이다.

그 차이점의 징표의 하나는, 접미사 'ra'가 접합한 '我ら'는 그 안에 다른 요소가 개재할 수 없을 만큼 밀착되어 있고, 조사 'は'가 접합한 '我は'는 그 안에 '我らは'처럼 다른 요소(여기서는 접미사)가 개재시킬 수 있을 만큼 분리적이라는 것이다.

조사의 구실 일본어에서는 조사가 조동사와 함께 문법상에서 중요한 기능을 맡고 있는 것이 특색이다. 일본어가 한국어와 함께 교착어(膠着語)라고 하는 것도 이러한 부속어가 부착하여 여러 가지 문법관계를 나타내기 때문이다. 그 중에 조사의 구실은 관념어에 붙어서 격(Case)을 표시함으로써 다른 관념어와의 관계를 나타내고, 경우에 따라서는 의미를 더하는 구실도 한다.

생성문법에서는 그 중에서 격 표시의 기능을 하는 조사를 D로 나타내고 D가 핵이 되어 명사(구) NP를 도입하는 기제를 취하고 있다. 그 병합체는 핵의 D의 최대범주 DP로 나타낸다.

(1)

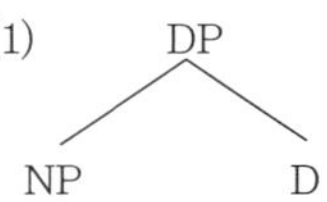

이러한 현상은 NP는 D의 뒷받침 없이는 아무런 기능을 수행할 수 없음을 나타낸다.

이를 단적으로 나타낸 것이 격 여과(격필터)(Case Filter)이다.

(2) *NP, if NP has phonetic content and no case.

(Chomsky 1981:49)

이는 음형을 지닌 NP는 격을 반드시 가져야 한다는 것으로, 격이 없는 NP의 출현을 방지하는 소극적인 의미보다는 NP는 음성적 형식과 격을 지녀야 기능할 수 있다는 적극적인 의미가 있다. (2)에서의 격은 음성형식의 형태격(Morphological case)을 나타내는 것뿐만 아니라 음성형식이 잠재된 추상격(Abstract Case)까지 나타낸다. 그것을 구별하기 위해 형태격을 case, 추상격을 Case로 나타내기도 한다. 예컨대,

(3)

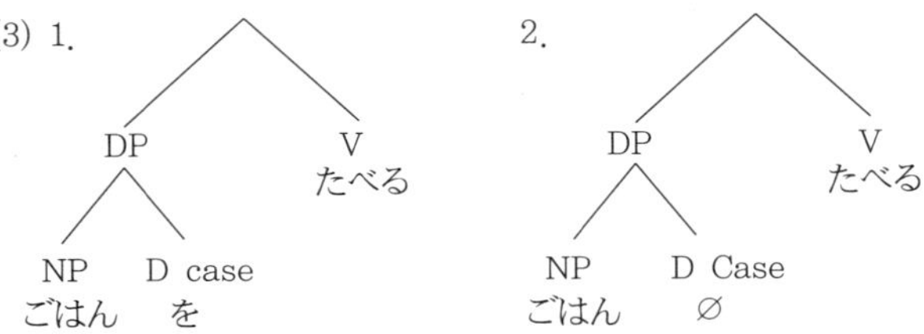

1.에서는 목적격 조사를 명시적으로 나타낸 것이고, 2.는 그것을 비명시적으로 곧 추상격으로 나타낸 것이다. 2.에서 비록 추상격으로 나타냈다고 하나 후행하는 동사의 대상이기에 목적격조사가 잠재함을 직감할 수 있다.

어떻든 명사는 형태격이든 추상격이든 그러한 격이 따름으로 해서 명사가 문중에서 문법적 기능을 수행한다는 것이 되는 것이다.

조사의 분류 조사의 분류와 명칭이 오늘의 교과문법에 가까워진 것은 Yamada 문법에서 비롯된다. Yamada는 조사의 기능에 의하여 다음 (4)에서처럼 6종으로 나누었고 여기에 Hasimoto는 3종을 더 추가하였다. Tokieda는 독자적으로 어떠한 주체적 입장의 표현인가에 의하여 4가지의 의미적인 분류를 취하였다.

이들을 대비적으로 보이면 다음과 같다. 기본적으로는 Yamada의 분류가 기준이 되어서 그것을 일부 세분하거나 일부 합치는 식으로 되어있다. 그래서 조사의 분류에 관한 한, Yamada의 분류가 일반적으로 쓰인다.

(4)

Yamada(6분류)	Hasimoto(9분류)	Tokieda(4분류)	(국문법)
1. 격조사	1. 격조사	1. 격조사	격조사
	(2. 준부체조사)	(주제의 ha조사포함)	
2. 부조사	3. 부조사	2 부조사	
	(4. 준체조사)		특수조사(보조사)
3. 계조사	5. 계조사	계조사	
		(대조의 ha조사)	
4. 접속조사	6. 접속조사	3. 접속조사	접속어미
	(7. 병립조사)		
5. 종조사	8. 종조사	4. 종조사	종결어미
6. 간투조사	9. 간투조사	간투조사	

Hasimoto의 준부체조사는 격조사 중의 연체격조사 'の'와 같은 것이어서 격조사에 포함시킬 수 있다. 또 준체조사는 '行くのを'(가는 것을)와 같이 용언을 준체언(명사형)화하는 조사를 가리킨다. 앞서의 준부체조사와 함께 연체격조사 'の'의 용법 중에 포함시킬 수 있다. 또 6.과 7.에서는 접속조사는 문 접속, 병립조사는 구 접속을 맡는다고 보면 이를 합쳐서 접속조사로 한 묶음 할 수 있을 것이고, 그것이 일반적이라 할 수 있다.

Yamada의 2.(부조사), 3.(계조사), Hasimoto의 3.(부조사), 5.(계조사)는 Tokieda의 2.처럼 합칠 수 있다. 원래 계조사는 고전문법에서 중요시되기는 하였어도 현대는 그 일부 용법만 남아 있는 실정이니 부조사로 한 묶음 할 수 있다(다만 이 책에서는 전래대로 나누었다).

세 문법 공통의 접속조사는 국문법에서는 접속어미에 상당한 것이다. 조사의 자유형식으로 보느냐 어미의 부속형식으로 보느냐의 관점의 차이다.

그렇다면 제격의 조사는 명사의 주어, 목적어, 보어 등의 성분관계를 나타내는 곧 명사의 문법적 기능을 나타내는 격조사(Case Particle)이고, 그러한 격을 나타내면서 부수적으로 의미를 보태는 부조사(계조사 까지)까지 포함되는 것이라고 할 수 있다. 전자처럼 성분관계(문법관계)를 나타내는 격은 구조격(Structural Case)이고, 후자처럼 의미까지 보태진 격은 의미격(Semantic Case)으로 해서 필자는 구별하고 있다.

구조격은 형태적으로 명시되는 형태격과 추상적으로 나타나는 추상격의 경우가 있으나 의미격은 원칙적으로 명시적으로 나타나는 형태격이다.

(5) 1. 本を(구조격이면서 형태격) 読む　　책을 읽다
　　2. 本∅(구조격이면서 추상격) 読む　　책 읽다
　　3. 本ばかり(의미격이면서 형태격) 読む　책만 읽다

이렇게 보면 앞에서의 분류의 격조사는 구조격이 되는 것이 원칙이지만 실지 격조사의 분류에는 부조사와도 닮은 부사격조사가 포함되기도 하여 꼭 일치하지 않는 경우도 있다. 그리고 동사의 Θ-역할의 관점에서는 '명사 + 부사격조사'가 술어핵이 도입하는 필수논항일 때는 넓게 구조격으로 포괄할 수 있다. 대표적인 것이 접사핵이 도입하는 수동의 기동주, 사동의 피사동주의 -ni격이다. 다음과 같은 경우는 필수적인 논항으로 보이지만, 구조적으로 술어핵이 도입한 것으로 볼 수 없으므로 의미격으로 보게 된다.

(6) 1. 本で支(ささ)えた (책으로 받치다)　　(도구)
　　2. 本から手(て)を引(ひ)く (책에서 손을 떼다) (유래)
　　3. 本に目(め)を向(む)ける (책에 눈을 돌리다) (목표)

곧 주격, 속격, 목적격, 보격 그리고 일부의 -ni격은 구조적인 형상을 지닌 구조격이면서 필수논항이지만, 부사격의 명사는 그 문에서 필수적으로 요구되는가 그렇지 않은가에 따라 필수논항이나 임의논항으로 갈리게 된다.

(7) 1. 本を本棚(ほんだな)に置(お)いた。(책을 책장에 두었다)

2. 本を本棚に投(な)げた。(책을 책장에 던졌다)

1.에서는 '책을 두었다'고 하면 좀 애매하다. 둔 장소가 명시될 필요성이 강하다. 2.에서는 '책을 던졌다'고 하면 그렇게 애매하지 않다. 던진 장소는 큰 문제가 되지 않을 것 같다. 이러한 직관은 주관적일 수 있지만 만일 앞서와 같이 판단된다면 장소가 전자는 필수논항, 후자는 임의논항이라고 할 수 있다. 임의논항이라고 해서 문법적으로 덜 중요한 것은 아니고 그만큼 의미적으로는 서술의 구체화, 형상화를 기하는 중요한 일을 한다.

(8) 本に	目を	向ける
(목표)	(대상)	Θ-역할
|	|	
(항격)	(대격)	격자질

이 경우의 '本に'는 필수논항으로 볼 수 있다. 통사과정 중에 명사의 격(자질)은 유지되지만 동사의 격(자질)은 논항의 격과 일치가 확인(점검)되면 소멸된다. 소멸되지 않으면 후속하는 술어핵과의 병합시 누적되어 혼란을 가져올 수 있다.

격조사 전래의 조사의 분류에 의거하여 먼저 격조사에 대하여 알아보기로 한다. 격조사는 체언 또는 체언에 준하는 것(준체언, 명사형)에 붙어서 그것의 자격관계를 순수히 나타낸다. 조사를 독립의 품사로 보지 않고 명사에 첨가하는 첨사로 보기도 한다.

(9)

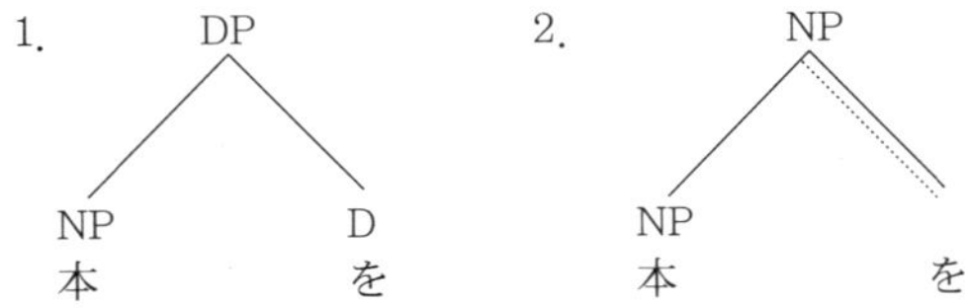

1.은 D의 조사가 핵이 되어 NP에 격(여기서는 대격)을 부여하는 형상을 보이고 있다. 한국어도 모든 문법적 운용이 어떤 구조(병합체)의 후핵이 중심이 되어 운용되는 후핵언어라는 점에서 그 형상과 일치한다. 그 상위의 명칭도 조사구(DP)가 된다.

2.는 D의 조사를 인정하지 않으며 조사는 NP에 뒤따르는 첨사 곧 접미사와도 비슷한 것으로 보는 것이다. 명사에 조사가 따르는 것을 그대로 명사구 (NP)로 보는 점에서 간편한 범주 표시는 되지만, 조사에는 다양한 형태가 있으므로 이를 단순히 첨사로 나타낸다고 보기는 어렵다. 격은 추상격이 원칙이고 형태격은 잠시 첨사로 나타난데 불과하다고 할 수 있어서 논의의 여지는 있으나 이 책에서는 D의 기능범주를 설정하고 있다.

(10)

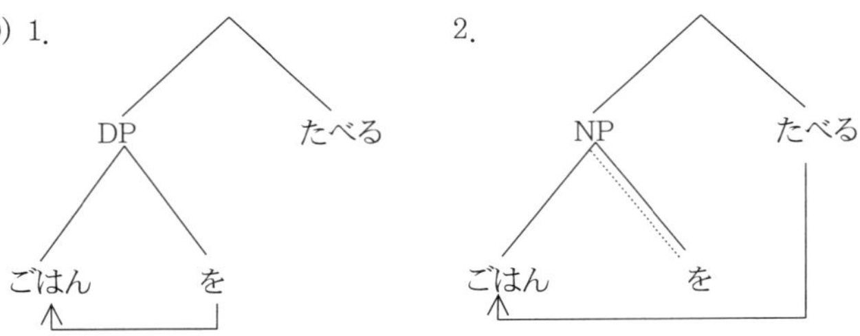

1.에서는 'を'라는 목적격조사가 명사에 목적어의 자격을 갖게 하는 것이고, 2.에서는 동사가 명사에 격을 부여하는 식과 비슷하게 된다. 2.에서의 단점은 반드시 동사 앞에 'を'만이 온다는 보장은 없고 다른 조사 예컨대 'から'(부터), 'と'(와) 등이 올 수 있다. 그리고 첨사의 성격의 해명이 아직

되지 않고 있다.

한국어나 일본어와 같은 교착언어의 사용자의 머리/마음에는 조사의 다양한 목록이 어휘목록으로서 등재되어 있다고 본다. 후행하는 동사와 NP와의 격 자질이나 의미상 일치에는 조사가 중개한다고 보는 것이 편리하다. 동사는 D 곧 격을 선택하고 격이 NP를 선택한다고 할 수 있는 것이다. 2.식이면 NP가 조사를 선택하는 꼴이 되겠지만 후핵언어의 일반적 경우하고는 어긋난다. 심지어는 NP가 동사를 선택하는 식이 된다. 물론 이러한 운용이 절대 있을 수 없다는 것은 아니다. 동사를 핵으로 해서 투사하는 식의 구조형성에서는 일탈적이지만, 만일 구조형성이 앞(위)에서 선조적으로 진행된다면 생각해 볼 수 있는 일이다. 필자가 가정하는 시발구조(Initial Structure)는 위(앞)에서 아래로(명제구조는 아래(뒤)에서 위(앞)로)의 기제를 취하고 있다. 그러나 NP는 D없이는 온전하게 기능하지 못하는 점에서 D가 NP를 결정한다 할 수 있다.

(11)

이하에서는 조사가 독립품사로 존재한다는 전제하에 그 중에 격조사는 문중에서 명사에게 어떤 문법적 기능을 표시하는가에 따라 분류하기로 한다.(보주(補注) 8.(p.623))

(12) 1. 주어의 자격	주격	が, の(から, まで, ばかり)
2. 연체수식어로서의 자격	연체격	の, が
3. 연용수식어로서의 자격	연용격	
보어	보격	と(なる), に, では
목적어	목적격	を
부사어	부사격	に, へ, と, より, から, で
	향격	に, へ
	처격	に, で
	비교격	より
	열거격	に, と
	탈격(유래격)	に, より, から
	기구격	で
	공동격	と
	자격격	に, で
	원인격	に, で
	인용격	と
4. 독립어로서의 자격	호격	よ

필자는 이외에 주제의 자격으로서의 주제격(Thematic Case)을 추가하고 있다. 이에 대해서는 통사론에서의 주제문에서 언급될 것이다.

(12) 2.와 3.의 구별은 2.는 조사가 체언과 체언 사이에 나타나는 경우고, 3.은 체언과 용언 사이에 나타나는 경우다. 주성분인 보어와 목적어를 따로 떼낼 수 있으나, 일본어 문법에서 용언 앞에 오는 연용수식어로 일괄하기도 하여 부사어도 함께 제시하였다. 앞에서 밑줄 친 주격, 연체격, 보격, 목적격은 구조적 형상성에서 결정되기도 하고, 문장 구조의 주성분이 되기에 구조격이 되고 나머지는 의미가 부가되는 의미격이 된다.

に격은 수동문과 사동문 구조에서 주성분이 될 때는 구조격으로 보게 된다. 이들 조사의 성격에 대해 다시 생각해 보면, 만일 太郎, 次郎, 花子와 같은 명사의 연속이 있고 명사가 조사 아닌 첨사를 가진다면 자의적인 첨사를 지닌 명사의 연속이 계속될 수 있어서 문을 결말지을 수 없다. 그러나 문말에 紹介(しょうかい)する라는 술어핵이 있다면 그 술어는 동작주, 목표(도달), 대상의 Θ-역할을 지니고 또 이에 합당한 격 자질을 지니고 있기 때문에 어순에 관계없이 동작주에 주격자질(が), 목표(수혜주)에 향격자질(に), 대상에 대격자질(を)의 조사를 선택할 수 있다. 제격의 어순이면

(13) 太郎(たろう)が次郎(じろう)に花子(はなこ)を紹介(しょうかい)する。(태랑이 차랑에게 화자를 소개하다.)

라는 문으로 완결된다. 이 경우 주격이나 목적격의 구조격은 추상격으로 나타날 수 있다(太郎 次郎に 花子 紹介する). 그러나 향격 に는 추상격으로 나타날 수 없다. 그러한 격이 의미격이다. 'に'가 피동문이나 사동문에서 구조격이 될 수 있다고 했는데 그 경우는 의미격이 아닌 형태격의 구조격이 된다. (13)을 이중목적어 구문으로 보게 되면 -ni격은 구조격(형태격)이며 술어 '紹介する'가 간목(ID)을 도입한 것이 된다.

が

모든 조사는 명사에 이어지는 것이 원칙이지만 명사에 준하는 다른 말에도 이어지는 경우가 있으므로 먼저 접속관계를 보이고 그 다음에 해당 조사의 용법(의미)을 나타내기로 한다. 이는 이하의 모든 조사에 해당한다.

1. 접속. 체언 또는 체언에 준하는 것(용언, 조동사의 연체형, 조사 no)에 이어진다. 여기서 이어진다는 말은 명사 중심으로 어순적으로 말한 것이고 조사를 핵(중심어)으로 생각하면 조사가 뒤에서 명사를 기능화하는 것이다.

2. 용법(의미). 이 형태는 **구조격**으로만 쓰인다.

1) 주격

a) 동작, 존재, 유무, 상태, 판단 등의 문에서의 주어의 격을 나타낸다.

(14) 1. 子供が遊んでいる。(어린이가 놀고 있다) (동작)
2. むこうに教会がある。(저쪽에 교회가 있다) (존재)
3. お金がない。(돈이 없다) (유무)
4. 子供がかわいい。(어린이가 귀엽다) (상태)
5. 彼がまじめだ。(그가 착실하다) (성질)
6. 彼女が独身だ。(그녀가 독신이다) (판단)

b) 감정이나 희망, 능력, 좋아하고 미워함, 어렵고 쉬움, 가능 불가능의 대상이 문에서의 주어의 자격이 되는 것을 나타낸다.

가) 논항이 하나인 경우

(15) 1. この本がおもしろい。(이 책이 재미있다) (감각)
2. 酒が飲みたい。(술을 마시고 싶다) (희망)
3. 野球がすきだ/きらいだ。(야구를 좋아한다/싫어한다) (好悪)
4. 縄跳びがむずかしい/しやすい。(줄넘기가 어렵다/하기 쉽다) (難易)
5. 英会話ができる/できない。(영어회화가 된다/안 된다) (가능/불가능)
(영어회화를 할 수 있다/할 수 없다)

이때의 주격의 의미역할은 모두 대상이다.

나) 논항이 둘인 경우

만일 여기에 동작주나 경험주의 의미역할을 지닌 선두 주어가 나타나게 된다면 문법적 처리가 사람에 따라 달라진다. 술어가 형용사 그리고 형용동사 혹은 '타동사 + 형용사성 조동사'의 경우이다.

(16) 私(わたし)が 野球が 好きだ

1. 대주어 — 소주어 — 술어(형용사성 술어)
2. 주어 — 대상어 — 술어
3. 주어 — 주격목적어 — 술어

1.은 대소의 주어 곧 한 문에 주격어 두 개가 있다는 것이 되고, 2.는 대상격이라는 특수한 격을 인정해야 되고, 3.은 1.보다 단순화하면서 형용사성 술어문의 목적어를 나타낸다는 점에서 필자는 3.쪽이다. 한국어로 대역할 때는 '야구를 좋아한다'와 같이 된다.

주격이 목적어로 쓰인다는 것이 되는데 아예 이 경우의 ga를 목적격으로 규정하기도 한다(久野 1973:28). 다만 영문판(Kuno 1973:38)에서는 ga가 목적어 표지로 되어 있기에 주격이 목적어 표지에 쓰였다고도 볼 수 있다.

(15) 2.의 희망의 경우는 대상 의미역의 명사는 ga/o의 두 가지를 취할 수 있다.

(17) 私は 酒が/を 飲みたい。

대상의 명사가 타동사 '飲む'(마신다)에 관련된다면 목적격 'を'를, 형용사성 희망의 조동사와 관련된다면 'が'를 취한다고 볼 수 있다. '명사 + が'를 주격목적어, '명사 + を'를 (대격)목적어로 부를 수 있다.

논항 하나의 문의 생성은, 술어핵의 상대항이 핵문의 주어가 되기 위해서 핵문술어의 상대항 자리로 이동한다. 거기서 주격을 받는다.

(18)

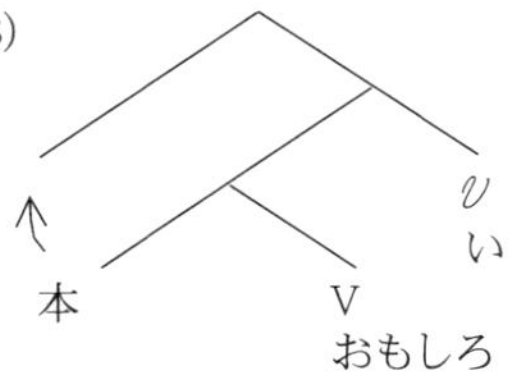

(책(이) 재미있다)

논항 둘의 생성은 술어핵이 대상을, 핵문술어가 주어 논항을 도입한다.

(19)

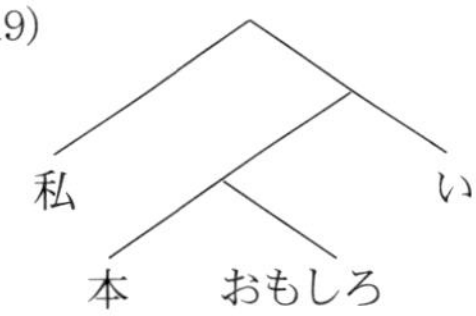

(나 (책(이) 재미있다)

이에 대해 (17)과 같이 대상의 격이 두 가지로 나타나는 경우는(약식으로 나타냄)

(20) 1. 2.

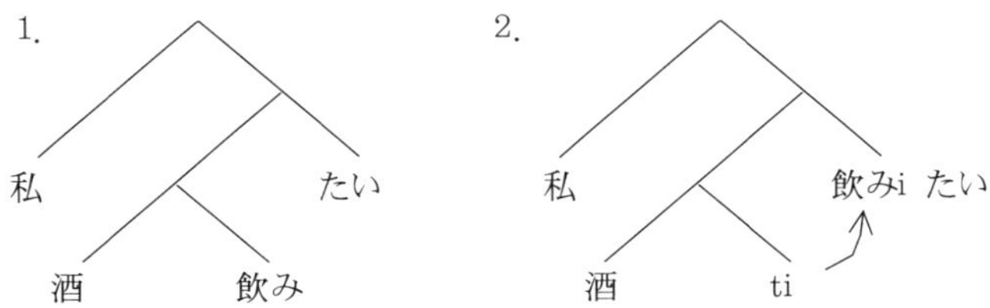

(나 술(을/이) 마시고 싶다)

1.에서는 '酒'는 '飲む'의 목적어로서 대격을, 2.에서는 '飲みたい'로 술어핵이 병합되어 형용사성 술어가 되어 그 대상에 주격을 부여한다는 식이다.

(18)에 경험주 '私'가 도입된 때,

(21) 1.

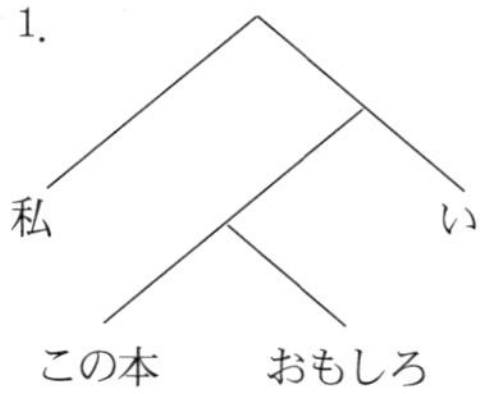

2. 私が この本が おもしろい

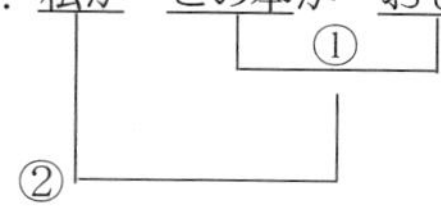

(나 이 책(이) 재미있다)

2.는 전통적인 분석법에서 ①의 관계에서 소주어, ②의 관계에서 대주어라고 한 것인데, 그것을 1.에 맞추어 고쳐 쓴다면,

(22) 私が この本が おもしろい■

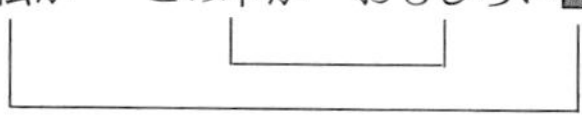

곧 (21) 2.처럼 일단 주술관계가 성립한 다음에 주어가 부가되었다기보다 (대)주어라면 주어로서 문을 완결 짓는 상대적 요소(문말어미 'い'또는 제로기호의 사)와 호응되는 것으로 보는 것이다. 그런 면에서 대상 논항은 (소)주어로 보기보다 (주격)목적어로 볼 수 있다고 본다.

'おもしろい'형용사에 '-がる'접미사가 붙어서 'おもしろがる'(재미있게 생각한다)의 동사가 되면 대상은 목적격을 취한다. 술어가 형용사나 동사냐에 따라서 격이 다를 뿐 술어의 대상(목적어)이 되는 것은 마찬가지로 본다.

격조사 ga의 형태만을 고려하면 이중주어구문이 아닌 이중주격구문 혹은 주격중출구문이라는 말을 쓸 수 있다. 다만 여기서 주의할 것은 이중주격구문중에서도 이중주격을 계속 유지하는 것과 선행 ga격이 no격으로 변환하는 것이 있다. 후자의 예로는 많이 인용되는 다음 문이 있다.

(23) 1. 象(ぞう)が鼻(はな)が長(なが)い。(코끼리가 코가 길다)

↓

2. 象の鼻が長い。(코끼리의 코가 길다)

이렇게 선행 ga격이 no격으로 변하는 것을 ga/no교체(ga/no conversion)라고도 하며 이러한 문을 의사이중주격구문이라고 한다. ga/no 교체가 되지 않는 것이 진정한 이중주격구문이다.

여기의 1., 2.의 관계에 대하여 두 가지의 상반된 의견이 있다. 1.에서 2.가 파생되었다고 하는 것과 2.에서 1.이 파생되었다고 보는 것이다.

필자는 언어 생성 경로는 외길 일변도로 보지 않기 때문에 어느 한 쪽에서 파생될 수도 있고 1.은 1.대로 2.는 2.대로 생성 될 수 있다고 보는 것이다. 이는 언어주체의 표현의도에 따라 그리 될 수 있다고 본 다.

밑에서 쌓아올리기 식으로 본다면 일단 '鼻が長い'가 먼저 형성될 것이고, 그 '鼻'에 수식어를 얹히면 2.가 되는 것이다. 선조적으로 본다면 먼저 주어 '象'가 나오고 그것을 구체화해서 하위개념의 '鼻'가 따라와서 술어와 일치한다고 볼 수 있다.

술어 '長い'의 Θ-역할로 볼 때는 '鼻'와 직접 연관되나 '象'와는 직접 연결되지 않는다. 어떻든 ga격 선후의 명사는 밀접 불가분의 관계 그리고 상위개념과 해위개념의 관계에 있어서 두 명사가 상하로 혹은 병열적으로 중출해도 또는 연체수식관계가 되어도 이상한 일은 없다. 1.은 '象'의 특징을, 2.는 '鼻'에 중점을 두어서 표현한 것이고, 어느 것이나 통사적인 생성에 하자가 있는 것은 아니다.

또 목적어 상승구문에서의 주격/대격의 교체와 같은 것을 볼 수 있다.

(24) 1. 花子(はなこ)は[太郎(たろう)が天才(てんさい)だ]と信(しん)じている。
(화자는 태랑이가 천재라고 믿고 있다)

2. 花子は太郎を[天才だ]と信じている。
(화자는 태랑을 천재라고 믿고 있다.)

1.을 が판단구문(인식구문), 2.를 を판단구문(인식구문)이라고 한다.

목적어 상승이란 말은 1.의 보문 [ ]부분의 주어가 주문(상위문)의 목적어로 상승했다고 해서 그런 이름이 있다.(통사론에서 다시 언급함)

1., 2.를 동일의 기저문, 곧 1.에서 2.가 되었다고 하고(목적어 상승) 혹은 1., 2.는 본래 별개의 구조라고도 한다.

문의 생성은 다 경로라는 처지에 있는 필자로서는 1.에서 2.가 또는 각각 별개로 생성될 수 있다고 본다.'太郎'을 어떻게 생각하느냐의 선행화맥(문맥)이 있다면 2.가, 태랑이 과연 천재인가, 혹은 누가 천재인가라는 선행화맥이 있다면 1.이 발화될 것이다. 1.은 먼저 명제를 보문([ ]부분)으로 제시하고 그것을 상위문에서 판단(인식)하고 있고(밑에서 쌓아올리기 같다), 2.는 인식의 대상을 먼저 언급하고 그것을 보충하는 식([ ]부분)으로 판단(인식)하고 있다고 볼 수 있다(위(앞)에서 아래(뒤)로 내려오기와도 같다). 화자의 놓인 처지와 인식에 따라 다경로의 생성이 있을 수 있다.

2) 연체격 : ga는 고전에서는 주격과 연체격에 양용되었다. 다음 예는 연체격의 한 흔적이다.

(25) 我(わ)が家(いえ)(우리 집)

고전에서는 我(わ) 자체만을 대명사로 쓰였다. 지금은 그것이 단독으로 쓰이는 예가 없어서 그 다음의 ga를 연체격으로 하지 않고 '我が'를 한 단어로 해서 연체사로 하기도 한다. 여기서는 고전의 용법과 ga의 형태에 치중해서 격조사로 한 것이다.

3) 추상격 : 이상은 격조사 ga가 명시적으로 나타나는 형태격의 경우가 된다. 그것이 비명시적으로 나타난다 하더라도 곧 형태가 제로이더라도 격 표시의 구실을 하는 경우를 추상격이라고 한다.

(26) 1. 太郎が 本を 読む。(태랑이 책을 읽는다)
   2. 太郎 本を 読む。(태랑 책을 읽는다)
   3. 太郎 本 読む。(태랑 책 읽는다)

2.에서는 주격이, 3.에서는 주격과 목적격이 제로격이 되고 있다. 이렇게 형태가 비명시적이어도 주격 아니면 목적격이라는 것을 인지할 수 있는 것은 구조적으로 보장되기 때문이다.

(27)

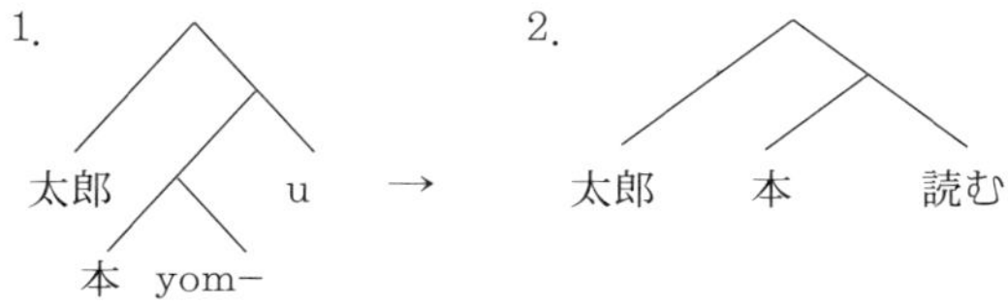

yom(u)의 술어핵은 대상을 취하고 또 그것에 대격(목적격)을 부여하기 때문에 대상과 yom-와의 성분통어관계가 확인되는 한, 명시적으로 격 표지가 나타나지 않아도 격은 보장된다. 또 핵문술어핵과 주어와의 성분통어관계가 확인되는 한, 주어의 격이 비명시적이어도 보장된다. 성분통어(c-Command)(c-통어)관계는 쉽게 말해서 술어핵이 도입한 상대와의 관계이며 그것은 동일 절점에서 2분적으로 분지된 성분의 상호관계(자매관계)가 된다. (27) 1.에서 本-yom-, 太郎-u의 관계와 같다. 핵문내에서는 상위분절 내의 하위분절에도 미친다(太郎-本/yom-,u-本/yom-). 어떤 요소 α가 동일의 범주 A의 상하위에 속했을 때 적용 가능한 조작은 상위의 것이라는 상위범주 우선의 원리(A-Over-A Principle)가 있듯이 분지의 형상성에서 하위의 분지보다 상위의 분지가 우선이 되는 상위분지우선의 원리가 있다는 셈이다. 어떻든 명사는 형태적이든 추상적이든 격이 있어야 한다. (2)의 격 필터가 그것을 지키도록 한다. 형태격은 조사가 격 부여자이나, 추상격은 조사가 없으므로 인접한 술어핵이 격을 확인(보증)한다. 이 경우

격 인접성 조건(Adjacendy)을 지켜야 한다.

용법상 ga격이 주어로서의 문법적 관계를 나타낸다고 하더라도 문에서의 서술어와의 역학관계에 따라 의미가 달라지는 경우가 있다. Kuno(1973:38)에서는 ga에는 세 가지 다른 용법이 있는데, 목적어로 쓰이는 경우 외에 다음 두 가지를 들었다.

(28) 1. 중립적 기술(Neutral Description)
2. 총기(総記)(Exhaustive Listing)

1.은 문에 앞서는 전제가 없으며 따라서 문 전체가 신 정보가 되는 문이다. 새롭게 눈앞에서 벌어지는 일시적인 일들을 나타내기에 현상(現象) 문이라고도 한다. 특정시의 사건과 관계된다.

(29) 1. 車が走っている。(차가 달리고 있다)
2. 事故が起きた。(사고가 일어났다)

2.는 문제의 대상문에 특정의 것만이라는 뜻의 표현이다. 다른 사람이나 사물이 아닌 '이것이'라는 뜻이기에 초점의 ga와도 같다.

(30) 1. 太郎が天才だ。(태랑이 천재다)
2. 誰が代表ですか。(누가 대표입니까) 私が代表です。(제가 대표입니다)

1.에서는 '太郎'만이라는 뜻이(그러면서 다른 사람이 아닌의 뜻), 2.에서는 '나만이'라는 뜻이 있다. 1., 2.에서는 신·구 정보가 있다. '天才', '代表'는 구정보이고 나머지는 신정보이다.

3. 太郎がいつも遅刻します。(태랑이 언제나 지각합니다)

여기에는 '태랑'만의 뜻 외에 항상적인, 습관적인 것도 나타내고 있다.

の

1. 접속. 체언 또는 체언에 준하는 것(용언, '용언+조동사'의 연체형, 조사 'から, だけ' 등)에 접속한다.

2. 용법. **구조격**으로는 1) 연체격 : 연체수식어의 격을 나타낸다.

(31) 私の本(나의 책) (소유) (보주(補注 9(p.626))
正午のニュース (정오의 뉴스) (시간)
金属の棒(금속의 막대기) (재료)
目録の内容(목록의 내용) (제시)
政治家の演説(정치가의 연설) (행위자)
でこぼこの道路(울퉁불퉁한 도로) (상태)

동격(同格)인 경우도 포함시키지만 다음과 같이 해석은 달라진다. 한국어에서는 연체격(관형격)은 '의'로 동격은 '인'으로 구별된다.

(32) 人気作家の姉がたずねて来た。(인기작가의 누나가 찾아왔다) (연체격)
(인기작가인 누나가 찾아왔다) (동격)

'A의 B'의 경우는 A와 B는 다른 사람이고 'A인 B'의 경우는 A와 B는 같은 사람이다.

앞에서처럼 'の'에는 행위자, 제시의 의미가 있기 때문에 다음과 같은 경우에 두 가지 의미가 있게 된다.

(33) 日本人の研究 행위자이면 일본인이 하는 연구, 제시이면 일본인에 대한 연구라는 뜻이 된다.

행위자 그리고 제시까지 곁들인 다음의 명사는 마치 문의 형식과도 같다.

(34) 1. [学生(がくせい)の英語(えいご)の学習(がくしゅう)]
   2. [学生が英語を学習する]

그래서 1.과 같은 명사구의 구조를 통사적으로 문과 유사하게 다루기도 한다.

절의 연체격을 나타내기도 한다.(동격으로 대역된다)

(35) 花子(はなこ)が高校生(こうこうせい)の時(화자가 고교생인 때)

밑줄 친 부분을 절로 볼 수 있는 것은 그 기저가 주어 – 술어로 보기 때문이다.

영어에서의 속격(屬格, Genetive)(연체격 상당) 's가 부가하는 경우는 형태격이, 다음 (36) 4.와 같은 형상성에서는 추상격의 속격이 실현된다. 격의 부여, 점검(Checking), 일치 등의 문제를 다루는 것을 격이론(Case Theory)이라고 하는데, 영어에서의 격 부여(Case Assignment)기제는 다음과 같다.

(36) 1. I(NFL) 주격 부여 여기의 I는 굴절사이며 시제가 포함된다고 하면 시제소가 부여자가 된다.(필자의 핵문술어핵)
   2. V(타동사) 목적격 부여
   3. P 사격 부여 여기의 P는 전치사이다. 전치사가 명사에 주는 격이 사격이다.(한국어의 후치사(부사격조사 상당))
   4. [$_{NP}$___X] 속격 부여

4.가 연체격과 관련된다. 1. 2. 3.과 달리 특정 격 부여자가 없는 것이 다르다. 수형도로 나타내면,

(37)

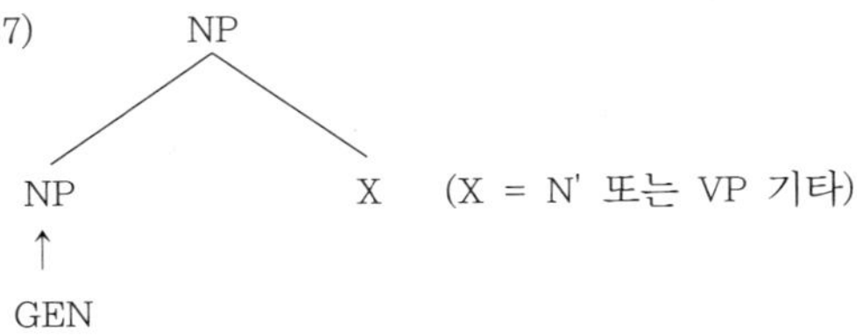

学生(がくせい)(の/∅)　　旅行(りょこう)(학생(의/∅) 여행)

　　　　　　　　　　　読(よ)む本(ほん)(학생(의/∅) 읽는 책)

여기서의 X에는 N' 또는 VP 그리고 기타의 구조체가 올 수 있다는 것이다. ＿자리에 오는 NP에는 형태격이든 추상격이든 주어진다는 것이다. VP에 앞서는 형태격인 경우 (38)처럼 ga/no 교체가 있다.

2) 주격　연체수식절의 주어의 격을 나타낸다.

(38) 雨(あめ)の降(ふ)る時(とき)(비가 내리는 때) (雨が降る時 공용) ga/no교체의 한 예가 된다.

다음 의미격으로는, 주어, 목적어 등의 문법적 관계보다는 체언이나 용언에 어떤 의미를 부가하는 구실을 하는 것이다. 추상격으로 나타날 수 없다.

1) 용언의 체언화. 용언에 no를 동반시켜서 체언에 준하는 기능을 갖게 하는 것이 있다. 한국어로 ~하는 '것'으로 대역되는 것이다. 이는 전래적으로 준체(準体)조사라 하였다. 체언형성사, 체언화사의 이름도 있다.

(39) 1. 映画(えいが)を見(み)るのが好(す)きだ。(영화를 보는 것을 좋아한다)

　　2. 彼女(かのじょ)がきらいなのだ。(그녀를 싫어하는 것이다)

이 경우의 no를 명사(事(こと)(것))의 대용으로 볼 수 있다.

2) 이중긍정 판단 : 다음과 같이 용언의 체언화가 문말에서 진술성을 명확하게 한다. 그것을 이중긍정판단이라고 한다.

(40) 1. 見たのか(본 것이냐) cf. 見たか(보았나)
2. いいんです(좋은 것입니다→좋습니다) cf. いいです(좋습니다)

여기서 문말에 쓰이는 'のだ/のです'의 형식을 'の + だ/です'의 2語로 보지 않고 1어의 조동사로 보는 의견도 없지 않다.

のに/ので가 접속조사화하였듯이 'のだ'도 조동사화 하였다고 볼 수 있으나, '見たのか/見たのだ'의 의문형과 긍정형을 대비적으로 볼 때 하나는 두 개의 단어, 다른 하나는 한 개의 단어로 되었다고 보기 어렵고, '見た + の'까지는 공통적으로(그러면 2단어) 나가다가 'か/だ'에서 의문/평서가 갈렸다고 볼 수 있다. 'の'의 준체성을 생각할 일이다.

'見たのか/見たのだ'의 한국어의 대역(본 것인가/ 본 것이다)으로는 분석적으로 の = 것 쪽이다.

3) 체언에 'の'가 붙어서 '연체격 + もの(~의 것)'의 뜻을 나타내기도 한다. 곧 'の + 명사'의 대용이 된다.

(41) 1. これは あなたのですか。(이것은 당신의 것입니까)
2. はい、私(わたし)のです。(예, 저의 것입니다)

곧 'の'에는 연체격에다 형식명사(사물)의 의미가 겹쳐 있는 것이다.

4) 부사(구)에 'の'가 붙어서 후행 명사를 수식하는 일도 있다.

부사와 명사는 어근상 분간하기 어려울 정도로 가까워서 연체격이 쓰일 수 있는 것이다.

(42) 1. わずかの誠意(약간의 성의), たくさんの品物(많은(다수의) 물품)

2. よく準備しての出発(잘 준비해서의 출발)

5) 열거격 : 다음과 같은 어례에서는 no가 명사화와 열거의 역할을 맡고 있다. 이를 병립조사라고도 한다. 필자는 모든 명사는 격이 있는 것으로 하고 있기 때문에 이 경우는 열거격으로 부르고 있다. 다만 격에는 구조격과 같이 필수적인 것이 있고 의미격 같은 임의적인 것이 있다. 그런 점에서 열거격은 의미격에 속하고 열거의 의미가 부가된 것으로 보는 것이다.

(43) 1. 行くの行かないのと(가는 것과 가지 않는 것과)

2. 絹の革のと(비단의 것과 가죽의 것과)

격 표지 이외에 보문표지(COMP)의 구실도 있다. 앞에서 언급한 용언의 체언화가 이루어지고 그것이 보문절의 술어이면 격조사를 수반하여 주문 술어와 연결하게 되는데, 그러한 구실의 'の'를 보문표지 또는 보문소라고 한다. (38)에서는 보문소 'の'가 조사를 수반하여 보문을 통어하고 있다.

(44) 1. 僕は雨が降るのがきらいだ。(나는 비가 내리는 것을 싫어한다/내리는 것이 싫다)

2. 僕は雨が降るのを待っている。(나는 비가 내리는 것을 기다리고 있다)

밑줄 친 부분이 보문절(내포절)이고 나머지는 주문주어와 주문술어이다. 다음과 같이 보문주어가 안 보이는 경우가 있다.

(45) 太郎はパンを食べるのが好きだ。(태랑은 빵을 먹는 것을 좋아한다)

이 문의 기저문은 다음과 같이 가정하고 보문의 주어가 삭제(동일명사구 삭제)되었다고 보기도 한다.

(46) 太郎は太郎はパンを食べるのが好きだ。

곧 (46)에서 (45)로 변형되었다고 보는 것이다. 또는 영어에서 처리하는 방식으로 음형이 없는 보문주어를 PRO로 나타내기도 한다.

(47) 太郎は PRO パンを食べるのが好きだ。

이때의 PRO는 주어와 연결되는(주어 통제) 공범주(공대명사)이다.

영어의 경우는 비시제절에서는 보문주어가 나타나지 않고 시제절에서는 나타나는데, 한국어나 일본어에는 그러한 시제절/비시제절의 구별과 상관없이 보문주어가 나타나는 경우가 많다. 따라서 영어에서는 비시제절에서 PRO가 나타나고, 한국어나 일본어는 시제절/비시제절과는 관계없이 보문주어가 없으면 PRO가 나타나는 것이다(EPP에 의함).

이상과 같이 'の'의 용법이 다양한 데서, 이를 모두를 격조사'の'의 형태로 총괄할 것인지, 다른 범주로 세분할 것인지의 문제는 남는다. 그 조사의 쓰임에 나타나는 분포환경이 다음과 같이 다른데서,

(48)					
1.	체언(간혹부사)	—	체언	연체격 (의)	私(わたし)の本(ほん) (나의 책)
2.	체언(인칭대명사)	—	조사	(의 것)	私のを (나의 것을)
3.	용언	—	조사	준체조사(것)	書(か)くのを(쓰는 것을)
4.	용언	—	단정조동사/종조사 이중긍정(의문)판단		書くのだ/か (쓰는 것이다/냐)
5.	절	—	조사(종조사 제외) 보문표지(보문소)		君(きみ)が文字(もじ)を書くのが (네가 문자를 쓰는 것이)

구조격의 연체격으로 총괄하여 그 용법에 따라 나누어 기술할 수도 있다. 혹은 연체격, のだ술어, 그리고 보문표지와 같이 딴 범주로 구분할 수도 있는 일이다. 혹은 더 세분하더라도 'の'격조사와 다른 격조사가 겹치는

경우가 있게 되어서 그것은 격조사는 잘 겹치지 않는다는 것의 예외가 될 수 있다. 그렇다면 (48)에서 격조사가 겹치지 않는 1.의 경우만 구조격(형태격)의 연체격으로 해서 나머지는 의미격으로 묶든, 개별적으로 처리하든 떼어낼 수 있다.

を

1. 접속. 체언, 준체언 + no(용언의 연체형 + no(行くのを)), 용언 + 조동사 + 연체형 + no(行きたいのを)에 접속한다.

2. 용법. 구조격으로는,

1) 목적격(대격, 연용격)을 나타낸다.

(49) 1. 英語(えいご)を勉強(べんきょう)する。(영어를 공부한다) (대상)
2. 道(みち)を歩(ある)く。(길을 걷다) (장소)
3. 前(まえ)を向(む)く。(앞을 향하다) (방향)
4. 時間(じかん)を過(す)ごす。(시간을 보내다) (시간의 경과)
5. 家(うち)を離(はな)れる。(집을 떠나다) (기점)
6. 階段(かいだん)を上(あ)がる。(계단을 오르다) (경과점)
7. 山(やま)を登(のぼ)る。(산을 오르다) (종점, 도달)

위에서 'を'에는 출발 – 경과 ~ 도달 등의 의미가 있기 때문에, 지향적인 계속적 동작의 대상의 위치에 따라 구별하여 쓰기도 한다. 도착동사에는 'を'격이 맞지 않는 듯하다.

(50) 1. 山(やま)を登る。(산을 오르다) (산 전체의 경과점)
2. 山へ登る。(산에 오르다) (정상 도달의 방향)

3. 山に登る。(산으로 오르다) (귀착점, 도달점)
4. 道を歩く。(길을 걷다) (경과의 전 범위)
5. 道で歩く。(길에서 걷다) (계속적이 아닌 한정적)
6. *道を着く。(*길을 닿다)

다음처럼 'を'와 'へ'를 공용하는 경우도 있다. 이때의 'を'는 통과성, 'へ'는 방향성에 중점을 둔 것이다.

(51) 1. 海へ/を行く(바다에/를 가다)
2. 海へ/を渡る(바다에/를 건너다)
3. 海へ/を逃げる(바다에/를 도망치다)

다음처럼 같은 동작도 を/に에 따라 내용이 달라지기도 한다.

(52) 1. a. バスを乗りかえる。(버스를 갈아타다) b. 道を歩く。(길을 걷다)
2. a. バスに乗りかえる。(버스에 갈아타다) b. 道に歩く。(길에(을) 걷다)

1. a.는 노선이 다른 버스를 갈아타는 것을, b.는 계속 한 방향으로 가는 것을, 2. a.는 다른 교통수단으로부터 버스(목표)에 갈아탄다는 것을, b.는 동작의 목적지임을 나타낸다. 1.은 'を'의 경과성에, 2.는 'に'의 목표·귀착성에서 연유하는 듯싶다. Yamada(山田 1911:414-415)는 (52) 1.의 경우는 동적(動的)목표, 2.의 경우는 정적(靜的)목표라는 말로 대비하고 있다.

목적어 표지가 서술어에 따라 대격으로 쓰이는 경우와 주격으로 쓰이는 경우가 있다는 것은 앞 (17)에서 보았다.

(53) 1. 水を飲みたい。(물을 마시고 싶다) 대격목적어
2. 水が飲みたい。(물이 마시고 싶다) 주격목적어

1.은 마신다는 동작에 중점을 둔 것이고(타동사), 후자는 ~싶다라는 형용사성 희망에 중점을 둔 것이다.

2) 분리된 경동사의 목적격을 나타내기도 한다.

(54) 1. 運動する
2. 運動をする

'運動'같은 한자어의 동작명사는 그 자체가 '누가' 혹은 '누가, 무엇을'의 논항을 가지는 술어와도 같다. 중국어는 运动(運動)만으로 술어가 될 수 있으나 한국어나 일본어는 그것에 ~하다/~する와 같은 형식을 부가하여야 한다.

그러한 형식을 경동사(輕動詞)라고 한다. 접미사 혹은 형식동사의 성격을 지닌다. '運動する'의 두 내부 형식이 분리되면 '運動'의 명사에 목적격의 'を'가 있게 되고 'する'의 목적어가 되는 것이다. 이 경우 (54) 1.과 2.의 관계에 대하여 1.에서 2.가 되었다(분리식), 반대로 2.에서 1.이 되었다(접합식)라는 의견으로 갈리기도 한다.

1. 2.의 차이점은 1.은 하나의 동사이므로 그 앞에 부사어가 오게 되고, 2.는 분리된 명사에 연체어가 얹힐 수 있게 된다.

그리고 1.은 어휘부의 운영으로 '명사 + する'로 동사화 한 것이고, 2.는 'する'는 술어핵 자리에 '運動'은 그 상대항으로 도출되는 것이 된다.

따라서 어휘부에는 '運動'이라는 명사가 등재되어 있고, 한편으로 그것에 'する'가 접합하여 동사를 만드는 어형성 규칙이 있는 것으로 보게 된다. 그래서 통사부의 술어핵에 '운동하다'로 도출하는가, '하다'로 도출하는가에 따라 논항구조도 달라지게 된다. 발화주체가 운동의 내용을 구체화하기 위해 수식어(절)를 얹힐 필요가 있다면 분리식으로, 그럴 필요가 없다면

접합식으로 운용하는 것으로 보아진다.

술어핵에 도출된 분리된 경동사 '하다'는 타동사화한 것으로 보아진다.

3) 목적격 연속의 문제

한 문에서의 목적격(대격)의 연속 곧 O－O의 연속은 금지된다. 柴田(1978:262)에서는 다음과 같은 이중대격(목적어)제약(Double-O Constraint)이 제시되었다.

(55) 하나의 문중에서 두 개 이상의 대격목적어가 나타나서는 안 된다.

다음에서,

(56) 太郎は<u>急な坂を</u>自転車を一生懸命 押した。
(태랑은 급경사의 고갯길에서 자전거를 온 힘으로 밀었다)

여기서는 'を－を'의 연속이 있지만 밑줄 친 부분은 목적어가 아니고 부사구와 같은 일을 하고 있다. 동사(밀었다)의 의미역은 동작주와 대상 하나를 취하기 때문에 그 대상은 '자전거'이며 밑줄 친 부분은 장소를 나타내는 부가적인 것(임의논항)이다.

다음과 같은 의미역(할) 기준(θ-기준, θ-Criterion)에 의하면,

(57) θ-기준　　θ-역할은 오직 하나의 논항에만 부여된다.

(56)에서 NP-O, NP-O는 외형적인 격 형태는 동일하다 하더라도 같은 θ-역할일 수 없다. 따라서 이중대격제약은 이중의 θ의 대격목적어만이 금지되는 것이 된다.

그런데 술어의 대상이 두 개 나오는 다음 경우는 어떻게 되는가?

(58) 太郎は花子を頭を叩いた。(태랑은 화자를 머리를 때렸다)

일본어는 비문은 아니더라도 매우 어색하게 받아들이며, 이에 대한 한국어역은 정문으로 받아들이는 경향이 있다.

이에 대한 여러 가지 풀이가 있지만, 동일 범주 내에서의 복합 DP범주로서 상호간 양도 불가능의 대상과 소유자 관계에 있거나, 양자가 대〉소, 상〉하와 같이 의미적으로 밀접 불가분하면 제약 대상이 안 되는 것으로 풀이한다.

'花子を, 信子を, 幸子を'와 같이 동격의 대격명사구를 얼마든지 나열할 수 있고 '花子を 頭を', '花子を 手を', '花子を 足を'와 같은 것을 하나의 동일 의미역으로 간주할 수 있다.

(59) 1. 花子を太郎が頭を叩いた。(화자를 태랑이 머리를 쳤다)

2. 花子を頭を太郎が叩いた。(화자를 머리를 태랑이 쳤다)

이 같이 뒤섞기(Scrambling)에서 1.이 정문이 되는 것은 뒤섞기의 명사가 핵문의 국면에서 상위의 CP의 지정어로 이동한다고 보기 때문에 O－O의 연속은 양자의 국면이 다르기에 허용이 된다는 것이 된다. 2.는 병열체가 함께 뒤섞인 것으로 보는 것이다.

(60) 1. 太郎は古代史を研究をした。(태랑은 고대사를 연구를 했다)

2. 太郎は古代史を大学院で/着実に研究をした。(태랑은 고대사를 대학원에서/착실히 연구를 했다)

(60) 1.은 애매하나, 2.는 정문이다. O－O의 연속의 중간에 부사구를 개재하면 정문이 된다.

1.은 (58) 아래에서의 설명과 같게 되는 경우고, (58) 그리고 (59) 2.에

서의 '花子を頭を'를 '花子の頭'로 하나의 논항화도 가능한 것처럼 1.의 '古代史を研究を'도 이에 준해서 '古代史(の)研究'처럼 하나의 논항화도 가능하다. 그만큼 두 O격 명사는 밀접 불가분적이다.

2.는 부사구의 개입으로 O－O의 연속을 완화시키거나 그 다음의 '研究をした'의 'を'의 음성실현을 약화시켜 '研究した'와 같은 효과를 가져온 것이 아닌가도 싶다.

に

1. 접속. 체언 또는 체언에 준하는 것(용언의 연체형, 용언 + 조동사의 연체형, 체언의 자격을 만드는 조사 no, 용언의 연용형(買(か)いに(사러))에 접속한다.

2. 용법. **구조격**으로는,

1) 여격

a) 수여, 전달 등의 이중목적어 구문에서의 간접목적어(목표, 수혜주)의 여격

(61) 太郎は花子に花束(はなたば)をあげた。(태랑은 화자에게 꽃다발을 주었다)

이중목적어 구문은 IO에 의한 DO의 소유사상을 주어가 일으키는 것과 같은 의미구조를 가진다(Shibatani 1994:45).

(62) 주어 CAUSE IO HAVE DO

이에 의하면, 한일 두 언어에서의 give동사의 의미표시를 다음의 구조, 의미역할, 통사적 부호화로 보일 수 있다.

(63) 구조	[NP1	NP2	NP3	GIVE]
의미역할	동작주(사람)	목표(사람)	대상	
문법기능	SUB	IO	DO	
통사적 Coding	ka/ga	eke/ni	rɯr/o	

통사적 부호화만 한국어와 일본어가 다르게 되어 있을 뿐이다. 곧 형태격만 다를 뿐 나머지는 같다는 것이 된다.

IO – DO 어순이 DO – IO순으로 바뀌기도 하지만, 일반적으로 IO가 선행한다. 동사에 따라 IO가 후행할 때의 ni격은 구조격이 아닌 장소의 의미격이 되는 경우가 흔하다.

(64) 太郎は本を自宅(じたく)に送(おく)った。(태랑은 책을 자택에 보냈다)

(63)에서 술어의 의미역할이나 그 통사적 Coding을 구조적인 격자식으로 나타낼 때 의미역(할) 격자(Θ–Grid), 격 격자(Case–Grid)라고 한다. (64)에서 '送った'(보내다)의 Θ–격자와 격격자는 다음과 같다.

```
Θ-Grid        [Agent  Theme  Place]
                 |      |      |
Case-Grid     [Nom.   Acc.   Dat.]
```

만일 '好きだ'(좋아하다)와 같은 동사의 경우는 대상은 대격이 아니고 주격이다(한국어는 대격). 어휘항목마다 이러한 격자가 다를 수 있으므로 어휘부에서 어휘항목마다 지정되어 있다고 볼 수 있다. 개별언어의 특색이 어휘부에 이미 반영되어 있다고 할 수 있다.

b) 피동문에서의 기동주를 나타난다. 영어에서의 by구에 상응한다.

(65) 花子が先生にしかられた。(화자가 선생님에게 꾸중들었다)

이 문과 상대되는 능동문은 '先生が花子をしかる'(선생이 화자를 꾸중하다) 이다. 동작주 '先生'가 (65)에서는 ni격으로 by구 구실을 하고 있다. 동작주라는 말을 쓸 수도 있겠지만 수동화된 연유의 기동주(起動主)라는 말을 쓸 수도 있다. 능문문의 짝이 없는 간접수동문에서도 마찬가지다.

(66) 花子が太郎に手を取られた。(화자가 태랑에게 손을 잡혔다)

c) 사동문에서는 피사동주를 나타낸다.

(67) 先生が学生に英文を書かせた。(선생님이 학생에게 영문을 쓰게 하였다)

이때의 사동주는 의미상의 주어가 된다. 곧 [先生が[学生 英文 書く]せた]와 같은 구조에서 내포문에서의 주어에 상당한다.

이상과 같이 이중목적어 구문에서의 IO, 수동문에서의 기동주, 사동문에서의 피사동주의 격을 구조격으로 본 것은 이들은 접사술어핵의 상대항으로 구조적으로 정해져 있기 때문이다.

(68)

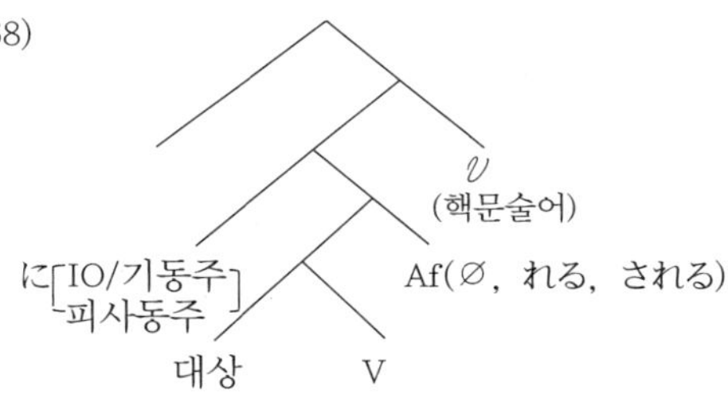

∅는 유형적인 접사는 없어도 IO 등을 도입하는 무형적인 접사가 작용하는 것으로 볼 때를 위한 것이다.

2) 주격(여격주어) : 가능문의 경우 주격의 구실도 한다.

(69) 私に(は)英語ができる。(나는 경어를 할 수 있다/나에게는 영어가 된다)

이 경우의 Θ－격자와 격 격자는 다음과 같다.

경험주(Experiencer)　　대상
|　　　　　　　　　　　|
여격(Dat)　　　　　　　주격(Nom)

경험주의 주어 이외에 관용적으로 존경하는 주어를 나타내는데 쓰이는 경우가 있는데 이는 문어(文語)의 자취다.

(70) 先生にはいかがお過ごしですか。(선생님께서는 어떻게 지내십니까?)

3) 보격 : 보어를 요하는 동사에 선행한다.

(71) 1. 会長になる。(회장이 된다)
2. 兄に似る。(형을 닮다)
3. 友達に会う。(친구를 만나다)

'만나다' 동사는 반드시 만나는 대상을 필수적으로 갖추어야 된다고 보아 그 대상의 격을 보격으로 하였다.

이와 같은 것이 '友達と会う'가 있다. 앞엣것과의 구별도 전자는 일방적인 경우, 후자는 약속하여 공동으로 하는 경우다. 따라서 쌍방적인 결혼의 경우는 'Aと Bと'와 같이 'と'를 쓴다.

(72) AはBに等しい(A는 B와 같다)

'동일하다' 동사는 무엇하고의 비교기준이 필수적으로 요구된다.

의미격으로는, 종전의 부사격조사에 상당한 것들이다. 구조적으로 제약되거나 필수적으로 생기하는 명사의 격과는 달리 추상격으로도 나타나지 않고 반드시 형태격으로 나타나는 것이며 그 형태 자체가 부수적으로 의미를 표시하는 격이다.

1) 향격

a) 동작 방향

(73) 図書館に行く (도서관에 가다)　　劇場に向かう (극장으로 향하다)

b) 동작의 귀착점, 도달점

(74) 図書館に着く (도서관에 도착하다), 自宅に帰る (자택에 돌아가다)

이처럼 동일한 ni격이라도 방향 혹은 도달의 뜻으로 갈리는 것은 후행하는 술어와의 의미상의 관계에서 온다. '간다'면 행선지가 있고, 돌아온다면 귀착지가 있기 마련인 것이다.

계속적인 동사 곧 '山に登る'와 같은 예는 'を'격에서 언급하였다.

c) 동작의 목적

(75) 見学に行く (견학하러 간다)　　運動に行く (운동하러 간다)
勉強に行く (공부하러 간다)

다음 예와 같이 용언(연용형)에 붙는 경우도 있다.

(76) 1. 見に行く (보러 간다)　　2. 迎えに行く (마중하러 간다)

1.은 동사 ni에 붙는 경우이고, 2.는 동사로도 명사로도 볼 수 있는 것에 붙는 경우이다.

Yamada(1911:645)는 동사의 연용형에 ni가 붙어서 동작의 목적을 나타내는 경우를 목적준체언이라고 하였다. 그것은 동사의 성질을 잃지 않고 동시에 체언으로서의 기능을 가지는 것이다. 필자는 1.은 명사성이 약하므로 본래의 동사의 목적형으로, 2.는 명사(전성명사) + 조사로 보고 있다.

2) 처격

a) 시간, 시절

(77) 朝6時に起きる。(아침 6시에 일어나다)

8月に/夏休みに研修します。(8월에/여름휴가에 연수합니다)

동작작용이 행해지는 시간을 나타내는 명사에 ni가 붙는가 안 붙는가는 그 말의 성격에 따른다.

가) -ni를 취하는 것.

(78) 8時に(8시에), 8時半に(8시 반에), 8時5分に(8시 5분에)

15日に(15일에), 土曜日に(토요일에)

2012年に(2012년에), 古代時代に(고대시대에)

나) -ni를 취하지 않는 것.

(79) きょう(오늘), あした(내일), けさ(오늘 아침)

ことし(올해), 本日(오늘), 昨日(어제), 今晩(오늘 밤)

今週(금주), 来年(내년), 毎日(매일), 毎週(매주), 現在(현재)

다) 어느 쪽도 좋은 것.

(80) 正月(に)(정월(에)), 春(に)(봄(에)), 午後(に)(오후(에))
夜(に)(밤(에)), 翌日(に)(다음날(에))
~ごろ(~즈음), ~とき(に)(~때에), ~うち(に)(~중(에)), ~まえ(に)(~전(에))

그런데 -ni가 붙는 경우와 붙지 않는 경우에 약간의 의미의 차이가 있는 경우도 있다. に조사의 처격(定格)성에 기인하는 것으로 보인다.

(81) 午前中 勉強する。(오전중(내내) 공부한다)
午前中に勉強する。(오전 중(어느 시점에) 공부한다)

b) 장소

(82) 公園にいる。(공원에 있다) 海辺にいる。(바닷가에 있다)

c) 비교의 기준

(83) 1. 学校は家に近い。(학교는 집에 가깝다)
2. 家は市役所に近い。(집은 시청에 가깝다)

1.의 경우는 보어의 -ni와는 달리 '家に'가 없어도 충분히 온전한 문으로 성립한다. 그러나 2.는 '市役所に'가 없으면 온전하지 못할 수 있다. 비교되는 명사들과 술어의 관계 여하로 성분의 필수/임의성이 갈린다고 볼 수 있다.

3) 열거격 : Aに Bに A로 열거(병렬)된 것이 문장의 주성분으로 쓰인다.

(84) Aに Bに	Cが (주어)	(A에 B에	C가…)
〃	Cだ (서술어)	(〃	C이다)

〃 Cを (목적어) (〃 C를…)
〃 Cの (연체수식어) (〃 C의…)

4) 원인격

(85) 風(かぜ)に揺(ゆ)れる/倒(たお)れた (바람에 흔들리다/쓰러지다)
頭痛(ずつう)に苦(くる)しむ (두통에 괴로워하다)

5) 변성격

(86) 雨(あめ)が雪(ゆき)にかわった。(비가 눈으로 바뀌었다)

동일한 형태가 의미격으로 여러 가지 의미가 있게 되는 것은 의미격이 접합한 명사와 후행동사의 의미적 합치 여하에서 온다.

이동성 동사 앞에서는 방향, 도달동사 앞에선 귀착지, 동작성 명사 다음엔 목적, 시간명사 뒤에선 처격(時格), 장소적 명사 다음엔 처격이, 명사가 동사의 원인을 제공하면 원인격이 된다.

(87) 風(かぜ)に倒(たお)れた

여기서의 -ni는 원인이지만 '床(ゆか)'に 倒れた(마루에 쓰러지다)는 처격이 되는 것과 같이 명사-조사-술어의 의미상의 합치관계에서 판별된다. 동일한 명사와 술어의 연결의 경우에 의미가 다른 것은 명사 뒤의 조사의 의미의 차이에서 오는 것이다.

후치사적 용법도 있다.

의미격의 조사를 구조격의 조사와 구별해서 후치사라 하기도 하고 의미격에 뒤따르는 후치적 요소만을 후치사라 하기도 한다. 그 두 경우에 '명사 + 후치사'를 후치사구로 하기도 하고 '명사 + 조사 + 후치사' 모두를 후치사구로 하기도 한다. '조사 + 후치사'를 후치사구로 합칠 수 있다.

후치사라는 말은 영어의 전치사와 상대적으로 쓰이는 데서 온 것으로, 전치사가 명사 앞에서 그 격이나 의미를 부여하는데 대해 한국어나 일본어는 명사의 뒤에서 격이나 의미를 연어로 부가하는 것이다. 다음과 같은 해당 어례에서,

(88) に よって(에 의해서), に おいて(에 있어서), に 従って(에 따라서)

이를 조사까지 포함해서 조사 상당 연어(連語)라고도 한다(佐藤外 1977: 110). 연어는 한 단어로 보지 않는 것이다(한 단어면 복합어임).

여기서 조사만으로도 혹은 조사와 밑줄 친 부분을 합쳐서 혹은 밑줄 친 부분만을 후치사(구)로 부르는 것인데, 필자는 아직은 후치사라는 범주가 독립품사처럼 받아들여지지 않고 있어서 'に + 후치적요소' 전체를 의미격 'に'에 포함된 것으로 다루고자 한다.

통사적으로도 조사와 함께 거동하며 조사와 다른 투사체계나 행동을 안 갖는 것으로 본다. 그리고 그러한 후치적인 부가요소가 늘어날 전망이며 또 알타이계어의 경우와 맞추어 후치사를 재인식할 필요는 있다.(보주(補注) 1.(후치사)(p.565)참조)

へ

1. 접속. 체언에 접속한다.

2. 용법. 의미격의 구실을 한다.

1) 향격

(89) 1. 동작의 방향 東の方へ向かって (동쪽에 향하여)

(東の方に向かって)(동쪽으로 향하여)

2. 동작의 귀착점 学校へ着く (학교에 도착하다)
(学校に着く)(학교에 도착하다)

원래 'へ'조사와 'に'조사는 고대에는 병용되었다. 차차 'へ'조사는 방향 쪽에, 'に'조사는 귀착점과 상대 쪽에 쓰이게 된다.

지금도 두 가지가 병용되는 경우에도 문법적 해석이나 뜻이 달라지는 경우들이 있다.

(90) 1. 母へお金を送る。(어머니에(게) 돈을 보내다)
2. 母にお金を送る。(어머니에게 돈을 보내다)

방향의 'へ'는 의미격으로 부가어로 쓰는 말이다. '어머님에/쪽으로' 와 같이 향방을 나타낸다. 이에 대해 'に'는 이중목적어 구문에서는 구조격으로 간접목적어인 목표·수혜주를 나타낸다. 이중목적어 구문에서는 'へ'보다 'に'가 제격이다.

(91) 1. お金を母へ送る。(돈을 어머니에/쪽으로 보내다)
2. お金を母に送る。(돈을 어머니에게 보내다)

와 같이 대상-방향/귀착의 순이 되기도 하는데 '母へ'는 부가어로 본다면 가능한 일이고, 2.에서는 DO의 도치가 아니면 부가어로 보게 된다. 부가어면 '누구가 돈을 보내다'의 타동사문에 방향이나 귀착의 뜻을 부가한 것이 된다.

(92) 1. 大阪へ行く。　ここへ来る。
2. 大阪に行く。　ここに来る。

1.은 그쪽 방향의 뜻이고, 2.는 이쪽 당도차의 뜻이다. 2.와 같이 다음에서,

(93) 1. 席(せき)へ着(つ)く。 (자리에 앉다)
2. 席に着く。 (자리로 앉다)

1.은 자리가 아닌 데서 자리 방향으로(진행성), 2.는 자리에 정지한(결과성) 뜻의 뉘앙스가 있다. (94) 1.처럼 상대가 사람이면 'に'를 쓴다. 범위가 커지면 방향성이 있게 되어 'へ'도 쓴다. 장소의 경우도 마찬가지다.

(94) 1. 事務員(じむいん)に頼(たの)む。(사무원에게 부탁하다) (*事務員へ頼む)
2. 事務所(じむしょ)へ頼む。(사무소에 부탁하다)
3. 水に流す。(물에 내려보내다)
4. 川へ流す。(강에 내려보내다)

(95) 1. 電車(でんしゃ)に乗(の)る。(전차에 타다)
2. 電車の座席(ざせき)へ乗る。(전차의 좌석에 타다)

1.은 귀착(결과)으로 보고, 2.는 진행으로 본 것이다. 'に'는 귀착적이지만 電車に座席に(→電車の座席に)와 같은 진행성의 표현도 없지 않다.

계속적인 이동성 동사의 경우는 방향성(へ), 경과성(を), 귀착성(に)의 조사를 쓰일 수 있는데 앞 (50)에서 예시한 바 있다.

と

1. 접속. 체언 또는 체언에 준하는 것(용언의 연체형과 '용언 + 조동사의 연체형' + 조사 no)에 접속한다. 접속조사의 'と'와는 접속이 다르다.

(96) 1. 書く―と　　　(접속조사)　　　(쓰면)

2. 書く―の―と　(의미격조사)　　(쓰는 것과)

2. 용법. 구조격으로는,

1) 보격

(97) Aは Bと 等しい。(A는 B와 같다)　(자격)

学者となる。(학자가 된다)　　　(변화의 결과)

앞에 나온 바 있는 보격의 ni와 비슷하다.

(98) 1. 学者となる。　보격　　지정적(학자로서), 공동적(남과 공동의 자격으로), 인용적(인용하는 데 손색이 없는)

2. 学者になる。　보격　　지향적(학자에 지향하여)

의미격으로는,

1) 공동격

(99) 兄と行く。(형과 (함께)가다)　　兄と会う。(형과 만나다)(공동적인 행동)

兄に会う。(형과 만나다)(일방적인 행동)

2) 상대격

(100) 1. 敵と戦った。(적과 싸웠다)

2. 兄と戦った。(형과 싸웠다)

2. 의 'と'는 공동격으로 풀이하면 형과 함께 어떤 상대와 싸웠다는 것이

되고, 상대격으로 풀이하면 형과 동생이 마주 싸웠다는 것이 된다.

3) 인용격 : 문구 혹은 남의 언급을 인용하는 데 쓰인다.

(101) ~と 書いてある/言った (~라고 씌어있다/말했다)

4) 열거격 : 本と鉛筆と紙と(책과 연필과 종이와)

보문소의 일도 있다.

(102) 私は彼がまじめだと信じている。(나는 그가 착실하다고 믿고 있다)

인용격이나 보문소의 한국어 대역은 '다고/라고'와 같이 동일하지만, 보문소가 중심어(핵)가 되어 유도하는 절(보문)의 내용은 인용이 아닌 사실의 판단/인식에 관한 것이다.

후치사적 용법도 있다. 의미격의 'と'가 후치사적 요소를 수반하는 경우는 전술한 'に'조사의 경우와 마찬가지로 하나의 의미격에 부가적으로 합쳐지는 것으로 본다.

(103) 1. 社員と/として (사원으로서)
2. 役員と/と共に/と一緒に (임원과 함께)
3. 幹部と同じく (간부와 같이)

기타. 인용격의 'と'에 상당하는 다른 조사 'って'가 있다.

(104) わからないって(모른다고)　馬鹿だって(바보라고)

より

1. 접속. 체언, 또는 체언에 준하는 것('용언, 용언 + 조동사'의 연체형, 체

언의 자격을 만드는 조사 no)에 접속한다. 용언 그리고 용언 + 조사에 이어지는 것을 예시하면,

(105) 行くより(가기보다), 行くのより(가는 것보다)
行きたいのよりも(가고 싶은 것보다도), 行きたいよりも(가고 싶기보다도)

2. 용법. 의미격으로

1) 비교격

(106) Aは Bより まじめだ。(A는 B보다 착실하다) (비교의 기준)

'명사 + より(비교격)' 다음에 술어가 오는 것이 일반적이나, 명사가 후속하는 경우도 있어 'より'가 'の'와 같은 연체격적 구실을 하는 경우가 있다. 비교격의 연체사적 용법으로 준연체격으로 해둔다.

(107) この道(みち)より南(みなみ)の方(ほう)　(이 길보다(/의) 남쪽)
早退(そうたい)は3時(さんじ)より後(あと)に　(조퇴는 3시보다/의 뒤에)

이와는 달리 선행명사 없이 'より'(비교격)가 형용사 앞에서 부사와 같은 구실을 하는 용법이 있다. 하나의 관용적 용법(준부사적 용법)이다.

(108) よりよい環境(かんきょう) (보다 좋은 환경)

2) 유래격(시발격)

(109) 夏休(なつやす)みは明日(みょうにち)より始(はじ)まる。(여름방학/휴가는 내일부터 시작한다)

계조사적 용법도 있다.

계조사도 의미격에 속하지만 따로 계조사를 부사격조사와 구별하는 것은 후행 용언과의 계결(係結) 관계를 보여주기 때문이다.

'より'조사도 부분적으로 그러한 면이 있어 계사적 용법으로 하였다. 명사 + より…ない와 같이 부정적인 진술이 호응한다.

(110) 休むよりよい代案がない。(쉬기보다 좋은 대안이 없다)

밑줄 친 'より'가 계조사적인지 부사적인 것인지는 그 자리에 계조사 ho-ka(ni)(외에)를 환치해보면 알 수 있다. 의미가 통하면 계조사적 용법이다.

(111) 休むよりよい代案がない。(쉬는 것밖에 좋은 대안이 없다)
↓
ほか

から

1. 접속. 체언 또는 체언의 자격을 만드는 조사 no에 붙는다.

(112) 1. 家から (집부터)
2. 話すのから (말하는 것에서부터)
3. 話すから (말하므로) (접속조사)

2. 용법. 의미격으로,

1) 유래격(시발격) : 탈격(Ablative)의 이름도 있다. 의미역으로 원천(源泉)의 이름이 있다. 동작의 기점이 되는 것으로 그러한 기점에 사람, 장소, 시간, 요소, 재료 등이 있다.

(113) 1. 友人から聞いた。(친구들로부터 들었다)
2. 空から降りて来た。(하늘부터 내려왔다)
3. 10時から開店する。(10시부터 개점한다)

4. 民主主義(みんしゅしゅぎ)は国民(こくみん)の主権(しゅけん)と自由(じゆう)から成立(せいりつ)する。(민주주의는 국민의 주권과 자유에서 성립한다)

5. 酒(さけ)は米(こめ)から作(つく)られる。(술은 쌀에서부터 만들어진다)

이 경우 made와 함께 써서 기점과 도달점을 나타낸다.

(114) 1. 1ページから10ページまで (1페이지부터 10페이지까지)

2. 10時(じ)から12時まで(10시부터 12시까지)

3. うちから学校(がっこう)まで(집에서 학교까지)

시발격의 구실을 하는 것으로는 여기의 'から' 외에 구조격의 'を'의 기점의 구실이 있다. 양자의 구별은 그 조사의 본래의 성격에서 온다고 본다.

(115) 1. 教室(きょうしつ)から出(で)る (교실에서 나오다)

2. 教室を出る (교실을 나오다)

1.은 'から'가 의미격으로 교실이 출발점이라는 의미를 부가하는 것이고, 2.는 구조격으로 서술어와의 관계가 중요하다.

그래서 1.에서는 출발점에 중점을 둔 것이 되고, 2.는 출발한다는 동작에 중점을 두는 것이 된다. 그리고 이동성 동사의 표현에서 그 기점을 분명히 밝혀야 할 때는 의미격의 'から'를 쓴다.

(116) 1. 中国(ちゅうごく)から来(き)ました。(중국에서 왔습니다)

2. 太郎から金(かね)を借(か)りた。(태랑으로부터 돈을 빌리다)

3. 金浦(きんぽ)から羽田(はねだ)へ飛(と)んで来(き)ました (김포에서 하네다로 날아 왔습니다)

기점에서 떨어져 나가는 다음의 동사는 구조격의 'を'를 취한다.

(117) 出る(나오다), 出発する(출발하다), はなれる(떨어지다/떠나다), 去る(떠나다)

앞의 '出る'동사는 자동사로, 구조격으로는 が격(太陽が出る(태양이 나오다)) 의미격으로 に격(外に出る(밖에 나가다), 相談に応じる(상담에 응하다))을 취하나 기점에서 떨어질 때는 구조격의 'を'를 쓴다. 마찬가지로 'はなれる'도 의미격의 から(陸地からはなれた島(육지에서 떨어진 섬))도 쓰이지만 기점에서 떨어져 나갈 때는 구조격의 'を'(くにをはなれる(고향을 떠나다)를 쓴다. '出発する'도 자동사로서 의미격의 に격(旅行に出発する(여행에 출발하다))을 쓰지만 떨어져 나갈 때는 を격(駅を出発する)을 쓴다.

(118) 1. 駅から出発する。(역으로부터 출발한다)
2. 駅を出発する。(역을 출발한다)

열차로 말하면 그 출발지를 명시하기 위해 1.의 의미격을 쓴다. 2.는 통과 지점에서의 역을 떠난다는 말이 된다.

'去る'도 자동사로 의미격의 へ(外国へ去る(외국으로 떠나다))도 취하나 구조격의 'を'를(くにをさる(고향을 떠나다)) 취하면 '떨어져나가다'의 뜻이다. '떨어져나가다'라는 동사의 의미가 탁립되어 그 상대를 대상화하여 준타동사적으로 쓰이는 것으로 보인다.

'떨어져나가는'것과 반대의 '이 쪽으로 다가오는'것에는 기점을 명시하는 의미격을 쓰고 있음을 앞서의 (116)의 예문에서 알 수 있다.

'から'에는 준구조격 용법도 있다.

1) 주격

(119) 1. あなたから始めなさい。 (당신부터 시작하세요)

2. あなたが始めなさい。 (당신이 시작하세요)
↓
から (여럿이 있는 중에서 당신이 먼저라는 의미가 부가된 것)

3. 私(わたし)がその事件(じけん)を説明(せつめい)します。 (제가 그 사건을 설명합니다)
↓
から (제가 나서서의 뜻이 부가된다)

4. そこが重要(じゅうよう)だ。 (그것이 중요하다)
↓
からが (그것부터가 중요하다. (부터의 의미가 부가))

4. 에서의 'からが'의 が가 주격을 나타낸다고 보면 그 앞의 kara는 앞 요소(명사)와 함께 체언의 구실을 하는 것으로도 볼 수 있어서 일종의 준체언적인 구실을 한다고 할 수 있다.

2) 목적격

(120) リンゴから食べなさい。(사과부터 먹으세요)

3) 연체격

(121) 1. ここから先は(여기서부터(의) 앞쪽은)
2. 左から3番目(さんばんめ)(왼쪽부터(의) 세 번째)

이러한 용법은 의미격 'から'(기점) 다음에 서술어가 생략된 것으로 볼 수 있다. 1.은 行(い)く(가는), 向(む)かう(향하는) 같은 것이, 2.는 '数(かぞ)えて'(세어서) 같은 것이 생략된 것으로 볼 수 있다.

で

1. 접속. 체언에 붙는다. 그리고 이 조사는 뒤에 계조사 'は, も'를 동반시켜서 'では(じゃ), でも'의 형태로 쓰이는 경우가 많다.

2. 용법. 의미격으로,

1) 처격

(122) 1. 庭で歩く. (마당에서 걷다) (장소)

2. 総会で決定された. (총회에서 결정되었다)

3. あと半年で完成する. (앞으로 반년으로 완성한다)

2) 도구격

(123) 1. 鍵であける。(열쇠로 열다) (수단, 도구)

2. 大声で歌う。(큰 소리로 노래부르다) (상황)

3. 色紙で作る。(색종이로 만들다) (재료)

3) 원인격

(124) 風邪で欠席した。(감기로 결석하였다) (이유)

전술한 ni격에도 원인격이 있어서 그것은 여기서의 de와 공용되기도 한다. 다음 예에서

(125) 1. 勉強に/で つかれました。(공부 때문에/로 지쳤습니다)

2. 酒に/で よっぱらいました。(술 때문에/로 곤드레만드레 취했습니다)

조사의 쓰임의 다름에 따라 뉘앙스가 달라질 것인데 그것은 조사의 의미격의 쓰임의 차이에서 오지 않을까 싶다. ni는 본래가 향격(동적인 부분)의 의미가, de는 처격(한정된 일부분)의 의미가 중심이다. (125) 1.은 공부하는 그 자체 때문에 지친 것이고 다른 하나는 공부를 위해 지친 것의 차이이다,

(125) 2.는 술 그 자체로 취한 것과 술 마시는 일에 취한 것의 차이로 볼 수 있다.

4) 자격격

(126) 外国人でまだ登録していない人。
(외국인으로서 아직 등록하고 있지 않은 사람)

한국어로 '으로서'로 대역되는 것으로 자격격이라고 하였다. 다음과 같이 서술성이 있을 때는 단정조동사(だ)의 연용형이다.

(127) あの人は外国人で, すでに登録している。
(저 사람은 외국인이며 이미 등록하고 있다)

다음의 예문에서,

(128) 1. 私のうちは母の収入で暮しています。
(저의 집은 어머니의 수입으로 생활하고 있습니다)
2. 私のうちは4人家族で父と母と私と弟の4人です。
(저의 집은 4인 가족으로 아버지와 어머니, 저와 동생하고의 네 사람입니다)
3. 私のうちは4人家族でいとこのうちは3人家族です。
(저의 집은 4인가족이고 사촌 집은 3인가족입니다)

1.의 'で'는 한국어로 '으로'(수단)로 대역되는 도구격, 2.는 한국어로 '으로/로서'로 대역되는 자격격, 3.은 한국어로 '~이며/이고'로 대역되는 단정조동사의 연용형으로 풀이된다. 2.는 3.의 'で'처럼 풀이할 수 있으나 3.과 같은 절과 절의 연결도 아니며 오히려 '4人家族で'를 빼어도 문으로 성립하는 것을 보면 그 부분은 의미격(부사격)으로 볼 수 있지 않을까 한다.

'で'에도 의미격의 준구조격 용법이 있다.

1) 주격 : 조직, 단체가 동작의 주체가 되는 경우.

(129) 1. 外務省で(は)外交白書を出した。(외무성에서(는) 외교백서를 내었다)

2. 学校では運動会を校内で開いた。(학교에서 운동회를 교내에서 개최하다)(校内では 처격)

이 경우 처격(장소)과의 혼동을 피하기 위하여 계조사 ha와 함께 써서 deha로 표현한다.

다음의 예는 판별이 애매하다.

(130) 親子三人で旅行をする。(어버이와 자식 세 사람이/으로 여행을 하다)

한국어의 대역처럼 주격으로 볼 수도 있고 도구격 혹은 자격격으로 볼 수도 있다. 단체로 보면 주어일 수 있고, '親子が三人で'식으로 분리된다면 '三人で'는 주어가 아닐 수 있다. 세 사람이 서로 의지하는 수단의 뜻이 포함되면 도구격으로, 여행사에서 요구하는 3인의 자격을 채우는 것이라면 자격격일 수 있다. 표현은 동일하다 하더라도 문맥에 의해 구별될 수 있을 것으로 본다.

2) 보격

(131) 1. 彼は学者ではない。(그는 학자가 아니다)

2. 彼は昨年まで大学教授でいた。(그는 작년까지 대학교수로 있었다)

여기서는 彼は ~ ない구조 그리고 彼は ~ いたの 구조에서 밑줄 친 부분이 없으면 불완전하다고 보고 보어의 격으로 하였다. 밑줄 친 부분이 없으면 주어의 유무를 나타내는 문이 되어서 표현 의도와 거리가 먼 것이 된다. 곧 'では'하고 'ない/いた'를 연관적으로 생각할 필요도 있다. 다음처럼 상대화하면,

(132) 1. 学者だ/学者ではない (학자다/학자가 아니다(학자이지 않다))
2. 教授だ/教授でいた (교수다/교수였다)

와 같이 긍정/부정, 현재/과거의 상대적 표현이 될 수 있다. 그렇다면 명사가 서술적으로 쓰이고 있기 때문에 자격격은 아니므로 단정조동사(だ)의 연용형의 'で'로도 생각할 수 있게 된다. 밑줄 친 부분을 문장 성분의 보어성과 서술성의 어느 쪽에 치중되는 것으로 보느냐의 차이다.

이상에서 본 격조사는 문장의 성분의 자격에 입각한 것이고 구조격의 관점에서는 주격(が), 목적격(を), 연체격(の), 보격(に/と/で)의 주성분이 해당한다. 나머지는 의미격으로 부가적 성분에 해당하는 것으로 다음에 보는 부조사하고 상통하는 것이다.

이상의 격조사를 살펴보면 동일한 형태가 여러 가지 격에 쓰이는가 하면 동일한 격에 다른 형태가 쓰이는 것을 볼 수 있다. 그 대표적인 것이 다음 예다. 모두 의미격적으로 쓰인 예가 된다.

(133)

	に	で
주격	私(わたし)にはできない (나에게는 되지 않는다)	私ではできない (나로서는 되지 않는다)
보격	先生(せんせい)になる(선생이 된다)	先生である(선생이다) 先生ではない(선생이 아니다)
처격	1.教室(きょうしつ)にいる(교실에 있다) 2.学校(がっこう)に図書室(としょしつ)がある (학교에 도서실이 있다) 5時(ごじ)に終(お)わる (다섯 시에 끝나다)	教室であそぶ(교실에서 놀다) 学校で運動会(うんどうかい)がある (학교에 운동회가 있다) 5時で終わる (다섯 시로 끝나다)
원인격	勉強につかれた(공부에 지쳤다)	勉強でつかれた(공부로 지쳤다)

이들의 구조 명사-조사-술어에서 조사의 의미뿐만 아니라 명사와 술어의 의미 전체가 합치되어야 한다는 것을 보여준다. 처격의 1.에서는 존재동사는 ni격을, 동작동사는 de격을 취하고 있음을 보여주고, 2.의 존재문에서는 존재물이 보통의 명사면 장소가 ni격을, 동작적인 명사면 de격을 취하고 있음을 보여준다. 보격도 후행어가 성취동사인가 부정 아니면 상태동사인가에 의해 달라지고 있다. 이러한 데서 각 술어핵 자신도 격자질을 지녀서 상대항의 NP(DP)의 격을 점검하는 격점검(Case Checking)의 점검자(Checker)이다. 결국은 양자는 격자질의 일치(Agree)를 도모고 또 의미자질의 일치도 기한다.

(133)의 예에서 'ある'동사는 'である'의 형식으로 단정하는 의미도 있고 'ある'만으로 소유·존재의 의미를 지니고 있다. '先生である'의 'である'(단정조동사의 연용형 + ある)는 단정서술인 이상 모든 NP를 취할 수 있다(で를 자격격의 조사로 보아도 마찬가지). 한편 '教室にある'와 '運動会がある'의 'ある'는 소유·존재의 의미로 존재의 장소를 취하느냐, 존재물·주체자를 취하느냐에 따라 격을 달리 선택하고 있다. 곧 선행 NP와의 격의 일치와 의미상의 일치를 기하고 있다. '-に ある'는 장소 표시의 명사에, '-が ある'는 소유·존재물의 명사에, '-で ある'는 단정서술의 대상이 되는 모든 명사에 병합될 수 있다. 소유·존재물도 [±Human]의 자질 여하에 '本(ほん)がある/兄がいる'와 같이 다른 동사와 일치를 하게 되기도 한다.

부조사 부조사는 의미격을 나타내지만 부차적으로 구조격을 나타내므로 의미격이 준 구조격 용법을 지니는 것과 같다. 그럼에도 격조사와 부조사로 분리하는 것은 여러 가지 점에서 다름이 있기 때문이다.

첫째 격조사는 주로 체언과 체언에 준하는 것에 접속하는데 부조사는 여러 가지 말에 접합한다. 'ばかり'의 예를 보면,

(1) 1. 雨(あめ)ばかり降(ふ)っている。(비만 내리고 있다) (명사+)

2. 今着いたばかり。(지금 도착한 (참/뿐)) (동사+)

3. ただ悲(かな)しいばかりだ。(그저 슬플 뿐이다) (형용사+)

4. 少(すこ)しばかり。(조금만) (부사+)

5. 書架(しょか)にばかり。(서가에만) (조사+)

둘째 다음 예처럼 부조사는 여러 가지 조사와 겹치고 부조사까지도 겹치나 격조사는 격조사끼리 겹치는 예는 잘 없다.

(2)			
1.	부조사 +부조사	ぐらい-ほど	(정도쯤)
2.	부조사 +계조사	まで-は	(까지는)
3.	접속조사 +부조사	ながら-まで	(하면서까지)
4.	부조사 +격조사	ほど-の	(만큼의)
5.	격조사 +부조사	へ/に まで	(에까지)

부조사가 명사 앞에 오는 경우도 있다.

(3) 1年(いちねん)ぐらい前(まえ)(に) (일년 쯤 전(에))

(밑줄 친 부분을 접미사로 보기도 하며 조사가 부가한 경우 (1年ぐらいの) 만을 접미사로 보기도 한다.)

격조사와 부조사는 서로 (2)의 4., 5.처럼 앞서기도 하고 뒤서기도 한다.

뒤에 오는 경우는 (4)처럼 명사+격조사+부조사(ばかり, だけ, まで, くらい, なり, やら, か, すら, さえ(계조사))의 순이다.

(4) 1. 親友(しんゆう)にだけ話(はな)す (친구에게만 이야기한다)

2. 親友にだけ話さない (친구에게만 이야기하지 않는다)

앞에 오는 경우는 (5)처럼 명사+부조사(앞의 어례)+격조사의 순이다.

(5) 1. 親友だけに話す (친구만에게 이야기한다)
2. 親友だけに話さない (친구만에게 이야기하지 않는다)

Matsusita(松下 1979: 367)에서는 (4)의 경우 제시조사(提示助辞), (5)의 경우를 명조사(名助辞)로 구별하고 있다. 그리고 '1日だけ'와 같이 부사적으로 쓰이는 것을 부조사(副助詞)라고 하고 있다.

(4)의 경우는 먼저 격이 주어져 있고 (5)의 경우는 나중에 주어져 있다. 부조사(副助詞)도 접미사와도 같이 명사와 밀접해 있어서 명조사라는 이름이 있다. 실지 부조사에는 명사와 같은 어휘에서 유래한 것이 많다.

ばかり는 'hakari'(計り, 재기), 'など'는 nani-to(무엇과) > nando > nado), 'だけ'는 丈(길이, 전부), 'くらい'는 位(정도, 자리)라고 생각되고 있다.

끝으로 격조사는 의미격으로 쓰이기도 하지만 구조격으로서 체언의 문장적 성분을 지탱하는 것이 기본이다. 이에 대해 부조사는 의미격으로서 체언의 정도, 한도, 분량 등의 의미를 부가하는 것이 기본이다. 부조사를 한국어로 대역할 때도 ~까지, ~만큼, 만, 정도, 쯤, 따위 뿐…과 같은 형식명사 혹은 접미사에 상당하는 것들을 쓰는데 부사어(한정어)와도 같다.

부조사는 의미격 구실 이외에 격조사에 준하는 구조격의 구실도 한다. 그 경우 격조사 중의 의미격과도 같이 추상격으로 나타날 수 없으며 반드시 형태격으로 나타난다.

ばかり

1. 접속. 체언, 용언(연체형)을 비롯하여 여러 가지 말에 붙는다. 용언(연체형), '용언+조동사'에 접속했을 때는 da, desu의 조동사가 후속할 수 있다.

(6) 1. 書くばかりだ/です (쓰기만 하다/합니다)
2. 書いたばかりだ/です (썼을 따름이다/입니다)

2. 용법. 의미격의 구실로,

1) 정도 (사물의 적절한 정도의 의미로 나타낸다. 'ほど, くらい'와도 같다.)

(7) 1. 5分ばかり休んだ。(5분 정도 쉬었다)
2. 少しばかりのお礼。(약간의 사례)

2) 한정 (사물의 범위를 한정하는 의미를 나타낸다. 'だけ'와도 같다)

(8) 1. 小説ばかり見ている。(소설만 보고 있다)
2. 漢字ばかり書いている。(한자만 쓰고 있다)

3) ni를 동반하여 원인을 나타낸다.

(9) 時間がないばかりに走りだした。(시간이 없어서 뛰기 시작했다)

4) 순간적인 경과

(10) まだゴルフを習ったばかりだ。(아직 골프를 배워서 얼마 안 되었다)

계조사적인 구실도 한다.

(11) 1. 4人ばかり残っている。(네 사람 정도 남아 있다)
2. 4人<u>ばかり</u>残って<u>ない</u>。(네 사람 정도밖에 남아 있지 않다)

1.에서 'ばかり'는 'しか'와 환치될 수 있으며 부정어와 호응하여 네 사람

만 남아 있다는 뜻이 된다.

준구조격적인 구실도 한다.

'ばかり +∅격' 또는 'ばかり +격조사'의 형태로 주격, 목적격 등에 쓰인다. 연체격으로 쓰일 때는 연체격조사가 따른다.

(12) 1. 4人ばかり(が)残っている。(네 사람 정도(가) 남아 있다)
2. 4人ばかり呼んだ。(네 사람 정도 불렀다)
3. 4人ばかりの学生。(네 사람 정도(의) 학생)

이 조사는 어조를 강하게 하기 위하여 촉음 개재형인 'ばっかり'가 사용되는데, 관서(関西) 방언인 경우 이 형태가 널리 쓰이고 있다.

まで

1. 접속. 체언, 용언(연체형) 등 여러 가지 말에 붙는다.

2. 용법. 의미격의 구실로,

1) 한도(앞서 정하는 한도의 의미를 나타낸다)

(13) 1. バス停まで歩く。(버스정거장까지 걷다) (거리)
2. 1時まで待つ。(한 시까지 기다리다) (시간)
3. 行くまで待ちなさい。(갈 때까지 기다리세요) (일)

2) 정도(일의 적절한 정도의 의미를 나타낸다)

(14) 1. ただ聞いてみたまでだ。(단지 들어 봤을 뿐이다)
2. どこまでやるつもりか。(어디까지 할 생각인가)

3) 추가(앞에 것에 더하여 보태는 의미를 나타낸다. 유추의 sahe(마저)의 뜻)

(15) 1. 雪まで降っていた。(눈까지 내리고 있었다)

2. 事業をやめようとまで考えた。(사업을 그만두려고까지 생각했다)

(16) 1. そこまでやるつもりはない。(거기까지 할 의도는 없다)

2. あらためて言うまでもない。(새삼스럽게 말 할 것까지 없다)

준구조적 구실도 한다.

주격, 목적격, 연체격의 구실을 한다. 연체격인 경우 no를 수반한다.

(17) 1. あなたまで行くの? (당신까지/마저 갈 것?)

2. バナナまで買うの? (바나나까지 살 것?)

3. ハワイまでの航空料。(하와이까지의 항공료)

보문소의 구실도 한다. 부사절을 유도한다.

(18) 1. 太郎は花子が会社から出て来るまで待っていた。
(태랑은 화자가 회사에서 나올 때까지 기다리고 있었다)

2. 花子は太郎が大学を卒業するまで太郎の面倒を見た。
(화자는 태랑이 대학을 졸업할 때까지 태랑을 돌봐주었다)

など

이 말에 대하여는 접미사로 보는 의견이 있고, 그 뜻도 복수표시의 말이라는 설도 있었지만, Yamada(1911:459-460)에 의해 부정된다.

(19) 1. おのれなど(나 따위) 단수 (cf.おのれども(우리들) 복수)

2. 京になど(수도에 등(예시의 하나)
(ni격조사 다음이기에 접미사로 보기 어렵다)

'など'에는 휴지가 개재할 수 있어 자유형식이다. 그래서 형식명사로 보기도 하지만 형식명사는 '수식어 +형식명사'의 구조가 되는데, 'など'는 '체언 + など'가 기본이다.

1. 접속. 체언, 용언(종지형) 등 여러 가지 말에 붙는다.

2. 용법. 의미격의 구실로,

1) 예시(예를 들어 보이는 의미를 나타낸다)

(20) 1. 随筆(ずいひつ)などを読(よ)んでいる。(수필 같은 것을 읽고 있다)
2. 小説(しょうせつ)、詩(し)、劇本(げきほん)など。(소설, 시, 극본 등)

2) 경시하는 기분

(21) 1. 私(わたし)などが書(か)ける筈(はず)がありません。(나 따위가 쓸 수 있을 리 없습니다)
2. 彼(かれ)の話(はなし)などは誰(だれ)も聞(き)こうとしない。
(그의 이야기 따위는 아무도 들으려 하지 않는다)

3) 적당히 표현하는 것

(22) 1. 本(ほん)を書(か)くのがしやすいなど言われて戸惑(とまど)った。
(책을 쓰는 것이 하기 쉽다고들/라고 말들어서 당혹했다)
2. 雨(あめ)など降(ふ)るかもりません。(비 같은 것이 내릴지 모르겠습니다)

준구조격적인 구실도 한다. 격조사를 동반하여 또는 단독으로 주어, 목적어 등을 나타낸다.

(23) 私など(が), 随筆など(を)

보문소의 구실도 한다.

(24) 太郎はあした図書館にも、実験室にも行くなどと言っていた。
(태랑은 내일 도서관에도, 실험실에도 간다고들 말하고 있었다)

だけ

1. 접속. 체언, 용언(연체형) 등 여러 가지 말에 붙는다.

2. 용법. 의미격의 구실로,

1) 정도(くらい, ほど와 같은 뜻)

(25) 1. これだけ集めても不足ですか。(이만큼 모아도 부족합니까?)
2. これだけ成績が上がっていいです。(이정도 성적이 올라서 좋아요)

2) 한도(ばかり와 같은 뜻)

(26) 1. 僕にだけ話して。(나에게만 이야기해 주어)
2. 1万円だけ貸して下さい。(1만원만 빌려주세요)

이 조사에 조동사 'だ, です'가 부속하기도 한다.

(27) ただ見るだけです。(다만 볼 뿐입니다)

준구조격적인 구실 곧 주격, 목적격, 연체격의 구실도 한다. 연체격의 구실을 할 때는 no를 동반한다.

(28) 1. 1冊だけ(が)あります。(한 권만(이) 있습니다)

2. 1冊だけ(を)買います。(한 권만(을) 삽니다)

3. 1冊だけの本。(한 권 뿐인 책)

계조사적인 구실도 한다. 아래의 예문에서 문말의 부정어와 호응하는 경우((30) 1.)를 들 수 있다. 앞서의 'ばかり'조사도 (8)처럼 한정의 의미가 있다. 그것과의 이동(異同)을 보면,

(29) 1. 花子は一日中水だけ(を)飲んでいる。(화자는 온종일 물만(을) 마시고 있다)

2. 花子は一日中水ばかり(を)飲んでいる。(〃)

한정의 의미는 비슷하나 속뜻은 약간 다르다. 1.은 다른 마시는 대상을 제외시키고 그것만 마신다는 뜻이, 2.는 물만을 계속 마신다는 뜻이 내포된다. 이를 부정으로 나타낸 경우,

(30) 1. 水だけ飲んでいない。(물만 마시고 있지 않다)

2. *水ばかり飲んでいない。

1.은 다른 것은 마시고 물만은 마시지 않는다는 것이고 2.는 (29) 2.의 계속성이 없기 때문에 비문이다.

(31) 1. ハワイで3日ばかり休んだ。(하와이에서 3일만/정도 쉬었다)

2. ハワイで3日だけ休んだ。(하와이에서 3일만 쉬었다)

1.은 '정도'로 대역될 수 있는 것처럼 약 3일의 뜻이, 2.에서는 3일만으로 대역되듯 한정성에 차가 있다.

이를 부정문으로 나타냈을 경우,

(32) 1. ハワイで2日ばかり休んでいない。(하와이에서 3일만(정도) 쉬고 있지 않다)
2. ハワイで3日だけ休んでいない。(하와이에서 3일만 쉬고 있지 않다.)

2.는 3일만 쉬지 않고 뭔가를 했다든지 나머지 날에는 쉬었다는 것을 은근히 나타내는데, 1.은 그저 3일만/정도 쉬지 않았다는 뜻을 나타낸다.

くらい

이는 탁음형인 ぐらい로도 쓰인다. 이 청탁의 구별은 각 개인의 발음 습관으로 보기도 하는데 탁음 쪽이 선행어와의 결합이 긴밀한 것이다. 그것은 탁음은 선행어의 발음의 영향에 의한 것이기 때문이다.

1. 접속. 체언, 용언(연체형) 등 여러 가지 말에 붙는다.

2. 용법. 의미격의 구실로,

1) 정도

(33) 1. 身長(しんちょう)がどのぐらいですか。(키는 어느 정도 입니까?)
이 경우는 조동사 だ/で가 이어지는 경우다.
2. 子供(こども)にも出来(でき)るぐらいしやすいものです。(어린이도 할 수 있는 정도로 하기 쉬운 것입니다)
3. 時間(じかん)がどのぐらいありますか。(시간이 어느 정도 있습니까)

여기서 ぐらい는 수식어를 가진 형식명사와도 같다. 선행어와 밀착되었다면 부사구를 만드는 부조사이다.

2) '적어도 이 정도는'의 뜻

(34) 1. あなたもそれぐらいは知っているでしょう?
(당신도 그 정도는 알고 있지요?)
2. 英会話ぐらいはできるでしょう? (영어회화 정도는 할 수 있지요?)
3. 自転車には誰でも乗れます。(자전거에는 누구라도 탈 수 있습니다)

준 구조격적인 구실 곧 주격, 목적격, 연체격의 구실도 한다.

(35) 1. 三つぐらいあります。(셋 정도 있습니다)
2. 三つぐらいたべました。(셋 정도 먹었습니다)
3. 三つぐらいの箱。(셋 정도의 상자)

연체격의 경우 no를 수반하지 않기도 한다.

(36) 3年ぐらい前に (3년 정도의 전에)

이 경우는 공간적인 상하, 전후, 내지, 방향적인 동서남북, 좌우, 시간적인 전후 등을 나타내는 말 앞에 있는 경우다.

ほど

1. 접속. 체언, 용언(연체형) 등 여러 가지 말에 붙는다. 그것은 특히 수량을 나타내는 말(3冊ほど(3권 정도)), ko, so, a, do계 대명사(これほど(이 정도, 이렇게))에 많다.
용언에 붙었을 때는 이를 체언화하는 구실(怒るほど(화낼 만큼))을 한다. 그래서 'ほど'를 부조사라 하지 않고 준체(準体)조사라고도 한다.

2. 용법. 의미격의 구실로,

1) 정도, 분량(일의 대소나 다소의 정도의 의미를 나타낸다)

(37) 1. 半分ほど出来あがった。(반 정도 이루어졌다)

2. これほど弱くては心配だ。(이 정도로 약해서는 걱정이다)

3. 心配したほどではなかった。(걱정한 정도는 아니었다)

2) 비례(A에 따라 B도 그렇게 되는 의미를 나타낸다. ~ba ~hodo의 형식)

(38) 1. 叱れば叱るほど反抗する。(꾸중하면 꾸중한 만큼 반항한다)

2. ほめたほどでもない。(칭찬한 정도는 아니다)

계조사적인 구실도 한다(hodo-ha-nai의 형식). 그것이 제일이다라는 뜻을 나타낸다.

(39) 1. 名誉ほど大事なのはない。(명예만큼 소중한 것은 없다)

2. 健康ほど大切なのはない。(건강만큼 소중한 것은 없다)

3. 信用ほど重要なのはない。(신용만큼 중요한 것은 없다)

준구조격적인 구실도 한다. 그 자체만으로 혹은 격조사를 수반하여 주격 목적격, 연체격을 표시할 수 있다. 단 연체격의 경우는 반드시 no를 동반한다.

(40) 1. 2冊ほどある。(두 권 정도 있다)

2. 2個ほど買う。(두 개 정도 사다)

3. 2枚ほどの要約文。(두 장 정도의 요약문)

きり

きり 외에 촉음형 'っきり'도 쓰인다.

1. 접속. 체언, 용언(연체형) 등 여러 가지 말에 붙는다.

2. 용법. 의미격의 구실로,

1) 정도, 한정(오직 그것만의 뜻)

(41) 1. 二人きりで旅行する。(둘이서만 여행하다)

2. 午前は兄弟二人きりになる。(오전은 형제 두 사람만이 된다/뿐이다)

조동사 da, desu가 후속하기도 한다.

(42) 今月1回食べたきりです。(이달 한번 먹었을 뿐이다)

계조사적인 구실도 한다. 부정어를 동반하여(~きり ~ないの 형식) 한정의 뜻을 강하게 한다.

(43) この1個きりありません。(이 한 개만 있습니다)

한정의 'だけ'하고 대비했을 때 다음의 (44)에서는 같고 (45)에서 다르다.

(44) 1. 1冊きりかいました。(한 권만 샀습니다)

2. 1冊だけかいました。(한 권만 샀습니다)

(45) 1. この1冊きりありません。(이 한 개만 (마지막으로) 있습니다)

2. この1冊だけありません。((목록을 보면서) 다른 것은 있는데 이 책만은 없습니다.)

(45) 1.의 'きり'는 'だけしか'에 환치될 수 있다.

준 구조격적인 구실 곧 주격, 목적격, 연체격의 구실도 한다. 연체격의 경우는 'の'를 동반한다.

(46) 1. この1個きりある。(이 한 개만(이) 있다)
2. 1個きり買う。(한 개만(을) 사다)
3. 2人きりの旅行。(둘이서의 여행)

なり

1. 접속. 체언, 용언(종지형) 등 여러 가지 말에 붙는다.

2. 용법. 의미격의 구실로,

1) 소극적인 한정(그 정도라는 뜻. 'でも'와 비슷함)

(47) 1. そこで画報なりをごらんなさい。(거기서 화보라도 봐요)
2. 電話で母になりお伝えしておいて下さい。(전화로 어머니에게라도 전해 두어주세요)
3. 部屋で妹と遊ぶなりしなさい。(방에서 동생이랑 놀기라도 해요)

2) 병렬선택(~든지)

(48) 読むなり書くなり自由にしなさい。(읽든지 쓰든지 자유로이 해요)

3) 한정(きり와 비슷함)

(49) 話はそれなりで終わった。(이야기는 그것(만)으로 끝났다)

4) 그 나름대로의 뜻

(50) 君は君なりにやりなさい。(너는 너 나름대로 해요)

준구조격적인 구실 곧 주격, 목적격, 연체격의 구실도 한다. 주격 구실에는 ni형태가, 목적격은 o형태가, 연체격의 경우 no형태가 보통 따른다.

(51) 1. 僕なりにやってもいいですか。(나 나름대로 해도 좋습니까?)
2. 新聞なりを見る。(신문 같은 것을 본다)
3. それなりの気持。(그 나름의 기분)
4. 私なりの意見。(저 나름의 의견)

やら

1. 접속. 체언, 용언(연체형) 등 여러 가지 말에 붙는다.

2. 용법. 의미격의 구실로,

1) 부정(不定)(뭔가, 이때는 의문어가 보통 선행한다)

(52) 1. 何やら買いにでかけた。(뭔가 사러 나갔다)
2. だれにやら怒鳴った。(누군가에 고함쳤다)
3. どこやらで見た覚えがある。(어딘가에서 본 기억이 있다)

2) 병렬(흐릿한 전체모습)

(53) 1. 鉛筆やらノートやら、本やら買った。(연필이랑 노트랑 책이랑 샀다)

2. 笑うやら歌うやら踊るやらおおさわぎだった。
(웃기도 하고 노래부르기도 하고 춤추기도 하며 야단법석이었다)

3) 병렬하여 선택(불분명한 병렬에서의 선택의 의미를 나타낸다)

(54) くれるのやらくれないのやら何とも言わない。
(줄 것인지 안 줄 것인지 뭐라고도 말하지 않는다)

4) 막연한 표현('と やら'의 형태로)

(55) 森さんとやらおっしゃる方がいらっしゃいました。
(모리씨인지 말하시는 분이 오셨습니다)

준구조격적인 구실 곧 주격, 목적격의 구실도 보인다.

(56) 1. さきほど金さんとやらが立寄って帰りました。
(아까 김씨라는 분이 다녀(들러서)갔습니다)
2. お金やらおみやげやらを頂いた。(돈이랑 선물이랑을 받았다)

종조사(終助詞)의 구실도 한다. 문말에서 의문이나 분명하지 않은 뜻을 나타낸다.

(57) 1. 何を買うのやら。(무엇을 살 것인지?)
2. 何の事やら。(무슨 일인지?)
3. 誰の名前やら。(누구 이름인지?)

か

1. 접속. 체언, 용언(종지형) 등 여러 가지 말에 붙는다.

2. 용법. 의미격의 구실로,

1) 의문·불확실(의문어에 붙는 수가 많다)

(58) 1. 何(なに)か食(た)べよう。(무언가 먹자)

2. 誰(だれ)かいませんか。(누군가 없습니다)

3. この遊(あそ)びはなぜかつまらない。(이 놀이는 왠지 시시하다)

4. 何か言(い)わなくていられない。(뭔가 말하지 않고 있을 수 없다)

5. 何かしら言わなくていられない。(뭔가 말하지 않고 있을 수 없다)
('かしら'는 부인어로서 종조사에도 쓰이는 것이다)

2) 병렬하고 선택

(59) 出すのか出さないのかはっきりしなさい。
(낼 것인지 내지 않을 것인지 분명히 하세요)

열거하는 말마다 ka를 붙이는 것이 정확한 것이지만, 의문어가 아닌 마지막에는 ka를 생략하기도 한다.

(60) 1. これはAかB(か)の品物(しなもの)だ。(이것은 A나 B의 물건이다) (격조사로 받음)

2. AかB(か)さえわからないのか。(A나/인지 B나/인지조차 모르는 것인가?)
(さえ 등의 조사로 받음)

3. これはAかB(か)でしょう。(이것은 A나 B겠지요?)

4. 牛肉(ぎゅうにく)かなにか買(か)いましょう。(소고기나 뭔가 사지요)

3) 불확실한 기대(~지도 모른다의 뜻)

(61) 花子(はなこ)がいるかも知れない。(화자가 있는지도 모른다)

준구조격적인 구실도 한다. 격조사를 수반하기도 한다. 연체격은 no를 수반해야 한다.

(62) 1. 誰か(が)いるでしょう。(누군가(가) 있겠지요)
  2. 何か(を)見ましょう。(뭔가를 보지요)
  3. 誰かの本。(누군가의 책)

보문표지의 구실도 한다. 보문소 'か'는 [+의문(WH)]자질을 지니는 것으로 한다.

(63) 1. 太郎(たろう)が映画(えいが)を見(み)るのがすきだ。(태랑이 영화를 보는 것을 좋아한다)
  이때의 no는 [−WH자질]
  2. 誰(だれ)が発表(はっぴょう)をするのかわからない。(누구가 발표할 것인지 모른다.)
  이때의 ka는 [+WH자질]

1.에서 평서절을, 2.에서는 (간접)의문절을 유도하고 있다.
이상의 부조사 외에 'すら'도 포함되기도 한다.

すら

1. 접속. 체언, 용언(연용형), 기타 여러 가지 말(試(こころ)みてすら(시도하기조차))에 붙는다.

2. 용법. 의미격의 구실로,

1) 암시·유추 쉽거나 가벼운 예를 들고 이외의 보다 어렵거나 쉬운 예를 암시한다(유추된다).

(64) 1. おかゆすら食べない。(죽조차 먹지 않는다)
  2. 卓球(たっきゅう)すらできない。(탁구조차 못 한다)
  3. 答(こたえ)すらしない。(대답조차 안 한다)

2) 다음에 나오는 계조사 'さえ'와 비슷하게 쓰인다. 다만 계조사는 다른 조사의 뒤에 쓰이는데 'すら'는 격조사 앞에 오기도 한다.(我すらに便りをよこす。(나에게까지 소식을 보내오다))

준구조격의 구실도 한다.

(65) 1. 子供さえ歌える。(어린이조차 부를 수 있다)
2. ひらがなすら読めない。(히라가나조차 읽지 못한다)

계조사 は, も, こそ, さえ, でも, ほか, しか 등의 조사인데, Yamada에서 비롯해서 Hasimoto도 이 범주를 인정하나, Tokieda는 부조사와 계조사를 분리하지 않고 한정을 나타내는 조사로 일괄하였다.

계조사를 따로 세우는 이유는 1) 고전문법과 병행시키고, 2) 이들 조사는 문말의 용언의 진술에 영향을 끼친다는 것이고, 3) 조사가 겹칠 때는 계조사는 모든 조사의 맨 끝에 온다는 데 있다.

부조사에도 계조사적인 용법이 있었지만 그것은 부차적인 것이고, 또 부조사는 격조사 앞에도 뒤에도 올 수 있는데 계조사는 반드시 격조사의 뒤에만 온다는 다름이 있다.

は

이 조사가 부착한 체언이 주어의 구실도 하기 때문에 'が' 조사와 함께 주격조사로 보는 이도 있다.

그러나 격조사로 보지 않는 것이 보통인데, 그것은 그 중심적 역할이 격조사와 같은 격 표시에 있지 않고 의미와 관련되는 주제, 대조, 초점화, 구정보 등 여러 가지 구실에 있기 때문이다.

다음에서처럼 주어, 목적어의 격 표시에도 쓰이고 있으나(연체격에는 쓰이지 않는다) 그 본분은 주제의 표시다.

(66) 1. 花は咲いた。(꽃은 피었다)

2. あの花の名はしらない。(저 꽃의 이름은 모른다)

일본의 고전에서는 'は'의 係가 있으면 종지형의 結가 있다고 해서 계조사로 다루었다.

필자는 'は'의 주제 제기의 구실을 중시해서 구조격의 주제격으로 다루고 있다. 여기서는 교과문법대로 계조사의 범주에 넣었다.

먼저 주어의 위치에서 'は'와 'が'는 동일 위치에 나타날 수 없는 분포를 보인다.

1) 부정사(不定詞)(どれ, なに, どんな +체언) +が는 가능하나 '부정사 +は'는 성립하지 않는다.

(67) 1. どの車があなたのですか。 (어느 차가 당신 것입니까?)

2. ＊どの車はあなたのですか。 (＊어느 차는 당신 것입니까?)

3. どなたが山田さんですか。 (어느 분이 야마다씨 입니까?)

4. ＊どなたは山田さんですか。 (＊어느 분은 야마다씨 입니까?)

2) '주어 + は－술어(부정사)'는 가능하나 '주어 + が－술어(부정사)'는 성립하지 않는다.

(68) 1. この車はどなたのですか。 (이 차는 어느 분의 것입니까?)

2. ＊この車がどなたのですか。 (＊이 차가 어느 분의 것입니까?)

3. 山田さんはどなたですか。 (야마다 씨는 어느 분입니까?)

4. ＊山田さんがどなたですか。 (＊야마다 씨가 어느 분입니까?)

이상의 경우는 정보구조의 관계로 풀이된다. 부정사는 미지(未知)의 정보이다. 미지의 정보에는 'が'가 쓰이고 기지(既知)의 정보에는 'は'가 쓰인다고 보면 1.은 미지 +기지의 구조이고 2.는 기지－미지의 구조이다.

(67)에서 미지의 체언이 'が' 표시되어 있고, (68)에서는 기지의 체언이 'は'로 표시되어 있다. 곧 (67)에서는 주어 부분이 모르는 사항이고 술어 부분이 이미 아는 사항이다. (68)은 그와 반대되는 경우다.

3) 존재문의 긍정에는 'が'가, 부정에는 'は'가 쓰인다.

(69) 1. a. あそこに食堂があります。(저기에 식당이 있습니다)
b. *あそこに食堂はあります。(*저기에 식당은 있습니다)
(식당을 특히 내세울 때는 'は'가 쓰인다고 본다)
2. a. あそこに食堂はありません。(저기에 식당은 없습니다)
b. *あそこに食堂がありません。*저기에 식당이 없습니다)

4) 소재문에는 'は'가 쓰인다.

(70) 1. a. 食堂はあそこにあります。(식당은 저기에 있습니다)
b. *食堂があそこにあります。(*식당이 저기에 있습니다)
2. a. 食堂はあそこにありません。(식당은 저기에 없습니다)
b. *食堂があそこにありません。(*식당이 저기에 없습니다)

(69)의 존재문은 장소에 무엇이 있느냐(존재)의 정보구조이고, (70)의 소재문은 사물, 시설은 어디에 있느냐(소재)의 정보구조이다. 전자에서는 사물·시설이 미지사항이므로 'が'가 쓰이고, 후자에서는 시설은 기지사항이므로 'は'가 쓰인다.

곧 (69) 1. a.는 저기(장소)에 무엇이 있느냐에 대한 답으로 무엇이 신정보이다. 구정보의 'は'는 보통 쓰이지 않지만 다른 것은 없고 '식당은'이라고 내세울 때는 가능하다고 본다. 부정문에는 부정의 대상은 이미 언급된 기지의 사항이므로 'は'가 쓰인다고 본다.

마찬가지로 (70) 1. a.는 사물·시설이 어디에 있느냐에 대한 답으로 사

물·시설은 구정보로서 신정보의 'が'는 보통 쓰이지 않는다.

5) 조건구(절)의 술어적 부분에 접속하여 접속조사 '~ば, ~たら, と, ~ても, ~のに', 조동사(연용형) '~たら, ~なら'가 따르면 그 주어는 'が'로 표시되고, 접속조사 '~が, ~から, ~けれど, ~し'가 따르면 그 주어는 'は'로 표시된다. 그 중에 전자의 예로 'のに', 후자의 예로 'は'의 경우를 보인다.

(70) 1. a. あの映画がおもしろいのになぜこれを見るの。
(저 영화가 재미있는데 왜 이것을 보니?)
b. *あの映画はおもしろいのになぜこれを見るの。
(*저 영화는 재미있는데 왜 이것을 보니?)
2. a. あの映画はおもしろいから見(み)に行(い)きましょう。
(저 영화는 재미있으니까 보러 갑시다)
b. *あの映画がおもしろいから見に行きましょう。
(*저 영화가 재미있으니까 보러 갑시다)

접속조사의 구실은 후행절과의 접속관계에 있다. '~ば, ~なら, ても'류는 가정조건이고, 'が, から, けれど'는 확정조건이다.

정보구조상 (70) 1.은 '신정보가 구정보로 확정되는 데도'의 구조이고 (70) 2.는 '구정보가 신정보가 되므로'의 구조로 볼 수 있다. 1.에서는 재미있는 것(구정보)을 찾는 영화(신정보)가 되고, 2.에서는 이미 소문이 나 있는 저 영화(구정보)는 재미있다(신정보)는 것이 된다고 볼 수 있다.

가정의 접속조사 'ば'와 'と'가 쓰인 경우를 더 보이면,

(71) 1. a. 雨(あめ)が降(ふ)れば中止(ちゅうし)する。(비가 내리면 중지한다)
b. *雨は降れば中止する。(*비는 내리면 중지한다)
2. a. 彼(かれ)が来(こ)ないと困(こま)る。(그가 안 오면 곤란하다)
b. *彼は来ないと困る。(*그는 안 오면 곤란하다)

신정보의 が가 쓰이고 있다. 구정보가 가정일 수 없을 것이다.

6) 동일한 조건접속이라도 (70)에서 'のに'는 역접이고 'から'는 순접으로 구별되었다. 순접과 역접의 구별 없이 종속구와 주문이 대비되었거나 ((72) 1.) 종속구와 주문의 주어가 동일한 때((72) b.)는 'ば'가 쓰이고 있다.

(72) 1. 映画はおもしろくてもテレビはおもしろくない。
(영화는 재미있어도 텔레비전은 재미없다)
2. 僕はソウルへ行くとまず本を買うつもりだ。
(나는 서울에 가면 우선 책을 살 생각이다)

이번에는 조사가 놓인 위치나 환경의 다름에서가 아니고 조사가 동일한 위치에 나타난다(동시적분포) 하더라도 그 조사가 뜻하는 의미에 따라 쓰임이 달라지는 경우를 보기로 한다. 곧 동시적분포의 예를 든다면,

(73) 1. a. 人は死ぬ。(사람은 죽는다)
b. 人が死ぬ。(사람이 죽는다)
2. a. 私は山田です。(저는 야마다입니다)
b. 私が山田です。(제가 야마다입니다)
3. a. 公開講座は午後3時行われます。
(공개강좌는 오후 3시에 행해집니다)
b. 公開講座が午後3時行われます。
(공개강좌가 오후 3시에 행해집니다)
4. a. 象は鼻が長い。(코끼리는 코가 길다)
b. 象が鼻が長い。(코끼리가 코가 길다)
5. a. 私は足が痛んでいます。(저는 발이 아픕니다/아픈 처지입니다)
b. 私が足が痛んでいます。(제가 발이 아픕니다/아픈 처지입니다)
6. a. あのバスはA市へ行くのです。(저 버스는 A시에 가는 것입니다)

b. あのバスがA市へ行くのです。(저 버스가 A시에 가는 것입니다)

이상에서 몇 가지 예를 들었지만 'は'와 'が'는 다음과 같이 대조적으로 구별된다.

(74) 1. は　主題格　大主語　구정보(기지의 정보)　제목문　(전제 있다)
2. が　主格　小主語　신정보(미지의 정보)　현상문　(전제 없다)

(73)의 1. a.는 일반적으로 사람은 누구나 할 것 없이 죽는다는 것이고, 1. b.는 실지로 어떤 사람이 죽어간다(신정보)는 것이다. 2. a.는 '*あなたはだれですか*'(당신은 누구입니까)의 답에 상응한 것으로 구정보 – 신정보의 구조이며, 2. b.는 '*どなたが山田さんですか*'(어느 분이 야마다 씨입니까)의 답에 상응한 것으로 구정보 – 신정보의 구조이다. 3. a.는 구정보 – 신정보의 구조이며, 3. b.는 신정보 – 구정보의 구조이다(오후 네 시에 무엇이 행해지는가를 알고 싶은 것이다). 4. a.는 대주어 – 소주어 곧 전체 판단(문)의 주어, 개별 판단(절)의 주어의 관계다. 4. b.의 '象が'는 형식상 대주어이지만 그 뜻은 문제의 대상 중에 그것만의 뜻의 총기(総記) 혹은 배타적 지칭이 된다. 5.도 4.에 견줄 수 있다. 5. b.의 '私が'는 '다름 아닌 내가'라는 뜻이 강조된다. 4. b.와 같이 주격이 중출(重出)하는 경우는 이를 피하기 위해서 첫 번째 주격이 연체격으로 교체되기도 한다. 5. b.도 마찬가지다. 5. b.의 두 번째 주격을 목적격으로 바꾸고 '痛(いた)む'(아프다)라는 자동사를 '痛める'(상하다)라는 타동사로 바꿔서 타동사문으로 바꿀 수도 있다.

(75) 私が足を痛めています。(제가 발을 다쳐 있습니다)

6. a.는 버스(주제)에 대한 설명(신정보)이고, 6. b.는 A시에 가는 버스(구정보)의 배타적 지칭인 총기(総記)의 신정보이다.

이상과 같은 は조사와 が조사의 대비를 통해서 'は'의 조사성을 아래에 정리하면,

1. 접속. 체언, 용언(연용형) 등 여러 가지 말에 붙는다.

2. 용법. **구조격**(주제격)으로는,

1) 문두주제(주제, 제시어, 제목)를 문성분의 중요요소로 본다.

(76) 1. 自由(じゆう)は人間(にんげん)の源泉的(げんせんてき)な権利(けんり)だ。(자유는 인간의 원천적 권리다)

2) 속성의 서술에서의 대상

(77) 1. 空(そら)は高(たか)い。(하늘은 높다)

2. 石(いし)は固(かた)い。(돌은 굳다/딱딱하다)

이러한 성격의 문에서는 문두에 주제격이 일반적으로 쓰인다.

3) 담화주제

(78) 車(くるま)は来(き)た (차는 왔다)

이 경우는 선행화맥(문맥)에서 예컨대 기다리는 차는 어떻게 되었나의 물음에서 왔다고 볼 수 있다. 이러한 주제를 담화주제라고 한다.

통사구조상 주제는 문두에 생성되며 주어보다 상위에 있다. 주어를 포괄하는 관계다.

(79) 象(ぞう)は鼻(はな)が長(なが)い。(코끼리는 코가 길다)

문중에서 주제화되는 경우 が－は의 어순도 가능하다.

(80) 花子が数学はよくやる。(화자가 수학은 잘 한다)

수학을 주제로 했을 때 화자가 잘 한다. 곧 화자는 다른 것은 못해도 수학에 관해서는 잘 한다는 뜻이다. 여기에는 암시적인 대비가 있다.

필자는 문중에서의 실현은 제로격의 NP가 주제화된 준주제격 아니면 의미격이다. 주제는 문두에서 한 번만 나오는 것으로 본다. 두 번 나오면 대조 혹은 강조의 경우다.

의미격으로는,

1) 대조·구별하게 하는 의미를 지닌다(は ~ は 형식).

(81) わたくしは知っています。
(저는 알고 있습니다) (다른 사람은 몰라도처럼 암시적인 대비가 있다)

(82) 1. 山は高く水は青い。(산은 높고 물은 푸르다)
2. AはあるがBはない。(A는 있지만 B는 없다) 명시적으로 대비하고 있다.
3. Aは学生だ。(がBは学生ではない) (A는 학생이다(그렇지만 B는 학생이 아니다))

3.에서 괄호부분이 있으면 명시적인 대비지만, 없으면 문맥으로 암시적인 대비로 볼 수도 있고 A의 제목에 대한 설명 혹은 정의로 볼 수 있다. 그렇다면 구조격(주제격)이다.

2) 암시적으로 대조하는 의미를 지닌다. 제목이 아니고 앞에서 예시한 바와 같이 화맥(문맥)에서 판단되는 것.

(83) リンゴはありません。(사과는 없습니다) (다른 과일은 있습니다만)

3) 강조하는 의미가 있다.

(84) 1. ちょっともさびしくはない。(조금도 외롭지는 않다)
　　2. よくは出来(でき)ない。(좋게(는) 되지 않는다)

문중에서, 그리고 부사, 형용사, 형용동사에서도 실현된다. 부정어에 호응한다.

(85) 1. 高(たか)くはない。(높지/비싸지는 않다)
　　2. 静(しず)かではない。(조용하지는 않다)

준구조격적인 용법이 있다. 의미격의 준 구조격 용법처럼 주어, 목적어로 실현되는 경우이다.

(86) 1. リンゴは赤い。(사과는 붉다)
　　2. リンゴは食べない。(사과는 먹지 않는다)

이들의 ha가 대조, 강조와 더불어 1.에서 주어의 자격으로서의 주격의 구실을, 2.에서 타동사의 목적어로서의 목적격(リンゴを)의 구실을 대신하고 있다고 보는 경우이다.

끝으로 'は'를 **계조사**로 보는 점을 알아보기로 한다. 'は'조사가 주격조사하고는 구별되는 점은 앞에서 보았다. 그러한 'は'조사를 계조사로 분류한 데는 문말의 진술력에 영향을 미친다는 것이 되어야 하는데 현대에 와서는 계결(係結) 표현이 약화되어서 그것을 드러내기 어렵다. 고전에서 다른 계조사들은 주로 연체형 이연형에 호응하는데, 'は'조사는 종지형에 호응한다고 하는 점을 특이하게 본 것이다. 속성의 서술에서 -は가 일반적인 것도 그 한 가지다. 주격의 'が'는 추상격이었음을 유의할 필요가 있다.

は조사의 주제·대비의 구실에서도 올 것이다. 다음의 판단문에서

(87) 1. a. 太郎は学生(がくせい)だ。(태랑은 학생이다)
b. 太郎(が)学生だ。(태랑(이) 학생이다)

2. a. 太郎はまじめだ。(태랑은 착실하다)
b. 太郎(が)まじめだ。(태랑(이) 착실하다)

3. a. 太郎は学生である。(태랑은 학생이다)
b. 太郎(が)学生である。(태랑(이) 학생이다)

4. a. 太郎はまじめである。(태랑은 착실하다)
b.太郎(が)まじめである。(태랑(은) 착실하다)

1.과 2.는 구어체이고 3.과 4.는 문어체이다. 각각의 a.와 b.를 대비했을 때 a.는 일반적(무표)이고(기지사항을 주어로) b. 특히 3. b.와 4. b.는 조금 유별한 쓰임(유표적)이다.

그렇게 본다면 '~は ~だ/である'의 호응은 계결(係結)적이라고 할 수 있다.

(88) 1. 太郎は学生ではない。(태랑은 학생은 아니다)
2. 太郎はかしこくはない。(태랑은 영리하지는 않다)

문중에서의 'は'의 개재도 ~は ない의 상관관계로 볼 수도 있다.

も

'も'도 'は'와 마찬가지로 고대 이래 빈번하게 쓰여 온 조사다. 'は'는 명확하고 논리적인 것이라면 'も'는 막연한 동류포괄의 것이다. 'は'가 나타나는 자리에 'も'가 나타날 수 있다.

1. 접속. 체언, 용언(연용형) 등 여러 가지 말에 붙는다.

2. 용법. 의미격으로는,

1) 같은 위치나 무리(동류)의 의미를 나타낸다.

(89) 1. あなたも賛成ですか。(당신도 찬성입니까?)

2. 私にも送って下さい。(저에게도 보내 주세요)

2) 병렬, 대비(~も ~も의 형식)

(90) 1. 太郎も花子も秀才だ。(태랑도 화자도 수재다)

2. 山も河もうつくしい。(산도 강도 아름답다)

이는 동류적인 대비가 된다(이에 대해 ~は ~は는 반의(反義)적인 대비라고 할 수 있다).

3) 강조

(91) 1. 部屋に誰もいません。(방에 아무도 없습니다)

2. テレビを見もしない。(텔레비전을 보지도 않는다)

4) 의외(意外)적이라고 강조한다.

(92) 3時間もかかりました。(세 시간이나 걸렸습니다)

5) 부정(不定)어(=의문어)에 부정(否定)서술이 따르면 전부가 없다는 뜻이 된다.

(93) 1. 何(なに)もない。(아무것도 없다)
2. どこにもない。(어디에도 없다)

준구조격적인 구실 곧 주격, 목적격의 구실도 한다.

(94) 1. 私(わたし)も馬鹿(ばか)だ。(나도 바보다)
2. お菓子(かし)もたべる。(과자도 먹는다)

'も'를 계조사로 보는 것은 'は'와 통사적 거동을 같이 하기 때문이다. 교과문법에서는 계조사로 분류되고 있다. 계조사적인 용례로는 앞서의 (93)의 의문어 '~も -ない'의 형식으로 전부부정의 경우가 있고, 문말의 종조사와 호응하여 반어(反語)나 영탄의 의미를 나타낸다고 볼 수 있는 경우가 있다.

(95) 1. うれしくもあるか。(기쁘기도 하는가)
2. 彼(かれ)もかしこいな。(그도 영리하네)

부조사'が'와 함께 붙어서 'かも'의 형식으로 계조사적인 구실을 수행한다. 의문의 기분으로 추정하는 뜻(~일지도 모른다)으로 서술부정에 호응하는 것이다.

(96) 合格(ごうかく)するかも知(し)れない。(합격할지도 모른다)

こそ

1. 접속. 체언, 용언(연용형) 등 여러 가지 말에 붙는다.

2. 용법. 의미격으로 한 가지를 특히 내세우는 강조의 의미를 지닌다.

1) (~こそ)

(97) 1. 彼女(かのじょ)こそ美人(びじん)だ。(그녀야말로 미인이다)

2. ようこそいらっしゃいました。(참으로 잘 오셨습니다)

2) (~ば こそ) 강한 부정

(98) 告げるひまもあらばこそ (고할 틈도 없으니)

3) (~から こそ) 하는/한 이상

(99) 合格(ごうかく)したからこそ (합격한 이상), 君(きみ)がいるからこそ (네가 있는 이상)

4) (~も こそ) 당혹

(100) 欠席(けっせき)もこそしたら面倒(めんどう)だ。(결석까지도 하면 귀찮다)

종조사적인 구실도 한다(いいえ, こちらこそ。(아닙니다, 이쪽이야말로)).
준구조격적인 구실 곧 주격, 목적격의 구실도 한다.

(101) 1. これこそ偽物(にせもの)だ。(이것이야말로 가짜 물건이다)

2. それこそ告げるべきだ。(그것이야말로 고해야 한다)

'こそ'가 계조사로 분류되는 것은 고대에는 이 조사가 쓰이면 문말은 특정의 활용형으로 끝나게 되었기 때문이다. 현대에는 그러한 용법은 없지만 강조의 용법에서 문말에 다소의 강조의 기미의 조동사가 오게 하는 경향은 없지 않다.

さえ

1. 접속. 체언, 용언(연용형) 등 여러 가지 말에 접속한다.

2. 용법. 의미격으로,

1) 암시·유추 : 하나의 사항에서 이와 닮은 다른 사항을 미루어내는 의미를 지닌다.

(102) 1. おかゆさえ食べない。(죽마저 먹지 않는다)
다른 것도 먹지 않고 있음을 암시한다(혹은 유추된다). 최소한도의 뜻이 된다.
2. 私にさえ訴えて来た。(나에게마저 하소연하여 왔다)

2) 한정

(103) 1. お金さえあれば心配ない。(돈만 있으면 걱정없다)
2. 過料を出しさえすればよい。(과태료를 내기만 하면 된다)

3) 첨가(하나의 일에 더 보태는 의미를 지닌다)

(104) 大学に合格した上に奨学生にさえなった。
(대학에 합격한데다 장학생(에)까지 되었다)

준구조격적인 구실 곧 주격, 목적격의 구실도 한다.

(105) 1. お金さえある。(돈마저 있다)
2. 話しさえしない。(이야기마저 하지 않는다)

'さえ'가 계조사로 분류되는 것은 이 조사가 쓰이면 문말이 의문형, 명령형, 청유형이 오지 않는다는 데 있다.

(106) *かゆさえたべるの？/*たべ(ろ)/*たべよう (죽마저 먹니?/먹어라/먹자)

でも

でも의 형태는 여러 가지로 분석된다.

(107) 1. 격조사 + 계조사의 두 단어　ソウルで － も (서울에서 － 도)
　　2. 계조사의 한 단어　ソウルで － でも (서울에서 － 라도)
　　3. 접속조사의 한 단어　頼(たの)ん － でも (부탁해 － 도)
　　4. 단정조동사 だ의 연용형(で) + も(계조사의 그 단어)
　　　学生(がくせい)で － も (학생이 － 어도)

(108) 彼(かれ)は会社員(かいしゃいん)で(も)ある。(그는 회사원이기도 하다)

이 경우 'で'가 会社員である(회사원이다)와 같이 서술성이 있다고 본 것이다.

여기서 다루는 것은 계조사 'も'만은 '~は'로 환치될 수 있으나, (106) 2.의 계조사 'でも'의 'も'만은 '~は'로 환치될 수 없다. 'でも'가 한 단어로서 계조사의 역할을 하는 경우다.

1. 접속.　체언, 용언(연용형)에 붙는다.

2. 용법.　의미격으로,

1) 유추('물론-이다'의 뜻)

(109) 1. 子供(こども)でも知(し)っている。(어린이라도 알고 있다) (다른 이도 물론이다)
　　2. この事(こと)はだれにでもやれる事だ。
　　(이 일은 누구에게라도 할 수 있는 일이다)

이러한 용법에 비슷한 계조사로 'だって'가 있다.

(110) 1. だれにだってできる。(누구에게라도 될 수 있다)
　　2. 子供だって知っている。(어린이라도 알고 있다)

'でも'와 꼭 맞지 않는 경우도 있다. あなただってうれしいでしょう(당신도 기쁘지요)

2) 대강의 것

(111) 1. 散歩でもしようか。(산보라도 할까?)
　　2. 旅行でも行こう。(여행이라도 가자)
　　3. 映画でも見に行こう。(영화라도 보러 가자)

이때 의분사와 함께 쓰면 융통성이 더 있게 된다.

(112) 何でも食べよう。(뭐든 먹자)

3) 방임·양보(무엇이든 개의치 않는다는 의미를 나타낸다)

(113) 1. なんでもかまいません。(뭐든 상관없습니다)
　　2. 明日からでも結構です。(내일부터라도 괜찮습니다)

4) 희망의 최소한. '적어도 이 정도만이라도'의 바람의 의미를 나타낸다(だけどの 형식).

(114) せめてコピ−だけでも取っておきたい。(적어도 복사만이라도 해 두고 싶다)

준구조격적인 구실 곧 주격, 목적격의 구실도 한다.

(115) 1. 子供でもわかっている。(어린이라도 알고 있다)
　　2. ウドンでも食べよう。(국수라도 먹자)

'でも'가 계조사로 분류되는 것은 이상의 'でも'의 용법이 생각에 따라서는 사물의 제시를 강조하는 면도 없지 않고 서술에 영향을 주어 청유형이나 명령형을 유도하고 있다고도 볼 수 있기 때문이다. 앞의 'さえ'는 이와 달리 청유형이나 명령형의 호응은 없다.

(116) 1. 何(なん)でもやろう。(뭐라도 하자/주자)
　　　2. 少(すこ)しでも食(た)べなさい。(조금이라도 먹어요)

ほか·しか

1. 접속. 체언, 용언(동사는 연체형, 형용사·형용동사는 연용형) 등 여러 가지 말에 붙는다.

2. 용법. 의미격으로,

1) 한정

(117) 1. 10時(じゅうじ)までしか待(ま)たない。(열 시까지밖에 기다리지 않는다)
　　　2. 少(すこ)ししか言(い)わない。(조금밖에 말하지 않는다)

2) ~이외(격조사 の 선행) Aのほか(A이외)

3) ~이외는 없다(동사의 연체형 + ほかはない의 형식)

(118) 1. 詫(わ)びるほかはない。(사과하는 이외는 없다/수밖에 없다)
　　　2. 訴(うった)えるほかはない。(하소연할 수밖에 없다)

이 경우 'しか'도 쓰인다.

(119) 詫びるしかない。(사과하는 수밖에 없다)

특히 'ほか'는 체언적인 성질이 뚜렷하여 형식명사로 보기도 한다.

(120) 1. あきらめるほか (체념하는 외에)
2. 美(うつく)しいほか (아름다운 외에)
3. 書くほか (쓰는(것) 외에)

준구조격적인 구실 곧 주격, 목적격의 구실도 한다. 'ほか'의 경우는 'の'를 수반하여 연체격의 구실도 한다.

(121) 1. 少(すこ)ししかない。(조금밖에 없다)
2. このほかはない。(이 이외는 없다)
3. 少ししか食べない。(조금밖에 먹지 않는다)
4. このほか食べるな。(이 외는 먹지 마라)
5. このほかの (이 이외의)

'ほか'와 'しか'가 **계조사**로 분류되는 것은 이상의 용례에서 이들 조사가 문말의 부정표현과 호응하고 있는데서 온다.

수형도 이상의 격조사, 부조사, 계조사는 문의 성분이 되는 체언을 받쳐준다. 한국어나 일본어의 체언과 술어는, 체언은 왼쪽에 술어는 오른쪽에 분지하여 체언－술어의 어순이 된다. 각 술어핵이,

(122)

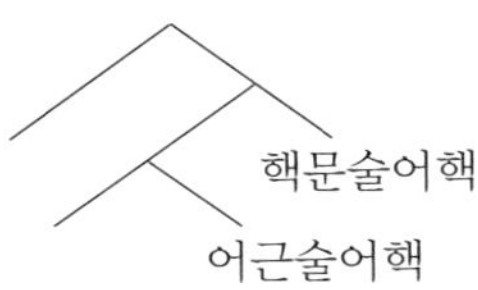

하나의 논항을 도입하는 필자의 제도로서는 우단(右端)의 술어핵의 범주만 표시되면 좌단(左端)의 범주는 자동적으로 NP 혹은 DP가 된다. NP로

보는 것은 (123) 1.처럼 조사가 NP에 접사처럼 함유된 것으로 보는 경우이고, DP로 보는 것은 2.처럼 뒤의 조사가 핵이 되어 앞의 NP와 병합체가 된다고 본 것이다.

(123)

격조사가 구조격의 경우 추상격으로 나타나는 경우가 있고 해서 1.쪽에도 일리가 있겠으나, 조사 전체로 볼 때는 의미격은 반드시 형태격으로 나타나기 때문에 2.쪽이 보다 현실적이라고 본다. 그렇다면 분지도의 좌단은 일일이 범주 표시 하지 않아도 DP라는 것이 된다. 구조격으로 보는 조사도 의미격으로 쓰이는 것이 있고, 의미격으로 보는 것도 구조격에 준한 일을 하는 것도 앞에서 보았다. 따라서 NP를 기능화하는 각 격형태의 형태적 특징과 통사적 특징(계조사적 용법 등)의 터득이 필요하다.

(124)
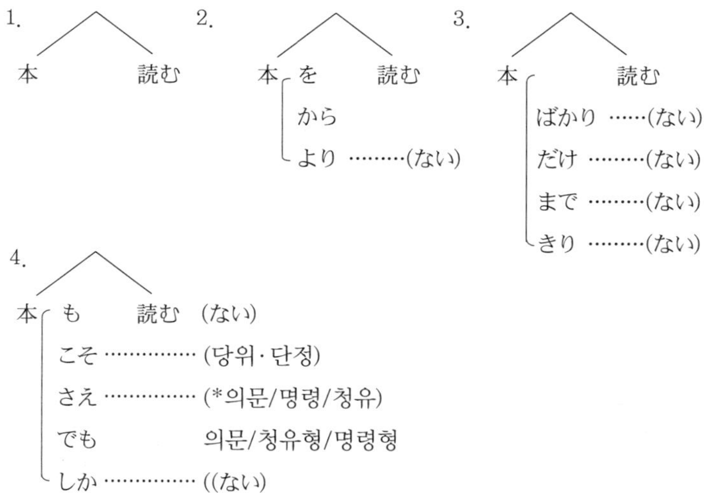

1.은 구조격이 추상격으로, 2.는 구조격이 형태격으로, 3.은 부조사가 형태격으로, 4.는 계조사가 형태격으로 나타난 예다.

……부분은 격조사의 일부와(2.), 부조사(3.), 계조사(4.)에서 문말에 어떠한 호응이 따르는 경향을 보인 것이다. 이를 보더라도 3.(부조사)과 4.(계조사)는 매우 비슷한 성격을 나타내고 있다. 그래서 국문법에서는 격조사 외는 특수조사 혹은 보조사로 일괄하고 있다. 조사가 구조격과 의미격으로 갈리다가도 양용되는 것은 처음에 NP가 제로격(추상격)으로 도출되었다가 형태격의 구조격/의미격이 되기도 하고, 의미격의 조사가 구조격 자리에 있게 되면 준구조격 구실을 하게 되는 것으로 본다.

조사의 기술 중에서 보문표지로 쓰이는 조사가 있었다. 격조사에서 'の, と', 부조사의 'まで, など(と), か' 등이 그것인데, 이 경우는 조사로 쓰이는 것과 보문표지로 쓰이는 것은 다른 범주로 구별해야 한다. 왜냐하면 조사로서 실현되는 자리와 보문소로 실현되는 자리가 다르기 때문이다.

(125)

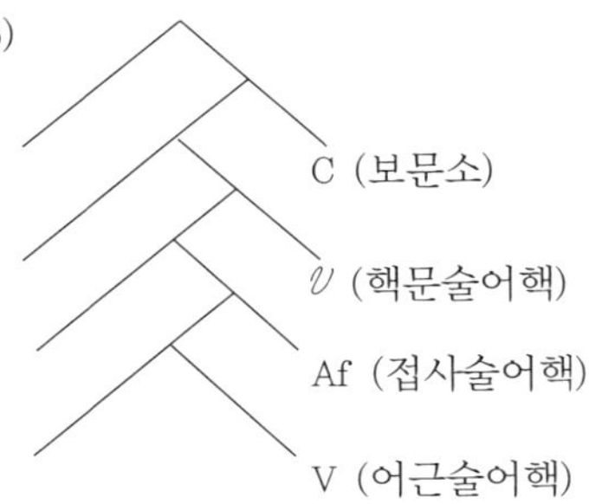

조사는 NP 다음에 보문소는 𝒱P 다음에 위치하고 있다.

접속조사 이상의 조사에 비해 접속조사는 다른 양상을 보여준다. 그것은 접속조사는 술어의 왼쪽에 나타나는 것이 아니라 오른쪽에 나타난다. 물론 절의 접속이 아닌 구의 접속은 DP 사이에 나타나기 때문에 왼쪽에 나타나지만(이는 조사의 병렬적 용법으로 다룸) 접속조사로서의 주된 구실은 절과 절의 접속이므로 절 술어의 오른쪽으로 이어진다. 내포절에서도 절 술어의 오른쪽에 이어지지만 주문 술어에서 볼 때는 왼쪽이다.

(1)

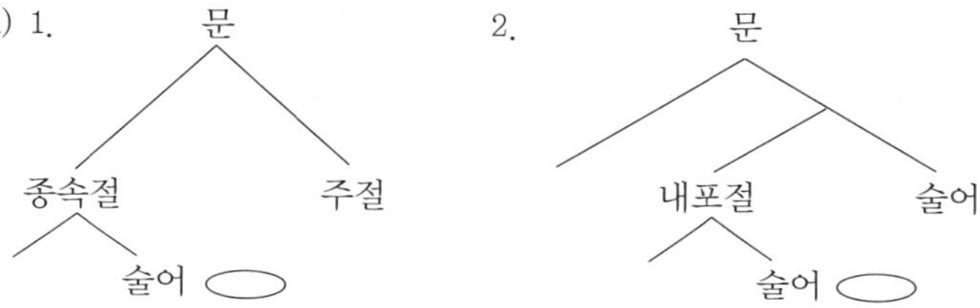

위에서 절말의 술어의 후미가 그 자리다. 한국어에서는 술어와 그 후미(○친 부분)를 한데 묶어서 하나의 용언으로(활용형)으로 하는데, 일본어는 예컨대 동사면 어간에 이어지는 aiueo어미에서 끊고, 나머지는 다른 형태 곧 접속조사로 하고 있는 것이 다르다. 다음에서

책| 을 읽으면

本| を 読む| と

'명사 - 조사'로 끊는 것은 마찬가지나 동사의 활용에서 한국어는 쪼개지 않는데, 일본어는 동사 - 접속조사로 쪼개고 있는 것이다. 따라서 일본어의 접속조사는 체언에 이어지는 격조사, 부조사, 계조사와는 성격이 다르게 용언에 부속하는 활용어미와 같은 것이다.

여기서는 전통적으로 그리고 교과문법에서 다루어 온 대로 접속조사로 취급하고자 한다.

접속조사로 인정되는 말은 학자에 따라 조금씩 다르지만, Ya- mada(山田), Hasimoto(橋本), Tokieda(時枝) 공통의 ba, to, domo, kere-do(mo), noni, kara, node, si에다 Hasimoto, Tokieda 공통의 ga, te와 Yamada의 monowo, tokorode, Tokieda의 nagara, 기타 tari가 보태진다. 이하,

(2) ば, と, でも, けれど(も), のに, が, ので, て, ながら, たり, し, (ものを, ところが도 참조로 보태서)

순으로 서술하기로 한다. 이외에 Tokieda는 'つつ'도 포함시켰지만 이를 접미사로 보는 의견도 있다(후술).

접속조사는 선행어와의 접속관계와 후행어와 접속상의 의미에 따라 다음과 같이 분류된다.

1. 접속상

(3)

연용형에 이어지는 것	て, ても(でも), ながら, たり
종지형에 이어지는 것	と, けれど(も), が, から, し, ながら
연체형에 이어지는 것	のに, ので
가정형에 이어지는 것	ば

2. 의미상. 전후의 접속관계는 시간적 접속과 논리적 접속으로 나눌 수 있다. 전자는 전후 관계가 시간적인 순서에 따라 배열되므로 단순접속이라 할 수 있고, 후자는 전후관계가 전제조건과 결과로 되어 있으므로 조건접속이라고 한다.

조건접속은 그 조건이 가정적인 것, 일반적인 것, 확정적인 것으로 나눌 수 있다. 예컨대 '만일 내일 비가 온다면'의 조건은 가정이고 현실적으로 '지금 비가 오니까'의 전제조건은 확정(確定)이 되는 것이다. 일반적인 것은 조건성이 약한 사실 그대로를 나타내는 것으로 '봄이 오면 따뜻하다'와 같은 것이다.

가정과 확정의 조건에는 전후관계가 당연한 이치로 되어 있는 것과 그렇

지 않은 것으로 나누어진다. 전자는 순접(順接)이고 후자는 역접(逆接)이다. 순접은 논리적인 순리(順理)로 된 것이고 역접은 역리(逆理)로 된 것이다. 만일 비가 오면 소풍을 연기한다는 것이 순리라면 비가 오더라도 소풍을 강행하는 것은 순리가 아니어서 역접이 되는 것이다. 일반적인 접속은 당연히 순접만이 있게 된다.

(4)
- 조건접속
  - 가정
    - 순접 雨が降れば (비가 내리면)
    - 역접 たとえ雨が降っても ((비록) 비가 내리더라도)
  - 일반
    - 순접 雨が降ると気温が下がる (비가 내리면 기온이 (조금) 내린다)
    - 역접 ×
  - 확정
    - 순접 雨が降っているので (비가 내리고 있으므로)
    - 역접 雨が降っているが (미가 내리고 있으나)
- 단순접속
  - 雨が降って風が吹いて (비가 내리고 바람이 불고)
  - 雨が降るし風が吹くし (비가 내리고 바람이 불고)

'し'의 경우는 '비가 내리기도 하고 바람이 불기도 하여'로 풀이되듯 대비되는 뜻도 없지 않다. 그렇다면 시간적인 계기(繼起)만 아니라 논리적 접속의 단순접속으로 볼 수 있다.

앞에서 가정의 역접은 가정해서 만일 ~한다 하더라도 기대되는 결과가 되지 않는다는 것을, 확정의 역접은 실지로 어떤 동작을 했는데도 기대되는 결과가 되지 않는 것을 뜻한다. 가정이든 혹은 실지이든 역접은 이치에 어긋나는 결과가 있게 된다는 것이다(그럼에도 불구하고 의 뜻).

ば

1. 접속. 용언(가정형)과 조동사(의 가정형)에 이어진다.

2. 의미.

1) 가정조건의 순접

(5) 1. 雪が降れば中止する。(눈이 내리면 중지한다)

2. 外国に行けば買える。(외국에 가면 살 수 있다)

2) 일반(조리(条理))조건

(6) 1. 5から2を引けば3になる。(5에서 3을 빼면 2가 된다)

2. 冬になれば寒くなる。(겨울이 되면 추워진다)

3) 병렬(단순접속) (조사 も가 그 전후에 쓰임)

(7) 本もあれば辞典もある。(책도 있고 사전도 있다)

여기의 1), 2)의 용법은 다음의 'と'에도 쓰인다.(차이점은 후술)

と

이것은 격조사 'と'에서 파생된 것이다. 접속조사에는 격조사에서 파생된 것으로 보이는 것이 많다.

1. 접속. 용언(종지형)과 조동사(의 종지형)에 이어진다.(앞의 'ば'는 가정형에 접속함)

2. 의미.

1) 가정조건의 순접

(8) 1. 雨が降ると中止する。(눈이 내리면 중지한다)
  2. 外国に行くと買える。(외국에 가면 살 수 있다)

2) 일반(조리)조건

(9) 1. 5から2を引くと3になる。(5에서 2를 빼면 3이 된다)
  2. 冬になると寒くなる。(겨울이 되면 추워진다)

여기까지의 용법은 앞의 'ば'와 같다. 양자를 대조하면,

(10) ば — 이론적, 인과적 (결과 예측성)
  と — 실제적, 구체적 (결과 불예측성)

(11) 1. だれでも酒を飲めば酔う。(누구든지 술을 마시면 취한다)
  2. 私は酒を飲むと眠くなる。(나는 술을 마시면 졸리게 된다)

(11) 1.은 보통 술을 마시면 취하는 것이 일반적이고 결과가 예측되는 것임을 보여준다. 2.는 술을 마시면 사람에 따라 조는 사람도 있고 졸지 않는 사람도 있다. 이와 같이 실지의 구체적인 상황이 다르고 결과가 예측되지 않는 것임을 보여준다.

(12) 1. 授業が終われば早速帰って来なさい。(수업이 끝나면 얼른 돌아와요)
  2. */?? 授業が終わると早速帰って来なさい。

(13) 1. 大雪が降れば家で休みたいです。(큰 눈이 내리면 집에서 쉬고 싶습니다)

2. */?? 大雪が降ると家で休みたいです。

인과적인 것에는 말하는 이의 명령, 희망, 권유를 표현하기 쉽지만, 실제적인 것에는 상황에 따라 다를 수 있으므로 표현하기가 쉽지 않아 비문(*)아니면 부자연스러운 문(?? 표시)이 된다.

3) 경우(~니까 의 뜻)

(14) 部屋に入ると花子が待っていた。(방에 들어가니까 화자가 기다리고 있었다)

4) 가정조건의 역접(~은 ~말든 의 뜻)

(15) 誰が主任であろうと構わない。(누가 주임이든 개의치 않는다)

5) 습관적, 반복적인 일

(16) 1. 夏休みになると毎年外国に旅行します。(여름방학이 되면 매년 외국에 여행합니다)
2. 夏休みになったら外国に旅行するつもりです。(여름방학이 되면 외국에 여행할 작정입니다)

2.의 'たら'는 보통 접속조사로 다루지 않고 과거조동사 'た'의 가정형으로 다루고 있다. 다음에서

(17) 1. 春がくると雪が解ける。(봄이 오면 눈이 녹는다)
2. 春がきたら雪が解けた。(봄이 오니까 눈이 녹았다)

1.은 실지적인 것이고 2.의 경우의 'たら'는 후절의 시(時)와 일치하지만 다음에서는 그렇지 않다.

(18) 1. 春がくれば雪が解くだろう。(봄이 오면 눈이 녹을 것이다)
2. 春がきたら雪が解くだろう。(봄이 오면 눈이 녹을 것이다)

'たら'는 과거조동사의 가정형인데 과거시제와 일치하는 경우와 않는 경우가 있음을 알 수 있고, 일치하지 않아도 가정형의 용법에서 가정의 접속조사와 연관되는 것이다. 눈이 녹는 시점에서 볼 때는 봄이 온 것은 과거가 되는 것이다.

ても(でも)

'ても'가 が행 5단의 i 음편형 '泳いでも'(헤엄쳐도), 또는 な행, ま행, ば행 5단의 n 음편형 '死んでも'(죽어도), 'かんでも'(물어도), 'ならんでも'(열지어도)에 붙을 때 탁음화(유성음화)한다.

1. 접속. 용언(연용형)과 조동사(연용형)에 이어진다.

2. 의미.

1) 가정조건의 역접(가령 ~하더라도)

(19) 1. いくら勉強しても成績はあがらないだろう。(아무리 공부해도 성적은 오르지 않을 것이다)
2. たとえ謝っても赦してくれないだろう。(비록 사과하더라도 용서해주지 않을 것이다)
3. いくら頼んでも聞いてくれないでしょう。(아무리 부탁하더라도 들어주지 않겠지요)

2) 확정조건의 역접(~불구하고)

(20) 1. どんなに勉強しても成績はあがらない。(아무리 공부해도 성적은 오르지 않는다)

2. いくら謝っても赦してくれなかった。(아무리 사과해도 용서해주지 않았다)
3. どんなに頼んでど聞いてくれない。(아무리 부탁해도 들어주지 않는다)

형용사, 조동사(たい, ない, らしい)에 이어질 때는 'っても'의 형태(うれしくっても(기뻐도), 書かなくっても(쓰지 않아도), 先生らしくっても(선생님다워도))가 쓰인다.

앞에서 언급한 바 있지만, 명사에 이어지는 이 형태는 격조사 또는 계조사와 관계가 있고 접속조사인 경우는 용언에 이어진 경우가 된다.

(21) 1. 公園で−も (공원에서−도) で(격조사) − も(계조사)
2. 公園で−でも (공원에서−라도) −で(격조사) − でも(계조사)
3. 学院−でも経営しようか。(학원−이라도 경영할까) −でも(계조사)
4. 頼ん−でも (부탁해−도) −접속조사

けれど

1. 접속. 용언(종지형), 조동사(종지형)에 이어진다.

2. 의미.

1) 확정조건의 역접

(22) 1. 腹が立つけれど(も)我慢する。(화가 나도 참는다)
2. 熱心に勉強するけれど(も)成績はあがらない。(열심히 공부하지만 성적은 오르지 않는다)
3. 家は小さいけれど家賃は高い。(집은 작지만 집세는 비싸다)

2) 대비

(23) 1. 礼儀も正しいけれど言葉使いも正しい。(예이도 바르지만 말 쓰임도 바르다)

2. Aは高いけれどBはやすい。(A는 비싸지만 B는 헐하다)
3. 顔も美しいけれど背も高い。(얼굴도 아름답지만 키도 크다)

3) 가벼운 접속

(24) 私は山田ですけれど、部長はいらっしゃいますか。(저는 야마다입니다만, 부장은 계십니까)

4) 종조사적 용법. 문말에 쓰일 때 종조사로 분리되기도 한다.

のに

1. 접속. 용언(연체형), 조동사(연체형)에 이어진다. 형용동사 및 단정조동사 'だ'에는 그 종지형에 이어질 때가 있다.

(25) 1. 療養中なのに (요양중인데도) 연체형에 접속
2. 今日は試験だのに (오늘은 시험인데도) 종지형에 접속

2. 의미.

1) 확정조건의 역접

(26) 1. 今までずっと聞いているのにまだ不満ですか。(지금까지 계속 듣고 있는데도 불만입니까)
2. 丁寧に質問したのに一言答えもしない。(정중히 질문했는데도 한 마디 대답도 않는다)
3. 療養中なのに酒を飲んでいる。(요양중인데도 술을 마시고 있다)
4. 今日は試験なのに朝寝をしてしまった。(오늘은 시험인데도 늦잠 자버렸다)

2) 문말에서 유감이나 불만을 나타낸다. 종조사적 용법이다.

(27) 1. その事だけは話しておいたらよかったのに。(그 일만은 이야기 해 두었으면 좋았을텐데)

2. どうして買うの。高すぎると言っているのに。(왜 사니? 너무 비싸다고 말하고 있는데도)

같은 형태인 '준체조사 + 격조사'의 'のに'와의 구별에서 준체조사이면 mono(것/물건)으로 바꿀 수 있다.

(28) 1. 小さいの に大きい字で書こうとする。(작은 것(물건(준체조사))에(격조사) 큰 글자로 쓰려고 한다)

2. 小さいのに重い。(작은데도(접속조사) 무겁다)

が

격조사 'が'에서 파생한 것이다.

1. 접속. 용언(종지형), 조동사(종지형)에 이어진다.

2. 의미.

1) 확정조건의 역접

(29) 1. よく練習したが上手にならない。(잘 연습했지만 능숙하게 되지 않는다)

2. 注意したが誤ってしまった。(주의했지만 실수하고 말았다)

3. 気温は上がったが路辺の雪は溶けない。(기온은 올랐지만 길가의 눈은 녹지 않다)

2) 단순한 접속

(30) 1. 僕も見たが、面白くなかった。(나도 봤지만 재미없었다)

2. 雨が降ったがすぐ止んだ。(비는 내렸지만 곧 그쳤다)

3) 대비

(31) 1. 実力もあるが財力もある。(실력도 있지만 재력도 있다)

2. 英語も上手だが中国語も上手だ。(영어도 잘하지만 중국어도 잘한다)

4) 방임·무관계(う/ようが ~まいがの 형식)

(32) 人が聞いていようがいまいが他人の悪口を言ってはいけない。

(남이 듣고 있든 않든 타인의 욕을 해서는 안 된다)

5) 완곡한 표현(문말에서). 종조사적 용법이다.

(33) 1. 私も行きたいのですが。(저도 가고 싶은 것입니다만)

2. 私もそう思いますが。(저도 그렇게 생각합니다만)

から

격조사 'から'에서 파생한 것이다.

1. 접속. 용언(종지형), 조동사(종시형)에 이어진다. 단정조동사 'だ, です'가 후속하기도 한다.

2. 의미. 주관적인 이유·원인

(34) 1. 学者(がくしゃ)だから語学力(ごがくりょく)は立派(りっぱ)でしょう。(학자이므로 어학력은 훌륭하겠지요)

2. 時間がないから急ぎましょう。(시간이 없으므로 서두릅시다)

3. 雨(あめ)が降(ふ)りそうだから止(や)めましょう。(비가 올 모양이니 그만 둡시다)

특히 강조할 때는 ~ものだ/ですから의 형식을 쓴다.

(35) 1. 時間がないもの−だ/です−から。(시간이 없는 것이기에)

2. あまい面白(おもしろ)くないもの−だ/です−から。(너무 재미없는 것이기에)

'から'가 문말에 쓰였다면 종조사적인 용법이 된다(いやですから。(싫어서)).

ので

1. 접속. 용언(연체형)과 조동사(연체형)에 이어진다.

2. 의미. 객관적 이유·원인

(36) 1. 学者なので語学力は立派だ。(학자이므로 어학력은 훌륭하다)

2. 時間がないのであきらめるほかない。(시간이 없으므로 체념할 수밖에 없다)

3. 雨(あめ)が降(ふ)るので止(や)めましょう。(비가 내리므로 그만둡시다)

앞의 'から'와 'ので'는 함께 이유를 나타내는 말인데, 전자는 주관적으로 이유판단하는 경향이, 후자는 객관적인 정황으로 이유판단하는 경향이 있는 것이다. 그러한 것은 추량이나 희망 또는 '~라고 생각한다'와 같은 표현에는 'から'가 선행하고,

(37) 1. ~から知(し)れません。(~므로 모릅니다)

2. ~から行きましょう。(~므로 가시지요)

3. ~から行きたい。(~므로 가고싶다)

4. ~から行くと思う。(~므로 간다고 생각한다)

명령, 금지의 표현에도 'から'가 선행하는데,

(38) 1. ~から ~なさい (~므로 ~하세요)
2. ~から ~いけません (~므로 안됩니다)

이러한 표현은 화자의 주관적 이유판단의 'から'를 씀으로써 상대방에 대한 경색한 표현을 피하고 있다고 볼 수 있다.

한편 자연현상이나 물리현상, 생리현상등과 같은 객관적, 법칙적인 사실이 이유가 될 경우는 그 이유의 서술에 'ので'를 쓴다.

(39) 大雪が降っているので登山は中止します。
(폭설이 내리고 있으므로 등산은 중지합니다)

다음과 같은 금지적·단정적·당위적·부정적인 부사에 호응하는 표현이 따를 때에는 'ので'가 쓰이고, 추측적이고 원망(願望)적인 부사에 호응하는 표현이 따를 때에는 'から'가 쓰이는 경향에 있는 것도 객관적/주관적 이유판단의 잣대가 될 것이다.

(40) 1. ちっとも面白くないのでそれ以上見ませんでした。
(조금도 재미없으므로 그 이상 보지 않았습니다)
2. 面白くなかったのでそれ以上ちっとも見ませんでした。
(재미없었기에 그 이상 조금도 보지 않았습니다)
3. おそらく面白いでしょうから見に行きませんか。
(아마도 재미있을 터이니 보러 가지 않겠습니까?)
4. 面白いでしょうからおそらく見に行ったでしょう。
(재미있을 터이니 아마도 보러 갔겠죠)

그리고 조건절에서 'から'접속의 경우 경어가 개재할 수 있고, 'ので'접속

의 경우 부자연스러운 것도 경어와 주관성의 관계에서 온다고 할 수 있다.

(41) 大雪が降っていますから登山は中止します。
(폭설이 내리고 있으므로 등산은 중지합니다)

て(で)

'て'는 が행 5단의 i음편 또는 な행과 ま행 그리고 ば행의 5단의 n음편, 그리고 부정어인 'ない', 'ん'에 붙을 때 'で'로 탁음화한다.

1. 접속. 동사(연용형), 형용사(연용형) 동사형과 형용사형의 조동사(연용형)에 이어진다.

2. 의미.

1) 전후의 접속

(42) 1. 歩いて行く。(걸어서 간다) (순접)
2. まじめで正直だ。(착실하고 정직하다) (순접)
3. 本を買って読んでみた。(책을 사서 읽어보았다) (순접)

(43) 1. 分かっていて知らん顔する。(알고 있으면서 모른체 한다) (역접)
2. 家にいて電話を受けない。(집에 있으면서 전화를 받지 않는다) (역접)

(44) 1. 社員になって以来 (사원 된 이후) (계속)
2. 試験に落ちてからは (시험에 떨어진 이후) (계속)

(45) 1. 泣いてわめいて (울고 소리치고) (병렬) 이 경우 접속조사 te를 생략할 수도 있다. 'て'가 붙는 것이 보다

안정적이다.

2. 泣きわめき (울고 소리치고) (병렬)

2) 중지법

(46) 本を読んで外に出た。(책을 읽고 밖에 나왔다)

3) 부사적

(47) 1.叱られて泣いた。(꾸중들어서 울었다) (원인·이유)

2.学者になりたくて語学に力を入れた。(학자가 되고 싶어서 어학에 힘을 들였다) (원인·이유)

(48) 運動をして体をきたえた。(운동을 해서 몸을 단련시켰다) (수단·방법)

4) 동사와 보조용언의 접속(여러 가지 의미를 보탠다)

(49) 1. 読んでいる。(읽고 있다)

2. 読んでしまう。(읽어버리다)

3. 読んでみる。(읽어 보다)

탁음형 'で'와 관련하여 조동사 'ない''ん'에 이어지는 'で'의 형태와의 구별에 대해 언급하면, 예컨대,

(50) 運動しないで何やってるのか。(운동하지 않고 무엇하고 있는가)

이는 '運動しなくて', '運動せずに'와 같은 의미가 된다. 부정어에 이어진다.

이것을 접속조사로 하게 되면 접속관계가 특정한 말의 접속에 한정되어

일반성이 결하게 된다. 또 접속조사 'て'의 탁음화로 보기에는 그 탁음화는 연용형 접속에서 i음편과 n음편의 결과에서 오는 것인데 그것과 거리가 있어 보인다.

그 밖의 처리방법으로 격조사 'で'의 형태의 접속조사적 용법으로 하는 것이 있다. 문법에서 틀을 잡기 어려운 한 예이다.

ながら

1. 접속. 체언, 동사(연용형), 동사형 조동사(연용형), 형용사(종지형) 또는 형용사형 조동사(종지 형)에 이어진다.

2. 의미

1) 동시(계속)

(51) 1. 泣きながら話した。(울면서 이야기하였다)
2. 笑いながら散歩した。(웃으면서 산보하였다)
3. 本を見ながら音楽を聞いている。(책을 보면서 음악을 듣고 있다)

2) 확정조건의 역접

(52) 1. お金を持っていながら出そうとしない。(돈을 가지고 있으면서 내려고 하지 않는다)
2. 知らないながら知っているふりをする。(모르면서도 알고 있는 체를 한다)
3. 食べたいながら我慢している。(먹고 싶으면서 참고 있다)

'ながら'는 접미사로 쓰이는 경우가 있는데 다음과 같이 대비된다.

(53) 1. 3人ながら (세 사람 모두) 접미사

2. 3人でありながら (세 사람이면서) 접속조사

(54) 1. 弟は3人ながらかしこい。(동생은 세 사람 모두 영리하다) (접미사)

2. 彼は弟が3人でありながら誰もいないふりをする。

(그는 동생이 세 사람이면서도 아무도 없는 체를 한다) (접속조사)

(53) 1. 및 (54) 1.은 부사구 노릇을, (53) 2. 및 (54) 2.는 절의 접속의 구실을 하고 있다.

'ながら'는 접속의 의미를 지니면서 또 주절의 주어와 종속절의 주어가 동일해야되고 따라서 그 중의 어느 하나를 비명시적으로 나타내는 특색을 지닌다.

(55) 1. (PRO)音楽を聞きながら太郎が勉強している。

(음악을 들으면서 태랑이 공부하고 있다)

2. 太郎が音楽を聞きながら(PRO)勉強している。

(태랑이 음악을 들으면서 공부하고 있다)

이때에 비병시적인 주어를 공범주 PRO로 나타내기도 하지만 보통 영어에서는 PRO는 종속절의 비시제절의 주어로 나타나는데 여기의 (PRO)의 예는 1.의 경우는 맞지만, 2.의 경우는 주절 그것도 시제절의 주어에 나타나 있어서 맞지 않는 경우가 된다. 영어와 달리 한국어나 일본어는 주절/종속절, 시제/무시제의 관계없이 주어가 비명시적이면 PRO로 보는 개별문법적인 것으로 할 수 있다. 비록 그렇다 하더라도 PRO와 선행사와는 동일 절에 공존하지 않기 때문에 PRO는 선행사에 앞서거나 선행사를 성분통어하지 못한다는 규약은 지탱되는 셈이다.

'ながら'의 경우와 달리 '~たら'(과거조동사의 가정형)의 경우는 이와 반대로 주절과 종속절의 주어(동작주)가 같아서는 안 된다.

(56) 花子が手紙を書いたら私も書く。(화자가 편지를 쓰면 나도 쓴다)

만일 이를,

(57) *PRO 手紙を書いたら私も書く。(편지를 쓰면 나도 쓴다)

는 틀리게 된다. 다만 'ながら'의 경우는 종속절의 주어는 동일하다는, 'たら'의 경우는 동일하지 않는다(하나는 선행화맥(문맥)에 있다)는 의미해석규칙을 마련해서 구별을 기할 수도 있다.

たり(だり)

が행 5단의 i음편, な행, ま행, ば행 5단의 n음편에 이어질 때 'だり'로 탁음화한다.

1. 접속. 용언(연용형)과 조동사(연용형)에 이어진다.
   조동사에 이어지는 예로는 '書かせたり'(쓰게하기도 하고)

2. 의미
   1) 병렬(たり ~たりする 의 형식)

(58) 1. 泣いたりわめいたり (울기도 하고 소리치기도 하고)
2. 書いたり読んだり (쓰기도 하고 읽기도 하고)
3. 門をたたいたり呼んだり (문을 두드리기도 하고 부르기도 하고)

앞서의 'て'(전후 접속, 명령)와 대비하면,

(59) 1. 書いて読んだ。(쓰고(서) 읽었다) (순서대로 진행)
2. 読んだり書いたり (읽기도 쓰기도) (순서에 관계없이 진행)

2) 반복(반대의 뜻의 병렬)

(60) 1. 行ったり来たり (가고 오고/가다 오다가)
2. 出たり入ったり (나가고 들어오고/나가다 들어오다)
3. 雨が降ったり止んたり (비가 내리다 그치다)

3) 거례(挙例)(~たりするの의 형식)

(61) 1. そんな事でやめたりするのは駄目だ。
(그런 일로 그만두거나(둔다든지) 하는 것은 안된다)
2. けんけをしたりしてはいけない。
(싸움을 하거나(/한다든지) 해서는 못 쓴다)

이 접속조사는 다른 접속조사와는 달리 접속의 구실보다는 병렬 부사구의 구실을 하고 있다.

し

1. 접속. 용언(종지형), 조동사(종지형)에 이어진다.

2. 의미.

1) 병렬

(62) 1. お金もあるし時間もある。(돈도 있고 시간도 있다)
2. 空気もいいし景観もいい。(공기도 좋고 경치도 좋다)
3. 空も青いし海も青い。(하늘도 푸르고 바다도 푸르다)

이 접속조사는 다른 접속조사가 종속절과 주절의 접속구실을 하는데 비해 대등절의 접속 구실을 한다.

2) 근거·이유의 예시

(63) 1. 就職もしたしそれで見合いするつもりだ。
(취직도 했고 그래서 선 볼 생각이다)
2. 給料ももらったし外食でもしようか。
(봉급도 받았고 외식이라도 할까)

이상의 접속조사 이외에 그 범주에 들어가는 것으로 다음과 같은 것이 있다. 분석적으로는 '형식명사 – 조사'로 볼 수 있는 것이지만, 절과 절의 연결 구실을 하는 점에서 접속조사로 준용되거나 아예 접속조사로 쓰이는 것으로 하고 있다. 모두 용언(연체형)과 조동사(연체형)에 이어진다.

(64) 1. もの–を. 早く買ってくればよいものを、今になってはおそすぎる。
(빨리 사왔으면 좋을 것을 지금에 와서는 너무 늦다)
2. もの–の. 来るとは思っていたものの急に来られてあわてられた。
(온다고는 생각하고 있었던 것이지만 갑자기 와서 당황했다)
3. ところ–が. ためしにやってみたところが、以外にもうまくできた。
(시험 삼아 해 보았는데 의외로 잘 되었다)
4. ところ–で. いくら訴えたところで耳に入れてくれない。
(아무리 하소연한 바지만 귀에 담아 주지 않는다)

이상의 접속조사의 특색을 살펴보면 격조사, 부조사, 계조사는 비활용어인 체언(또는 체언에 준하는 것)에 이어지는데, 접속조사(그리고 다음의 종조사)는 용언과 조동사와 같은 활용어에 이어진다(접속조사 'ながら'는 체언에 이어지는(小学生ながら) 예외적인 경우는 있다).

접속조사 자체는 나머지 조사처럼 비활용어지만, 용언에 이어지기 때문에 활용어의 어미와도 같다. 곧 체언에 이어지는 나머지 조사는 서술어 이

외의 문장 성분을 수행하는데, 접속조사는 용언, 조동사와 함께 절말의 서술어 구실과 다음 절에의 접속 구실을 한다(だり는 예외적으로 병렬부사구 구실을 함). 그래서 문법에 따라서는 접속조사를 인정하지 않고 용언의 어미의 일부로 보기도 하는 것이다. 그리고 접속조사의 접속의 의미에 따라 후행절에서 나타나는 의미를 유추하거나 추정할 수 있으므로 후행절을 생략시켜 문말의 종조사와 같은 구실을 하기도 한다. 거의 모든 접속조사에 그러한 종조사적 용법이 있게 된다.

여기에 보태서 접속조사와 같은 구실을 하면서 접속조사로 보지 않는 '-なら'와 '-たら'에 대해 언급하고자 한다.

(65) 1. -なら. 단정조동사 'だ'의 가정형. 주로 체언(체언에 준하는 것 の), 용언(종지형)에 접속한다(형용동사에 이어질 때는 なら/なら-ば 어느 것도 쓰인다)

a) 健康なら (명사 + 단정조동사) (건강이면)

b) 健康なら/健康ならば (형용동사) (건강하면)

c) お前(まえ)が買(か)うなら僕(ぼく)も買(か)う。(네가 산다면 나도 산다)

d) いやならいやと言え。(싫다면 싫다고 말해)

2. -たら. 과거조동사 'た'의 가정형. 주로 용언에 접속한다. たら-ば의 형태는 없다.

'たら'는 종속절주어와 주절주어는 동일하지 않는다. 그리고 'たら'는 과거조동사이기 때문에 종속절이 과거시제가 될 수 있지만 'なら'는 되지 못한다. 다만 과거조동사와 같이 써서 ~たなら의 형식으로는 가능하다.

(66) 1. 家(うち)に行(い)ったら遊(あそ)んでいた。(집에 가니까(갔는데) 놀고 있었다)

2. 家(うち)に行ったら電話(でんわ)がかかってきた。(집에 가니까(갔는데) 전화가 걸려왔다)

3. 家に行ったら会(あ)えるでしょう。(집에 가면(간다면) 만날 수 있겠지요)

여기서 가정의 뜻으로는 3.만이 해당되고 나머지는 경우(~하니까)로 쓰이고 있다. 과거조동사로서의 한국어 대역은 잘 대기 어렵다. 공손의 표현 때도 마찬가지다(行きましたら遊んでいた。(가니까 놀고 있었다)).

가정의 경우는 가능하다(行きましたらお会いできるでしょう。(가오면 만나실 수 있겠지요)).

다음의 (67) 1.은 가정접속에, 2.는 확정접속에 상당한다. 그리고 2.는 과거조동사 'た'와 함께 'なさ'가 쓰여서 과거시제(시접의 이동)를 나타낸 예가 된다.

(67) 1.家に行くなら明日行きなさい。(집에 간다면 내일 가세요)
2.家に行ったなら休んでいなさい。(집에 갔으면 쉬고 있어요)

'なら'는 단정조동사이기 때문에 조건표현에서 명사에 직결될 수 있고 명사에 준하는 말(연체형 + の)에 연결되기도 한다.

3. 学生なら時間を節約しなさい。(학생이면 시간을 절약하세요)
4. 家に行くのなら明日行きなさい。(집에 갈 것이면 내일 가세요)

'たら'에는 이와 같은 표현이 쓰이지 않는다.

이들 'なら'와 'たら'의 형태는 절 접속의 구실을 하고 있으므로 이왕 접속조사의 범주를 두는 이상은 각각 다른 범주로 분산시키기보다 동일한 접속조사의 범주에 넣는 것이 어떤가 생각한다.

끝으로 접속조사의 통사구조상에 생성되는 위치에 대해 살펴보고자 한다. 먼저 필자가 가정하는 기본적 문 구조는 다음과 같은 계층을 이룬다.

(68)

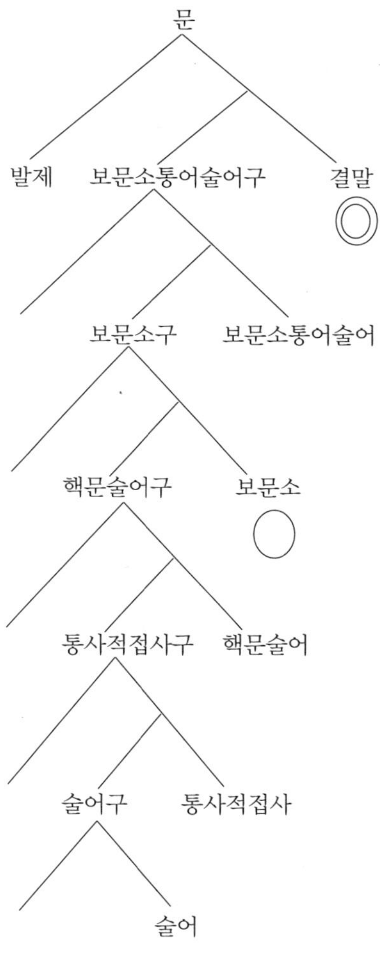

오른쪽 가지 끝은 술어와 관계된 것이고, 왼쪽 가지 끝은 그것과 상대되는 명사구(조사구)이다. 일부의 내포절은 보문소(○ 표시)가 유도한다. 앞에서 본, 종속절과 주절을 연결하는 접속조사도 이 자리에 위치한다는 견해도 있을 수 있다. 그렇지만 내포절은 보문소를 통어하는 술어가 마무리 지을 수 있으나, 종속절은 완결되지 않을 뿐 문과 거의 같아서 그 자신 내포절을 내포할 수 있는 다름이 있다. 그리고 완결 짓기 위해서는 어차피 결말 부분이 생기되어야 한다. 따라서 필자는 결말의 위치(◎ 표시)에 접속조사가 나타나는 것으로 보고 있다. 곧 결말은 문을 완결시키는 자리인데(–접속), 접속조사가 자리하여 접속의 일을 하게 되면(+접속) 다음의 절과 연속하게 되는 것으로 보는 것이다. 접속의 의미관계는 접속조사의 형태적 의미에 따라서 분별된다고 본다.

그렇다면 종속절 – 주절의 구도는 다음의 (69) 1.이 될 것이고, 이외에 2.와 같이 주문에 내포되는 것도 있을 것이다.

(69)

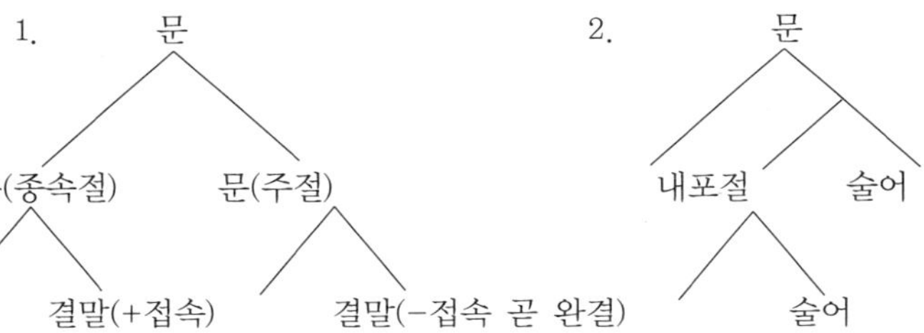

문요소의 접속(하나의 순열)에는 구의 접속, 절의 접속, 문의 접속이 있다. 구의 접속에는 휴지(,), 접속조사(와, 그리고), 내포절의 접속은 보문소가, 종속절의 접속에는 절말의 접속조사가, 문의 접속에는 문두 접속어(그러나, 그리고, …)가 쓰인다. 휴지를 쓰든 접속조사를 쓰든 어떤 것을 쓰느냐하는 것은 화자의 표현의도에서 오는 것으로 문요소의 동일범주의 순열의 병합은 원초적인 보편문법(UG)의 본질의 하나라고 생각된다.(김공칠 2011:29)

종조사 접속조사는 절말에 쓰이는 것이라면, 종조사는 문말에 쓰이는 것이다. 종조사에는 다음과 같은 것이 있다. 이는 대략적인 것으로 하나의 형태가 여러 의미를 나타내기도 하고 억양에 따라 여러 양상을 보여주기도 한다.

(70) 1. 의문　か, の, こと, て, かしら
2. 반어　か, ものか, ことか
3. 금지　な
4. 영탄·여운　な(なあ), や, わ, こと, ね
5. 강의(強意)　や, とも, わ, って, ったら
6. 지시　ぜ, ぞ
7. 명령·청유　よ
8. 단정　の

이외에 호격의 'や, よ'가 있다. 이는 제시어(호칭) 다음에 쓰이므로 종조사라고 할 수 없지만, 문중의 구 다음에 간투(間投)적으로 쓰이는 조사(간투조사라고 한다)까지 합쳐서 종조사라고 하고자 한다. 간투조사도 문말에 쓰이므로 일일이 구별할 필요가 없다고 본다. 간투조사와 종조사가 겹칠 때는 간투조사가 종조사 뒤에 오므로 함께 종조사라 해도 문제가 없다.

か

한국어에서 문말의 의문형 어미는 하나의 단어인 동사의 내부요소이다. 그러나 일본어

(71) 가　브니　까?
行き　ます　か?

는 앞에서 대비한대로 동사 – 공손조동사 – 종조사(의문)의 세 단어의 형태로 분석하고 있다. 다음 (72)의 'か'의 형태는 부조사에서 본대로 문말이 아닌 문중에서 계조사적 용법의 '~인지(~아니면)'의 간접의문에 쓰이는 것으로서 구별된다.

(72) AかBかの (A인지 B인지/A 아니면 B의)

1. 접속. 체언 또는 동사(연체형, 청유형), 형용사(연체형), 조동사(연체형, 청유형), 형용동사(어간)에 이어진다.

2. 의미.

1) 의문

(73) これは何ですか。(이것은 무엇입니까?)

2) 청유

(74) 映画でも見ようか。(영화라도 볼까?)

3) 바람

(75) なにか面白い事ないかなあ。(뭔가 재미있는 것 없을까)

4) 반어

(76) そんな事あるものか。(그런 일 있을 것인가)

반어에는 표현긍정 → 결과부정
　　　　표현부정 → 결과긍정　의 두 가지가 있다.

(77) 1. そんな事あるものか。
　　(긍정으로 표현 → 부정의 결과가 나온다) (그런 일이 없다는 것)
　2. そんな事ないものか。
　　(부정으로 표현 → 긍정의 결과가 나온다) (그런 일이 있다는 것)

5) 독백의 표현

(78) そういう事か、困ったなあ。(그렇다는 건가, 난처하네)

'か' 다음에 강조사 i가 붙는 'かい'의 형식이 쓰이기도 한다.

(79) 1. 見たかい。(질문) (보았냐?)
2. そんな事有るかい。(반어) (그런 일 있냐)

の

이 조사는 원래 부인어이다. 다음의 (80)의 의문의 용법은 남성에게도 쓰이지만 가벼운 단정은 부인어들만 쓴다.

1. 접속. 용언(연체형), 조동사(연체형)(う, よい, まいは 제외)에 이어진다.

2. 의미.

1) 의문

(80) なに買うの。(뭘 살 것?) なにがきらいなの。(뭐가 싫어요?)

2) 명령

(81) 1. ゆっくり読むの。(천천히 읽어)
2. 文句なんか言わないの。(불평같은 것 하지 말 것)

3) 가벼운 단정

(82) 1. 今思いついたの。(지금 생각났어요)
2. 散歩して来たの。(산보하고 왔어요)

이것에 단정의 조동사 'だ'가 붙은 형식 'のだ'에 대해서,

(83) 1. 散歩して来たの。(산보하여 왔어/산보하여 온 것)
2. 散歩して来たの■ (산보하여 온 것(이다))
3. 散歩して来たのだ。(산보하여 온 것이다)

와 같이 평행적으로 보아서 (83) 1.의 'の'는 종조사로 보는 것과 종조사로 보지 않고 2.처럼 준체조사 + 제로(영기호)의 사(辞)(단정조동사 혹은 판단사)로 보기도 한다. 3.은 영기호의 사(辞)가 형태적으로 나타난 것으로 보는 것이다. 혹은 전술한 바도 있지만 'のだ'의 형식 자체를 하나의 조동사로 보기도 한다.

한국어로 대역할 때 1.은 간단하게 종조사로도 처리할 수 있지만, 준체조사(혹은 형식명사 '것')로 처리할 수 있는 여지도 없지 않다. 1., 2., 3.을 일괄할 수 있기 때문이다. 그러나 'の'형태는 단정뿐만 아니라 억양에 따라서는 평서, 명령, 의문 등을 나타낼 수 있어 그러한 영기호의 사가 생략된 것으로 볼 수 있으나 문말만은 선행 서술어와 함께 서술 구실을 하는 종조사로 해두고자 한다.

(84) 1. 午前中(ごぜんちゅう)は休(やす)むの! 오전중은 쉴 것(/쉬어) 명령(강세)
2. 〃 ? 오전중은 쉴 것?(/쉬냐) 의문(상승조)
3. 〃 오전중은 쉴 것(/쉬어요) 평서(하강조)

이상의 'の'의 형태 외에 의문과 명령에는 'のよ'의 형태가, 가벼운 단정에는 'のね'의 형태도 쓰인다. 이들은 부인어에 속한다.

こと

형식명사 koto에서 전성된 것이다. 부인어로 쓰인다.

1. 접속. 용언(종지형), 조동사(종지형, う/よう, まい 제외)에 이어진다.

2. 의미.

1) 의문, 권유 (~ないこと의 형식)

(85) バスでも乗(の)ってみないこと。(버스라도 타 보지 않을 것?)

2) 영탄

(86) 本当(ほんとう)に静(しず)かですこと(ね)。(정말로 조용하군요)

문말에 간투조사(종조사) 'ね'가 따르기도 한다.

3) 부드러운 단정

(87) 邪魔(じゃま)してはいけないことよ。(방해해서는 안 되는 거예요)

이 경우는 종조사 'よ'를 반드시 수반한다.

4) 명령(문장어에서)

(88) 車内(しゃない)ではたばこをすわないこと。(차내에서는 담배를 피우지 않을 것)

'の'의 경우와 마찬가지로 동일한 형태가 의문(상승조), 감동(하강조), 명령(강세)의 구실을 할 때는 억양의 차이가 있게 된다(이하에서도 마찬가지다).

て(で)

접속조사 'て'에서 전성된 것이다. 곧 'て'의 중지적인 용법이 후행어의 생략에서 종조사화한 것이다. 부인어이다. 선행어의 음편형에 따라 'で'로 탁음화한다.

1. 접속. 용언(연용형), 조동사(연용형)에 이어진다. 'って'형도 쓰이는데 이는 종지형에 이어진다. 강조 혹은 4)의 전문(伝聞)의 뜻이다.

2. 의미.

1) 의문

(89) 1. そんなに惚(ほ)れて。(그렇게 반했니?)

2. もう仕事は終わって。(벌써 일은 끝났니?)

2) 명령·의뢰

(90) 1. 市場に行って来てね。(시장에 다녀와요(네))

2. 手伝って(よ)。(거들어 주어(요))

3. 早く帰って。(빨리 가)

이때 간투조사(종조사) 'ね', 'よ'를 수반하기도 한다.

3) 강한 단정(자기 처지와 의견의 내세움, 'てよ'의 형식으로)

(91) 1. あれは本物だってよ。(저것은 진짜였데요)

2. 僕の記憶は間違いなくてよ。(나의 기억은 틀림없다고요)

4) 전문

(92) 1. 入試に合格したって。(입시에 합격했다고 해요)

2. 出張に行くって。(출장 간다고 해요)

かしら

부인어로 쓰인다. 남성어의 '~かなあ'에 상응한다.

1. 접속. 체언, 동사(연체형), 형용사(연체형), 조동사(연체형), 형용동사(어간)에 이어진다.

2. 의미.

1) 의문

(93) 1. 学校の教師かしら。(학교의 교사일까?)

2. あまり早く来たかしら。(너무 일찍 왔는가?)

2) 희망(ないかしらの 형식)

(94) 早くバスが来ないかしら。(빨리 버스가 오지 않네(왔으면))

3) 독백(1)의 의문을 자기에게 하는 것)

(95) 忘れ物はないかしら。(잊은 물건은 없는가?)

な

현대의 'な'에는 금지와 감동의 경우가 있는데 여기서는 따로 금지의 경우를 보인다.

1. 접속. 동사(종지형), 동사형 조동사(종지형)에 이어진다.

2. 의미.

1) 금지

(96) 1. 何も食べるな。(아무것도 먹지 말라)

2. ご心配下さいますな。(걱정하시지 마세요)

금지와 명령은 문체상으로는 모두 명령형의 범주에 들어갈 것이나 형태상으로 구별되고 있다.

(97) 1. 運動する-な (운동하지 말라) (동사(종지형) + な) (금지)

2. 運動しろ (運動するの 명령형) (명령)

2) 명령 : 'な'가 명령형에 쓰일 때는 연용형에 이어진다.

(98) 早く運動しな (빨리 운동해) (동사(연용형) + な)

참고로, 금지나 명령처럼 시키는 듯한 뜻을 지닌 허용, 불허용, 권고의 표현은 문체상으로 평서형이 되어 명령형과는 구별된다.

(99) · 허용　してもいい/よろしい (해도 좋다)
· 불허가　してはいけない/ならない (해서는 안 된다)
· 권고　するがいい/よかろう (하는 게 좋다 / 좋을 것이다)

な(あ)

1. 접속.　용언(종지형), 조동사(종지형)에 이어진다.

2. 의미.

1) 감동

(100) 1. 立派(りっぱ)だな(あ)。(훌륭하네)
2. きれいな(あ)。(예쁘네)

2) 바람

(101) 本があるといいなあ。(책이 있으면 좋은데)

3) 단정·주장

(102) 1. 必(かなら)ず来(く)ると思(おも)うなあ。(반드시 온다고 생각해요)
2. 彼女(かのじょ)は天才(てんさい)だなあ。(그녀는 천재이구나)

4) 다짐

(103) 1. 嘘(うそ)でしょうな。(거짓말이겠지)
2. 確(たし)かでしょうな。(확실하겠지)

や

1. 접속.　체언, 용언(종지형, 명령형), 조동사(종지형, 명령형)에 이어진다.

2. 의미.

1) 영탄

(104) 1. あまり重いや。(너무 무겁구나)

2. 本当に美しいや。(정말로 아름답구나)

2) 강조

(105) いまや行こうじゃないか。(지금이야 가야하지 않니?)

3) 호격

(106) 太郎や一緒に行こう。(태랑아 함께 가자)

4) 청유 (う/よう や의 형식으로)

(107) 1. 帰ろうや (돌아가자)

2. 始めようや (시작하자)

5) 독백

(108) 1. まあいいや。(어쨌든 괜찮아)

2. つまらないや。(시시해)

わ

여성어로 쓰일 때는 'わ, わね(え), わよ'의 형식이 쓰이고, 남성어로 쓰일 경우는 여성어의 'わ' 하고 억양을 좀 달리한다.

1. 접속. 용언(종지형), 조동사(종지형, う/よう, まい는 제외)에 이어진다.

2. 의미.

1) 영탄

(109) 1. まあ、おどろいたわ (어머, 놀랐어요)

2. すばらしいわ (정말 멋져요/멋지구나)

2) 강조

(110) 1. いいわ。(좋아요)

2. わかったわ。(알았어요)

3. なんにもないわ。(아무것도 없어요)

3) 부드러운 표현

(111) この着物着て見たわ。(이 옷 입어봤어요)

4) 확인 (わね(え)의 형식)

(112) あしたは休みだわね。(내일은 휴가지요 네)

よ

1. 접속. 용언(종지형, 명령형, 청유형), 조동사(종지형, 명령형, 청유형)에 이어진다. 부인어의 경우는 동사와 형용사에는 종지형에 조사 'わ'를 개입시킨다(かしこいわよ(영리해요)). 형용동사면 어간에(静かよ(조용해요) (cf.静かだよ(조용해요, 남성어)) 이어진다. 명사면 단정조동사 'だ'의 개입 없이 'わ'를 붙이는 경우(母よ(어머니에요))가 많다.

2. 의미.

1) 영탄

(113) 1. なかなかまじめだよ。(꽤 착실해요)

2. よく似合うよ。(잘 어울려요)

2) 강조

(114) 1. 僕のものだよ。(내 것이에요)

2. 今捨てたばかりよ。(지금 버린 참이에요)

3) 청유

(115) 1. 今すぐ帰ろうよ。(지금 곧 돌아가자(요))

2. 少し何か食べようよ。(조금 뭔가 먹자고(요))

4) 명령·금지

(116) 1. 少しばかりでも食べよ。(조금만이라도 먹어요)

2. あまり食べるなよ。(너무 먹지 말아요)

5) 호격

(117) 姉ちゃんよ、これ見て。(누나야, 이것 봐)

とも

1. 접속. 용언(종지형), 조동사(종지형)에 이어진다.

2. 의미. 강한 긍정, 동의

(118) 1. うん、いいとも。(응, 좋고말고)

2. それはそうだとも。(그것은 그렇고말고)

3. すぐ返すとも。(곧 돌리고말고)

ぜ, ぞ

남성어로서 친한 사람에게만 쓰인다.

1. 접속. 용언(종지형), 조동사(종지형)에 이어진다.

2. 의미.

1) 지시 : 'ぜ'는 가벼운 지시어, 'ぞ'는 강한 지시에 쓰인다.

(119) 1. よく笑うぜ。(잘 웃는다(이))

2. そら行くぜ。(자, 간다(이))

3. よく笑うぞ。(잘 웃는다이)
4. そら行くぞ。(자 간다이)

2) 경멸·독백 : 경멸은 'ぜ'에서, 독백은 'ぞ'에서 보인다.

(120) 1. みんなが見てますぜ。(모두 보고 있네요)
2. 大変(たいへん)だぞ。(큰일이네)

けど(けども, けれど)

접속조사 'けれど(も)'에서 전성된 것이다.

1. 접속. 용언(종지형), 조동사(종지형)에 이어진다.

2. 의미. 여운을 나타낸다.

(121) 1. 私(わたし)もそう思(おも)いますけど。(저도 그렇게 생각합니다만)
2. 私が山田ですけど。(제가 야마다입니다만)
3. たった今思(いまおも)い出(だ)しましたけど。(지금 막 생각났습니다만)

ものか(もんか), ことか

문말에 사용된 형식명사 'もの'에 반어의 뜻을 지닌 종조사 'か'가 붙는 것이 관용화되어 'ものか'(것인가)로 쓰이게 된 것이다. monoka에서 모음 o가 탈락한 것이 monka인데 가끔 이것도 쓰인다. 'ことか'(일인가/것인가)도 가끔 쓰이지만 'ものか'쪽이 많이 쓰인다.

1. 접속. 용언(연체형), 조동사(연체형)에 이어진다.

2. 의미. 분명히 부정하는 강한 반어(긍정표현 → 부정결과) (결코 ~하지 않는다는 뜻)

(122) 1. そんな事あるものか。(그런 일이 있을 것인가)

2. そんな事あることか。(〃)

3. あんなやつに負けてたまるものか。(저런 놈에게 지고 배길 수 있나)

4. あんなやつに負けてたまることか。(〃)

ってば, ったら

표준적인 어법으로 인정되고 있지 않는 것 같으나 실지 동경어로서 사용되고 있다.

1. 접속. 체언에 또는 동사의 명령형에 이어진다.

2. 의미. 주의의 촉구

(123) 1. 早く来いってば。(빨리 오라니까)

2. 早くしろったら。(빨리 하라니까)

って

앞의 것과 동류의 것이다.

1. 접속. 용언(종지형), 조동사(종지형)에 이어진다.

2. 의미

1) 반복·확인

(124) 1. 一つもないって。(하나도 없다고)

2. 落ちたって。がっかりするよ。(떨어졌다고. 실망되네)

2) 전해 들음

(125) 明日は雨がふるって。(내일은 비가 내린다고 해)

이상의 종조사가 문말에 위치하는데 문말뿐만 아니라 구말, 절말의 아무데나 끼어드는(間投) 조사가 있다. 소위 간투(間投)조사라고 부르는 것인데, 주로 다음과 같은 것이 이에 해당된다.

감동·여정(余情) ね ね(え)
강세·여정 さ

이들이 문말에 쓰이는 점에서 간투조사로 따로 세우기보다 모두 종조사에 포함시키고, 간투조사적으로 쓰이는 것은 종조사의 간투적 용법으로 하고자 한다. 문두에 나오는 것은 감탄사로 해서 구별할 필요가 있다.

ね(ねえ)

1. 접속. 체언, 용언(종지형), 조동사(종지형), 기타의 여러 가지 말에 이어진다.

2. 의미. 영탄·여정

(126) 1. あのね。(저) (주의환기)
2. 今(いま)はね。(지금은요)
3. あれはね。(저것은요) (강조)
4. そうですね。(글쎄니다) (주저)
5. そこに置(お)いてあるね。(거기에 놓여 있지요) (확인)

さ

주로 남성이 쓰는 말이다.

1. 접속. 체언, 용언(종지형), 조동사(종지형), 기타 여러 가지 말에 이어진다.

2. 의미.

1) 강조·환기

(127) 1. お前(まえ)にさ。(너에게 (말이야)) (강조)

2. 僕(ぼく)にあるさ。(나에게 있지) (환기)

2) 기분

(128) 1. それはそうさ。(그건 그렇지) (당연한 기분)

2. 仕方(しかた)ないさ。(할 수가 없지) (체념의 기분)

3. 何の恐(おそ)れがあるのさ。(무슨 두려움이 있나) (반대의 기분)

종조사의 생성위치는 일부의 간투적인 용법 말고는 접속조사와도 동일한, 문 시발구조인 발제-결말의 결말 위치로 생각한다. 종조사의 의미용법이 보이듯이 언어사용자(화자)의 정의(情意)적 표현이며 감정과 의지의 직접적인 발로이기 때문에 명제적 표현자리에 생성될 성질의 것은 아니다. 또한 문을 결말짓는 문체적 표현인 서술, 단정, 의문, 반어, 금지, 감탄, 명령·청유의 구실도 겸하고 있기 때문이다.

(129)

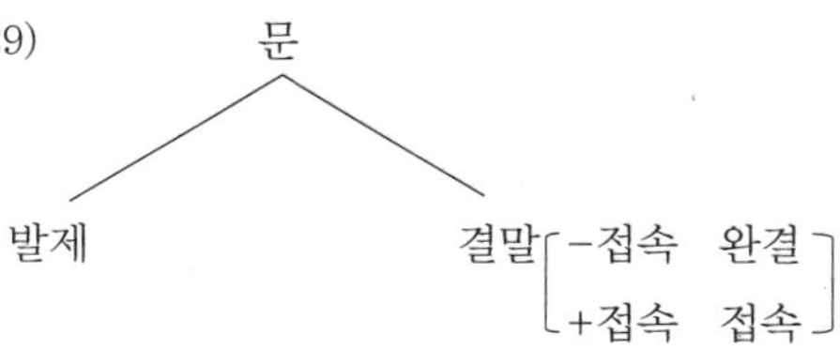

결말 자리에 접속조사가 위치하면 문은 완결되지 않고 다음 주절에 이어지고, 종조사가 위치하면 단정, 의문, 반어, 금지, 감탄, 명령, 청유로서 문

을 완결을 짓게 한다고 보는 것이다.

11. 조동사

성격 조동사는 자립어가 아닌 비자립어(부속어)의 하나로 활용이 있는 것이다. 활용이 없는 조사와 상대적인 위치에 있다. 조사는 체언(그리고 체언에 준하는 것)에 이어지고, 조동사는 용언(그리고 조동사에도)에 주로 이어진다. 그래서 조동사를 활용이 있는 조사, 움직이는(활용하는) teniwoha라는 이름이 있다.

하나의 품사로서 독립하는 조동사의 성격에 대하여는 여러 관점에서 논의가 있을 수 있다.

조동사는 그 자신 독립하여 1문절을 이루지 못하고 다른 자립어에 부속하는데, 그 와 비슷한 형태인 접사와의 구별의 문제가 있다. 접사 중에 활용하지 않는 것은 활용/비활용이라는 관점에서 구별되나 활용하는 접사하고는 그 구별이 애매할 수 있다.

먼저 활용/비활용의 관점도 애매한 경우가 있다. 그것은 조동사 중에는 어형이 한 가지 곧 비활용으로 보이는 것이 있기 때문이다. 의지 및 추량 조동사의 'う/よう', 부정조동사 'まい'의 경우가 그것이다. 이들은 모두가 하나의 어형뿐이다. 다만, 비록 하나의 어형이라도 종지형과 연체형의 두 구실을 감당한다는 점에서 활용하는 것으로고 보고 있다.

또한 동사 중에는 명사와 접미사가 합성하여 동사가 되는 경우, 그 동사가 활용하면 마치 접미사가 활용하는 것과 같은 경우가 있다. 그 한 예로 春(はる)-めく(봄다와지다, 봄 기운이 나다)를 들 수 있다. '-めく'는 명사나 부사에 붙어서 동사를 만드는데 '~다와지다'의 뜻을 지니는 접미사다. 일단 합쳐

서 동사가 되면 활용하므로 활용하는 접미사가 되는 셈이다.

명사에 직결되는 조동사도 단정(学生-だ(학생이다)), 추량(学生-らしい(학생인 듯하다))의 경우가 있는데, 이들 조동사와 앞서의 접미사하고는 어떻게 다른가 하는 문제가 있다. 접사의 경우는 앞 요소와의 관계가 밀착되어서 떼어낼 수 없고 떼어내면 앞 요소가 불완전해지는데 조동사는 접미사보다 형식의 이합(離合)에 자유성이 있다.

(1) 1. 寒がる (어간 + 접사) (추워하다)
  2. 寒い-らしい (형용사 - 조동사) (추운 듯하다)

이들을 단어라는 관점에서 보면 조동사는 한 단어이고 접사는 한 단어가 될 수 없다. 앞 요소와 합쳐서 한 단어가 된다. '春-めく'의 경우 뒤엣것을 떼 내어도 앞 요소는 완전하지만 이들 두 요소는 밀착되어 한 단어가 되고 있다. 한 단어인가 두 단어인가는 요소 사이에 어떤 다른 요소가 끼어들 수 있는가에서 알 수 있다. 하나의 예로 '学生らしい'는 두 요소로 된 것은 분명한데 후접의 'らしい'가 조동사로 보는 경우와 접사로 보는 경우가 있다.

(2) 1. 学者らしい (명사 - 조동사)   두 단어 학자인 듯하다
  2. 学者らしい (명사 - 접사) → 형용사 한 단어 학자답다

이때의 조동사와 접사의 구별은 그 형태의 의미와 그리고 두 형태의 분절성에 있다. 명사와 후속요소 사이에 다른 요소가 개재할 가능성이 있느냐다. 이 명사 - 조동사의 경우는 그 사이에 'である'가 개재할 수 있다.

学者-である-らしい (명사 - 단정조동사(문어형) - 추량조동사)

그러면 두 요소 사이에 다른 요소가 개재할 수 있는 동사 - 보조동사하고는 어떻게 구별되는가. 동사 - 조동사는 동사의 연속이 아닌데, 동사 -

보조동사는 동사의 연속이다.

본동사 – 보조동사는 확실히 자립어 – 자립어의 연속으로 그 사이에 휴지가 있다.

(3) 1. 書いている。(쓰고 있다)
   2. 書いてしまった。(써 버렸다)
   3. 書いてみた。(써 보다)

휴지가 없더라도 시상(時相), 시도 등을 보조적으로 나타내는 동사인 점에서 구별된다.

(4) 1. 書き始める。(쓰기 시작하다)
   2. 書き出す。(쓰기 시작하다)
   3. 書き終わった。(다 썼다)

(4)와 같이 동사의 연속으로 된 것에는 동사 – 동사의 복합동사의 경우도 있다.

이들과는 두 개의 동사가 겹친 것은 마찬가지다. 본동사 – 보조동사 사이에 다른 요소가 개재하는 경우는 쉽게 구별되지만, 시상이나 시도 등을 나타내는 동사는 연용형에 이어지는 점에서 복합동사의 경우와 비슷하게 된다.

의미상으로 (동사) – (동사)의 각 동사의 의미가 어느 정도 개별적인 경우는 복합동사이고 (동사) (보조동사) 와 같이 선행요소가 중심적, 후행요소가 보조적이면 동사 – 보조동사의 관계가 될 것이다.

그리고 복합동사는 다분히 조어(造語)적인 차원의 것으로 명사 + 동사(名づける 이름짓다), 형용사(어간) + 동사(近よる (가까이)다가서다)에서 유래

하는 것에 그 이름이 있다. 따라서 동사 – 보조동사도 휴지가 없다면 조어적으로는 복합동사라고 할 수 있다. 다만 앞 요소와 뒷 요소가 대등한 의미를 나타내는가 뒷 요소가 보조적으로 나타내는가의 차이가 있다.

예컨대 '書き出す'의 예를 든다면 만일 이것을 두 요소를 대등하게 풀어서 '써서 (그것을)제출했다'의 뜻이라면 복합동사지만 보통은 '쓰기 시작하다'의 뜻인 동사 – 보조동사이다. '書き出す'는 전자의 뜻으로는 쓰이지 않는다. 그런 뜻으로 쓸 때는 접속조사 'て'를 사용하여 '書いて出した'(써서 내었다)로 나타낸다.

그렇다면 후접한 '出す'는 본래의 의미가 약간 바뀌어 쓰이는 점에서 활용하는 접미사로 볼 수 있지 않느냐고 하겠지만, 접미사는 동사 아닌 요소(명사, 형용사의 어근, 어간)에 주로 붙고 어휘적 의미도 약한데 '出す'는 동사적 본성은 잃지 않고 있다.

다음을 보게 되면,

(5) 1. 書(か)か / 読(よ)ま / 踏(ふ)ま } { ない (쓰지 않다) (부정) / せる (읽히다) (사동) / れる (밟히다) (피동)

2. 書き / 読み / 踏み } { 始める (쓰기 시작하다) / 終わる (읽기를 끝내다/다 읽다) / 出す (발을 내디다)

3. 春 / きら / ざわ } { めく (봄 기운이 나다) / めく (빛나다) / めく (술렁거리다)

1.은 조동사, 2.는 보조동사(혹은 복합동사의 후항), 3.은 접미사의 예이다.

1.은 뒤에 요소가 규칙적으로(여기서는 동사의 미연형에) 접속하고 있고, 2.도 마찬가지다(여기서는 연용형에). 3.은 앞 요소가 여러 가지 형태에 접속되므로 규칙성이 없다. 조동사나 보조동사와 달리 특정 선행어에만 한 가지로 부착하는 것이다.

이런 점에서 1.의 조동사는 3.의 접사와 다르며 2.의 보조동사와는 동사 – 동사의 연속이 아닌 점에서 구별된다.

이상과 같이 여러 관점에서 조동사와 이와 유사한 다른 형태와의 구별되는 점을 예시하였다. 특히 조동사가 활용하는 접미사와의 다른 점이 1) 형식의 이합(離合)의 자유성, 2) 그 자체의 의미적 독립성, 3) 형식의 이합의 규칙성으로 정리되는데, 접미사는 이러한 점이 덜한 것이다. 보조동사와는 동사–동사의 연결이 아닌 점에서, 복합동사의 후항어와는 조어(造語)적인 한 단어 내부의 요소가 아닌, 독립된 한 단어라는 점에서 구별된다. 학자들도 조동사를 그 내용에 따라 접미사로 혹은 동사의 복어미(어미–어미의 연속)로 보기도 하여 구별 짓고 쓰기가 어려운 면도 없지 않지만, 이 책에서는 형태적 구획의 이점을 살리는 교과문법의 취지를 살려서 조동사의 독립품사성을 고려하는 처지를 취한다.

앞에서의 같은 형태가 학자에 따라 조동사, 접미사, 혹은 복어미로 의견이 갈리는 형태분석의 차이를 예시하면,

(6) 1. 書きたい 동사 – 조동사 (橋本) 書き – たい 단어 2

2. 〃 동사(–접미사) (時枝) 書き たい 단어 1 (동사)
(어형상으로는 형용사와 같다)

3. 〃 동사(어미–어미) (山田) 書 き – たい 단어 1 (동사)

한국어로 대역하면 '쓰고 싶다'인데 이는 동사 – (보조)형용사의 2단어가 되어서 1.에 가깝다. 또 하나의 예를 보면

(7) 1. 食べさせる 동사 – 조동사 (橋本) (食べ) – (させる) 단어 2

2. 〃 동사(–접미사) (時枝) ((食べ)(させる)) 단어 1 (동사)

이 경우도 동사의 활용어로 보는 이상 食べ(어간) – させ(파생접미사) – る(활용어미)로 분석되는 것이 옳다.

3. 〃 동사(어미–어미) (山田) (食 (べ) – (させる)) 단어 1 (동사)

한국어로 대역하면 '먹이다'인데 이는 3.의 Yamada의 분석 동사(어간–보조어간–어미) 또는 2.의 Tokieda의 분석(어간–접미사)에 가깝다. 그러나 '書かせる'의 대역은 '쓰게 하다'와 같이 되어 1.의 Hasimoto에 가깝게 된다. 그런데 Tokieda가 사동이나 피동의 조동사를 접미사로 본 것은 사동사나 피동사를 파생하는 요소로 본 것이며, 부정의 'ない'를 조동사로 본 것은 언어주체자의 부정의 의향의 표현으로 보았기 때문이다. 그렇다면 희망의 'たい'도 언어주체자의 희망의 의향의 표현이기에 조동사로 보아야 하는데 접미사로 보고 있다. 동사 – tai → 형용사의 파생요소로 보았다면 그럴 수 있지만, 동사 후접의 낱말 하나하나 따져보아야 하는 것도 하나의 문제점이다.

이와 같이 형태분석은 관점에 따라 다르고 이에 대한 한국어의 대역도 개별적으로 달라지기도 하나 구조적인 차이는 아니다.

조동사의 분류 조동사의 분류는 일반적으로 1)의미에 의한 분류, 2)접

속에 의한 분류, 활용에 의한 분류가 행해진다(橋本 1948:132-).

1) 의미상의 분류, 먼저 의미상의 분류를 보이고 그 하나하나를 학자에 따라 어떻게 견해를 달리하는가를 보이기로 한다.

(8)

이름과 형태	Hasimoto	Tokieda	Yamada
사동 せるさせる	조동사	접미사	복어미
피동 1) 피동 れる/られる	〃	〃	〃
2) 가능 れる/られる	〃	〃	〃
3) 자발 れる/られる	〃	〃	〃
4) 존경 れる/られる	〃	〃	〃
부정 1) 부정 ない ぬ	형용사	조동사	형용사
2) 부정추량 まい	조동사	조동사	복어미
의지 및 추량			
1) 의지·추량 う/よう	조동사	조동사	복어미
2) 추량 らしい	〃	〃	〃
과거·완료 た	〃	〃	〃
단정 だ, です	〃	〃	존재사
희망 たい	〃	접미사	복어미
경어 ます	〃	조동사	〃
비유·불확실한 단정 ようだ	〃	접미사	
양태·전문 そうだ	〃	〃	

피동의 경우처럼 동일한 형태가 여러 가지 용법으로 쓰이는 경우, 크게 하나로 묶고 내부적으로 세분화 하였다.

교과문법에서는 체언 또는 용언에 이어지는 서술적 요소(종조사 제외)를 한데 뭉뚱그려서 조동사로 일괄하는 처리를 하고 있다.

2) 접속상의 분류

a) 용언 또는 조동사에 이어지는 것

(9) 1. 미연형 다음 … せる/させる, れる/られる, ない, ぬ
2. 연용형 다음 … ます, た, そうだ(양태), たい
3. 종지형 다음 … そうだ(전문), まい, らしい
4. 연체형 다음 … ようだ
5. 청유형 다음 … う/よう (청유형을 인정하지 않으면 미연형에)

b) 체언 기타에 이어지는 것

(10) 1. 체언 다음 … らしい, だ, です
2. 조사 다음 … らしい, だ, ようだ

3) 활용상의 분류　이 분류는 조동사의 어원과 관계된다.

(11) 1. 하1단 동사형(동사와 유사한 활용을 하는 것) せる/させる, れる/られる
희망조동사 たい의 파생형 たがる도 조동사로 보게 되면 5단 동사형이 있는 셈이다.
2. 형용사형(형용사와 유사한 활용을 하는 것) ない, たい
1) ku활용 - ない, たい
2) siku활용 - らしい
3. 형용동사형(형용동사와 유사한 활용을 하는 것) だ, ようだ, そうだ
4. 특수형(특수한 활용을 하는 것) ます, です, た, ぬ(ん)
5. 무변화형(어형이 변하지 않는 것) う/よう, まい

무변화형의 두 형태 말고 '-る'로 끝난 것은 하1단 동사형, '-い'로 끝나는 것은 형용사형, '-だ'로 끝난 것은 형용동사형, 기타는 특수형으로 알면 된다.

사동조동사 せる/させる

1. 접속. 이형태 せる/させる는 접속에서 상보적 관계에 있다. 곧 せる는 5단과 さ변의 미연형에, させる는 상1단, 하1단, か변의 미연형에 이어진다.

2. 활용유형. 하1단 동사형

기본형	1 미연형	2 연용형	3 종지형	4 연체형	5 가정형	6 명령형	7 청유형 (의도/추량)
せる	せ	せ	せる	せる	せれ	せろ せよ	せよ
させる	させ	させ	させる	させる	させれ	させろ させよ	させよ

이하의 예시에서는 활용형의 명칭을 번호 ①, ②……로 대신한다.

3. 의미

1) 사동(남을 시켜서 어떤 동작을 하게 하는 것)

(12) 1. ① 字を書か−せ−ない。(글자를 쓰게 하지 않다)
ご飯を食べ−させ−ない。(밥을 먹이지 않다)

2. ② 字を書か−せ−た。(글자를 쓰게 했다)
ご飯を食べ−させ−た。(밥을 먹였다)

3. ③ 字を書か−せる。(글자를 쓰게 하다)
ご飯を食べさせる。(밥을 먹이다)

4. ④ 字を書か−せる−時。(글자를 쓰게 할 때)
ご飯を食べ−させる−時。(밥을 먹일 때)

5. ⑤ 字を書か−せれ−ば。(글자를 쓰게 하면)
ご飯を食べ−させれ−ば。(밥을 먹이면)

6. ⑥ 字を書か−せよ。(글자를 쓰게 하라)

ご飯(はん)を食(た)べ−させよ。(밥을 먹여라)

7. ⑦ 字(じ)を書(か)か−せよ−う。(글자를 쓰게 하자)
ご飯(はん)を食(た)べ−させよ−う。(밥을 먹이자)

2) 허가·방임(하는 것을 허용 또는 방임한다는 뜻).

(13) 1. どうかたべ−させて下(くだ)さい。(부디 (제가) 먹−게끔 해 주세요 = 먹어도 좋습니까)

2. 子供(こども)になんでもたべ−させる。(어린이에게 아무거나 먹이다)

3) 겸손(せ/させ−て−頂(いただ)きます의 형식).

(14) 1. 失礼(しつれい)さ−せて頂きます。(실례를 끼치게 합니다 = 실례하겠습니다)

2. 読(よ)まさ−せてください。(읽도록 해주십시오 = 읽겠습니다)

4) 존경. 존경조동사 れる/られる와 함께 쓰인다. 문어적인 것으로 특별한 용법이다.

(15) 会議(かいぎ)に臨(のぞ)ま−せ−られた。(회의에 임석하셨습니다)

참고로 사역조동사는 아니지만 그와 비슷한 일을 하는 su 형태소가 있는데, 이는 사역의 뜻을 지니는 5단 동사(타동사)를 파생시킨다.

(16)

1.	ugok	u		움직이다(자동사)
2.	ugok	a su		움직이다(타동사)
3.	ugok	a sa	−seru	움직이게 하다(동사−조동사)

1.	kawak	u		마르다(자동사)
2.	kawak	a su		말리다(타동사)
3.	kawak	a sa	−seru	말리게 하다(동사−조동사)

su 말음절로 끝나는 5단동사에서 파생하는 다음의 가능동사도 seru 형을 지니지만 분절의 양식이 다르다.

(17) ugokas | u
　　　　　| eru　　(움직일 수 있다) 가능동사　단어 1
　　　　　　　　　(가능동사화접미사)

(16) 3.의 동사－조동사는 ugokasu의 미연형에 seru가 이어진 것이고, (17)의 가능동사는 어간(ugokas)에 가능동사화 접미사 eru가 이어진 것이다. 참고로 seru 혹은 saseru로 끝나는 다른 어례의 구별을 보이기로 한다.

(18) 1. 見せる(보이다), 着せる(입히다)　원래부터 사역의 뜻을 지닌 하1단 동사의 한 단어이다. 곧 －せる는 조동사가 아니다.

2. 見－させる(보이다, 보이게 하다), 着－させる(입히다, 입게 하다)　상1단 동사의 み(미연형), き(미연형)에 사동조동사(させる)가 이어진 것으로 두 단어이다.

3. 信じ－させる(믿게 하다), 重んじ－させる(중시하게 하다)　상1단 동사의 信じ(미연형), 重んじ(미연형)에 사동조동사(させる)가 이어진 것으로 두 단어이다.

4. 信ぜ－させる(믿게 하다), 重んぜ－させる(중시하게 하다)　さ변동사의 信ぜ(미연형), 重んぜ(미연형)에 사동조동사(させる)가 이어진 것으로 두 단어이다.

기타 사역의 표현에 쓰이는 조동사의 형태로 'しめる'(－하게 하다)가 있다. 이는 문어(文語)에서의 사동조동사 'しむ'에 상당하는 것이다. 문장어에 쓰인다. 미연형에 접속하여 하1단 형으로 활용한다.

(20) しめ(미연형), しめ(연용형), しめる(종지형), しめる(연체형),
しめれ(가정형), しめよ(명령), しめよ(의도)

(21) 1. 会議に臨ましめるつもりだ。(회의에 임석하게 할 생각이다)

2. 大学に入学せしめるため (대학에 입학하게 하기/입학시키기 위해)

수동·가능·자발·존경조동사 れる/られる

이들의 형태가 동일하기 때문에 함께 묶었다.

이 형태의 의미분화의 단계는 수동 → 자연적 → 능력 → 경어로 보고 수동이 그 본바탕으로 보는가 하면, 자연적 실현 → 가능 → 수동(혹은 수동 → 가능) → 존경으로 보고 자연적 실현을 본바탕으로 보기도 한다. 곧 자연적 순응의 표현에서 유래한다는 것이다.

그리고 reru/rareru의 형태로서 수동표현이 현저히 발달한 것은 Meizi (明治)(1868 –) 이후이며 영어의 수동표현의 영향에서 온다.

1. 접속. 이형태 れる/られる는 접속에서 상보적 관계에 있다. 곧 전자는 5단, さ변 동사의 미연형에, 후자는 상1단, 하1단, か변의 미연형에 이어진다.

2. 활용유형. 하1단 동사형

(22)

기본형	1 미연형	2 연용형	3 종지형	4 연체형	5 가정형	6 명령형	7 청유형 (의도/추량)
れる	れ	れ	れる	れる	れれ	れろ れよ	れよ
られる	られ	られ	られる	られる	られれ	られろ られよ	られよ

단 가능, 자발, 존경에는 명령형, 청유형이 없다.

3. 의미. 수동

1) 수동(단순수동)

(23) 1. ① 名前が呼ば–れ–ない。(이름이 불려지지–않는다)

代案が考え–られ–ない。(대안이 생각되지 않는다)

2. ② 呼ば–れ–ます。(불려집니다) 考え–られ–ます。(생각됩니다)

3. ③ 呼ば–れる。(불려지다) 考え–られる。(생각됩니다)

4. ④ 呼ば–れる時。(불려질 때) 考え–られる時。(생각될 때)

5. ⑤ 呼ば–れ–ば。(불려지면) 考え–られ–ば。(생각되면)

6. ⑥ 呼ば–れろ(よ)。(불려지라) 考え–られろ(よ)。(생각되어라)

7. ⑦ 呼ば–れよ–う。(불려질 것이다) 考え–られよ–う。(생각될 것이다)

2) 자동사의 수동(수동조동사 수반). 이 경우 한국어의 대역은 어색해질 수밖에 없다.

(24) 1. ① 妹に泣か–れ–ない。

(누이동생에게 울음을 당하지 않다↔ 누이동생이 나에게 울지 않다)

木の枝から葉っぱが落ちられない。

(나뭇가지에서 잎사귀가 떨어짐을 당하지 않는다↔ 나뭇가지에서 잎사귀가 떨어지지 않는다)

2. ② 泣か–れ–ます。(울음을 당합니다)

落ち–られ–ます。(떨어짐을 당합니다/떨어지게 됩니다)

3. ③ 泣か–れる。(울음을 당하다)

落ち–られる。(떨어짐을 당하다/떨어지게 되다)

4. ④ 泣か–れる時。(울음을 당할 때)

落ち–られる時。(떨어짐을 당할 때/떨어지게 될 때)

5. ⑤ 泣か–れ–ば。(울음을 당하면)

落ち–られ–ば。(떨어짐을 당하면/떨어지게 되면)

6. ⑥ 泣か-れよ。(울음을 당하라)
落ち-られよ。(떨어짐을 당하라/떨어지게 되라)
7. ⑦ 泣か-れよ-う。(울음을 당할 것이다)
落ち-られよ-う。(떨어짐을 당할 것이다/떨어지게 될 것이다)

2)의 자동사의 수동 표현은 자기 마음에 내키지 않는 행동이나 남들에게서 곤란한 일·귀찮은 일을 당하는 내용의 것인데 이를 피해의 수동(足が踏まれた(발이 밟혔다))이라고 한다. 이외에,

3) 외국어의 영향으로 무생물이 주어인 경우를 비정(非情)의 수동이라고 한다.

(25) 1. 美術品が展示されている。(미술품이 전시되고 있다)
2. 法案が可決された。(법안이 가결되었다)
3. 展覧会が開催された。(전람회가 개최되었다)

4) 문장어에서 개인이 아닌 동작주가 'によって'(by-구)로 명시되는 것(によって수동)

(26) 1. 議員多数に依って法案が可決された。
(의원 다수에 의하여 법안이 가결되었다)
2. 同好会に依って展示会が開催された。
(동호회에 의하여 전시회가 개최되었다)

참고로 수동표현 'れる'와 유사한 형태의 구별을 보면,

(27)			
1.	流れる(흐르다)	하1단 동사(자동사)	한 단어
2.	流れられる	동사 - 피동조동사	두 단어
3.	蹴る(발로 차다)	5단동사(타동사)	한 단어

4. 蹴られる　　　　동사 - 피동조동사　　두 단어
5. 蹴れる(ker-eru)(찰 수 있다)　　　　가능동사　　한 단어

오분석(誤分析) 하지 않도록 주의할 일이다.

가능(할 수가 있다는 뜻이다)

(28) 1. ① 学校に行か-れ-ない。(학교에 갈 수 없다)
新聞が/を見-られ-ない。(신문*이/을 볼 수 없다)
2. ② 行か-れ-ます。(갈 수 있습니다) 見-られ-ます。(볼 수 있습니다)
3. ③ 行か-れる。(갈 수 있다) 見-られる。(볼 수 있다)
4. ④ 行か-れる時。(갈 수 있는 때) 見-られる時。(볼 수 있는 때)
5. ⑤ 行か-れ-ば。(쓸 수 있으면) 見-られれ-ば。(볼 수 있으면)

1.에서 보이듯 대상이 ga/o의 교체가 가능하다.
5단동사의 경우 다음처럼 가능 표현이 두 가지가 가능하다.

(29) 1. 5단동사 + 가능조동사
2. 5단동사의 가능동사화

(28)은 (29) 1.의 예시인데 그것은 조동사 결합의 패턴을 나타낸 것이고 실지로 '行く'동사 외에는 가능조동사를 붙여 쓰지 않는다. 일반적으로 (29) 2.의 방법을 택한다. '行く'가 가능동사가 되면 가능의 의미 외에 잘 된다라는 뜻으로도 쓰인다.

(30) 1. 行く - 가능조동사　行かれる (갈 수 있다)
2. 行ける a) 가능동사 (~할 수 있다)
b) 잘 된다/한다

(31) 運動ならなんでもいける。(운동이라면 무엇이라도 잘 한다)

(32) 書く kak | u　　쓰다
　　　　　　 | eru (가능동사의 접미시) 쓸 수 있다 (하1단 활용)

5단동사의 가능동사화는 (32)와 같이 이루어지고, (33)처럼 활용한다.

(33) 1. 書けない (쓸 수 없다)
　　2. 書け-ます (쓸 수 있습니다)
　　3. 書ける (쓸 수 있다)
　　4. 書ける時 (쓸 수 있을 때)
　　5. 書ければ (쓸 수 있으면)

그 외 '~する(연체형)事ができる'(할 수 있다)의 방법을 취하기도 한다. 이는 5단동사는 물론 다른 유형의 동사에도 해당한다.

(34) 書くことができる (쓸 수 있다) 見る事ができる (볼 수 있다)

5단동사 이외의 동사도 5단동사를 닮아서 가능동사화하여 가능표현을 하는 경향이 없지 않다. 곧 rareru에서 ra를 빼어서 나타내는 식이다(見られる → 見れる).

さ변동사는 '事ができる'의 방법을 취한다.

(35) 1. 体操する事ができる。(체조할 수가 있다.)
　　2. 就職するこ事ができない。(취직할 수가 없다)

더 간단히 ~ができる(~가 된다) 혹은 -できる(-된다)의 표현을 쓴다.

(36) 1. 体操ができる。(체조를 할 수 있다)
2. 体操できる。(체조할 수 있다)

자발(자연히 그렇게 된다는 뜻). 이를 자연 또는 자연 가능이라고 하는 사람도 있다. 자발적인 의미를 지닌 동사에만 붙는다. 자발과 가능 사이에 의미의 본질적인 구별이 있는 것은 아니다.

(37) 1. ① 家族が(/を)思い出さ-れ-ない。(가족이 (저절로)생각나지 않는다)
情感が(/を)感じ-られ-ない。(정감이 느껴지지 않는다)
2. ② 思い出さ-れ-ます。(생각이 납니다) 感じ-られ-ます。(느껴집니다)
3. ③ 思い出さ-れる。(생각이 나다) 感じ-られる。(느껴지다)
4. ④ 思い出さ-れる時。(생각이 날 때) 感じ-られる時。(느껴질 때)
5. ⑤ 思い出さ-れれ-ば。(생각이 나면) 感じ-られれ-ば。(느껴지면)

1.이 보이듯 대상이 ga/o의 교체가 가능하다. 자발의 표현의 어형에서 유의할 것으로,

(38) 1. 笑う (웃다) 자동사 5단활용 한 단어
2. 笑われる (웃어지다) 동사(미연형) - 자발조동사의 두 단어
3. 笑える (웃어진다) 형식은 わら(wara(w)어간) - える(가능동사화 접미사)(웃을 수 있다)(하1단 활용 한 단어)와 같지만 자발의 의미로는 (아무리 참아도 저절로)웃어진다는 뜻이 된다.

존경(남을 존경하는 뜻이 있는 것)
(39) 1. ① 課長が話さ-れ-ない。(과장이 말씀하시지 않다)
課長が来られない。(과장이 오시지 않다)
2. ② 話さ-れ-ます。(말씀하십니다) 来-られ-ます。(오십니다)
3. ③ 話さ-れる。(말씀하시다) 来-られる。(오시다)

4. ④ 話さ-れる時。(말씀하실 때)　　　来-られる時。(오실 때)

5. ⑤ 話さ-れれ-ば。(말씀하시면)　　　来-られれ-ば。(오시면)

존경에서는 가능과 자발에서 보이는 ga/o 교체는 없다.

이 존경의 형태가 사동의 형태(せる/させる)의 다음에 겹쳐서 사용하면 보다 높은 존경의 뜻이 된다.

(40) 1. 会議に臨ま-れ-た。(회의에 임하셨다) (존경조동사)

2. 会議に臨ま-せ-られ-た。(화의에 임하셨다) (사동 + 존경조동사)

3. 大会場をたずね-させ-られ-た。(대회장을 찾으셨다) (사동 + 존경조동사)

한국어의 대역은 1.~ 3.이 마찬가지로 되어 있지만 더한 존경을 나타내기 위해 2.에서는 왕림하셨다, 3.에서는 방문하셨다 식으로 고쳐서 나타낼 수 있다.

앞에서 (39) 1.~ 5.의 예시는 존경이지만 또한 문 구조에 따라 피동도 될 수 있다. 'れる/られる'가 피동과 존경에 쓰이기 때문이다.

(41) 1. 山田先生は(奥さんに)昔話をよく話されます。

(피동) (야마다 선생은 (부인에게) 옛 이야기를 곧잘 듣습니다)

2. 山田先生は弟子に昔話をよく話されます。

(존경) (야마다 선생은 (제자에게) 옛 이야기 를 곧잘 말씀하십니다)

이는 표면적인 구조는 같으나 1.은 본래 '奥さんが山田先生に昔話をよく話す'(부인이 야마다 선생에게 옛 이야기를 곧잘 이야기하다)의 능동이 피동으로 바뀐 데서 온다. 2.는 본래의 문 그대로다.

부정조동사 ない, ぬ, まい

부정조동사에는 'ない, ぬ(ん), まい'가 있다. 표준적인 것은 'nai'이고, 거기에 문장어로서 가끔 'ぬ(ん)'가 쓰인다. 방언에서는 'ない'가 주로 동부지방에, 'ぬ'는 서부지방에 쓰인다. 경어조동사 'ます'(書(か)きます)를 부정할 때는 ない가 사용되지 않고 'ぬ(ん)'가 사용된다(書(か)きません). 'まい'는 그 의미가 추량(않을 것이다), 의지(않겠다)까지 지니고 있는 점이 다르다.

ない

1. 접속. 동사(ある 제외)와 동사형 조동사의 미연형(さ변은 し)에 이어진다. ある동사의 경우는 'ない'가 후속하지 않는다.

(42) 1. 本(ほん)がある。(책이 있다)를 부정할 때는
2. *本があらない。(책이 있지 않다)와 같이 부정조동사로 부정하지 못하며
3. 本がない。(책이 없다)와 같이 다른 말(형용사)로 표현한다.

2. 활용의 유형. 형용사형

기본형	1 미연형	2 연용형	3 종지형	4 연체형	5 가정형	6 명령형	7 추량형
ない	×	なかっ なく (ない)	ない	ない	なけれ	×	なかろ

7.의 추량형은 예전의 것이고, 지금은 단정조동사의 추량형 'だろ'가 대신 쓰여서 'ない-だろ-う'(없을 것이다)로 쓰인다. 이때의 'だろう'는 종지형에 이어진다. 부정조동사 'ない'에 단정조동사(だ)가 이어지는 예로는 이외에 'ない-で'(않고), 'ない-です'(않습니다), 'ない-なら'(않는다면)가 있다. 이것은 연용형의 'なく-て'와 병행시켜 'ない-で'의 'ない'도 부정조동사의 연용형으로 볼 수 있어서 ( )속에 표시하였다.

(44) 1. 勉強(べんきょう)をしなくて外出(がいしゅつ)した。(공부를 하지 않고 외출했다)

2. 勉強をしないで外出した。(공부를 하지 않고 외출했다)

'なくて'형은 동사(書かなくて), 형용사(白くなくて), 명사술어(学生でなくて)에 쓰이지만 'ないで'형은 동사에만 쓰인다. 그런 면에서 전자는 무표적이고 후자는 유표적(益岡 1997:69)이라 할 수 있다. 동사에서의 두 가지 용법의 차이로는 'なくて'형은 '해야 할 일을 않고'의 뜻을, 'ないで'형은 '그냥 않은 채'(처지로)의 뜻을 나타낸다고 보겠다. 전자의 의미에서,

(45) 1. しなくてはいけない(하지 않으면 안 된다),

しなくては駄目(だめ)だ(하지 않으면 못 쓴다)

2. *しないでいけない/駄目だ의 표현은 쓰이지 않는다.

그러한 의미상의 차이는 말미의 'て'(접속조사)와 'で'(단정조동사)의 형태상 차이에서 기인할 수도 있다. 'て'에는 순접과 역접의 전후접속의 일을 한다. 순접으로 풀이하면 A를 하고서 B를 한다고가 되는데, A의 부정서술의 경우는 거의 역접에 가까운 뜻이 될 것이다. A를 하고 B를 하는 것이 순리인데 A를 안 하고 B를 했으니 순리같지 않은 것이다. 이러한 데서 '해야할 A를 않고' 라는 뜻이 나올 수 있다.

한편 'で'의 형태소는 격조사의 'で', 접속조사의 'で'(탁음형), 단정조동사의 'で'(연용형)의 여러 형태와 연관되는 것으로 어떠한 처지, 상태의 뜻(자격, 수단, 처지)이 나올 수 있다.

3. 의미.

1) 부정

(46) 1. ② 名前(なまえ)を書(か)か-なかっ-た。(이름을 쓰지 않았다)

親友が来-なかっ-た。(친구가 오지 않았다)

書か-なく-て(쓰지 않고) 来-なく-て(오지 않고)

2. ③ 書か-ない(쓰지 않다) 来-ない(오지 않다)

3. ④ 書か-ない時(쓰지 않을 때) 来-ない時(오지 않을 때)

4. ⑤ 書か-なけれ-ば(쓰지 않으면) 来-なけれ-ば(오지 않으면)

5. ⑦ 書か-なかろ-う(쓰지 않을 것이다) 来-なかろ-う(오지 않을 것이다)

⑦의 표현보다 書か-ない-だろ-う(쓰지 않을 것이다), 来-ない-だろ-う(오지 않을 것이다)를 쓴다.

2) 가벼운 권유·부탁

(47) 1. 一緒に本屋に行かない。(함께 서점에 가지 않을래)

2. これ食べない。(이것 안 먹을래)

3) 동의 확인, 혹은 기대에서 어긋남

(48) これではあまり足りないのでないか。(이것으로는 너무 부족한 게 아니냐)

'ない'의 부정형태가 다른 말과 연결하여 부정하는 관용적 표현의 연어(連語)를 예시하면

(49) 1. ~なければならない ~하지 않으면 안 된다

2. ~なくてはいけない ~하지 않으면 안 된다(자립적으로 쓰이면 없어서는 안 된다), 이는 이중부정 표현으로 꼭 ~해야 한다(있어야 한다)는 뜻과도 같다.

3. ~なくてもいい ~지 않아도 된다(자립적으로 쓰이면 없어도 좋다)

4. ~に過ぎない ~에 지나지 않다

5. ~にほかならない ~일 수밖에 없다, ~임에 틀림없다

6. ~かもしれない　　~인지 모른다

'ならない'는 'なる'(되다)의 미연형에 부정조동사 'ない'가 결합한 연어(連語)이다. '~ほかならない'는 직역하면 '~밖에 안 된다', 곧 '~일 수밖에 없다'(~임에 틀림없다)가 되는 연어이다. 'いけない'도 'いける'(유래는 하1단 가능동사 갈 수 있다 → 잘 된다)에 부정조동사 'ない'가 결합한 연어이다. 'しれない'도 'しれる'(유래는 하1단 가능동사 '알 수 있다'→ 알게 되다)에 부정조동사 ない가 결합한 연어이다.

연어는 한 단어로 치지 않고(한 단어면 복합어) 각 단어의 연결체로 보는 것이다. 그렇지만 단순한 단어의 연결이라기보다 연결체로서의 의미가 가해지는 것이다. 그러한 의미로 한 단어로 익어버리면 숙어(熟語)가 된다. 그러한 단어 연결은 통사부에서 이루어지지 않는다고 본다. 곧 통사적인 연어는 아닐 것이다. 통사부에서 그러한 연결이 이루어진다면 복잡한 연산이나 통사구조의 형성이 이루어지게 될 것이다. 어휘부에서 연어가 이루어지고 통사부에는 하나의 뭉치로 도출되는 것으로 보고 싶다.

ぬ(ん)

일상회화에서 경어조동사(ます)의 부정에는, nu에서 모음이 탈락한 ん(n)(ません)이 쓰인다.

1. 접속. 동사(미연형) 및 동사형 조동사(미연형)에 이어진다. さ변은 'せ'에 이어진다. 앞의 '-ない'의 경우와 마찬가지고 동사 'ある'에는 이어지지 않는다. 다만 문어에서는 종지형 zu(あら-ず, (있지 않다/아니다))가 쓰인다. 연체형으로는 연체사적으로 쓰일 때 'あら-ぬ'(근거가 없는)로 쓰이는데 역시 문어의 흔적이다(あらぬうわさで(있지도 않은 소문으로)).

2. 활용유형. 특수형. 여기서 특수형이라고 하는 것은 용언의 활용의 패턴에 벗어나는 특별한 활용을 한다는 것이다.

(50)

기본형	1 미연형	2 연용형	3 종지형	4 연체형	5 가정형	6 명령형	7 청유·추량
ぬ(ん)	×	ず	ぬ(ん)	ぬ(ん)	ね	×	×

3. 의미. 부정

(51) 1. ② 家に立寄ら-ず-に(집에 들르지 않고) ご飯も食べ-ずに(밥도 먹지 않고)
 2. ③ 立寄ら-ぬ(들르지 않다) 食べ-ぬ(먹지 않다) (회화에서 ぬ → ない)
 3. ④ 立寄ら-ぬ事(들르지 않는 것) 食べ-ぬ事(먹지 않는 것)
 (회화에서 ぬ → ない)
 4. ⑤ 立寄ら-ね-ば(들르지 않으면) 食べ-ね-ば(먹지 않으면)
 (회화에서 ぬ → なけれ)

연용형 'ず'의 형태에 대하여 유의할 점으로는,

(52) 1. 思わず(무의식중에) 부사 한 단어. 思わず叫んだ。(무의식중에 외쳤다)
 2. 思わず(생각하지 않고) 동사 - 조동사 두 단어.
 別にいい事と思わず(별로 좋은 일이라고 생각하지 않고)

1.은 한 단어로 융합되어 한정수식어로 쓰이고 있고, 2.는 연어로서 서술적으로 쓰이고 있다.

まい

1. 접속. 5단동사(종지형) 및 조동사 'ます'(종지형) (~しますまい), 그리고 나머지 동사(상1단, 하1단, か변, さ변)(미연형)에 이어진다. か변

은 다음처럼 종지형에 접속하는 경향이 있다.

(53) 1. 来(こ)まい ~ 来(く)るまい

2. 研究(けんきゅう)しまい ~ 研究するまい

2. 활용유형

(54)

기본형	1 미연형	2 연용형	3 종지형	4 연체형	5 가정형	6 명령형	7 청유·추량
まい	×	×	まい	(まい)	×	×	×

연체형을 괄호로 표시한 것은 극히 한정된 명사(はず(도리), こと(것), もの(것), わけ(이유) 등의 형식명사)에만 접속하기 때문이다.(来-まいはずもなかろう。(오지 않을 리도 없겠지))

3. 의미

1) 부정의 추량. 'まい'가 1인칭 외의 다른 인칭의 주어에 따르는 동사에 이어질 때이다. '없을 것이다'의 뜻이다.

(55) ③ 君(きみ)は象(ぞう)を触(さわ)った事(こと)がある-まい。(너는 코끼리를 만진 일이 없겠지)

宇宙船(うちゅうせん)を目撃(もくげき)する機会(きかい)がある-まい。(우주선을 목격할 기회가 없겠지)

부정추량의 'まい'의 형태는 옛스러운 표현이므로 종지형에서 'まい'보다 -ない(부정조동사)와 -だろ(단정조동사의 추량형) 그리고 -う(추량조동사)의 연어 'ないだろう'를 쓰는 것이 일반화되고 있다.

(56) 1. 君は象を触った事がないだろう。(너는 코끼리를 만진 일이 없겠지)

2. 宇宙船を目撃する機会がないだろう。(우주선을 목격할 기회가 없을 것이다)

2) 부정의 의지. 주로 'まい'가 1인칭 주어에 따르는 동사에 이어질 때다. '아니하겠다'의 뜻이다.

(57) 1. 僕は2度と来まいと誓った。(나는 두 번 다시 오지 않겠다고 맹세했다)
2. 僕は今から古代語を研究しまい事でもない。(나는 지금부터 고대어를 연구하지 않을 것도 없다/아니다)

3) 무관계(う/ようが(/と) ~ まいが(/と)의 형식)
(58) 帰ろうが(/と)帰るまいが(/と)。(돌아가려든 돌아가지 않으려든(/도)

'まい'조동사는 이상과 같이 추량과 의지의 의미를 지닌 점에서 다음의 추량조동사로 분류되기도 한다.

의지, 추량조동사(う/よう, らしい)

う/よう

여기서의 'う'는 표기상으로는 u지만 실지는 활용어의 청유·추량형의 말모음 [o]를 길게 빼는 구실을 하는 것이다.

(59)	行こ	う	食べよ	う
	[i ko	o]	[tabeyo	o]

그리고 필자처럼 활용어의 청유·추량형을 인정하는 처지에서는 'う'[o] 한 가지로 처리되지만 그러한 활용형을 설정하지 않는 교과문법에서는,

(60)	1. 行こ	う	(가자) 동사 + 의지·추량조동사
	2. 食べ	よう	(먹자) 〃

와 같이 선행동사의 유형에 따라 두 가지의 형태(이형태(異形態))가 있는 것으로 하고 있다.

청유·추량형을 인정하고 그것에 그것을 길게 빼는 'う'[o]까지 포함시키면 의지 및 추량조동사 자체를 없앨 수 있다.

1. 접속. 이형태의 구별을 두게 되면 A류 동사에는 'う'가, B류 동사에는 'よう'가 상보적으로 접속한다는 것이 되고, 하나의 'う'의 한 가지 형태를 설정하게 되면 활용어의 청유·추량형에 접속한다는 것이 된다.
청유·추량형이 없는 활용어에는 당연히 이 조동사는 이어지지 않는다.
두 가지로 유별했을 때는 'う'는 5단동사, 형용사, 형용동사, 형용사형 조동사(ない, たい), 형용동사형 조동사(だ, ようだ, そうだ), 특수형 조동사(だ, ます, です)의 청유·추량형에 이어진다.
'よう'는 나머지 하1단, 상1단, か변, さ변의 동사 및 하1단형의 조동사의 청유형에 이어진다.

2. 활용유형. 무변화형

(61)

기본형	1 미연형	2 연용형	3 종지형	4 연체형	5 가정형	6 명령형	7 청유·추량
う[o]	×	×	う	(う)	×	×	×
よう[yoo]	×	×	よう	(よう)	×	×	×

연체형은 추량의 의미로만 쓰이고 의지의 의미에는 쓰이지 않는다. 그리고 'はず, こと, もの' 등의 형식명사에만 접속한다.

3. 의미.

1) 추량

(62) 1. ③ 雨が降ろ-う(비가 내릴 것이다)　吹雪が来-よう(눈보라가 올 것이다)
　2. ④ そんな馬鹿な事があろ-うはずがない. (그와 같은 어처구니없는 일이 있을 리가 없다)
　3. ④ そんな馬鹿げた事をしようはずがない. (그와 같은 시시한 일을 할 리가 없다)

추량의 표현에는 ③의 방식보다는 동사, 형용사의 종지형에 'だろう, でしょう'가 부속한 형태를 사용한다.

(63) 1. 雨が降ろ-う → 降る-だろ-う
　2. 吹雪が来-よう → 来るだろう
　3. 噂は消えよう → 噂は消える-だろ-う (풍문은 사라질 것이다)

2) 의지·권유(1인칭 주어의 경우는 의지, 2인칭 주어의 경우는 권유·청유).

(64) 1. すぐ家に帰ろ-う。(곧 집에 돌아가자)
　2. 会話の練習をしよう。(회화 연습을 하자)
　3. 遊園地に行こう。(유원지에 가자)

의지와 권유적인 표현에는 종지형의 경우뿐이고 연체형은 쓰이지 않는다. 의지의 표현에 'つもり(생각, 작정) − だ'(이다)가 있다.

(65) 1. 家に帰るつもりだ。(집에 돌아갈 생각이다)
　2. 留学するつもりだ。(유학할 작정이다)

~う(/よう)と(~하려고)思う(생각하다)도 쓰인다.

(66) 1. 家に帰ろうと思う。(집에 돌아가려고 생각한다)

2. 留学しようと思う。(유학하려고 생각한다)

3) 동작, 작용이 실현되려는 순간(う/ようとする와 같은 형식).

(67) 1. 家に帰ろ-うとしている。(집에 돌아가려고 하고 있다)

2. 涙(なみだ)が落(お)ち-よう-としている。(눈물이 떨어지려고 하고 있다)

[~しようと]의 보문형식으로 주어의 의지를 나타낼 수 있다. 이때의 보문주어 PRO는 주문주어와 관련된다(주어통제구문).

(68) 太郎は [PRO 外国(がいこく)に行(い)こうと] 思っている。

(태랑이 외국에 가려고 생각하고 있다)(PRO=太郎)

らしい

1. 접속. 명사, 부사, 조사(の, から, まで) 그리고 동사(종지형), 형용사(종지형), 동사형 조동사(종지형), 형용사형 조동사(종지형), 특수형 조동사(ぬ, た 종지형)에 이어진다. 형용동사는 어간에 이어진다.

2. 활용유형. 형용사형

(69)

기본형	1 미연형	2 연용형	3 종지형	4 연체형	5 가정형	6 명령형	7 추량형
らしい	らしく	らしかっ らしく	らしい	らしい	らしけれ	×	らしかろ

형용사와 같은 활용을 하므로 형용사와 같은 u음편이 있다. 그것은 'ございます'에 선행할 때 일어난다.

(70) 雨が降るらしくございます → 雨が降るらしゅうございます

rasiku(k탈락) → rasjuu

3. 의미

(1) 추량하여 단정.

(71) 1. ① 雨が降る－らしくない。(비가 올 것 같지 않다)

人柄がまじめ－らしくない。(사람됨이 착실할 것 같지 않다)

2. ② 降る－らしかっ－た。(내릴 것 같았다)

まじめ－らしかっ－た。(착실할 것 같았다)

降る－らしく。(내릴 것 같고) まじめ－らしく。(착실할 것 같고)

3. ③ 降るらしい。(내릴 것 같다) まじめらしい。(착실할 것 같다)

4. ④ 降る－らしい天気。(내릴 것 같은 날씨)

まじめ－らしい人柄。(착실할 것 같은 인품)

5. ⑤ 降る－らしけれ－ば。(내릴 것 같으면)

まじめ－らしけれ－ば。(착실할 것 같으면)

6. ⑦ 降る－らしかろ－う。(내릴 것 같을 것이다)

まじめ－らしかろ－う。(착실할 것 같을 것이다)

'명사 + らしい'의 형태에서 유의할 일은, '명사 + 조동사'의 경우와 '명사 + 접미사'의 두 경우가 있어서 그 판별에 유의할 필요가 있다. 예컨대 '教授らしい'의 경우,

1) 명사 + 조동사

(72) 1. あの方は大学の教授らしい。(저 분은 대학교수인 것 같다)

2. あれは交通事故らしい。(저것은 교통사고인 것 같다)

명사와 조동사 사이에 'である'를 개재시킬 수 있다.

(73) 1. あの方は大学の教授であるらしい。(저 분은 대학의 교수인 것 같다)
2. あれは交通事であるらしい。(저것은 교통사고인 것 같다)

2) 명사 + 접미사 → 형용사

(74) 教授らしい人格を備えている。(교수다운 인격을 갖추고 있다)

의지·추량조동사에는 이외에 'べし'(연용형 べく, 종지형 べし, 연체형 べき)가 있다. 고전어의 조동사로서 현대어로서는 쓰이지 않지만 문어적 표현으로 그 활용의 일부가 남아 있다. 그 뜻은 '해야 한다', '할 바다'이다.

(75) 1. 望むべくもなく。(바랄 바도 아니고)
2. 望むべからず(望むべく-あら-ず) (바라지 말라 (바랄 바가 아니다))
3. 望むべし。(바라야 할 것이다)
4. 望むべき事。(바랄(바라야 할) 일)

접속은 용언(종지형), 조동사(종지형)에 접속하지만, さ변칙동사인 경우 현대어의 'する'(종지형)에 이어지지 않고 고전어의 'す'(종지형)에 이어진다.

(76) 注意するべきだ。→ 注意すべきだ。(주의해야 한다)

추량에 추량조동사 'らしい' 외에 단정조동사의 추량형(+추량조동사 う) 'だろう'가 접속이나 의미가 비슷하게 쓰인다.

(77) 1. 降る-らしい。(내릴 것 같다)
2. 降る-だろう。(내릴 것이다)

의미상의 차이에 대하여는 'らしい'는 객관성 있는 근거에 입각한다면 'だろう'는 단순한 예측이나 추측에 입각한다.

(78) 1. 彼(かれ)は旅行(りょこう)に出(で)かけるらしい。(그는 여행에 나설 것 같다)
　　2. 彼は旅行に出かけるだろう。(그는 여행에 나설 것 같다)

1.은 그의 언행도 그렇고 여행에 필요한 장비나 준비물이 눈에 띄어서, 2.는 그의 언행으로 막연히 여행 갈 가능성이 예측되어 그렇다 할 수 있다.

과거, 완료의 조동사 た(だ)

1. 접속. 동사(연용형, さ행 이외의 5단동사에는 음편형), 형용사(연용형), 형용동사(연용형), 조동사(ぬ, よ, まい 제외)(연용형)에 이어진다. i 그리고 n음편형인 선행어에 후속할 때는 'だ'로 탁음화(유성음화)한다.

(79) 1. 泳(およ)ぎ(i음편) + た → およい-だ (헤엄쳤다)
　　2. 死(し)に(n음편) + た → しん-だ　(죽었다)

2. 활용유형.

(80)

기본형	1 미연형	2 연용형	3 종지형	4 연체형	5 가정형	6 명령형	추량형
た	×	×	た	た	たら	×	たろ

연용형에 たり, て를 인정하는 것도 있다(見(み)たり聞(き)いたり(보기도 하고 듣기도 하고), 見(み)て(보고)). 과거나 완료의 시상(時相)이 약해서 흔히 접속조사로 다루고 있다.

5.의 'たら'는 조건의 종속절을 주절에 접속하기 때문에 접속조사로 볼

수 있는 성격의 것이다. 단정조동사(연용형)로 보든 접속조사로 보든 접속의 구실을 하는 것인데, 그 쓰임에는 주절과 종속절의 동작주 주어가 같아서는 안 된다고 보고 있다.

(81) 1. 弟が退院したら(私は)出発します。

(동생이 퇴원하면 (나는) 곧 출발합니다) ( )부분에 (弟が) 올 수 없다.

다음과 같을 경우 종속절과 주어가 동일한 것이 될 수 있는 것 같이 보인다.

2. (私)退院したら(私)すぐ出発します。

이때의 종속절과 주절의 주어(괄호친 부분) 또는 공주어(괄호 친 부분이 없다면)를 동일한 것으로 볼 수 있다.

그러나 (81) 1.처럼 두 주어는 다르게 보는 게 보통일 것이다. 동일한 것이 되려면 2.의 술어는 '退院(が)できたら'와 같이 주절술어와 상대성이 달라야 한다.

(82) (私/弟が)勉強が終わったら(私は)すぐ出発します。

이 경우 주절주어를 (私は)로 했을 때 종속절의 주어를 勉強로 볼 것이냐 私/弟로 볼 것이냐의 문제도 있고, (私/弟)를 주어를 볼 수 있다 쳐도 주절주어와 동일한 (私)가 성립할 수 있느냐의 문제도 있다. 종속절의 술어가 주절과 달리 동작적이 아니기 때문에 (私)도 가능할 수 있다.

여기서 'たら'와 'なら'(단정조동사 だ의 가정형)를 간단히 대비해 보면, 양자는 교과문법에서는 모두 접속조사가 아닌 조동사의 범주이고 가정형의 활용형이다.

다만 전자는 연용형에 이어지고 후자는 활용어의 종지형(그리고 명사에)에 이어지는 차이가 있다. 또 'たら'에는 가정의 접속조사 'ば'는 이어지지 않고, 'なら'도 이와 마찬가지나 선행어가 형용동사인 경우는 붙기도 한다. 따라서 원칙적으로 가정의 접속조사는 'ば'(그 외에 と)로 하고 이와 접속하지 않는 'たら, なら'(형용동사의 경우 예외)는 접속조사로 하지 않고 조동사의 가정형 어미로 하고 있다.

'たら'는 'た'의 형태가 과거 및 완료의 뜻을 함유하기에 과거의 부사와 공기할 수 있고 또 미래의 부사와도 공기(시점의 이동)할 수 있다.

(83) 1. 午前講義室に行ったら休講だった。
(오전에 강의실에 갔더니 휴강이었다)
2. 明日花子が電話したら私の番号を教えてあげなさい。
(내일 화자가 전화하면 저의 번호를 가르쳐 주어요)

개별적이고 1회적인 사건에 쓰이는데서 과거적인 경우 외에도 미래적인 가정도 나타낸다.

이에 대해 'なら'는 현재와 미래의 가정을 나타내며 과거를 나타내려면 과거조동사 'た'와 함께 써야 한다.

(84) 1. 今(/明日)講義室に行くなら (지금(/내일) 강의실에 가는 것이면)
2. 9時に講義室に行ったなら誰も会えなかったでしょう。
(아홉시에 강의실에 간 것이면 누구도 만날 수 없었겠지요)

여기서 '行くなら'는 '간다면', '行ったなら'는 '갔다면'으로 대역되지만 단정조동사의 성격을 고려해서 ~이면(것이면) 식으로 맞춰 보았다.

이들과는 달리 용언의 가정형에 이어지는 'ば' 조사의 경우는 일반적이고 이론적인 것이었다(と는 실제적이고 질시 경우의 것이다).

(85) 1. 講義室に行けば黒板がある。(강의실에 가면 칠판이 있다)

2. 講義室に行くと授業中だった。(강의실에 가니 수업중이었다)

2. 의미

1) 과거. 일시적인 과거의 일이다.

(86) 1. ③ 手紙を書いた。(편지를 썼다) 汗が出た。(땀이 났다)

2. ④ 手紙を書いた時。(편지를 썼을 때) 汗が出た時。(땀이 난 때)

3. ⑤ 手紙を書いたらすぐ送りなさい。(편지를 쓰면 곧 보내세요)

汗が出たら手ぬぐいでふきなさい。(땀이 나면 수건으로 닦으세요)

⑦ 手紙を書いたろうが (편지를 썼겠지만)

汗が出たろうが (땀이 났겠지만)

⑤는 과거시제와는 관계가 없어 보인다. '언제든 완료하면'의 뜻이다.

2) 완료. 과거의 순간적인 일이 아니고 현재까지 미치고 있는 것이다. 시제하고는 관계가 없어 보인다. 과거시제와 공기하지 않는 경우이다.

(87) 1. ② 春が来た。(봄이 왔다) (지금까지 상태 계속)

おじいさんがいらっしゃった。(할아버지가 오셨다) (상태 계속적이나 과거의 부사를 쓰면 과거적인 것도 된다)

2. ④ 今手紙を書いたところだ。(지금 편지를 쓴 참이다)

明日問題が解決できた後に改めて話しましょう。

(문제가 해결된 다음에 다시 이야기 합시다)

④의 연체형의 경우가 동작의 결과나 계속적인 상태(경우의 비과거)를 나타낸다. 이때의 'た'는 'ている'로 대치될 수 있다.

(88) 1. 昨日買った本(어제 산 첵) ‘ている’로 대치되지 않는다(일시적인 과거).

2. 昨日倒れた喬木(어제 쓰러진 교목) (일시적인 과거) (‘ている’로 대치되지 않는다)

3. 倒れた喬木(쓰러진(쓰러져 있는) 교목) (‘ている’로 대치된다)

4. 右の方向に曲がった。(오른쪽 방향에 돌았다) (일시적인 과거)

5. 曲がった道(구부러진 길) (‘ている’로 대치된다) (상태의 계속)

이는 ‘曲がる’의 의미적인 차이에서 온다고도 할 수 있다.

3) 확인(흔히 종조사를 동반), 힘준 권유

(89) 1. 今年20才だったね。(금년 스무살이었지, 그렇지) (확인)

2. この魚, 買った, 買った。(이 생선 사요, 사요) (힘준 권유)

과거 및 완료의 조동사가 특히 연체형에서 상태 계속의 상을 보여주고 있는 점에 이 ‘た’조동사 외에 ‘てしまう’, ‘てしまった’(완료상), ‘てある’(결과상), ‘ている’(계속상)(여기서의 −て를 접속조사가 아닌 た조동사의 연용형으로 보기도 한다) 모두 합쳐서 시(時) 및 상(相)의 조동사로 한 묶음할 수도 있지만, 조동사 하나로 볼 수 없는 것이 ‘て’ 다음에 조사가 개재하는 경우도 있기 때문이다(て(は)いる).

과거 및 완료의 형태인 ‘た’가 과거 – 현재 – 미래와도 관련되는 점에서 그것을 설명하기 위한 하나의 이론으로 시점(視点)의 이동이라는 것이 있다.

간단히 말해서 화자의 시점이 미래, 현재의 특정시에 이동하여 어떤 일이 그 특정시를 기준했을 때 과거가 된다면 과거시제를 쓸 수 있다는 것이다.

(90) 明日花子が来た時これをあげなさい。(내일 화자가 온 때 이를 주세요)

내일의 사건이지만 주는 시간의 시점에 설 때 주는 것보다 온 시간이 먼저이므로 과거시제를 쓸 수 있다는 것이다.

선행절(여기서는 종속절)은 과거시제고 후행절(주절)은 현재시제이다. 이와 같이 두 절의 시제가 다를 때는 종속절의 시제는 주절의 시점이 기준이 된다고 볼 수 있다.

(91) 明日花子が来る時これをあげなさい。

이 경우는 종속절과 주절의 시제가 동일할 때는 발화시의 시점이 기준이 된다.

(90)의 '来た'는 주절의 시점에서 과거, (91)의 '来る'는 발화시 시점에서 미래가 된다고 볼 수 있다.

이 (90), (91)의 각 절의 공주어는 종속절의 주어는 PRO, 주절의 주어는 pro로 해서 구별해서 나타낼 수 있다.

明日 PRO 来た/来る 時 pro これをあげなさい

여기서의 종속절의 주어는 문맥(화맥)에서 파악된다. 연체형의 来た/来る를 경우의 비과거로 해서 시제절/비시제절의 어느 경우로 보든 영어에서의 비시제절의 종속절 주어 PRO에 비겨서 PRO로 나타내고, 주절은 시제절이고 따라서 그 주어는 지배되는 자리로 보아 pro로 나타내면 대조적으로 사용할 수 있다.

이 문에서의 활용형(명령형)으로 미루어 PRO는 청자 곧 2인칭의 주어임을 알 수 있다. PRO와 pro가 동일하지 않는 경우는 그러한 대용형식의 사용에 문제가 없으나 동일한 경우는 대체의 수순이 필요하다.

단정조동사 だ(です)

'だ'와 'です'는 형태론적으로 규정된 이형태이다. 수동의 (a)reru/rareru와 같은 접속상의 음운조건에 의한 이형태가 아니고, [±공손]의 형태의 변별에 의한 이형태이다.

이 조동사는 'で-ある'와 함께 'S(ubject)는 P(redicate)다'의 형식을 취하는데, P는 명사의 경우(彼女は学生だ(그녀는 학생이다))와 명사 외의 경우(彼女は美しいのだ(그녀는 아름다운 것이다))가 있다. 이런 점이 다른 조동사와 특이하게 다른 점이다.

1. 접속

1) 명사 및 일부의 조사에 이어진다.

2) 종지형 'だ'는 동사, 형용사, 동사형 조동사, 형용사형 조동사, 특수형 조동사(ぬ, た) 등에 이어지지 않으나, 'の, ほど, から, まで, だけ, ぐらい, ばかり' 등의 조사가 개재하면 가능하다.

(92) 1. 行く-だ(×) 白い-だ(×)
2. 行く-の-だ(○) (가는 것이다) 白い-の-だ(○) (흰 것이다)

여기서 'だ'의 활용형 앞에 'の'가 있는 것을 인정하게 되면 동사/형용사 의 구별 없이 단정조동사가 이어지는 것으로 할 수 있다.
혹은 'だ'의 활용형에 포함시키지 않고 'のだ'를 별도의 조동사로 마련하는 방법이 있다. 그러나 'のだ'는 보통 '준체조사(の) – 단정조동사(だ)'로 하고 있다.

3) 종지형 'です'는 형용사, 형용사형 조동사에 이어질 수 있다.

(93) 1. 白い-です。(흽니다)
2. 書き-たい-です。(쓰고 싶습니다)

2. 활용유형. 형용동사형

(94)

기본형	1 미연형	2 연용형	3 종지형	4 연체형	5 가정형	6 명령형	7 추량형
だ です	で ×	だっ で でし	だ です	な です	なら ×	× ×	だろ でしょ

2.의 연용형은 'で'에 'ある'가 따르는 'である'로 종지형 'だ'의 문어체로 쓰인다.

4의 연체형은 조사'ので, のに'에만 선행하고 체언과는 직결되지 않는다.

(95) 명사 − な − 명사 (×)

명사 − な − ので/のに (○) (명사−이므로/인데도)

学生−な−ので (학생이므로)

教師−な−のに (교사인데도)

이 점이 형용동사(だ어미)와 다른 점이다. 형용동사는 형용동사 어간−ので/のに가 가능하다(静かな−ので/のに).

이 점이 형용동사와 구별된다.

(96) 1. 僕の目標は留学−な−ので(나의 목표는 유학이므로)/

留学です−の−で(유학이므로)

2. 彼はとても親切だ. (그는 매우 친절하다)/

親切です(친절합니다) (형용동사)

3. 彼はとても親切な人だ. (그는 매우 친절한 사람이다)

5의 가정형은 그대로 쓰이며(学生なら) 조사 'ば'를 붙이지 않는다(学生なら−ば×). 형용동사의 가정형의 경우는 'ば'를 붙여도 안 붙여도 된다.

(97) 1. 親切なら(친절하면) ○
2. 親切なら-ば(친절하면) ○

3. 의미. 단정

(98) 1. ① 彼女は会社員-で(は)ない。(그녀는 회사원이 아니다)
会社員-で(は)ないです/ありません(회사원이 아닙니다)
2. ② 会社員-だっ-た(회사원이었다)
会社員-でし-た(회사원이었습니다)
3. ③ 会社員-だ/-である(회사원이다)　会社員-です(회사원입니다)
4. ④ 会社員-な-ので(회사원이므로)　会社員-です-ので(회사원이므로)
5. ⑤ 会社員-なら(회사원이면)
6. ⑦ 会社員-だろ-う(회사원일 것이다)
会社員でしょう(회사원일 것입니다)

기타 추량형 daro에는 다시 추량조동사 'う'가 결합해야 제 구실을 할 수 있다. 그렇게 두 단어로 보지 않고 그 전체 'だろう' 모두를 한 단어로 해서 추량조동사로 취급할 수 있다. Tokieda(時枝 1950:204-205)는 그 활용형으로 종지형 'だろう' 연체형 'だろう'를 들고 있다. 연체형의 예로, 다음을 들고 있다.

(99) 彼が承諾するだろうことは望めない。(그가 승낙하리라는 것은 바랄 수 없다)

추량조동사 'う/よう'를 활용어의 청유·추량형 어미에 포함된 것으로 하면 그러한 범주를 줄일 수 있다.

희망조동사 たい(たがる)

1. 접속. 동사(연용형), 동사형 조동사(연용형)에 이어진다.

(100)

기본형	1 미연형	2 연용형	3 종지형	4 연체형	5 가정형	6 명령형	7 추량형
たい	たく	たかっ たく	たい	たい	たけれ	×	たかろ

7의 추량형에 'たいだろ(う)'가 일반적으로 쓰인다.

3. 의미. 희망

(101) 1. ① 漫画を買いたくない。(만화를 사고 싶지 않다)
漫画を見-たくない。(만화를 보고 싶지 않다)

2. ② 買い-たかっ-た。(사고 싶었다) 見-たかっ-た。(보고 싶었다)
買い-たく-て。(사고 싶어서) 見-たく-て。(보고 싶어서)

3. ③ 買い-たい。(사고 싶다) 見-たい。(보고 싶다)

4. ④ 買い-たい時。(사고 싶은 때) 見-たい時。(보고 싶은 때)

5. ⑤ 買い-たけれ-ば。(사고 싶으면) 見-たけれ-ば。(보고 싶으면)

6. ⑦ 買いたかろう。(사고 싶을 것이다) 見たかろう。(보고 싶을 것이다)

4. 음편형 'たい'도 형용사과 같은 활용을 하기 때문에 형용사의 음편(u 음편)과 같은 현상이 있다. 곧 'ございます, ぞんじます'가 후행할 때 연용형 taku가 u음편으로 tau > too로 된다.

(102) 1. 買い-たくございます。→ 買い-とうございます。(사고 싶습니다)
2. 買い-たくぞんじます。→ 買い-とうぞんじます。
(사고 싶습니다(싶다고 여깁니다))

5.'た'어간 형태의 용례. 'たい'조동사의 'た'어간은 독립적인 형태로 여러 가지 형태와 합성하는 수가 있다.

(103) 1. 동사(연용형) + た + 접미사(さ)

行きたさ (명사) (가고 싶음)

2. 동사(연용형) + た + 접미사(げだ)

行き-た-げだ (형용동사) (가고 싶(은 마음/기분이)다)

3. 동사(연용형) + た + 양태조동사(そうだ)

行きたそうだ (가고 싶은 모양이다)

4. 형용사(어간) + た + 접미사(さ)

眠-た-さ (명사) (졸림)

6. 타동사 + たい의 대상논항의 격 교체. 타동사에 'たい'가 따를 때에 대상논항의 격 교체가 있다.

(104) 本が/を 読み-たい。(책이/을 읽고 싶다)

'が'격을 취하는 경우 本が好きだ(책을 좋아한다), 本が欲しい(책을 갖고싶다)와 같이 상태술어(형용사, 형용동사) - たい에 중점이 있는 것이고, 'を'격을 취하는 경우는 '読む'라는 비상태술어(동사)에 중점이 있는 경우다.

따라서 여기서의 동사와 희망조동사의 통사구조상에 나타나는 위치는 다르게 보아진다.

(105)

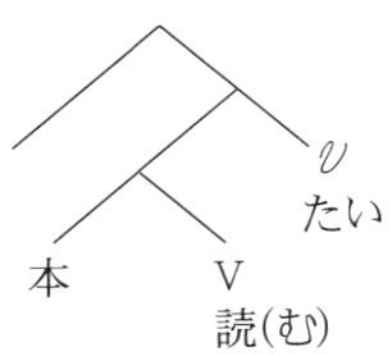

'読む'타동사가 대상 논항을 취하여 먼저 'を'격을 주느냐(동작성의 부각), 読み-たい와 같이 병합하여 상태술어화 된 다음 'が'격을 주느냐(상태성의

부각)의 차이로 볼 수 있다.

7. たい조동사의 파생형. 그러한 파생형으로 'たがる'가 있다. 참고로 다음과 같이 형태적으로 따로 다루어서 보이기로 한다.

たがる

1. 접속. 'たい'와 같다.

2. 활용유형. 동사형(5단동사형). 이 형태를 조동사로 인정하게 되면 특이하게 5단동사형이 되기 때문에, 조동사로 보지 않고 5단동사를 이루는 접미사로 보기도 한다.
접미사로 보더라도 활용하는 접미사가 되어 다음의 활용형이 있게 된다.

(106)

기본형	어간	1 미연형	2 연용형	3 종지형	4 연체형	5 가정형	6 명령형
たがる	tagar	a	i (t음편) at	u	u	e	e(yo)

3. 의미. 희망(남의 희망에 쓰인다)

(107) 1. ① 万年筆(まんねんひつ)を買い-たがら-ない。(만년필을 사고 싶어하지 않는다)

2. ② 買い-たがり-ます。(사고 싶어합니다)
買い-たがった。(사고 싶어했다)

3. ③ 買い-たがる。(사고 싶어한다)

4. ④ 買い-たがる時(とき) (사고 싶어할 때)

5. ⑤ 買い-たがれ-ば (사고 싶어하면)

6. ⑥ 買い-たがれ(よ)。(사고 싶어해요)

7. ⑦ 買い-たがろ-う。(사고 싶어할 것이다)

경어조동사 ます

1. 접속. 동사(연용형) 및 동사형 조동사(연용형)에 이어진다.

2. 활용유형. 특수형

(108)

기본형	1 미연형	2 연용형	3 종지형	4 연체형	5 가정형	6 명령형	7 청유형
ます	ませ	まし	ます	ます	ますれ	まし ませ	ましょ

1의 미연형(부정형)에는 'ぬ(ん)'가 오고, 'ない'는 오지 않는다.

(109) 書きません(쓰지 않습니다) 書きませない(×)

5의 가정형 'ますれ-ば'는 잘 쓰이지 않으며, 흔히는 연용형 'まし'에 과거조동사 'た'의 가정형(たら)의 결합형 'ましたら'를 쓴다.

(110) 行き-ますれ-ば (가면/가오면) → 行き-まし-たら (가면/가오면)

6의 명령형 'まし, ませ'는 'なさる'(하시다), 'くださる'(주시다), 'いらっしゃる'(계시다), 'おっしゃる'(말씀하시다) 등의 경어동사에 따를 뿐으로 일반의 동사에는 붙지 않는다.

3. 의미. 경어(공손)

(111) 1. ① 供応は受け-ませ-ん。(대접은 받지 않습니다)
朝食は食べ-ませ-ん。(아침식사는 먹지 않습니다)

2. ② 受け-まし-た。(받았습니다)　　食べ-まし-た。(먹었습니다)

3. ③ 受け-ます。(받습니다)　　食べ-ます。(먹습니다)

4. ④ 受け-ます折(おり)には、(받을(/받자올) 때는)

食べ-ます時(とき)。(먹을(/먹자올) 때)

5. ⑤ 受け-ますれ-ば、(받으면(받게 되오면))

食べ-ますれ-ば、(먹으면(/먹게 되오면))

6. ⑥ 受け-て下(くだ)さい-ませ。(받아 주십시오)

食べ-て下(くだ)さい-ませ。(먹어 주십시오)

7. ⑦ 受け-ましょ-う。(받읍시다)　　食べ-ましょ-う。(먹읍시다)

비유조동사 ようだ

1. 접속. 용언(연체형), 동사형 및 형용사형 조동사(연체형), 특수형 조동사(ぬ, た)(연체형)에 이어진다. 그리고 조사 'の', 연체사(この, その, あの, どの와 같이 '-の'로 끝나는 것)에 이어진다.

2. 활용유형. 형용동사형

(112)

기본형	1 미연형	2 연용형	3 종지형	4 연체형	5 가정형	6 명령형	7 청유형
ようだ	ようで	ようだっ ようで ように	ようだ	ような	ようなら	×	ようだろ

5의 가정형은 'ば'조사를 동반하지 않고 활용형 그대로 쓰인다. 6의 명령형은 없는 것으로 하고 있으나, 다음과 같은 경우는 명령형으로 볼 수도 있다.

(113) 1. よく辛抱するように。(잘 참도록)

2. よく注意するように。(잘 주의하도록)

3. 의미.

1) 비유(체언 + のようだ의 형식으로)

(114) 1. ① ほおの色がりんごの-ようで(は)ない。(뺨의 색깔이 사과 같지(는) 않다)

2. ② りんごの-ようだった。(사과와도 같았다)

りんごのようで (사과와 같아서)

りんごの-ように (사과와도 같이/사과처럼)

3. ③ りんごの-ようだ。(사과와도 같다)

4. ④ りんごの-ようなほお。(사과와도 같은 뺨)

5. ⑤ りんごの-ようならいいなあ。(사과와도 같으면 좋은데)

6. ⑦ りんごの-ようだろ-う。(사과와도 같을 것이다)

비유의 표현에는 'ようだ'조동사 외에도, 다음과 같은 표현이 있다.

(115) ~みたいだ (와 같다), ~に似ている (에 닮다), ~に見える (~로 보인다)
~にそっくりだ (~와 꼭 닮다)

2) 불확실한 추정(연체형 -ようだ의 형식).

(116) 1. ① 結婚した-ようで(は)-ない。(결혼한 것 같지 않다)

2. ② 結婚した-ようだった。(결혼한 것 같았다)

結婚した-ようで (결혼한 것 같아서)

結婚したように(결혼한 것과도 같이)

3. ③ 結婚した-ようだ。(결혼한 것 같다)

4. ④ 結婚した-ような様子(ようす)。(결혼한 것 같은 모양)

5. ⑤ 結婚した-ようなら。(결혼한 것 같으면)

6. ⑦ 結婚した-ようだろ-う。(결혼한 것 같지요)

3) 예시(연용형과 연체형의 경우).

(117) 1. ② 彼(かれ)のようにいつも遅刻(ちこく)しないで。(그이처럼 언제나 지각하지 말고)

2. ④ その-ような-事(こと)で腹(はら)を立(た)ててはいけない。(그와 같은 일로 화를 내어서는 안 돼요)

4) 목적·희망(연용형의 경우(이를 명령형으로 볼 수도 있다))

(118) 1. きっと合格(ごうかく)するように (꼭 합격하도록)

이를 희망의 완결로 본다면 'ように'를 명령형으로 볼 수 있다.

2. きっと合格する-ように(祈(いの)ります)。(꼭 합격하도록 빕니다)

후행서술어가 생략된 것으로 보면 연용형이 된다.

추량(추정)의 'らしい'와 여기의 'ようだ'의 대비에서,

(119) 1. あの方(かた)はかなり立派(りっぱ)な人(ひと)のようだ。(저 분은 매우 훌륭한 사람인 것 같다)

2. あの方はかなり立派な人らしい。(저 분은 매우 훌륭한 사람인 듯하다)

(120) 1. あれは事故(じこ)のようだ。(저것은 사고(인 것) 같다)

2. あれは事故らしい。(저것은 사고인 듯하다)

접속의 방식은 다르지만 나타내는 의미는 뉘앙스의 차이는 있다. 한국어의 대역이 잘 맞지 않겠지만, 어느 처지든 의미상 'ようだ'(불확실한 추정)가 'らしい'(추량 단정)보다 더 넓게 쓸 수 있는 것 같이 보인다. 'らしい'가 보다 객관적인 근거정황이 있는 것이다. (119)와 (120)의 2.의 처지가 1.의 처지보다 더 그럴 것이다.

5) 보문표지의 용법

4)의 목적·희망의 (118)의 'ように'는 보문을 취하는 보문표지(COMP)의 구실을 한다.

(121) 看護婦(かんごふ)が花子(はなこ)に[花子(はなこ)が睡眠薬(すいみんやく)を飲(の)むように]言(い)った。(간호사가 화자에게 [수면제를 먹도록] 말하였다)
↓
∅
(PRO)

이때의 보문주어인 공범주(∅) PRO는 주문의 목적어와 동일 지시관계가 되는데 다른 말로 보문 공주어가 주문목적어의 통제를 받는다고 한다. 그 경우를 목적어 통제(Object Control)(구문)라고도 한다.

이에 대해 보문의 주어가 주문의 주어와 동일지시 되는 경우 곧 보문주어가 주문주어의 통제를 받는 경우를 주어통제(Subject Control)(구문)라고 한다. 이 경우는 동사의 '청유형·의도형 + と'의 형식의 경우가 된다.

(122) 看護婦(かんごふ)が[看護婦が花子に睡眠薬(すいみんやく)を飲(の)ませようと]した。(간호사가 화자에게 수면제를 먹이려고 했다)
|
∅(PRO)

양태·전문 조동사 そうだ

1. 접속

1) 양태. 동사(연용형), 동사형 조동사(연용형), 형용사(어간), 형용동사(어간), 그리고 형용사형 조동사(ない, たい의 어간)에 이어진다. 형용사 'ない'와 'よい'에 이어질 때는 'い'어미가 'さ'로 교체된다.

(123) 1. ない-そうだ → なさ-そうだ (없는 모양이다)
2. よい-そうだ → よさそうだ (좋은 모양이다)

조동사 'ない, たい'는 이에 해당되지 않는다. 'な, た'어간에 'そうだ'가 이어진다.

(124) 1. 書(か)かな–そうだ (쓰지 않을 모양이다)(양태) cf.書かない–そうだ (쓰지 않는다고 한다)(전문)
2. 書きた–そうだ (쓰고 싶은 모양이다)(양태) cf.書きたい–そうだ (쓰고 싶다고 한다)(전문)

2) 전문. 용언(종지형), 형용사형 조동사(ない, たい의 종지형), 형용동사형 조동사(だ, ようだ의 종지형), 특수형 조동사(ぬ, た의 종지형)에 이어진다.

2. 활용유형. 형용동사형

(125)

기본형	1 미연형	2 연용형	3 종지형	4 연체형	5 가정형	6 명령형	7 추량형
そうだ (양태)	そうで	そうだっ そうで そうに	そうだ	そうな	そうなら	×	そうだろ
そうだ (전문)	そうで	そうで	そうだ	×	×	×	×

1 미연형(부정정)은 'そうで–ない'(같지 않다)의 표현 이외에 어간 'そう'에 조사 'も'가 부착한 'そうも–ない'(같지도 않다)가 쓰인다.

양태의 가정형 'そうなら'는 조사 'ば'를 동반하지 않고 그대로 쓰인다.

3. 의미

(126) 1. 양태 ① 家(いえ)に帰(かえ)り–そうで(は)–ない。(집에 돌아갈 것 같지 않다)

生活が楽し–そうで(は)–ない。(생활이 즐거운 것 같지 않다)

2. 전문 ① 家に帰る–そうで(は)–ない。(집에 돌아간다고 들리지 않다)
生活が楽しい–そうで(は)–ない。(생활이 즐겁다고 들리지 않다)

3. 양태 ② 帰り–そうで(돌아갈 것 같고)　楽し–そうで(즐거운 것 같고)
帰り–そうだっ–た。(돌아갈 것 같았다)
楽し–そうだっ–た。(즐거운 것 같았다)
帰りそうに(돌아갈 것 같이)　楽しそうに(즐거운 것 같이)

4. 전문 ② 帰る–そうで(돌아간다고 들리고)
楽しい–そうで(즐겁다고 들리고)

5. 양태 ③ 帰り–そうだ。(돌아갈 것 같다)　楽し–そうだ。(즐거운 것 같다)

6. 전문 ③ 帰る–そうだ。(돌아간다고 들린다)
楽しい–そうだ。(즐겁다고 들린다)

7. 양태 ④ 帰り–そうな(돌아갈 것 같은)　楽し–そうな(즐거운 것 같은)
⑤ 帰り–そうなら(돌아갈 것 같으면)
楽し–そうなら(즐거운 것 같으면)
⑥ 帰り–そうだろ–う。(돌아갈 것 같을 것이다)
楽し–そうだろ–う。(즐거울 것 같을 것이다)

한국어의 대역이 좀 어색한 면이 없지 않다. 양태의 경우는 '~모양이다', 전문의 경우는 '(들리기를) ~고 한다' 식으로 나타낼 수 있다.

조동사의 연접(連接) 지금까지 보아온 조동사는 다음과 같이 연접해서 사용되는 경우가 있다. 예컨대 '無視されたくなかっただろうか'(무시받고 싶지 않았을 것인가)의 예를 보이면(분석에 따라서는 약간 다를 수 있지만)

(127)

<table>
<tr><td>無視さ</td><td>れ</td><td>たく</td><td>なかっ</td><td>た</td><td>だろ</td><td>う</td><td>か</td></tr>
<tr><td rowspan="2">동사</td><td>조동사
(피동)</td><td>조동사
(희망)</td><td>조동사
(부정)</td><td>조동사
(과거)</td><td>조동사
(단정)</td><td>조동사
(추량)</td><td>종조사
(의문)</td></tr>
<tr><td>태(態)</td><td>양상
(樣相)</td><td>식(式)
부정</td><td>시제</td><td colspan="3">서법</td></tr>
</table>

태는 피동/능동/사동을, 양상은 여기서는 바람을, 식은 긍정/부정을, 서법은 평서, 의문, 명령, 청유, 감탄 등 문말의 표현이다. 그런 점에 뚜렷한 구실이 없는 끝부분의 'う'는 역시 앞부분의 청유나 추량의 어미와 합치는 것이 좋을 것 같다.

이들 조동사의 접속의 방식은 조동사에 따라 약간 다르지만 복잡한 편이라고 할 수 있다. 따라서 형태별로 쪼개어 일일이 그것을 논의한다기보다는 여기서의 연어도 종합적으로 하나의 동사로 다루는 방법도 나쁘지 않다고 본다. 다만 태만은 논항 도입과 관계되기 때문에 제외된다.

한편, 방언을 기반으로 공통어를 습득한 일본 사람이나 일본어를 외국어로 습득한 사람이 이들 형태의 부분적 연접의 형태적 기능을 대비적으로 고찰해야 되는 경우가 있는 것을 생각하면 역시 형태적 분석의 필요성은 무시할 수 없다.

그리고 이들 조동사의 연접은 일견 선조적으로 한 줄로 나열되어 있어도 다음과 같이 계층구조상 각각 다른 위치를 점유하고 있는 것으로 보게 된다.

(128) 1. 彼の業績が社長に無視されなかっただろう。

(그의 업적이 사장에게 무시되지 않았을 것이다)

2.

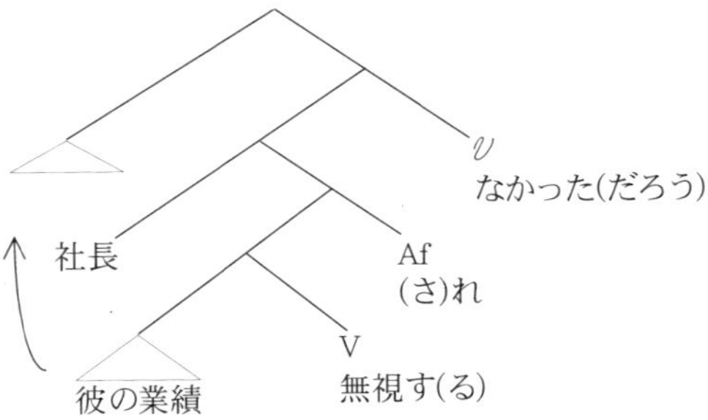

'社長が彼の業績を無視(むし)した'의 타동사문이면 Af의 태요소(れ)를 도출할 필요가 없다. Af가 도입되어 수동문이 형성하게 되면 by구(社長に)가 Af(れ)에 의해 도입되고 목적어 '彼の業績'가 𝑣P의 지정이 자리로 이동하는 기제이다.

부정과 시제는 𝑣의 자리에 도출된다. 서법은 문의 결말요소이기 때문에 문의 시발구조인 발제－결말에서의 결말 위치에 도출될 것이다(여기서는 수형도의 간략화로 괄호로 묶어 두었다).

양상의 'たい'가 개재한 다음 경우는,

(129) 1. 彼の業績が社長に無視されたくなかっただろう。
→ 彼は自分の業績が社長に無視されたくなかっただろう。

2.

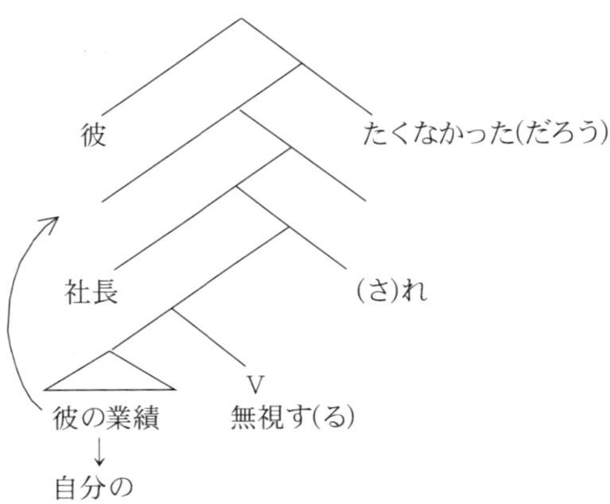

양태는 주어(화자)의 바람을 나타낸다면 주문 주어가 도출되어야 한다. V의 대상은 제자리에서 아니면 주격을 받는 자리에 이동 후 'かれ(彼)'가 재귀화 될 것이다. 이 경우 'だろう'는 화자의 추측이라면 상위의 시발구조의 결말 위치에 도출될 것이다.

(130)

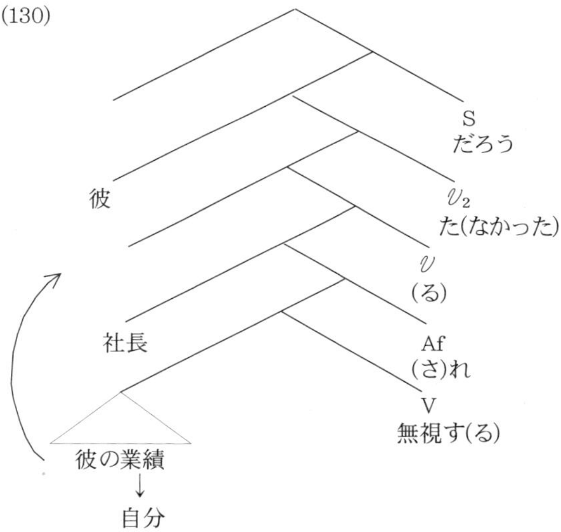

이러한 수형도는 왼쪽의 논항 가지와 오른쪽의 술어핵 가지와의 상대적 관계(병합관계)를 잘 보여준다. V는 대상논항과, Af는 by구(기동주(起動主))와, $\mathcal{V}$는 주어논항과, $\mathcal{V}_2$는 바람의 주어와, S는 추량하는 화자와 대칭적이다.

이와 같이 조동사는 그 역할에 따라 도입되는 층위가 다름을 알 수 있다. 부정과 시제의 층위가 따로 없는 것은 이들은 독자적으로 상대논항을 도출하지 않는다고 보았기 때문이다. 이들을 별도의 투사체를 지닌다고 보는 이도 있다.

이렇게 본다면 조동사는 동사적 접사(Verbal Suffix)로서 시발술어핵 곧 V에 뒤따르는 술어핵 층위에 도입되는 요소로 볼 수 있다. 이들을 전통적인 품사분류의 처지에서는 조동사로서 한 묶음할 수 있다.

조동사는 Auxiliary Verb로 대역되기도 하지만, 그 대역은 보조동사에 상응된다. 이는 V의 절점에서 주동사(Main Verb)에 이어지며 보통 -te 조사를 개재시킨다. -te의 개재 없이 쓰는 것은 $V_1 - V_2$의 연속동사(Serial Verb)가 된다.

12. 문 성분

문절 지금까지 문 구성의 바탕이 되는 단어의 형태에 대해 고찰하였다. 여기서는 단어가 연결(병합)되어 이루어지는 문절(文節) 또는 구(句)에 대하여 살펴보기로 한다.

문절은 전통문법에서 Hasimoto가 제안한 문 분절의 제1차적 단위였다. 문을 평면적으로 배열할 때 휴지가 앞뒤에 개재하는 부분이다.

(131) 太郎が弟に手伝いをさせた。(태랑이 동생에게 돕는 일을 시켰다)

문절은 대개가 '체언 + 조사', '용언 + 조동사'로 이루어진다.

그 앞부분을 자립어(혹은 사(詞)), 뒷부분을 부속어(혹은 사(辞))라고 한다. 혹은 전자를 어휘범주 후자를 기능범주라고도 한다. 그러한 구별 없이 구(句)라는 말을 쓰기도 한다.

체언이 조사 없이 쓰이는 경우와 용언이 조동사 없이 쓰이는 경우가 있으므로 자립어 - 부속어의 두 단어의 연결체가 기본이면서 자립어만으로 문절을 이루기도 한다.

(132) 太郎∅ 花子に 指輪∅贈る∅。(태랑 화자에게 반지 선물하다)

그러나 부속어(辞)가 없는 경우에도 기능범주로서 제로의 사(辞)가 구실하는 것으로 본다.

앞 예문에서 간접목적어인 여격의 'に'는 생략될 수 없다. 주격과 목적격 등의 격조사는 생략이 가능한데 대비해서 생략할 수 없는 조사에 필자는 의미격이라는 말을 쓰고 있다.

한국어는 후핵언어로서 문이나 문절에서도 그 핵은 뒷부분에 있는 것으로 보기 때문에 太郎が/太郎∅의 경우, 형태적이든 추상적이든 뒤의 조사가 핵으로서 기능적 역할을 수행한다고 보고, 이 연결체를 조사구라고 이름한다. 곧 병합체의 명칭은 핵의 구 이름이 된다.

(133)

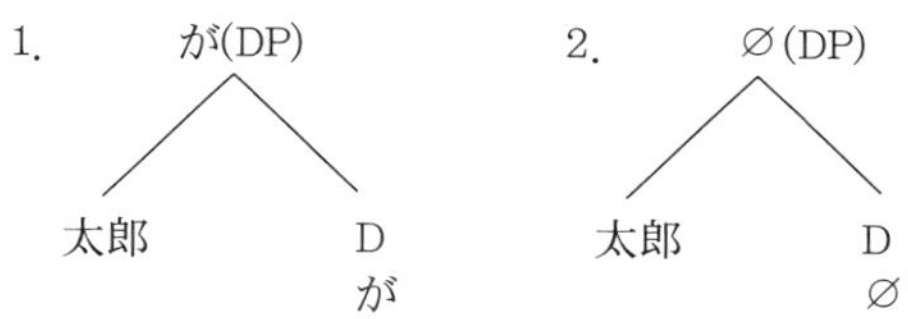

문의 핵이 되는 맨 뒷부분의 술어는 각 술어핵이 병합하는 상대요소와의 관계에서 동사구(VP), 접사술어구(AfP), 핵문술어구(VP)의 이름이 있다.

(134)

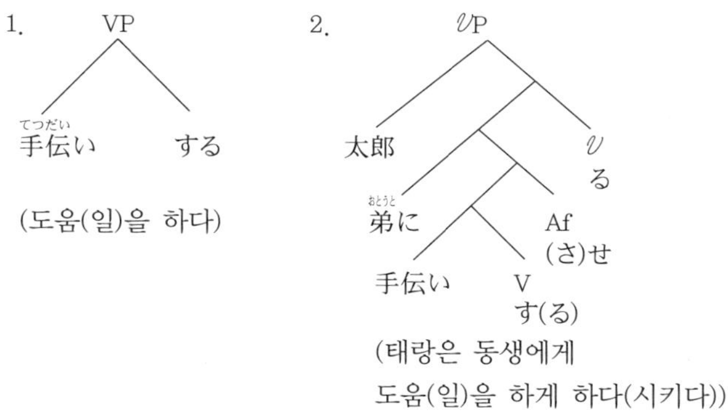

술어핵의 경우는 각 술어핵이 음형상으로는 분절되지 못하고 모두 합쳐져서 1문절을 이룬다.

그렇게 되면 문의 문절은 각 조사구와 'V – Af – $\mathcal{V}$'의 술어핵 병합체로 이루어진다고 할 수 있다. 이외에도 조사 없이 쓰이는 연체사, 부사, 접속사, 감탄사 등의 자립어는 그 자체 한 단어로 문절을 이루고 있다.

이 중에 접속사와 감탄사는 문두의 위치에 생기하고, 연체사는 반드시 명사와 함께 명사구(NP)를 이룬다. 부사는 문 전체를 한정할 때는 문두(문부사)에, 동사구를 한정할 때는 그 앞에 위치한다. 문 구조의 필수적인 요소가 아니기 때문에 부가어(Adjunct)가 된다. 조사구 중에도 구조격 이외에 필수적인 요소가 되지 못하는 것을 부가어라고 한다. 필자는 이들을 필수논항과 임의논항으로 구별하기도 한다.

(135) 1. 太郎が花子に指輪を贈った。
  2. 太郎が花子に車内で指輪を贈った。

1.의 어순은 거의 정해져 있으나, 2.에서는 '車内で'의 DP(혹은 후치사구의 PP로 보기도 한다)는 그 위치가 자유스럽다. 또 그 요소는 빠져도 문의 성립에 큰 영향을 미치는 것은 아니다. 이러한 DP(혹은 PP)는 장소를 나타내는 논항이면서 부가어적인 임의논항이 되는 것이다.

필수/임의의 구별은 상대적인 구별이 되기도 한다. 만일 선행문맥(화맥)에서 '어디서 반지를 주었니/구했니'란 말이 제기되었으면 필수적인 논항이라고 할 수 있다. 문두에 혹은 단독으로 발화될 수 있다. 선행화맥이 없다 하더라도 '事故が起きた'와 같은 문에서는 사고가 일어나는 장소는 필수적일 수 있고, 'じゅうたんを敷く'(융단을 깔다)의 경우는 융단을 보통 어디서나 깔 수 있는 것이 아니므로 장소의 명시가 필수적일 수 있다.

가장 기본적인 핵문에서의 계층구조가 파악되고 있으면,

(136) -が -に -を ○ ○ ○ (술어핵)

와 같은 대칭적인 관계가 파악된다. 그렇게 되면 다음 (137)의 문의 선적인 구조도 계층적으로 이해할 수 있다.

(136)을 위에서 아래로 보면 가장 바깥의 대칭관계에서 내부의 대칭관계로 분절되는 구조이고 아래에서 위로 보면 가장 내부의 논항과 술어핵의 병합에서 시작하여 차차 바깥의 논항과 술어핵의 병합으로 이루어지는 것이 된다.

(137) DP DP DP - 술어핵 병합체

술어핵과 대칭관계에 있는 DP는 술어핵이 지닌 의미역할의 상대라는 점에서 논항이라고한다. 이들 논항의 성격에 대해 여러 가지 관점에서 이름을 부여할 수 있다.

(138)

1. 문법기능상	주어(논항)	간접목적어(논항)	직접목적어(논항)	보어(논항)
2. 의미역할상	동작주(논항)	목표(논항)	대상(논항)	공동·비교(논항)
3. 필수성분여부	필수논항	필수논항	필수논항	필수논항
4. 격형태상	주격(논항)	간접목적격(여격)(논항)	목적격(대격)(논항)	보격(논항)

문절도 이에 따라서 문법기능상 주어문절, 목적어문절 등의 이름을 붙일 수 있는데, 이러한 문법기능상의 문절을 종전에 문의 성분(成分)이라고 하였다. 그리고 그러한 성분에 일일이 문절이란 이름을 붙이지 않아도 된다. 당연히 문절이 되기 때문이다. 문절은 또 필수적이냐 임의적이냐에 의

해서 필수문절, 임의문절로도 부를 수 있다.

그런데, 보어(논항)에 대하여는 여러 의논이 있을 수 있다.

(139) 1. 太郎の成績は□等しい。
2. 太郎が□なる。
3. 太郎が□ない。
4. 太郎が□ある。
5. 太郎が□会う。

위의 문장들은 □부분이 없으면 어딘가 의미가 불완전한 느낌을 준다. 1.에서는 주어와 동등한 구 '花子の成績と/に'가, 2.에서는 주어가 지향하는 '学者と/に', 5.에서는 주어가 상대하는 '友達(친구)に/と'와 같은 보충적 성분이 꼭 있어야 한다. 3.은 태랑의 존재 여부의 일이라면 정문(正文)이지만 부정 여부의 일이라면 비문이다. 정부(正否)의 기준이 되는 말이 있어야 할 것이다.

(140) 太郎が学生で(は)ない。

그래서 이 문을 주어 - 보어 - 서술로 볼 수 있기도 하는 것이다. 한편, 이 문은 (141) 1.에 상대되는 부정문으로 생각하게 되면,

(141) 1. 太郎が学生だ。
2. 太郎が学生ではない。

'学生だ'의 서술어에 부정의 요소가 개재한 것으로 볼 수도 있는 일이다. 이때의 문제점은 'は'조사가 (142)처럼 중간에 개재하는 점이다. (139) 4.도 태랑의 존재 여부의 일이라면 정문이지만 판단의 '~である'의 형식을 전제로 한 것이면 비문이다. (142)처럼 빈 칸을 채워주어야 한다.

(142) 太郎は学生である。

한편 이 표현은 문어적인 표현으로 '太郎は学生だ' 형식하고 동일한 판단형식으로 보게 되면 'だ/である' 식으로 'だ'의 다른 형태가 되어 보어로는 볼 수 없게 된다.

'学生だ'자체를 보어 – 서술어로(한국어에서의 명사–지정사처럼) 보는 처지에서는 'だ/である'를 존재사로 하고 있다. 그렇다면 '学生'부분은 보어가 될 것이다(필자는 '学生だ'는 명사술어의 한 단어). 이같이 보어 부분은 견해가 다를 수 있는 부분이다.

이상과 같은 문의 분절 마디로서 쓰이는 문절의 개념 외에 언어기능상의 마디로서 국면(局面, Phase)이란 말도 쓰일 수 있다. 영어의 경우는 v 혹은 CP의 범위이지만 필자는 한국어와 일본어의 경우 DP – 술어핵의 VP, Af의 병합체에도 쓰일 수 있고(결국은 V 내지 S에도 미치지만) 그 중의 어느 하나가 생략된 경우에도 쓰일 수 있다고 본다. DV – V(v)가 제격의 국면이고 그 어느 하나의 생략의 경우에도 화맥(문맥)상 복원이 되는 한, 국면이라고 할 수 있다.

예컨대 '本を買う'의 DP – V의 병합체에서 그 어느 부분이 생략된 (143)이라든지,

(143) 1. 本を
　　　2. 買う

심지어 DP의 D가 추상격인 경우(本∅)도 언어기능을 수행한다고 보는 것이다. '本∅, 買う'는 종전에 1어문(1語文)이라고 했던 것인데 '買う'의 경우도 '買う∅'와 같이 영기호의 사(辞)가 있는 것으로 보지만, 어떻든 언어표현의 한 몫을 감당하는 것은 틀림없다.

문절간의 관계 문절은 그 문법적인 기능에 의하여 서로 연관지울 수 있다.

(145) 1. 주술관계 주어 - 서술어
2. 목술관계 목적어 - 서술어
3. 보술관계 보어 - 서술어
4. 한정피한정관계 부사어(연용수식어) - 용언(서술어)
5. 수식피수식관계 수식어(연체수식어) - 체언
6. 독립관계 독립어(호격명사, 감탄사, 문두접속사) - 문

이들 관계의 문절 사이는 독립관계의 것을 제외하고는 이어지는 문절 곧 연문절(連文節)이 되고 수식 피수식관계 제외하고는 모두 서술어에 이어지고 거기서 끊긴다. 서술어처럼 끊기는 문절을 단지(断止)문절이라고 한다. 한정어(부사어)만은 서술어에 간접적으로 이어지기도 한다. 따라서 어떤 관계나 경우이든 후핵언어에서는 맨 뒤의 서술어가 마무리 짓는 중심적인 것이 된다. 이미 Matsusita(松下 1977:505-6)에서는 성분과 성분과의 관계를 다음과 같이 나누어 보여주었다.

(146) 1. 주체관계 주어와 서술어와의 관계
2. 객체관계 객어(목적어)와 서술어와의 관계
3. 실질관계 실질어와 형식어와의 관계
4. 수용(修用)관계 수용어와 피수용어와의 관계
5. 연체(連体)관계 연체어와 피연체어와의 관계

Matsusita는 후행요소를 통솔어(서술어, 귀착어, 형식어)라는 말을 쓰고 있다. 1., 2., 3., 4.에서는 그것은 지금의 술어핵 요소와 같은 것이다. 5.는 N(명사)이 핵이 되는 경우다.

1.은 앞서의 주술관계(月(つき)が出(で)た(달이 뜨다)), 2.는 목술관계(花(はな)を見る)이다. 목체관계가 연체수식어(절)로 쓰일 때(花を見る時), 주술관계의 술어에

는 서술어로, 연체수식절의 술어는 귀착어로 쓰고 있다. 3.의 실질관계는 '勉強す'(→勉強する)와 같은 경동사 '賛成致(さんせいいた)す', 'お慶(よろこ)び申(もう)す'와 같은 실질어 – 형식어(보조동사)와 같은 보조관계의 경우다. 4.는 한정피한정관계이고 5.는 수식피수식관계와 같다.

모두 후행요소를 통솔어라 이름한 것은 주목되는 부분이며, 선행요소를 통솔하는 중심이라는 점이 강조된 것으로 보인다. 통솔이란 말은 생성문법에서는 Government의 대역어로 쓰는 것인데(한국에서는 '지배'로 대역) 그것은 쉽게 말해서 자매성분간에 그리고 상대성분의 하위성분(반대의 자매성분의 것에도)의 자매성분에까지 미치는 통사적인 결집력을 의미한다. 지금은 성분간의 관계 투사가 바뀌고 이와 관련된 다른 이론도 다소 바뀌고 있지만 요긴한 술어이다. 이와 비슷한 말이 Matsusita에서도 사용되었다는 것은 주목된다.

이러한 사실들로 미루어 문의 대표적인 성분이 추려질 수 있다. 주어, 서술어, 목적어, 보어, 부사어(연용수식어), 수식어(연체수식어), 독립어의 7가지다.

이 중에서 필수문절은 주어, 목적어, 보어, 서술어이고 임의문절은 부사어, 수식어, 독립어이다. 주어, 목적어, 보어는 조사가 핵이 되어 조사구로 실현되고, 서술어는 각 술어핵이 핵이 되면서 그 병합체로서 하나의 문절을 이룬다. 어떻든 문은 술어핵을 기점을 해서 왼쪽에 각 DP의 논항의 문절이 실현되고, 오른쪽으로 술어핵이 병합하여 서술어 문절이 이룩되는 것이다.

문절 간에도 종속관계의 것이 있고 병렬관계의 것이 있다. 전자는 두 문절 중의 하나는 종속적인 것이고, 후자는 문절 또는 그 이상의 문절이 동일범주의 연속이다. 종속적인 것은 임의적인 것으로 그것을 제거해도 중심문절은 성분으로 기능할 수 있다. 병렬적인 것도 그 어느 하나를 버릴 수 있지만 모두가 한 성분으로 구실을 한다고 볼 수 있는 것이다.

(147) 僕はこの花とあの花がたいへんすきだ。(나는 이 꽃과 저 꽃을 매우 좋아한다)

'この, あの'는 花의 명사에, たいへん은 형용동사에 종속되어 있다. 이들을 제거해도 문의 성립에 지장이 없다. 'この花とあの花'의 병열구에서 어느 하나를 버려도 되지만 두 가지가 병렬관계에 있어 어느 하나를 제거할 종속적 처지는 아니다. 그 전체가 목적어(주격목적어) 구실을 하고 있다. 주어인 경우도 僕と弟が 식으로, 서술어도 동일 주어 혹은 동일목적어에 대한 서술어의 병열체라면 병렬관계가 된다(僕は漢字を書いて直した(나는 한자를 쓰고 고쳤다)).

이외에 본용언과 보조용언과의 관계를 보조관계라는 말을 쓸 수 있다. 예컨대 '書いている'(쓰고 있다)의 경우 붙여 쓰고 있으나, '書いては いる'식으로 중간에 다른 요소가 개재하는 점에서 각각은 하나의 문절을 이르고 있는 것이다. 이 경우 본동사－보조동사라는 이름이 있는 것 외에 그러한 관계를 문절 간의 관계라는 각도에서 보조관계라는 이름이 있는 것이다.

필수문절은 대칭관계에 있고 임의문절은 비대칭관계에 있다고 할 수 있다.

(148) 僕は 妹に ごはん たべ さ せた (나는 누이동생에게 밥을 먹였다)

주어, 간목, 직목 술어핵과의 대칭관계에 있는 것은 필수문절이다.

(149)

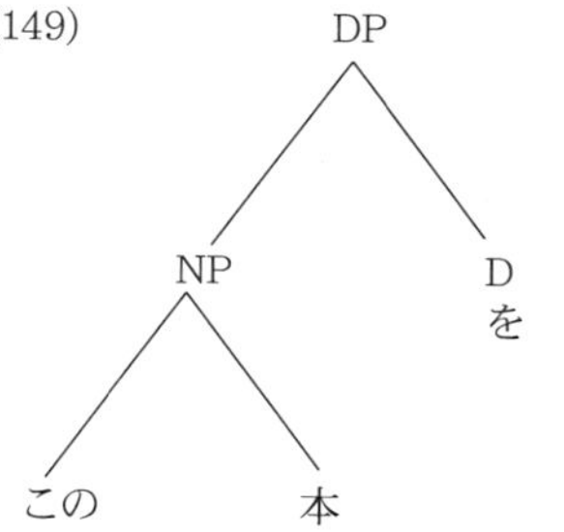

'本'은 조사핵과 대칭관계에 있으나, 'この'는 그렇지 않다고 본다면 'この'는 임의문절이라고 볼 수 있다.

(150)

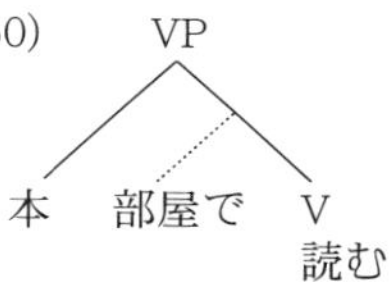

(책(을) 방에서 읽다)

V와 대칭관계에 있는 것은 '本'이고 '部屋で'는 부가된 것(점선 표시)으로 보면 '本'은 필수문절이고 '部屋で'는 임의문절이다.

보조관계는 왼쪽에서 오른쪽으로 전개되는 언어표현의 선조성에서 예컨대 앞의 '書いて'가 뒤에 오는 'いる'보다 어휘적인 의미가 중시되는 것으로 여겨서 그런 말이 있지만, 생성기제에서 볼 때는 앞 요소는 V핵의 레벨이고 뒷 요소는 *v*핵의 레벨이며 또한 후핵의 요소는 언어기능상으로는 오히려 보조적이라기보다 기능의 활성화를 주도하는 것이라고 볼 수 있다. 따라서 전통문법이나 학교문법에서는 보조용언이라는 말을 쓰지만 생성문법에서 문의 핵심적인 요소로 본다.

(151) 1.　　　　　　　　　　　　2.

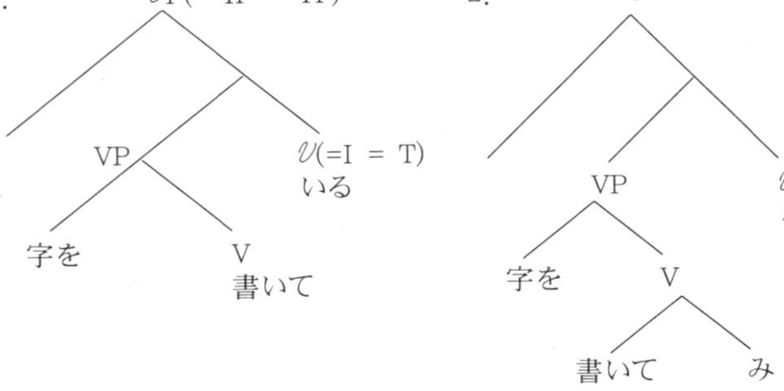

전에는 Aux(iliary)(조동사)라 하여 시제와 법조동사, 시제와 분사접사의 합체로 보았다. 그러다가 I(INFL(ection))(굴절사)로 바뀌어 그와 같은 용언의 시제, 상의 굴절형태가 문의 핵으로 보았으며 문은 IP로 보았다. 그 다음 그 중에서 시제 T(ense)를 중시하여 핵은 T, 문은 TP라고 하였다.

필자는 문(핵문)의 핵은 𝓋로 보고 있으며 그 안에 시제와 상이 포함되는 것으로 하고 있다. 앞의 수형도에서 𝓋는 그 내용이 완전히 합치하는 것은 아니나 종전의 I, T와도 같고, 𝓋P는 IP, TP와도 같다.

따라서 종전에 보조용언이라 이름하였던 것은 문말에서 오히려 문 생성의 중요한 몫을 하는 중핵적인 것으로 해석된다. (151) 1., 2.에서 소위 전통적인 보조용언의 생성위치가 다르게 나타난 것은 상(相)의 'いる'는 𝓋자리에, 이외의 시도 등의 보조용언은 V자리에 병렬적으로 위치한다고 보았기 때문이다.

문절(성분)배열의 유형 어떤 문절이 어떤 식으로 배열되는가에 따라 문의 분류도 이루어진다.

1. 주어 - 서술어(주술(主述)문)

　a) 주어(동작주) - 자동사(동사술어문, 동작문)

彼(かれ)が笑(わら)う (그가 웃다) (비능격동사문)

주어(대상) – 자동사(동사술어문, 동작문)

戸(と)が閉(し)まる (문이 닫히다) (능격동사문)

주어(대상) – 자동사(중간동사)

グラスがよく壊(こわ)れる (잔이 잘 깨진다) (중간동사문)

주어 – 존재동사(존재동사문, 존재문)

本(ほん)がある (책이 있다))

b) 주어 – 형용사(형용사술어문, 형상문) 彼がかしこい (그는 영리하다)

c) 주어 – 형용동사(형용동사술어문, 상태문)

彼が健康(けんこう)だ (그는 건강하다)

d) 주어 – 명사술어(체언 – 단정조동사) (명사술어문)

彼が教師(きょうし)だ (그가 교사이다)

2. 주어 – (대격)목적어 – 서술어 (객술(客述)/목술(目述)문)

彼は字(じ)を書(か)く(그는 글자를 쓴다) (대격동사문)

3. 주어 – (주격)목적어 – 서술어 (주격목적어문)

(주어 – 대상어 – 서술어) 僕が水(みず)がほしい (나는 물을 원한다)

4. 주어 – 보어 – 서술어 (보술(補述)문)

彼が教師になる (그가 교사가 된다)

5. 주어 – 목적어 – 보어 – 서술어 (목적보술문)

教師が彼を組長(くみちょう)に定(さだ)めた (교사가 그를 반장으로 정하였다)

6. 주어 – 목적어 – 판단서술 – 서술어 (を 판단구문)

彼が花子(はなこ)を天才(てんさい)だと言(い)った (그가 화자를 천재라고 말하였다)

7. 주어 － [(절)주어 － (판단)서술어] － 서술어 (が 판단구문)
彼が花子が天才だと言った (그가 화자가 천재라고 말하였다)

8. 주어 － 간접목적어 － 직접목적어 － 서술어(수여동사) (이중목적어문)
教師は花子に辞典を贈った (교사는 화자에게 사전을 선물하였다)

9. 주어 － 간접목적어 － (직접목적어) － 서술어(피동사) (피동문)
太郎は次郎に(頭を)殴られた (태랑은 차랑에게 (머리를) 얻어맞았다)

10. 주어 － 간접목적어 － 직접목적어 － 서술어(사동사) (사동문)
太郎は花子に手を握らせた (태랑은 화자에게 손을 잡게 하였다)

9.에서 직접목적어 없는 경우도 있다. 9., 10.의 간접목적어는 여격의 DP이기에 그렇게 임시방편으로 호칭하였으나 적절하지 않은 것이다. 문법기능상의 호칭만으로 적절하게 분류하지 못하는 경우가 된다. 의미역할상의 호칭으로 9.는 피동주 – 기동주 – (대상) – 피동사로, 10.은 사동주 – 피사동주 – 대상 – 사동사 식으로 바꿀 수 있다.

1. a)에서의 주어도 그 의미역할이 동작주인가 대상인가에 따라서 문의 유별이 달라지고 있다. 문의 유별이 달라진다는 것은 그러한 문의 생성과정이 다르다는 것이 된다. 위의 문틀의 생성기제에 대하여는 다음 장의 통사론에서 다시 언급된다.

7.에서의 주어 – (절)주어의 연속과 (절)서술어 – 서술어의 연속은 [ ]의 절 경계에서 구획된다. 이때 바깥주어 – 서술어는 주문(主文)이고 체언에 걸치는 주어 – 서술어의 연체수식절은 내포절이다. 체언에서 떼어놓을 수 없기 때문이다. 그 서술어는 끊어지는 문절로서 주문서술어에 이어지지 않는다. 연체수식절 – 명사 – 조사의 절 전체가 주문서술어에 이어지는 것이

된다. 절 전체가 하나의 논항의 일을 감당한다.

(153) 僕は[[花子が映画館に行くの]を]見た。
(나는 화자가 영화관에 가는 것을 보았다)

여기서의 내포절은 DP(명사)절로서 목적어 구실을 하고 있다. 밑줄 친 부분만을 생각하면 연체수식절이다. 그것에 보문화표지(명사)와 함께 명사절을 이룬다. 조사와 합쳐 DP절을 이룬다. '명사절 + が'는 주어 또는 주격목적어 구실을, '명사절 + を'는 목적어 구실을, '명사절 + の'는 연체수식어 구실을, 명사절 + 부사격조사는 부사어 구실을 한다.

(154) 僕は[心がやさしい人]と交際したい。
(나는 마음이 부드러운 사람과 교제하고 싶다)

(154)의 내포절은 명사절로서 'と'조사를 수반하여 보어 구실을 하고 있다.

(155) 僕は[花子が映画館に行った]と思った。

절 − to V 구문은 (154)와 같은 부사절로 볼 수 있다. 명사절에서 보이는 명사핵의 보문화표지 없이 쓰이고 있다. −(と)見る(~라고 본다), (−と)思う(~라고 생각한다)와 같은 주문동사 앞에서 절에 (인용격)조사를 수반시켜 어떤 사실을 인용·한정하고 있다고 볼 수 있기 때문이다. ~(だ)との 경우는 판단인용이다.

(156) 僕は[花子が映画館に行くように]見えた。
(나는 화자가 영화관에 가는 것처럼 보였다)

여기서의 절도 부사절(연용절(連用節))이다. 밑줄 친 부분은 'よう(に)'를 명사(様)로 본다면 (153)과 마찬가지로 연체수식절 + 명사이지만 'ように'를 조

동사(연용형)로 본다면 그 연결이 어색하지만 원래 그 조동사가 한자어 명사에서 유래한 것으로 보면 어느 정도 이해 될 것이다(한국어의 '~는 양(様)으로').

연체수식절 + 명사(+に조사)의 구성으로 내포절이 부사절의 구실을 하는 것이 있다.

(157) 1. ~したために(~한 때문에) (원인절)
2. ~した時に(한 때에)/あいだに(~한 사이에)/瞬間に(~한 순간에) (시간절)
3. ~したところ(~한 바)/場合(경우)/順番に(~한 차례로) (상황절)
4. ~したうえに(~한 데다) (첨가절)
5. ~したように(~한 양으로) (양태절)
6. したあげく(~한 결과)/末に(~한 끝에) (결과절)

이번에는 절이 내포되는 경우와 외포되는 경우를 구별하고자 한다. 다음의 (158)은 내포된 경우로, (159)는 외포되는 경우로 보는 것이다.

(158) 1. 僕は頭が痛いため早退した。(나는 머리가 아프기 때문에 조퇴했다)
2. 僕は頭が痛い時頭痛薬を飲む。(나는 머리가 아플 때 두통약을 먹는다)
3. 僕は頭が痛い場合早退する。(나는 머리가 아픈 경우 조퇴한다)
4. 僕は頭が痛いように仮病した。(나는 머리가 아픈 것 같이 꾀병했다)

이들은 서술어를 원인, 시간, 경우, 양태, 결과 등으로 한정하는 일을 하고 있다. 하나의 주어 - 술어의 주문에 내포되는 경우에는 내포절로 보고, 다음과 같이 주절의 주술관계와 별도의 주술관계 구실을 하는 경우는 문중에 개재하는 경우가 있더라도 외포절로 보고자 한다.

(159) 1. 花子が約束を守らなかったために太郎は腹が立った。
(화자가 약속을 지키지 않았기 때문에 태랑은 화가 났다)

2. 花子が家に帰った時に太郎は入り口で花子を待ち構えていた。

(화자가 집에 돌아온 때 태랑은 입구에서 화자를 기다리고 있었다)

1.에서 밑줄 친 부분은 접속조사 'から' 또는 'ので'하고 대치될 수 있는 것이지만 조건절과는 구별된다.

2.에서 밑줄 친 부분을 내포절의 부사절로 보기 어려운 것은 주문에 개재할 수 있는 자리가 서술어 앞자리가 아닌 장소의 '입구(入口)' 앞 정도이기 때문이다.

문의 구조가 복잡해질수록 서술어와의 연결이 어려울 것이므로 내포절이 아닌 외포절로 보는 것이 해독에 용이하다. 이러한 외포절은 내포절이 뒤섞기(Scrambling)하여 이루어지는 경우도 있을 것이다. 이외에 Masuoka(益岡 1997:14)는 병열절도 내포절(종속절이라는 용어를 쓰고 있어서 그 쓰임에 차가 있겠지만)에 포함시키고 있으나 병열절은 주문에 내포되었다기보다 대등적인 절의 연속이므로 중문(重文)으로 분류된다고 본다.

부사절의 경우 비교적 간단한 구조의 것은 내포절로 내포하고, 비교적 길고 복잡하면 내포하지 않고 주문 밖으로 외치(외포)한다고 보는 것이다. 내포하거나 외치한다 하더라도 문장의 하나의 성분의 구실을 하는 것이어서 주문의 전개의 전제나 조건이 되는 조건절(종속절)과는 구별한다.

단문과 복문 앞서의 문절배열의 유형은 단문의 경우이다. 단문을 서술내용과 형식상의 특징으로 다음과 같은 분류도 있게 된다. Yamada(山田 1911:935-6)는 일본어에서의 사상발표의 형식은 크게 술체(述体)의 구, 환체(喚体)의 구로 하였다. 술체의 구는 주어 - 서술어의 형식을 갖춘 단문이고, 환체의 구는 명사가 호격으로 사용되는 경우, 그리고 감탄사가 쓰이는 경우다. 환체의 구는 주어 - 술어의 형식을 갖추지 않으나 서술어(적어도 말미의 굴절소 그리고 종조사만이라도)가 숨어 있는 것으로 볼 수 있다.

(160) 1. 雨!(降る-よ) 비!(내려요)
2. 花!(美しいね) 꽃!(아름답네)

Watanabe(渡辺 1974:54)의 처지가 이와 같다고 할 수 있다. 환체의 구, 1어문은 무통서(無統叙) 진술문, 술체의 구는 통서진술문이라고 하고 있는데 이때의 통서는 술어가 맡는 것으로 보고 있다. 이는 Yamada와도 같다. 그와 같이 어휘범주가 숨어있다고 보는 것 외에 문의 구실에는 기능범주가 주축이 된다고 보면 Tokieda처럼 1어문은 숨어 있는 사(辞)(영기호의 사(辞))가 체언 뒤에서 문의 기능을 수행하도록 하고 있다고 할 수 있다.

(161) 雨■. 花■.

영기호의 구실은 상승, 하강 등의 음조, 무형의 조동사나 종조사가 구실하는 것이 된다.

술체의 문은 술어인 용언의 활용형을 중심으로 분류되기도 한다. 평서문, 의문문(반어문), 명령문(희망문, 금지문), 감동문, 청유문 등이 그것이다.

단문이 절로서 두 개 이상 겹쳐 있는 것을 복문(複文)이라고 한다. 예시하면 Yamada(山田 1061-2)는 다음과 같은 복합관계에 따라 세 가지로 나누었다.

(162) 1. 병립(並立)관계 - 중문(重文)
2. 합동관계 - 합문(合文)
3. 주종(主從)관계 - 유속(有属)문

1.은 대등절로 되어 있는 것이고, 2.는 종속절과 주절로 되어 있는 문인데 그 두 절을 합친 문이라는 뜻에서 합문이라 한 것이다. 지금은 이 말은

쓰이지 않고 주종문 혹은 조건문이라고 한다. 그렇게 되면 3.의 주종관계 그리고 유속관계와 혼동되기 쉬우나 3.의 주종관계 – 유속문은 내포문(内包文), 보문(補文)에 상당한 것이다.

1.과 2.는 두 개의 문(주어–술어)이 연속되는 것인데 그 접속의 방식이 서로 대등적인가 아니면 하나의 문은 가정 등의 조건으로 된 것인가의 차이다. 이에 대해 3.은 중심문장이 주문(主文) 안의 어떤 성분에 소속되어 있는 부분적인 문을 가리킨다. 부분적으로 소속되어 있는 문도 종속절이라는 말을 쓰기도 하므로 주종문에서의 종속절과의 분간에 유의할 필요가 있다.

따라서 복문이라면 중문과 주종문이며, 유속문은 이들 복문에도 소속할 수도 있고 단문에도 소속할 수 있다. 단문도 내부에 유속문이 소속되면 복문이 된다고 할 수 있다.

이제 구조상의 문의 유별을 예시하면,

(163) 1. 鼻(はな)が長(なが)い。(코가 길다) 주술관계가 1회. 단문.

2. 鼻が長く尾(お)が短(みじか)い。

(코가 길고 꼬리가 짧다) 주술관계가 2회. 대등절로 되어 있는 중문.

3. 鼻が(/の)短い象があるだろうか。(코가 짧은 코끼리가 있을까)

3.에는 주어(象)를 수식하는 유속문(보문)(밑줄 친 부분)이 있다. 복문. (부분적으로 소속된 유속문을 수식부분으로 보면 단문이다)

4. 象(ぞう)が鼻が長い。(코끼리는 코가 길다)

4.에서 밑줄 친 부분을 술어절로 보면 복문이 된다. 일반적으로 주어 – 대상어 – 술어, 주어 – 소주어 – 술어의 단문으로 본다.

5. 象が鼻が長いので子供たちが面白がる。
(코끼리가 코가 길어 어린이들이 재미있어 한다)

5.는 주술관계가 2회이고 앞엣것이 조건절(종속절)로 되어 있는 주종문인 복문이다.

6. 鼻が長い象があるから子供たちが集まる。
(코가 긴 코끼리가 있으므로 어린이들이 모인다)

6.은 주술관계가 3회지만 맨 앞엣것은 조건절(종속절)의 주어(象)를 수식하는 유속문으로 내포된 것이어서 전체적으로 주종문인 복문이다. 이와 같이 여러 가지 절이 섞여 있는 것을 혼문(混文)이라 하기도 한다.

7. 太郎は虎を見物し花子は鼻が長い象を見物するので次郎はその中間にいた。(태랑은 호랑이를 구경하고 화자는 코가 긴 코끼리를 구경하므로 차랑은 그 중에 있었다)

7.에서는 주술관계가 4회지만 밑줄 친 부분을 수식적인 내포절로 제외시키면 3회이다. 1~2회는 대등절의 중문으로서 조건절(종속절)을 이루고 3회는 전체의 주문 구실을 하고 있는 복문이다. 여러 가지 절이 혼합된 혼문이 되는 것이다.

지금까지 보아온 문절(성) 배열의 순서가 일본어의 전형적인 어순(語順)이 된다. 주어가 맨 앞에 나오고 서술어가 맨 뒤에 오는 것이 항례다. 물론 감동·주의환기·강조 등의 화자의 특별한 의향에 따라 다음과 같이 도치되는 경우는 있지만, 일반적이고 또 긴 문일수록 서술어가 끝에서 받쳐준다.

(164) 1. 来たよ、彼女が。(왔어요, 그녀가)
2. 見えるわ、山が。(보여요, 산이)

따라서 도치되는 경우는 주어와 서술어 사이에 있는 문중요소가 주어 앞으로 또는 다른 문중요소가 앞으로 나오는 경우가 된다. 이를 어순재배열 혹은 Scramble이라고 한다. 이동의 이유는 강조 혹은 해당문절의 작용력의 확대에서 온다. 앞에 나올수록 정도가 커지는 것이다. 문중요소도 서로 간의 관계의 긴밀도에 따라 단독으로 이동하지 못하는 경우가 있다. 수식－피수식 관계의 것은 함께 이동해야 한다.

(165) 1. 高い本を私が買った。(비싼 책을 나는 샀다)
2. *高い私が本を買った。
3. *本を私が高い買った。

이에 대해 한정－피한정관계는 보다 느슨해서 한정어를 앞으로 옮길 수 있다.

(166) 1. 私が家に遅く帰った。(내가 집에 늦게 돌아왔다)
2. 私が遅く家に帰った。
3. 遅く私が家に帰った。

모두 필수성분인 간접목적어－직접목적어의 어순이 다음처럼 바뀌면, 그 간접목적어가 목표/장소이면 없어도 되는 임의성분화가 될 수 있다.

(167) 1. 家に小包を送った。(집에 소포를 보냈다)
2. 小包を(家に)送った。(소포를 집에 보냈다)

이들 두 개의 목적어가 수량사를 가질 때 그 어순의 바뀜으로 작용역이 바뀌어 해석의 차이를 가져온다.

(168) 1. 太郎が三人の女性に二人の男性を紹介した。
(태랑이 세 사람의 여성에게 두 사람의 남성을 소개했다)

2. 太郎が二人の男性を三人の女性に紹介した。
(태랑이 두 사람의 남성을 세 사람의 여성에게 소개했다)

이 경우 앞선 1.처럼 'に'격의 간목이 넓은 작용역을 가지는데, 2.처럼 어순이 바뀌면 'に'격의 간목은 넓게도 작게도 해석된다. 곧 1.은 세 사람의 여성 각자에게 두 사람의 남자를 소개했다는 뜻이고, 2.에서 넓게 보면 1.의 해석과 같으나, 좁게 보면 두 사람의 남성을 세 사람의 여성 모두에 함께 소개했다는 것이 된다.

이렇게 본다면 2.에서 넓은 해석을 받는 경우 2.의 'に'격의 간목이 'を'격 직목 앞으로 눈에 보이지 않는 이동을 하고 있다는 것이 된다. 생성문법에서는 의미해석부(LF)에서 내현적인 LF－이동을 하는 것으로 가정한다. 눈에 보이는 외현적인 이동은 통사부에 일어난다. 다음에서

(169)

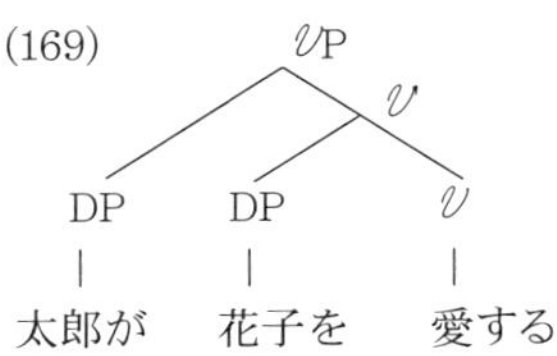

(태랑이 화자를 사랑하다)

이는 VP국면을 거친 핵문의 국면이다. 첫 번째 DP는 주어(논항)자리고, 두 번째 자리는 목적어(논항)자리다. 이러한 문법상의 기능 자리를 논항위치(A-위치)라고 한다. 여기서 목적어를 내세우거나 강조하기 위해서 '花子'를 앞으로 이동(도치)시키게 되면

(170)

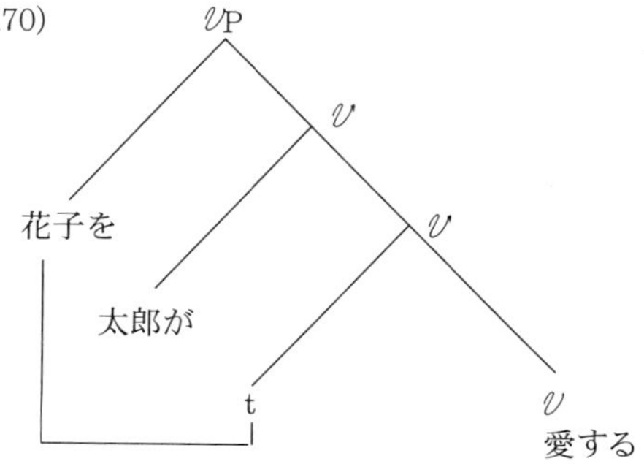

(화자를 태랑이 사랑하다)

술어핵과 동일절점의 앞자리에 부가(Adjunction)되고 그 자리에 옮기는 것으로 가정하고 있다.

이를 촘스키 부가(Chomsky Adjunction)라고 부르기도 한다. 이때 부가된 자리는 비논항(A') 자리이며 최대 투사(XP) 자리다. 일단 A가 된 명사는 다시 다른 A가 될 수 없어서 A' 자리에 옮기는 것이다.

따라서 자리의 뒤바뀌기(Scrambling)는 논항(A)자리에서 비논항(A')자리로 옮기는 것이 되어 A'(비논항) – 이동이라고 한다. 본래의 논항자리에 흔적(t)을 남김으로서 목적어 논항이었음이 확인되므로 다시 동일한 목적어 자리가 부가될 필요가 없는 것이다.

그럼, 이와 상대되는 A – 이동의 경우는 어떻게 되는가. 이는 비논항(A') 자리에서 논항(A)자리로 옮기는 경우가 되는데 피동문의 형성이 그 예로 가정되고 있다.

(171)

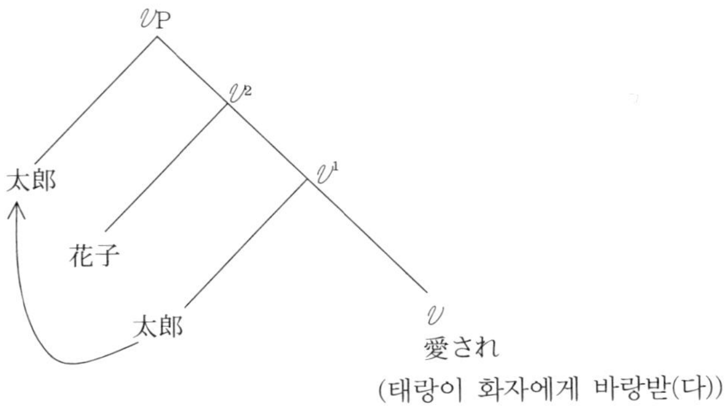

원래의 '太郎'의 자리는 목적어로서 논항(A)으로 보이지만, 핵문술어(v)는 본래의 동사(V)와 접사(Af)가 병합한 것으로 상대항에 목적격을 부여할 수 없는 처지다. 곧 상대자리는 비논항(A') 자리일 수밖에 없다. 따라서 '太郎' 명사는 격을 받지 못하므로 격을 받을 수 있는 논항자리로 옮겨야 한다. 이를 A(논항) – 이동이라고 한다. '太郎'이 옮겨간 자리는 이동을 위해 부가시켜 만든 자리라기보다 아예 주어 자리로 마련된 것이라고 보면 '太郎'은 그 자리에 대입(/대치 Substitution)하는 것이 된다. 곧 A'의 '太郎'이 A의 자리에 대입되어 주어 구실을 하게 되는 것이다. 부가와 대치는 엄밀히 구별하기 어려운 면도 있어 구별 없이 모두 부가조작으로 보기도 한다.

이러한 이동(변형)이 아무런 제약이 없이 함부로 행해진다면(변형의 힘이 강하다면) 비문을 마구 생산하게 될 염려가 있다. 그것을 방지하기 위한 여러 제약들이 제기되었는데 쉬운 예를 두어 개 들기로 한다.

그 하나의 복합명사구 제약은 복합명사구 내부요소는 밖으로 나올 수 없다는 것을 말한다. 복합명사구란 명사에서 명사 – 보문으로 된 명사구를 말한다. 일본어는 연체수식의 보문 + 명사가 된다.

(172) 太郎(たろう)が[花子(はなこ)がバナナを買(か)いたい]のを知(し)っている。
(태랑은 화자가 바나나를 사고 싶은 것을 알고 있다.)

[　]속의 어떤 요소도 [　]밖으로 나올 수 없다. [　]전체는 앞으로 나올 수 있다.

등위구조제약은 등위구조 내부의 요소는 그 구조 밖으로 나올 수 없다는 것이다.

(173) 太郎が[次郎と花子に]手紙を送った。
(태랑은 차랑과 화자에게 편지를 보냈다)

이 경우 등위구조 전체는 어순이 자유스러우나 그 내부의 일부만은 밖으로 움직일 수 없다.

시제문조건(Tensed-S-Condition, TSC)은 내포문에서의 시제문 가운데의 요소를 이동시킬 수 없다는 것이다. 시제문은 시제를 지니는 정동사를 포함하는 문을 가리킨다. 영어에서 시제절과 무시제절의 구별이 뚜렷하나 일본어나 한국어의 경우는 뚜렷하지 않다.

(174) 1. 太郎が[花子が手紙を書いた]のを知っている。
(태랑이 화자가 편지를 쓴 것을 알고 있다)

2. 太郎が[花子が手紙を書くように]勧めた。
(태랑이 화자에게 편지를 쓰도록 권하였다)

1.에서는 보문에 'た'의 시제형태소가 있으나, 2.에서는 시제형태소가 보이지 않는다. 어떻든 보문의 어느 요소든 그 밖으로 나올 수 없다. 1.의 경우는 앞서의 복합명사구 제약과 같은 것이다.

1.과 2.의 예만을 가지고 달리 말해서 절 내에 명시적인 주어가 있는 경우(영어에서는 시제문에서는 반드시 명시적으로 있고, 비시제문에서는 비명시적이다) 그 주어를 넘어서 옮길 수 없다는 명시(/지정)주어조건(Specified Subject

Condition)과도 같게 된다.

지금까지의 예만을 가지고 보면 거의가 명사구나 절의 [ ]안의 것이 나올 수 없다는 것이 되어 [ ]부분을 섬으로 비유하여 섬의 제약이라고도 한다.

이러한 제약들은 구조적인 환경을 명시하는데서 오는 것이라면 구성요소가 이동하는 거리 곧 경계를 제한하는 하위인접(下位隣接)조건(간단히 하접조건, Subjacency Condition)이 있다.

그것은 두 개 이상의 경계절정(영어에서는 S와 NP)을 넘을 수 없다는 것이다. 앞서의 예들을 가지고 보면 주문주어는 NP(DP)이고 내포절은 S의 경계를 지니므로 결국은 내포절(S')의 요소가 밖으로 나오는 것은 두 개의 경계절점을 넘는 것이 되어 안 된다는 것이다.

하접조건도 장거리 이동이나 결속에서 문제되는 점이 많으며 개별언어에 따라 다를 수 있고 또한 내현적인 LF－이동에는 제약되지 않는다든지 여러 문제가 걸려 있다.

어떻든 자유여순현상(어순재배열, Scrambling)과 이동 혹은 요소간의 결속문제 그리고 그 제약들 은 종래의 문절/형태분석적 방법으로는 생각지도 못한, 참으로 역동적인 언어기능의 구체상을 형상화해주는 것이라고 할 수 있다. 이러한 생성기제의 면모의 파악에서 사람의 머리/마음에서 주도하는 외부세계의 관찰이나 내부적인 정의(情意)의 발로의 인지적(認知的)· 사고적 기제에 접근할 수 있다.

한편 언어형성에 있어서의 경제성이나 최소노력의 원리 등에서 생각을 고쳐먹을 수도 있다. 앞에서 목적어가 주어 앞으로 이동하는 경우를 생각했지만, 그렇게 사람의 머리/마음이 일반적인 어순으로 말하려다가 중요한 단어를 앞에 내세워 말하는 경우도 있겠지만, 선행의 화맥(문맥)에서 화제 혹은 초점이 되었던 것을 먼저 내세워서 말할 수도 있는 것이다. 필자가 가정하는 문의 시발구조인 다음의 발제 – 결말구조에서는 발제의 자리에 그 관심어가 생기할 수 있다.

(175)

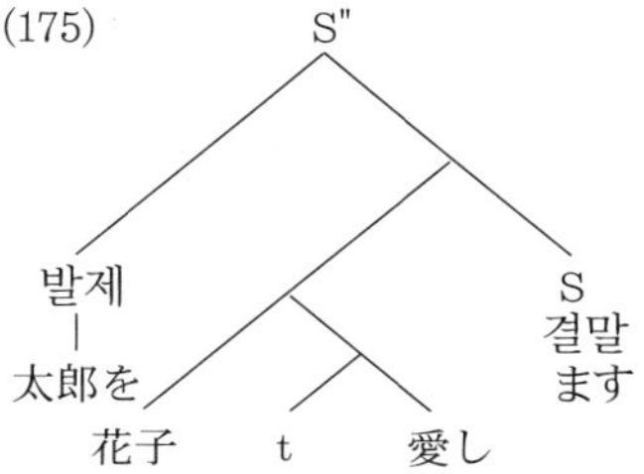

다음에 핵문을 형성할 때에 목적어 자리에 발제의 관심어를 복사(여기서 t는 이동의 흔적이 아니라 복사체)하여 문법적인 구조 곧 주어 – 목적어 – 서술어의 문법적인 기능과 동작주 – 대상 – 서술어의 논항구조를 갖추게 한다고 보는 것이다. 힘이 드는(값이 비싸게 드는) 이동과 같은 조작이 없이 경제적으로 혹은 최소의 노력으로 문 생성이 이루어진다는 이점이 있다.

제4장 통사론

앞장에서의 형태의 논의에서 그것과 관련되는 통사적인 일들을 간간히 언급한 바 있다. 여기서 다시 부연되는 부분이 있다면 그것은 통사론으로서 개괄하기 위해서이다.

1. 문의 구조

2분지 구조 문과 구성요소와의 관계를 어떻게 파악하느냐에 따라 그 형상을 미룰 수 있다. 문과 구성요소와의 관계를 파악하는데 구조주의 언어학에서의 IC(직접구성요소)분석에 의할 수 있다. 다음에서처럼 문의 구성요소를 2분하여 나가는 방식이다.

(1)

<table>
<tr><td colspan="8">親友(しんゆう)の　太郎(たろう)が　言語学(げんごがく)を　専攻(せんこう)して　いる
(친구인　태랑이　언어학을　전공하고　있다)</td></tr>
<tr><td colspan="4">親友の太郎が</td><td colspan="4">言語学を専攻している</td></tr>
<tr><td colspan="2">親友の</td><td colspan="2">太郎が</td><td colspan="2">言語学を</td><td colspan="2">専攻している</td></tr>
<tr><td rowspan="2">親友</td><td rowspan="2">の</td><td rowspan="2">太郎</td><td rowspan="2">が</td><td rowspan="2">言語学</td><td rowspan="2">を</td><td rowspan="2">専攻し</td><td colspan="2">て いる</td></tr>
<tr><td>て</td><td>いる</td></tr>
</table>

직접구성요소는 주어진 구조체의 바로 아래의 레벨의 것만이 해당되며

더 아래의 것은 아니다. 기계적인 二分法에 의하여 최종적으로 분할된 요소가 형태소이다. 이 방법을 문을 구성하는 형태소를 찾아보기 위한 것이지만, 이러한 구조체를 역으로 보면 두 개의 형태소가 병합하여 하나의 구(문절)가 되고 또 두 개의 문절이 모여서 연문절이 되고 또 두 개의 연문절이 모여서 문이 되고 있음을 보여준다. 구성요소 XY가 통사적으로 같은 위치로 묶을 수 있으면 내심(内心)구조, 그렇지 못하면 외심(外心)수조이다. 위에서 두 번째 레벨의 것만이 주어－술어의 외심구조(Exocentric)이며 나머지는 수식어－명사, 목적어－동사의 내심구조(Endocentric)이다.

이러한 구조분석의 단점은 등위구조(Coordinative) '太郎また花子'에서 'また'를 어느 쪽에 갖다 붙일 것인지가 애매하고, [太郎が好きな学生]에서 'が'가 주격인 경우와 주격목적어인 경우가 있어서 기계적인 분석으로는 그 구별을 할 수 없다는 점이 있다.

지금의 관점에서는 외심구조에서의 주어를 받치고 있는 것이 격조사, 술어를 받치고 있는 것이 Aspect 혹은 I(굴절사)로서 문은 조사구(명사 + 조사) DP와 굴절사구(동사 + 활용어미, 보조동사) IP로 되어있다고 할 수 있다.

그리고 일본어는 문의 핵(주요부)은 후위치에 있는 후핵언어이고 I가 동사를 기능하게 한다면 다음과 같은 형상이다.

(2)

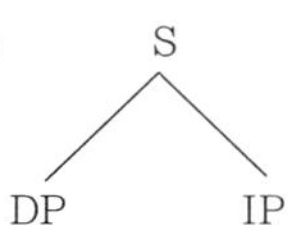

(3)

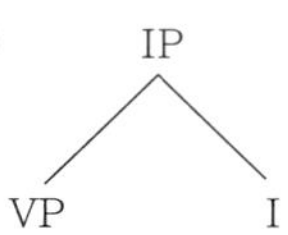

구 구조규칙(바꿔쓰기규칙) 초기 생성문법의 수형도는 앞서의 IC분석의 예로 보이면 다음과 같다. 그 분지의 마디 곧 절점(節点, Node)이 구 구절표지가 되는 것이다.

(4)

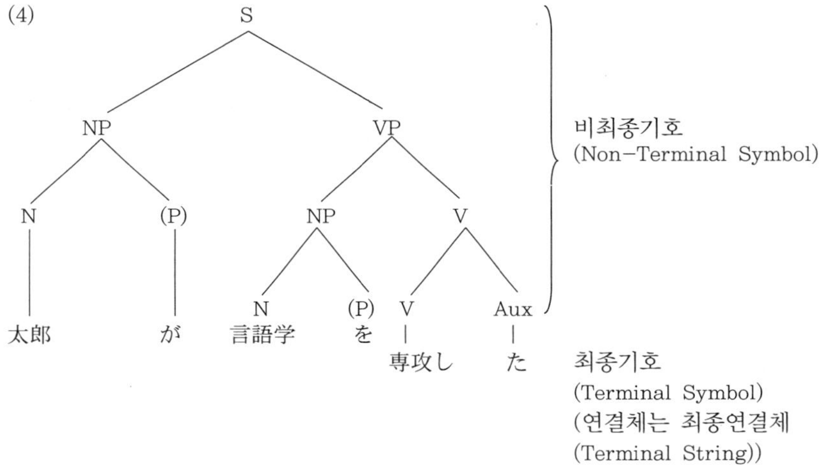

이러한 구조체의 생성을 IC의 범주기호로 나타내는 다음과 같은 바꿔쓰기규칙(Rewrite Rule)으로 유도할 수 있다.

(5) S → NP VP
NP → N P
VP → NP V
V → V Aux

이는 구조형성의 구구조규칙(Phrase Structure Rule)이 되는 것이며 이러한 규칙에 의해 구조체의 형성이 유도된다. IC분석은 최종의 구성요소를 발견하는 데 있었지만, (4)의 수형도는 분지절점을 통하여 통사적 범주(Syntactic Category) 곧 계층구조(Hierarchical Structure)를 명시하는 데 있다.

최종분지에 어휘가 삽입된 최종 연결체가 문의 기반이며, 그 구조체는 (4)의 수형도를 통하여 구구조의 3가지 속성을 알 수 있다. 문 구성소가 좌 → 우로 배열되는 선형구조(Liner Structure), 구성소가 계층적으로 구성되어 있는 계층구조, 구성소의 형태가 문법적 범주(Grammatical Category)로 표시된다는 것이다.

계층구조 초기의 생성문법에서는 문은 NP와 VP의 2분지에서 비롯되고 각 분지도 2분지되는 형상이었다. 이것으로 문이 시발기호(Initial Symbal) S로부터 시작되는 계층구조는 파악될 수 있으나, 그 요소 가운데 어느 요소가 문의 핵이 되는지는 알 수 없다. 일본어는 후핵언어이므로 (4)의 수형도에서 맨 끝의 Aux(조동사)를 I(굴절사)로 해서 문핵으로 보면 다음의 형상으로 바뀌게 된다.

(6)
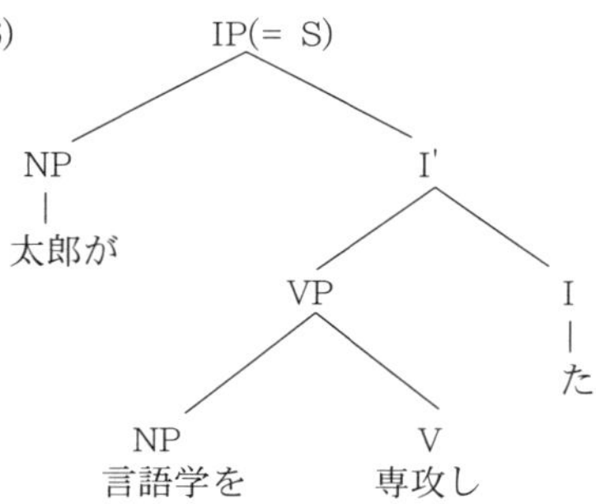

(6)의 I 자체를 T(시제사)로 보아서 (7)로 보기도 하고,

(7)

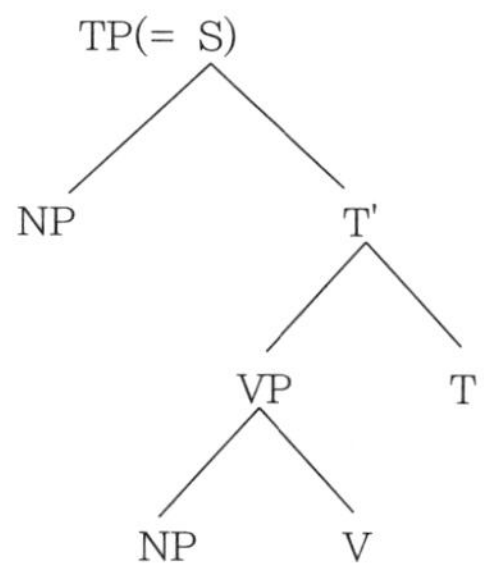

혹은 I와 T를 분리해서 IP가 TP내에 있는 것으로 하기도 한다.

(8)

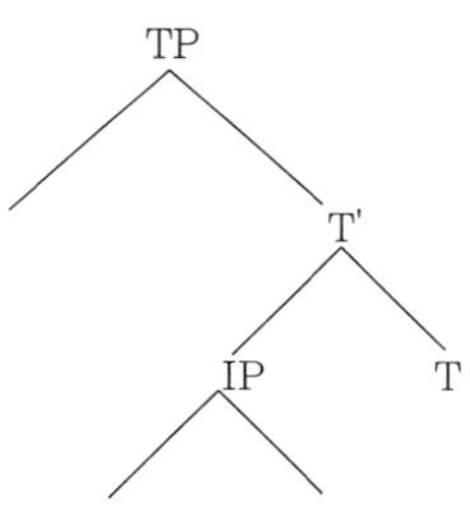

이러한 견해 차이는 문의 성립은 시제의 유무 여하에 있는 것으로 보는 데서 오고, 시제 이외의 문말요소를 분리하는 여부에 의한 것이다.

I든 T든 이들은 동사의 내부요소로 해서 동사를 문핵으로 하면 다음의 형상이 된다.

(9)

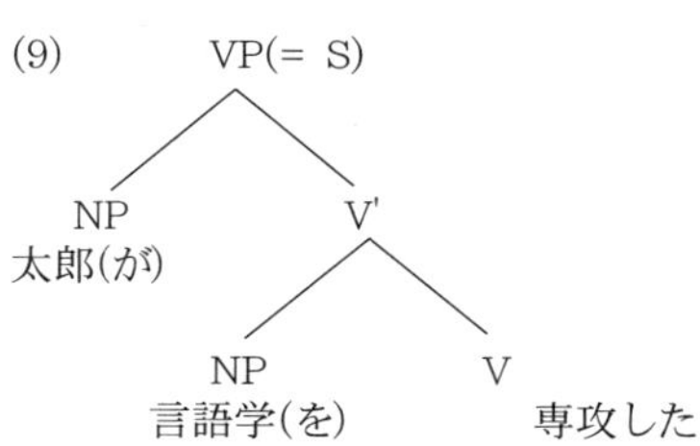

문을 다음과 같은 평면구조로 보는 이도 있다.

(10)

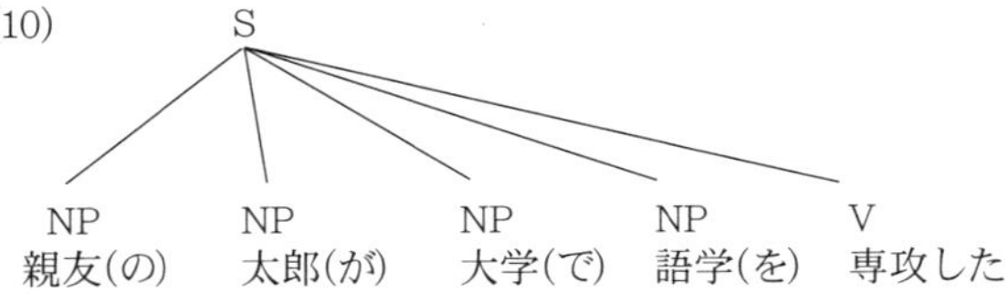

이러한 평면구조는 일본어처럼 어순이 자유로운 언어에서는 일리가 있다. 그 중에서 V만은 쉽사리 어순이 바뀌지 않는데서 V가 문의 중심이 된다고 볼 수 있다. 그러나 맨 앞의 '親友'는 자유롭게 위치가 바뀔 수 없다. 명사 앞에만 올 수 있는데, 자리가 바뀌면 피수식명사가 바뀌므로 의미가 달라지고 또 피수식명사에 따라 어울릴 수 없는 경우도 있게 된다(*親友(の)言語学). 그런 면에서도 문의 구조는 단순한 평면구조가 아닌 요소끼리 짝지어지는 계층구조로 보게 된다.

일본어도 계층성이 없는 평면구조의 언어로 보는 이도 있다. 언어를 계층성이 없는 것과 계층성이 있는 것을 매개변항화하여 형상성 매개변항(Configurational Parameter)이 제안되기도 하였다. 여기서 형상성은 특히 VP가 따로 절점을 이루고 (7)처럼 주어와 목적어는 비대칭적이라는 것이다. 계층성이란 말로도 쓰인다. 지금은 일본어를 형상성(계층성)언어로 보는 것이 일반적이다.

필자는 한국어나 일본어는 T든 I든 그것은 활용형 내부에 있는 것으로 보고, V의 어근 – 접사(Af) – $\mathcal{V}$(핵문술어) 등의 술어핵이 병합하여 술어를 형성하는 기제에서 $\mathcal{V}$의 범주 안에 있는 것으로 보고 있다. 따라서 (6)은 다음의 형상이다.

(11)

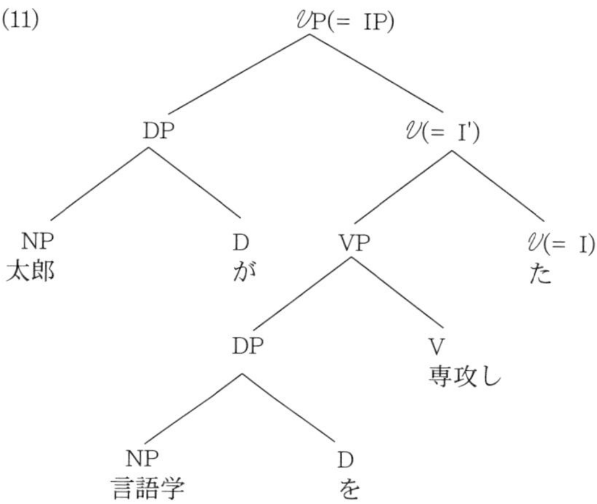

여기서의 DP는 NP(명사구) + D(조사)로 된 조사구이다. 이러한 분석은 DP분석이라고 한다. 영어처럼 조사가 명시적으로 나타나지 않은 언어에서, 혹은 조사가 나타나더라도 명사의 첨사로 생각하는 처지에서는 DP 아닌 NP(명사구)로 하고 있다. 그러나 영어에서도 조사가 비명시적이라 하더라도 은연중 격을 나타내고 있다면(대명사는 형태적으로 나타내고 있다. he/his/him) 추상적인 D가 있는 것으로 보아서 DP를 쓰기도 한다.

결국 DP로 쓰든 NP로 쓰든, 격 형태가 유형적이든 무형적이든 NP를 움직이고 있는 요소가 따로 있는 것으로 보고 있다. 간편하게 NP로 표시하더라도 이는 격 표지가 은연중 따르는 DP로 생각하면 된다. NP를 기능하게 하는 D, VP를 기능하게 하는 I(V)는 기능범주(Functional Category), 어휘적 의미를 지닌 N이나 V는 어휘범주(Lexical Category)라고 한다.

이면구조(기저 → 파생) 문의 중심을 (9)처럼 V로 보았을 때 예컨대 타동사의 V에는 동작주와 대상의 의미역을 지니고 있으므로 문은 다음의 구조로 된다고 볼 수 있다.

(12)

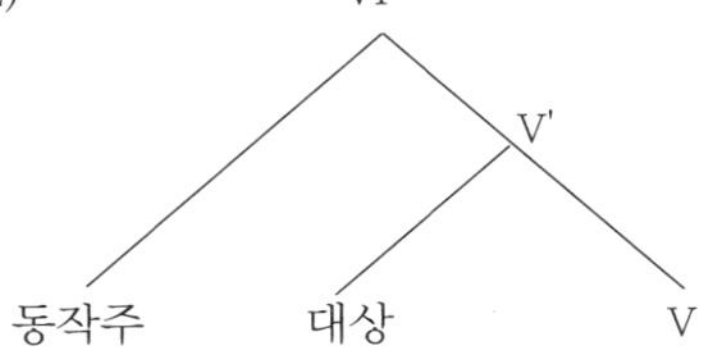

곧 V는 상대항의 대상과 자매관계가 되어 V'계층을 이룬다. 이때는 상대항을 보어(Complement)라고 한다. V'계층이 또한 상대항(지정어, Specifier)의 동작주와 자매관계가 되어 VP계층을 이룬다. 문은 이와 같이 V의 3층위로 되어 있다고 보는 것이다. 이때 V는 최소범주, V'는 중간범주, VP는 최대범주라고 한다. V에서부터 그 속성에 상응하는 상대항을 도입하여 구조체로 나타나게 하는 것을 투사(投射, Projection)라고 한다. 그와 같이 상대항을 도입하는 이치를 투사원리(Projection Principle)라고 한다. 이 원리는 절에도 확대되어 모든 절은 주어를 지녀야 한다는 확대투사원리(Extended Projection Principle)로 확대된다.

그러한 V에는 활용어미, 조동사 등이 포함된다고 보면 그것을 나타내는 범주와 그 투사체를 마련할 필요가 있다. 곧 V와 I는 분리되는 것이다. 곧 (6)과 같은 구조 곧 다음의 (13)이 된다.

(13)

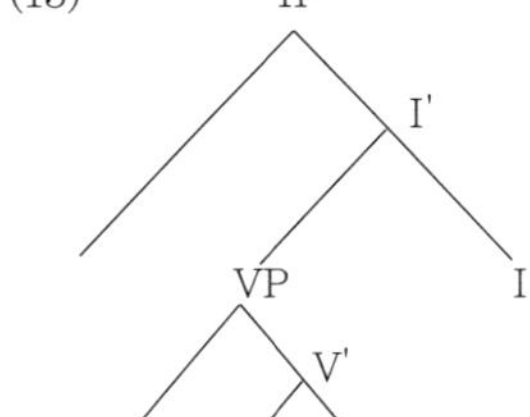

그 투사체의 최소범주(핵)은 I이며 I'의 범주는 VP를 내포하고 최대범주가 관할(Dominate)하는 빈자리는 주어 자리다. 관할은 IC 및 그 이하의 IC를 다스린다는 것과 같다. 그런데 V는 동작주 - 대상의 θ-역할이 있어서 의미적으로 이들을 투사할 수 있으나, V가 보어의 대상에 목적격은 부여하지만 동작주에는 격을 부여할 수 없다고 보면, 동작주 자리에 있는 명사는 주격을 부여할 수 있는 I의 지정어 자리에 옮기게 되는 일이 생긴다.

(14)

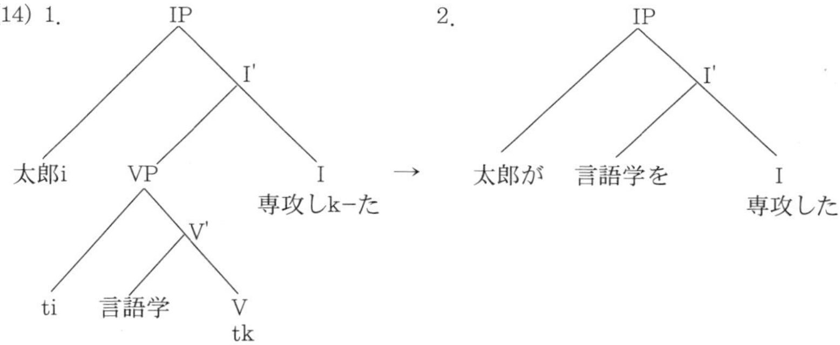

와 같이 V핵이 I핵과 병합하여 술어 병합체가 이루어지고, VP의 주어 자리에 있던 '太郎'가 IP의 지정어 위치에 이동하여 제격의 문이 이루어진다. 이때 VP 내에 있던 주어를 내(內)주어(Internal Subject), IP로 옮겨간 주어를 외(外)주어(External Subject)라고 구별하기도 한다. 그렇게 되면 문은 IP이고 문의 핵은 I가 되는 것이다. 이동의 경우 원 위치의 t는 이동한 요소가 원래 그 위치에 있었다는 표시로 흔적(Trace)이라 한다. 이동요소와 흔적의 아래 첨자가 동일하게 표시됨으로써 그 연쇄관계를 표시하는 것이 된다.

이처럼 문의 주어가 원래 VP의 지정어 자리에 있었다 하는 것이 동사구(VP) 내부주어가설(VP-Internal Subject Hypothesis)이다. 이러한 I의 통사적 자리를 필자는 굴절소의 구실까지 내포한 핵문설어핵 𝒱로 가정하고 있으므로 그러한 처지에서는 주어는 VP 내부라기보다는 원래부터 𝒱가 투사한 *v*P 내부에 있었다고 보기 때문에 *v*P 내부주어가설이 되는 셈이다.

(15)

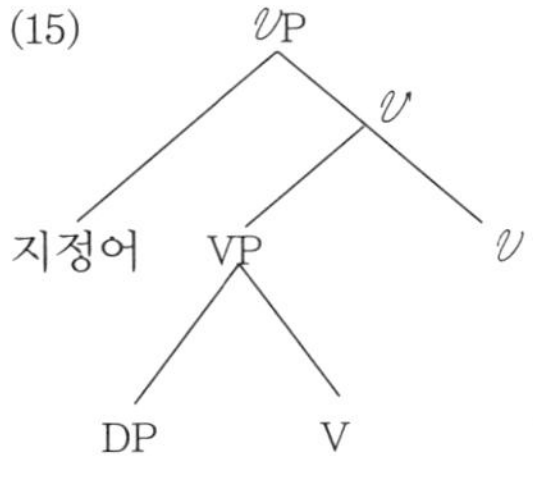

(15)처럼 VP를, 후속의 *v*를 핵으로 하는 *v*P가 외곽에서 감싸는 구조를 동사구(VP) 패각(VP Shell)구조라고 한다.

(16)

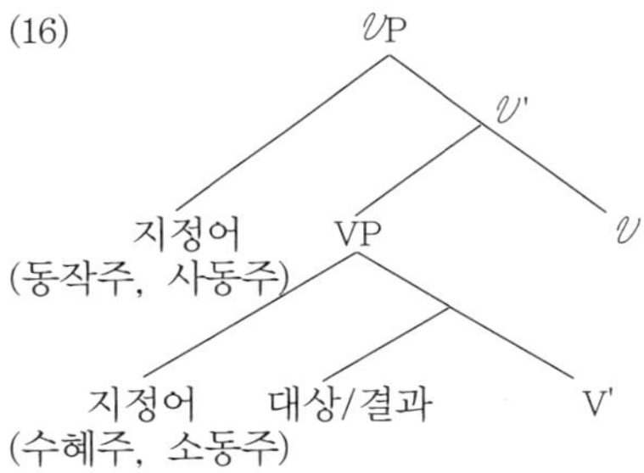

*v*를 경동사라 하기도 하는데 일본어의 −u, −i, −da, 한국어의 '−다'와 같은 가벼운 의미를 지니는 문말어미이다. 필자는 여기에 T가 내포되는 것으로 가정한다.

그리고 필자의 투사제도는 술어핵 V도 투사체를 지니고, 접사핵(Af) 그리고 핵문술어핵 *v*도 투사체를 지니는데 원칙적으로 각 핵은 하나의 상대논항을 투사하는 방식으로 되어있다.

(17)

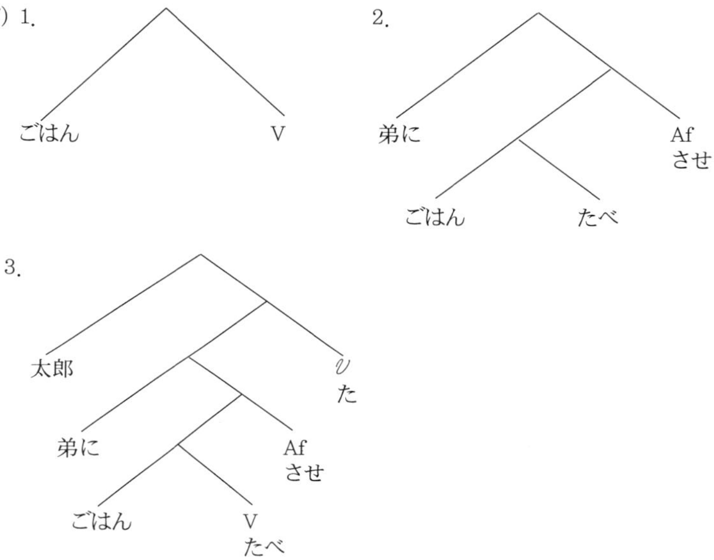

V에서는 대상논항을, Af에서는 피사역주 논항, v에서는 동작주 논항을 도입하고 있다. 곧 1술어핵이 1논항을 도입하는 기제이다.

다음과 같이 어근술어핵 – 접사술어핵 – 핵문술어핵의 병합으로 다음과 같은 핵문이 형성된다. 이러한 술어핵의 병합을 핵 이동(Head Movement)라고도 한다.

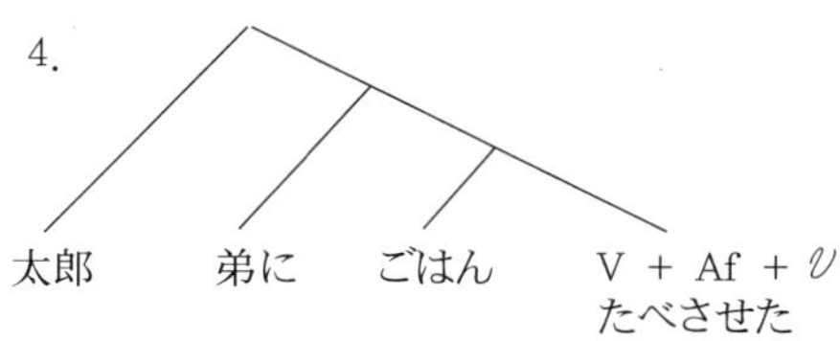

(태랑(이) 동생에게 밥(을) 먹였다)

이와 같이 각 술어핵이 투사한 구조는 기저적인 구조이고, 계층구조와 각 술어핵이 도입한 논항이 표시되는 의미구조이다. 여기서 술어핵의 병합을 통하여 현실적인 구조 곧 파생구조가 이루어진다.

앞에서 (17) 3.이 기저구조라면 (17) 4.는 파생구조이다. 전에는 기저구조를 심층구조(Deep Structure) 혹은 D-구조(D-Structure), 파생구조는 표면구조(Surface Structure)라고 하였다. 물론 의미하는 바는 조금씩 달라져서 동일한 개념은 아니다. 사람의 머리/마음에서 뜻하는 내용을 마련하고 그것을 가다듬는 과정이 있을 것이고 실지 소리(글자)로 나오는 과정에도 손질이 있을 수 있다는 것이다. 그 과정 중에 바탕이 되는 것은 기저구조, 거기서 파생되는 구조는 파생구조로 상대적으로도 쓰일 수 있다. 혹은 필수적인 논항과 술어핵을 갖춘 구조를 D-구조, 최종적인 파생구조를 S-구조라는 말로 편의적으로 쓸 수 있을 것이다. 이같이 문에는 기저구조가 있고 손질을 거친 파생구조가 있다고 보면, 2면(구조)적으로 보는 것이 된다.

기저구조에서 연속적인 파생구조를 이루는 사이에 병합과 이동 혹은 삭제 등의 일이 있게 되는데 이때 적용되는 규칙이 변형규칙(Transformational Rule)이다. 전에는 변형규칙도 많고 그만큼 강력해서 잘못한 적용으로 비문을 양산하는 염려도 있었지만, 지금은 많은 제약을 가하여 방지하고 있으며 그래서 이동의 경우는 α-이동으로 일반화하게 되었다.

구체적으로, 구조체의 형성은 술어핵과 논항과의 병합, 술핵핵간의 이동(병합), 논항이동의 조작 등으로 이루어지는 점에서, 변형이라는 말 외에도 그러한 조작으로 반복적으로 파생구조를 이루어간다고 해서 연산(演算) 체계(Computational System)의 운용, 간단히 연산이라는 말을 쓸 수 있다.

(18) 1. 병합 [$_{VP}$ [$_{NP}$ 言語学(げんごがく)] [$_{V}$ 専攻(せんこう)し]]

2. 병합 [$_{v'}$ [$_{VP}$ [$_{NP}$ 言語学] [$_{V}$ 専攻し]] [$_{v}$ た]]

3. 이동 [$_{v}$ [$_{NP}$ 言語学] [$_{v}$ (v + u) 専攻した]]

4. 병합 [$_{NP}$ [$_{NP}$ 親友(しんゆう)] [$_{NP}$ 太郎]]

5. 병합 [$_{\mathcal{v}P}$ [$_{NP}$ 親友 太郎] [$_{\mathcal{v}'}$ [NP 言語学] [$_{\mathcal{v}}$ 専攻した]]]

NP에 조사가 개재하게 되면 NP는 DP로 고쳐 쓰게 된다. 조사는 파생과정에서 어느 단계에 있게 되는가에 대해 학자 간에 이견이 있다. 기저구조에서부터 있다고 하게 되면 어휘부에서 명사와 조사를 함께 선택하여 통사부에 애초에 도출되게 된다. 의미격(후치사라고도 하는 것)의 조사(집에서/집으로/집까지…)는 그렇지만, 구조격인 격조사는 파생과정 중에 격교체 현상이 있는 점에서 추상격으로 있다가 형태격은 나중에 실현된다고 보고 있다. 도중에 격교체 등의 비싼 값을 치르기보다 나중으로 미루는 것을 바라는 것이라면 하나의 지연성(遲延性)원리(Principle of Procrastinate)가 작용하는 것으로 볼 수 있다.

Kuroda(1979:196)나 Kuno(1973:330)에서 보이는 구조격조사의 부가규칙은 기저구조의 NP 논항에 조사를 부가하는 식으로 되어 있다. 전자는 어순에, 후자는 문법기능에 의존하고 있다(김공칠 2011:445 참조).

X-바 이론 이들 각 술어핵의 투사체를 보면 공통점은, 상대되는 논항을 도입하고 있다는 것과 전후 술어핵이 병합할 때 전 술어핵의 논항을 내항으로 수용하고 있다는 것이다. 곧 각 술어핵은 최소범주가 되고 있고 각 술어핵이 도입하는 논항은 최대범주이고 그 자리는 지정어 위치가 된다. 선행술어핵이 수용되는 자리는 중간범주이다.

반드시 최소범주는 중간범주 – 최대범주로 투사해야 하는 것이 아니고 중간범주가 없어도 된다. 중간범주도 없고 또 그 이상의 투사가 없으면 그 자체가 최대범주이다. 따라서 술어핵을 예로 했을 때 모든 술어핵 X는 X'의 레벨과 X"의 레벨을 갖출 수 있고 X의 투사가 X'에서 멈추면 X' 자체가 X"와도 같게 된다.

다음에서 X는 최소범주, X'는 중간범주, X"(XP)는 최대범주이다.

(19)

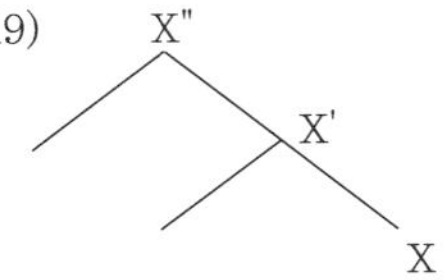

이는 술어핵뿐만 아니라 다른 범주 조사구(DP), 굴절사구(IP), 보문소구(CP)에도 해당되므로 변항 X의 층위로 나타낸 것이다.

어휘범주든 기능범주든 핵이 되는 X가 있고 이를 상대적으로 보충하는 동심(同心)적인 자매요소가 생기면 상위절점의 X'가 이루어지고(그 이상의 투사가 없으면 그 자체 XP) 또 X'를 한정·주관하는 상대적인 자매요소가 생기면 X"(XP)절점이 이루어진다.

(20)

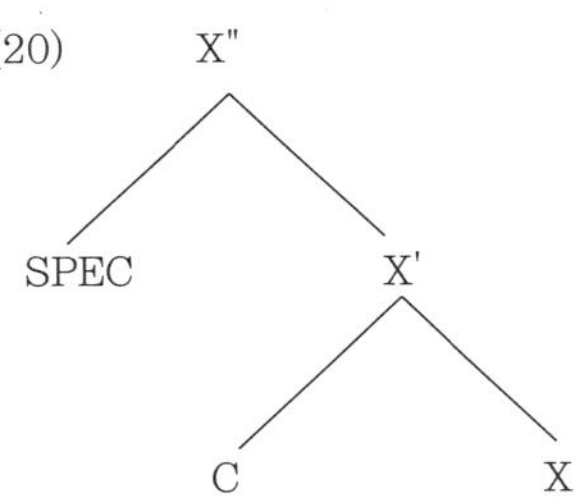

여기서 C는 X의 보충어(보어)이며 SPEC는 X의 지정어(Specifier)이다. 모든 범주의 확장(투사)관계를 평행적으로 파악되는 이점이 있다. 각 범주마다의 개별적인 구 구조규칙과는 달리 어느 범주에나 공통적인 구조형성의 틀을 마련할 수 있다. 그것이 X-바 이론이다.

그러나 범주에 따라 투사체계가 다를 수 있다. Fukui는 어휘범주는 2층위, 기능범주는 3층위로 투사하는 다름이 있다는 상대화-X-바 이론(Relativized X-bar Theory)을 제시하기도 하였다. 범주의 구별 없이 경우에 따라 2층위로 끝날 수 있다는 것이 현재의 관점이다.

필자는 앞서의 처지들과는 좀 다르다. 1술어핵이 1논항을 도입하는 원칙에서 V가 3층을 이루는 것이 아니고 V가 2층(그 다음의 Af가 2층) 그 다음의 𝓋가 2층을 이루는 것으로 하고 있다. 결과적으로 3층을 이루고 있다.

(21)

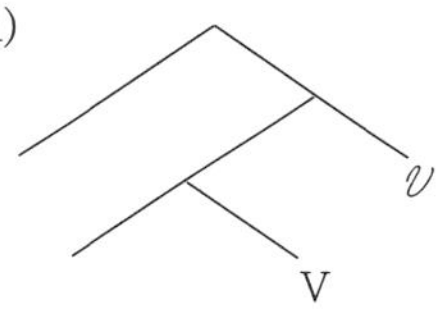

X–바 이론에서 볼 때 어순은 X'–층위와 X"–층위에서 매개변항(Parameter)화 되고 있다. X'–층위에서 X가 선핵인가 후핵인가, 그리고 X"–층위에서 X'와 지정어의 어순이 선지정어인가 후지정어인가이다. 핵의 경우핵 매개변항(Head Parameter)이라고 한다.

(22) 1. 일본어·한국어 후핵 선지정어 SOV
2. 영어 선핵 선지정어 SVO
3. Hixkaryana어 후핵 후지정어 OVS(남미 인디언제어의 하나)
4. Malagasy어 선핵 후지정어 VOS(남양의 Madagascar섬의 언어)

VO(선핵)와 OV(후핵)의 대립성이 선핵/후핵의 핵 매개변항화 되어 있다. 다음처럼 VO/OV가 연속되지 않는 경우도 있다.

5. 고대 아일랜드어 선핵 후지정어 VSO

이러한 어순들은 일본어에서 나타날 수 있다.

(23) 1. わたし 本 読む(よ) (저 책 읽어요)

2. わたし 読む(よ) 本(を) (저 읽어요 책(을))
3. 本(を) 読むよ わたし(が)(책(을) 읽어요 저(가))
4. 読む(よ) 本 わたし(が) (읽어요 책 저(가))
5. 読む(よ) わたし 本(を) (읽어요 저 책(을))

기본적으로는 1.의 어순이다. 그러나 대화에서 어느 것을 내세우느냐에 따라 특별하게 다른 어순의 것을 쓸 수 있다. 1.이 무표(無標, Unmarked)의 어순이고, 나머지는 유표(有標, Marked)의 어순이라 할 수 있다. 무표는 일반적이고 보통으로 보이는 것이고 유표는 특수적이고 드물게 보이는 것을 이른다.

소체구조 앞에서의 구조 표시에는 분지마다 범주표시가 되어 있다. 언어의 생성에 이러한 범주표시가 늘 따른다고는 생각될 수 없다. 그러한 표시를 제거하려는 노력이 있게 된다.

(24)

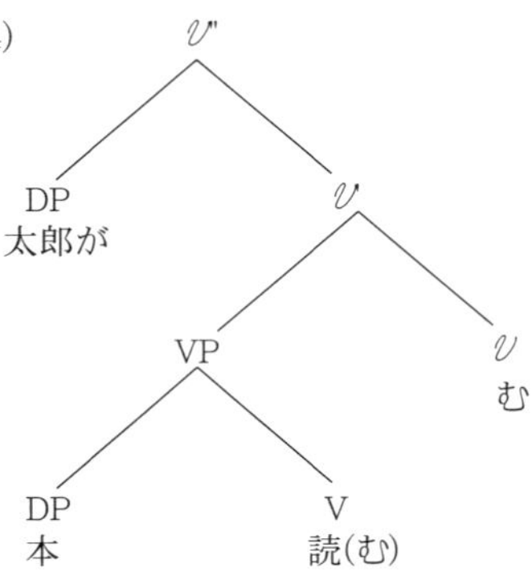

이러한 범주표시를 보게 되면, 술어시발핵인 V의 속성만 알게 되면 나머지는 범주표시는 없어도 될 것 같다. 곧 V가 타동사면 상대항은 대상의 의미역의 목적어 DP가 오기 마련이고, V가 핵문술어 *v*와 병합하면서 *v*의

상대항으로 동작주의 주어 DP가 오기 마련인 것이다. 곧 술어핵들의 속성만 알면 그 의미역도 알게 되고 문의 논항구조도 알 수 있게 된다. 술어핵의 상대항은 언제나 논항의 DP이므로 DP의 표시는 여분적인 일이다. 그리고 1술어핵이 1논항을 도입하는 필자의 투사체계에서는 술어핵 층위는 X, 상대항 도입 층위는 X', 핵문술어핵은 3층위라는 것은 자동적으로 알게 되어 층위표시도 일일이 할 필요는 없다.

(25)

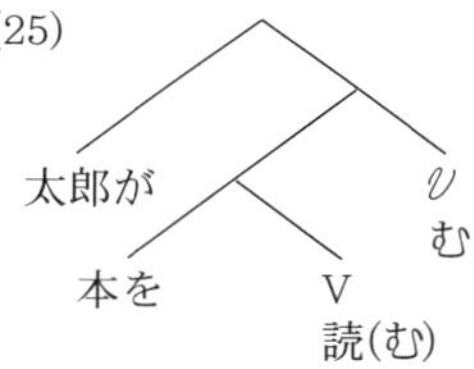

이와 같이 범주표시를 제거하려는 것이 소체구조이론(Bare Phrase Structure Theory)인데, 필자는 최소적으로 술어핵의 범주표시만은 해야 되는 것으로 본다. 물론 어휘항목에 범주표시가 되어 있다고 보면, 소체이론에서 어휘 그 자체로 나타내는 것도 일리가 있다. 곧 어휘에는 범주표시, 의미역할이 지정되어 있기에 가능하지만 일일이 어휘항목을 적어야 하는 불편이 있어 보인다.

(26) 1.

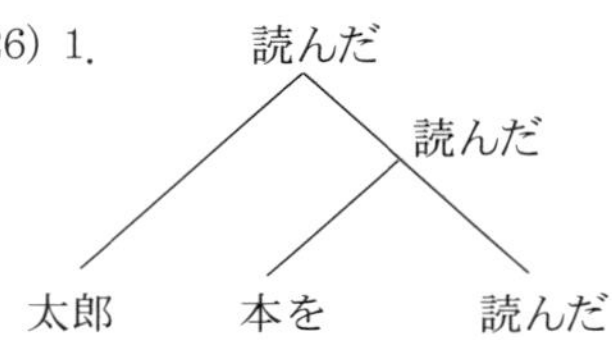

2.

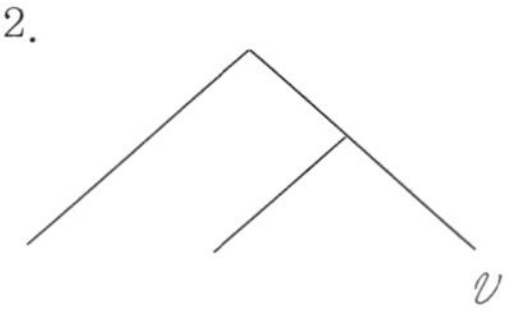

여기서는 술어핵의 범주표시 없이 핵 어휘를 층위표시에 사용되고 있다. 술어핵도 구체적으로 그 속성에 따라 여러 갈래로 나누어지기 때문에

어휘항목으로 표시하는 것만으로는 일반성이 결해보인다. 층위표시에 어휘항목을 갖다 대는 것은 간명하지 않아 비경제적이라고 본다. 술어핵의 것만 표시해도 될 것이다. 여기의 1.의 예시는 필자의 투사체계대로라면 2.의 𝓋의 표시와 같은 것이다. 𝓋핵의 표시만 있으면 나머지 층위의 어휘표시는 여분적으로 보아진다.

2. 문형성기제

술어핵의 투사층위 앞 (48)에서 구조체의 형성은 병합과 이동이라는 조작(연산)을 반복적으로 적용하여 이루어진다고 하였다. 그렇다 하더라도 VP국면을 2층위로 보느냐, 3층위로 보느냐에 따라 형성과정은 달라진다. 곧 술어핵의 투사제도에 따라 달라지는 것이다.

(27)

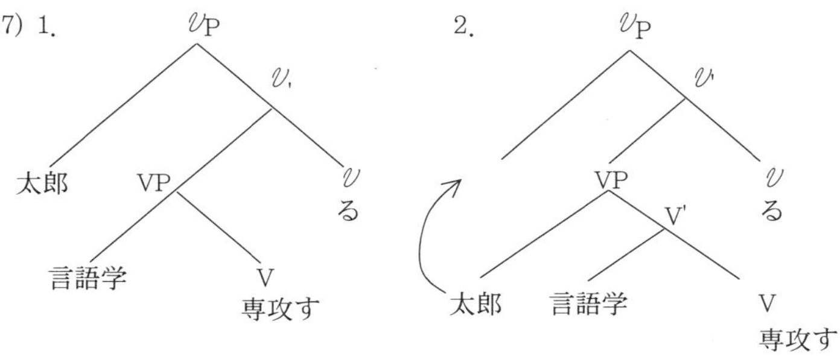

2.의 VP 내부주어 가설대로라면 VP의 지정어 위치에 있는 '太郎'이 주격을 지니는 문주어가 되기 위해서는 𝓋P의 지정어 위치로 이동해야 한다. 그리고 V의 동사도 후행술어핵 𝓋와 병합하여 핵문술어를 이룬다. 이러한 V → 𝓋와의 병합을 전에는 핵의 핵에의 이동으로 핵이동(Head Movement)으로 불리기도 하였다. 한편 동작주 '太郎'의 이동은 논항 자리에서 논항

자리로 이동하는 논항이동(Argument Movement)이다. 핵이동이 최소범주의 이동이라면 논항이동은 DP라는 최대범주의 이동이다. 논항은 NP－조사(추상격/형태격)구조이기에 그렇다.

이같이 핵(최소범주)은 핵자리(최소범주)에 옮기고 논항(최대범주)은 논항(최대범주)자리로 옮기는 것이 본래의 구조를 보존한다는 의미가 되어 이를 구조보존제약(Structure-Preserving Constrain)이라고 한다.

(27) 1.의 경우는 필자의 처지인데, 대상논항은 V의 상대항으로, 동작주논항은 v의 상대항으로 도입되기 때문에 2.의 경우와 같은 논항이동이 생기지 않는다. 가급적 값비싼 이동조작을 거치지 않는 것은 경제성원리(Economy (Principle))에도 맞는 일이다. 필자는 영어의 경우와는 달리 핵문은 vP 국면에서 이루어진다고 보고 있으며, 주어는 vP의 지정어 자리에 기저적으로 생성한다고 보고 있다. 물론 VP 국면의 대상논항이 vP 지정어 위치로 옮겨야 하는 경우(능격동사문, 중간동사문, 피동문)는 있으나, 그것도 주어 자리가 vP 지정어 자리로 되어있기에 그런 것이다. 따라서 (27) 2.에서처럼 VP가 3층위면 주어가 그 내부에 있다가(VP 내부주어가설), vP의 지정어 자리로 옮기게 되고, VP가 2층위면 주어는 그 자리에 생길 수 없고 vP의 내부에 있는 것으로(VP 내부주어가설)보는 것이다.

따라서 vP 내부주어가설에 따르면 주어 논항은 항상 VP 밖의 vP로 이동해야 하지만 vP 내부주어가설대로라면 부득이 한 경우 외는 그 자리에의 이동은 없다. (27) 1.과 같이 각 국면을 각 술어핵과 상대논항과의 대칭관계의 단층(절점은 2층)을 이루는 것이라면 문 구성의 필수성분은 대칭관계로, 각 성분도 사(詞)(어휘범주)－사(辭)(기능범주)구조로 파악될 수 있다.

(28)

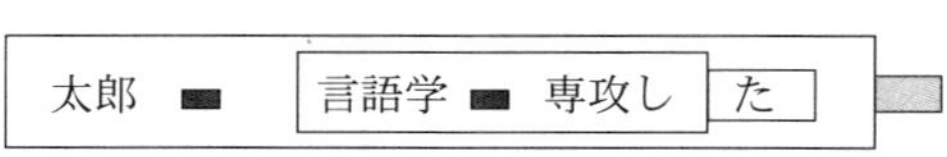

여기서 ■부분은 체언 다음이면 조사(형태격/추상격)의 사(辞), 용언 뒤면 조동사/종조사의 사(辞)의 부분이다. 문 전체의 사(辞) 곧 ■의 영기호의 사를 설정하기도 한다. 영어에서는 시제소(T)가 그 역할을 하는 것으로 보고 있으며 한국어, 일본어도 그렇게 보는 이가 많다. 필자는 시제소는 *V*의 내부의 것으로 보고 있다. 문말의 ■자리에는 'ます(조동사), か(종조사)' 등이 올 것이다.

다음에 접사술어핵이 쓰인 경우를 보면

(29)

(발제) [太郎 [花子に [言語学■ 専攻] させ] た] (결말)

이와 같이 각 술어핵의 투사체(국면)가 후핵술어핵의 투사체에 내포되는 모습을 보여준다. 구조체를 확장할 때에 기존의 구조체는 반드시 내포되어야 한다는 확대조건(Extension Requirment)을 충족시키고 있다.

점선 친 부분은 필자가 가정하는 문의 시발구조이다. 발제 – 결말의 자리로서 언어주체자의 언어표현의 의도가 나타는 자리이다. 이에 대해 네모줄 친 부분은 언어표현의 내용 곧 소재, 명제 등에 해당하는 부분이다.

시발술어핵(어근핵) 문 형성의 기점이 술어에 있다고 보면 연산의 시발은 어휘부에서 술어핵을 통사부에 도출(복사)하는 일이다. 술어의 시발핵으로서 구실을 하는 어근핵(최소범주의 X)에는 동사, 형용사, 형용동사, 명사술어의 어근의 네 가지다. 한국어에는 일본어의 형용동사류는 없다. 이들 술어핵은 자신의 속성에 상응한 상대논항을 도입(병합)한다. 투사체(병합체)의 절점의 명칭은 동일명칭의 구 명칭이다. 필자의 투사제도에서는 그 이상의 투사가 없으므로 최대범주의 XP가 된다. 다음과 같이 2층구조지만 내부에 점선으로 표시한 대로 부가요소가 있게 되면 3층구조가 된다.

(30)
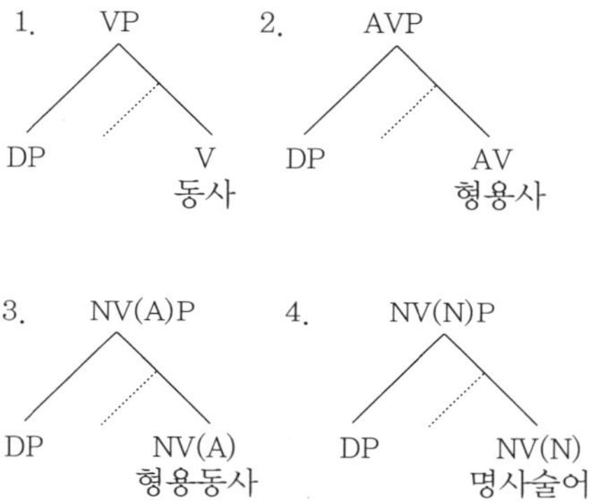

VP는 동사구(Verb Phrase) AVP는 형용사구(Adjective Phrase) NA(A)P는 형용동사구(Noun Adjective Phrase) NV(N)P는 명사술어구(Noun Precicate Phrase)이다. ……선 친 부분에는 동사, 형용사, 형용동사면 부사(절)를, 명사술어면 수식어(절)(연체수식절)을 부가할 수 있다. 상대항인 DP는 술어핵의 속성에 따라 의미역할이 달라진다.

동사 어근핵 만일 동사가 자동사이면 역시 그 성격에 따라 1) 동작주의 DP가 오기도 하고, 2) 대상의 DP가 오기도 한다. 타동사이면 대상의 DP가 온다.

(31)
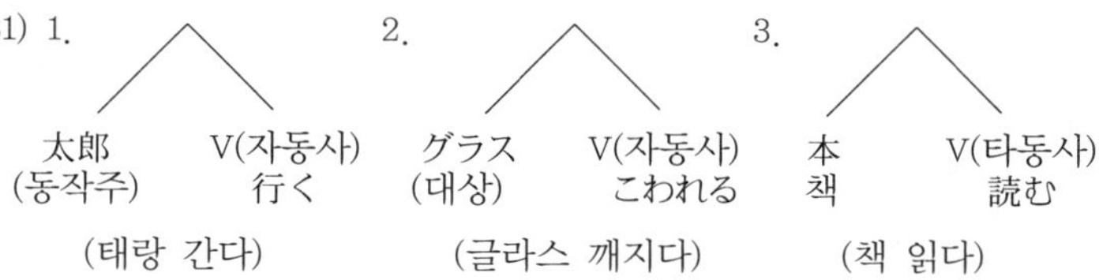

여기서는 어근핵을 기본형으로 나타냈지만 ik-, koware-, yom-의 어간이며 그 말모음(추상형)은 후행술어핵과의 병합시에 음운적, 형태적 조건에 의해 변음된다.

(32) 1. 2. 3.

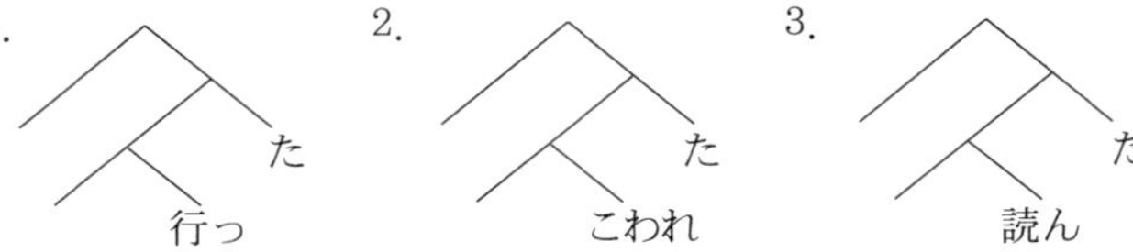

1.은 t음편의 경우이고 2.는 모음동사이므로 무변동 3.은 n음편의 경우이다. 음편은 5단동사의 연용형 그리고 후속형태소 (ta, te)라는 형태적 조건과 상호간의 음운적 조건에 의하여 일어난다. 피동접사((a)れる/られる) 사동접사((a)せる/させる)의 형태는 자음동사냐 모음동사냐의 음운적 조건에서 온다.

형태소 연접시에 일어나는 음운의 변동을 다루는 것이 형태음운론(形態音韻論(Morphophomenics))이다. 이러한 변동은 명사와 명사가 복합할 때도 일어난다(あめ(雨)-かさ(傘) → あまがさ).

형태음운론이 초기의 생성문법의 모델처럼 독립의 부분으로 있는 것인지, 아니면 어휘부나 음운부에 소속되는 것인지 확실하지 않으나 언어생성에 참여하는 부분인 것은 확실하다. 필자는 형태부 분야가 따로 있어서 어휘부에도 작용하고(어휘합성), 통사부에도 작용하고(구성소의 합성, 격교체) 음운부에도 작용(음운변동)하는 것으로 가정하고 있다.

비능격동사 자동사(Intransitive Verb)의 경우 상대항으로 동작주논항을 취하는 경우와 대상 논항을 취하는 경우가 있다.

(33)

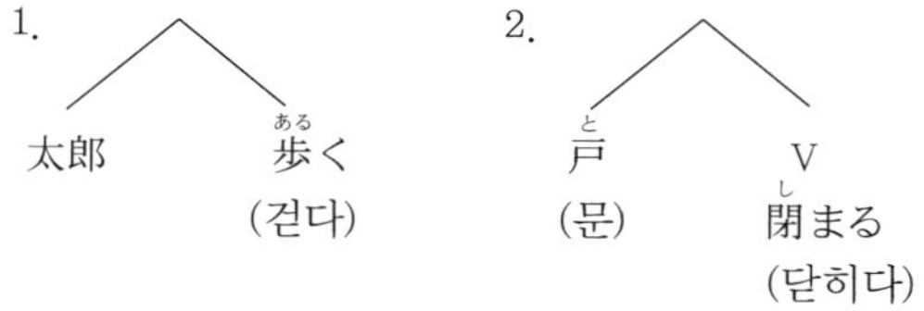

어느 경우나 핵문을 이루기 위하여는 핵문술어핵의 투사체에 수용되어야 한다.

(34)

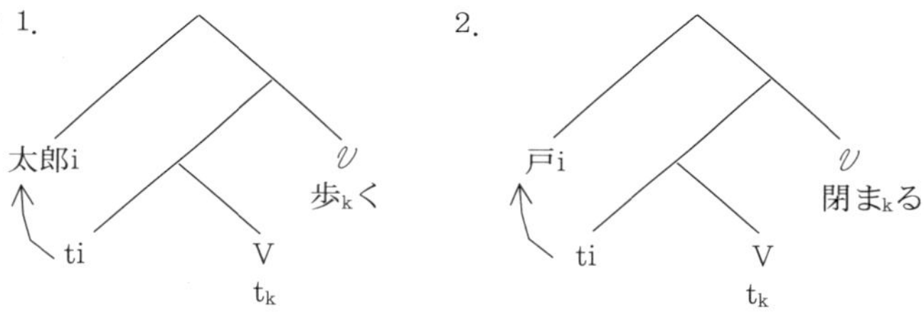

(33) 1.의 기저에서 (34) 1.의 파생이 있게 되는 V를 비능격동사(Unergative Verb)라고 한다. 비능격이란 말은 (33) 2., (34) 2.의 능격동사와 대비한 것이다. (33) 2.의 기저에서 (34) 2.가 파생되는 동사를 능격동사(Ergative Verb)라고 한다.

타동사(他動詞, Transivibe Verb)의 V는 상대항으로 대상논항을 도입하는데 이때의 대상논항은 목적어로 쓰이는 것이다. 대상논항이 목적어가 되지 않고 주어가 되는 자동사의 능격(能格)동사는 비대격동사(Unaccusative Verb)라 하고, 대상논항이 목적어가 되는 동사를 대격(対格)동사라고 한다. 전자는 대상논항은 주격을 취하게 되고 후자는 대격을 취하는 차이이다.

한국어의 예를 보이면,

(35)

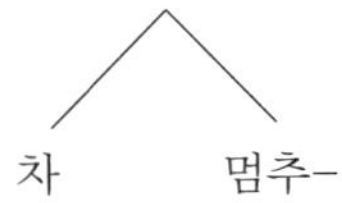

한국어의 ‘멈추다’동사는 자동사와 타동사에 공용된다. (36) 1.처럼

(36) 1.

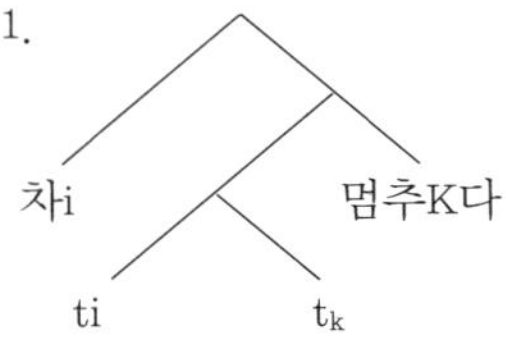

2.

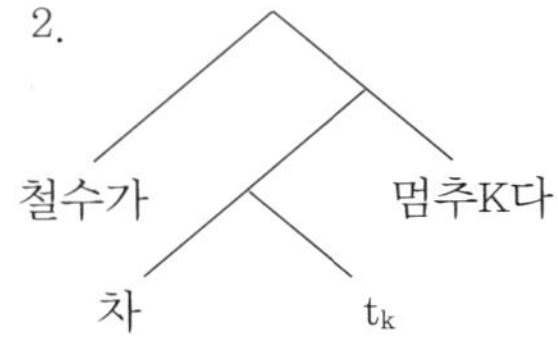

대상이 주어자리에 옮기면 능격동사로 쓰인 경우고, 2.처럼 대상이 목적어가 되고 주어에 동작주가 도입되면 대격동사로 쓰인 경우가 된다.

2.는 다음과 같은 Bruzio의 일반화(1986:178)에 의해서 주어논항이 도입되는 것이다.

Bruzio의 일반화 동사가 주어에 의미역을 배당하기만 하면 그 목적에도 대격을 배당한다.

이는 V의 3층의 투사체를 전제한 것이고, 이를 필자의 투사제도로 바꿔 말하면 (36) 2.처럼 V의 단계에서는 상대항에 대격을 부여하면 $\mathcal{V}$의 단계에서 주격을 부여한다는 것이 된다. 구문적으로 주어 – 목적어 – 서술어가 이루어지면 그 술어핵은 타동사(대격동사)가 된다. 일본어에서는 앞 예의 ‘멈추다’처럼 자동사와 타동사에 공용되는 것은 없다.

(37)

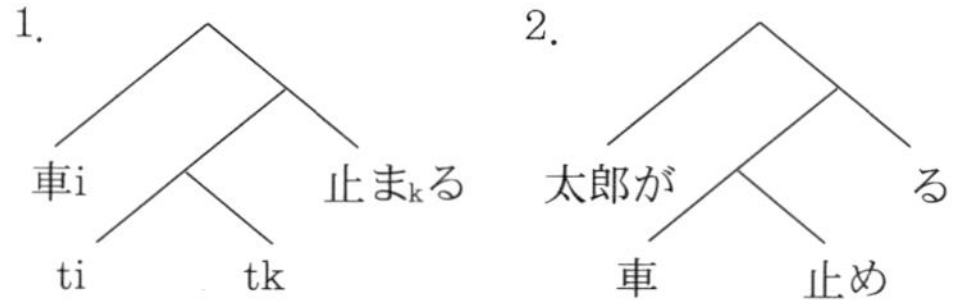

자동사 – ‘止まる’:타동사 ‘止める’와 같이 형태가 분화되어 있다.

능격동사·중간동사 앞서의 (33) 2., (34) 2., (36) 1.과 같이 대상논항이 주어 자리로 옮기고 주격을 갖게 되는 경우의 동사를 능격동사라 하고 그 구문을 능격동사문이라고 한다. 구조형상으로 볼 때는 동작주 주어만을 취하는 자동사 곧 비능격동사문과 같으나 그 주어가 동작주가 아닌 대상논항인 점에서 구별된다. 이러한 능격동사하고 유사하게 보이는 것에 중간동사(Middle Verb)가 있다. 능격동사문의 형성기제와도 같으나, 서술내용이 대상논항의 성질을 서술하고 그러한 성질을 나타내는 양태의 부사가 따르고 단순 현재시제로 쓰이는데서 다르다. Keyser과 Roeper(1984: 381-)는 동사를 다음과 같이 분류하였다. 그것에 의하면 비슷한 생성기제를 지니는 능격동사와 중간동사는 원래 전자는 자동사로, 후자는 타동사로 구별되어 있다.

(38)

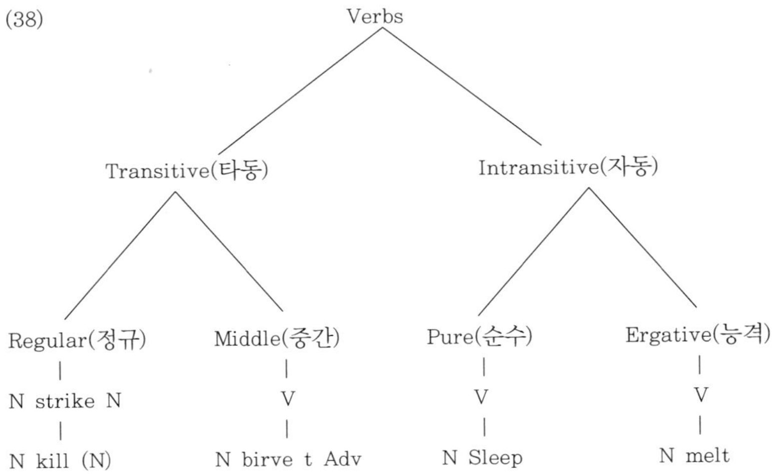

그러한 이유를 설명하기 위해서 지금까지 논의한 동사를 그 의미역으로 대비해 보면,

(39) 1. 자동사 (논항1)	비능격동사	[동작주___]	이에 상대되는 타동사가 없다. 수동태가 없다. 예컨대 '太郎が歩く'에서 '歩く'동사와 짝되는 타 동사가 없으며 수동사도 되지 못한다.
	능격동사	[____대상]	이에 상대되는 타동사가 있다. 수동태도 가능하다. 예컨대 '戸が閉まる'에서 '閉まる'동사와 짝되는 타동사 '閉める'가 있다. '閉められる'처럼 수동사도 될 수 있다.

(논항2→1) 중간동사	[(동작주) [대상]]	논항구조로 볼 때는 다음의 대격동사와 같다. 다만 동작주 논항이 잠재한 것이 다르다. 형태적으로는 능동태(일본어는 수동태), 의미적으로는 수동태이다.
2. 타동사 대격동사 (논항2)	[동작주 대상]	

예문을 보이면,

(40) 1. 능격동사
The glass broke. 글라스가 깨졌다. グラスがこわれた。
2. 중간동사
The glass breaks easily. 글라스가 잘 깨진다. グラスがよくこわれる。

능격동사는 과거시제나 진형형시제가 쓰이나, 중간동사는 현재시제만 쓰이고 양태의 부사가 수반한다. 능격동사문은 유리잔이(떨어져) 깨졌다(깨져 버렸다)와 같이 일시적이고 1회적인 사건이 발생하여 그 결과가 나타나는 것을, 중간동사문은 유리잔이 잘 깨지는 성질 곧 일시적이고 1회적이 아닌 언제나 그렇다는 것을 나타낸다. 영어의 문형을 참고로 보이면,

(41) 1. John broke this cup. 타동사문
2. This cup brokes t easily. 중간동사문
3. This cup broke t. 능격동사문
4. This cup was broken t. 피동문

2., 3., 4.에서 모두 t 자리에 있던 대상논항이 주어 자리로 간 것은 마찬가지나, 4.는 수동형태소로 구별되고 2.는 현재시제와 양태부사의 존재로 구별된다. 보다 중요한 것은 2.는 PRO break this cup easily → This cup can be break easily by PRO와 같이 잠재적인 동작주가 있다고 보는 것이다. 곧 (누군가에 의해) 컵이 잘 깨진다는 뜻이 함의된다는 것이다.

영어의 break는 타동사로서 '깨뜨리다'의 뜻과 자동사로서 '깨어지다'의 뜻이 있기에 여러 구문에 사용될 수 있다. 한국어는 '멈추다'처럼 자동사와 타동사에 공용되는 것은 그것의 무형교체로 능격동사문, 중간동사, 대격동사에 두루 쓰이지만, 자타 양쪽에 공용되지 않는 것은 유형교체로 수동태의 형태가 쓰인다(깨다-깨지다). 일본어는 자동사와 타동사에 공용되는 것이 없고 중간동사에 'れる/られる'(수동, 가능, 5단동사의 가능은 가능동사형)의 유형교체로 쓰인다. 일본어의 예(中右 1991:620-63)를 보이면,

(42) 1. 太郎はもう御飯を/が食べられる。
(태랑은 이젠 밥을 먹을 수 있다) (가능태)
2. この茸は食べられる(種類のものだ)。
(이 버섯은 먹어진다(그런 종류의 것이다)) (중간태)
3. この茸は昔から日本で食べられている。
(이 버섯은 예부터 일본에서 먹어지고 있다) (수동태)

'무엇을 먹을 수 있다'의 뜻이면 가능태, '먹히고 있다'의 뜻이면 수동태, '잘 먹어지는' 성질의 뜻이면 중간태이다.

中右는 중간태는 가능태의 일종으로 그 특별한 경우이나 서로 구별할 필요는 있다고 하였다.

(43) 1. われわれはこの水道管(すいどうかん)にごみが流(なが)せる。

(우리들은 이 수도관에 쓰레기를 흘릴 수 있다) (가능태)

2. このごみは水道管には流せない。

(이 쓰레기는 수도관에 흘릴 수 없다) (중간태)

1.과 2.의 차이는 1.에서는 동작주가 실현되고 있는데 2.에서는 실현되고 있지 않다.

경동사 동사에 '하다'동사(경동사(軽動詞) VNする)가 있다. 이는 동작성 명사(Verbal Moun, VN)에 'する'가 접미한 것이다. 예컨대 '研究(けんきゅう)する'(연구하다)의 VN은 그 자신이 동작주와 대상의 의미역을 지닌다. 이는 원래 이 한자어가 명사 외에도 동사의 구실을 하기 때문이다. 따라서 후접하는 'する'는 형식적으로(일본어에서 동사의 형태를 갖추게 하는) 붙인 것으로 보는 것이다. 그래서 'する'를 경동사라고 한다. 더 나아가서 'する'가 접미한 동사를 넓게 '하다 동사'(する動詞) 경동사라고 하기도 한다.

경동사는 통사적으로 𝑣핵의 자리에 있는 것으로 보기도 하나,

(44)

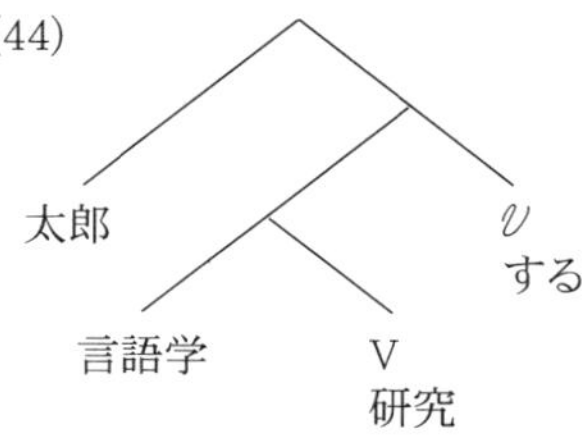

필자는 어휘부에서 이미 '研究 + する' → '研究する'로 동사화 되었다고 보기 때문에 통사부에서는 V핵 자리에 동사 어간으로 도출된다고 본다.

(45)

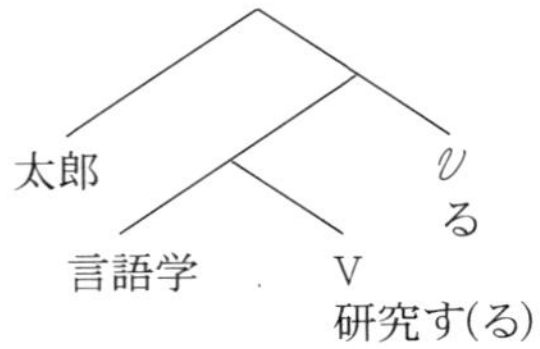

따라서 한국어의 기본형 어미의 '다'와 같은 일본어의 u/ru의 형태가 핵 문술어가 되고 그것이 경동사와도 비슷한 구실을 한다고 보는 것이다. 그렇다면 VN − する동사는 다른 자동사 혹은 타동사와 통사상 특별히 구별할 필요는 없는 것 같다. 여기서 참고로 어형상 한국어와 대비했을 때,

(46) 1. Kor. 研究ᄒᆞ− (ᄒᆞ → 하)　研究하다
　　 2. Jap. 研究す　研究する

Kor. 'ᄒᆞ'와 Jap. 'す−'의 대응은 한국어의 'ᄒᆞ'가 '・'음의 상승에 의해 'ㅎ(h)'가 경구개에 가까워서 S 구개음화된 데서 온다고 본다.

심리동사 심리동사는 경험주의 심리작용을 나타내는 동사인데 경험주 주어(Experiencer−Subject, ES)의 경우와 경험주 목적어(Experiencer−Object, EO)의 경우가 있다.

(47) 1. 太郎がその噂(を/に)喜んだ。(태랑이 그 소문(을/에) 기뻐했다)
　　 2. その噂が太郎を喜ばせた。(그 소문이 태랑을 기쁘게 했다)

1.은 V의 상대항이 O격인 경우는 (48) 1.처럼 일반적인 핵문 구성이다. ni격인 경우는 기뻐하는 요인을 필수적인 것으로 보느냐 임의적인 것으로 보느냐의 차이가 있다. 필수적으로 본다면 심리동사는 ni격의 상대항을 취하는 동사가 된다. 임의적으로 본다면 임의논항으로 부가된 것이 된다.

(48) 1.

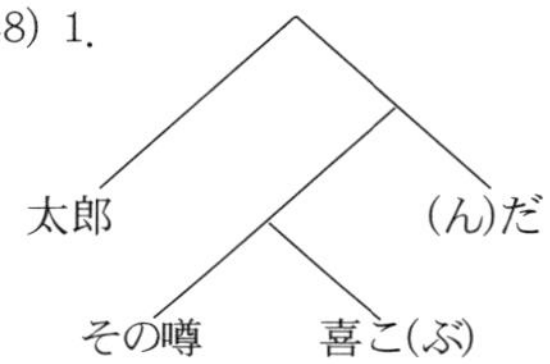

2.

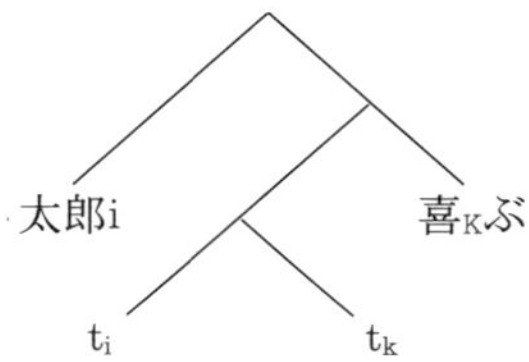

그때는 (48) 2.처럼 비능격동사구문의 형성의 경우와 같아진다. 심리동사가 자발적인 동사가 아닐 바에야 심리작용을 일으키는 대상이나 계기가 있는 것으로 본다면 그 대상이나 원인을 필수적인 것으로 볼 수 있다.

(47) 2.는 사동형태소가 쓰여있지만 일반적인 사동구문과는 다르다. 사동주가 도입되고 있지 않다. 억지로 (49)처럼 (世(よ)の人(ひと)たちが(세상 사람들이)) 噂に太郎を喜ばせた 식으로 할 수는 있다.

(49)

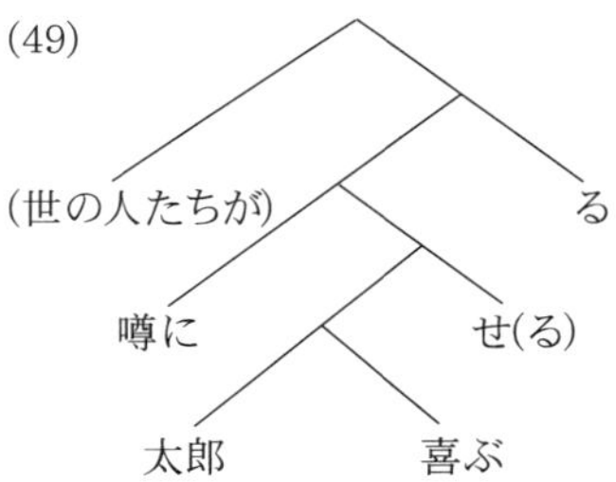

그렇게 무리하게 하기보다는 심리동사의 원인항을 필수적인 것으로 보고 그것이 주어 자리에 상승한 것으로 처리할 수 있다.

(50)

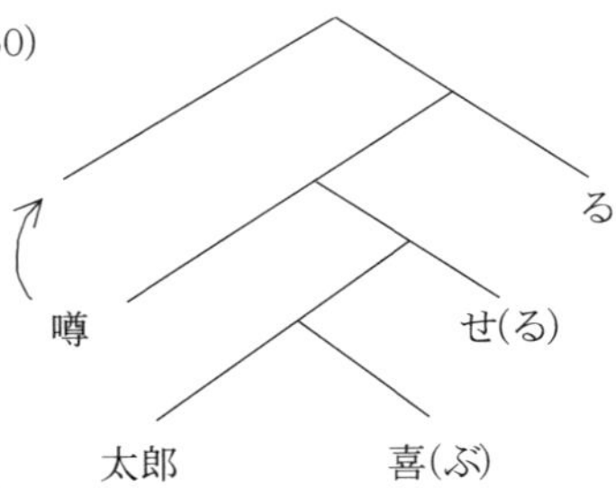

심리동사중에는 심리형용사와 상응되는 것이 있다.

(51) Kor.		Jap.
	슬프다	悲(かな)しい
	슬퍼하다	悲しむ
	밉다	憎(にく)い
	미워하다	憎む
	부럽다	うらやましい
	부러워하다	うらやましがる/うらやむ
	그립다	恋(こい)しい
	그리워하다	恋しがる

이를 어휘적인 차원이 아닌 통사적 차원에서 연관을 짓기 위하여 심리동사(문)를 심리형용사(문)를 내포하는 식의 분석도 있다.(cf.김공칠 2011:319-320)

(52)

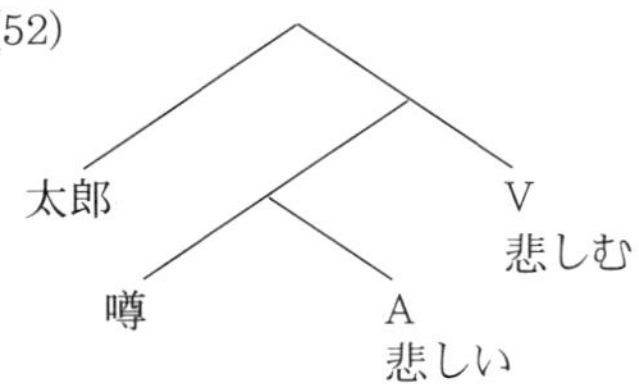

간단한 문이면 그럴듯하게 보이지만 V에 따른 술어핵 예컨대 사동/피동의 접사핵이 후행하게 되면 ES의 경우나 EO의 경우나 논항이동 혹은 논항 도입으로 복잡한 형상을 자아낼 수 있어 그리 간단하게 처리될 수 있는 것은 아니다(김공칠 2011:320-).

필자는 이런 경우 형용사는 형용사대로 어휘항목으로 등재되어 있고, 한편 어형성규칙에 의해 형용사 - 동사화접사 → 동사와 같이 동사가 이루어지면 동사로서 별도로 등재되어 있다가 통사부에는 형용사는 시발술어핵 AV자리에, 동사는 V자리에 도출되는 것으로 보는 것이다.

형용사핵 형용사 어근이 어떤 의미역의 상대항을 도출하는가에 따라 형용사를 유별할 수 있다.

(53) 1. 형상(形狀)형용사

[([대상]) [대상]] (太郎) 頭が大きい。((태랑) 머리가 크다)

2. 성상(性狀)형용사

[(경험자) [대상]] (太郎) 心がやさしい。((태랑) 마음이 다정하다)

3. 심리형용사 1) [([대상]) [대상]] (太郎) 頭がこわい。((태랑) 머리가 무섭다)

2) [[경험자] [대상]] (太郎は) ねずみがこわい。

(태랑은 쥐가 무섭다)

3. 에서 1)은 태랑이를 대상으로 보았을 때 그의 머리가 무섭다는 것이다. 그래서 [太郎の頭]로 변형될 수 있다.

위에서 동일한 의미역의 논항이 두 번 나오는 경우가 있다. 문에 동일한 의미역 논항이 나오는 것은 바람직하지 않기 때문에 어느 하나를 생략하든지 선행논항이 속격을 취하여 후행논항과 합치든지 하게 된다. 아니면 선행논항이 주제격을 취하여 주제가 된다. 형용사는 대상논항을 이어가지는 속성이 있기 때문에 원천적으로 주제격을 취하는 성향을 지닌다.

(54) 1. 象が鼻が大きい。(코끼리가 코가 크다)
2. 象/鼻が大きい。(코끼리/코가 크다)
3. 象の鼻が大きい。(코끼리의 코가 크다)
4. 象は鼻が大きい。(코끼리는 코가 크다)

1.이나 2.의 경우는 형용사의 의미역이 어느 것이나 맞을 때는 가능하나, 象の鼻が長い(코끼리는 코가 길다)의 경우는 '길다'라는 형용사의 의미역에 '象'(코끼리)에는 맞지 않으므로 직접 연관되는 鼻(코)는 생략할 수 없다.

여기서의 1~4의 문은 기저적으로 다음 구조에서 파생된 것으로 볼 수 있다.

(55)

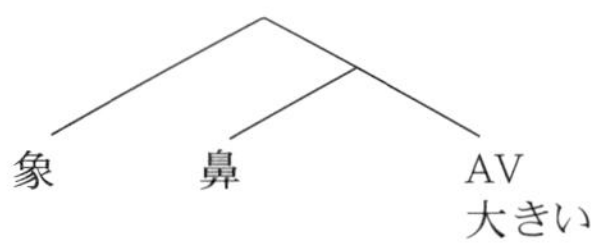

일견 이것은 A의 3층 구조와 같지만 이 역시 원래 다음 1. ~ 2.의 2층 구조의 한 가지다.

(56) 1.

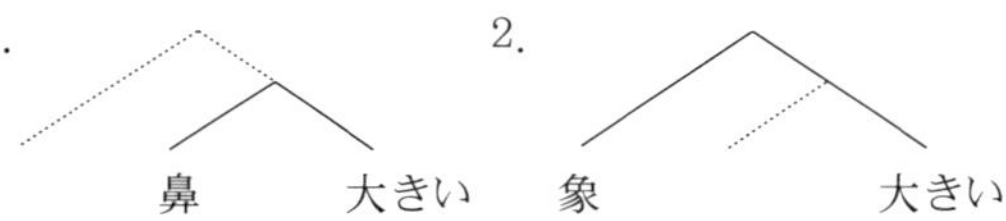

곧 1.에서는 다른 항을 부가한 것이고 2.에서는 내포(부가)한 것이다. 이러한 (55), (56)의 연속항은 상위개념과 하위개념의 관계, 밀접불가분의 관계의 것이다. 이들의 핵문 내지 주제문의 형성과정을 수형도화하면,

(57)

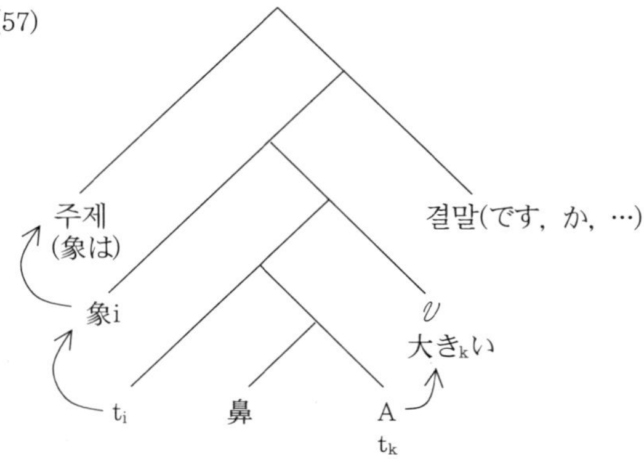

형용사 어근 '大き-'가 먼저 핵문술어 자리에 가게 되면 '象'하고 '鼻'는 [NP 象 鼻]의 속격 부여의 구조적 형상성을 이루어 (54) 3.의 '象の鼻'가 이루어진다. 그 중에 '鼻'가 형용사에 인접하기 때문에 주격의 'が'가 주어지나 그 앞의 '象'는 안정된 상태가 아니어서 핵문술어핵의 상대항 자리 곧 주어 자리에 옮기면 (54) 1.처럼 주격이 주어진다. 혹은 象(ぞう)が 주제격으로 기저적으로 생성되거나 '象'를 특히 내세우거나 대조하기 위해 주제화하면 (54) 4.가 이루어진다.

곧 (56) 1., 2.의 기저에서 여러 파생의 경로가 있었다고 볼 수 있다. 사람의 마음/머리에서의 언어생성의 경로는 다양하다고 필자는 보고 있다. 표현의도에 따라 그 중의 어느 하나의 경로가 이용된 것이다. 象/鼻의 어느 하나를 보다 강조하거나 대비하고 내세우느냐에 따른 것이다. (57)에서 '鼻'도 상위의 앞자리로 나갈 수 있는 일이다(鼻は象が長い).

이 외에 비교형용사의 범주가 있을 수 있다. 한국어의 '(와/에)닮다, (와/에)비슷하다'가 그것인데, 일본어에서는 이들은 형용동사(同(おな)じだ(같다), 동사(似(に)る/似(に)ている(닮다))와 같이 형용사 아닌 다른 품사가 되고 있다. 형용동사를 형용사에 포함시키는 처지에서는 비교형용사의 유별이 필요하게 된다. [[대상] [대상] [여동주]/[비교기준]]의 논항구조이다.

(58) 太郎は背丈が花子と同じだ。(태랑은 키가 화자와 같다)

형상형용사와 성상형용사는 논항의 의미역 구조가 다르고, 그것이 사동의 보문술어이면 전자에는 작위적인 주문술어가 따를 수 있으나 후자에는 따를 수 없다.

(59) 1. 花子は太郎に部屋を大きく作らせた。
(화자는 태랑에게 방을 크게 만들게 하였다)
2. *花子は太郎に心をやさしく作らせた。
(화자는 태랑에게 마음을 다정하게 만들었다)

성상형용사의 주체는 변화의 대상이나 동작의 대상의 [대상]으로 보기 어렵고, 그렇다고 감정의 영향을 받는 [경험주]로 하기도 어렵다. 성품을 지닌 유정물의 대상과 같은 것으로 [성상주], [유정주]와 같은 것이다. [대상] [대상]의 연속과도 같이 보여도 전항의 속격화가 가능하기 때문에 동일 의미역논항의 연속을 피할 수 있다.

형용동사핵 한국어의 '하다'형용사와 같은 것이다. 형용사 어근을 AV로 나타낸다면 형용동사는 NV(A)로 나타낼 수 있다.

형용동사는 고유어계(まじめだ(착실하다)), 한자어계(健康だ(건강하다), 외래어계(スマートだ(스마트하다)) 등 여러 가지 유래가 있다. '명사 + だ(健康だ(건강이다))'의 명사술어와는 계사성[±COP(Copula)]의 유무의 차이다. 명사를 어근으로 해서 이루어지는 술어를 대조하면,

(60) 1. する動詞 NV(V형) [−COP]
2. 형용동사 NV(A형) [−COP]
3. 명사술어 NV(N형) [+COP]

동일한 NV형이라 하더라도 V형, AV형에는 연체수식어(절)가 얹힐 수 없고 부사어(절)가 얹힐 수 있다. 이에 대해 NV(N)형은 연체수식어(절)가 얹힐 수 있고 부사어(절)는 얹힐 수 없다.

형용동사의 형태적인 특징에 대하여는 형태론의 형용동사를 참조하기 바란다.

NV인 점에서 공통적인 앞서의 형태들은 모두 어휘부에서 다음과 같은 어형성규칙에 의해 형성되는 것으로 보인다.

(61)

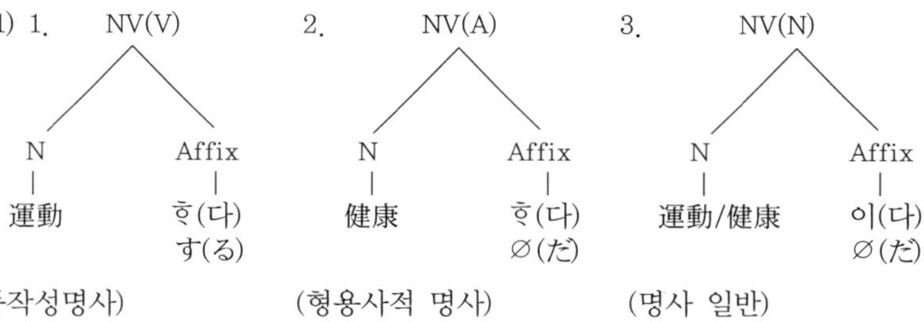

통사적으로는 시발술어핵 자리에 NV(V), NV(A), NV(N)로서 자리하는 것이다. 한국어에서는 NV(A)는 그대로 A(V)로 쓰일 수 있다.

한국어와 대비했을 때,

(62)

	한국어	일본어
する동사	運動 – ᄒᆞ(다)	運動 – su(ru) (cf. 한국어의 연체형어미 –r)
형용동사	健康 – ᄒᆞ(다)	健康 – ∅(だ)
명사술어	健康 – 이/∅다	健康 – ∅(だ)

명사술어에서 한국어의 이/∅의 교체는 명사 말음의 자음/모음의 음운적 조건에 의한다. 이렇게 대비했을 때 일본어는 명사 다음의 요소가 생략

이 되어 형용동사와 명사술어가 형태적으로 구별되지 않는 것으로 보인다.

형용동사와 명사술어의 핵문 형성은 다음 기제로 이루어지는 것으로 본다.

(63) 1. 형용동사

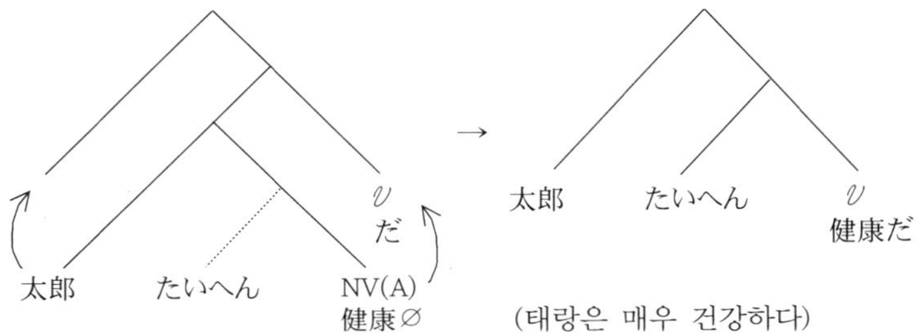

2. 명사술어

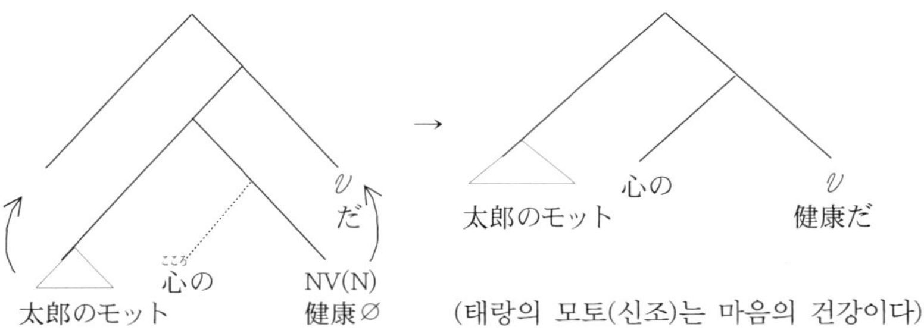

명사술어핵 명사술어의 성격에 대하여는 논의가 많다. 한국어와 일본에서 다음과 같은 공통적인 분석도 있다.

(64)

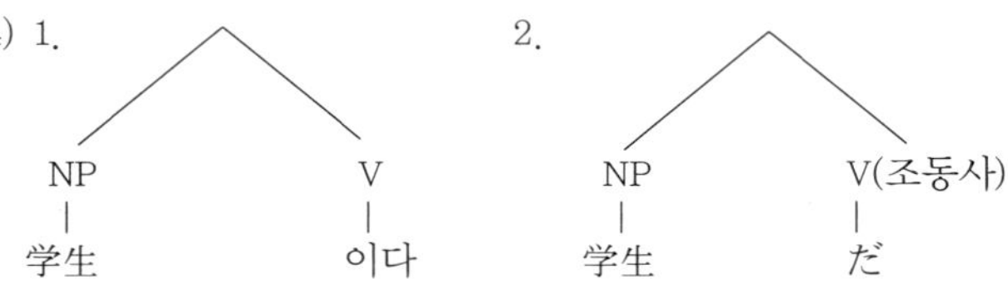

공통점은 지정사나 조동사가 독립된 어휘항목으로서 통사부의 술어핵 자리에 도출되어 상대항으로 NP를 취한다는 것이다. 단점은 그러한 어휘 항목은 내용이 분명하지 않은 추상적인 것이어서 그것이 과연 어휘부에 독립항목으로 등재되고 통사부에 도출(복사)되어 술어핵 기능을 수행한다고 볼 수 있느냐다. 그리고 술어핵의 상대항은 논항의 DP다라는 원칙을 깨는 일이 생기게 된다.

한편 장점이 없는 것은 아니다. 그 상대항의 NP가 분리되어 있어서 수식어나 속격의 수식어(절)를 얼마든지 도입할 수 있기 때문이다. 만일 学生の－/学生∅가 V자리에 있었다면 [NP 명사 명사] ([NP _ X])의 구조적 형상성이 되지 못하여 속격의 명사를 도입할 수 없다.

문제는 명사술어에 얹히는 속격 DP나 수식어(절)와 명사술어와의 관계다.

(65) 1.처럼 명사술어의 술어핵의 한 범주로 볼 때 내부적으로 속격 DP나 수식어가 존재한다고 볼 수 없다. 병렬적인 구조로도 볼 수 없어서 기형적인 구조가 될 것이다.

(65) 1.

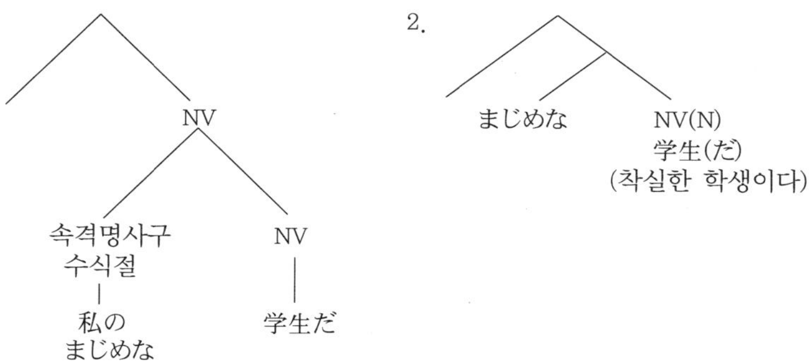

3.

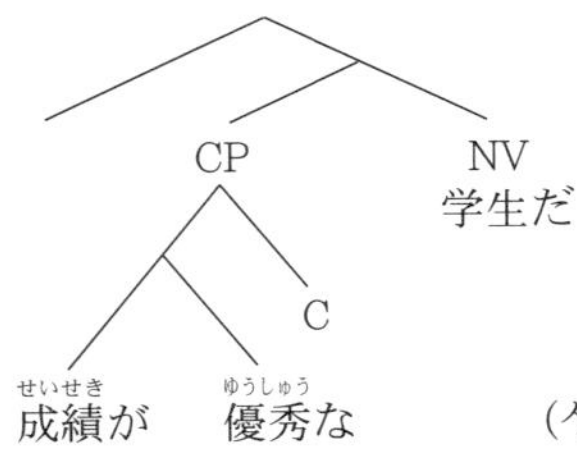

(성적이 우수한 학생이다)

2.를 보았을 때는 아주 간단한 예가 되지만 3.을 보았을 때는 CP로 이루어져 있다. 예컨대 昨日助教と一緒に図書館に行って資料を調べて来た(어제 조교와 함께 도서관에 가서 자료를 조사하고 온)와 같은 구절은 NV(N)안에 연산되기 어려울 것이다. 이러한 것은 별도의 판에서 형성되어 본판(Pimary Plane)에 부가되어 2., 3.처럼 부가되었다고 볼 수 있다. 술어핵의 V나 AV(NV(A 포함))의 경우는 부사어(절)가 부가되는 것이다. 그렇게 되면 속격 실현의 형상은[NP _ X] 외에 [NV' NP _]의 경우도 된다고 할 수 있다.

통사적 접사핵 접사핵(Affix)의 대표적인 것으로 수동접사핵과 사동접사핵이 있고 중간동사접사핵도 생각할 수 있다. 선핵어근핵과의 병합을 통하여 선핵요소는 내항으로 흡수하고 자체로는 기동주나 피사동주의 상대항의 논항을 도입한다. 주어는 핵문핵 $\mathcal{v}$가 도입하거나 유인한다. 전형적인 형상도를 다음으로 보면,

(66)

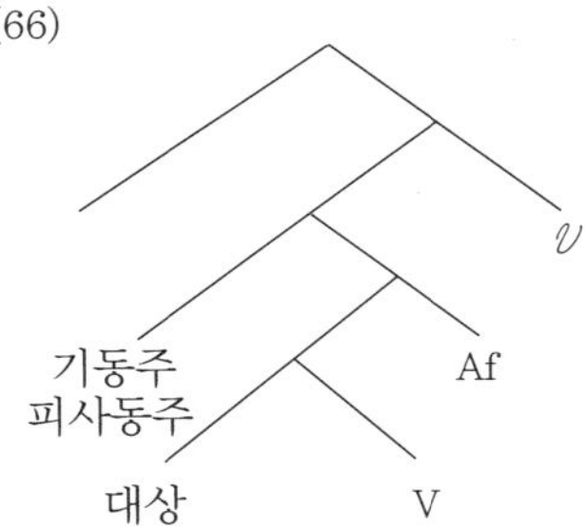

(67) 1. 太郎が花子に手を取られた。　　2. 手が花子に取られた。

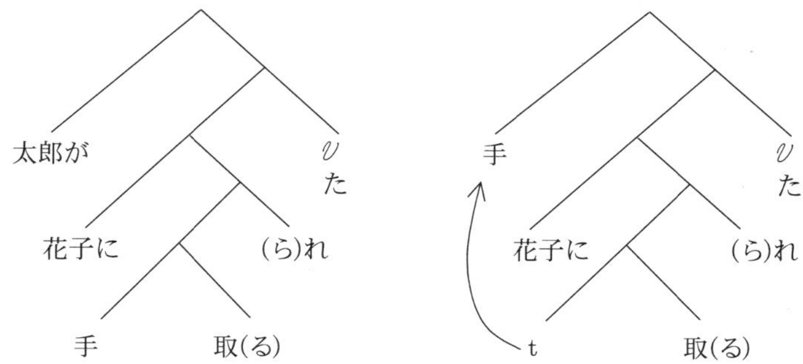

(태랑이 화자에게 손을 잡혔다)　　(손이 화자에게 잡혔다)

1.은 수동문에서 주어가 도입된 경우이고, 2.는 주어가 이동(유인)된 경우이다. 2.에서는 대상의 논항자리에서 に격논항(by구)을 건너서 주어 자리에 옮기고 있다. 이러한 교차이동은 가급적 피해야 할 일인데, '手(て)'가 V의 수동사화로 격을 받지 못하게 되어 최후수단적으로(최후수단조건, Last Resort Condition) 부득이 격을 받을 수 있는 주어자리로 옮기는 것이 된다.

(68) 太郎が花子に本を読ませた。

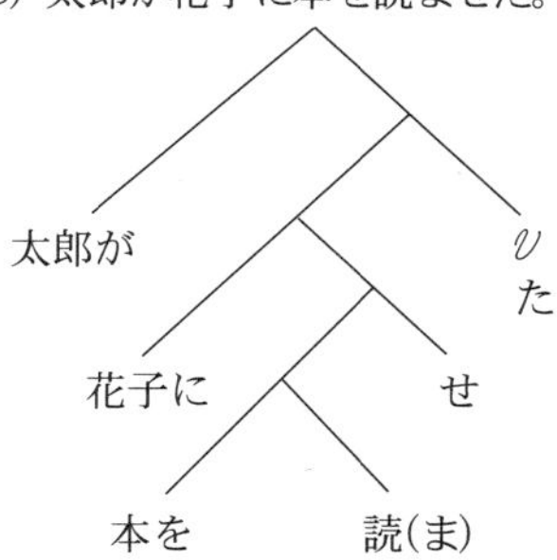

(태랑이 화자에게 책을 읽히다)

사동문에서는 대상논항에 대격이 실현되므로 이동의 일은 없다.

이상과 같이, 수동접사핵은 상대항으로 동작주(혹은 기동주(起動主))(by구)를 도입하고 사동접사핵은 상대항으로 피사동주를 도입하고 있다.

(69) グラスがよくこわれる.

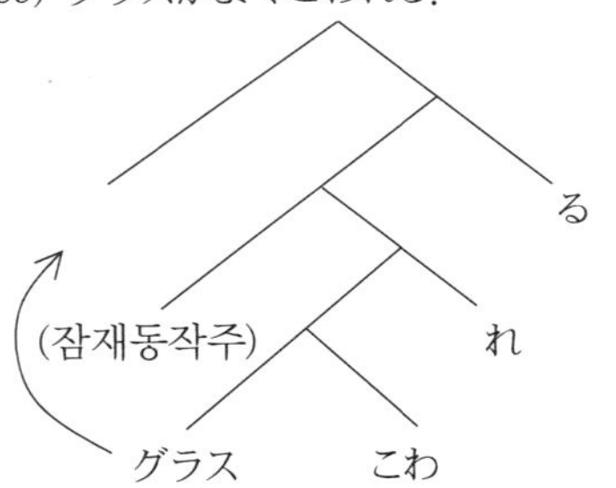

((유리)잔이 잘 깨진다)

이는 수동의 생성기제와 매우 비슷하다. 다르다면 동작주가 잠재해 있다고 보는 것이다. 중간동사의 형성을 이러한 기제로 본다면 'れ' 위치는 중간동사 접사핵이 된다. 다음처럼 한국어에서 타동사와 중간동사가 무형교체로 이루어지는 경우(일본어에는 없다) ∅의 접사핵이 있는 것으로 볼 수 있다.

(70) 차가 (잘) 움직인다.

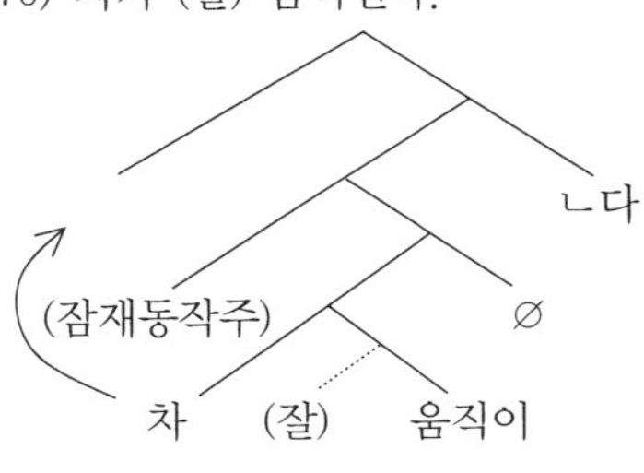

핵문술어핵 가장 기본적인 단문의 골격 곧 핵문을 형성하고 주어의 외항을 도입 또는 유인하는 술어핵은 う/る의 추상적인 형태소로 된다. 경동사 'する'도 여기에 포함시키기도 하지만 말미의 '−る'만의 형태의 자리다. 한국어의 추상적인 '~다' 어미도 이에 해당한다.

지금까지 논의한 것을 정리하면서 핵문에 이루는 기제를 보면,

1) 어근핵에서 하나의 DP를 도입하여 문 골격이 이루어지는 것.

(71) 1. V핵에서　　太郎が歩く　　(비능격동사)
　　　　　　　　　戸が閉まる　　(능격동사)
　　2. NV(V)핵에서　太郎が散歩する　(경동사문)
　　3. NV(A)핵에서　太郎が健康だ　(형용동사문)
　　4. NV(N)핵에서　太郎が学生だ　(명사술어문)
　　5. AV핵에서　太郎がかしこい/大きい　(형용사문)
　　　　　　　　　太郎がこわい　(심리형용사문)

모두 핵문을 이루기 위해서는 어근핵이 v핵과 병합하면서 상대논항을 v의 상대항(외항)에 유인해야 한다.

(72)

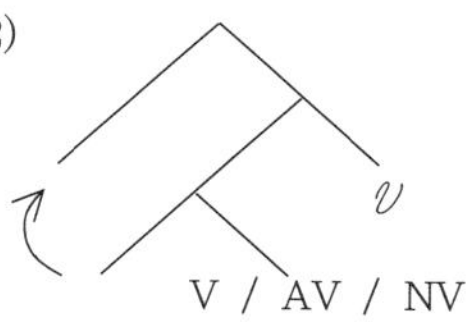

2) 어근핵에서 하나의 DP(접사핵에서도 하나의 DP) 그리고 v핵에서 하나의 DP를 도입하여 DP 2~3개로 문 골격이 이루어지는 것.

(73) 1. V핵에서의 대격동사　太郎が水を飲む。(태랑이 물을 마시다)
　　　　　　　　　　　　太郎が言語学を専攻する(경동사문)
　　2. V + Af핵에서의 피동사/사동사　太郎が花子に手を取られた
　　　　(태랑이 화자에게 손이 잡혔다)
　　　　手が花子に取られた
　　　　(손이 화자에게 잡혔다)
　　　　(이 경우는 대상의 '手'가 주어자리에 이동)
　　3. A핵에서의 이중 が격구문　太郎が心が痛い(태랑이 마음이 아프다)
　　　　(의사 이중주격구문)

(이때 주어의 が/の 교체 가능)

太郎が花子がこわい (태랑이 화자가 무섭다)

(이중주격구문) (심리동사문)

(이때 주어의 が/の 교체 불가능)

(74) 1.

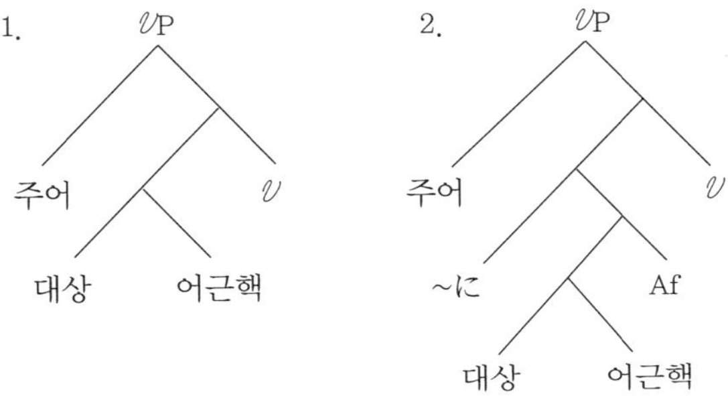

여기서의 논항은 기저생성되기 때문에 어순재배열 외에는 이동이 없다. 필자는 앞서의 (74) 1.과 (74) 2.로 일단 기본적인 문 구조가 이루어지는 것으로 보고 있다.

Hasegawa(長谷川 1999: 167-168)는 다음과 같은 vP구조로 제시하고 있다.

(75)

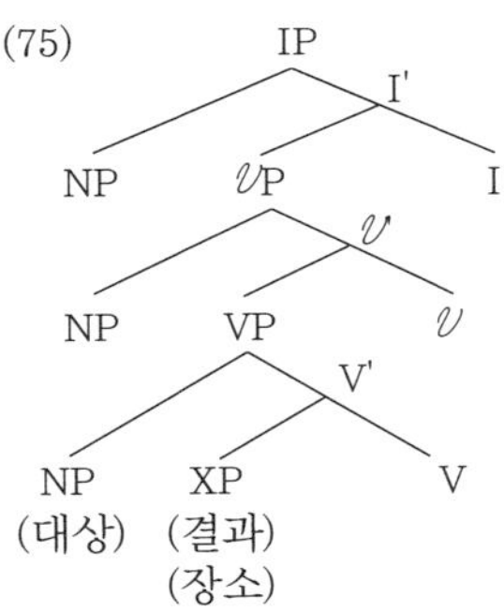

필자는 IP구조를 따로 인정하지 않는다. 이 IP구조를 TP구조로 대체하는 경향이 있다. 필자는 시제소 T는 *v*에 함유된 것으로(굴절소 I도 마찬가지다) 보기 때문에 핵문은 *v*P구조로 충분하다고 보고 있다. *v*는 핵문술어의 역할을 하면서 핵문에 논항구조에 변동을 주지 않는 한도내에서 긍정적/부정적으로 서술하는 일([± Neg 자질]), 주어의 존대/비존대의 일([± How]), 서술의 시제를 나타내는 일[± Tense]이 함유되는 것으로 필자는 보고 있다.

필자가 상정하는 술어핵은 외항(상대항)에 논항을 도입할 수 있어야 하는 것이다. 시제소 혹은 굴절소라고 해서 새로이 논항을 도입하는 일은 없다. 예컨대 '飲む'(마시다)라는 동사는 '飲んだ(마셨다), 飲みながら(마시면서), 飲んで(마셔서), 飲まない(마시지 않는다), 飲めば(마시면)'와 같이 시제나 활용의 변화가 있어도 동작주와 대상논항 외의 논항변동은 없다.

(75)의 아래쪽의 VP구조만을 볼 때 일견 3층구조와도 같지만 XP(결과, 장소)는 임의논항으로 부가된 것으로 보면 기본적으로 2층구조이다.

필자의 *v*P구조든 혹은 다른 이의 IP 혹은 TP구조든 이러한 구조의 형상성은 아래의 시발핵에서 쌓아 올라가는 식으로 되어 있다.

한편 위에서 아래로 내려오는 시발구조로 발제 – 결말의 구조를 가정하여 아래에서 쌓아 올라오는 구조를 내항으로 안기게 하고 있다.

(76)

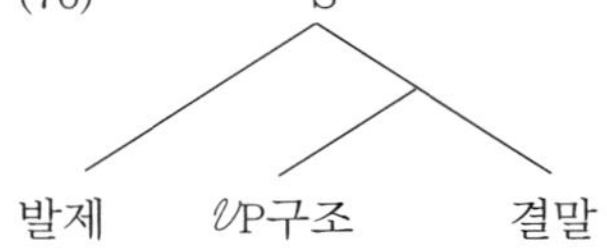

발제는 문맥(화맥)의 선행사항이나 제시어로서 혹은 주제로서 제시되는 것이 자리하고, 결말은 평서/의문/명령/감탄/권유 등의 서법을 결정짓는다. 문말종조사가 화자의 심적태도의 양상을 나타내는 것도 포함된다. 또한 [± 접속]의 자질 여하에 따라 단문/복문의 구별이 있게 된다.

문말에서 공손을 나타내는 공손조동사의 일[± Polite]도 $\mathcal{V}$P구조에서의 주어와 직접 연관된다기보다 화자의 의향에 있다고 보고, 이는 발제 - 결말의 상층구조에서의 결말의 요소로 보고 있다. 언어주체의 표현의도 안에 개념적이고 사실적인 $\mathcal{V}$P문이 포괄되는 격식이다.

논의가 많을 수 있는 부정에 있어서의 부정사의 위치에 대한 논의에서 한국어의 경우와 대비해 보면

(77)

	일본어	한국어
1.	명사 - 계사 - 부정사 学生ではない	명사 - 계사 - 부정사 학생이 아니다
2.	명사 - 계사 - 부정사 - 과거·공손 学生ではなかったです	명사 - 계사 - 부정사 - 과거·공손 학생이 아니었습니다
3.	동사 - 부정사 行かない	동사 - 부정사 가지 않다
4.	동사 - [공손 - 부정사] 行きません	동사 - [부정사 - 공손] 가지 않습니다
5.	a. 동사 - 부정사 - [과거·공손] 行かなかったです	a. 동사 - 부정사 - [과거·공손] 가지 않았습니다
	b. 동사 - 공손 - [부정·공손] 行きませんでした	b. ×
6.	a. ×	a. 부정사 - 동사 - 공손 안 갑니다
	b. ×	b. 부정사 - 동사 - 과거·공손 안 갔습니다

일본어는 '과거·공손' 혹은 '공손·과거'가 따르지 않는 한, 부정사가 맨 끝에 온다. 한국어도 매한가지다.

한국어와 일본어의 다른 점은 (77)의 4.이다. 시제가 개재하지 않는 한, 공손과 부정사의 어순이 반대이지만, [부정사·공손]을 합체적인 것으로

보면 된다. [과거·공손]도 마찬가지다. 5. a.는 잘 맞는다.

그리고 5. b.는 외견상 일본어 특유의 표현이다. 부정사에 따르는 과거·공손의 표현에 '과거·공손'(-tadesu)과 '공손·과거'(desita)의 두 가지가 있는 셈인데, 전자는 nai부정에, 후자는 n(u)부정에 이어진다. 부정과 시제는 술어의 내부요소로 보아진다. 그렇지 않고 부정은 부정대로, 시제는 시제대로의 투사체를 지닌다면 (77) 5. a., b.의 구조는 복잡하게 될 것이다. 'ました/ません'도 결말의 공손표현(ます)의 내부적인 것으로 보는 것이다. 공손형에 공손현재형, 공손과거형, 공손부정형이 합체적으로 쓰인다고 본다.

6.은 일본어에 없는 어순이다. 한국어와 아이누어에는 동일한 형태의 부정사(한국어의 아니, 아이누어 somo)가 동사에 앞뒤에 쓰인다. 고대 일본어도 동사의 앞에 ani의 형태로서 부사(부정호응)로 쓴 것이 보이며, 금지의 na도 동사의 전후에 오는 것으로 보아 고대 일본어에도 부정사－동사의 어순이 있었던 것으로 추정된다. 동사 앞에 나오는 부정사는 동사 내부의 요소는 아니며 부정의 부사로 분리되는 것으로 생각된다.

다음에서,

(78) 1. わたしコーヒ飲むよ　저 커피 마셔요
飲んだよ　마셨어요
飲まないよ　마시지 않아요
飲まなかったよ　마시지 않았네요

2. あなたコーヒ飲むね　당신 커피 마시네요
飲んだね　마셨네요
飲まないね　마시지 않네요
飲まなかったね　마시지 않았네요

여기서 문말의 'よ, ね'가 화자의 표현 양식이라 본다면 동사의 차원과 다른 결말의 부분으로 생각하고 제외하면, 부정사는 동사에 밀착되어 있다 (미연형 접속). 부정사 뒤의 과거조동사는 동사의 활용형의 일부로 부정의 과거형이라고 생각할 수 있다. 이러한 부정사나 시제소는 핵문의 술어에도 보문의 술어에게 문 결말에도 나타난다.

(79) 1. コーヒを飲まなかった。 커피를 마시지 않았다
2. コーヒを飲まなかった時に 커피를 마시지 않았을 때에
3. コーヒを飲みませんでした。(ますが 결말의 부분으로 본다면) 커피를 마시지 않았습니다

부정사나 시제소가 독립의 투사체를 지니는 것으로 보는 처지에서는 복잡한 문 구조의 형상이 그려진다. 필자는 이들 요소는 술어의 내부요소로 처리하고 싶다.

동사뿐만 아니라 형용사, 형용동사, 명사술어에도 부정사가 따른다.

(80) 1. 白く(は)ない (희지(는) 않다)
2. 親切(しんせつ)で(は)ない (친절하지(는) 않다)
3. 学生で(は)ない (학생이(/은) 아니다)

'ない' 부정형태소가 명사와 결합하여 형용사로 파생하는 경우가 있다.

(81) 1. 勿体(もったい)(거창함) - ない → 勿体ない(아깝다)
2. 仕方(방법) - ない → 仕方ない(하는 수 없다)

부정의 접두사가 명사와 결합하여 부정의 뜻을 나타내기도 한다. 不親切だ(불친절하다). 이는 부정의 뜻을 지닌 하나의 어휘로 굳은 것으로 어휘부에서 형성된 것이다.

여러 말로 되어 있는 관용어의 부정도 있다. '根も葉もない'(아무런 근거가 없다)는 '根(뿌리)もない'만으로도 사실무근의 뜻을 나타낼 수 있는 것으로 보아 '葉も'는 덧붙인 것으로 보아진다. 이는 여러 말을 가지고 하나의 뜻을 나타내는 관용어로 굳혀진 것인데, 통사적으로 여러 말이지만 어휘적으로 하나의 단어로 굳은 것으로, (81) 1., 2.와 마찬가지로 어휘부에서 형성된 어휘적 부정어로 본다. (80) 1. - 3.의 통사적 부정과는 구별된다.

어휘부에서 관용어가 형성된다고 보면 어휘부 내에 여러 단어를 뭉뚱그리는 어휘통사적 단위가 있는 것 같다. 어휘적 부정어에는 부정에 호응하는 진술부사가 어울리지 않으며, 진술부사는 통사적 부정에만 호응한다.

(82) 1. *決して仕方ない。(*결코 하는 수 없다)
　　2. 決して白くない。(결코 희지 않다)

이렇게 보면 통사적 부정소는 어근술어핵의 자리가 아닌 핵문술어핵의 자리에 있는 것으로 보아지며, 그 자리에서 진술(부정)부사와 어울리는 것으로 보아진다.

소위 부정극어(Negative Polarity Item, NPI)인 'だれも, なにも'는 명사구(주어, 목적어)이며 v의 [+ Neg]와 일치관계를 이루는 것으로 본다.

보문기능핵 이 핵은 보문(화소)(Complementizer, COMP), 내포화소, 절화소로 불리는 보문형성의 술어(술부)핵이다. COMP 혹은 C로 약기한다. C핵은 vP_1(핵문)와 vP_2(상위문)를 연결하는 요소로 인지 범위 내에서 반복적으로 이어져서 긴 문장을 이룰 수 있다. 그래서 순환범주(Cyclic Category)라는 이름도 있다.

(83) 1. vP_1 - CP_1 - vP_2 - CP_2 - vP_3…
　　2. VP - CP_1 - vP_2 - CP_2 - vP_3…

핵문이 COMP로 이어질 때는 추상적인 v핵을 거치지 않고 2. 처럼 VP－CP로 연결되는 경우도 있다. 이들 요소가 포개지는 것을 예시하면,

(84)

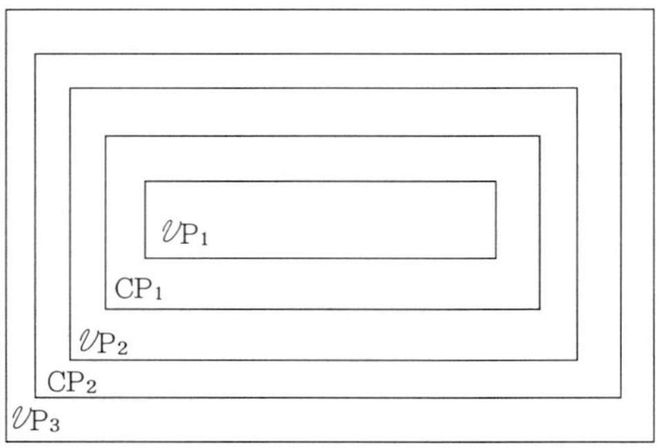

내부적으로 볼 때는 작은 국면에서 보다 큰 국면으로 확장해가는 것이고, 외부적으로 볼 때는 보다 작은 국면을 내포해가는 것이 된다.

Kuno(1973:5)의 분지표를 이용해서 표시하면(범주표시 및 해당 어례는 필자식으로 손질함)

(85)

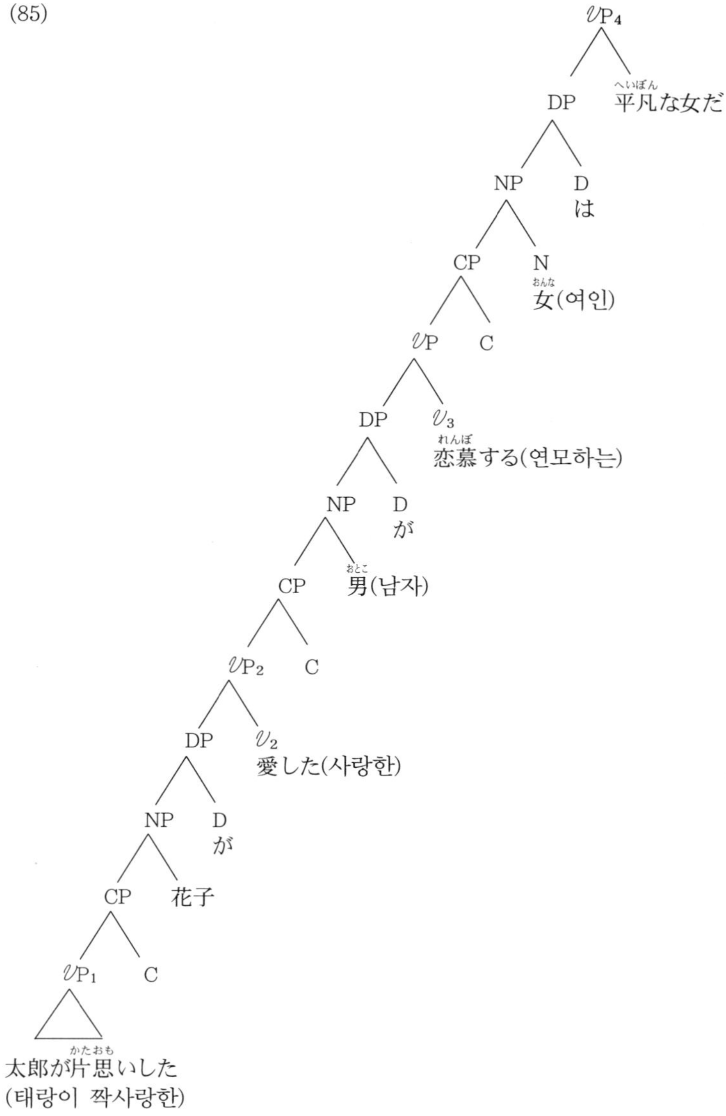

여기서는 CP의 핵이 무형이다. 연체수식절로서 뒤의 명사를 수식하는

구실을 하고 그 명사와 더불어 명사절이 되고 조사(D)가 따르고 있다. 관계절의 구조이다.

명사절 이외의 구실도 있다.

(花子は)太郎がダンスを学(まな)んでいる	の	を きらう (명사절) (화자는) (태랑이 댄스를 배우고 있는 것을 싫어한다)
	の	が きらいだ (명사절) (~배우고 있는 것이 싫다)
	ように	思われた (부사절) (~배우고 있는 것 같이 생각되었다)
	と	誤解(ごかい)した (인용절, 서술절) (~배우고 있다고 오해했다)

수형도 상의 위치를 보이면,

(86)

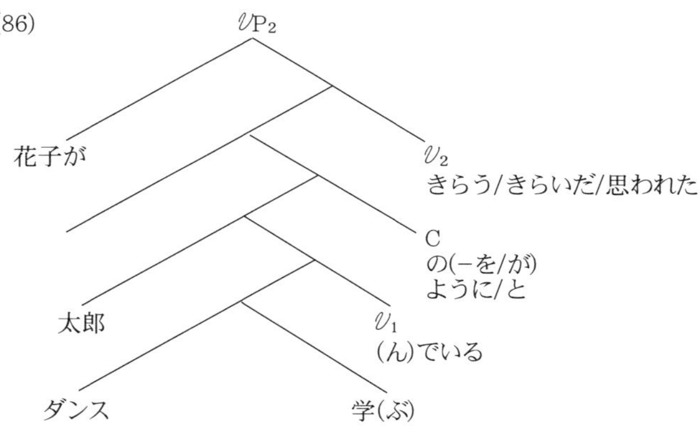

'思われた'가 수동사면 상위에 수동사 접사핵에서 형성되어야 하지만, 자발동사로 쓰인 것이면 어휘부에서 이루어져 그대로 v_2자리에 도출(복사)

된 것으로 볼 수 있다. $\mathcal{V}_2$의 내항에 오는 CP가 불완전한 경우 소절(小節)(Small Clouse, SC)의 지위가 된다. CP는 $\mathcal{V}_1$의 투사체를 내포하여 주어 – 술어의 절 형식을 갖추나, SC는 그것이 불완전하게 나타난다. 예를 들어 보면(밑줄 친 부분 참조),

1. だ판단구문 DP – CP – $\mathcal{V}_2$
   太郎(たろう)が花子(はなこ)が天才(てんさい)だと思(おも)っている
   (태랑이 화자가 천재라고 생각하고 있다)
2. を판단구문 DP(DP) – SC – $\mathcal{V}_2$
   太郎が花子を天才だと思っている
   (태랑이 화자를 천재라고 생각하고 있다)

1.의 절(花子が天才だ)이 2.에서 소절(天才だと)이 되어서 앞의 목적어를 보충한다고 보는 것이다. 수형도로 그리면,

(87) 1.

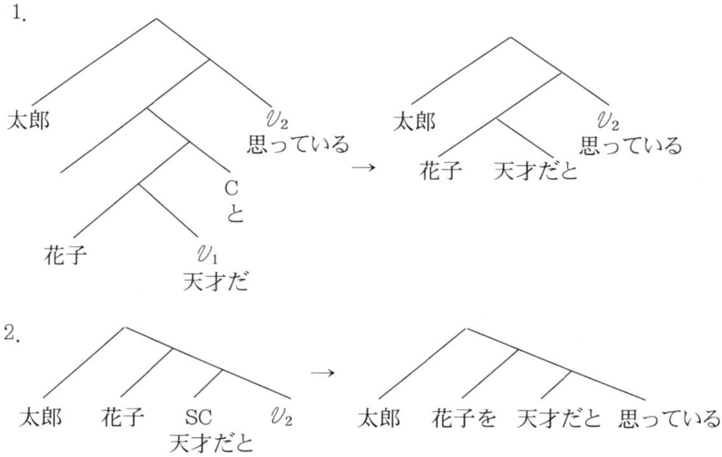

이 경우의 SC는 목적(어)보어의 성격을 지닌다고 할 수 있다.

보문통어핵 보문을 통어하는 v_2의 술어핵이다. CP를 내항으로 취한다. CP가 반복될 때마다 vP_2도 반복된다.

v_2레벨에서는 앞서의 판단구문(또는 인식구문이라고도 한다) 외에 장형피동문과 장형수동문을 들 수 있다.

일본어에서는 동사 자체가 수동의 뜻을 지닌 경우가 짧은 수동(단형수동), 수동의 조동사 れる/られる가 쓰인 경우가 긴 수동(장형수동)이라고 한다. 예컨대

(88)

1.	2.	3.
見る	見える	見られる
보다	보이다	보여지다

2.가 쓰이면 짧은 수동, 3.이 쓰이면 긴 수동이다. 만일 2.의 구조를 (89) 1.로 본다면 3.의 구도는 상대적으로 (89) 2.로 보게 된다.

(89) 1.

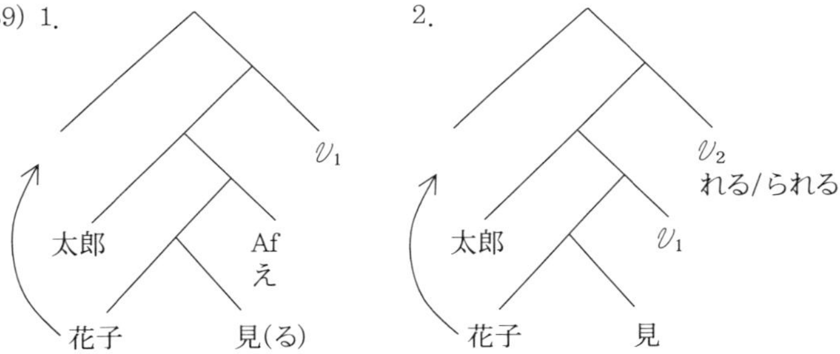

花子が太郎に見える
(화자가 태랑에게 보이다)

花子が太郎に見られる
(화자가 태랑에게 보여지다)

다르게도 생각할 수 있다. 수동형태소는 Af 몫이라면 'え'는 Af로 보기 어렵고 제격으로 v_1레벨 안에 있고, v_2레벨의 것은 장형의 말 그대로 수동형태소에 다른 술어 형태가 보태서 쓰이는 경우로 생각할 수 있다.

(90)

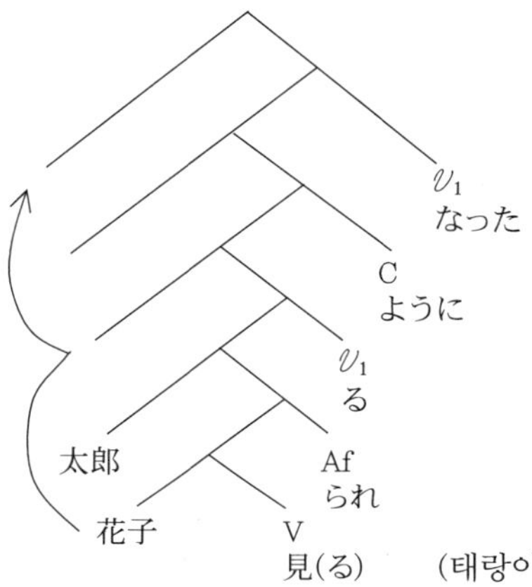

(태랑이가 화자에게 보여지게 되었다)

사동의 경우도 피동의 경우와 마찬가지로,

(91)

1.	2.	3.
乗る	乗せる	乗らせる
타다	태우다	타게 하다

2.가 쓰이면 짧은 사동, 3.이 쓰이면 긴 사동이다. 만일 2.의 구조를 (92) 1.로 본다면 3.의 구조는 상대적으로 (92) 2.로 보게 된다. 2.는 어휘적인 사동으로, 통사적으로는 3.이 제격이다. 타동사의 다른 예를 들고 보이면,

(92) 1.

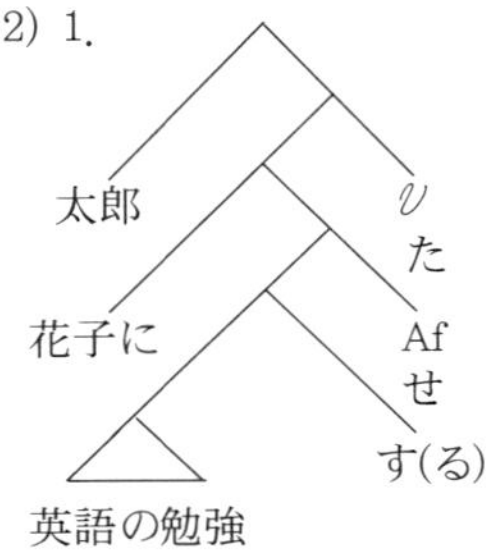

2.

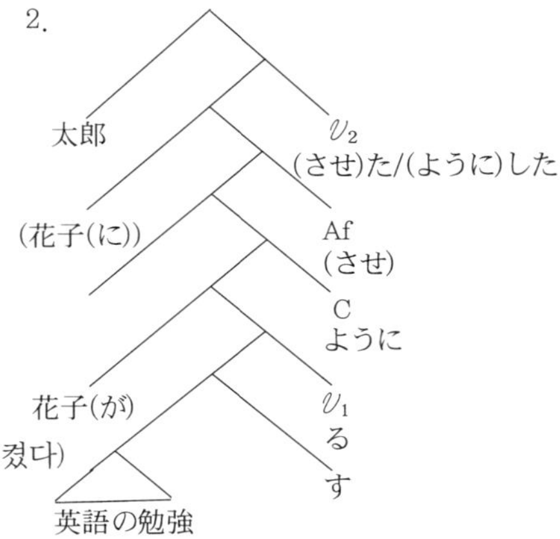

太郎が花子に英語の勉強をさせた
(태랑이 화자에게 영어공부를 시켰다)

2.의 장형사동에서는 두 가지의 파생이 있을 수 있다.

(93) 1. 太郎が花子が英語の勉強をするようにした。
(태랑이 화자가 영어공부를 하도록 했다)
2. 太郎が花子に英語の勉強をするようにさせた。
(태랑이 화자에게 영어공부를 하도록 시켰다)

vP 위에 Af 국면이 있게 되면 '花子'가 피사동주화 된다고 본 것이다. 다음과 같은 이중사동의 경우도 같은 경우가 있게 된다고 본다.

(94) 1. 太郎が花子が弟に英語の勉強をさせるようにした。
(태랑이가 화자가 동생에게 영어(의) 공부시키도록 했다)
2. 太郎が花子に弟が英語の勉強をするようにさせた。
(태랑이가 화자에게 동생이 영어(의) 공부를 하도록 시켰다)

(94) 1.의 경우는,

(95)

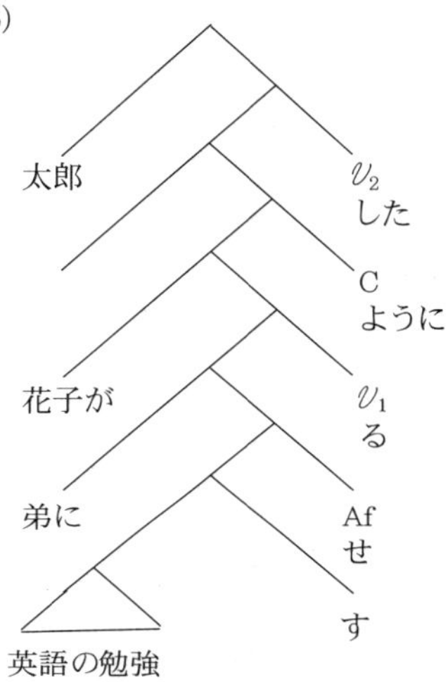

(94) 2.의 경우는

(96)

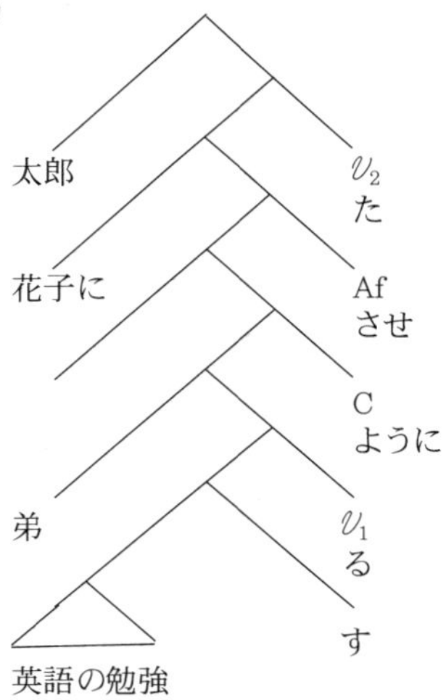

(94) 1.(= 95), (94) 2.(= 96) 모두 직접사동주(상위사동주)와 간접사동주

(하위사동주)가 나타나 있다. (94) 1. 에서는 하위사동주가 $\mathcal{V}_1$국면에서 주격으로 있는 경우가 되고, (94) 2. 에서는 하위사동주가 $\mathcal{V}_1$국면 위의 Af 국면에서 여격으로 있는 경우가 된다. 여기서는 구조격의 명사는 ni격 말고는 격은 추상격으로 되어 있는데 그것이 나중에 구조적 위치의 형상에 따라 격형태가 확정되는 것으로 보아진다.

문결말핵 문의 시작으로서 발제－결말의 시발구조를 가정한다. 그 테두리 안에서 어휘부로부터 시발술어핵을 도출(복사)하여 상대항인 논항의 도입 그리고 선행 및 후핵술어핵의 병합과 그에 상응한 논항의 도입 등의 과정을 거쳐서 핵문을 형성하고 이에 보문소의 중개로 상위술어문과의 병합을 통하여 명제문(/내용문)을 이루고 시발구조에 곧 문결말소의 내항으로 수용됨으로써 언어표현 주체의 표현의도가 구현되는 것이다.

영어도 문중에서 주어 다음의 술어의 투사체가 문으로서의 완전기능을 수행한다기보다 문말의 억양이나 휴지 곧 그것의 가시화로 볼 수 있는 ., ?, ! 등의 결말소가 그 구실을 수행한다고 볼 수 있다.

선행문맥에 의해 주어를 복원할 수 있는 ‘美(うつく)しい’의 AV술어의 1어문도 기저적으로 [$\mathcal{V}$ [V pro 美し] い]의 파생과정을 거치고 결말소의 ., ?, ! 등의 어느 하나의 진술에 의한 것으로 본다[S" [$\mathcal{V}$" [V" pro 美し－] い] ./ ?/ !].

이제 가정되는 시발구조를 얹히고 지금까지 살펴온 각 술어핵의 국면의 전체상을 그리면 다음과 같다.

(97)

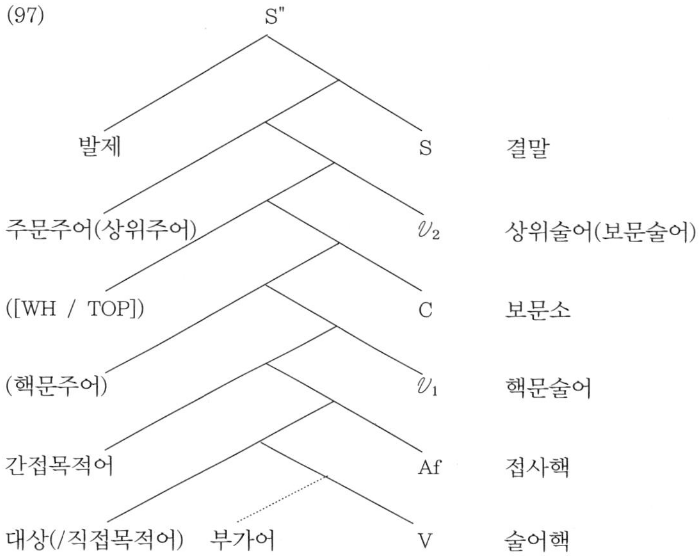

이를 보면 V] Af] $\mathcal{V}_1$] C] $\mathcal{V}_2$]의 술어핵끼리의 병합은 X°- X°레벨이다. 따라서 이를 핵의 핵에의 이동으로 본다면 핵이동제약(Head Movement Condition)이라고 한다. 선핵투사체를 수용하여 X° - X' - X"를 이루고 있다. 논항의 ( )친 부분은 기저적으로 생성되기도 하고 하위논항의 이동으로 채워지기도 한다. 그러한 논항 이동의 경우는 X"(XP) - X"레벨이며 간목 이외의 논항 위치를 건너뛰지 않는다. 간목은 임의술어핵 Af의 상대항이므로 비어 있는 경우가 많다. 간목이 있을 때는 대상논항이 격을 받지 못한 경우의 부득이한 이동에 한한다.

어떻든 (97)의 형상은 핵이 하나의 외항을 도입하는 필자의 투사제도에서 요소간의 자매관계, 성분통어, 인접성조건 등의 문법적 관계가 명시적으로 나타나는 것이라고 생각된다.

술어핵의 병합이나 논항의 이동을 단거리 최소의 이동의 원칙도 지키고 있다. 곧 그 연쇄는 최소적이어서 최소연쇄조건(Mimimal Chain Condition)

을 지키는 셈이다.

필자는 핵과 상대항과의 관계 영역을 국면으로 보고 있으며 각 국면은 다음에서 보듯 최소영역이며 일치영역이다.

(98)
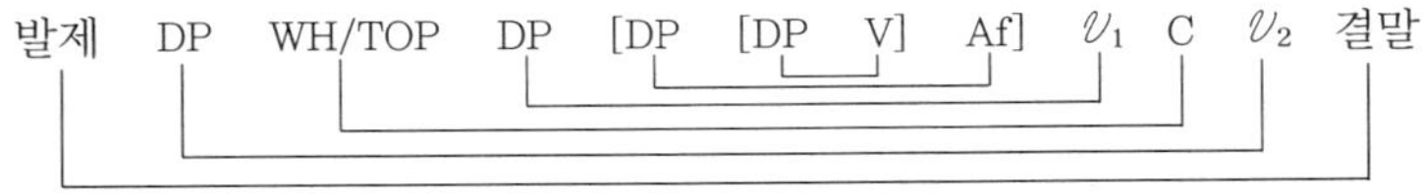

이는 K는 K^*로 확장될 때 K는 K^*에 완전 내포되어야 한다는 확장(확대) 조건(Extenxion Requirement)을 지키고 있다. 곧 K의 [   ] 국면은 상위의 K^*의 [   ]에 완전히 내포되어 있는 형상이다.

또 국면은 다음과 같이 각 국면이 3차적으로 구성 배열된 것으로 볼 수 있다.

(99)
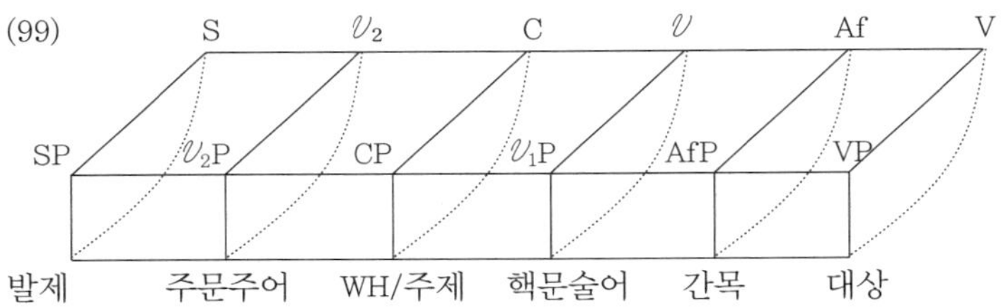

여기서 각 술어핵이 도입한 외항만 나타내면 다음과 같은 평면형의 어순을 얻게 된다. 곧 술어핵의 병합(국면의 연속)이 끝나는 시점에 단선형이 된다.

(100)
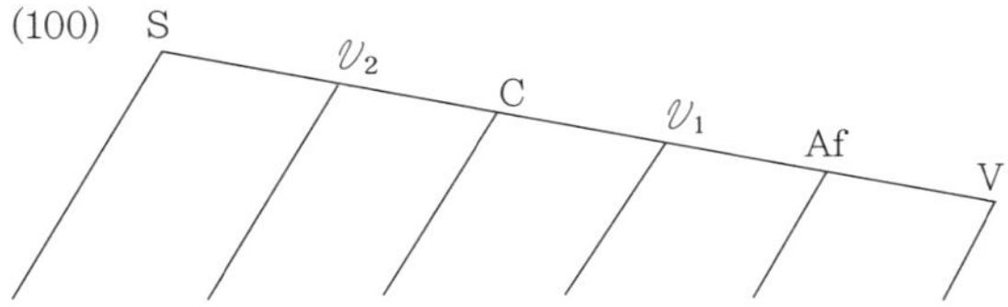

각 핵이 도입한 국면을 상정하면 발제 - 결말의 관할 하에 각 국면이 포괄되는 것으로 보면 된다. S의 국면에서 $\mathcal{V}_2$→ V의 진행은 하향식이며 V → $\mathcal{V}_2$의 진행은 상향식이다.

3. 몇 가지 구문의 예

앞의 문의 형성기제에서 많은 구문의 형성기제를 살펴보았다. 여기서는 보충적으로 몇 가지 구문에 대해 언급하기로 한다.

예외적 격표시 구문 예외적 격표시 구문에 관련해서는 목적어 상승(Raising to Object), 주어 인상(Subject Raising), 예외적 격표시(Exceptional Case Marking, ECM) 등 기제와 관련된다. 예외적 격표시란 말은 다음 문 (Chomy 1995:122)에서,

(101) 1. a. Bill sincerely believed Sam.
b. *Bill believed sincerely Sam.
2. a. Bill sincerely believed [Mary to be here].
b. *Bill believed sincerely [Mary to be here].

1. a.와 2. a.에서는 대격부여의 인접성을 준수하고 있다. 1. a.에서는 동사와 대상의 명사가 근접해있고, 1. b.에서는 그렇지 못하다.

2. a.의 경우는 이와 좀 다르다. 동사의 대상의 명사가 근접해 있기는 하나 그 사이에 절 경계가 있다. 곧 문제는 절주어의 Mary가 어떻게 대격을 받는가이다. 주절의 동사가 보문의 주어에 예외적으로 대격을 부여한다고 해서 이를 예외적 격표시(구문)라고 한다.

(102)

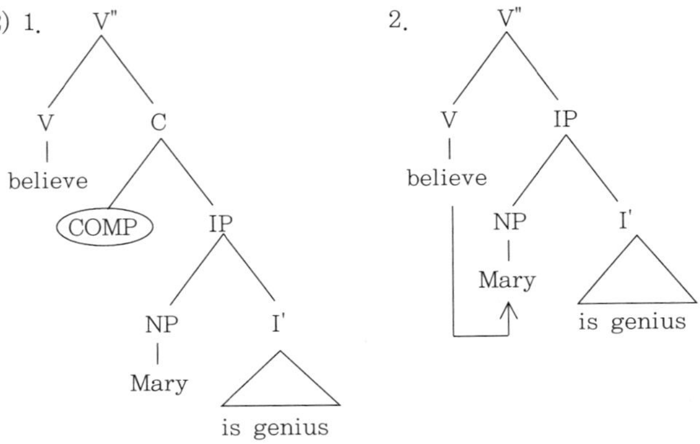

(102) 1.의 COMP가 삭제됨으로써 NP가 believe에 근접하는 격이 되어 Mary에게 대격을 부여한다는 것이다.

(103) 1. John [$_{VP}$ believe [$_{CP}$ that [$_{IP}$ Mary is a genius]]]
　　 2. John [$_{VP}$ believe [$_{IP}$ her to be a genius]]

(103)을 대역한(인명만 바꿈) 일본어의 다음 문에서도,

(104) 1. 太郎は花子が天才だと信じた。
　　 2. 太郎は花子を天才だと信じた。

보문주어가 'が'와 'を'로 나타나는 특색을 지닌다.

(104) 1., 2.모두 시제절로 본다면 1.처럼 보문주어가 주격으로 나타나는 것이 무표적인데, 2.에서는 유표적으로 대격이 부여되고 있는 형편이다. 이러한 보문주어의 대격교체의 예에 대한 해석에는 여러 가지가 있다.

(105) 1. 기저생성

太郎は花子$_i$を [pro$_i$ 天才だと] 信じた。

곧 '花子'가 처음부터 '信じた'의 목적어로 쓰였다고 보는 것이다. pro$_i$는 '花子'와 동일지시의 지표(i첨자 표시)를 가진 무형의 범주로 보문주어 노릇을 하고 있음을 나타내고 있다.

2. 주어인상(주어의 목적어에 인상)

太郎は花子$_i$を [t$_i$ 天才だと] 信じた。

보문절에 있던 주어가 주문의 목적어로 인상되었다고 보는 것이다.

3. 예외적 격표시

太郎は [花子を天才だと] 信じた。

서술어 '信じた'가 절 경계를 넘고 그 안에 있는 '花子'에게 예외적으로 대격을 준다는 것이다.

4. 동일명사구 삭제(Equi NP Deletion)

太郎は花子を [~~花子が~~天才だと] 信じた。

주문의 목적어와 보문주어가 동일한 명사이므로 보문주어가 삭제된다는 것이다. 1.은 의미적으로 4.의 구조와 같으나 무형의 범주로 나타낸 차이다. 3.의 예외적 격표시의 경우를 제외하고는 모두 주문의 목적어하고 보문의 주어하고 연관시키려 하고 있다. 1.에서는 무형의 대명사로, 2.에서는 이동 후의 흔적으로, 4.에서는 동일 명사를 반복시켜 삭제하고 있는 것이다. 필자는 술어핵 병합과정으로 볼 때 다음의 두 경로로 보고 있다.

(106)

1. 太郎は花子が天才だと信じた。(CP 유지)

2. 太郎は花子を天才だと信じた。(CP → SC화)

이는 (105) 1.에서의 pro를 제거한 것과 같다. (105) 1.에서는 보문에서의 원래의 주술관계를 나타내기 위해 공범주를 가정한 것인데 가급적이면 중복되는 제로형태의 연산을 제거하고 싶다. 구성소를 병합해가는 과정에서 어휘배열에 선택된 어휘항목 이외의 새로운 요소는 추가되어서는 안 된다(Chomsky 1995:228, 1998:27)는 내포성조건(Inclusiveness Condition)에 의한다. 이동의 흔적인 t나 동일지시의 i지표도 문제되고 있다.

먼저 CP 유지형의 파생과정을 보이면,

(107)

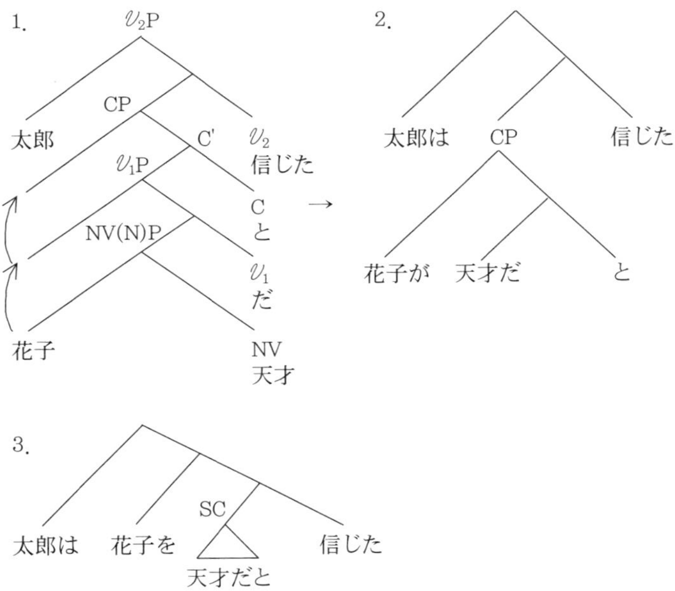

2.의 CP 유지형은 DP－CP－v_2의 구조이고, 3.의 CP 붕괴형은 DP－DP－SC－v_2의 구조이다. 전자를 'が' 판단구문, 후자를 'を' 판단구문이라 부르기도 한다. 전자는 주－술의 명제형식으로, 후자는 대상을 특히 내세우는 형식으로 된 것이다. 표현주체자의 입장·판단의 작용이 반영된다. 형상도는 그러한 심적작용의 양상을 명시하려는 하나의 시도다. 위에서 내려오는 관점에서 보더라도,

(108)

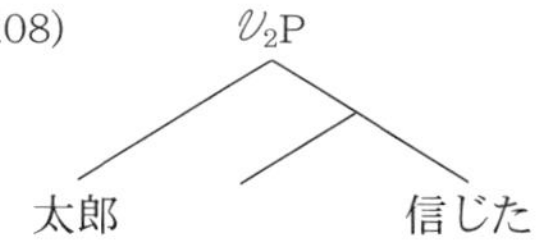

의 상위구조에서 CP가 내포되든지 목적어와 SC(보충어와 같이)가 내포되는 식이다. 선조성으로 볼 때 판단(인식)주체가 판단대상을 판단(인식)할 때에 대상을 먼저 내세우고 보충적 설명을 부가할 수 있고, 대상을 주술관계로 CP화 하여 내포할 수 있는 일이다. DP_1과 DP_2의 격실현이 가급적 달라야 하고 DP_1이 주도적 역할을 한다고 볼 때 ECM구문은 위에서 내려오기식 방향으로 이루어지는 듯 싶다.

주격목적어 구문 한국어나 일본어는 타동사의 목적어를 대격으로 나타내는 것이 일반적이다.

(109) 太郎が本を読んだ。(태랑은 책을 읽었다)

그런데 한국어의 '좋아하다', '말할 수 있다'(복합체) 타동사는 목적어에 대격이 쓰이는데, 이에 의미상 상응하는 일본어의 '好きだ', '話せる'는 대격이 아닌 주격과 동형인 'が'가 쓰인다.

(110) 1. 太郎はリンゴが好(す)きだ。(태랑은 사과를 좋아한다)

2. 太郎は韓国語(かんこくご)が話せる。(태랑은 한국어를 말할 수 있다)

DP$_2$의 'が'에 대하여는 형태상 주격과 같고, 기능상 목적어 표지 구실을 하는 특수성을 고려하여 대상어로 부르기도 하나, 주격 형태가 목적어를 나타낸다고 해서 주격목적어(구문)(Nominative Object(Construction))라는 말을 쓰게 된다.

한국어도 (110)의 1.의 술어에 형용사를 쓰고, (110) 2.의 술어를 (112)처럼 가능표현화하면 DP$_2$는 주격이 된다.

(111) 1. 나는 사과가 좋다.

2. 나는 한국어가 좋다.

이 경우 '좋다'라는 형용사는 대상의 격을 주격으로 취하는 것으로, 어휘부에 등록되어 있으면 된다. 그러면 '사과를 좋다'와 같은 병합은 성립되지 아니한다. 그리고 제주방언의 가능표현에서,

(112) 나 영어(를/가) 말해진다.

처럼 대상의 격이 주격과 대격이 양용되기도 하는데 일본어의 가능표현은 이와 같은 현상이 있다.

(113) 1. 太郎(たろう)は韓国語(かんこくご)が話(はな)せる。(*태랑은 한국어가 말할 수 있다)

2. 太郎は韓国語を話せる。(태랑은 한국어를 말할 수 있다)

희망구문에서도 이러한 현상이 있다.

(114) 1. 私(わたし)は本を読みたい。(나는 책을 읽고 싶다)

2. 私は本が読みたい。(*나는 책이 읽고 싶다)

이러한 대상의 격교체를 설명하기 위해 가능동사나 희망동사는 동사－가능/희망요소의 복층으로 분석하는 것이 있다. 전통문법에서는 가능의 경우는, 5단동사는 동사－가능접미사(eru), 나머지는 가능조동사(れる/られる)로, 희망의 경우는 희망조동사가 평면적으로 이어지는 형태로 분석하고 있다. 이들이 'が'격을 취하는 경우는 후속하는 접미사나 조동사에 중점을 둔 경우이고, 'を'격을 취하는 것은 선행의 동사에 중점을 둔 것에서 온다고 설명하고 있는데, 이를 명시적으로 설명하기 위해 다음과 같은 파생과정을 나타내는 수형도가 제시된다.

(115)

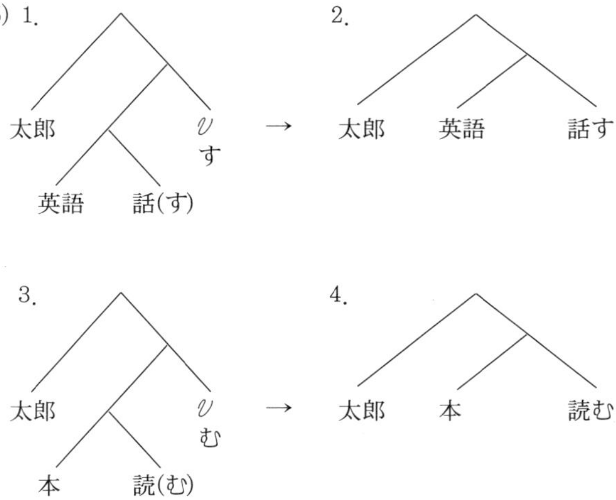

위에서는 대상의 격에 'を'격이 나타나는 것은 당연하다. 대격동사의 패턴이다.

(116)

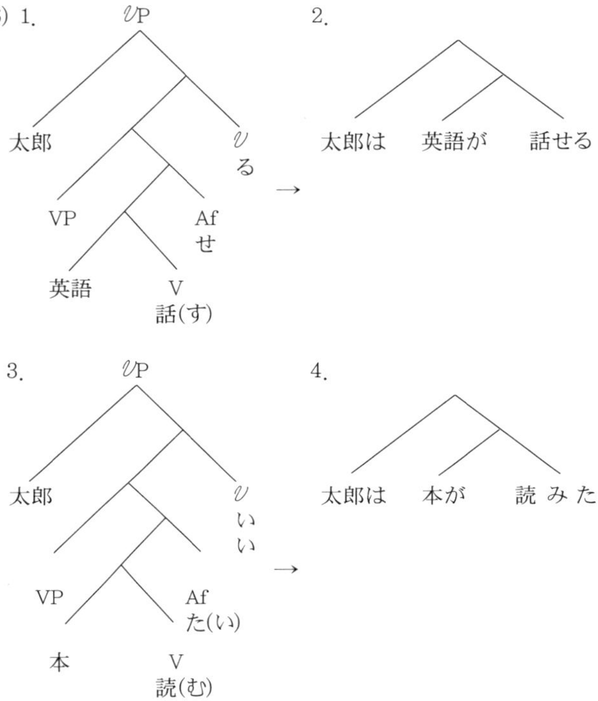

VP국면에서는 당연히 대상에 대격이 주어지겠지만, V－Af의 병합을 거치면서 대격을 줄 수 없고 주격을 주게 된다는 것이다. 문제는 Af핵이 작용한다면 그 나름대로 상대항으로 논항을 도입해야 하는데 안 보인다는 점이다.

필자는 가능이나 희망에는 심리동사의 경우와 마찬가지 원인이나 계기가 또 그 외에 비교의 일들이 선행문맥(화맥)에 나오고 다시 부연하지 않기 위해 내현화된 것으로 본다.

그 대용형식으로 'それで'(그래서)가 사용될 수 있다. Af핵의 개입의 설명이 무리라면 다음과 같은 상, 하위의 𝑣층의 생성방식을 취할 수 있다.

(117)

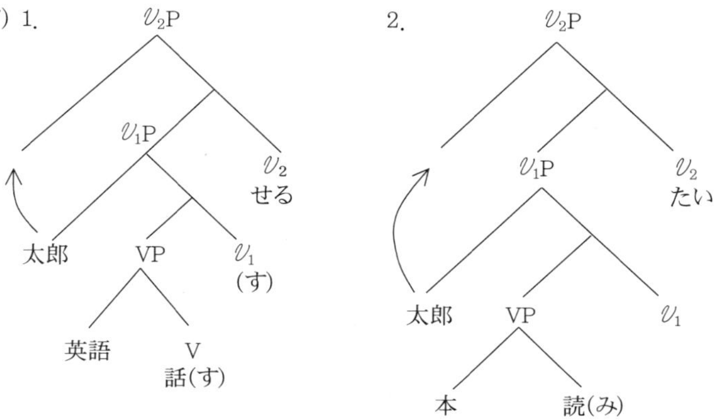

핵문술어 v_1은 추상적인 동사로 핵문이 형성되지 않을 경우는 상위술어에 넘기는 구실을 한다고 보면 된다. 이들 수형도의 결과는 앞서의 (116) 1., 2.와 (116) 3., 4.와 같으므로 병합된 가능동사, 희망동사가 그 목적어에 주격을 부여한다는 것이다.

더 간편하게는 어휘부에서 話(はな)(hanas) – eru의 가능동사화 형성규칙이 있고, 読み – tai의 희망동사와 형성규칙이 있어서 직접 시발술어핵 자리에 도출(복사)되는 방식도 있다.

(118)

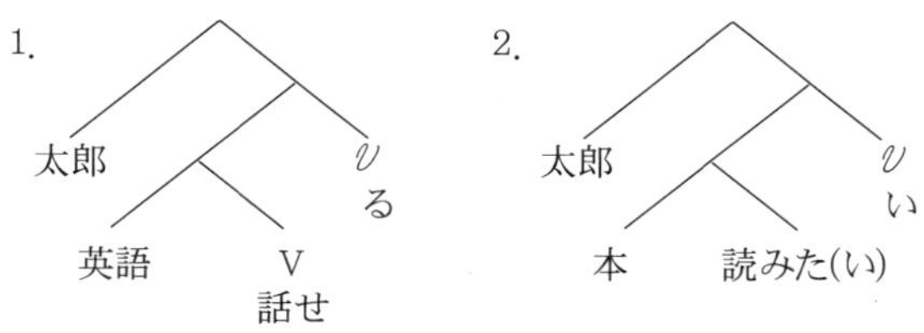

그것은 어휘부가 너무 강력하여 별의별 술어가 시발술어핵에 나타날 수 있어서 시발핵의 범주를 제약하기 힘들게 된다.

어떻든 일본어에는 술어의 형식에 따라 대상에 주격의 격을 취하는 것이 있다는 것인데 한국어에도 그러한 현상의 일이 있어 크게 유별한 것은 아니라고 본다.

이중목적어 구문 이중목적어 구문(Double Object Construction)은 간접목적어(Indirect Object, 이하 IO), 직접목적어(Direct Object, 이하 DO)의 순으로 나타나는 문이다. 필자는 IO－DO 어순의 경우 격은 모두 구조격으로 보고 있다.

(119) 1. 太郎は花子に本をやった。(태랑은 화자에게 책을 주었다)
  2. 太郎は花子に本を送った。(태랑은 화자에게 책을 보냈다)

IO와 DO의 순이 바뀌면,

(120) 1. 太郎は本を花子にやった。(태랑은 책을 화자에게 주었다)
  2. 太郎は本を花子に送った。(태랑은 책을 화자에게 보냈다)

이 경우는 DO를 구조격, IO는 의미격으로 다룬다. 이때의 IO는 부가적인 것으로 본다. 두 목적어의 어순은 일반적으로 IO가 앞서는 것으로 보고 있다.

(121) 1. 太郎が三人の女性に二人の男性を紹介した。
  (태랑이 세 사람의 여성에게 두 남성을 소개했다)
  2. 太郎が二人の男性を三人の女性に紹介した。
  (태랑이 두 남사를 세 사람의 여성에게 소개했다)

1.에서의 Q－NP－ni(Q는 양화사 Quantifier)가 애매성 없이 넓은 작용역을 가지는데, 2.에서는 어느 Q－NP도 넓은 작용역을 가진다. 곧 1.과 2.는 다음과 같이 풀이된다.

1. 세 사람의 여성 각자에게 두 남성을 소개했다.

2. (넓게 보면) 1과 같은 해석. 두 남성을 세 사람의 여성 각자에게…
   (좁게 보면) 두 남성을 세 사람의 여성 함께 모두에…

이러한 작용역의 해석으로 볼 때 구조적으로 IO가 상위게 있고 DO는 하위에 있는 것으로 보게 된다. 이중목적어의 구조는 다음과 같은 수형도를 상정(想定)하기도 한다.

(122)

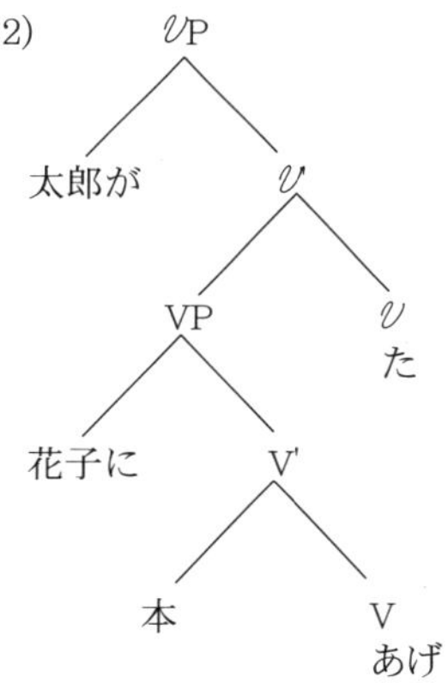

필자의 술어핵 1논항 도입방식에는 맞지 않는다. V의 층위가 필수논항 두 개의 3층으로 되어 있기 때문이다. 또한 이러한 형상에서 '*あげた*'동사가 두 대상의 논항에 하나는 대격, 다른 하나에 '*に*'격과 같이 두 격을 주는 근거가 확실하지 않다.

다만 IO와 DO의 어순이 뒤바뀐 경우는 있을 수 있다.

(123)

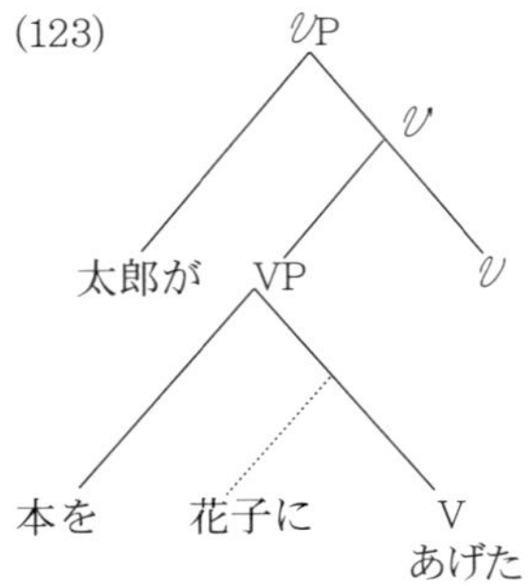

이때의 '花子に'는 구조격이 아닌 부가어적인 의미격으로 보는 것이다. 곧 '주다'의 대상은 '책'이지 '花子'는 아니다. 목표의 뜻으로 부가된 것이다. 필자의 IO－DO의 두 구조격의 생성은 다음을 가정한다.

(124)

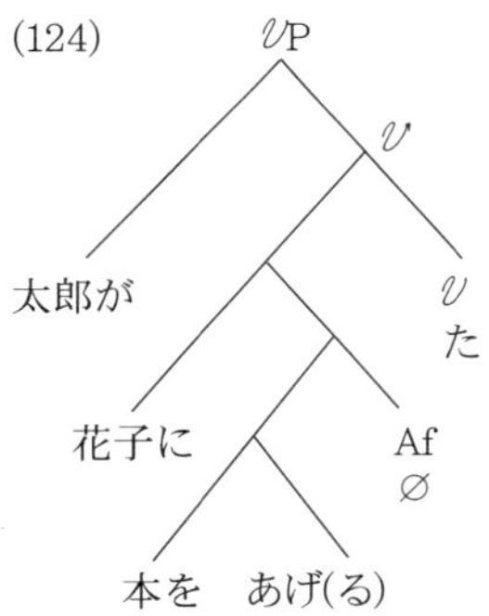

Af가 상대항에 'に'격을 부여하는 것은 일반적이라 하더라도 Af 자체가 ∅로 되어있는 것이 문제점이다.

수여동사구문은 본질적으로 사동구조로 보기도 한다. 여기의 예를 들면 '花子'에게 책을 소유하게 한다는 것이다. 그렇다면 사동문의 경우처럼 Af 접사가 구실한다고 볼 수 있다. 곧 Af가 ∅이더라도 '가지게 하-'의 소유사동접사 구실을 한다고 보는 것이다. '送る'동사의 경우도 마찬가지다. '보내서 가지게 하-'의 뜻이 담겨 있다고 보는 것이다.

DO – IO의 경우는 그러한 Af의 구실이 개재하지 않아서 소유적인 뜻이 담겨지지 않으며 그저 주거나 보냈다는 것이 된다. IO는 부가논항으로 있어도 되고 없어도 되는 성질의 것이다. 대비하면,

(125) 1. DO – (IO) – $\mathcal{V}$(V + $\mathcal{V}$) 타동사구문(대격구문)
　　　2. IO – DO – $\mathcal{V}$ (V + Af + $\mathcal{V}$) 이중목적어구문

그렇다면 '주다, 보내다'(수여, 전달동사)동사는 이와 같은 두 논항구조의 성격을 지닌 동사라고 말할 수 있다. 이같이 주거나 보내는 동사 '与える'(주다), 'やる'(주다), 'あげる'(あたえる, やる의 겸양어, 드리다), '送る'(보내다), 'くれる'((남이 나에게) 주다)와는 반대로 받는 동사 'もらう'(받다), '受ける'(받다)가 있는데 이를 합쳐서 수수(授受)동사라는 이름도 있지만 주는 동사류와 받는 동사류의 논항구조는 다르다. 전자는 이중목적어 구문이지만 후자는 타동사 구문과 같으며 출처·원천(-から/に)을 나타내는 임의논항(의미적으로는 필수적인 감이 없지 않다)이 부가되는 구조다. 수수동사 중에 보조동사로도 쓰이는 것에 '-てやる'(~해 주다), '-てあげる'(~해 드리다), '-てくれる'((남이) ~해 주다), '-てもらう'(~해 받다(남이 해주다))가 있다.

이들 동사의 통사적 특색 (126)에서 보이면, 수여동사 1., 2.는 이중목적어 구문이 되는 것이고, 수령동사 3.은 이와 준해서 필수논항 3개를 지니는 구문으로 볼 수 있지만, 출처는 흔히 필수논항이 아닌 임의논항으로 보므로 타동사문이다. 이들이 보조동사로 쓰일 때 본동사와 더불어 수여동사화한다. 'もらう'의 경우는 'くれる'의 목표가 경험주화한다.

(126)	본동사	보조동사
1. やる, あげる	동작주 목표(화자 이외) 대상	목표(화자 이외)
2. くれる	동작주 목표(화자) 대상	목표(화자(私に))
3. もらう	경험주 출처(원천) 대상	(목표→)경험주

와 같이 대비할 수 있다. 이들이 보조동사로 쓰일 때는 본동사의 구실 외에 보조적인 구실(목표의 제약과 주어의 경험주화)을 수행하는 것으로 보아진다. 본동사는 시발술어핵의 V자리에, 보조동사는 본동사와 함께 V의 하위의 V－V연속체로 실현된다. 이중목적어 구문에서 본대로 목표와 대상은 필수논항이므로 그 논항의 도입의 기제도 V와 $\mathcal{V}$ 사이의 Af핵에서 ∅의 형태가 도입하는 것으로 가정한다. 중간동사의 경우와 마찬가지로 V핵 자리에 있는 본동사(그리고 보조동사)가 Af의 ∅핵과 병합을 통하여 목표 또는 출처의 논항을 도입하는 것으로 보는 것이다. 그러한 기제를 활용해서 출처·원천의 논항도 임의논항이 아닌 필수논항인 경우 ∅핵이 도입한 것으로 하는 수령동사구문을 설정할 수 있다.

주제문 주제문(Topic Construction)은 주어가 'は'의 주제격으로 실현되는 문을 이른다. 주어는 명제문 혹은 시제문의 주부의 중심요소로서 술어부의 중심요소의 술어와 통사적·의미적으로 일치관계를 이루는 것이라면, 주제 역시 이와 다를 바 없으나 담화론적 화용론적 차원에서 선행문맥(화맥)에서의 관심사항 그리고 새로이 제기할 사항, 주어는 물론 주어가 아닌 문중요소도 강조·대비할 사항을 주격이 아닌 주제격(Thematic Case)으로 달리 구현시킨 것이다.

주제는 대개 문두에 기저생성하는데(문두주어), 이 경우는 문의 시발구조의 발제의 자리가 될 것이다.

(127)

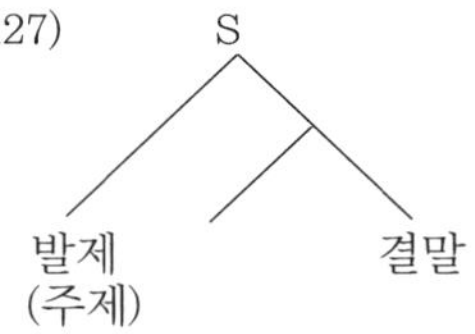

선행문맥(화맥)을 이어받거나 새로이 제기하는 사항이 상위적(포괄적)이라 보아지며 명제적인 주어문을 내부에 감싸는 구조다. 따라서 주제가 주어를 감싸는 격이다. 주어문 중의 요소를 주제화(Thematization, 화제화 Topicalization)할 때는 문중에서의 상위화의 조작(의식작용)이 있게 되는 것으로 보는데, 그 경우는 주제격과는 달리 의미격으로 표시되는 것으로 본다.

원래부터 주제로 쓰이는 경우와 특별히 문중의 한 요소를 내세우기 위해 주제화되는 경우를 구별해서 전자는 무표적 주제, 후자를 유표적 주제라고 한다. 어떤 대상이 성상을 나타내는 서술어의 경우는 그 대상은 주제격을 지니는 것이 일반적이다. 명사술어문의 경우도 마찬가지다.

(128) 1. 太郎はかしこい。(태랑은 영리하다)
2. 太郎は学生だ。(태랑은 학생이다)

그런데 누가(신정보) 착하고 학생이냐(구정보)고 했을 때 太郎が… 가 쓰게 되는데, 그것은 신정보를 제공하는 구실을 하고 있다. 이때의 'が'는 무표적인 'は'에 대해 유표적이다.

다음과 같은 동사문에서는 주어는 주격으로 나타나는 것이 보통이다.

(129) 太郎があそんでいる。(태랑이 놀고 있다)

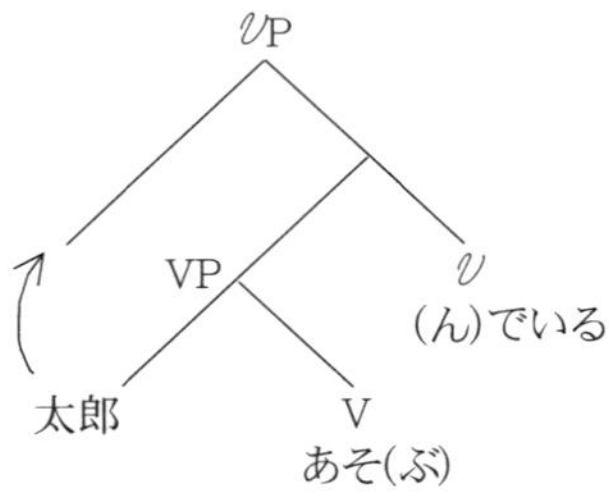

이에 대해 다른 사람과 대비해서 태랑은(구정보) 무엇을 하고 있니(신정보) 하고 물었을 때 '太郎はあそんでいる'(태랑은 놀고 있다)를 쓰게 된다.

(130)

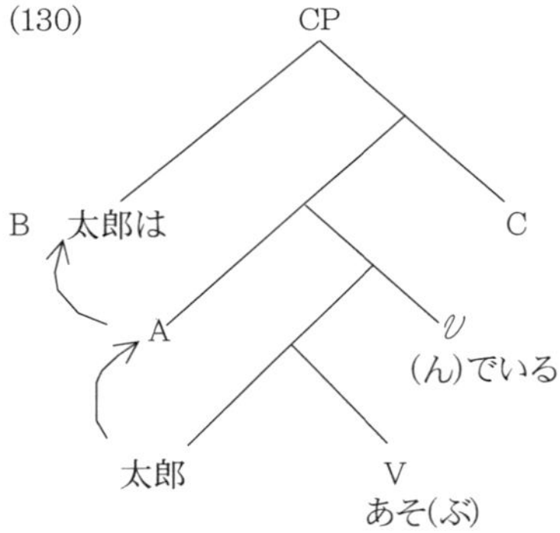

太郎이 v의 상대항(지정어)의 A의 자리에 있게 되면 'が'격이 되지만, 유표적 주제의 위치로 가정되는 B자리로 상승(주제화하려는 의식작용)하게 되면 유표적인 주제가 되는 것이다. 상대적으로 A자리의 '太郎が'는 무표적이라 할 수 있다.

유표적인 주제는 유별하게 쓰이는 어떤 연산 곧 주제화의 과정을 거쳐서 이루어진다.

(131)

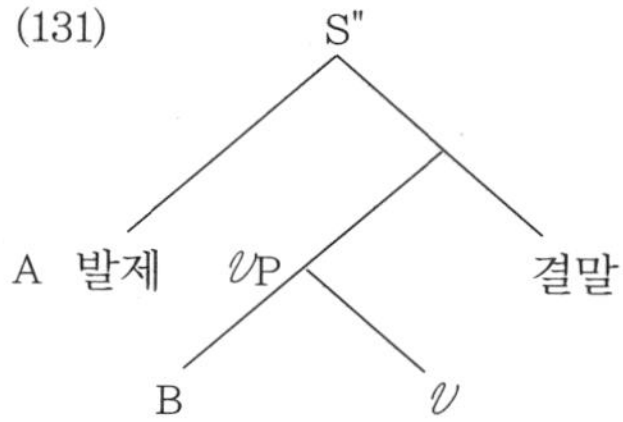

A자리에 기저생성되는 것은 무표의 주제다. B자리도 만일에 선행문맥(화맥)이 없거나 해서 ∅발제이면 무표의 주제가 될 수 있다. 형용사문과 명사술어문의 상대항의 경우가 그렇다. 다음과 같이 문중요소가 주제화되기도 한다.

(132)

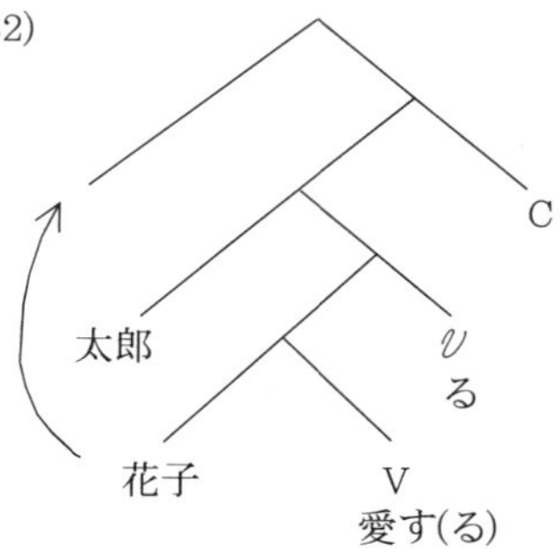

花子は太郎が愛(あい)する (화자는 태랑이(가) 사랑한다)

이와 같이 문중의 요소를 주제격으로 앞에 내세우는 작용을 주제화라고 한다. 초기 변형문법의 주제화의 규칙은 다음과 같은 것이었다.

(133) 1. SD : A — B — C

2. SC : 1 2 3 ⇒

3 2 1

여기서 SD는 구조기술(Structural Description), SC는 구조변화(Structural Change)를 나타낸다. SD는 기저구조, SC는 변형규칙 적용과 파생구조를 나타낸다고 이해하면 된다.

(134) 1. John saw Mary yesterday.

2. Mary, John saw ____ yesterday.

이동변형 후 선두 NP는 문중의 빈자리(흔적 t로 표시되기도)와는 결속관계 다른 말로 연결고리 관계가 되어 주제화(화제화)의 의미해석이 주어진다.

주제요소의 위치는 C의 상대항 곧 CP의 지정어(WH-이동의 착지점)위치다. 이와 별개의 TOP 절점을 설정하기도 하는데, 그 TOP 절점은 필자식이라면 발제의 자리에 상당할 것이다. 여기서 '花子は太郎が愛する'의 문의 생성경로를 생각하면 (135) 1.의 기저문에서 2.처럼 문중의 요소가 문두에 이동하여 생성하는 경로가 있고 다음의 3.이 본래의 기저문으로 생각되기도 한다.

(135) 1. 太郎が花子を愛する。

2. 花子は太郎が t 愛する。 (유표의 문두주제화)

이 경우 花子는 내세움, 강조, 대비의 의미가 더 있다.

3. 花子は太郎が愛する。

선행화맥(문맥)에 언급된 花子가 시발구조의 발제 자리에 기저생성되고(구정보 제공) 그 의미해석은 다음과 같이 t 자리에 그림자로 복사하도록 해서,

(136) 花子は太郎が t 愛する。

결속관계를 이룬다고 보는 것이다(무표의 문두주제).

그럼 2.와 3.의 구별은 어떻게 알 수 있을까? 선행문맥(화맥)과의 연결 여부에 있다고 할 수 있다. 그러한 연결이 없다면 일반적인 1.의 기저문에서 주제화가 된 것으로 볼 수 있다. 이제 주제문과 관련되는 예로서 거례되는 다음 문들의 생성기제를 보기로 한다.

(137) 1. 象が鼻が長い。(코끼리가 코가 길다)
2. 象が鼻は長い。(코끼리가 코는 길다)
3. 象は鼻は長い。(코끼리는 코는 길다)
4. 象は鼻が長い。(코끼리는 코가 길다)
5. *鼻が象が長い。(*코가 코끼리가 길다)
6. ??鼻が象は長い。(??코가 코끼리는 길다)
7. *鼻は象は長い。(*코는 코끼리는 길다)
8. 鼻は象が長い。(코는 코끼리가 길다)

5.를 제외한 형성기제는 다음으로 본다. 5.가 비문인 것은 주어로 쓰이는 동일 주격의 연속은 밀접 불가분한 상위어-하위어의 관계라야 하기 때문이다. 6., 7.도 아무리 대비적으로 쓰였다 하더라도 기저에서 상하위 관계 그리고 서술어와의 의미관계가 역이 되어 매우 어색한 문이다.

(138) 1. 2.

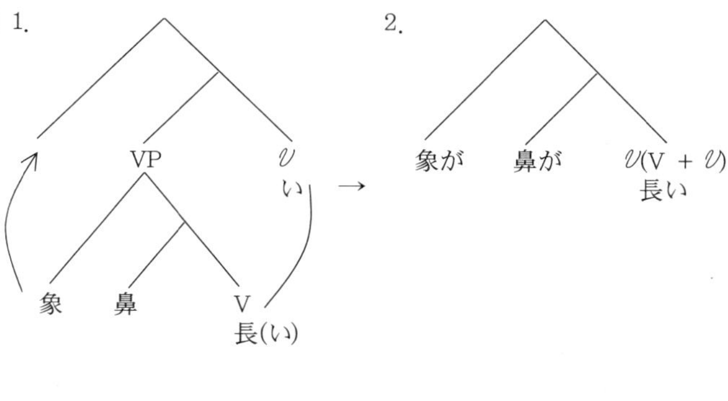

VP가 3층으로 되어 있는 것은 밀접불가분의 상위어 – 하위어가 연속화 되었기 때문이다. '象の鼻が'처럼 선행 NP의 속격화가 되기도 한다. 한편, V + v의 병합으로 VP 절점이 제거된다.

'長い'의 서술어의 주어로서 의미상으로 직결되는 것은 '鼻'이다. 이를 θ–주어라고 할 수 있다. 직결되지 않는 '象'는 θ'–주어라고 할 수 있다.

(139)

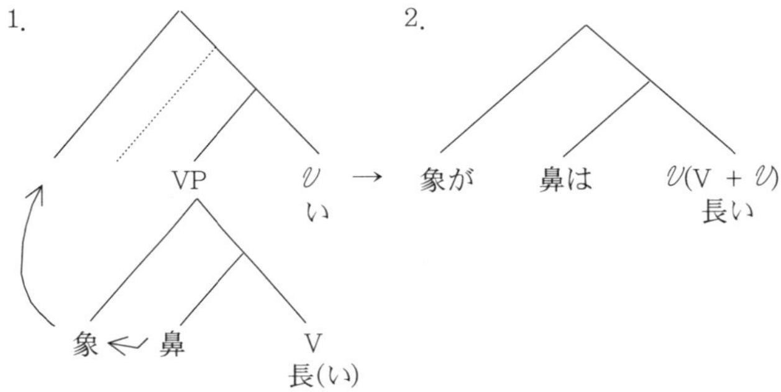

'象'는 주어자리에 '鼻'는 보다 상위자리 곧 VP의 상위 아니면 v의 상위(…부분)자리에서 주체화한다(유표의 문내주제).

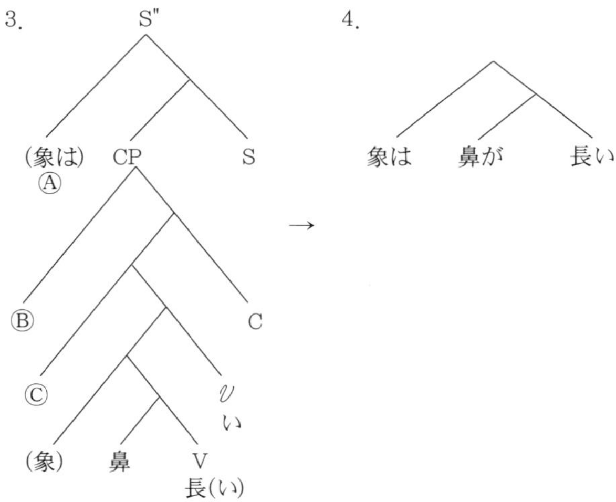

(137) 3.– 4.의 문에서 '鼻は'는 대비 또는 강조되는 유표의 문내주제다. '象は'는 Ⓐ에서 기저생성되는 경우(무표의 문두주제)와 Ⓐ에 이미 다른 요소가 있다면 Ⓑ로 이동되어 오는(유표의 문내주어) 두 가지가 있다. '鼻は'는 문내에서 주제화되는 것으로 '象'의 위치에 따라 Ⓑ가 비어 있을 때 Ⓑ의 자리(또는 그 아래의 부가자리로)가 될 것이다. '鼻が'는 Ⓒ의 주격자리다.

(140)
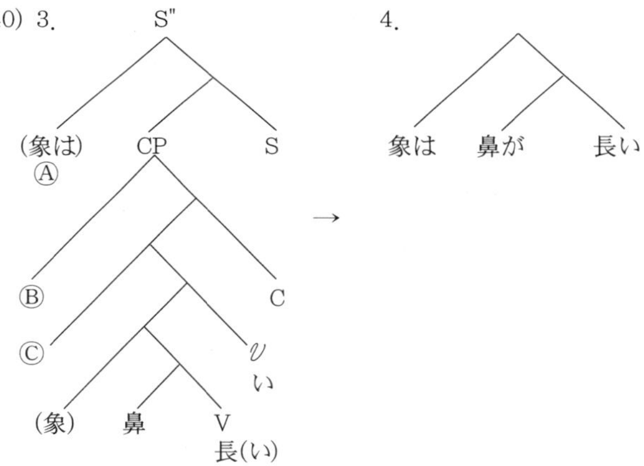

(141)
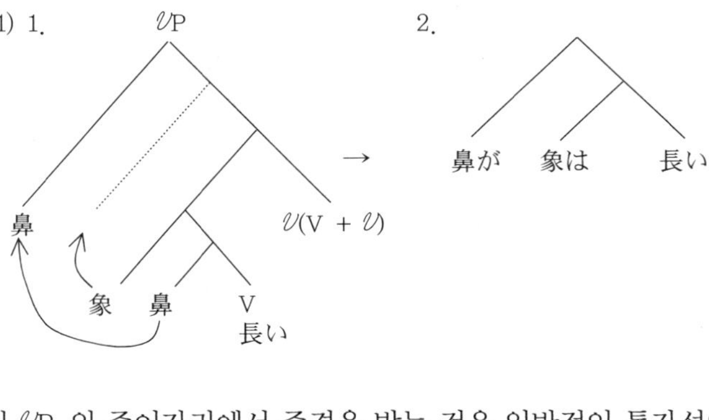

'鼻'가 𝓋P 의 주어자리에서 주격을 받는 것은 일반적인 통사적인 연산이나, '象'가 의미격을 받는 것은 유별한 일이다. 그래서 (137) 6.처럼 어색할 수 있다. 부가어(象には)처럼 부가되었거나 다음 기저문에서,

(142) 象(に)は鼻が長い。

鼻が 뒤섞기(어순재배열, Scrambling)한 것으로 볼 수 있다. 이때의 '象(に)は'가 문중의 어느 자리에 기저생성되었는가가 문제다. 왜냐하면 鼻가 그 앞으로 Scrambling 할 수 있는 적절한 자리가 찾아보기 어렵기 때문이다. 그렇다면 '鼻'가 발제 자리에 기저생성되었다고 볼 수 있다. 선행화맥에서 신정보로 요구되었다고 볼 수 있다. 혹은 '鼻が長い'의 기저문 안에 '象は'가 의미격으로 부가되었다고 보는 것인데 그러한 운용이 용인되는가가 문제다. 그에 따라 정문 여부가 갈리고 있는지도 모른다. 그런 면에서 (137)의 7.도 6.에 맞추어 '鼻が長い' 혹은 '鼻は長い'의 기저문에서 '象は'가 그 안에 부가된 것으로 볼 수도 있다. 이 문이 용인된다면 '코'에 관해서는 다른 것은 몰라도 코끼리(만)는 길다와 같은 대비적으로 쓰인 것이 된다.

(137)의 8.은 간단하게 풀이된다. (137) 1.의 문에서 '鼻'가 주제화되었거나, 또는 '鼻は'가 선행문맥(화맥)을 이어받아서 기저적으로 문두에 생성되었거나이다. 이상과 같이 주제의 생성에도 여러 경로(기저생성/주제화)가 있고 여러 위치(문두/문내)가 있고 서술어하고의 여러 관계(θ-주제/θ'-주제)가 있음을 보았다. 한 마디로 문두의 は격은 기저생성의 주제격, 문중의 は격은 ∅격 명사의 주제화된 준주제격 아니면 부가된 의미격이다.

이러한 주제격의 'は'의 의미·용법으로 1) 주제, 2) 대조, 3) 초점으로 간추릴 수 있다. 대개 문두에서 기저생성되는 무표의 주제(주제격)는 주제와 대조의 일을, 문중에서 주제화되는 유표의 주제는 대조와 초점의 일을 한다. 기저생성 혹은 주제화된 주제는 구정보가 되고 그 서술부분은 신정보가 된다.

참고로 다중상대항(외항/지정어)과 θ-주어/주제, θ'-주어/주제에 대해 다용되는 예문을 가지고 예시해 두고자 한다.

(143) 文明国家が男性が平均寿命が長い。

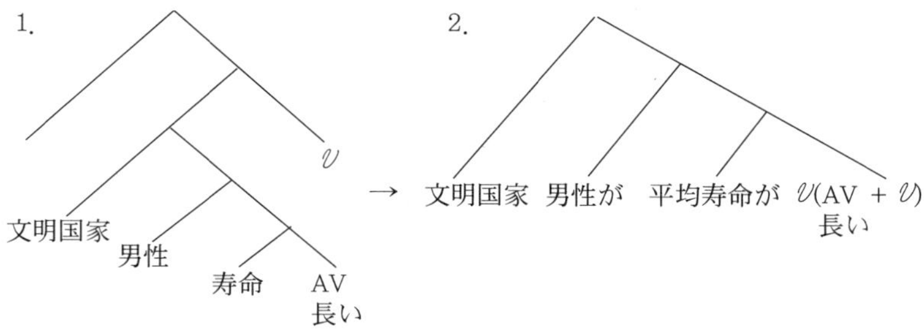

다중 상대항은 상위어 – 하위어의 순으로 밀접불가분의 관계(소속, 소유, 유속 등) NP(DP)가 배열된다. 기저에서 파생(핵문)하는데 형용사'長い'와 의미적으로 직결되는 것은 平均寿命(θ–주어)이고 나머지는 직결되지 않는다(θ'–주어). 1.의 NP들이 상하위어가 아닌 병렬관계라면 다음의 형상과도 같을 것이다.

(144)

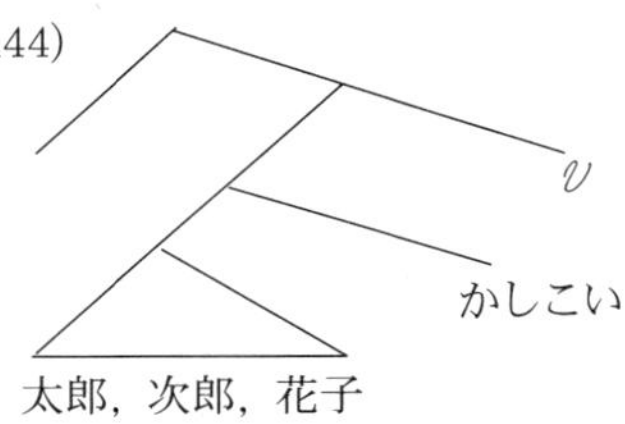

(145) 文明国家の男性が平均寿命が長い。

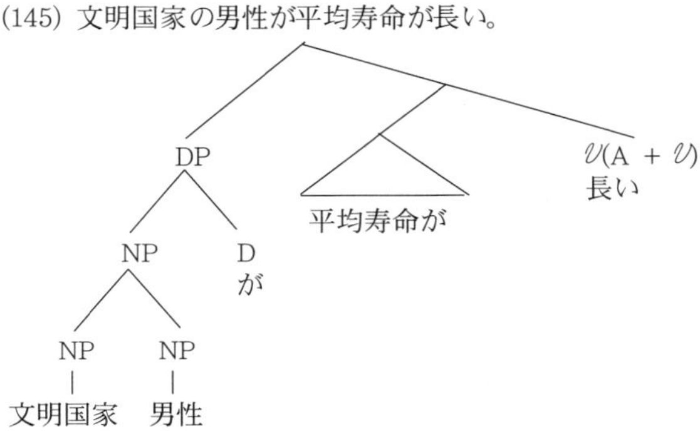

(146) 文明国家の男性の平均寿命が長い。

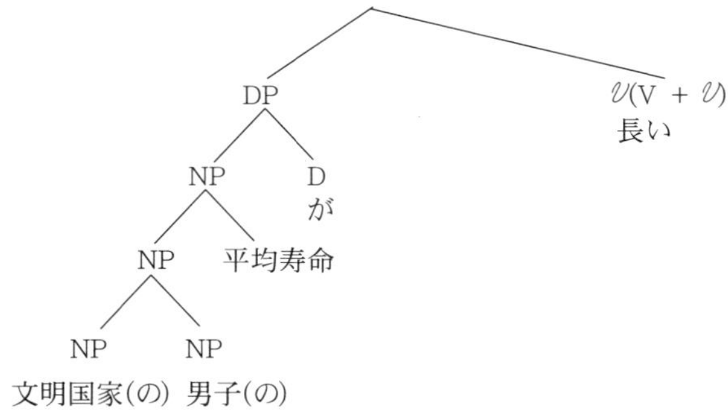

주제화(선두어는 기저생성의 경우도 있다)가 되는 경우는 앞의 예문에서 제일 먼저 나오는 주제격 NP(DP)만이 가능하다.

(147) 1. 文明国家は男性が平均寿命が長い。
2. 文明国家の男性は平均寿命が長い。
3. 文明国家の男性の平均寿命は長い。

1.은 (146)의 수형도에서는 맨 앞의 NP가 주제화의 자리로, 2.는 NP 병열체 전체가 주제화의 자리로 3.은 DP 전체가 주제화의 자리로 옮긴 것이 된다. 따라서 1.에서의 의미역(θ)-주제인 '平均寿命'은 단독으로 주제화의 자리로 이동하든지(문두주제) 그 자리에서 주제화(문내주제)될 수 있다. 서술어와 의미상 직결되기 때문에 θ-주제인 것이고 3.에서 보이는 DP 전체가 주제화되면 그 전체가 θ-주제라고 할 수 있다. 이에 대해 1., 2.의 주체는 θ'-주제가 된다. 여기서의 논의는 (144) - (146)을 기저로 했을 때의 것이고, (147)의 1.-3.의 'は'는 기저적인 주제격으로 볼 수 있다.

결속과 관련된 구문 결속(Binding)이란 두 개의 DP 사이에 의존관계와 동일지시(Coreference)관계가 성립하는 것인데, 그 중 하나의 DP는 결속하는 DP 곧 결속어 혹은 결속자(Binder), 선행사가 되고 다른 하나의 DP는 결속을 받는 DP 곧 피결속어(Bindee)가 된다. 여기서의 DP는 영어같이 격이 추상격으로 나타나는 경우는 NP나 마찬가지다. 간단하게 NP로 쓰는 경우가 많다. 문중에서 동일지시관계를 나타내는 동일지표(Co-Index)가 쓰이는 경우로서는,

(148) 1. α-이동의 경우 이동의 요소와 원 위치의 흔적 사이.

花子$_i$を太郎が t_i 愛した。

2. 양화사나 WH-구의 이동의 경우 그것과 원 위치의 변항과의 사이. 연산자(演算子, Operator)인 의문사구(WH-구)에 의해 결속되는 변항(変項, Variable)으로 해석된다. 따라서 여기서의 t는 1.에서의 NP흔적인 t와는 다르다. What$_i$ do you want t_i.

영어에서는 WH-구가 필수적으로 이동하나 한국어나 일본어는 임의적으로 이동한다.

3. 보문주어 PRO와 선행사(통제사)와의 사이.

a. 太郎は花子$_i$ に[PRO$_i$ 米国(べいこく)に留学(りゅうがく)するように] 勧(すす)めた。

b. 太郎$_i$は花子に [PRO$_i$ 米国に留学すると] 話(はな)した。

4. 문중에 두 NP사이에 동일지시(동일인물) 관계가 있을 때.

太郎$_i$は自分$_i$を愛(あい)する。

등등이다. 여기서는 마지막의 경우에 대하여 언급하고자 한다.

NP에는 1) 그 자체 고유의 지시성이 있거나 지시성을 가질 수 있는 것이 있고, 2) 고유의 지시성은 없고 선행사가 존재하여서 비로소 지시성을 특징짓는 것이 있다.

1)은 지시적 표현(Refering-Expression, R-표현)이라고 하는데 여기에는

a) 고유명사처럼 그 자체 지시성이 있는 것(太郎, 東京…)과 b) 보통명사처럼 지시성을 가질 수 있는 것(人間, 地方…)이 있다.

2)에는 대명사(Pronoun)와 조응사(Anaphora)가 있고, 조응사에 재귀대명사(Reflexive Pronoun)(自分, 自分自身)와 상호(相互)대명사(Reciprocal)가 있다.

(149) 명사구 ┌ 1. 지시적 표현(고유명사/보통명사)
└ 2. 대명사
조응사(재귀대명사/상호대명사)

NP를 피결속 여부에 따르는 [±Anaphor, ±a], 대명사성 여부에 따르는 [±Pronominal, ±P]의 2항 대립자질에 따라 분류하면 다음과 같다. 이는 음형을 갖지 않는 경우의 유형 곧 공범주 유형의 분류에도 적용된다.

(150)

		음형을 갖춘 것	음형을 안 갖춘 것	
−조응형 [−a]	+대명사성 [+p]	대명사 [−a, +p]	pro	
	−대명사성 [−p]	지시적표현(R−표현) 외현적 DP [−a, −p]	WH − 흔적 (변항)	
+조응형 [+a]	+대명사성 [+p]		PRO 대명사적 조응형	[+a, +p]의 외현적 DP는 없다
	−대명사성 [−p]	조응사 [+a, −P] (재귀대명사, 상호사)	NP − 흔적	

PRO와 NP−t는 무형적 조응사가 된다.

이상의 분류는 영어에 입각한 편의적인 자질 조합에 의한 것으로 절대적인 기준이 못 된다. pro에도 [+a]의 자질이, PRO에도 경우에 따라 [−a], [−p]의 자질이 있기도 한다고 한다.

일본어의 自分(한국어의 '자기')은 앞의 표의 [+a, −p]의 자리에 들어갈 듯하지만, 거기에는 반드시 결속되어야 하는 자질 표시가 안 되어 있다는 점에서(한국어의 '자기'는 2인칭 대명사로 쓰이므로 사정이 좀 다르다) 위치할 곳이 없다고(Nakamura 1989:209)한다. 그리고 Fukui와 Ueda가 '自分'을 [+p, +b(b = bound)]의 결속대명사로 분석하는데 대해, Nakamura(1989:225)는 [+p]를 빼고(대명사성은 있기도 하고 없기도 해서) [+b]만을 갖는 것으로 한다.

필자로는 동일지시관계의 R−표현과 조응사는 동일 속성에서의 음형의 차이뿐이라고 생각하고 있다. 곧 VP 내의 R−표현이 $\mathcal{V}_1$ 내지 $\mathcal{V}_2$…의 주어로 복사되어 내부 병합될 때 t 대신에 [+b]자질과 이에 수반한 음자질을 남긴 것으로 보고 있다.

이하에서는 이와는 다른 종전의 이론을 보기로 한다.

(151) 1. 太郎は 花子を 憎む。(태랑은 화자를 미워한다)

2. *太郎$_i$は 彼$_i$を 憎む。(*태랑$_i$은 그$_i$를 미워한다)

3. 太郎$_i$は 彼$_j$を 憎む。(태랑$_i$은 그$_j$를 미워한다)

4. 太郎$_i$は 自分$_i$を 憎む。(태랑은 자기를 미워한다)

1.에서 R−표현(花子)은 선행사(太郎)에 결속되는 일은 없고 2.에서 대명사는 최소의 문 안에서 결속되어서는 안 된다는 것이다. 3.에서처럼 太郎 아닌 다른 사람을 지시할 때는 정문이다. 4.에서 재귀대명사(조응사)는 최소의 문 내에서 결속되어야 한다는 것이다. 여기서 결속(Binding)이란 a) α(선행사, 결속어)와 β(피결속어)가 동일지시관계가 있고, b) α가 β를 c−통어하는 관계에 있는 것으로 정의된다.

여기서 다음과 같은 결속조건(Binding Condition)이 지어진다.

(152) 결속조건

A : 조응사(재귀대명사, 상호사)는 어느 영역(지배범주, 결속영역(Binding Domain)) 안에서 결속되어야 한다. (앞의 4.의 예)

B : 대명사는 어느 영역 안에서 결속되어서는 안 된다. (앞의 2.의 경우)

C : 지시적 표현은 결속되지 않는다. (앞의 1.의 경우)

앞에서 α와 β가 결속되는 영역에 대하여는 어느 영역이라고 하였지만, 지배범주, 결속영역, 국소영역, 기능복합체 등 여러 가지 말이 사용되어 왔다. Chomsky(1981: 188)에서는 지배범주(Governing Category)를 다음과 같이 정의하고 있다.

(153) 지배범주

a) α는 NP 아니면 S이고,

b) α가 β와 β의 지배자를 포함하는 최소의 범주일 때 α는 β에 대한 지배범주가 된다.

a)에서 지배범주가 NP의 경우는 [$_{NP}$ 太郎の自分の誇(ほこ)り](태랑 자신의 긍지), S의 경우는 [太郎は自分(じぶん)を誇(ほこ)る](태랑은 자기를 뽐내다)와 같은 경우다. b)에서 α는 太郎, β는 自分, β의 지배자는 동사이다. 이 세 가지를 포함하는 최소의 NP 또는 S가 지배범주이다. 그 안에 조응사 '自分'은 있을 수 있으나 ((151)의 4.의 경우) 대명사 '彼(かれ)'는 있을 수 없다((151)의 2.의 경우)는 것이다. 다음과 같은 경우,

(154) 1. 太郎が自分(じぶん)を誇(ほこ)る。(태랑은 자기를 뽐낸다)

2. *太郎$_i$の弟(おとうと)が自分$_i$を誇る。(*태랑$_i$의 동생이 자기$_i$를 뽐낸다)

3. 太郎の弟$_i$が自分$_i$を誇る。(태랑의 동생$_i$이 자기$_i$를 뽐낸다)

3. 에서는 '自分'의 앞에 '太郎'와 '弟'의 선행사가 두 개 있다. 조응사(自分)에 가까운 것은 '弟'이다. 이때 '弟'가 '自分'을 국소적으로 결속한다고 한다(국소영역).

(155) 太郎$_i$は [花子$_j$が自分$_{i/j}$をほめた] 時びっくりした。
(태랑은 화자$_i$가 자기$_{i/j}$를 칭찬했을 때 놀랐다)

[ ]부분은 주어를 포함하여 보어부(목적어)가 포함되어 있다. 곧 동사를 핵으로 하는 완전기능복합체(Complete Functiunal Complex, CFC)이다. 이러한 문만 아니라 주어를 지닌 NP(花子の自分の誇り)도 CFC이다.

(155)에서 '自分'은 CFC 내에 있으므로 주어 '花子'에만 결속되어야 하는데 그 밖의 '太郎'와도 결속되는 것으로 보아진다. CFC 내에서 결속되는 것은 당연히 정문인데 그 밖의 요소와도 결속된다는 것이 문제된다. 해석에 따라 그리고 동사의 뜻에 따라 단거리 결속(Short Distance Binding) (j－j지표)만 아니라 장거리결속(Long Distance Binding)(i－i지표)도 가능할 수 있는 일로서 이 경우는 의미해석부(LF)에서 다음처럼 '自分'가 太郎에 다가가는 것으로 가정한다(LF－이동).

(156) 太郎$_i$は [自分$_i$を花子が t_i ほめた] 時びっくりした。

이 문은 조응사의 Scrambling으로 현실적(외현적)으로도 가능한 일이다. 앞의 (155)의 예문을 가지고 i－i 결속만을 말한다면 외현적으로 이동하지 않았지만, LF에서는 (156)처럼 내면적(내현적)으로 이동한 것으로 해석되는 것이다. 이와 같이 조응사를 주어가 c－통어하는 위치로 LF인상(이동)한다는 아이디어는 이미 Chomsky(1989:175)에서 보여주었다.

(157) 太郎$_i$が花子に [[次郎$_j$が自分$_{i/j}$の弟をしかった] と] 言った。

여기서 만일 '太郎'하고 '自分'이 결속(i－i지표)된다면 自分의 문주어에의 국소적인 다가섬은 문과 절 그리고 NP경계를 넘어서는 것이 되며(하위인접(약해서 하접)조건(Subjacency Condition) 위반) 종전의 이론으로는 대처하기 어려운 것이다.

그리고 일본어의 또 하나의 조응사 '自分自身'은 반드시 절내(최소의 문)의 선행사에만 결속이 이루어지며 앞에서의 自分의 경우처럼 최소의 문 밖의 선행사에 결속되는 일은 없다.

(158) 1. 太郎$_{i}$は [花子$_{j}$が自分$_{i/j}$をいじめている] のにびっくりした。
(태랑은 화자가 자기를 괴롭히는 것(학대하는 것)에 놀랐다)
2. 太郎$_{i}$は [花子$_{j}$が自分自信$_{*i/j}$をいじめている] のにびっくりした。

1. 에서는 自分(단형조응사)이 단거리 결속과 장거리 결속이 되는데, 2. 에서처럼 '自分自身'(장형조응사)은 단거리 결속만 가능하고 장거리 결속은 되지 아니한다. '자신'에는 '스스로/직접/자체'의 뜻이 있기에 그 형태가 부착한 '自分自身'이 근접한 주어와 결속되는 것은 당연하다.

한국어나 일본어의 조응사는 단형(自分), 장형(自分自身)이든 선행사는 일반적으로 주어이고(주어 선행사조건), 조응사가 보문 등의 하위절에 있을 때에도 단형조응사의 주어는 상위절의 주어일 수 있다(주어지향성).

이러한 주어지향성의 주어조건을 명기한 변형규칙의 간명성의 예를 재귀대명사화 규칙(柴谷 1982:284, 286)으로 예시하고자 한다.

(159) 1. 영어

NP X NP

1 2 3 → 1 2 3

[+대명사, +재귀형]

[단(i) 1과 3은 동일지시를 지닌다.
(ii) 1과 3은 동일 S 내에 있어야 한다.]

2. 일본어

NP X NP

1 2 3 → 1 2 3

≪自分≫

[단(i) 1과 3은 동일지시를 지닌다.
(ii) 1은 주어이다]

(≪ ≫표시는 특징이 주어진다는 뜻으로 쓰임)

이는 재귀대명사(조응사)는 기저생성하지 않고 변형을 통하여 대치됨을 보여주고 있다. 기저 생성의 방식과는 다르다. 그것은 R-표현이 조응화하는 방식이다.

어떻든 일본어는 영어와는 달리 선행사와 조응사는 반드시 동일절 내에 있지 않은 경우도 있다는 것과 그 대신 반드시 선행사가 주어야 된다는 것을 보여주고 있다.

조응사의 생성기제를 필자 나름대로 풀이하면

(160) 1.

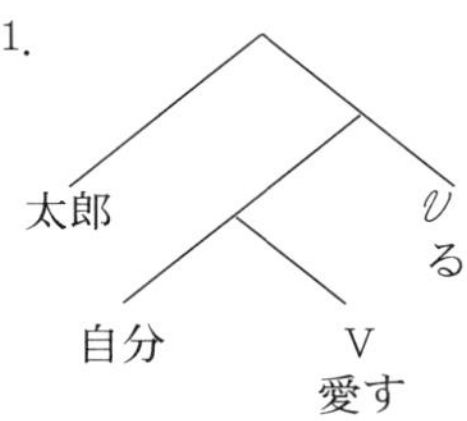

2.

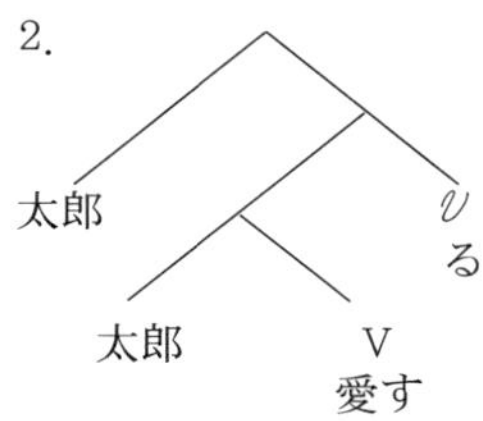

1.과 같이 조응사가 기저생성되는 경우와 2.와 같이 R-표현이 기저생성되는 경우가 있다. 여기서 우리가 알아 둘 것은 수형도 상에는 음성형식으로 나타내고 있지만 그 실상은 여러 가지 어휘자질의 복합체라는 것이다. 여기서 만일 V의 국면이 [国を愛する]이면 영어로 [love country], 한국어로 [나라/고향 사랑한다]에 상당한 것이 되는데, 그것은 어느 언어든 어휘가 지니는 자질은 공통적인데, 음성해석부(Phonetic Form, PF)에서 음성적으로 다르게 나타나게 한다는 것이다.

각 어휘항목(Lexical Item, LI)에는 음운자질, 의미자질, 형식자질의 세 가지가 있다. 통사적 운용의 중심이 되는 것은 술어핵의 일치자질, 격자질 등으로 구별된다(Chomsky 1995:277).

'太郎'은 보통명사와 마찬가지로 N자질의 형식자질을 가지나 고유명사이기 때문에 보통명사와는 약간 다른 고유의 의미자질을 갖는다.

(160) 2.에서처럼 대격의 격자질을 지닌 범주 V의 '愛す(る)'는 그 대상에 대격의 D(조사)를 갖게 할 것이다. 대격의 논항이 있으면 반드시 동작주의 주어 논항이 있어야 한다. 주격자질을 지닌 v가 상대항으로 주격의 주어를 도입한다. 대상과 동일한 어휘자질을 지닌 '太郎'이 도입되었다면 앞서의 재귀대명사화 규칙과도 같이 대상의 太郎가 自分으로 바뀐다고 가정할 수 있다. 물론 단어가 바뀌는 것이 아니라 고유명사 외의 일부 자질만 바뀌는 것이다.

이와는 반대로 V의 대상 자리의 '太郎'이 [+b]의 자질 등의 일부 자질만을 그 자리에 남기고 v의 주어자리에 이동(복사)한다고 보는 것이다(단거리 결속). 더 멀리 절(최소의 문) 밖으로 이동(복사)될 수도 있다(장거리 결속). 발제-결말의 시발구조를 가정하는 필자로서는 발제 자리에 '太郎は'가 기저생성되었다면 내려오기 식으로 [+b]자질의 복사체를 VP국면의 대상 자리에 복사할 것이고, 아니면 도출식으로 대상자리에 [+b]자질을 남기고

주어자리로 이동(복사)할 것으로 보는 것이다.

이번에는 대명사의 경우를 보이면, 대명사에는 결속조건 B가 적용된다.

(161) 1. 太郎$_i$は彼$_{*i/j}$をしかった。(태랑$_i$은 그$_{i/j}$를 꾸짖었다)

최소의 문(절)에서 대명사는 결속되는 일은 없다.

2. 彼$_i$は太郎$_{*i/j}$をしかった。(그$_i$는 태랑$_{*i/j}$을 꾸짖었다)

이들 모두 대명사는 선행사를 c-통어할 수 없음을(대명사의 C-통어조건) 보여주고 있다. 2.의 경우 (152)의 결속조건 C로 일반화된다.

(162) 太郎$_i$は [彼(かれ)$_{I/j}$の弟(おとうと)] をしかった。(태랑$_i$은 [그$_{i/j}$의 동생]을 꾸짖었다.

이때 동일지시관계가 성립하는 것은 NP구조를 별도의 영역으로 보았기 때문이다. 혹은 대명사 彼가 NP구조 안에 있어서 주어 太郎로부터 C-통어되지 않기 때문으로도 보는 것이다. 그런 영역이 제거된다면 '彼' 대명사는 결속조건 B가 적용되어 제3자를 가르치는 것이 된다.

그러나 다음을 보게 되면,

(163) 太郎$_i$は友人(ゆうじん)$_j$に [彼(かれ)$_{i/j/k}$の写真(しゃしん)]を送(おく)った。
(태랑은 친구에게 그의 사진을 보냈다)

'彼'가 선행사 모두에게 결속되는 경우(i, j지표)와 결속되지 않는 경우(k 지표)가 있음을 볼 수 있다. 이러한 데서 대명사에는 조응적인 대명사와 R-표현적 대명사가 있음을 볼 수 있다. 최소의 절에서는 R-표현적 구실(결속조건 C)을 하지만, 논항이 3개 이상의 수여동사구문이나 상위절이 있는 경우 결속영역이 확대되어 조응적 구실도 하는 것으로 볼 수 있다. 앞의 문에서 '彼'가 선행사와의 i/j지표 외에 k지표를 가지려면 선행문맥(화맥)에서 동일의 R-표현이 있음을 전제로 한다.

생성기제는 R표현적인 '彼'는 vP 내에서는 기저생성된다고 볼 수 있고 조응적인 것은 앞서 고찰한 조응사(自分)의 경우에 준하여 생각할 수 있다.

(164) 1. 太郎は友人(ゆうじん)に太郎の写真(しゃしん)を送(おく)った。
(태랑은 친구에게 태랑의 사진을 보냈다)
2. 太郎は友人に友人の写真を送った。
(태랑은 친구에게 친구의 사진을 보냈다)
3. 太郎$_i$は友人$_j$に彼$_k$の写真を送った。

1.에서는 뒤에서 太郎 → 彼/自分의 조응사화가 가능하고, 2.에서는 友人→彼의 조응사화가 가능하다. 3.에서는 '彼'는 R-표현과도 같다.

끝으로 공대명사의 경우를 보기로 한다.

한국어나 일본어는 문맥상 알 수 있는 요소를 생략하는 언어인데 그 한 예로 화자를 나타내는 1인칭 대명사와 청자를 나타내는 제2인칭 대명사가 생략되는 경우 등에 그 자리를 메꾸는 비명시적 요소를 가정하는 것이다.

(165) 1. 昨日(きのう) — 映画(えいが) 見たの (↓) (어제 영화를 보았어.)
2. 昨日 — 映画 見たの (↑) (어제 영화 보았니.)
3. うん、わたしも — 見た (↓) (응, 나도 보았다.)
4. うん — — 見たよ (↓) (응. 보았어요.)

이들 문에서 비어 있는 부분을 모두 채운다면 '나(도) 영화 보았다'가 되어 타동사의 최소한의 의미역인 동작자, 대상이 포화(방출)된다.

출신 부분처럼 의미역을 수행하는 보이지 않는 요소를 음형을 지니지 않는 대명사 곧 (제로)대명사로 채워서 논항구조의 틀을 짤 수 있다.

(166) 1. 昨日 pro 映画を見たの。(어제 pro 영화 보았다)
2. 私も pro 見たの。(나도 pro 보았다)
3. pro pro 見たの。(pro pro 보았다)

1.은 주어가, 2.는 목적어가, 3.은 주어, 목적어가 무형으로 나타난 경우다.

이러한 작은 pro에 대한 큰 PRO가 쓰이는 경우가 있다.

(167) 1. 太郎$_i$が花子に[$_{NP}$ [$_{IP}$ PRO$_i$ テニスをする] こと]を誓(ちか)った。
(태랑이 화자에게 테니스를 할 것을 맹세하였다)
2. 太郎が花子$_i$に[$_{NP}$ [$_{IP}$ PRO$_i$ テニスをする] こと]を勧(すす)めた。
(태랑이 화자에게 테니스를 할 것을 권했다)

여기서의 큰 PRO는 보문절의 주어 자리에 나타는 공대명사이다. 영어의 경우는 주어 자리는 시제를 지닌 술어에 의해 정해지는 자리(지배되는 자리)인데, 시제가 없는 보문절의 경우 술어에 지배되는 주어가 나타나지 못하기 때문에 지배되지 않는 공주어로서 곧 PRO로 나타내는 것이다(이에 대해 작은 pro는 지배되는 자리에 나타난다). 한국어나 일본어의 경우 보문의 시제절/비시제절에 구애되지 않고 주어가 나타나므로 좀 애매하지만 주어가 나타나지 않는 보문절의 빈 주어자리를 큰 PRO로 나타내고 있다.

앞에서 1.의 PRO가 주격명사 '太郎'를 받고 있어서(결속되어서/혹은 통제(Control)되어서) 주어통제구문이라고도 한다. 그래서 '태랑이 맹세하였다'는 것이 되고, 2.는 PRO가 여격명사 '花子'를 받고 있어서(결속되어서/혹은 통제되어서) 목적어통제구문이라고도 한다. 그래서 '花子에게 권하였다'는 것이 된다.

그런데 pro 주어인 경우, 이태리어 같은 언어와 영어와 같은 언어를 구별해서 생각하기도 한다. 이태리어는 인칭에 따른 동사의 활용형이 구별되어 있어서 주어를 생략해도 동사의 활용형을 미루어 그 인칭을 알 수 있다. 곧 pro　　동사(활용형)는 일치관계를 이룬다.

이에 대해 영어는 3인칭 단수 현재의 일치와 같은 빈약한 일처현상이 있을 뿐으로 동사의 활용형을 미루어 주어의 인칭을 알 수 없다(단 be동사의 경우는 예외). 그래서 주어를 생략할 수 없다.

이태리어처럼 대명사가 탈락해도 무방한 언어를 대명사 탈락(pro-drop) 언어라 하고 이에 대해 영어처럼 탈락할 수 없는 언어를 비대명사 탈락(non-pro-drop)언어라고 한다. 이 상반적인 현상을 대명사 탈락(pro-drop) 매개변항(Parameter)으로 구별짓고 있다. 대명사 탈락 언어는 제로주어(공주어, 空主語, pro)가 나타나고 비대명사 탈락언어는 제로주어가 나타날 수 없다.

앞에서 결속관계를 이루는 경우의 예시에 주어와 일치요소(AGR 또는 Tense)의 경우를 제외시켰는데, 그것은 일치소(Agreement, AGR)에 대한 견해가 여러 가지이기 때문이다. 동사의 활용형에 AGR가 있다면 한국어나 일본어에도 주어와 일치요소의 결속이 있는 것으로 생각할 수 있다. 그렇다면 이태리어는 AGR이 풍부하고 영어는 AGR이 빈약하다는 것이 된다. 한국어, 일본어, 중국어도 주어생략이 가능한 점에서 크게는 대명사탈락언어지만 AGR이 없거나(중국어), 약하면서(한국어, 일본어) 포함되는 특수한 경우가 된다.

모든 인칭에 걸치는 균일적인 굴절(활용)표(Paradigm)에서 정의하는 pro-drop 매개변항을 Jaeggil, O와 Safir, K.J(1989:29-30)에서는 형태적인 정연성으로 재해석한다.

(168) 공주어 매개변항(Null Subject Parameter)

공주어는 형태적으로 정연(整然)적인 굴절(활용)을 가진 언어 모두에, 또 그러한 언어에서만이 허용된다.

이 정의에서의 형태적 정연성은 다음과 같이 정의된다.

(169) 형태적 정연성(整然性)(Morphological Uniformity)
한 언어의 L의 굴절(활용)표(paradigm)는 그 굴절표가 오직 하나의 비파생적 굴절형태를 지니든지 파생적 굴절형태를 지니는 경우에만 형태적으로 정연하다.

그 중의 오직 하나의 비파생적 굴절형태를 지니는 언어로는 중국어(어간만 있고 어미가 없다)를 들 수 있고 파생적 굴절형태를 지니는 언어로는 이태리어를 들 수 있다. 이러한 언어에서 공주어 현상이 허용된다는 것이 된다. 한국어와 일본어는 이태리어처럼 인칭에 따른 동사의 활용이 정연하지 않으나 모든 동사는 '어간 + 어미'의 형식으로 활용한다는 점에서는 정연성을 지니는 셈이다. 영어는 모든 동사가 '어간 + 어미'로 정연하게 활용하는 것도 아니고 불규칙형도 많아 정연성이 결한다. 한국어, 일본어에서는 공주어가 허용되고 영어가 허용되지 않는 이유가 이러한 형태적 정합성 여부에 있다는 것이 된다.

제5장 어휘부

어휘항목 어휘부는 통사부에 입력되는 어휘의 저장고가 된다. 통사부에서 각 어휘항목을 통사적 대상물 곧 통사체(Syntactic Object)로서 병합의 연산에 바로 사용될 수 있도록 어휘부에 목록화하고 저장하고 있다. 하나의 어휘사전이다. 통사상의 적절한 위치에 도입(복사)되고 통사체 간의 구별을 위해 품사범주가 표시되어 있다.

그 일례로 통사부의 최초단계인 시발술어핵의 최소범주에,

(1) 1. V (통사 어근)
2. AV (형용사 어근)
3. NV(V) (경동사, する동사 어근)
4. NV(A) (형용동사 어근)
5. NV(N) (명사술어 어근) 이는 전통문법의 조동사와 관련된다.

범주표시가 주어져 있어야만 제대로 제자리를 잡고 이에 상응하는 상대방을 도입·병합하여 최대범주(부가어는 중감범주에)를 투사할 수 있다. 다만 NV(V)의 경동사는 V에 포함시키는 것이 일반적이다. 시발술어핵에 이어지는 접사핵, 핵문술어핵도 마찬가지다. 다만 이들은 통사적 위치의 표시범주로서 품사범주로서 구분할 필요가 있는가는 생각할 여지가 있다. 이들 술어핵의 상대항은 논항인 NP(DP)의 최대범주다. 이들의 최소범주 N(혹은 D)도 상대항과 거동하기 때문에 최대범주의 표시로 운용된다.

시발술어핵 자체는 단일의 요소로 된 것도 있으나 요소의 합성으로 된

것도 많다. 시발술어핵의 각 범주의 합성의 생성에 대하여는 이미 각 범주를 다룰 때 언급한 바 있다. 합성된 것이라도 통사부에 도출(복사)될 때는 하나의 범주표시된 하나의 단어로 거동한다. (1)에서의 술어핵의 범주만 보더라도 N에서 생성된 NV(V), NV(A), NV(N)을 볼 수 있다. 그 N이 거의가 한자어인 점을 고려하면 일본어도 한국어와 마찬가지로 한자어에서 유래한것이 많으니 한자어의 기반을 무시할 수 없다.

논항의 N(NP)도 단일의 요소의 것도 있고 합성의 요소의 것도 이다. 합성명사도 통사부에 도입(복사)될 때는 술어핵의 경우와 마찬가지로 하나의 범주표시된 하나의 단어로 거동한다. 논항의 NP도 한국어와 마찬가지로 한자어에서 유래한 것이 많으니 어휘항목의 습득에도 이 점을 유의할 일이다. 한국인으로서는 한자의 시각성을 살리고 한·일 한자음의 차이의 이치를 조금이라도 이해하게 된다면 그만큼 많은 일본어 어휘목록을 기억·저장할 수 있다.

그러나 D에 관한 한, 한자어하고는 큰 관련이 없다. 한국어나 일본어는 이 범주(그리고 조동사)의 기능이 중요하므로 그 용법을 잘 익힐 필요가 있다.

시발술어핵의 범주에 이어지는 접사핵의 범주도 명시될 필요가 있으나 품사범주로 따로 내세울 필요는 없을 성 싶다. 이는 전통문법의 수동, 사동의 조동사와 관련된다. 다음에 이어지는 핵문술어핵의 $\mathcal{V}$에 대해서는 특별한 품사범주 표시는 필요없다. 이는 시발술어핵(그리고 접사핵의 병합체)과 병합하는 형식적인 요소(예컨대 동사면 한국어 -ta, 일본어 -u)이기 때문이다. 다만 $\mathcal{V}$에는 필자는 시제와 상, 그리고 부정소도 함유된다고 보기 때문에 전통문법의 분류도 참조해서 이를 모두 동사나 조동사의 범주로 내세울 수 있다. 접사핵도 따로 세우지 않고 조동사의 일부 용법으로 묶으면 전통문법의 그것과도 비슷하게 된다.

하위문과 상위문을 연결하는 COMP도 통사적 위치를 표시하는 범주로는 유용하나 품사범주로는 필요없다고 생각한다. 왜냐하면 그 구실을 하는 단어는 형식명사나 용언의 접속어미인 경우가 많아서 그 범주들의 COMP적 용법으로 처리될 수 있다고 보기 때문이다.

이외의 품사범주로 표시되는 것으로는 NP와 NV(N)을 꾸미는 연체사가 있다. 기타의 부사, 접속사, 감동사는 문두, 절두, 문중에 자유롭게 나타날 수 있는 점에서 부가어로서 구실한다고 본다.

이상을 정리하면 품사범주로는 V(동사), AV(형용사), NV(A)(형용동사), NV(N)(명사술어), N(명사), D(조사), PN(전치사), Adv.(부사), Conj(접속사), Ex(감탄사), Aux(조동사)이다. 전통문법의 그것과 큰 차이가 없다. NV(N)만이 다를 뿐이다.

여기서 형용동사 (NV(A))를 형용사에 포함시키면 시발술어핵은 V, A(V), NV로 간략화 할 수 있다(그리고 시발핵 층위표시는 V하나로 간략화 할 수 있다).

명사를 전통문법에서 명사, 대명사, 수사의 세 가지로 나누기도 하는데 내부적으로 구별되는 것으로 한다.

이상의 품사범주는 통사적 자질이며 그것이 표시된 어휘항목은 통사구조상의 적절한 위치에 도입(복사)된다. 잘못되면 애초부터 병합의 연산이 이루어지지 않으며 잘못 진행하다가도 결국은 파탄(Crash)에 이른다. 그리고 술어핵에는 통사적 자질인 격자질을 지닌다. V에는 대격자질이 있어서 상대항에 대격의 NP를 도입하고 A(V)에는 목적어주격자질이 있어서 상대항에 목적어주격자질의 NP를 도입한다. 만일에 V의 상대항에 주격을 요하는 NP가 온다면 격의 일치를 이룰 수 없기에 주격자질을 지닌 *v*의 상대항자리로 이동하게 된다. A(V)도 마찬가지로 상대항에 주격자질을 요하는 NP가 온다면 *v*의 상대항자리로 이동하게 된다. 그리고 술어핵과 상대항의 병합에는 상호간의 내재적인 의미자질도 합치해야 한다. '食(た)べる'(먹는

다)의 V에는 먹을 수 있는 음식물이 대상으로 나와야지 비유나 과장적인 표현이 아닐 바엔 그렇지 않은 NP가 온다면 결국은 파탄에 이를 것이다. 그러므로 어휘항목에는 의미자질이 표시되고 그것은 항목의 선택에 유용하게 쓰인다. V의 상대항에는 대상의 θ-역할을 맡은(그러한 의미자질을 지닌) NP가 와야 한다. 만일 V의 상대항에 동작주의 θ-역할의 NP가 온다면 그것은 𝓋의 상대항이므로 주어의 자리로 가야하고, A(V)의 상대항에 경험주(동작주는 오지 않는다)의 θ-역할의 NP가 온다면 역시 𝓋의 상대항의 주어자리로 가야 한다. 이와 같이 문법기능에 상응한 θ-역할을 나타내는 위치를 의미역 위치(θ-Position)라고 한다.

(2) 1.

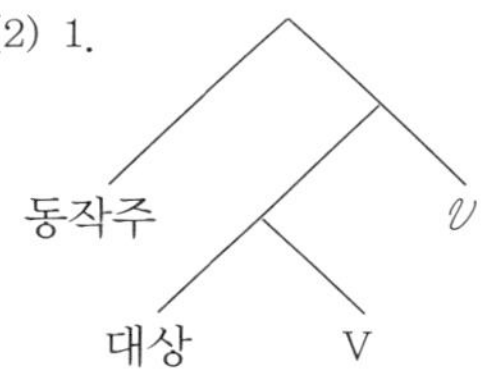

2.

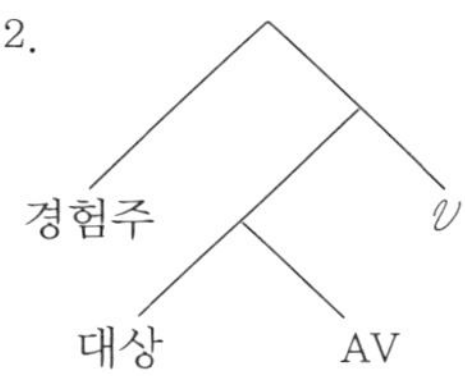

이를 보아서는 의미역 위치는 고정되어 있는 것 같이 보인다. 고정된 것으로 보는 것을 의미역부여 일률성가설(Uniformity of Theta Assignment Hypothesi, UTAH)라고 한다. 그러나 어휘항목에 따라서는 θ-역할이 다양하여 고정적일 수 없다고 보고 있다. 예컨대 경험주를 취하는 술어의 의미역 계층(θ-Hierarchy)은 원인 〉 경험주 〉 목표/대상으로 보는데, 원인과 경험주가 함께 나오는 경우와 경험주와 목표를 함께 나오는 경우의 계층은 달라지게 된다.

그리고 어휘항목에 또 하나의 음운자질이 명시되고 있다. 이러한 통사적, 의미적, 음운적 자질은 보편적 특성을 지니며 의미자질과 음운자질의 연합의 자의성으로 각 개별언어의 음형이 이루어진다. 예를 들면 의미자질 [MOTHER]은 현대어에서는 한국어는 음운자질 [əməni], 일본어는 [haha]와 연합한다. 오래전에는 한국어 [əmani], 일본어 [əmə]와 같이 비슷하였다. 의미와 음성의 연합이 임의적인데도 두 언어 사이에 그 유사성이 보인다면 동계언어의 증표가 된다.(보주(補注) 10.(p.631))

통사적 자질(하나의 품사자질)도 개별언어에 따라 품사분류가 다르다면 그것은 개별언어의 특성이다(음운·의미자질은 졸저 1983, 1987 참조).

어형성규칙 어휘부의 기능은 단순히 어휘의 집합체를 목록으로서 보관하고 통사부에 출력시키는 일만은 아니다. 어휘부 내에서 어휘를 만들어내는 구실도 한다. 어휘의 수요에 충당하고 어휘표현의 다양화를 위해 파생어를 만들고 복합어를 만들어낸다.

파생어는 어떤 실사에 접사를 앞뒤에 붙여서 만들어내고, 복합어는 실사와 실사를 합쳐서 만들어낸다. 실사(実辞, Substantive)는, 어근(Root)은 R로 단어(Word)는 W로 나누어 표기하고, 접두사(Prefix)는 pre로, 접미사(Suffix)는 suf로 표기해서 어형성규칙을 형식화하면, (범주표시는 접사면 소자로([v]면 동사성접사) 실사는 대자로 나타냄)

(3) 1. W/R[N] − suf[V] → W[V]　　運動する(운동하다), 春めく(봄다워지다)

2. W/R(N) − suf(V) → W[V]　　寒がる(추워하다)

3. pre − W[V] → W[V]　　さまよう(헤메다)

4. W/R[N] − suf[A] → W[A]　　男らしい(남자답다), 読みがたい(읽기 어렵다)

5. W[N] − suf[NV(A)] → W[NV(A)]　　健康だ(건강하다)

6. W[N] − suf[NV(N)] → W[NV(N)]　　健康だ(건강이다)

어휘부에서의 술어핵의 파생을 통한 일부 어례의 어형성은 단어/어간에 접두사 또는 접미사가 부가한 예인데, 형성된 어의 범주는 후접의 요소의 범주성에 결정되고 있다. 의미적으로는 [A] + [B] → [AB]의 합성성원리 (Compositionality Principle)에 따르고 있다.

수형도를 보이면,

(4)

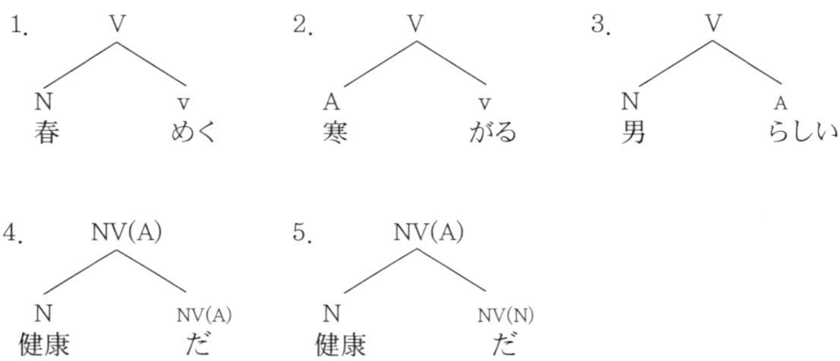

이들 수형도가 통사부의 그것과 다른 점은 상위범주가 최소범주로 되어 있다는 것이다. 그리고 핵에 상당하는 범주는 소자로 표시된 V(동사성접사), A(형용사성접사)…로 되어 있다. 이에 대해 통사부의 투사체는 최소범주가 핵 자리에 있고 상위범주는 최대범주로 되어 있다.

앞서의 합성어 파생규칙에서 생각해 볼 것은 W와 R의 구별이 필요한가이다. 앞에서는 명사의 경우는 W로, 어간과 활용형(연용형)의 경우는 R로 구별하였지만 명사도 R에 포괄할 수 있다고 본다. 명사는 그 자체 자립형식으로 단독으로 단어가 될 수 있으나, 명사 자체만 가지고는 통사체의 구실을 못한다. D의 받침이 있어야 한다든지 명사술어인 경우는 접사의 뒷받침이 있어야 한다든지 하는 것을 보면 규칙적용에 있어서 R와도 같다고 할 수 있다. R에서 어근 외에 연용형의 활용형이 포함되는 것은 연용형이 명사성을 띠고 있어서 그렇다. 그리고 후행의 요소의 범주성이 합성어의 범주성을 결정한다는 점도 고려해서 다음과 같이 정리해 볼 수 있다. 이와 대비적으로 복합어로 구별하고 형성규칙도 제시해 본다. 필자는 접사파생어는 파생어, R + R의 복합은 복합어 이 두 가지를 합쳐서 합성어라는 말을 쓰고 있다(다만 동사의 연용형과 형용사, 형용동사의 어간 R이 후행요소일 때 N 범주로 간주되어 형성된 품사범주는 N 범주가 된다).

(5) 1. 파생어 형성규칙

$[_{x}\ R] + [_{y}\ suf] \rightarrow [_{y}\ W]$

$[_{x}\ pre] + [_{y}\ R] \rightarrow [_{y}\ W]$

2. 복합어 형성규칙

$[_{x}\ R] + [_{y}\ R] \rightarrow [_{y}\ W]$

$[_{x}\ R] + [_{y}\ W] \rightarrow [_{y}\ W]$

동사의 연용형(명사형)과 형용사(그리고 형용동사)의 어간이 복합어의 전항으로 나오는 경우와 후항으로 나오는 경우로 구별하였다. 전항에서는 본래의 범주표시로 후항에서는 N의 표시로 하였다(괄호로 원 품사표시). 복합명사 형성의 핵 구실을 하기 때문이다. 복합명사의 예를 보이면,

(6) 1. $[_{N}\ R] + [_{N}\ R] \rightarrow [_{N}\ W]$ 手心(てごころ)(적절한 처리)

2. $[_{A}\ R] + [_{N}\ R] \rightarrow [_{N}\ W]$ 白雲(しらくも)(흰 구름)

3. $[_{V}\ R] + [N\ R] \rightarrow [_{N}\ W]$ 着物(きもの)(옷)

4. $[_{N}\ R] + [_{N}\ R(A)] \rightarrow [_{N}\ W]$ 気短(きみじか)(조급한)

5. $[_{Adv}\ R] + [_{N}\ R] \rightarrow [_{N}\ W]$ 又従弟(またいとこ)(6촌)

6. $[_{Nv(A)}\ R] + [_{N}\ R] \rightarrow [_{N}\ W]$ やっかい者(もの)(귀찮은 사람)

7. $[_{N}\ R] + [_{N}\ R(V)] \rightarrow [_{N}\ W]$ 花見(はなみ)(꽃구경)

8. $[_{A}\ R] + [_{N}\ R(A)] \rightarrow [_{N}\ W]$ 白黒(しろくろ)(흑백)

9. [$_A$ R] + [$_N$ R(V)] → [N W] 大笑い(크게 웃음)

10. [$_V$ R] + [N R(A)] → [$_N$ W] かせぎ高(수입액)

11. [$_V$ R] + [$_N$ R(V)] → [$_N$ W] 受取(수령)

12. [$_{NV(A)}$ R] + [$_N$ R(NV(A))] → [$_N$ W] すききらい(좋아함과 싫어함, 가림)

13. [$_N$ R] × [$_D$ R] × [$_N$ R] → [$_N$ W] 奥の手(비법)

14. [$_N$ R] × [$_N$ R] → [$_N$ W] 春秋(춘추)

cf. [$_N$ R] + [$_N$ R] → [$_N$ W] 春秋(봄과 가을)

R×R의 표시는 두 요소의 융합을 나타낸다. 앞의 '春秋'의 예에서 의미의 합성은 '봄과 가을', 융합의 경우는 봄도 가을도 아닌 '나이' 또는 '세월'의 뜻이다.

복합동사의 예를 보이면,

(7) 1. [$_N$ R] + [$_V$ R] → [$_V$ W] 先立つ(앞장서간)

2. [$_A$ R] + [$_V$ R] → [$_V$ W] 近よる(다가가다)

3. [$_V$ R] + [$_V$ R] → [$_V$ W] 起き上がる(일어서다)

[$_V$ R] + [$_V$ R]형을 V－V 복합동사라 해서 이를 V_1－V_2로 나누어 생각하는 처지도 있다. 그것은 V_1－V_2복합동사가 하나의 동사로서 술어핵 자리에 도출하는 것이 있고, V_1는 술어핵 자리에 V_2는 다른 술어핵 자리, 예컨대 $\mathscr{V}$핵 자리에 도출하는 것이 있다고 보는 것이다.

V_1 － V_2가 하나의 술어핵으로 도출되는 경우는 이미 어휘부에서 하나의 동사로 형성된 것이므로 어휘적 복합동사로, V_1－V_2가 각각 다른 자리에 도출되는 경우는 어휘부에서는 개별적이었으나 통사부에서 합쳐지는 것이므로 통사적 복합동사라고 부르기도 한다(影山 1993:75).

전자의 '考え付く'(생각해내다)와 후자의 '考え始める'(생각하기 시작하다)를 대조해보면, 전자에 비해 후자가 생산성이 높은 것은 틀림없고 더욱이 후자는 시작상과 같은 Aspect와 관련되는 점은 있다. 이들에게 경어의 접두사나 대용형(代用形)이 쓰이는 경우를 보면,

(8) 1. お考え付きましたか。Aもそれに考え付いた様子だがBもそのような様子だ。(A도 그것에 생각이 난 모양이지만 B도 그런 모양이다)

2. お考え始めましたか。Aがそれを考え始めた様子でBもそうなさった様子です。(A가 그것을 생각하기 시작하신 모양으로 B도 그러시는 모양입니다)

여기 예문이나 대역이 어색하지 않으면 $V_1 - V_2$의 생성의 층위가 서로 다르지 않다고 생각된다. 물론 1., 2.의 두 동사는 의미가 다르고 논항구조도 약간 차이가 있어서 통사상의 거동이 다르게 나타날 수는 있다. 곧 1.의 동사에는 대상의 구조격 이외에 원인/목표 등의 의미격이 쓰인다고 보아진다. 2.에 보이는 시작상은 1.에도 부칠 수 있다. 그리고 1., 2. 모두 현재 진행상의 상인 'ている'를 붙일 수 있다.

1. ~を/に 考え付く 考えつき始める 考えつき始めている
2. ~を 考え始める 考え始めている

필자의 생각으로는 '考え(-て)見た'와 같이 형태적으로 분리되는 경우는 통사상의 운용의 문제로 보지만 V(연용형, R) - V(W)는 밀착된 한 단어로 한 층위에서 거동한다고 보고 싶다. 그리고 어휘의 생산성이 높을수록 어휘부에 자리하여 어휘생성에 활성을 주고 의미의 다양화도 기하고 있다고 본다.

복합부사의 예를 보이면,

(9) 1. [$_N$ R] × [$_N$ R] → [$_{Adv}$ W] 時時(ときどき)(때때로)

([$_N$ R] + [$_N$ R] → [$_N$ W] 時時(그때그때))
([$_N$ R] × [$_N$ R] → [$_N$ W] 時時(계절))

2. [$_V$ R] × [$_N$ R(N)] → [$_{Adv}$ W] 取(と)り急(いそ)ぎ(급한대로)

3. [$_V$ R] × [$_D$ R] → [$_{Adv}$ W] ならびに(아울러)

4. [$_{Adv}$ R] × [$_D$ R] → [$_{Adv}$ W] どうか(부디)

복합부사의 범주는 합성요소의 후항의 범주와는 무관하다. 융합으로 범주변동이 되는 것으로 보았다. 다음의 복합부사의 경우도 마찬가지다.

(10) 1. [$_N$ R] × [$_D$ R] → [$_{Conj}$ W] ところが(그런데)

2. [$_V$ R] × [$_D$ R] → [$_{Conj}$ W] ならびに(및)

3. [$_{Adv}$ R] × [$_D$ R] → [$_{Conj}$ W] または(또는)

4. [$_D$ R] × [$_D$ R] → [$_{Conj}$ W] でも(그렇지만)

5. [$_{Adv}$ R] × [$_V$ R] × [$_D$ R] → [$_{Conj}$ W] そうして(그래서)

첩어의 형성규칙은 복합어의 유형과 같다.

(11) [$_X$ R] × [$_X$ R] → [$_X$ W]

(단 X는 모두 동일범주이고 음형은 동음 내지 유음이다)

첩어에는 (12) 1.처럼 조사 (to)가 부가하기도 하고(부사), 2.처럼 suru가 붙기도 하고(동사), 3.처럼 da가 붙기도 한다(형용동사).

(12) 1. [$_{Adv}$ W] × [$_D$ R] → [$_{Adv}$ W] ゆらゆらと(흔들흔들)

2. [$_{Adv}$ W] × [$_V$ R] → [$_V$ W] ゆらゆらする

3. [$_{Adv}$ W] × [$_{NV(A)}$ R] → [$_{NV(A)}$ W] ゆらゆらだ

형태음운규칙 어휘부에서 이상과 같은 여러 형태의 어휘를 형성하는 일도 있고, 이러한 합성과정 중에 생기는 요소간의 음운변이(Phonological Variation)를 다루는 형태음운규칙(Morphophonemic Rule)이 있다. 앞서의 예에서 주워보면,

(13) 1. 手心 tegokoro
2. 白雲 sirakumo
3. かせぎ高 kasegidaka
4. 春秋(しゅんじゅう)
5. 先立つ sakidacu
6. 時時 tokidoki

이들 중에서 1. 3. 4. 5. 6.은 합성요소(형태소)의 경계에서 후항의 두자음의 유성음화(Voicing)가 일어나고 있으며, 2.에서는 siro/sira처럼 선항의 말모음의 교체(Alternation)가 있다. 이외에도 春雨 harusame의 경우는 haru와 ame 사이에 삽요음 s가 삽입(Insertion)되는 첨가(Addition)가 있다.

本代 hondai의 경우는 本 hoN의 N음의 후행의 두자음(t)을 d로 유성화하고, 또 d는 선행의 N음을 동화(Asiimilation)시켜 n으로 바뀌고 있다. 자음점변의 상호동화이다.

그리고 七日 nanoka의 경우는 nana의 /a/가 /o/로 교체한 것으로 보기도 하고, 주변의 모음들이 모두 /a/로 되어 있기에 그와 다른 음인 /o/로 바뀐 이화(異化)(Dissimilation)로 보기도 한다.

이들 음운변이 중에서 1., 3., 4., 5., 6.의 유성화의 경우의 규칙을 보이면,

(14) 1. $$+\begin{bmatrix} k \\ t \\ \check{s} \end{bmatrix} \rightarrow \begin{bmatrix} g \\ d \\ \check{z} \end{bmatrix} \Big/ \begin{Bmatrix} V \\ N \end{Bmatrix} \text{—} \; V$$

2. $$+[\text{+obstruent}] \rightarrow [\text{+voiced}] \; / \begin{Bmatrix} \text{+voiced} \\ \text{+nasal} \end{Bmatrix} \text{—} \; [\text{+voiced}] \quad (\text{Optional})$$

1.은 단음의 변동으로 보인 것이고, 2.는 자질의 변동으로 보인 것이다. 곧 형태소경계 뒤에 있는 무성음 자질의 [장애음]자질의 자음이 유성음 사이에서 아니면 N음과 모음 사이에서 유성음으로 변한다는 것이다. 2.가 1.보다 변동자음의 공통성과 변동이유를 명시해주고 있다.

그래서 어휘항목의 음운형식은 단음체계로 되어있다기보다 단음마다 음운자질의 묶음으로 되어있다고 본다.

그런데 앞서의 유성화규칙은 앞례 2.의 sirakumo(白雲)에서는 적용되지 않고 있다. 곧 그 유성화규칙은 필수적이지 않고 수의적임을 보여준다. 그만큼 규칙성이 약하다고 할 수 있다. 이상의 음운변동의 일을 통사부에서 하게 되면 통사부의 운용에 번잡성을 가져 올 것이다. 어휘부에서 어휘를 합성할 때 처리해주어야 통사부에 그대로 출력할 수 있다. 따라서 어휘부에서는 이러한 형태음운의 변동을 다루는 형태음운규칙이 있는 것으로 가정한다.

초기 생성문법이론에서는 이상의 일은 모두 통사부에서의 통사적인 규칙으로 파생하는 것으로 보았다. 이것을 어휘부(당시는 기저부(基底部))에서의 할 일로 제안한 것이 Chomsky의 어휘론적가설(Lexicalist Hypothesis)이다(Chomsky 1970 = 1972:17-26). 이것을 일반화하여 모든 형태변화는 어휘부에서 맡게 하는 것이 일반화 어휘론적가설(Generalized Lexicalist Hypothesis)이다. 이는 너무 강력해 보인다. 이와는 달리 변형부(통사부)를 확대하여 변형에 의해 파생시킨다는 것이 변형론적인 처지(변형론적 가설, Transformationalist Hypothesis)이다.

지금도 그런 일은 통사부에서 할 일이라고 주장하는 이들도 있다. 일률적으로 어휘부 혹은 통사부에 귀속시킬 것이 아니고 예컨대 이 책에서의 수동/사동/중간동사/수여동사 같은 것은 통사부 술어핵의 접사핵에서 맡도록 할 수 있다. 이들은 논항 도입과 관련되기 때문이다. 또 상대논항의 주격/대격 교체를 보이는 ~tai, 그리고 eru 가능동사의 경우도 통사부에 분리되는 것으로 할 수 있다.

어휘부의 부분(기능)단위 단어의 형성에는 여러 가지 음운적 제약성(김공칠 1987: 62-64)이 따른다. 개음절/폐음절 여부, 음운목록, 음절구조, 음소결합규칙, 두음법칙, 말음법칙 등 언어에 따라 각양한 제약성이 많다. 어휘부에 저장되어 있는 음운자질 목록은 보편적이라 하더라도 그 조합과 배열은 개별(언어)적이다.

어휘부에는 어휘항목에 함유되는 음운자질, 의미자질, 통사자질을 주관하는 부서가 있을 것이다. 어휘음운부, 어휘의미부, 어휘통사부와 같은 거창한 이름을 부칠 정도가 아닌 부분단위적인 모듈(Module)로서 존재한다고 본다. 한자어 복합어에서 教師自己評価(きょうし じこ ひょうか)는 주어 - 대상 - 술어의 통사적 구조와 같아서 복합어 형성에 통사적 작용이 있는 것으로 보인다. 음운이나 의미에서의 계층관계에서도 볼 수 있다.

(15)

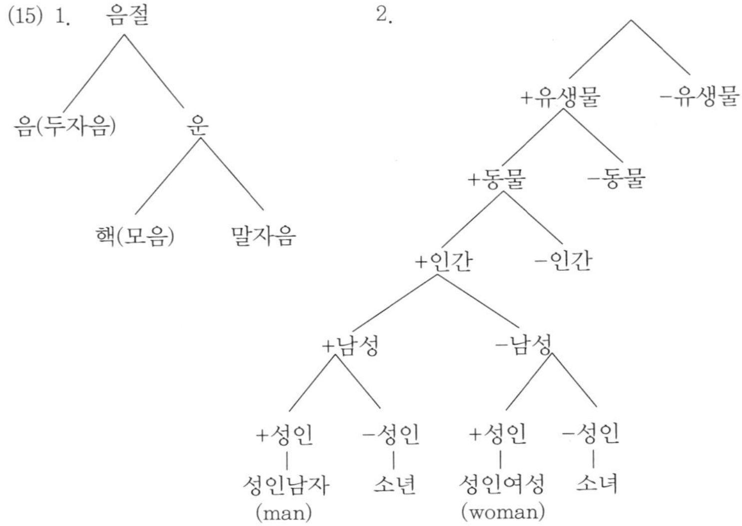

1. 에서 두자음이 생략되는 경우가 있더라도 각층위의 요소는 뒤바뀔 수 없다. 만일 일본어의 N음을 말자음으로 본다면 이는 두자음 자리에 나올 수 없다(두음법칙의 하나). N음을 독립의 단음절(mora)로 보더라도 그것은 선행음절에 후행(연결)된 것이지 후행음절에 선행(연결)된 것은 아니다.

2. 에서 상위자질이 하위자질을 함유한다면 의미의 정의는 하위자질의 연결에서 이루어진다. man이면 '성인의 남성인 인간'과도 같다.

이들 자질은 통사부를 거쳐서 궁극적으로 음운해석부(DF)와 의미해석부(LF)와 관련되겠지만, 어휘부에서의 구실은 단어 내부의 일이다. 단어 내부의 음운과 의미의 합성어 형성시에 일어나는 음운변동, 의미의 합성과 융합의 일, 관용어의 의미문제, 어휘형태의 생략, 단축, 절단 과 같은 내부적인 일에 국한될 것이다.

관용어(Idiom)의 문제는 논의의 여지가 있다. 예컨대 朝飯前(あさめしまえ)의 경우를 보면 이는 한자로 쓰이기는 하나 한자어는 아니다. 고유어의 세 개의 형태를 그 의미에 상당한 한자를 갖다 붙인 것이다. 이는 형태적으로 [$_N$ R] 세 개가 합쳐져서 [$_N$ W]가 된 것이고 합성성의 원리대로 '아침식사전'이란 뜻이다. '아침식사전'이란 뜻에서 '아침 조반 전의 일'로 뜻이 확대되고 거기서 '아침식사 전에 할 수 있는 쉬운 일'로 확대되고 거기서 '쉬운 일'이라는 비유적인 의미로 전환되어 많은 사람에게 관용적으로 쓰이게 된 것이다. 이 연어(連語)에는 통사의 일도 관여한다고 볼 수 있다. '朝(の)飯(の)前'의 구조이지, '朝(を)飯(す)前'의 구조는 아닌 것이다.

이 관용구는 하나의 명사로 합성되어 어휘항목에 등재되어 있다고 본다. 또 이 명사는 명사술어 형성접미사 'だ'와 결합하여 명사술어로 쓰일 수 있고 연체격조사와 결합하여 수식어로도 쓰일 수 있다. 한편 비유의 의미로 전환되었을 때는 형용동사 형성접미사 'だ'와 결합하는 식으로 '쉬운 일이다, 아주 쉽다'의 뜻을 나타낸다. 'の'를 수반해서는 '아주 쉬운'이라는 수식어로 쓰인다.

(16) 1. *そんな事は朝飯前だよ。*(그런 일은 아주 쉬운 일이에요)
　　 2. *それは朝飯前の事だ。*(그것은 아주 쉬운 일이다)

그러면 일반적인 의미에서 관용적인 의미전환은 어휘부 아니면 통사부에서 이루어지는 것일까? 만일 어휘부에서 이루어진다면 관용적 표현의 연어(連語)의 목록도 어휘항목을 이루고 있다는 것이 된다. 그렇게 되면 어휘부의 목록이 번잡하게 될 것이다. 그래서 통사부에 일반 어휘로 도출되었다가 다른 말과의 병합과정에서 관용어적인 의미가 파생하였다고 볼 수도 있는 일이다.

그런데 통사부의 운용에서는 그 과정에 새로운 요소를 추가할 수 없다는 내포성(포괄성)조건(Inclusiveness)이 있는데 그것을 지키려면 통사부에서의 관용적인 의미에의 전환은 힘들다고 보게 되고, 어휘부에서 비유적인 의미를 지니는 말로 등재되었다가 통사부에 입력되는 것으로 볼 수 있다. 그렇다면 통사부에 입력되는 환경은 술어핵으로서의 의미역(θ)-격자나 격격자에 상응해야 하는 것으로 생각된다.

어휘항목이 동사는 다음의 (17)의 1)과 같이, 명사는 2)와 같이(명사는 모든 격과 θ-역할을 감당하기에 격자는 필요 없다), 해당 관용어는 3)과 같이 된 것으로 가정한다(음운자질은 단음별로 되어있지만 대문자로 나타내는 것으로 해서 생략하였다. 의미자질도 대문자의 영어로 대신한다).

(17)

	어휘항목	범주자질	음운자질	의미자질	θ-격자	격격자
1)	/taberu/ (食べる)	[V]	[TABERU]	[EAT]	〈동작주 대상〉	[-ga -o]
2)	/asamesimae/ (朝飯前)	[N]	[ASAMESIMAE]	[BEFORE BREAKFAST]		
3)	/asamesimae/ (朝飯前)	[NV (A)]	[ASAMESIMAE]	[THAT IS NOTHING]	〈(경험주) 대상(절)〉	[(-ga) -ga]

어휘부의 하는 일에 특히 한자어나 외래어의 경우 단축(短縮, Clipping), 혼성(混成, Blend) 등이 있다. 하나의 단어에서 단축의 예로는 けいさつ(警察) → さつ, テレビジョン(Television) → テレビ 등이 있다.

두 개의 단어를 하나로 혼성하는 예로는 ゴリラ(gorilla, 고릴라) + くじら(고래) → ゴジラ, 두 개의 단어를 하나의 단어로 줄이는 것으로는 スーパ(super) マケット(market) → スーパ가 있다.

한국어와 일본어에서 보이는 몇 개의 단어의 머리글자로만 된 약성어(略成語, Acronym)도 있다.

PR (Public Relations, 섭외)

LP (반(盤)) (Long Playing (Record), 레코드의 엘피반)

FM (Frequaney Modulation, 주파수변조(방송))

두 개의 단어의 각각의 일부분으로 쓰는 것도 있다(リモ(remote)コン(control)). 어휘목록에는 본래의 어휘도, 단축, 혼성, 생략, 약성의 어휘도 함께 등재되어 있다고 생각된다.

그렇게 본다면 어휘부에서는 새로운 단어를 생산해서 어휘목록을 늘리는 일을 하고 있고, 반면 쓰이지 않게 된 것은 폐어(廃語, Obsolete word)로서 목록에서 제외시키는 일도 하고 있는 것이다. 고대일본어의 imo/nimo (사모하는 상대, 한국어 nim)는 지금은 안 쓰인다. 그 어형이 imooto로 확장되고 의미도 '누이동생'으로 바뀌어 명맥을 유지한다고 할 수 있으나 imo/nimo자체는 폐어가 된 것과 다름없다.

지금까지의 어휘부의 일들은 통사부의 술어핵과 논항과 부가어의 자리에 도출되기 이전의 단어 내부의 것이다. 그 일을 넘어서서 또 개별단어의 문제를 넘어서서 여러 단어와 관련되는 문제까지 다루게 된다면 어휘부가 너무 비대하고 강력해져서 통사부의 할 일이 좁아지거나 없어지는 결과에 이를 수 있다.

사실 어휘항목 자체가 격자질, 의미자질을 지니고 있기에 그 격과 θ-역할의 부여 방향만 표시되어있으면 어순이나 핵의 매개변항까지 내재되는 것이 되어, 어휘 자체를 잘 습득하기만 하면 통사부나 LF가 크게 관여하지 않아도 되는 수가 있게 된다. 그래서 매개변항의 값 곧 각 개별언어 사이의 변이는 개별문법보다는 개별어휘항목을 어떻게 획득하느냐에 달리게 된다(Manzini and Wexler 1987:424)는 어휘적 매개변항가설(Lexical Parameterization Hypothesis)이 있을 정도로 어휘부가 중요시되고 있다. 곧 어휘부가 문법의 축소판과도 같다.

V_1 – V_2의 처리문제 복합동사의 범위에 여러 가지가 있다. 전통문법 방식대로라면 1) 본동사 – 보조동사, 2) 동사 – 수동·사동을 제외한 조동사, 3) 동사 – 모든 조동사 등이다.

보기에는 두 요소가 동일하게 복합되어 있는 것 같지만 1)은 자립형식 – 자립형식이고, 2)와 3)은 자립형식 – 비자립형식이다. 한편 2), 3)에서 동사에 후속하는 비자립형식을 모두 부속어인 한 단어로 인정하는 처지에 따르면 1), 2), 3) 모두 단어 – 단어의 연결체인 점은 같다.

이 중에 수동과 사동은 다른 조동사와 달리 기동주나 피사동주를 필요로 하는 특수성이 있다. 또 조동사에는 형용사성 조동사가 있어서 이를 V에 범주에 들어가느냐의 문제도 있다. 이와 같이 이들은 보기에는 동일하게 복합되어 있는 것 같지만 내부적으로는 사정이 각각 다르다는 것을 알 수 있다.

그래서 이들이 모두 어휘부에서 복합된 것(어휘적 복합동사)인지 통사부에서 복합된 것(통사적 복합동사)인지 아니면 일부는 어휘부에서 일부는 통사부에서 복합된 것인지가 궁금하게 된다.

앞에서 1)에서 V_1과 V_2 사이에 조사가 개재하는 경우(食べ–て–いる(먹고 있다), 食べ–て–みる(먹어보다))는 어휘부에서 복합된 것으로 보지 않는다. 어휘부에서 복합된다면 복합작용이나 복합동사의 수가 엄청나게 불어날 것이다.

그리고 '食べたい'(먹고 싶다), '食べない, 食べるらしい'와 같이 동사(어간) + 형용사형 조동사의 경우도 후항의 범주로 보아 복합동사에서 제외된다. 이들을 제외한 밀착한 다음 어례에서,

(18) 1. 食べさせる

2. 食べられる

3. 食べかける, 食べ出す, 食べ始める, 食べ終わる

1.의 させる(자립형식), られる(비자립형식)는 조동사로 취급되는 것인데 필자는 이들을 술어핵의 접사핵으로 논항을 도입하는 구실을 한다고 보기 때문에 복합동사에서 제외시킨다.

1.과 2.에 대해서는 어휘부에서 형성한다고 보는 강어휘론 가설(Strong Lexicalist Hypothesis, SLH)이 있고 어휘부에서 형성하지 않는다고 보는 약어휘론 가설(Weak Lexicalist Hypothesis, WLH)이 있다(Scalise 1984: 101). 전자에 의하면 '食べさせた'도 어휘부에서 형성되는 것이 되어 어휘부에서의 단어형성력이 너무 강해진다. 다음처럼 '食べ'는 시발술어핵으로 대상논항을, 'させ'는 피사동주를, 'た'는 주어(사동주)논항을 도입하듯 각자가 통사적으로 일을 분담하고 있기 때문에 어휘적인 복합동사로 볼 수 없다.

(19)

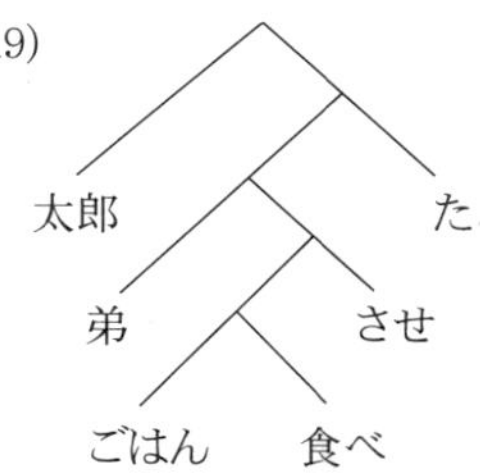

(태랑이 동생에게 밥을 먹였다)

문제는 (18)의 3.의 경우인데 V_1과 V_2 각자가 논항을 도입하는 것이 아니고 하나로 뭉쳐서 통사적으로도 하나의 일을 한다고 본다.

(20) 1. 食べかけ-て-いる (먹으려 하고 있다)

2. 食べ出し-て-いる (먹기 시작하고 있다)

3. 食べ始め-て-いる (먹기 시작하고 있다)

와 같이 'て'를 개재한 보조동사(자립형식) 'いる'가 후행할 때도 V_1-V_2은 한 뭉치로 거동한다. 'て-いる'도 한 뭉치의 보조동사로서 v핵의 자리에서 거동하고 있는 것으로 보기 때문에 그 앞의 V_1-V_2의 생성 위치는 V자리가 아니면 통사부 이전의 어휘부의 자리다.

(21) 1. 食べ-かた
　　 2. 食べかけ-かた

이들 예는 다음의 규칙대로,

(22) $[[_{V}\ R]\ (+[_{V}\ R(N)])]\ +\ [_{N}\ R] \rightarrow [_{N}\ W]$

어휘적인 복합어로서 명사로 이루어진 것으로 본다. 이러한 접사 파생은 어휘부 소관이다. 그렇다면 '食べかけ(る)'역시도 어휘부에서 생성된 것이 아닌가 여기게 한다.

(23) 1. 食べて-みた
　　 2. 食べかけて-みた

이들은 '食べている'처럼 V_1과 V_2 사이에 조사가 개재되어 있어서 'みた'를 보조동사로 보게 된다. 이때의 보조동사는 상(相)을 나타내는 'いる'의 경우와는 달리 v자리가 아닌 V자리로 본다. 그렇다면 다음의 시발핵의 자리가 된다.

(24)

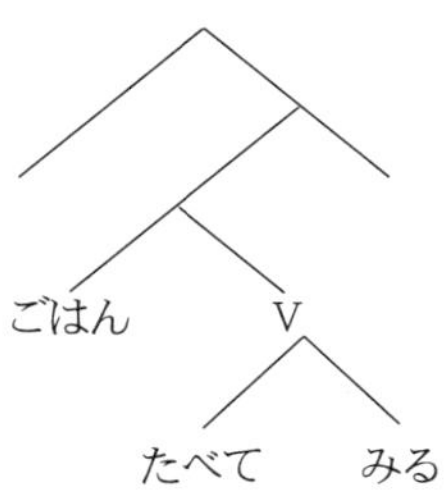

이는 모든 범주는 하나 또는 그 이상의 동일범주를 인지범위 내에서 병렬할 수 있다는 동일범주병렬의 보편성 원리에 따르는 것이다. 이때 V_1에 조사가 붙어 있는 것은 명사의 병렬의 경우는 한 예로 '僕も君も'(나도 너도)와 같이 조사가 붙어 있는 것과도 같다.

그와 같은 처리에서 다음의 경우가 가능한가 생각해 본다.

(25)

'たべて-みる'의 V_2는 [+보조]인데 [-보조]이면 1.과 같이 연속동사와도 같이 나올 수 있다고 볼 수 있다. 그러나 2.와 같이 여럿이 있게 되면 각 요소의 긴밀도 문제가 생겨서 3.과 같이 생각하게 될 수 있는 일이다. 그런 식으로

(26)
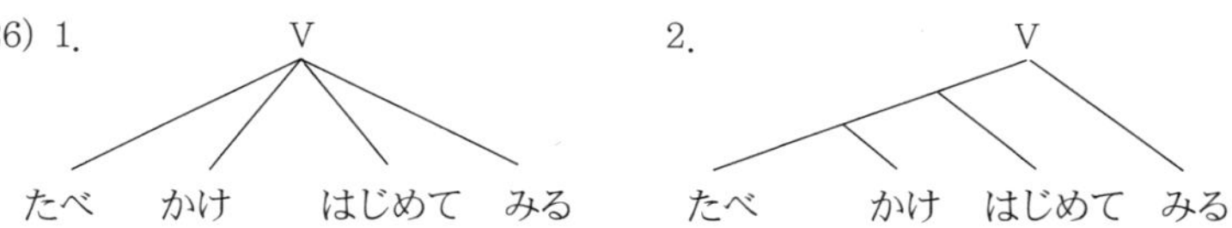

이렇게 되면 통사부가 시작부터 얼마나 복잡하게 될 것인가는 뻔한 일이다. 이러한 면에서 食べ-かける/出す/始める/終わる는 분리적으로 생각하기보다 밀착된 [[$_V$ R] + [$_V$ R]] 아니면 [[$_V$ R] + [$_V$ suf]]로서 어휘부에서 생성된 것으로 하면 간편하다. 한편 (て)みる와 같은 동사는 통사적 시발핵의 V핵의 내부적인 $V_1 - V_2$ [+보조]의 요소로 본다.

(27)
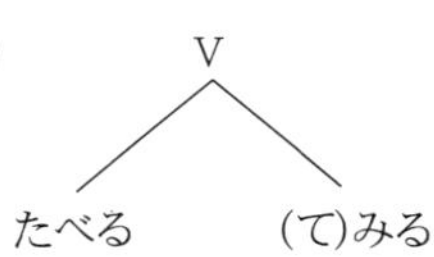

그럼, '食べて-いる'와 '食べて-みる'는 비슷한 구조형식이면서 전자의 보조동사는 𝒱자리에, 후자의 보조동사는 V자리에 있다고 보는 이유는 무엇일까? 양자 모두의 보조동사에 'れる, させる'의 접사핵이 작용한다고 보기 때문에 접사핵의 상위의 𝒱자리에 그러한 보조동사가 있다기보다 접사핵의 하위의 V자리에 있다고 보는 것이 당연하다. 그리고 상(相)의 통사적 표현은 𝒱에 있는 것으로 보기 때문이다(상의 통사적 표현이 V에도 있다고 보게 되면 그 때는 달라지겠지만).

어휘부에서 형성된 '食べ始める'의 상(始める)의 표현은 어휘적인 것이고, '食べはじめて-いる'의 상(いる)의 표현은 통사적인 것으로 층위를 달리하는 것으로 본다.

이와 같이 보아온다면 어휘부는 모든 단어의 합성이나 파생을 전담할 수 있는 만큼의 강력한 것이 아니고(그렇다고 너무 약한 것도 아니다) 시발술어핵과 논항자리에(그 외의 수식, 한정, 접속, 감동의 부가어 자리에) 도출(복사)할 수 있는 단어만을 형성한다는 제한적인 것이라는 것이다(그렇지만 그 생산성은 왕성한 것이다). 수동, 사동의 접사, 부정소(ない), ga/o격을 가지는 희망(たい), 가능동사화 접사(eru) 같은 것은 통사부에서 병합되어 생성된다.

어휘부의 문법상 위치 생성문법의 80년대의 모형은 다음 (28)과 같았다.

(28)

어휘부 → D-구조 → 변형규칙 → S-구조 < 음성해석부(PF) / 의미해석부(LF)

D-구조는 기저적인 구조이며 여기에 변형규칙이 적용되어 파생적인 S-구조가 이루어지고 LF에서 의미가 PF에서 소리가 어우러져 문이 산출되는 기제이다. 변형규칙은 초기에는 다양하고 강력하여 번잡하였기에 이를 원

리와 제약으로 규제하여 α-이동의 한 이름으로 수합하기도 하였다. 주된 것으로는 술어핵의 핵의 핵에의 이동(Head-to-Head Movement)와 NP-이동이다. NP-이동에는 A-위치에의 A-이동과 A'-위치에의 A'-이동이 있다. 이외에 LF에서의 α-이동(수량사, 의문사구(WH)의 이동 등)이 있다.

90년 초반부터 생성문법이론이 많이 변모하여 다음 (29)와 같은 모형이 제시되기도 하였다.

(29)

음성형태(PF) - 조음·청취체계 (A-P) ⇒ 소리

어휘부 - (배번집합) - 국면 - 문자화(/음성화)

연산체계

(외현적 통사론)

논리형태(LF) - 개념·의도체계 (내현적 통사론) (C-I) ⇒ 의미

인지체계　　수행체계

(28)의 D-구조가 없어지고, S-구조가 문자화(음성화)로 바뀐다. 기저구조를 가정하지 않고 통사체의 병합과 이동의 파생과정으로 보게 되고, 문자화에서 음성부분을 분리하여 이동의 연산은 내현적으로 LF에서도 있는 것으로 본 것이다. 문자화는 LF - PF 분리라고도 한다.

A-P나 C-I는 언어로서 실지로 운영되는 수행체계이다. 필자는 그러한 수행의 일 외에 언어주체자의 의도·발성에서의 외부세계와의 접합점 구실을 하는 것으로 보고 있다. 특히 의도는 어휘부 등의 모든 부문에 작용하여 (30)과 같이 PF와 LF가 다중적으로 나오는 것으로 보고 있다.

(29)에서 연산체계는 어휘부의 재료를 가지고 문을 조립하는 장치이다. 어휘를 무작위적으로 선택한 것으로 보기 어렵고 의도가 작용한다고 볼 수 있다. 배번집합(Numeration)은 어휘로부터 선택한 어휘항목의 집합이다.

어휘배열(Lexical Array, LA)로 이름이 바뀌기도 하였다. 어휘부와 통사부의 접합점 구실을 한다기보다 끄집어낼 어휘를 어느 정도 정돈하고 내보내고 있지 않나 생각되는 것이다.

연산체계에의 통사체의 병합은 VP, AfP, 𝓋P, CP 등의 국면을 차례로 이루어진다(외현적 통사론). 보통 𝓋P와 CP를 국면(Phase)으로 보지만 필자는 한국어나 일본어에서는 각 핵의 투사체를 국면으로 보기 때문에 VP와 AfP도 포함되는 것으로 보고 있다.

국면 쌓기의 연산으로 문자화 단계에 이르면 음성요소만을 PF로 보내고 나머지는 LF에서 연산이 계속되기도 한다. 통사체의 뒤섞기, 그리고 수량사, 부정소 혹은 피결속자의 이동과 같은 내현적 이동(LF-이동이라고도)이 그것이다.

(28)과 (29)에서는 PF나 LF는 맨 오른쪽의 끝자리에 표시되어 있지만 실지로는 연산체계뿐만 아니라 (30)과 같이 어휘부를 포함한 인지체계 전반에 미친다고 생각된다.

```
(30)  PF                          PF        PF        PF
      |                           |         |         |              PF
      어휘부 ─ (어휘배열) ─ 국면1 ─ 국면2 ─ 국면3 ─ 문자화 <
      |                           |         |         |              LF
      LF                          LF        LF        LF
```

PF가 국면에 관여하는 예로서는, 한 예로 5단동사의 음편형의 예를 들 수 있다. 이는 어휘부에서 이루어지는 것이 아니고 5단동사의 연용형(V)과 과거시제(𝓋) 혹은 접속조사(て)와 결합할 때 동사의 어간말음 여하에 따라 t음편, i음편, N음편이 일어나므로 통사부에서의 일이다. 이와 같은 특정음의 연속에서 일어나는 변동(i음편은 k탈락, 나머지는 융합이거나 축약)은 내포성조건에 저촉되지 않는다고 본다.

(28)과 (29)의 전체적 기능을 언어기능으로 볼 때 (28)과 (29)를 평면으로 고쳐 그리면 다음과 같을 수도 있다.

(31)

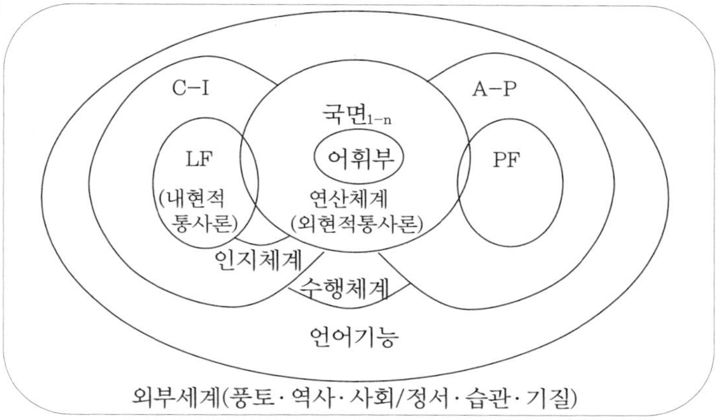

위에서 국면(1~n)과 LF와 PF의 교차영역을 LF – PF 분리의 문자화(음성화)의 단계다.

사람의 마음이나 머리의 외부세계는 사람의 인문·사회적, 자연적 환경과 정서적·신체적 사정이다. 전자는 특히 어휘부의 어휘목록 하나하나에 응결되고 후자는 특히 실지 발성에 영향을 미친다.

어휘목록에의 영향은 어휘변화의 역사적 원인이나 사회적 원인을 보아도 알 수 있다. 전자는 지시물 자체의 변화, 지시물에 대한 인식, 사상의 변화에서 오는 것, 후자는 소집단에서 대집단으로(그 반대도) 유포되는 것을 들 수 있다.

이와 같이 어휘부를 문법의 핵심으로 본다면 문법의 바람직한 운용을 위해서 어휘부의 어휘항목이 문법의 운용에 잘 어릴 수 있도록 정제(整斉)되어 있어야 한다. 정제된 어휘항목이 합당한 방법으로 이루는 구조가 적격성(適格性)을 지닐 수 있고 그것만이 인지체계에서 수행체계에의 접합점에 출력할 수 있고, 수행체계에서 그것을 받아들여 온전한 의미와 구체적인 음성을 지닌 발화(発話, Utterence)를 가능하게 한다.

수행체계에서 받아들일 수 있는 곧 해독될 수 있는 내용의 것만이 인지체계에서 출력되어야 한다는 것을 필수(/소체)출력조건(Bare Output Condi-tion) 또는 해독(성)조건(Legibility Condition)이라 하고, 그것은 또 인지체계와 수행체계의 접합점에 부과되는 조건인 점에서 접합점조건(Interface Con-dition)이라고 한다. 더 나아가서는 접합점이 되는 PF나 LF에 내포된 모든 요소까지도 남김없이 적절한 해석을 받아야 한다는 것이 완전해석원리(Full Interpretation, FI)다. PF와 LF도 제각기 FI를 만족시키고 PF와 LF의 접합점에서 합치하면 최종적으로 합치(Convergence)한다.

이러한 합치를 위해서는 어휘항목의 기재사항도 완전해야 될 것이고 PF와 LF의 접합점에서 해석되는 소리와 의미의 속성 이외에 어떠한 자질도 가져서는 안 되는 것이다. V의 대격자질에 의해 대격의 상대논항과 일치하여 병합한 다음에는 V의 대격자질은 삭제되어야 한다. 그렇지 않고 Af나 𝒱의 국면에 이르게 되면 그 술어핵이 지니는 격자질과 상충하기 때문에 FI를 만족시킬 수 없다. V 다음의 국면에서도 상대논항과의 격의 일치를 이루면 술어핵의 격자질은 제거된다. 의미자질은 그대로 남아야 LF에서 의미해석된다. 범주자질도 남아서 PF에 알리면 PF에서 단어의 악센트를 결정지을 수 있는 경우도 있게 된다.

연산체계에서의 제약이나 원리(가시성조건, 구조보존제약, 격필터, 최후수단의 원리, 최소이동의 원칙 등등)에 대해서는 그것이 적용되는 통사적인 조작을 다룰 때 언급한 바 있다.

이상의 모든 일들이 정제된 어휘항목의 출력에서 비롯되고 그럼으로써 경제적인 문법운용도 기할 수 있는 것이다.

여기서 보태 둘 것은, 일본인들은 어휘항목의 기재사항을 경험에 의해

직관적으로 터득하고 저장하고 있을 것이고, 한국인은 학습을 통하여 그것도 대역적으로 암기·기억하고 있을 것이다. 예를 들면, 일본어의 '*好きだ*'는 한국어로는 '좋아하다'식으로 이해하고 있는 것과 같다. 그러나 이러한 대역식은 임시방편적이어서 정확성을 기할 수 없다. 전자는 형용동사, 후자는 동사로서 범주가 다르듯 의미도 뉘앙스의 차가 있다. 전자에 비해 후자가 인지면에서도 과정적이라고 할 수 있다. 다음처럼 대비해 봐도 알 수 있는 일이다.

(32) 1. 좋아하다 — 좋아하고 있다.
好きだ — **好きでいる*
2. *好きだ* — *好きである*
静かだ — *静かである*

1.에서는 현재진행상의 유무로, 2.에서는 형용동사의 단정적인 성격을 알 수 있다. 이런 면에서 어휘항목의 기재사항을 이해해 둘 필요가 있다.

일본인도 출신지역이나 교육수준에 따라 공통어에 완벽하지 못하는 이도 있을 것이다. 그래서 일본인도 자기의 문법의 개선을 위해 의식적이든 무의식적이든 노력하는 것으로 생각된다. 어느 정도 완벽한 이도 마찬가지다. 일본어 사전을 항상 가까이 두고 있는 것을 보아도 알 수 있다. 일본어를 외국어로 배우는 한국인으로서도 더 말 할 필요가 없는 일이다.

第6장 경어법

경어법 경어법은 대우법(待遇法), 대우표현이라고도 한다. 거기에는 존경과 비하(卑下)의 표현이 포함된다.

한국어와 마찬가지로 일본어도 경어가 다양하다. 그래서 그것이 일본어의 특색의 하나로 꼽힌다. 다만 한국어의 경어법은 절대경어형인데 대하여 일본어는 상대경어형이다. 한국어 그리고 아이누어에서는 자기 부친의 행동을 말할 때 청자(聽者)가 윗사람이든 아랫사람이든 존대어를 쓴다. 일본어는 이와 달리 청자에 따라 일정하지 않아서 그만큼 일본어의 경우는 경어가 복잡하다. 일본도 고대에서 근세 초까지는 절대경어형이 아니었나 추측하고 있다. 절대경어형이라는 말에는 이와 다른 뜻으로도 쓰인다. 일본어의 고전에서 임금이나 대신 등 극히 고귀한 지위에 있는 사람의 회화에서 보이는 것인데, 자기의 상대가 어떤 이든 자기 자신을 높여서 자기의 일을 존경어로 쓰는 것이다. 자칭(自称) 경어라고도 한다.

한·일 두 나라에 경어가 발달한 것은 이들 민족이 정이 많은 심성적인 면 그리고 전통 존중의 사회적 조건에서 설명될 수도 있지만, 교착적인 언어적 성격을 지니고 있었기에 가능했을 것이다. 경어의 접두사와 접미사, 조동사, 보조동사 등의 후치적 요소를 쉽게 붙일 수 있었기 때문일 것이다.

일본어에서의 이러한 경어의 연구가 외국인의 손에 의해 시작되고 그 기운이 조성되었다. 그중에 Aston(1888:167–181)이 많은 지면을 할애하여 특별한 경어와 겸양의 명사, 대명사, 동사 그리고 경어 접두사와 접미사를 제시

하여 보여주고 있다. 일인 학자로는 Matsusita(松下 1905), Yamada (1931)에서 보인다. 특히 Yamada에 의해 그 체제를 갖추었다고 할 수 있다. 접사, 복어미(れる/られる 조동사), 경어동사(존경/겸양의 구별), 보조동사(ます), 존재사(です, ござる, ございます)가 제시되어있고, 칭격(称格 = 인칭)에 의하여 경칭(敬称 = 존경어), 겸칭(謙称 = 겸양어)으로 2분되고 있다.

경어는 화자(話者)와 청자와의, 그리고 언급 내용의 주어와 목적어의 대우관계에 따라 사용되는 특별한 언어표현이다. 그 대우관계라는 것은 사회적 신분의 상하, 이해(利害), 혹은 의뢰관계에서와 같은 심리적 강약, 우열, 친소(親疏)에서 나오는 인간관계의 배려를 말한다. 그것이 언어표현으로 나타날 때 대우법이 된다. 하나의 회화에서의 전략(戦略)이며 사회적인 언어변이의 한 예가 된다(Tsujimura 1996:364).

일본어의 경어는 다음 두 가지 측면에서 생각할 수 있다. 하나는 화자-청자의 축(軸)에서, 하나는 화자-언급사항의 축이다(Shibatani 1990:375). 전자에서 화자와 청자와의 사회적 관계가 작용해서 화자가 청자에게 공손한 말을 쓰게 되는 것이 공손어(Polite Language), 보통의 말을 쓰면 평어(平語)(Plain Language)이다. 후자에서 청자의 사회적 지위와 무관하게 화자나 언급사항의 주어(2인칭주어의 경우는 청자)와 목적어를 높이면 존경어(Respect Language), 낮추면 겸양어(Humbling Language)이다.

Matsusita(松下 1905:167-170)는 주어에 대한 것을 주체대우(주체존우(尊遇)/주체비우(卑遇))라 하고 목적어에 대한 것을 관계대우(관계존우/관계비우)라고 하고 있다.

Tokieda(時枝 1941: 438-441)는 경어의 형태에도 두 영역이 있는데 하나는 직접적인 표현(辞)이고 하나는 개념적 표현(詞)이다. 전자가 경의 표현이고 후자는 경어로만 본다. 전자는 화자 - 청자의 축이고 후자는 화자 - 언급사항의 축이다.

Tokieda(時枝 1941: 48)의 관계도를 빌리면,

(1)

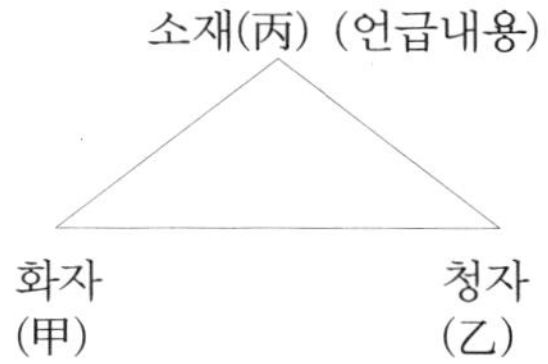

갑 — 을의 관계가 경의적 표현(辭), 갑 — 병의 관계가 어휘적 경어(詞)의 관계가 된다. Cukisima(築島 1964:211)는 전자를 사(辭)의 경어라 하고 있다. 곧 전자는 경어(공손)조동사(ます)가 쓰이는 경우고, 후자는 명사 그리고 동사, 형용사, 형용사 등이 쓰이는 경우다. 다시 말하면 갑 — 을의 관계에서 언어주체자의 경의(공손법)를 나타내고, 갑 — 병의 관계에서 언급내용 곧 주어와 목적어를 높이거나 낮추게 된다. 갑 — 을의 관계에서 공손법이 있는 것이고, 갑 — 병의 관계에서 주어존대/겸양, 목적어존대/겸양의 존대법과 겸양법이 있게 된다.

이해를 돕기 위해 Cukisima(築島 1964:212)의 관계도를 빌어 말하면,

(2)

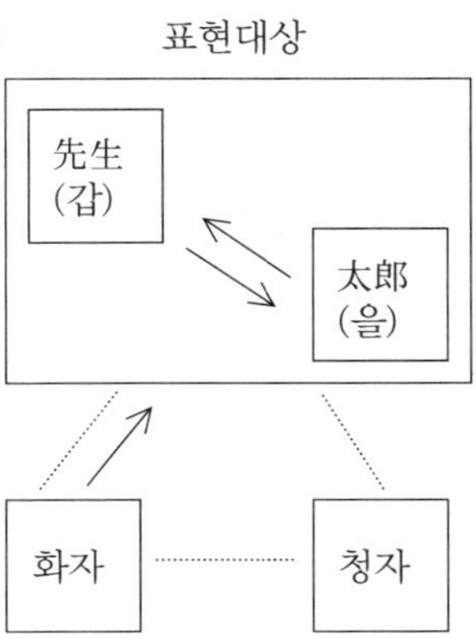

화자가 표현대상 내에서 갑의(을에 대한) 행위를 말할 때는 존경어를 쓰고 을의(갑에 대한) 행위를 말할 때는 겸양어를 쓴다는 것이다. 존경어의 쓰임에서 을이 외현적으로 나타나는 경우와 나타나지 않는 경우가 있고, 겸양어의 쓰임에서 갑이 나타나는 경우와 나타나지 않는 경우가 있음을 유의할 필요가 있다.

이 중에서 Shibatani(1990:375)에서는 한국어는 일본어와 대비해서 목적어 존대가 결한다고 하고 있다. 한국어도 15세기에는 객체존대법이 있었고, 일본어에서 보이는 목적어존대는 현재도 한국어에도 있다고 볼 수 있다. 따라서 그것은 일본어 특유의 것으로 보기 어렵지 않을까 한다.

언급내용의 존비는 어휘적 존비이여서 언어에 따라 변이가 나타나기 마련이다. 그런 면에서 화자－청자간의 경의적 표현의 공손법이 중심축이며 그것은 한·일어가 공유한다고 할 수 있다.

경어법의 분류 전통문법상의 분류에 따라 다음 세 가지로 나누되 앞서 언급한 사항을 반영하면서 정리하기로 한다.

(3) 1. 존경어
 2. 겸양어
 3. 공손어

1.의 존경어는 화자가 청자와의 사회적 지위와 관계없이 언급할 내용의 주어(2인칭주어는 청자와 동일)와 목적어를 화자가 높이는 것이다. 높이는 어휘를 쓴다는 점에서 적극적 방법의 경어라고 한다.

주어존대(Subject Honorification)는 주어의 동작, 존재, 성질, 상태, 소유 등을 높이고, 목적어존대(Object Honorification)는 목적어에 대한 미화어를 사용한다든지 목적어에 상응하는 경어동사를 사용한다. 2인칭, 3인칭주어에만 쓰인다. 1인칭주어는 자기가 자기를 높이는 것이 되는데 고전에서는 절대경어로 쓰인 일은 있지만 현대는 쓰이지 않는다. 술어인 경우, Yamada(1931:135)는 2인칭의 술어에, 그리고 3인칭의 주어존대의 경우 술어에 존경어가 쓰인다고 하였다.

2.의 겸양어는 화자와 청자와의 사회적 지위에 관계없이 언급할 내용의 주어(1인칭의 주어는 화자와 동일)와 목적어를 화자가 낮추는 것이다. 낮추는 일이므로 인칭에 구별이 없다. 간접적으로 청자를 높이는 것이 되어 소극적 방법의 경어라고 하기도 한다. 술어인 경우 Yamada(1931:135)는 1인칭의 주어의 술어에, 그리고 3인칭의 주어존대가 아닌 경우에 겸양어가 쓰인다 하였다.

3.의 공손어는 화자가 청자에게 직접적으로 경의적 배려를 가지고 말을 공손하게 씀으로서 청자를 높이는 것이다. 언급 내용에는 인칭의 구별의 관계없이 쓰여진다. 윗사람이 아랫사람에게도 쓴다. 공손표현은 화자에게만 직결된다.

어느 경우든 이상의 경어는 형태적인 방법으로 나타내기 때문에 형태의 구별에 의해 경어법의 갈래를 판별할 수 있고 또 구별해 쓸 수 있어야 한다.

존경어 여기에는 1) 평어에 존경하는 뜻을 덧붙인 접사가 있다든지, 2) 평어 외에 존경어가 따로 있든지, 3) 보충하는 방식이 있다. 1)의 접사는 단어의 앞에 혹은 뒤에 그리고 앞뒤에 붙여서 경의를 표하는 것이다.

(4) 접두사에는 o (お礼(れい) (사례)) on (おん礼, お礼와 같다)
mi (み門(かど)(문, 임금의 존칭)) omi (おみ足(あし)(발))
go (御親切(ごしんせつ)(친절)) gyo (御物(ぎょぶつ)(왕실의 소장품))
ki (貴兄(きけい)(귀형)) koo (高見(こうけん)(고견))

rei (令夫人(영부인) hoo(芳名(방명, 존함))

son (尊兄(남의 형의 존경어)) gyoku (玉体(옥체))

형용사와 형용동사에도 쓰인다. 'お若い'(젊다), 'お元気だ'(건강하다). 동사의 경우는 'お－동사－보조동사(형식동사)'의 복합형식에서 쓰인다(お書きになる(쓰신다)).

일상적으로는 고유어에는 o, 한자어에는 go가 쓰이나 절대적은 아니다. 이 두 가지는 겸양어, 공손어에도 쓰인다. 청자에 그리고 언급내용의 주어와 목적어의 존재로 붙인 것은 존경어, 화자가 자기 것에 붙인 것은 겸양어, 이외에 일반적으로 쓰인 것은 공손어이다.

접두사 'お'는 어느 경우나 붙일 수 있는 것은 아니다. 다음과 같은 경우는 접두되지 않는다.

(5) 1. 당연히 외래어에는 붙일 수 없다. *おカメラ(카메라)
 2. 고유어라 하더라도
  1) 동음의 연속은 피한다. *お応接間(응접실)
  2) 음절수가 많아지는 것을 피한다. *お絵葉書(그림엽서)
  3) 품위가 낮은 말과는 모순관계가 되기 때문에 피한다. *おつら(낯짝)
  4) 기타 색이나 외계, 자연물에 관계된 말에도 피한다.
  *お白(흰색) *お石(돌), *お梅(매화)

(6) 접미사에는 san(兄さん(형님)) sama(福田様(복전씨))
 (san이 표준이고 様는 서신·공용(公用)에 쓰인다)
 dono(部長殿(부장님) si(田中氏(다나카 씨))(殿는 공용(公用)문, 氏는 서기(書記)언어로 쓰인다)
 kun(山田君(야마다 군))(君은 주로 남자학생에 쓰인다. 청소년 용어이다)
 ue(父上(아버님)) gata(先生方(선생님네))

kakui(代議員各位(대위원 각위)) syokun(学生諸君(학생 여러분))

접두사와 접미사의 병용의 예로는,

(7) o ~ sama (お二人様(두 분))　　go ~ sama (ご両家さま(양가 분))

o ~ san (お嫁さん(신부님, 부인))　go ~ san (ご隠居さん(노인 어른))

평어 외에 존경어가 따로 있는 경우는,

(8) 대명사　보통의 말 외에 경의를 나타내는 대명사가 따로 있다.

おまえ(너) - あなた(당신) 보다 높은 경의에 あなたさま

だれ(누구) - どなた(어느 분) 보다 높은 경의에 どなたさま

あれ(저것) - あちら(저쪽 것(높임)/저 분)

あっち(저쪽) - あちら(저쪽(높임))

(9) 동사　동사의 경우도 존경어가 따로 있는 경우가 있다.

평어	来る(온다)	食う(먹다), 飲む	くれる(주다)	する(하다)
존경어	いらっしゃる (오시다)	めしあがる (드시다)	くださる (주시다)	なさる (하시다)

일본어는 이와 같이 평어의 동사와 경어동사가 따로 있기도 하는데, 한국어는 대체로 평어의 동사 어간에 존대보조어간 '시'를 붙이고 있다.

(10) 경어동사에는 경의의 고저에 3단계가 있다.

	1.	2.	3.	4. 여성적 표현
言う (말하다)	いわれる (말하시다)	おっしゃる (말씀하시다)	おいいになる (말씀하시다)	おいいあそばす (말씀하시다)
居る (있다)	いられる (계시다)	いらっしゃる (계시다)	おいでになる (계시다)	おいであそばす (계시다)

着る(입다)	きられる(입으시다)	おめしなさる(입으시다)	おめしになる(입으시다)	おめしあそばす(입으시다)
食う(먹다)	あがる(잡수다)	めしあがる(잡수시다)	おあがりになる(잡수시다)	おあがりあそばす(잡수시다)
来る(오다)	こられる(오시다)	いらっしゃる(오시다)	おいでになる(오시다)	おいであそばす(오시다)
見る(보다)	みられる(보시다)	ごらんなさる(보시다)	ごらんになる(보시다)	ごらんあそばす(보시다)

1.의 단계는 존경조동사 reru/rareru가 쓰였고, 2.의 단계는 조동사적인 'しゃる'와 형식동사 'お ~ なさる'(めしあがる는 복합동사적)가 쓰였고, 3.의 단계는 특별한 합성형식인 'お ~ になる'가 쓰였다. 3.과 동일한 단계의 여성적 표현은 형식동사 'あそばす'(~하다의 높임말)가 쓰인 경우다.

여기서의 예 중에는 いう → おっしゃる, きる → めす, 来る → いらっしゃる, みる → ごらん과 같이 다른 형태의 어휘로 바뀐 것도 있으나 그러한 형태의 변화 없이 보통의 동사에도 이상의 3단계의 표현이 있다.

(11) 休む(쉬다) → 休まれる(쉬시다) → お休みなさる(쉬시다) →
お休みになる(쉬시다) – (お休みあそばす)

한국어의 대역은 모두 존대보조어간 시-를 개재시키고 있다. 그와 상응한 것이 일본의 1.의 단계다.

여기의 경어동사는 언급내용의 주어존대로 쓰인 것으로 주어가 누구냐에 대한 세심한 배려의 언어변이적인 표현이다. 한국어에서도 얼마든지 다른 형태의 말을 써서 보다 경의적인 말로 바꿔 쓸 수도 있다.

(12) 오다 — 오시다 – 왕림하시다

앞서의 (10) 2.와 3.의 두 단계는 하나로 합칠 수 있다. 곧 1.이 예사높임, 2.(그리고 3.)가 아주높임으로 보는 것이다. 앞의 3.과 같은 お-동사(연용형)(に), 형식동사/보조동사의 경어동사가 생산성이 높은 것이 일본어 경어 어휘의 하나의 특색이지만, 그것은 1.과 2.를 격식을 갖추어서 고쳐 말하는 패턴으로 활용되는 것으로 보아진다. 4.는 3.의 여성어이다.

(13) お読み	に なる (형식동사)	읽으시-(게 되)다	→ 읽으시다
	なさる (〃)	읽으시(하시)다	→ 읽으시다
	あそばす(〃)	〃 〃	→ 읽으시다(여성어)
	くださる(보조동사)	읽으시(어 주시)다	→ 읽어주시다

경의의 3단계에서의 부가적인 요소는 이미 경어 접두사나 경어로 경어동사화 한 것에 다시 경어를 형식적으로 덧붙인 것이어서 다소 경어성이 더하겠지만 2.와 3.은 거의 같은 레벨의 경어라고 생각될 수 있다. 일본인에게는 뉘앙스의 차이로 3단계의 경어로 느끼고 있는지 모르지만 유별한 단계차가 있는 것은 아니라고 본다. '동사 – て – 보조동사'의 형식으로 보조동사를 높여 쓰는 '読んでくださる'(읽어주시다)하고 'お読みくださる'하고 뚜렷한 단계차가 인지되는지 궁금하다.

'(お)読み'가 V_1이 되고 V_2의 '始める'(시작하다)와 복합하였을 때의 형식동사의 부가 위치는 두 가지가 있다.

(14) 1. V_1 – V_2 (始める)になる　お読み始めになる(읽기 시작하셨다)

2. V_1になり V_2(始める)　お読みになり始める(읽으시기 시작하다)

이상과 같은 식으로 경어를 만들 수 없는 동사도 많다. 경동사의 경우가 그 한 예다. 경동사의 경어를 쓰거나,

(15) する → なさる
読書する(독서하다) → 読書なさる(독서하시다)

존경조동사 reru/rareru를 부사시켜 만든다. 다음에서는 sa변이므로 reru가 부가되었다.

(16) 読書する → 読書される
読書なさる – 読書なされる

또한 일본어의 경어 화용의 특색으로 타인에 대하여 자기 가족 또는 소속집단의 상사에 대하여 말할 때는 그 호칭에 존경어를 쓰지 아니한다.

(17) 1. 父はまた休んでいます。(아버지는 아직 쉬고 계십니다) (자기 부친의 일)
2. おとうさんはまだお休みですか。(아버님은 아직 쉬고 계십니까?)
(타인의 부친의 일)

한국어에서는 1.의 대역처럼 자기 부친에게도 경어를 쓸 수 있다.

겸양어 존경의 경우의 방식에 맞추어 겸양의 표현방식을 보기로 한다. 접두사에는,

(18) so(粗品(조품, 변변치 못한 물건) sun(寸書(자기 편지의 낮춤말))
hei(弊社(폐사, 자기 회사의 낮춤말) set(拙者(졸자))
syoo(小生(소생)) hai(拝見(삼가 봄))
gu(愚見(자기 의견의 낮춤말)) sya(舎兄(자기 형))
haku(薄謝(자기가 내는 사례의 낮춤말)) hi(鄙見(자기 의견의 낮춤말))

접미사에는,

(19) domo(私ども(저희들))　　　me(せがれめ((자신의) 아들놈))

gi(次郎儀(次郎의 의식))

대명사로는,

(20) 僕(나) → わたくし, わたし(저) (최근에는 わたし쪽을 더 쓴다)

편지에서는 小生(소생), 不肖(불초, 자기의 낮춤말) 등이 쓰인다.

겸양동사의 예로는,

평어	する(하다)	やる(주다)	もらう (받다)	思う(생각하다) 知る(알다)
겸양어	致す(하옵다 /cf. 하오니)	あげる(드리다) さしあげる(드리다)	頂く (받잡다)	存ずる (생각하(오)니/다) (아(오)니/다)

言う	訪ねる (방문하다)	聞く(듣다)　問う(묻다)	行く(가다) 来る(오다)
申す (말씀드리다, 여쭈다) 申し上げる (말씀드리다, 여쭙다)	伺う (찾아뵙다)	伺う (듣다의 낮춤말) (묻다의 낮춤말, 여쭙다)	参る (가다, 오다 의 낮춤말)

그 외에도,

(21) 見る(보다) — 拝見する((삼가) 보다)

借りる(빌리다) — 拝借する((삼가) 빌리다)

聞く(듣다) — うけたまわる(듣잡다)

受ける(받다) — うけたまわる(받잡다)

존경어와 겸양어의 분간에 주의해야 한다. 학생에게 선생님이 말씀하신 것을 학생이 가리킬 때 '先生がおっしゃった事'(선생님이 말씀하신 것)라고 해야 하는데 '先生が申した事'(선생님이 말씀드린 것)라고 잘못 쓰지 않도록 해야 한다.

앞에서의 겸양동사가 겸양의 보조동사로도 사용된다.

(22) 失礼致す(실례하(옵)다 cf. 실례하오니)
書いてあげる(써 드리다) 書いてさしあげる(써 드리다)
帰らして頂く(돌아가게 받잡다 → 돌아가(옵)다 cf. 돌아가오니)
ご心配申す/申しあげる(걱정의 말씀드리다)
ご機嫌伺う(기분/안부가 어쩌신지 여쭙다)
見て参る(보고 오(오)/가(오)다. cf. 보고 오오니/가오니)

겸양동사에도 'お - 동사(연용형) - 형식동사'로 이루어지는 방식이 있다. 앞의 예들이 예사낮춤이라면 이것들은 아주낮춤의 예로 생각할 수 있다.

(23) お - 伺い - 致す (찾아뵈다)
お - 申し - 致す (말씀드리다)
お - 参り - 致す (오/가(옵)다, cf. 오오니/가오니)
お - 願い - 致す (부탁드리다)

기타의 겸양적인 특별한 표현으로 관용어적인 것이 있다.

(24) お耳に入れる(귀에 넣다) → (知らせる(알리다)) → 알려드리다
ご覧に入れる(보는 일에 넣다) → 보여드리다
お目にかける(눈에 걸다) → (見せる(보이다)) → 보여드리다

お目にかかる(눈에 걸치다) → (会う(만나다)) → 만나(옵)다 cf.만나오니
ご免こうむる(용서받다) → (許してもらう(용서를 받다)) → 실례하다

공손어 화자가 청자의 신분여하에 관계없이 청자를 위해 말을 곱게 표현하는 것이다. 언급내용의 주어가 1인칭이면 화자와 같아져서 겸양어와도 같아지나, 경어의 축이 다르다는 각도에서 구별할 필요가 있다. 공손어 역시 다른 경어의 예에 따라서 형태적으로 구별짓고자 한다. 접두사로는,

(25) o (お茶(차), お水(물)) go(ご飯(밥), ご返事(답장))

존경의 접사하고는 경어의 축에 따라 내포되는 경의가 다르다.

(26)

ご飯 ─ 존경어(주어(목적어)존대) 진지
ご飯 ─ 공손어(청자존대)(아랫사람에게 쓴다면) 밥을 미화

お手紙 ─ 존경어(주어(목적어)존대) 서신
お手紙 ─ 공손어(청자존대)(아랫사람에게 쓴다면) 편지를 미화

동사로는,

(27)

평어	ある(있다)	食う(먹다)	する(하다)
공손어	ござる(있다의 공손어)	たべる(먹다) いただく(들다)	致す(하다의 공손어)

이들 중에는 다음처럼 두 경어에 쓰이는 것도 있다.

(28) 1. ござる ┌ 존경어(주어·목적어 존대) 계시다
└ 공손어(청자존대) 있다의 공손말

2. 致(いた)す ┌ 겸양어(주어·목적어 겸양) 하옵다(cf.하오니)
└ 공손어(청자존대) 하다의 공손말

이러한 구별은 언급내용에서의 주어가 1인칭이면 화자와 같아지고 2인칭이면 청자와 같아져서, 같은 말이라도 전자에서는 겸양어인지 공손어인지, 후자에서는 존대어인지 공손어인지 구별하기 어렵다. 청자가 윗사람이 아닌 아랫사람인 경우는 공손어로 쓰고 있다고 볼 수 있다.

(29) [あなたはお菓子(かし)をたべ]ますか。(당신은 과자를 먹겠습니까?)

[　　　　] 부분이 언급내용 곧 소재부분인데 그 주어가 청자와도 같다. 화자가 청자를 높여서 공손조동사 'ます'를 문말에 쓰고 있다. 만일 소재부분의 주어가 윗사람이면 'あなた'는 존대어, 'お菓子'도 존대어, 동사는 たべる → めしあがる의 경어동사로 바뀌야 한다. 바뀌지 않는 것을 보니 언급내용에서의 존대는 아니다. 그렇다면 아랫사람에게 쓰인 것이 되어 'あなた(미화어), お菓子(미화어)たべ(る)(ます)'는 공손어가 된다.

(30) [先生は学生にその事をおっしゃい]ました。
(선생님은 학생에게 그 일을 말씀하셨습니다)

이 언급내용의 주어존대로 'おっしゃる(말씀하시다)'가 쓰이고 있다. 청자가 '先生'일 경우도 마찬가지다. 만일 목적어(간접목적어)가 '先生'보다 상대적으로 윗자리에 있는 사람이면 겸양어를 쓰고 주어인 '先生'의 존대를 위해 'られ'존경조동사를 붙이는 것이다.

(31) 先生は校長にその事を申しあげられ ました。
(선생님은 교장에게 그 일을 말씀드리셨습니다)

(32) 先生は校長にその事を申しあげられてい ます。
(선생님은 교장에게 그 일을 말씀드리고 계십니다)

언급내용을 청자에게 공손히 표현하기 위해 'い-ます'를 공손어 '-て ござい-ます'로 바꿔 말하기도 한다. 이 경우 '있사옵니다'로 대역되기도 하는데 이 표현은 아랫사람에게는 어울리지 않으니 그 경우는 그대로 'ます'(습니다)로 할 수밖에 없다. 이때의 청자는 화자보다 아랫사람인 학생이나 타인에게도 쓸 수 있는 것이 특징이다.

조동사, 보조동사로는,

(33) ます(동사에), です(형용사, 형용동사어간, 명사에) (~습/ㅂ니다/(이)ㅂ니다) → で ございます, で あります(아/어/으/이/∅옵니다)

(33)을 예사공손 → 아주공손의 표현으로 볼 수 있다.

이들 공손어의 조동사·보조동사는 문말의 술어에 쓰인다. 다만 'ので, から, が, けれども'의 접속조사(문말용법에도) 앞에는 'た'(과거조동사)를 수반하기도 한다. 따라서 'ました, でした'와 같은 공손과거체도 쓰일 수 있다. 그 외는 문중에 어떤 활용형으로도 쓰이지 않는다.

'です'에는 'の'를 선행시키는 경우가 있다.

(14) *書くです　白いです　あたたかいです　学生です
書くのです　しろいのです　あたたかいのです　*学生のです(의미가 딴판)

이 'のです'를 'です'와 맞추어 조동사로 처리하기도 하나 교과문법에서는 준체조사가 쓰인 강조용법(이중긍정판단의 공손)으로 보고 있다.

(35) 힙니다 - 흰 것입니다
白い(しろ) - の(だ) / です
긍정 긍정 공손

존경, 겸양, 공손의 표현이 청자, 화자, 언급내용의 주어 그리고 목적어의 관계에 따라 동시에 하나의 문으로 나타나는 경우가 있다. 다음 예문에서,

(36) AさんがBさんにお祝いのことばを申しあげ られ ました。
① ② ③
(A씨가 B씨에게 축하의 말씀을 여쭈셨습니다)

①은 겸양어로서 A의 B에 대한 경의를, ②는 존경어로서 언급내용의 주어의 존대를, ③은 공손어로서 화자의 청자에 대한 경의를 나타내고 있다. 보통의 경우 이러한 경어표현의 순서는 겸양－존경－공손의 순이다.

(37)

申しあげ(겸양동사)	られ(존경조동사)	まし(공손조동사)	た(과거조동사)
여쭈-	셔(ㅆ)	읍니	(ㅆ)다

어순은 한국어와 다름이 없어도 한국어는 시제소(과거)가 공손의 앞에 오는데, 일본어는 맨 끝에 오는 게 다른 점이다.

시제소는 절에서도, 핵문에서도, 결말자리에도 나타나기 때문에 독자적인 투사체를 지닌 것으로 보지 않고, 절술어, 핵문술어, 결말부분에도 내포되는 것으로 필자는 보고 있다.

한국어의 경우도 일본어와 대비해서

(38) 여쭈 － 시 － 었(다), 여쭈 － 시 － 었습니다(다)
(申しあげ-られ-た) (もうしあげ-られ-ました)

와 같이 분석한다면 핵문술어 내(말미) 혹은 결말 내(말미)에 있는 것으로 분석된다. 과거공손체로 'ました'('でした'도)를 한 묶음 하는 것이다.

기타 직접의 경어는 아니지만 간접적인 표현을 통하여 경의를 담그게 하는 것이 있다. 꺼리는 말을 피한다든지,

(39) 死ぬ(죽다) – 亡くなる(돌아가다)
　　病気 → 具合がわるい(상태가 나쁘다)

혹은 비속한 느낌을 덜게 해서 나타낼 수 있다.

　　腹がへる(배가 고프다) → お中がすく(시장하다)
　　大小便をする(대소변을 보다) → 用を足す(일을 보다)
　　便所(변소) → 手洗い(손씻기, 화장실)

이상의 경어 외에 다음과 같은 비어(卑語)(Vurgar Word)가 있다.

(40) 1. 접사 Aston(1888:181)에서 ちくしょう-め(畜生 짐승 → 개새끼, beast), あま-め(尼 여승 → 계집년, hussy), べらぼう-め(비열한 놈, scound-rel) 등이 제시되었다. 기타 ばか-め(멍청이), せがれめ(아들놈) どけち(인색, ど(접두사) 멸시 함의)

2. 대명사 おれ(나, 1인칭), おまえ(너, 2인칭)
　貴様(2인칭, 너), てめえ(2인칭, 너)

3. 명사 めし(飯, 밥) じじい(老人, 할아버지), がき(餓鬼, 어린녀석)
　Aston(1888:181)에서는 つら(顔, 낯짝, mug), やつ(奴, 녀석, fellow)가 제시된다.

4. 동사 行きやがる(やがる 경멸의 접미사)
　ぬかす(지껄이다)

食う(먹다) 앞에서는 이것을 평어로 하였지만, たべる(먹다)를 평어로 하고 食う를 비어로 하기도 한다.
食らう(처먹다) '食う, 食らう'는 Aston(1888:181)에도 보인다.

경어의 생성기제 경어표현의 생성기제에 대하여 생각해보기로 한다. 경어의 화자, 청자, 언급내용의 관계구도를 고려한다면 시발구조와 그것에 내포되는 소재문을 가정했을 때,

(41)
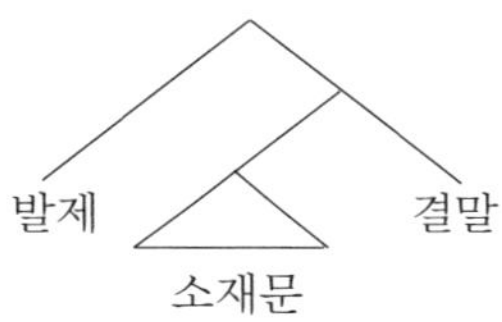

결말의 자리는 화자의 공손성이 나타나는 자리, 소재문은 언급 내용의 자리가 된다고 보면 발제는 화자의 자리로 볼 수 있다. 그런데 청자의 자리가 없다. 소재문의 주어가 2인칭의 경우는 청자와 동일하여 외부적으로 드러나지만 소재문의 주어가 1, 3인칭 경우는 청자는 잠재해버린다. 경어표현은 화자, 청자, 그리고 언급내용의 주어(그리고 목적어)와의 상대적 관계에 나오는 것이므로 어떤 방법으로든지 그것을 나타낼 필요가 있다.

다음의 예문에서,

(42) (∅) [先生は学生をお呼びなさい]ました。(先生 3인칭 주어)
주어존대 (선생님은 학생을 부르셨습니다)
공손

여기서 존대주어와 존대동사가, 공손의 ∅화자와 공손조동사가 일치하는 모습을 보여주지만 경어표현은 그러한 단선적으로 이루어지는 것만은

아니다.

(43) (∅) [先生は校長先生にその事を申し上げられ]ましたか。(先生 2인칭주어)

주어겸양

주어존대

(선생님은 교장선생님에게 그 일을 여쭈셨습니까)

상대적으로 겸양의 주어와 겸양동사가 일치하고, 또 한편으로 상대적으로 화자보다 존대의 주어가 존경조동사와 일치하고 있다. 그런데 공손어의 출처가 분명하지 않다. 공손어는 화자와 청자의 관계이므로 청자 자리가 명시되어야 한다.

우리가 쓰는 일반적인 글에서는 불특정다수인을 상대(독자/청자)로 쓰고 있고 필자(화자)와의 상대적 관계를 고려하지 않고 있다. 따라서 이러한 일반적인 문의 생성을 보여주는 통사구조에서는 청자가 고려되는 자리가 없다.

그러나 화자와 청자 그리고 언급내용의 주어(그리고 목적어)가 실지로 관여하는 화용의 차원에서는 경어적 표현이 있게 되는 출처를 명시하기 위해서는 청자의 자리의 표시가 필요하다. 곧 화자, 청자, 주어의 상대적 관계가 잡힐 수 있어야 한다.

이에는 청자의 자리를 통사적 자리에 끌어들일 것인가 아니면 통사적 자리와는 다른 차원의 것으로 볼 것인가의 문제가 있다.

필자가 가정하고 있는 발제 – 결말의 시발구조는 가능한 언어표현의 시작과 끝을 아우르는 것이기에 다음 a와 같이 다른 차원의 것이기보다 b처럼 시발구조 안에 안기는 식을 취하고 있다. 실지로 일반문의 어순도 주어 – 여격 – 대격 순이며 여격자리가 언급내용의 2인칭주어의 청자가 위치할 수 있는 자리이기도 한 것이다.

앞서의 (43)의 예문에 청자의 자리를 (44)의 a, b처럼 나누어 다시 보이면 (45) a.는 청자가 시발구조 밖에 있는 것이고, (45) b.는 그 안에 있는 것으로 볼 수 있다.

(44)

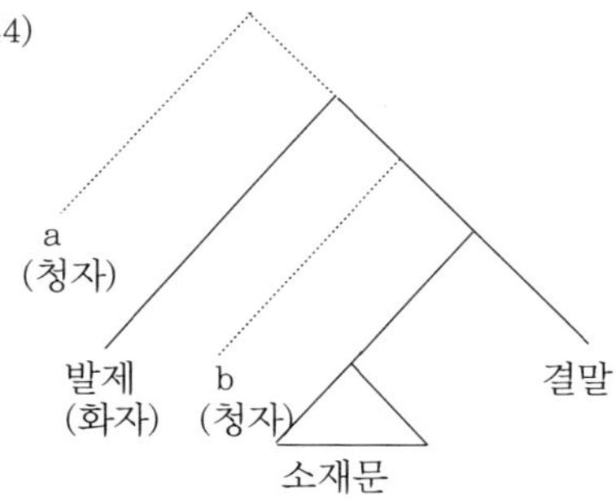

(45)

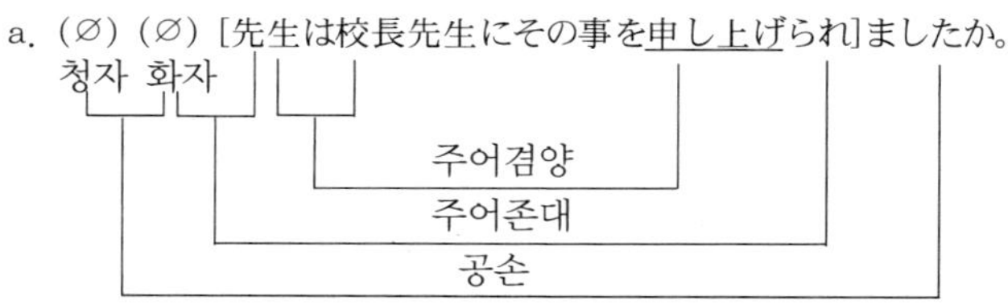

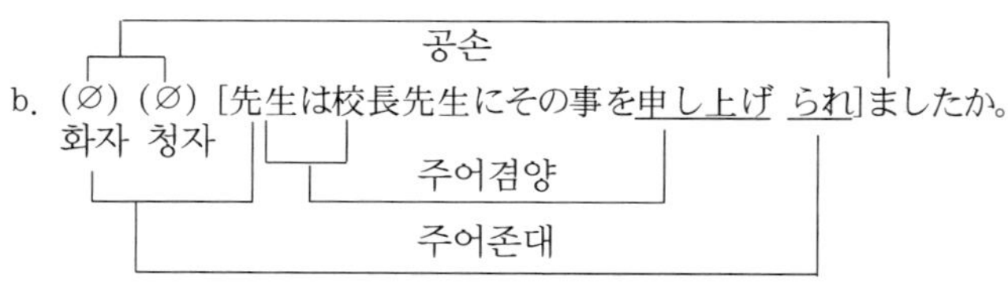

양자관계 표시는 └┘ 또는 ┌┐ 표시로 하였다. 언급내용에서 어느 하나에 상대적으로 높은 위치의 [+H](Honor)가 주어지면 나머지 상대는 [−H]가 된다. 원래 경어표현은 유표적인 것이므로 [+H]자질 쪽에 표시를 하면 상대는 [−H]자질이 되는 식이다.

공손표현은 사회적 지위와도 관계하고 관계하지 않기도 하므로(연하에도 쓰인다) [±H] 자질 표시로는 부적절하고 공손의 자질 [±P](Polite)를 따로 지정할 필요가 있다. (45) a., b.의 예시처럼 화자는 언급내용의 주어와도 관계하고 청자와도 관계되는데, 동일한 화자가 [±H]가 되기도 하고 [−H]가 되기도 하는 것은 문제가 된다. [±H]와는 다른 자질 [±P]로 하면 자질 모순이나 충돌을 피할 수 있다.

다음의 상대적 관계 표시에서 한 쪽의 [±P]는 상대에 대한 공손성의 유무를, [±H]는 존대성의 유무를 나타낸다. [+H]는 상대적 존대성을 나타내고 [−H]는 상대적 겸양성을 나타낸다.

(46) 1. (∅) (∅) [언급사항] ∅ / ます (공손)
화자 청자
[+P]/[−P] [−P] [+P]

2. (∅) (∅)
화자 청자 [주어 …… 申しあげる/おっしゃる] ∅ /ます (주어존대/겸양)
[+P]/[−P] [+H]/[−H] [−H] [+H] [−P]/[+P]

3. (∅) (∅)
화자 청자 [주어… 목적어 申しあげる/おっしゃる] ∅ / ます (목적어존대/겸양)
[+P]/[−P] [+H]/[−H] [−H] [+H]

이상은 하나의 전형으로 보인 것이고 문맥(화맥)에 따라 여러 양상이 있게 된다. 참고로 예가 잘 없는 경어표현의 수형도를 찾아서 그 예(여기서는 주어존대)를 보이면(久野 1989:112),

(47) 1. 2.

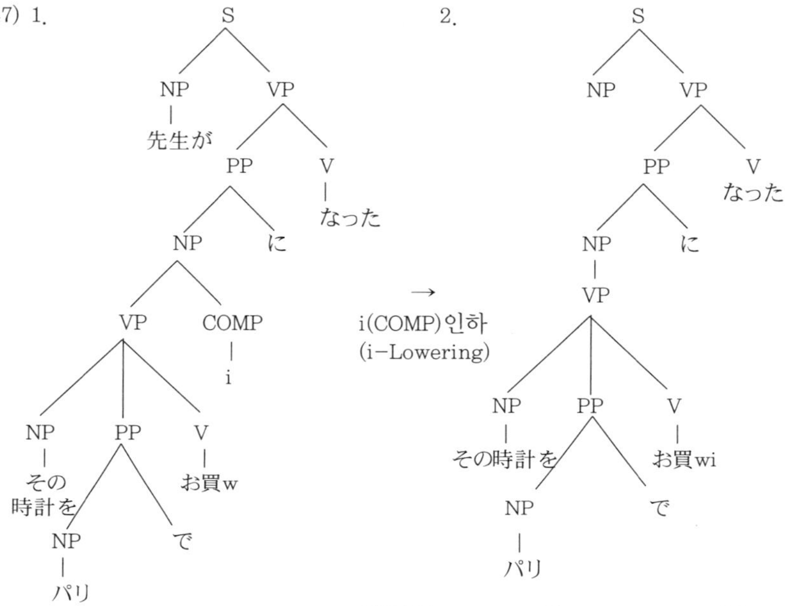

(원문의 katakana를 hiragana로 고침)

(선생님이 그 시계를 파리서 사셨다)

보어를 취하는 동사'(に)なる'의 일반적인 구조에 상응할 수 있으나, 경어동사(お買w)가 목적어 존대가 아닌 이상 주어존대에 쓰였다면 주어와 직결되는 구도는 아니라고 생각한다. 그리고 'お買(か)い' 자체가 경어로 보면 후행의 'なる'는 하나의 형식명사이고, 그렇다면 경동사의 경우처럼 핵문 *v*핵에 있는 것으로 보아진다.

겸해서 공손표현의 구도까지 첨가하여 필자가 생각하는 것을 보이면,

(48)

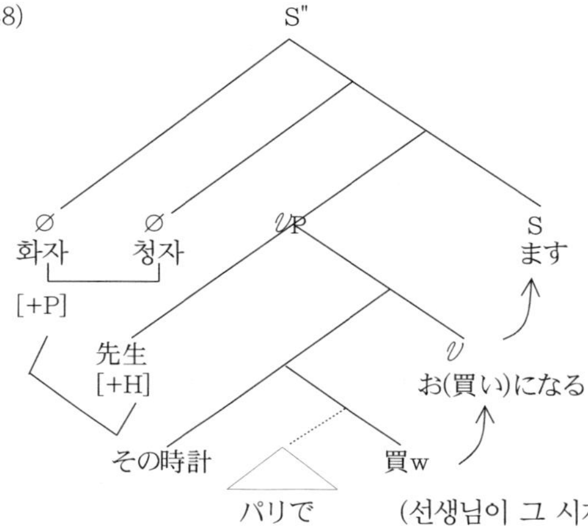

(선생님이 그 시계를 파리에서 사셨습니다)

𝓋P가 언급내용 곧 소재가 된다. 핵문의 술어 병합이 이루어지면,

(49)

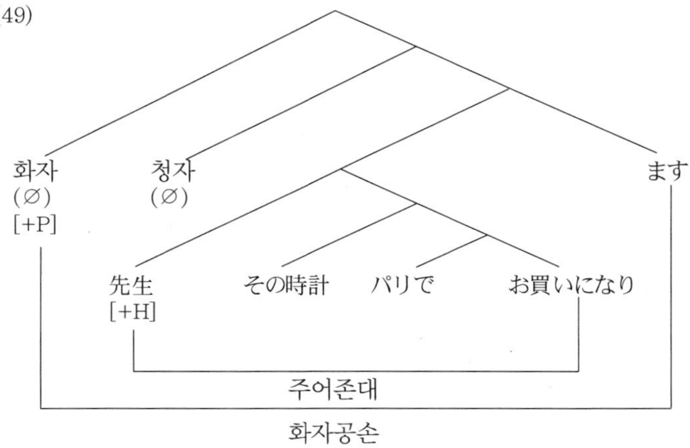

선조화(단선화)하면,

(50) (∅)　(∅)
화자　청자　[先生はその時計をお買いになり] ます
[+P]
[+H]
주어존대
화자공손

이상과 같이 화자와 청자는 나타나지 않으나(단 1인칭주어인 경우 화자로, 2인칭주어인 경우는 청자로 나타난다) 언급사항의 주어와 목적어 그리고 동사가 나타나면 그 어형으로 그 형태의 [±H]가 구별된다. 공손의 표현은 문말의 공손어로 알 수 있다. 앞에서의 존경어, 겸양어, 공손어의 형태적 분류가 참고 될 것이다. 분간되는 형태에서 어떠한 상대적 관계구도에서 사용되는가가 판별된다.

그런데 이들 형태어휘가 각각 어떻게 그리고 어느 통사구조상에 도출되는가가 궁금하다.

어휘부의 어휘항목은 어휘자질로 이루어지며, 개별언어에서도 명목상의 이름은 주어져 있다고 본다. 명사에 접사가 부착하여 경어를 이루는 것도 어휘부에서 이루어져 있다고 볼 수 있다. 통사부에서의 접사 경어화는 기제의 복잡성을 자아낸다. 경어동사도 마찬가지다. 평어동사와 별도로 경어동사가 등재되어 있다고 본다.

그렇다면 시발술어핵 자리에 평어동사 아니면 존대동사 아니면 겸양동사가 도출될 것이다. 이미 시발구조에서는 ∅화자, ∅청자 그리고 ±공손의 결말의 구도가 짜여 있다. 곧 언어표현주체자의 경어표현 의도 여부의 구조가 짜여 있다고 볼 일이다. 그러한 의도에 따라 시발술어핵의 경어동사가 출현하면 그 동사의 속성에 따라 [+HUMAN]의 주어, 목적어 혹은 [−HUMAN]의 목적어가 도입되는데 그것은 접사 경어화된 명사가 아니면 경어대명사다, 경어대명사도 어휘부에서 형성되는 것으로 본다. 그 반대의 경우도 생각할 수 있다. 술어핵 자리에 존대동사, 겸양동사가 도출되어서 ∅화자, ∅청자 그리고 ±공손의 결말이 짜여진다고 볼 수 있다. 경어표현은 언어주체자의 직관·의도에서 오는 것이라면 위에서 내려오기식이 쌓아올리기식보다 앞선다고(거의 동시적으로) 본다.

(10)에서의 경어동사의 1의 단계인 존경조동사의 'れる/られる'형은 어떻게 되는가. 일반적인 생성기제에서는 피동(그리고 사동)의 접사는 Af의 접사핵 자리에 도출되고 수동을 야기하는 동작주(by구)가 도입되는데, 여기서의 존경의 'れる/られる'는 그러한 일은 없다. 단순히 동사에 후접하여 [+H]의 자질을 부여할 뿐이다. 따라서 존경조동사는 통사구조상에서 형성되는 것이 아니고 어휘부에서 존경동사화 한다고 본다. 2.의 단계의 것도 어휘부에 형성되는 것으로 보지만 3.의 단계의 것은 두 가지 의견으로 갈릴 수 있다.

첫째는 구성상의 복잡성(お…に なる)에서 통사부에서는 무리이고 어휘부에서 이루어진다고 보는 것이고, 둘째는 ~になる가 형식동사와 같아서 앞부분은 V핵에 ~になる는 *v*핵에 도입되어 통사적으로 병합된다고 보는 것이다. 난점은 V핵에 おいい(お言う), おめし(お召す)가 도출될 수 있는가이다. V핵에는 'いう(말하다), めす(드시다)'로 도출되다가 *v*핵에서 'になる'의 형식동사가 병합할 때에 おいい, おめし와 같이 형태(명목)가 바뀐다고 볼 수 있다. 어휘항목은 자질집합체로 동사에 후접하는 −になる의 자질에는 [+H]자질이 있다고 보면 가능한 일이다.

4.의 단계의 여성적 표현은 앞엣것에 준해서 생각할 수 있으나, 여성 특유의 것으로 볼 때 여성어로서 어휘부에서 생성되고 그 전체가 V핵에 도출될 것이다. 그 대상이나 주어도 가능한 한에서 여성적인 것으로 채워서 일치관계를 도모할 것이다.

다음, 경어 보조동사의 경우는 어떤가? 일반적인 보조동사의 경우와 마찬가지로 시발술어핵의 V자리의 하위 병열구조의 후부(두단)에 도출된다.

(51)

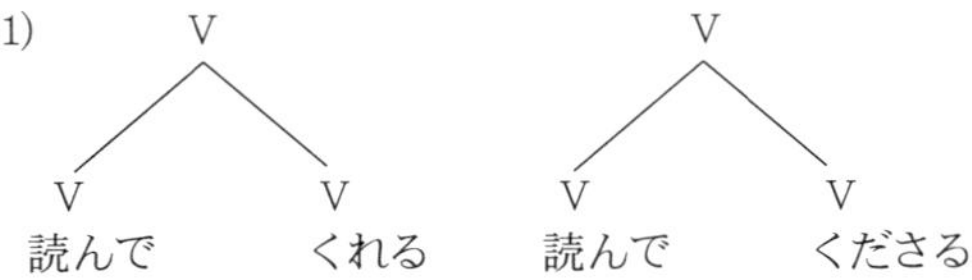

후속의 ‘くれる’그리고 ‘くださる’도 어휘부에 평어동사와 경어동사로 별도로 등재된다고 본다. 한국어의 ①오다 – ②오시다 – ③왕림하시다의 경우도 ①은 어휘부에 등재된 어휘항목, ②는 ‘시’는 𝓋핵의 존대요소로 주어와의 일치요소로 V + 𝓋로 이루어지고, ③은 어휘부의 경어동사 왕림하 – 가 V핵에 도출된 후 𝓋핵의 ‘시’와 병합하여 이루어지는 것으로 본다. 보조동사가 후속하는 ‘와 주다’, 그리고 ‘와 주시다’의 경우는 일본어와 달리 어형이 동일한 것이므로 V에서는 ‘와 – 주다’의 연속체로 𝓋핵에서 ‘와 – 주시다’가 되는 것으로 본다. 주어와의 일치라는 존경형태소의 독자성을 고려하면 이휘부에서 주다 – 주시다, 가다 – 가시다…처럼 어휘항목을 함께 등재할 필요는 없다(어형성규칙으로 처리). ‘주다’가 통사부에서 존대주어와 일치하는 𝓋핵에서 ‘주시다’가 된다고 보는 것이다.

내포성조건에 위배되는 것 같지만 원래 𝓋핵에 [±존대]자질이 있다고 보면 문제되지 않을 것이다. 그리고 비능격동사구문에서 상대항에 존대의 동작주가 도입되는 술어핵 자리에는 ‘주다’가 도출되어도 좋으나(결국 V핵 자리에 이동하므로) ‘주시다’가 직접 도출된다고도 볼 수 있다. 그것이 더 간편한 운용기제가 된다.(보주(補注) 11(p.640))

제7장 문법의 논의와 관련된 알타이제어

여기서 말하는 문법의 논의는, 제2장의 형태론과 제4장의 어휘부에서의 문법상의 중요한 논의의 부분이 알타이제어에서는 어떠한 양상으로 나타나는지 살펴보기 위해 보주(補注) 표시를 하고 여기서 그 논의를 마련한 것인데, 그것을 차례로 배열하여 하나의 장으로 엮은 것이다.

일본어의 문법의 특색은 한국어와의 1대 1의 비교만으로 충분히 드러낼 수 없다. 동계로 여겨지는 제3의 언어 곧 알타이제어의 다른 어느 하나의 언어 내지는 여러 언어와의 비교가 필요하다. 그러기 위해서 알타이제어와 관련되는 사항을 필자의 힘이 미치는 범위에서 다루어 보았다. 차례는 본문에서 보주로 표시한 페이지상의 순서에 의한다.

후치사 (보주 1) (p.57)

1. 만주어문어의 예(河内 1996:142-)에서 뽑아보면,

(1) 속격의 명사에 이어지는 것.

wargi baru(방향)
서쪽(의(/을)) 향하여

tere niyaman hūncihin i emgi (공동)
그 친척 (의/과) 함께

amala(뒤에(서), 이후에), dele(위에(서))(장소), dolo(안에(서)), tule(밖에(서)) (장소), 양태의 adali(와 같이), gese(와 같은), songkoi(에 따라, ~대로, 동사의 연체형에도 이어짐)

(2) 탈격의 명사에 이어지는 것.

ereci amasi (시간)
이(로부터) 이후에

ser sere jaka ci aname (범위)
미미한 것 에 (이르기)까지

(3) 동사의 연체형에 이어지는 것.

mukden de bihe fonde (시간)
성경(盛京, 심양) 에 있을 때

jalin(~ 때문에) (이유)

(4) 기타 완료의 연체형에 be(대격)가 이어진 것.

te amba baita wajiha be dahame (이유)
지금 은 일(이) 끝났 으므로

2. 만주어의 현대방언에서의 예를 보면,

(1) Ibuchi(依布氣방언(趙杰 1989:151-)에서

ilʌn ɑȵiA, ɑmulə (시간)
3년 이전 이후

tən itɕʻi tʻAmi (방향)
높은 쪽으로 보았다

mAntsəu ȵiAymɑ vɑxə (부정)
만주족 사람이 아니면

pi ɕin mAŋɑ (대명사의 속격에 이어진 예) (공동)
나(는) 너(의) (와)함께

ɛi pɛitʻə tɕielintə (이유)
무슨 사정 (을)위해

(2) Sibe(錫伯語) (李樹蘭 外 1986:106-107)의 예에서,

bi tərəj gəsge ərəm mutuqu (대명사의 속격에 이어진 예)
나(는) 그이 처럼 할 수 없다

təs gisərx soŋqoi itɕxiaxəi (연체형(완성체)에 이어진 예)
그들(이) 말 한 대로 하다

bitxə xular dʑəlin bo bəidʑiŋd gənəm (연체형(미완성체)에 이어진 예)
책 읽기 위해 우리들(은) 북경으로 간다

3. Evenki의 경우, 朝克(1995:154-)의 예에서는,

(1) 연체형(현재·장래)에 이어지는 것

əməggir taŋikku (시간)
돌아 올 때마다

gəbbə oor ʤaariŋ (목적)
일(을) 하기 위해

bitig isir bʉr (정도)
책(을) 볼 수록

(2) 연체형(과거)에 이어진 것.

ʤiŋʤisa geenʤiŋ (방식)
설명한(것) 대로/(에 따라)

(3) 명사에 이어진 것.

aja bəj ooʤixiŋ (원인)
좋은 사람 이므로/이기 때문에

(4) 명사(여격)에 이어진 것.

xərəŋdʉ toloʧʧoxiŋ (한정)
담 까지

(5) 인칭대명사의 속격에 이어진 것.

mʉni aʧʧatx (방향)
우리를 향하여

tarini ʤiggiŋ (비교)
그 와 같이/와 같은

(6) 형용사에 이어진 것.
nisʉxʉŋ biʃiddixi (시간)
어린 때부터

4. Evenki의 Nedjalkov(1997:172-)의 예에서는,

moi daga-du-(n) (장소)
나무 근처 에(3인칭 소유)
tuli-git (기점)
바깥으로부터
ure-l d'ule-li-(tyn) (방향·경유)
산 들 앞으로(/을 통하여)(3인칭복수 소유)
urke amari-la-(n) (방향)
문 뒤쪽으로(3인칭단수 소유)
gule-ve mureli (명사의 대격에 이어진 예) (장소)
집 (을) 둘레에

5. 몽고어에 대해서는 Kullman(1996:285-)을 참조하면,

(1) 명사(어간)에 그대로 이어지는 것.
5жил гаруй 60 шахам
5년 이상 60 가까이
номон доор ширээи дээр (-н어간의 뒤에)
책 아래에 탁자 위에
12сар хүртэл хүн тутам
12월 까지 사람 마다

апим адил　　　　　чоно　мэт
사과 와 같은(/같이)　　이리(狼) 와 같은
тогтоол ёсоор
결정 에 따라서

(2) 명사의 속격에 이어지는 것.

чиний тул(/тулд)　　миний төлөө
너의 때문에　　　나의 때문에(/대신에)

2жилийн турш　　　хэлний　дагуу
2년 동안　　　(하는)말에 좇아서(따라서)
уулын чинээ　　　уулын хооронд
산 만큼　　　　산 사이에
үүдний дэргэд　　өрооний дотор
문 곁에(/가까이)　방 안에서
миний ард　　　　миний урд
나의 뒤에서　　　나의 앞에서
уулын уруу　　　уулын өөд
산 아래로　　　　산 위로
хоолныхоо дараа (속격 + 재귀소유격 다음에)
식사(자기의) 후에
энэ саналын эсрэг
이 의견에 대립하여(/반대하여)

(3) 탈격에 이어지는 것.

гэр бүлээсээ　　　хол (탈격 + 재귀소유 다음에)
가족 으로부터(자기의) 떨어져서

6. 튀르크어에 대해서는 Türeli(1968:71-) 등을 참조해서 뽑아보면,

(1) 속격에 이어지는 것(대명사).

onun gibi
그(이)와 같은

benim gibi
나(의) 처럼

benim için
나(의) 에게는

(2) 처격에 이어지는 것.

<u>saat ona</u> kudar
10시(에) 까지

alimler-e göre
학자들에 의하면

(3) 탈격에 이어지는 것.

bu mesele-den dolayı harpten dolayı
이 문제 (부터) 로 전쟁(부터) 때문에

(4) 기타.

Ay kadar kalem ile (명사에 이어진 예)
달 만큼 펜 으로

tren-le gitti
열차 로 갔다

yemek pisirmek üzere (동사의 부정형(여기서는 하나의 명사형)에 이어진 예)
요리(를) 만들기 위해

지금까지 예들을 보고도 알 수 있듯이 알타이어계의 후치사는 한국어와 일본어의 형식명사, 부사격조사, 부조사(그리고 계조사)의 의미격 혹은 그 후치사적 용법에 해당하는 것들이다. 격을 나타내는 격조사 이외의 후접성분을 어떻게 처리하는가의 분류와 방법만 다를 뿐이다. 후치적으로 선행명사의 의미를 구체화하는 표현에서 공통적이다.

접속방식도 한국어와 일본어에서 1) 명사에 그대로 이어지는 것(5年以上/くらい(5년 이상/정도)), 2) 속격에 이어지는 것(私の後に(나의 뒤에)), 3) 탈격에 이어지는 것(ここから離れて(여기로부터 떨어져서)), 4) 대격에 이어지는 것(これを通じて(이것을 통하여)), 5) 연체형에 이어지는 것(見る為には(보기 위해서는))과 같이 다양하게 나타나는 것도 공통적이다.

후핵언어에서 의미격의 의미분화에 따라 후치사적 요소가 늘어날 수밖에 없을 것이다.

품사분류 (보주 2) (p.63)

일본의 북해도지방에 있는 아이누어의 품사분류도 일본어와 비슷하다.

Kindaici 외(金田一, 知里 1936)를 중심으로 대비하면,

(1)

1. Kindaici 외	2. Tamura(田村 1988)	3. Satoo(佐藤 2008)
명사	명사	명사 ┌ 명사
대명사	인칭대명사	│ 대명사
수사 ――――――	(수연체사로)	└ 수사
동사	동사(형용사 포함)	동사(형용사 포함)
형용사(지시형용사로)	(형용사) ↗	(형용사) ↗
(연체사) ↗	연체사(수사는 수연체사로)	연체사
부사	부사	부사
(접속사)	접속사	(접속사)
감탄사	감탄사	감탄사
조사	조사(조동사 포함)	조사(조동사 포함)

일본어의 체계와 대비해서 형용동사만이 없다. 형용동사는 일본어에서 새로이 형성된 것이기 때문이다. 형용사, 연체사, 접속사는 시각에 따라 분리하기도 하고 다른 데 포함시키기도 하고 있다. 접속사와 조사(접속조사)의 차이는 그 앞의 휴지유무에서 오는 자립적인가 부속적인가에 있다. 위의 대비에서, 어느 체계든 품사가 다른 것에 비해 서로 두어 가지 들쭉날쭉 되어 있다. 필자(金公七 2000)는 형용사 외는 다 있는 체계인데 지금은 형용사는 분리해야 한다고 생각하고 있다. 그렇게 되면 여기서 거명한 품사는 다 있는 것이 된다. 결과적으로는 일본의 교과문법의 체계하고는 거의 같은 체계가 된다.

조사와 조동사의 차이는 형태의 어형변화 유무의 차이인데 아이누어는 어형변화가 없는 언어이기에 조동사를 따로 세우지 않을 뿐 조동사와 같은 구실을 하는 말은 있기 마련이다.

한국어, 일본어(아이누어)도 알타이어계로 보는 처지에서는 동계의 만주어, 퉁구스어(여기서는 Evenki), 몽고어, 튀르크어의 품사분류도 참조할 필요가 있다. 만일 유별하게 다른 점이 있다면 동계일 수가 없는 것이다.

2. 만주어에 대해서는 다음의 두 분류를 예시하고자 한다.

(1)

1. 依布气방언 (趙杰 1989)	2. 만주문어 (河内 1996)
명사	명사
대명사	대명사
수(량)사	수사
동사	동사
형용사	형용사
부사	부사

연사(連詞)	다른 구와 호응적으로 쓰이는 접속조사, 부사 (진술부사), 접속사	접속사
감탄사		감탄사
어기사(語気詞)	일본어의 종조사와 같은 것	종조사
후치사		후치사
격조사		격조사
		상징사(의태어, 의성어)

1.은 흑룡강성의 Ibuchi(依布气)촌의 방언의 것이다.

1.의 연사를 접속사로 치면 양자는 거의 일치한다. Kawaci의 상징사는 문어에서의 쓰임을 유별하게 한 것이다. 그것은 자립어이면서 활용이 없고 주어가 될 수 없지만 그 자체 혹은 보조동사(sembi ~라고 말한다)의 활용형과 어울려 연용수식어(부사어), 목적어, 술어구실을 한다는 것이다(p.159).

한국어나 일본어에서는 상징사는 부사에 포함된다. 두 언어 모두 '~하다/する'를 수반하여 술어 구실을 할 수 있다.

趙杰의 어기사, 격조사, 그리고 Kawaci의 종조사, 격조사는 조사로 크게 묶을 수 있다. 세분화는 개별언어에서의 분류의 중점을 반영한다.

이상과 같이 정리하면 명사, 대명사, 수사, 동사, 형용사, 부사, 접속사, 감탄사, 후치사, (격)조사로 정리된다.

3. 다음, 만주어와 같은 퉁구스어로서 원시 퉁구스방언에 근접하는 Evenki(예전에 퉁구스어로 불리던 것)의 품사분류는 다음과 같다.

(1)

1. Nedjalkov(1977)	2. 朝克(1995)
명사(곡용)	명사
대명사	대명사
수사(수량사)	수사
동사	동사
형용사	형용사
부사	부사
후치사	후치사
감탄사	감탄사
(조사)	조사
	어기사 (앞서의 만주어 참조)
	연사 (앞서의 만주어 참조)
	의성의태사 (만주문어의 상징사 참조)

앞에서 정리한 만주어의 경우와 대비하면 (1) 2.는 만주어의 경우와 거의 같다. 1.에서는 접속사, 격조사가 빠져있다. 접속사는 언어주체의 통사체 연결의 본유적인 것으로 본다면 모든 언어에 보편적으로 보이는 범주이다. 2.에서는 접속사(連詞의 이름으로) 그리고 조사가 설정되어 있다. 명사와 격조사와는 한국어나 일본어와도 같이, 보는 이에 따라 명사 곡용으로 한데 묶기도 하고 따로 세우기도 한다. Evenki의 경우도 마찬가지로 조사를 따로 세워서 처리할 수 있다. 그렇게 되면 앞서의 만주어의 품사분류와도 같아지게 된다(2.의 어기사(문말의 종조사와 같은 것)와 의성의태어는 따로 세울 필요가 있는가는 의문이다). 특히 만주문어의 상징사 그리고 Evenki의 의성의태사의 품사 설정은 그만큼 그 언어에서 어례가 많고 또 자주 쓰이고 문중에서 여러 가지 구실을 하기 때문이다. 한국어와 일본어도 의성어와 의태어가 많고 그것도 중복적으로 이루어지고 있는 것이 특색화되어

있다. 다만, 부사(상태부사)로 쓰일 뿐이어서(일부 접미사 수반하여 술어로도 쓰인다) 독립품사로서는 내세우지 않는다.

4. 몽고어는 Poppe(1970)에 의하면 지금까지의 경우와 거의 마찬가지로,

(1) 명사
대명사
수사
동사
형용사
부사
접속사
감탄사
후치사

인데, 명사의 곡용접사를 따로 (격)조사로 떼어놓으면 앞서의 분류와도 일치한다. 小沢(1983)의 사전수록어휘의 품사 표시에는 이상의 분류에 조사가 따로 있는 것으로 되어 있다.

강신(2004:26-27)에 의하면 몽골 학자 Luvsanvandan의 품사분류체계도 앞엣것과 비슷하다(명사, 대명사, 수사, 동사, 형용사, 부사, 접속사, 감탄사, 후치사). 다만 첨사가 더 설정되어 있다. 첨사는 곡용이나 활용이 없는 감탄사, 부사, 후치사와 같은 불변화사와 동류이다. 그 전체를 첨사라 하기도 한다(강신 2004:35). 첨사의 예들을 보면(긍정 даа, 의문 уу, 부정 гүй), 문말어미와도 같다. 일본어문법에서의 종조사와 같은 것도 포함된다. 그 외에도 강조사(ч)와 같은 것도 있다. 해석에 따라서는 어미, 종조사, 부조사(강세)로 해석될 수 있어서 독립품사로 설정하지 않을 수 있는 것이다.

5. 튀르크어의 경우, 1.의 고대 튀르크어(Johanson 1998:140-)와, 2.의

현대어의 경우를 보이면,

(1)

1. 명사	2. 명사
대명사	대명사
수사	(수형용사)
동사	동사
형용사	형용사
부사	부사
접속사	접속사
감탄사	감탄사
후치사	후치사
	(조동사)

여기서 명사 곡용의 부분을 (격)조사로 분리하면 앞서의 다른 언어의 체계와도 같아진다. 우측에 제시한 Türeli(1968)의 분류에서 명사(대명사, 명사 상당어(구)) + imek의 형식에서 동사의 자격을 주는(명사술어) imek을 조동사로 하고 있다(p. 80). 보통은 동사로 다루는 것이기에 괄호로 쳤다. 수사는 형용사의 일부로 되어 있다. 튀르크어의 경우도 지금까지의 다른 언어들의 품사분류하고 크게 달라지는 것은 아니다.

이상에서 한국어와 일본어는 알타이계어와 거의 동일한 품사체계를 지니고 있다고 말할 수 있다. 다만 각 언어에서 다양하게 표현되고 있는 후치사적인 용법이 간과되고 있지 않나 생각된다. 한국어 그리고 일본어에서도 후치사를 독립품사로 설정할 것인가를 긍정적으로 생각해볼 필요가 있다. 한국어의 격조사－특수조사(/보조사), 일본어의 격조사－부조사(계조사)의 체계에서 격조사를 제외한 부분을 의미격조사로든 후치사로든 떼어놓아서 자상하게 다룰 필요를 느낀다.

대명사 (보주 3) (p.79)

1. 일본어에서 공통어의 대명사와 다른 형태의 것이 방언이나 고문헌에서 보인다.

(1) Yaeyama(八重山)방언(宮良 1980:72-73)

1. 1인칭단수 banu
baŋ
anu:
ba: 내가
bana: 나는
1인칭복수 ban-da:
banu-ma
baga:
2. 2인칭단수 wanu wa:
da: uwa, uva
2인칭복수 wa-da
danuma
3. 제3인칭단수 kar'i
복수 kat-ta

위에서 1인칭 ba, ban, 2인칭 da, wa가 기본적이다. 3인칭은 지시대명사(원칭) kar'i가 전용된 것이다.

(2) Naha(那覇)방언(金城 1974:87)

1. 1인칭단수 wa: waŋ
복수 watta:
2. 2인칭단수 'ja: (경칭 na:)
복수 'jatta: (경칭 natta:)
3. 3인칭단수 kuri

이는 사물의 지시대명사를 전용한 것이다.

위에서 1인칭 wa(〈ba), 2인칭 na(3인칭은 지시대명사 전용)가 추출된다.

(3) 고문헌(万葉集)

1. 1인칭단수 a, wa, *na(복합어의 전항)
   1인칭복수 are, ware
2. 2인칭단수 na, *si(/ci)(자기, 당신의 용례에서)
   복수 nare
3. 3인칭단수 ka, kare(지시대명사의 원칭에서 전용)

만엽집에서는 1인칭 wa(〈ba), na, 2인칭 na가 추출된다.

전체적으로 보아서 원래 일본어에도 1인칭에 ba(/wa), (ban), na, 2인칭에 na(/da)가 있었다고 볼 수 있다. 복수형은 이들에 –da/ta의 형태가 붙은 것이다.

2. 이를 한국어의 그것과 대비하면,

(1) 중세어

1. 1인칭단수 나
   복수 우리, 우리ᄃᆞᆯ
2. 2인칭단수 너, 그듸
   복수 너희, 너희ᄃᆞᆯ
3. 3인칭 이, 뎌는 지시대명사에서 전용된 것으로 보인다.

(2) 제주방언

1. 1인칭단수 나, 우리
   1인칭복수 우리, 우리들
2. 2인칭단수 느(/니/너), 지
   2인칭복수 느(/니)네들, 너이들, 지네들
3. 3인칭단수 가이, 가네

3인칭복수　가네들

3인칭은 지시대명사의 축약(그-아이 > 가이)에서 온 것 같다.

이상에서 1인칭에 na, u-ri(*bu-ri), 2인칭에 '너, 지'가 있었다고 할 수 있다. 복수형은 이들에 둘(/들)이 붙고 있다. 그렇게 되면 일본어의 경우는 한국어와 닮아있다.

3. 여기서 András Róna-Tas(1976:551)의 예를 빌려서 가장 Altai적이라 생각되는 인칭대명사의 재건조어형을 보이면,

(5)

	(1) Turkic	(2) Mongolian	(3) Manchu-Tungus
1인칭단수	bi, män-	bi, min-	bi, min-
2인칭단수	si, sän-	ti, tin-	si, sin-
3인칭단수	i, in-	i-, in-	i, in-
1인칭복수	biz	ba, man(배타형)	büa(배타형)
		bida (포괄형)	
2인칭복수	siz	ta, tau-	süa
3인칭복수	anlar	a, an-	ti

이들 언어들도 3인칭은 지시대명사에서 전용된 것으로 보고 있다.

이들을 보고 1인칭 bi, 2인칭 si, ti를 기본으로 했을 때 앞서의 한국어(제주방언), 일본어는 3인칭복수를 제외하고 이 틀에서 크게 벗어나는 것은 아니다.

4. 이제 만주어를 비롯한 알타이제어의 인치대명사를 차례로 보기로 한

다. 먼저 만주어는 남부 퉁구스어에 속한 언어이다.

(1) 만주문어(만주실록)

1인칭단수	1인칭복수	2인칭단수	2인칭복수	3인칭
bi min(i)	be men(i) (배타형) muse(포괄형)	si, sin(i)	suwe(n)	i, in(i) 3인칭 복수는 잘 없다.

참고로 1인칭(단수)의 격변화를 보이면,

주격 bi

속격 mini

여격 minde

대격 mimbe

탈격 minci

에서처럼 밑줄 친 부분을 격조사(또는 곡용어미)로 했을 때 나머지의 주격과 다른 형태의 것이 있게 되는데, 동일한 순음계열이므로 bi계열 한 가지라 할 수 있다. 그렇다면 2인칭도 si계열의 한 가지가 된다.

(2) Ibuchi(依布气)방언

1인칭단수	1인칭복수	2인칭단수	2인칭복수	3인칭
pi [bi]	pōi [bō]	ɕi	so	tʻələ, tsʻitsi

(3) Sibe(錫伯語)(李树兰 외 1986)

1인칭단수	1인칭복수	2인칭단수	2인칭복수	3인칭
bi	bo	ɕi	so	지시대명사에 서 온다

전체적으로도 1인칭은 순음계열의 1계열이고, 2인칭은 경구개음 계열의 1계열이다. 3인칭은 지시대명사에서 온 것이다.

5. 북부 퉁구스어인 Evenki의 경우를 보면,

(1) 방언 A(Nedjalkov 1997:196, 200)

1인칭단수	1인칭복수	2인칭단수	2인칭복수	3인칭단수	3인칭복수
bi, min(e)	bu mune (배타형) mit(포괄형	si sin(e)	su	mungen	mungartyn

만주어처럼 격에 따라 어형이 바뀐다. 1, 2인칭단수의 경우만 보이면,

주격	bi	si
대격	mine-ve/mine	sine-ve/sine
여격	min-du	sin-du
도구	min-di	sin-di
처소격	min-tyki	sin-tyki
탈격	min-duk	sin-duk

(2) 방언 B(朝克 1995:107)

1인칭단수	1인칭복수	2인칭단수	2인칭복수	3인칭단수	3인칭복수
bi, mini	bu miti(포괄형) mu(배타형)	si, su sin(e)	su	tari nugaŋ	talar taʧʧil

3인칭은 지시대명사에서 전용되었다.

만주어와 맞추어서 1, 2인칭에 관한 한 차이는 없다. 1인칭 순음계 1계열, 2인칭은 경구개음계 1계열이다.

6. 몽고어의 경우를 보면,

(1) 문헌 몽고어(Grønbech et al 1995:39)

1인칭단수	1인칭복수	2인칭단수	2인칭복수	3인칭단수	3인칭복수
bi, na	ba, we (배타형) bide(포괄형)	či	ta	i i는 사라지고 지시대명사를 전용한다.	

1인칭(단수)의 격변화에서 na가 나타나는 예를 보이면,

대격 nama-yi

여격·처격 nadur

탈격 nadača

조격 nada-bar

따라서 1인칭에 bi, na의 두 계결이 있는 셈이다. bi는 주격에(속격 mina), 나머지는 na형이 함유된다. 김방한(1958:322)은 bi와 na의 두 가지 다른 어간이 있었지만 *na는 *bi에 대한 하나의 보충법(Suppletion)에 의해 형성된 것으로 보고 있다. 보충법은 대명사나 수사 그리고 비교형에서 잘 보이는 것으로 상대적인 변별을 위해서 어느 하나를 다른 말의 어간으로 채워지는 것을 이룬다. 이들의 변이형들을 가정할 수 있는 음리에 의해 변음될 수 있는 관계를 보이면,

a) bi를 기저로 했을 때 ①*bina > ②mina > ③nima > ④nama
②는 동음교체, ③은 음운도치, ④는 i의 꺾임.

b) na를 기저로 했을 때 ①nama > ②nima > ③mina > ④bi(na)
②는 이화, ③은 음운도치 혹은 이음화, ④는 절단.

이들 변화형은 변동형으로도 볼 수 있다. 오랜 세월의 옛 일은 알 수가

없고 a)나 b)의 어느 하나든지 또는 두 가지가 있었다고 하면, 그리고 지역에 따라 더욱이 a)와 b)의 과정어가 분포했었다고 하면 쓰임이 다양하였으리라 생각된다. 1인칭주격, 속격, 2인칭복수는 순음체계, 1인칭단수의 대격 이하는 설음을 선호화하는 체계가 이루어졌다.

(2) 현대어

1인칭단수	1인칭복수	2인칭단수	2인칭복수	3인칭단수	3인칭복수
би	бид(포괄형)	чи	та(경칭)	тэр	тэд
ми(н)	(ба)(안 쓰임)	ча	та нар		
на					

3인칭은 지시대명사(중칭)와 같다.

주격 이외에서 보이는 다른 형의 예로,

속격 миний
여격 над
대격 намайг

문헌어의 경우와 큰 차이가 없다. 2인칭단수, 복수에서 경구개음인 치음계와 설음계가 병용되고 있다.

7. 튀르크어의 경우를 보면,

(1) 고대 튀르크어(Gabain 1950:92)

1인칭단수	1인칭복수	2인칭단수	2인칭복수	3인칭
bän, bini(대격)	biz	sän	siz	
män, mini(대격)		saŋ		
		sin		

고대어의 1인칭단수(그리고 2인칭단수도)에서 bän/män의 두 계열이 격에 따라 모음 교체형이 있다(현대어 참조). 고대어에 1인칭단수와 복수에 bi형

이 있음이 확인된다.

(2) 현대어

1인칭단수	1인칭복수	2인칭단수	2인칭복수	3인칭
ben	biz	sen	siz	o
ban		san		지시대명사(원칭) 전용

참고로 1인칭 단수와 2인칭 단수의 격변화를 보이면

주격	ben	sen
속격	benim	senim
향격	bana	sana
대격	beni	seni
처격	bende	sende

1인칭 단수에 be(n)/ba(n)의 공존이 확인된다.

8. 끝으로, 특이한 형태를 보여주는 아이누어의 경우를 보기로 한다.

아이누어의 인칭대명사는 하나의 인칭표시의 강조형으로 복합형태로 이루어지고 있다. 이에 대해 단순형이면서 동사에 대해 인칭을 표시하는 인칭접사가 있는데 여기서는 그것으로 나타낸다.

(1) 구송(口誦) 서사시

1인칭단수	1인칭복수	2인칭단수	2인칭복수	3인칭
a-	a-	e-	eci-	
ci-(민화(民話)에서)	ci			

(2) 구어(口語)

1인칭단수	1인칭복수	2인칭단수	2인칭복수	3인칭
ku-	ci-(배타형) a(포괄형)	e-	eci	

한국어(제주방언), 고대 일본어, 오키나와(沖縄)방언의 경우를 모두 고려하면,

1인칭은 wa(〈ba)
na
의 어느 하나의 두음탈락이다.

고대 일본어의 a, wa의 병존을 고려하면 ba에서 유래한 듯하다.

2인칭은 na/nə의 두음탈락이다. Naha방언의 ja, na(경칭)를 고려하면 n음탈락으로 보인다. 한편 Batchelor, J.(1938:375-376)에 의하면 동사 뒤에서 3인칭의 단수와 복수를 나타내는 pi와 pa가 제시되고 있다.

hoshipi (단수) (돌아오다 (한 사람이))

hoshippa (복수) (돌아오다 (여럿이))

Tamura(田村 1996: 504)에 의하면 -pa가 동사의 뒤에서 1인칭복수(포괄형)를 나타낸다고 하였다. 이를 미루어 옛적의 아이누어에도 pi(/bi), pa(/ba)와 같은 인칭어미가 있었다고 볼 수 있으며, 쓰임에 약간의 어긋남이 있지만 이는 알타이어계의 순음계의 그것과 연관될 가능성을 보여주는 것이라고 할 수 있다.

이러한 점도 고려해서 지금까지 고찰한 알타이어계의 인칭대명사를 종합적으로 대비하기로 한다. 복수형은 복수형태소가 부가한 형태이고, 3인칭은 거의가 지시대명사를 전용하거나 없는 경우이므로 생략하고, 1인칭단수와 2인칭단수의 것 그것도 기본적인 것만을 제시한다.

9.

언어별		1인칭단수		2인칭단수	
		주격	기타격에서	주격	기타격에서
아이누어	신요(神謠)집	a 〈 *wa 〈 ba		e 〈 *nə	
	구어	ku		e	
일본어	고문헌어	a, wa *na(속격), *m		na, si	
	Yaeyama방언	ba, ban		wa, wan, da	
	Naha방언	wa, waŋ		ja, na	
한국어	중세어	na		nə	
	제주방언	na, *uri〈wu(ri)〈bu(ri)		nɯ/ni, ci	
만주어	문어	bi	min	si	sin
	Ibuchi (依布气)방언	bi, b (복수)		ɕi	
	Sibe(錫伯語)	bi, bo(복수)		ɕi	
Evenki	방언 A	bi, bu(복수)	min		sin
	방언 B	bi, bu(복수)	min	si su(복수)	sin
몽고어	중세어	bi, na	min	či, ta	čin, čim
	현대어	би(bi)	на(na)	чи(či)	чам(čam)
튀르크어	고대어	bän, män	bin, min	sän,	saŋ, sin
	현대어	ben	ban	sen	san

*은 필자해석형, **mï는 Miller(1971:158)가 제시하여 알타이어의 *bi에 맞춘 것인데 어원의 출처가 분명하지 않다.

이상에서 1인칭은 순음계의 bi, ba(〉wa〉a), bu(〉wu(ri)) 아니면 na(〉a)의 어느 한 가지 혹은 두 가지를 쓰고 있고, 2인칭은 nə(/na/da/e) 아니면 ča/sä(n), či/si를 쓰고 있는 것으로 간추릴 수 있다. Evenki에서 1인칭 복수형에 bo, bu 등이 보이는 점에서 한국어의 uri형의 연관가능성이 있다. 마찬가지로 현대 튀르크어의 1인칭복수 ban, 일본어의 고문헌의 wa, a, 방언의 wa에서 아이누어의 a형과의 연관가능성도 있다.

아이누가 제일 먼저 그리고 한국어, 일본어의 순으로 일찍이 원 알타이어에서 분파되었다고 가정되므로 다른 알타이와 다른 양상을 지니는 것은 당연하다. 그 중에 몽고어가 한국어, 일본어와 설음의 na형을 지닌다는 것은 주목된다. na 〉 ma형의 변화가 있고 ma 〉 na의 경우보다 수월하고 함께 분포했을 때는 더욱 그 가능성이 있다. 그렇다면 한국어, 일본어(그리고 아이누어의 해석형)의 na형이 원형에 가까웠다고 생각된다. 그런 면에서 인칭대명사에 관한 한, 몽고어가 중심적이었다고 본다.

곧 1인칭은 순음계와 치경음계(2인칭은 경구개음계)가 병존하였는데, 언어에 따라 그 어느 한 가지로 또는 두 가지를 지탱해 온 것으로 해석될 수 있다. 시베리아의 동부와 남부로부터 지금의 튀르크에 이르는 광활한 지역에 분포하는 언어들이었기에 지역에 따라 다양한 형태의 교체형이 사용되었다고 볼 수 있는 일이다. 그 중에 일본어의 인칭대명사는 몽고어, 만주어의 계열로부터 한국어를 거치는 궤도를 밟아 왔다고 할 수 있다.

10. 참고로 알타이어의 3인칭(단수)에 대하여 Itabashi(1993:113)의 재구형을 보면,

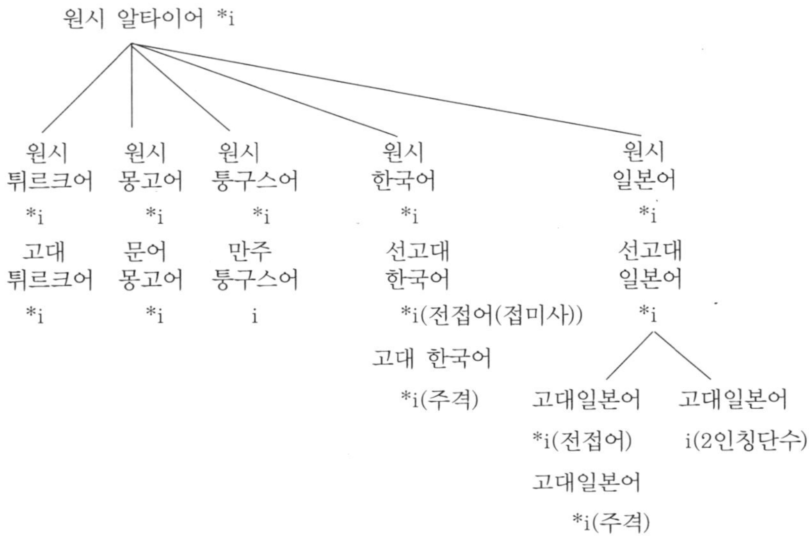

실재형은 만주퉁구스어 뿐이다(고대일본어는 2인칭). 그리고 한국어와 일본어의 경우는 명사 후접의 i(격조사/접미사)이다. 그런 면에서 Itabashi가 한국어와 일본어의 주격접사 i가 알타이어의 3인칭단수 대명사에서 유래한다고 한 것은 좀 더 두고 볼 일이다. 반대로 격의 추상격이나 3인칭의 추상형이 강조사의 개입으로 격접사나 3인칭형이 이루어지지 않았나 본다.

필자가 앞에서 예시한 것에는 만주문어의 3인칭단수의 i, in(i) 외에 몽고문어의 3인칭단수 i가 보였다. 또 중세한국어의 i도 제시할 수 있으나 지시대명사와 동형이다. 어떤 소스든 그것이 3인칭단수로 일반화되었다고 가정하기는 아직은 무리다.

수사 (보주 4) (p.85)

1. 수사는 서양의 언어에서는 비교의 잣대가 되었다. 다음 언어는 그 형태가 비슷하고 특히 영어와 독일어 사이 그리고 프랑스어, 이태리어, 스페

인어 사이가 매우 가깝게 보인다.

언어 / 수	영어	독어	프랑스어	이태리어	스페인어
1	one	eins	un, une	uno, un	uno, una
2	two	zwei	deux	due	dos
3	three	drei	trois	tre	tres
4	four	vier	quatre	quattro	cuatro
5	five	fünf	cinq	cinque	cinco
6	six	sechs	six	sei	seis
7	seven	sieben	sept	sette	siete
8	eight	acht	huit	otto	ocho
9	nine	neun	neuf	nove	nueve
10	ten	zehn	dix	dieci	diez

거슬러 올라가면 전자는 게르만어계로, 후자는 로망스어계로 갈리는 언어이다.

이와 같은 식으로 일본어의 수사와 전체적으로 맞아 들어가는 주변언어는 잘 보이지 않는다. 부분적이라도 맞아 들어가는 것이 있는지 알타이어계에서 찾아보기로 한다.

2. 다음에서처럼 퉁구스어계의 기수는 얼핏 보기에도 매우 유사하다 (Benzing 1955: 101). 그 중의 일부를 보이면,

	Manchu (남부퉁구스어)	Gold (남부퉁구스어)	Solon (북부퉁구스어)	Lamut (북부퉁구스어)
1	emu	əm(un)	əmú^{n}	umən
2	ǰuwe	ǰuər	ǰür	žür
3	ilan	elan	ila^{n}	elan
4	duin	duin	digi^{n}	digən
5	sunǰa	toyŋga	toŋa	tunŋan

6	ninggun	ŋuŋgun	ṅúŋůú^{n}	nuŋən
7	nadan	nadan	nada^{n}	nadan
8	ǰukûn	ǰapkun	ǰakku^{n}	žapkan
9	uyun	huyun	jəgi^{n}	uyün
10	ǰuwan	ǰoan	ǯä^{n}	žän-

과연 다른 알타이어에서 이와 같은 유사한 현상을 보일 것인지 각 언어의 고형과 현대어로 맞춰 보면(표기 ǰ, ž, d' → [ʤ])

3.

	1		
Ai.	sine		〈 *hinə
Jap.	pito2		
	(kata)		한 쪽
Kor.	hɐna		pirot(始) əm(ci)(拇(指))
	(〈kata	n)	河屯(계림유사)
Man.	emu		emuken '한 개' Sibe(錫伯語) əmken
Ev.	umu	n	(남부방언 əmʉŋ)
	n'ogu		(서수) (Nedjalkov 1997)
Mo.	nig	gen	현대어 нэг(эн)
Tür.	bir		

	2		
Ai.	tu		
Jap.	puta	tu	한국어 tupu 〉 puta 異化(tu-tu를 피하기 위해)
			八重山방언 ta:
Kor.	tupu	r	제주방언(소 나이 두 살 tagan)
Man.	dzuwe		依布气방언 tʂuə, Sibe(錫伯語) dzu
Ev.	dzu	r	

Mo.	qoja	r	현대어 хоёр
Tür.	eki, iki		현대어 iki

	3		
Ai.	re		
Jap.	mit	tu	
Kor.	mit		고구려지명어 密(三)
	sit		〃 悉(三) 현대어 səh/t
Man.	ila	n	
Ev.	ila	n	
Mo.	gur	ban	현대어 гураа/гурваи
Tür.	üč		현대어 üç

	4		
Ai.	ine		
Jap.	(n)jo	tu	
Kor.	ne(g)		네 개(4個), 너 말(4斗), 넉 섬(4石)
Man.	dui	n	Ibuchi(依布气)방언 ti
Ev.	dy	gin	digiŋ(내몽고)
Mo.	dör	ben	현대어 дөрөв, дөрвөн
Tür.	tör	t	현대어 dört

	5		
Ai.	asi	ne	
Jap.	itu	tu	
Kor.	tasə	t	cf. suin(50), 고구려지명어 uc'atan(于比呑)
Man.	shu	ndza	방언 suntşa
Ev.	tu	nga	toŋ(내몽고)
Mo.	ta	bun	현대어 тав(ан)
Tür.	bîš, bäš		현대어 beş

	6		
Ai.	i wa	n	
Jap.	mu	t	Yaeyama(八重山)방언 n:tsi
Kor.	jəsə	t	
Man.	ning	gun	Sibe(錫伯語) nyŋun
Ev.	n'un	gun	서수, n'ung−i, niŋʉŋ(내몽고)
Mo.	dzirg	gan	현대어 зургаа(н)
Tür.	alti		

	7		
Ai.	ara	wan	
Jap.	nana		
Kor.	nir	gop	고구려지명어 nanɯn(難隱)
Man.	nada	n	
Ev.	nada	n	
Mo.	dolo	gan	현대어 долоо(н)
Tür.	yiti		현대어 yedi

	8		
Ai.	tupe	san	
Jap.	ja	t(u)	
Kor.	jədə	p	
Man.	dza	kun	방언 tʂaxon Sibe(錫伯語) dzaqun
Ev.	dzap	kun	서수 d'apki ʤaxoŋ(내몽고)
Mo.	naim	an	현대어 найм(ан)
Tür.	säki	z	현대어 sekiz

	9	
Ai.	sino	pesan
Jap.	koko	notu

Kor.	aho	p	
Man.	uju	n	
Ev.	e	gin	jəging(내몽고)
Mo.	yiŝu	n	현대어 ec(өн)
Tür.	toqu	z	현대어 dokuz

	10		
Ai.	wa	n	
Jap.	to(tə)		
Kor.	jə	r	고구려지명어 tək(德)
Man.	dzu	wan	방언 tʂuan
Ev.	d'a	n	ʤaaŋ(내몽고)
Mo.	(h)ar	ban	현대어 арав/арван
Tür.	on		

4. 앞에서 세로줄 바로 다음 것은 모든 수사와 상관적인 점에서 수사 형성의 접사로 보았다.

(1) 1) t(u) – n – ne ~ z ~ r
  2) gan ~ gen ~ gun ~ gin ~ ging ~ kun
  (cf. 제주방언에서 소 나이 두 살 tagan)
  3) ban ~ ben ~ bun ~ wan ~ an
  (한국어의 2의 tubur의 bur도 이와 관련이 있는 듯)

1), 2), 3)을 통합적으로 생각할 때 수사에는 다음의 어말자음이 있었던 것 같다.

(2) 수사 ┌ d(/n /z /r)
  │ g
  └ b

모두 파열음계로 쉽게 교체될 수 있는 음들이다. (2)에 모음 + n형이 후속적인 것이라면 그것이 없는 (1) 1)이 원형이라 볼 수 있다. 그렇다면 한국어(신라 향가)의 −tɐ(r)(一等) 그리고 일본어의 기수의 tu어미는 알타이어계의 원형의 반영이라 할 수 있다. 향가의 '一等'에 상응하는 계림유사의 '河屯' (1)까지 고려하면, 이들의 형태 'ᄒᆞ(나)ᄃᆞᆫ'에서의 'ᄃᆞᆫ'은 어말자음 d + an의 형태일 가능성이 크다.

5. 이상의 잡다한 형태의 상관성을 추구하기 위해 그 구심점으로 가정할 수 있는 Evenki의 각 수사를 기점으로 해서 각 언어의 수사의 변동·변화 과정을 추려낼 수 있는지 보기로 한다.

수사	Evnki	이외의 언어
1	umu	아이누어 sine 한국어 hana의 i꺾임(hina)와 구개음화를 거친 것으로 추정된다. 일본어 pito, kata 한국어 piro, katan, hana əm(ci)(拇指) 만주어 emu *pemu 몽고어 ni (p / m / n 교체?) 튀르크어 bir 1.에는 əm과 pit의 두 형이 있었을 가능성이 있다.
2	dzu	아이누어 tu 일본어 ta(방언) 한국어 tu 만주어 dzu 몽고어 qoh 튀르크어 eki 한국어, 아이누어, 일본어(ta)에서 tu(>dzu)가 고형으로 보아진다.

3	ila	아이누어 re (모음절단?) 일본어 mit 한국어 mit 만주어 ila 몽고어 gar 튀르크어 üc mit이 원형이라면 Evenki, 만주어, 튀르크어는 어두음 탈락이고 Evenki, 만주어의 것이 원형이라면, 한국어, 일본어는 어두음첨가다. 음리로 볼 때 전자가 자연적이다.
4	di(g)	아이누어 i 일본어 ya 한국어 ne 만주어 du 몽고어 döi 튀르크어 dör
5	tu	아이누어 a(s) (어두자음 탈락?) 일본어 i(tu) (또는 두모음 탈락 또는 첨가?) 한국어 ta 만주어 shu (마찰음화?) 몽고어 ta 튀르크어 bi(š) t/b 교체?
6	n'i	아이누어 i (어두 n음 탈락) 일본어 mu (n/m 교체?) 한국어 jə 만주어 ni 몽고어 dzir 튀르크어 al 몽고어의 dzi(r)가 고형일 수 있다.

<table>
<tr><td>7</td><td>na</td><td>아이누어 ara (어두자음 탈락?)
일본어 nana
한국어 na(고구려지명)
만주어 na
몽고어 do (어두자음 d/n 교체)
튀르크어 yi (어두자음 탈락)</td></tr>
<tr><td>8</td><td>dza</td><td>아이누어 tu
일본어 ja (어두자음 탈락)
한국어 jə
몽고어 nai (어두자음 교체)
튀르크어 sä (마찰음화?)</td></tr>
<tr><td>9</td><td>jə</td><td>아이누어 si (튀르크어의 어두자음 마찰음화?)
일본어 ko(ko) (튀르크어의 어두자음 t/k 교체?)
한국어 ah
만주어 u
몽고어 yi(/e)
튀르크어 toqu 고형?</td></tr>
<tr><td>10</td><td>dzə</td><td>아이누어 wa
일본어 to[tə]
한국어 jər, tə(k) (고대지명어)
만주어 dzu
몽고어 ar (두자음 탈락?)
튀르크어 on (두자음 탈락?)
한국어와 일본어의 tə형이 고형으로 보아진다.</td></tr>
</table>

6. 모든 숫자에 특이형(□ 표시부분)이 있지만 그 외는 Evenki로부터의 자연적인 음운변화로 설명할 수 있다. Evenki보다 더 고형일 수 있는 것은 (〈)표시하였다. 중심이 되는 기점형을 아래에 정리·나열하면,

1. umu(/em [əm]), pit
2. dzu(〈 tu)
3. ila(〈 mit)
4. di(/du)
5. tu(/ta)
6. n'i(〈 dzi)
7. na
8. dza
9. jə
10. dzə(〈 tə)

이들 어형에서 주목되는 것은 우수(偶数)가 'dz'계라는 점이다. 일본어의 배수법(倍数法)(1 : 2, 3 : 6, 4 : 8) 등을 고려하면 옛적에 어떤 헤아림의 식이 있어 일본어에도 그것이 반영된 것으로 보인다. 위의 기점형을 앞서의 퉁구스어계의 다른 언어와 대비해도 대응이 성립한다. 아이누어와의 대비에서는 2, 4, 6(n'i〉i)의 셋 정도, 일본어하고는 5, 7, 8(dza〉ya), 10의 넷 정도, 한국어하고는 2, 4(d'i〉ne), 5, 8(dza〉ya〉yə), 10(고형)의 다섯 정도의 음형과 유사하다.

이와 같이 한국어 5〉일본어 4, 아이누어 3과 같이 동쪽에 갈수록 숫자가 작아지는 것을 보면 알타이어계의 중심은 한국의 서쪽과 북쪽의 퉁구스어 쪽으로 보아진다. 그 서남쪽의 몽고어하고는 4, 5, 6(dzi〉ni), 7(do〉na), 8(dza〉na), 9의 여섯 정도, 튀르크어하고는 1, 3, 4, 7의 넷 정도로 숫자가 작아지는 것도 주목된다. 모두가 언어지리학적인 분포상태를 보여준다.

지금까지 알타이어계의 언어의 수사의 불일치가 알타이어계의 존재를 부정하는 근거가 되었었다. 오랜 세월에 광대한 지역에 수 없이 많은 방언군으로 분포하고 빈번한 왕래가 없던 언어의 숫자가 정연하게 일치한다는 것을 기대하는 자체가 무리다. 분표형의 음형이 어떤 기점에서 방사적으로 변동/ 변화하는 과정을 무리 없이 설명할 수 있으면 된다고 본다. 그리고 다소의 예외적인 것은 있을 수 있다고 본다. 그게 바로 살아있는 언어의 참모습이 아닌가 싶어진다. 따라서 이상의 논의를 통해서 어느정도의 수사의 공통성이나 본래의 모습이 확인되는 이상 어딘가에 남아있을 공통형을 더 찾아 볼 수도 있는 일로 생각된다.

복수동사 (보주 5) (p.93, p.134)

1. 아이누어에는 주어, 목적어의 복수에 따르는 복수동사를 일부 쓰는 경우가 있다(cf. 田村 1988:18-). 대개 자동사의 복수형은 주어의 복수, 타동사의 복수형은 목적어의 복수를 나타내나 예외가 있다.

(1) 1. per-pa (많은 것을) 벌리다
2. kor-pa (많은 것을) 갖는다

3인칭에는 인칭접사(대명사)가 안 붙는다. 복수동사를 미루어 3인칭의 복수임을 알 수 있다.

3. a) arpa(단수) 간다
b) paye(복수) 간다

단수/복수에 따라 어형이 다른 예다.

4. a) nukar 본다 목적어가 복수일 때는 복수동사 되지 않는다.
b) nukar-pa 주어가 복수일 때는 복수동사가 된다.

2. 한국어에는 이러한 예는 없다. 다만 목적어의 복수는 목적어에 복수접미사를 붙여서 표현하기도 한다. 제주방언에서,

(1) 1. 가네들 사과들 먹엄쩌. (그들은 사과를 먹고 있다)
2. ??영희 사과들 먹엄쩌. (??영희가 사과들을 먹고 있다)

이 예를 보게 되면 목적어의 복수접미사는 복수주어와도 관계하는 듯 싶다.

(2) 1. 철수네 공부들 헴서. (철수네가 공부들을 하고 있어)
2. 철수네 공부헴서들. (철수네가 공부하고 있어(들))

(2) 1.은 경동사의 분리와 접합의 여부에 따라 목적어에 아니면 동사에 쓰인 경우가 되겠지만, 2.는 동사에 붙는 것이 된다. 동사에 붙는 예를 든다면,

(3) 1. 놀암서들. (놀고들 있어요)
2. 놉서들. (노십시오들(경어체))

이러한 표현이 주어의 복수와 관련된다고 보면 복수동사적 표현의 자취라고도 할 수 있다.

15세기 문헌어에는 주어의 인칭의 구별에서 오는 활용의 구별(1인칭주어 ~ 노라)과도 같은 것이 있으나, 수의 구별에 따른 딴 표현은 없었다. 그렇다고 주어에서 없었다고 단언할 수 없는 일이다.

3. 일본어는 현대어나 고대어에 문법적으로 주어의 성, 수에 의한 동사의 변화는 없는 것으로 알려지고 있다. 그런데 현대어의 종조사에 남녀가 다르게 쓰이는 예는 있다. 종조사를 따로 분리하지 않는다면 동사의 범주에서 어떤 식이든 구별되었었다는 것이 된다.

(1) 1. おれ いくぞ。(나 간다)
2. わたし いくわ。(나 가요)

다음 예들을 보면 주어의 수를 고려하는 표현은 있을 수 있었다고 본다.

(2) 1. a) おれ いくぞ。(나 간다)
b) われら いくよ。(우리 간다야)
2. a) あそんでおれ。(놀고 있어)
b) あそんでおれよ。(놀고 있어요(들))
3. a) これを読みなさい。(이것을 읽으세요)
b) これらを読みなさいよ。(이것들을 읽으세요(들))

이상이 단수/복수 표현의 상대적 표현이 되고 또 그러한 뉘앙스를 살리는 알맞은 대역이 되는지는 필자 자신도 염려되는 바지만 형태적이든 뉘앙스적이든 표현의 방식이 있었던 것으로 보인다. 원래 그러한 구별이 있었는데 없어진 것인지는 동계로 추정되는 언어들을 조사해 보는 수밖에 없다.

4. 만주어는 문어는 물론 방언(그리고 錫伯語에서도)에서도 주어와 동사의 단수/복수의 구별은 보이지 않는다. 인칭어미도 없으므로 인칭어미로 나타내는 방법도 없는 셈이다.

만주어와 같은 퉁구스어계이면서 북방계에 속하는 Evenki는 복잡한 양상을 보여준다. 같은 Evenki라도 보다 남쪽에 있는 만주어에 근접한 방언과 보다 북쪽에 위치하는 방언과는 다른 양상을 보여준다. 朝克(1955:84-88)이 기술한 방언에서는(1인칭의 예만),

(1) 1. 진술식 현재	1인칭단수	-ʤime
	1인칭복수	-ʤimuŋ
2. 현재장래	1인칭단수	-me
	1인칭복수	-muŋ
3. 과거	1인칭단수	-su
	1인칭복수	-samuŋ

기타 종지서술형의 유별에 따라 부가성분이 다르게 나타나는 것을 보면 인칭접사라기보다 활용형의 일부로 생각된다. 어떻든 동사의 어간이 불변

이라 하더라도 주어의 단수/복수에 따라 활용어미 혹은 부가성분이 달라지는 것이다.

Nedjalkov(1997)가 기술한 방언의 예는,

(2) 1. Ami-m eme-re-n
아버지(나의) 오 았다(3인칭단수)
Nungartyn amin-du-ver bele-re-O
그들은 아버지에게(자기의) 도 왔다(3인칭복수) (p.237)
2. Bi sin-e ngene-b-d'e-m
나는 너를 가 게 할 것이다(1인칭단수)

Mit bajandi-tmar-il engesi-tmer-il o:-d'anga-t
우리는 더 부유하고(복수) 더 강해 (복수) 질 것이다(1인칭복수 포괄형) (p.244)

이상의 예들은 부가성분이 인칭어미적인 성격이 뚜렷하다. 따라서 Evenki는 방언에 따라 활용어미적인 또 인칭어미적인 다름이 있더라도 주어의 단수/복수에 따르는 동사의 부가성분이 다르게 나타나는 것이 확인된다.

5. 몽고어의 경우 중세몽고어(元朝秘史)에 주어의 단수/복수에 의한 동사의 수(성까지)의 구별이 있었다(小沢 1993:3, 31). 동사의 단순과거에서의 다음과 같은 예를 들 수 있다.

(1) -ba (남성단수)
(2) -bi (여성단수)
(3) -bal (복수)

6. 현대 튀르크어도 중세몽고어와 마찬가지로 주어의 단수/복수와 동사의 단수/복수의 일치가 있다. 그렇다고 동사의 형태적 변화로 나타냈다기

보다 동사 말미의 인칭접사의 단수/복수형으로 나타내는 방식이다. 여기에는 주어가 인칭대명사냐 명사냐 그리고 주어가 2개 이상의 경우 혹은 존경의 주어가 있느냐에 따라 여러 가지로 다른 경우가 있다. 다음의 간단한 보기에서,

(1) gel-di-m 내가 왔다
(2) gel-di-k 우리들이 왔다
(3) gel-di-ler 각자가 왔다

2.는 1인칭복수 인칭접사로, 3.은 복수접사로 복수를 나타내고 있다. 이들은 동사의 형태와 별개의 것으로 동사 자체가 변한 것이라고 보기 어렵다. 3.의 경우는 제주방언에서 동사의 말미에 오는 '들'과 같은 성격의 것이어서 주목된다. 인칭접사의 사용은 어형은 다르지만 고대의 튀르크어의 비명(碑銘)에도 많이 나타나는 것이다.

이상 보아온 대로 아이누어에서 일부 동사에 단수/복수에 따라 어형이 다른 것이 있는데 그와 같이 동사의 복수를 나타내는 표지는 아이누어 외에도 만주어를 제외한 알타이제어에서 보이는 일이다. 명사에 복수표지가 있듯이 동사에 복수표지가 있다고 해서 이상한 일은 아니다. 동사의 복수표지를 복수접미사로, 혹은 복수인칭접사로, 아니면 종조사로 나타내든지 하는 일은 각 언어의 개별적인 일이다. 전에는 그러한 구별 표지가 있었더라도 현재는 없어진 경우도 있는 것이다. 명사의 복수접미사도 언어에 따라 수의적으로 혹은 드물게 쓰이듯이 동사의 복수표지도 그런 방향으로 가는 것이 아닌가도 여겨진다. 몽고어가 예전엔 있고 현재는 안 쓰이듯 지금이나 예전이나 만주어도 그랬던 것이 아니었나 싶다. 한국어와 일본어도 그렇다고 볼 수 있다. 가장 변두리에 있는 아이누어는 고형을 남긴 것이라고 볼 수 있다. 한국어도 방언(제주방언)에 튀르크어에서 보이는 동사 말미

의 복수접미사 표지가 보이고, 일본어도 종조사에 그러한 흔적이 보인다고 생각된다.

동사의 서법 (보주 6) (p.110)

알타이제어에서 동사가 서법을 나타내기 위하여 후접하는 어미(혹은 문말의 접사)는 어떤지 보이기로 한다. 서술을 종결짓는 종지법, 서술을 연결하는 접속법(副동사형) 그리고 서술을 명사에 얹히는 전성법(形동사형) 곧 연체형(관형형, 그리고 명사법)으로 나눈다. 이하에서 다루는 형태들은 문헌에 따라 방언에 따라 또 사람에 따라 분류가 맞지 않는 부분이 있을 수 있다. 서법이 문맥에 따라 다르게 해석될 수 있어서 명칭에 꼭 맞지 않을 수 있고 또 부수적인 딴 명칭도 있을 수 있음을 미리 말해둔다. 아이누어에 대하여는 이전에 한국어, 일본어를 곁들여 제시한 바 있어서(김공칠 2000: 218-219) 여기서는 줄인다.

1. 먼저 남부 퉁구스어에 속하는 만주어의 경우를 보기로 한다.

만주어에서 명령형은 어간만으로 되는 점에서 나머지 활용형은 어간이 근간이 되어 다른 요소(보조어간/접미사/어미/문말의 첨사 등의 이름으로)가 부가하는 식이다.

(1) 종지법은 다음과 같다.

1. 종지형(현재·미래) (사건등재형) -mbi

최동원(2000)은 이 형태를 어말어미 -m과 동사 -bi로 분석하고, -m형태를 몽골어의 -m, 고 돌궐어(튀르크어의 고비문)의 -miz와 관련짓고 있다. 제주방언의 -m형태 그리고 고대 일본어의 -mu, 아이누어의 절말·문말의 ma(~wa)와도 관련될 수 있다.

2. 종지형(과거) -ha(/he/ho), ka(/ke/ko)

이 두 가지를 비완료종지형/완료종지형으로 구별하기 도 한다.

3. 의문형 -o, -n, -ni (감탄형에도 쓰임)
성백인(1970)은 이들을 의문첨사로 하고 있다. 일본어에서의 종(終)조사와도 같다.
4. 명령형 ∅
5. 청유형 -ki, cina
cina의 형태는 조건(가정)부동사 ci가 종조사적인 na와 결합해서 종지법으로 쓰이는 것인데(津曲 2000:146), 완곡하게 희망이나 청유를 나타내게 된 것으로 보인다.
6. 의도형 -ra(/re/ro)
청유형과 의도형은 가까운 관계에서 섞이는 경우가 있다.
7. 희망·기원형 -kini, -ki

(2) 접속법은 다음과 같다.

1. 가정형 -ci(순접/역접) (부정형은 (a)kūci)
2. 방임형(양보형) -cibe, -seme
성백인(1999)은 -ci만으로도 양보의 용법이 있다 하고 cibe는 ci-be(강조사)로 분석될 가능성에 언급하였다.
3. 연용형(계기적) -me, -fi, mpi/pi(fi의 고형)
4. 진행·동시형 -hai(/hei/hoi), kai
5. 의도형 -ki
6. 목적형 -me
7. 즉시형 -nggala(/nggele/-nggolo)
8. 동시형 -mbime, me bi/bime
9. 예시형 -ralame(/relame/rolame)
10. 인용형 -seme(~라고와 같은 보문표지 구실)

이 문어형의 sembi와 같은 구어형은 안 보이나 방언에 그에 상응하는 gɯ-가 있다고 한다(Enghebatu 1998:35, 39). Evenki의 gun- 문어몽고어의 ge(гэ)그리고 기타 언어의 유사형과도 대비되고 있다.

한국어의 ~(다)고/구의 형태가 연상된다. gɯ-는 gɯm(ɯ) 등의 변화형이 있는데, 한국어의 -고/구도 -곤/군, -고도 고/구와 같이 변화한다고 할 수 있다. 다양하게 남아있는 활용형의 형태는 다양한 경로에서 유래하였음을 암시한다.

일본어의 인용의 -to도 이와 유관한 것으로 보인다. 이 형태를 단순히 한국어의 -ko와의 k/t교체에서 왔다고도 할 수 있지만, 한국어의 인용의 -tako의 어중의 a와 k의 탈락에서 to로 축약된 것으로 볼 수도 있다. 일본어에서의 이러한 음운현상은 예컨대 특정 술어 앞의 형용사의 연용형(부사형)의 형성에서 보인다(arigataku → arigatoo (고맙게)).

이와 같은 현상을 미루어 'ku'처럼 잠재해버린 형태가 더 있을 수 있다. 그리고 동사에서는 안 보이지만(잠재하였는지 모르지만) 형용사에서의 연용형의 -ku형태는 한국어의 -ko와도 같이 연용형과 중지형의 구실을, 한국어의 -ke와도 같이 부사형의 구실을 수행하고 있다.

(3) 전성법은 다음과 같다.

1. 연체형 -ha(/he/ho) (과거형)
-ra(/re/ro) (미래형)
2. 명사항 -ra(/re/ro)

이 형동사형 ha는 과거·미래의 종지법에도 쓰인다. 또 부정어와 융합하여 부정표현에도 쓰인다(hakubi).

2. 북부 퉁구스어인 Evenki에 대하여 보면,

(1) 종지법은 다음과 같다. Evenki에는 12가지 시제형태소(Nedjalkov 1997: 235)가 있으나 크게 과거, 현재, 미래로 나누어진다.

1. 현재형	•부정(不定)현재	d'ArA (A는 모음교체형 표시)
	습관적 현재	-𝒱kibi-si
2. 과거형	•부정(不定)과거	-chA
	습관적 과거	-𝒱kibi-che
	•반복과거	-ngki
	•근과거(비미래형)	-rA
	비완료형	-d'AchA
	완료형	-chAbi-si
	과거완료	-chAbi-che
3. 미래형	•부정(不定)미래	-d'AngA
	•근미래	-d'AllA
	•인접미래	-d'A

기본적으로는 •표의 7가지이다(cf. Nedjalkov 1995:441).

중국의 내몽고 자치구 내에 있는 Evenki방언을 다룬 Evenki 출신의 朝克(1995)에서는 이들과 다른 형태가 예시되어 있다.

(1) 종지법

•현재	-ʤime	인칭과 수에 따라 형태가 다르다.
•현재장래	-me	〃
•과거	-su	〃
•명령법	-kal	(2인칭단수)이 일반적이고 인칭과 수에 따라 특이한 형태를 지닌다.
•조건귀결형	-mcha	(~일 것이다)
•당위(의무)형	mAchin	
•기원형	-ngaty	
•추량형	-nA, -rkA	((아마) 일거야)
•청유·기원형	-nA	

(2) 접속법은 다음과 같다.

여기에는 ①주동사와 동일주어인가, ②다른 주어인가, ③혹은 동일주어이기도 하고 다른 주어이기도 하는가에 따라 ①에서는 인칭어미를 취하지 않으며, ②에서는 의무적으로 소유격 인칭어미를 취하고, ③에서는 의무적으로 소유격 인칭어미를 취하거나 재귀소유어미를 취한다.

1. 연용형(동시성)(하면서) ① d'AnA(동일주어에만)
(하여 곧) ① –mnAk, –mnen, ② –d'AnmA,
③ –ngAsi
(계기성) ① –mi
(연결·인접성)(하면 곧) ① –nA, ③ –ktAvA
(후시성) ③ dAlA
2. 조건형 ① –mi, ② rAki
3. 목적형 ③ –dA, –vunA
4. 결과형(도급형) ③ –knAn
5. 즉시형 ① –ksA, ② chAlA, ③ ksA, –kA(n)im

朝克(1995)에서는 원인형, 동시형 등이 제시되어있다. 소유격 인칭어미나 재귀소유어미를 취하는 예는 안 보인다.

(3) 전성법은 다음과 같다.

1. 연체형 동시형 d'Ari
완료형 –nA
미래관형형(후행성)(–할) d'AngA
(선행성)(–한) chA

2. 명사형(분사형) –ne
–ri

4. 이번에는 몽골어의 경우를 보기로 한다. 문어의 경우 Poppe(1954:

89)도 정동사(Finite Verb)로 쓰이는 경우와 동작적명사(Verbal Noun)와 같이 쓰이는 경우 그리고 부동사(Converb)로 쓰이는 경우의 세 가지로 나누고 있는데, 이는 지금까지의 종지법, 전성법 그리고 접속법에 상응하는 것이다. 그리고 이들의 형태를 어간에 이어지는 어미로 하고 있는데 Ozawa(小沢 1993)도 이와 같다.

이하에서 문어는 이들을 참조해서 왼쪽 편에 나타내고 오른쪽 편에는 대비되는 현대어의 형태를 병기하였다. 표기는 문어는 로마자 전사식이고 현대어는 현대몽고 문자식이다. 모음조화에 의한 모음교체형은 생략하였다.

(1) 종지법은 다음과 같다.

		문어	현대어
1. 평서형	a) 현재	−m, mu, mui −u, uj, i(元朝秘史(1240년 성립, 14세기 후반 한(漢)역)에 보이는 것) −yu, yuj (Poope 연역적현재(deductive present)	н(a)
	b) 과거	ba(j) −ba와 별도의 bi가 비사(秘史) 몽고어에 있었는데 역사적으로는 ba(남성주어에) bi(여성주어에)가 앞서고 그 후 ba/be(모음조화교체형)의 교체가 있었다고 한다(小沢 1979:171)	в a(단순과거) сан(〃)
		ʤuū, ʤuūj	жээ, чээ (원과거)
	c) 대과거	laā(j)	лаа(근과거)
	d) 미완료	ā, āj	аа(추찰과거)
2. 의문형		−muu	−уу, вэ
3. 부정형		−ügej	−ҮГҮЙ

4. 명령형	∅	∅
5. 간청형	−dhun	(л)даа
6. 청유·희망형	−ya,	−Я
	−su, −sugaj	сугай
7. 기원형	gasaj	аач
8. 습관형	dag	−даг

이 중에는 첨사(의문 уу, вэ, 부정 гуй 등)로 분석되는 것도 있다.

현대의 과거시제의 −san에 대해서는 과거, 근과거의 시제로 보기도 하고, 상(相)의 측면에서 완료상으로 보기도 한다. Song(1996)에서는 동사적 명사접사(여기서의 전성법(연체형))의 −san은 완료상(표지)으로 하고 있다. н(a), лаа, в, жээ 등은 시제접사, −san은 상접사로 구별짓기도 한다(Song 1997).

문어의 현재시제의 −m가 제주방언에서는 현재진행상으로, 고대 일본어에서는 미래(추량, 의지, 희망 등의 mu)로 쓰인다. 구어의 과거시제 н(a)가 제주방언에서는 과거로 쓰이는 등(공통어는 −n(ta)형식으로 현재) 시(時)의 시점이 달리 나타난다.

(2) 접속법은 다음과 같다.

1. 연용형(계기적)	dju, chu	ж, ч
2. 동시형	−n	н
3. 분리형	−ād (하고 나서)	аад
	(gad cf. Poppe)	гаад
4 한계·도달형	−tala (까지/도록)	тал
5. 조건·가정	−āsu, bāsu	бол
6. 계속·진행	−gsaār, −gsabār (하면서, 한 채)	saap
7. 목적	ra	хаар
8. 설명형	run (~라고 해서)	−х гэж

	(Poppe 준비부동사 (preparative converb))	
9. 양보형	baču (cf. Poppe)	вч, лаач
10. 즉시형	maĉi (cf. Poppe)	магц −нгуут хлаар

참고로 연용형 **ж**에 이어지는 서법(종지법)의 예를 보이면,

−ж чадах ~할 수 있다 (가능형)

−ж болно ~해도 좋다 (허용형)

−ж байна ~고 있다 (진행형)

(3) 전성법(형동사형)은 다음과 같다.

1. 연체형	a) 현재·미래형	−xu, xui, xun	−х (사전 등재형)
	b) 완료형	−gsan, −gsad	−сан
	c) 미완료형	ā, āj	−аа (지속)
	d) 반복·항상성	dag	−даг
2. 명사형		gchi	−гч (−하는 이)

참고로 형동사형에 이어지는 부정형의 예를 보이면,

уншихгүй 읽지 않는다(부정형)

уншаагүй 읽고 있지 않다

5. 이번에는 튀르크어의 경우를 보기로 한다.

(1) 종지법은 다음과 같다.

1. 부정(不定)형	−mek
(기본형, 사전 등재형)	부정(否定)형은 −me(부정사)−mek

2. 중립형(초월시제)	−er
	부정형 −me−m(인칭어미)
	의문형 −er−mi(의문조사)−yim(인칭어미)
3. 현재형(현재진행, 근미래)	iyor
	부정형 −m, −iyor, −um(인칭어미)
	의문형 yor−mu(의문조사)−yum(인칭어미)
4. 과거형	−di
	부정형 me−di−m(인칭어미)
	의문형 −di−m(인칭어미)−mi(의문조사)
5. 미래(추량)형	(y)ecek
	부정형 −me−yeceğ−im
	의문형 ecek−mi−yim
6. 의문형	−mi 상례와 같이 문말 아니면 문말인칭어미 앞에
7. 부정(否定)형	−me (부정, 금지)
	değil (~이 아니다)
8. 명령형	∅, −in(경어), (y)iniz(경어)
9. 감탄형	−se, sene
10. 당위형	−meli(부정형은 −miyebil−) 해야 한다
11. 추량형	−miş(~한 것 같다), −miş gibi(후치사) 인 것 같다
12. 가능형	(y)ebil (부정형은 −eme−)
13. 희망·의도형	(y)e(−yim)(인칭접사) (1인칭 의도형)
	−sin (3인칭 원망형)

(2) 접속법은 다음과 같다.

1. 조건형 a) 가정	−se (주절술어는 종지법의 중립형이나 미래(추량)으로 잘 호응한다)
b) 순접의 일반조건(즉시형)	(y)ince 하면, 하자, 곧

2. 연용형	a) 계기형, 동시형	−(y)erek, −ip
	b) 이후형	−(y)eli ~한 다음
		dikten sonra ~하고 나서
	이전형	meden ~하기 전에
	c) 분리형	−(y)ir
3. 반복형		−(y)e −(y)e ~하고 ~하고
4. 목적형		−için (이를 후치사로 보기도 함)
5. 추정형		cesine 할 것 같이
		miş, gibi(후치사) 인 것 같이
6. 익심형		dikçe 할수록, 할 때마다
7. 비교형		mektense ~하기보다

(3) 전성법은 다음과 같다.

1. 연체형	a) 완료형	~(y)en (~한) (관 계절의 목적어 해당명사를 수식 못한다. 행위자는 해당 명사를 수식한다)
		~r (~한)
		−muş (~한)
	b) 미완료형	−(y)ecek (~할) (인칭어미에 의해 혹은 선행주어에 의해 행위자가 표시 되므로 관계절의 목적어 해당명사를 수식할 수 있다)
2. 명사형		en (~한) 사람
		r me−z (하지 않는 사람) (부정 다음에 r → z)
		−me, −mek ~(하는) 것
		iş 방법

6. 이러한 분류들은 한 범주의 다양한 용법을 생각할 때 편의적인 것으

로 생각할 수 있다.

튀르크어의 접속법(부동사)의 한 가지의 -ip의 예를 본다면(Johanson 1995: 313-313에서 예문 뽑음),

1. Oda-ya gir-ip otur-d-um. (순접)
(1인칭어미)
(나는) 방에 들어가서 앉았다.

2. Ara-yıp bul-am-ıyor. (역접)
(그가)/(그것을) 찾고 있으나 찾지 못하고 있다.

3. Otur-up mu konuş-t-ular? (수식)
(의문)
앉아서(앉은 채) (그들이) 말했나요?

4. Salam ver-me-yip oda-dan çık-t-ım. (수식)
(부정) (1인칭어미)
인사하지 않고 (나는) 방에서 나왔다.

5. Ev-e gel-ip el-ler-in-i yıka-ma-dı. (계속)
(3인칭소유격) (부정)
(그는)집에 와서 (그의)손들을 씻지 않았다. (부정은 문부정)

6. Ali kay-ıp düş-tü. (원인)
Ali가 미끄러져서 넘어졌다.

7. Muz kabuğ-u üst-ün-e bas-ıp kay-dı sonra
((그가) 바나나 껍질을 (윗표면을) 밟아서 미끄러졌고 (그래서)
tepetaklak düş-üp bacağ-ın-ı kır-dı. (원인)(병렬)
(3인칭 소유격)
머리에 엎어지고 (그의) 다리를 부러뜨렸다.

따라서 앞에서의 알타이어계의 서법상의 분류에 차이가 있다는 것이 언어간의 특성상의 차이에서 온다기보다 해석상의 차이에서 오는 것일 수 있다는 것이 된다. 전후 접속어구의 의미적인 관계로 여러 가지로 구분할 수 있는 것과 같다.

7. 여기서 좀 생각해 볼 것은 일본어의 연용형의 −i어미(5단, 상1단, ka변, sa변에서. 하1단의 e는 a−i로 분석된다)와 한국어의 −mjə(−mjən(sə))에 대해서이다. 앞서의 예문이 모두 일본어는 i(−te)의 형식으로, 한국어의 −mjə의 형식으로 풀이될 수 있는 것들이다. 만주어의 me[mə]에도 한국어의 −mjə, mjənsə 그리고 고대 일본어의 mo_2[mə](병렬의 경우)에 상응하는 쓰임이 있다. 성백인(1999)에서 만주어의 mə가 주동작의 양태, 방법, 목적, 원인 외에도 주동작과의 병행을 표시한다고 하였다.

1. 만주어의 연용형
   me, fi, mpi/pi (Sibe(錫伯語) −m/−mə(李樹蘭·仲謙(編) 1986:86)
2. Evenki의 연용형 mi
3. 일본어의 조건형 ba
4. 몽고어의 조건형 bāsu
5. 한국어의 접속의 mjə, 가정의 mjən

등을 고려하면 튀르크어의 ip의 형태와 어떤 경로든 연계가 있을 수 있는 것으로 생각된다. 일본어는 그 자체에서 흔하게 보이듯 말자음을 버렸고, 나머지 언어는 p/b/m 교체와 말모음 부가의 일을 치른 것이 아닌가 생각되는 것이다.

8. 지금까지 알타이제어의 동사활용이 보여주는 서법을 보아왔는데, 형태분석의 차이는 있을지언정 한국어와 일본어하고 큰 차이가 없는 것이 확

인된다. 따라서 p.471에서 보인 투사체가 그대로 적용된다.

다만 여기서 유의할 점은 접속법에서의 연용형, 그리고 전성법에서의 연체형은 단문 S(S") 내에서의 내포절 곧 부사절과 연체절(관형절)의 것에 한정된다. 이 경우 주어가 내포절의 주어와 달라도 상관이 없다. 대등절 혹은 종속절 – 주절과 같이 상대적인 주어가 있으면서 서로 다르고 종속절이 외치된 경우는 S – S와 같이 별도의 문의 연속으로 보는 것이다. 따라서 하나의 S 내에서의 조건절, 부사절과 연체절은 S의 투사체에 위치한다. 연체절은 S애에서의 주어, 목적어, 보어, 혹은 부가논항의 NP내에 위치한다.

(1)

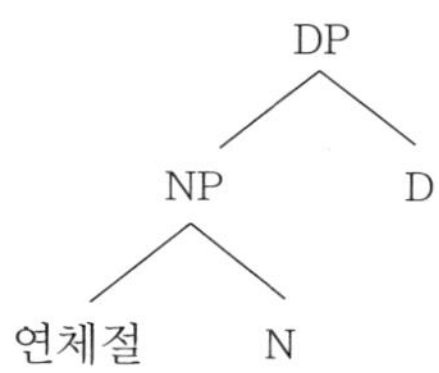

조건절, 부사절은 언어에 따라서 다를 수도 있지만 문두, 문중, 문말에 위치하여 연체절에 비해 융통성이 있다. 해당 위치에 부가어로서 자리한다(아래의 점선부분).

(2)

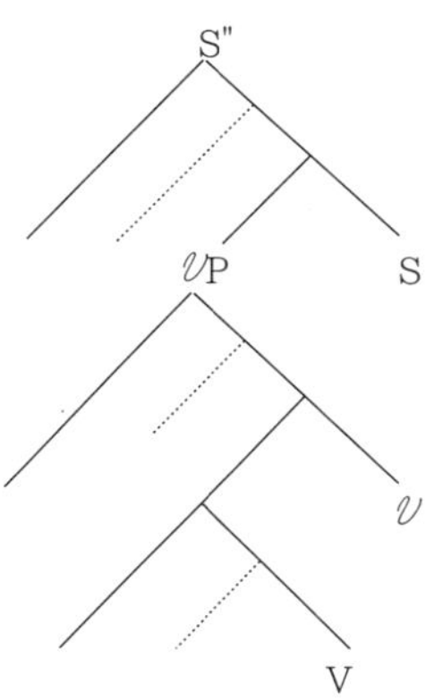

문말의 부사절은 V와 자리가 바뀌는 것으로 볼 수 있다. 문말(절말)의 인칭접사(어미)는 주어와의 일치관계로 일반적으로 문말(절말)에 위치하기 때문에 문(절)의 v핵 내지 S핵의 말미에 이루어진다.

(3)

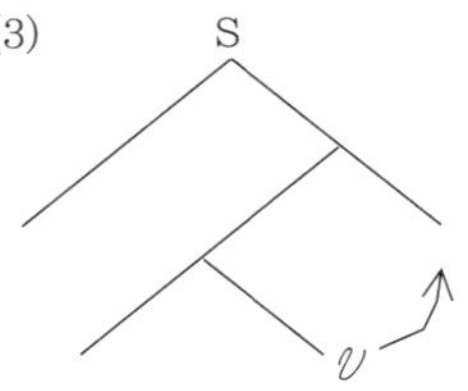

다만 튀르크어의 경우 의문조사가 인칭어미에 선행하기도 하고 후행하기도 하므로 v핵 내지 S핵의 내부구조가 있는 것으로 가정된다. 그 안에서의 위치의 교체가 있다고 보는 것이다.

(4)

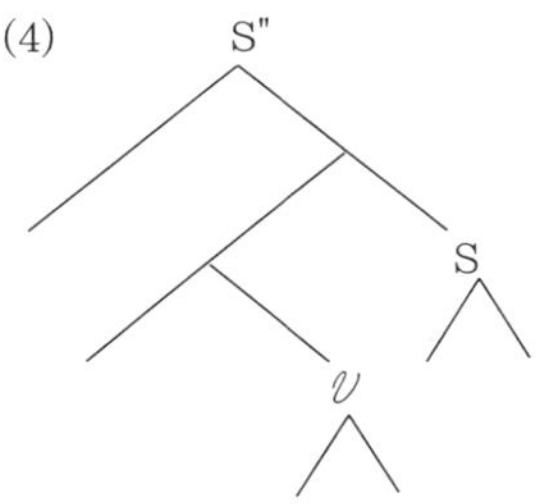

9. 인칭접사(어미)는 현대의 한국어, 일본어, 만주어, 몽고어에는 없다. 아이누어에는 구전(口傳)사요(詞搖)에 자동사의 1인칭 단수주어가, 구어에 1인칭 복수주어가 인칭접사로 나타난다.

이러한 인칭접사가 본래적이냐 후발생적인가에 대해서는 의견이 갈린다. 한편 한국어나 일본어도 고대에 쓰인 흔적 같은 것이 보인다(김공칠 2011:133-134).

튀르크어에서는 경우에 따라 인칭대명사는 쓰지 않고 대신 동사의 인칭접사로 인칭을 지시하기도 한다.

(1) (Ben) gel - di - m (내가 왔다)
(나는) 오 과거 1인칭어미

주어를 강조할 때, 그리고 주어와 동사 사이에 여러 가지 말이 개재하게 되면 독립형의 인칭대명사를 쓰게 된다. 대명사가 없어도 인칭어미가 주어 구실을 하는 것으로 생각하면 제주방언에서 쓰이는 감서 - 나(나 간다)와 같은 표현을 생각하면 본래적이든 후발생적이든 강조나 다짐을 위해 사용될 수 있는 일이라고 생각된다.

또한 튀르크어에서 제3인칭의 독립형의 인칭대명사가 본래 없고(원칭의 지시대명사 o를 3인칭대명사로 전용) 기타의 알타이어계 및 고대일본어도 3인칭의 인칭대명사는 지시대명에서 전용된 것이다. 아이누어도 독립형의 인칭대명사는 있지만 3인칭만은 없다. 인칭대명사를 대신하는 인칭접사가 있고 그것이 튀르크어에서와 같은 인칭접사같은 것으로 해석되기도 하나, 튀르크어는 동사의 뒤에 오는데 아이누어는 동사의 앞에 있다. 그래서 인칭접두사라고 부르기도 한다. 그러나 다음 예처럼

(2) 1. ku - aki / k - aki 나의 동생
2. ku - ek / k - ek 내가 왔다

속격에도 주격으로 쓰이고 있다. 후행어로 구별된다. 튀르크어에서 말미에 인칭접사가 쓰였다 하더라도 주어를 강조할 경우에 독립형의 인칭대명사가 쓰이는데 아이누어도 그렇다.

(3) ku - ani(/kani) ku(k) - oman
(다름 아닌)내가 (나) 간다

예컨대 1인칭(단수)의 인칭접사 ku는 자립성이 약하고 모음충돌을 피하여 후행동사와 융합하는 경향이 있어서 접사로 취급되고 포합(抱合)되는 것으로 하지만, 필자는 이를 자립형의 인칭대명사로 보고 있으며 선두의 인칭대명사는 강조형으로 쓰이는 것으로 보고 있다. 강조형이 없어도 문으로 성립하며 강조형이 있다고 해서 인칭접사(인칭대명사)가 생략할 수 있는 것이 아니기 때문이다.

kuani는 ku-ani의 형태로 분석될 수 있다. ani에는 도구, 수단, 방법, '~와 같은' 등 여러 뜻이 있다. 강조의 뜻으로 '나로 말하면'이면 제기, '나 말이지'와 같으면 화맥의 전승, '나로서는'과 같으면 주제의 지위로 발제 자리에 생기할 수 있는 일이다.

전례의 ku-oman/k-oman이 접사-동사의 형식이라면 이러한 형성은 어휘부의 일이라고 볼 수 있는데 이는 어휘부에 엄청난 부담을 안겨준다. 모든 동사마다 인칭접사를 접합해서 목록화하든지 접사화규칙에 의해서 수시로 어형성해야 하고 그 출력도 통사부의 어느 자리로 갈 것인지 문제가 있게 된다. 입력되는 V핵도 상대항이 없는 처지가 된다. 필자는 ku는 NP(DP)자리에 oman은 V핵 자리에 도출되고 음운론적 요인으로 합체되는 수가 있는 것으로 보고자 한다.

어떻든 동작의 주체자를 동사의 앞에 혹은 뒤에 갖다 붙이는 것은 얼마든지 있을 수 있는 일로 생각된다. 표현의 다양화로 동사 앞에 다양한 말이 개재하게 되면 선두에 주체자를 내세우게 될 수 밖에 없게 된다. 따라서 알타이제어에서 인칭접사의 유무가 알타이어계 성립의 장애가 되는 것은 아니라고 생각한다.

보조동사 (보주 7) (p.150)

일본어와 동계로 추정되는 알타이제어의 보조동사의 예를 보기로 한다.

1. 아이누어의 경우를 보면,

(1) 1. inkar 본동사 보다
보조동사 ~해 보다 kar wa inkar (만들어 보다)
2. anu 본동사 두다
보조동사 ~해 두다 tuye wa anu (잘라두다)
3. kore 본동사(복타동사) 주다
보조동사 해주다 iki wa(en)kore ((나에게) 해 주다)
4. isam 본동사 없다, 없어지다
보조동사 해 버렸다 arpa wa isam ((혼자) 가 버렸다)
5. okere 본동사 끝나다, 끝내다
보조동사 해 버렸다 ku suke okere (나는 요리해버렸다)
6. an 본동사 있다
보조동사 ~(고) 있다 mokor wa an (자고 있다)

한국어의 경우는 본문(제3장 4)의 형용사의 (20)에서의 일본어와의 대역에서처럼 또 앞에서 아이누어의 보조동사의 대역에서처럼 어색한 부분이 없다는 것은 보조동사의 용법이 비슷하다는 것이 된다. 다만 형용사의 음편(본문(제3장 4.의 (13) 그리고 (21))에서 보이는 보조동사 'ございます'는 부가적인 설명이 필요하다. 'ござい'(くござる(계시다))은 いる/ある(있다)의 높임말이면서 보조동사로는 공손어(습니다)의 구실을 한다. '감사하다'의 有難い(ありがたい)(고맙다)의 공송표현으로는 다음 (2) 1., 2.와 같은 표현이 있다. 2.와 같은 보조동사적인 용법과 같은 것으로 3.이 있다.

(2) 1. 有難い(고맙다) – です → 고맙습니다
2. 有難く(고맙게) – ございます(있습니다) → 고맙습니다
↓
ありがとう
3. 寒く(さむく)(춥게) – ございます(있습니다) → 춥습니다
↓
さむう

분석적인 대역으로는 맞지 않는 것이 한·일 언어간의 차이라면 차이지만 일본어는 경어동사를 보조동사로 해서 $V_1 - V_2$의 격식을 빌리고 있다. 한국어도 공손의 부속형식을 쓰는데 일본어는 그런 경우도 있고 공손의 자유형식을 보조적으로 쓰는 차이를 보여주는 것이 된다. 그렇지만 2.를 '고맙게 여깁니다', '고마워하고 있습니다', 3.을 '춥게 여깁니다', '추워하고 있습니다'와 같은 대역이 성립한다면 결국은 한국어나 일본어의 보조적인 표현방식이 같아지게 되는 것으로 본다.

2. 만주어의 보조동사로는,

(1) 문어(만주실록)에서 몇 가지 찾아보면,

1. bimbi 본동사 있다
   보조동사 ~고 있다 okdoko bi (말하고 있다)
   tehe bihe (살고 있었다)
2. jimbi 본동사 오다
   보조동사 ~해 오다 baime jihe (찾아왔다)
3. tuwambi 본동사 보다
   보조동사 ~해 보다 dacilame tuwa (잘 살아 봐라)

(2) Sibe(錫伯語)(李树兰 外 1986)에서 동사 범주내의 조동사로 쓰인 예를 뽑아보면,

1. saxalin ula <u>bixəi</u>. (p.95) (아니다(vaq)도 조동사로)
   흑룡강 이(었)다
2. tər dʐoxund javə-max <u>bixəi</u>. (p.80)
   그(는) 길을 가고 있었다

2.는 과거진행시제를 나타낸 것인데 이 경우가 제격의 보조적 용법으로 본다.

3. əm am xotun om.
하나(의) 큰 도시(가) 된다
4. əmgri ilan anj oxo.
이미 3 년(이) 되었다

여기의 3., 4.(p.96)는 조동사라기보다 본동사에 가깝다. 보조적 의미를 고려한 것 같다.

5. ɕiram am tatɕqud dœɕym mutum. (p.96)
장래 대학에 가 ㄹ수 있다.
6. ər xaxədʑi t'atɕqud tatɕim javəm. (p.97)
이 아이(는) 학교에서 공부하고 있다

3. Evenki(朝克 1995)도 동사 내의 조동사로 분류되는 예들을 뽑아서 보이면,

1. (긍정 biʃiŋ) taʧʧil ədiŋʃi inig naaŋ xeen wal xadiʧʧi biʃiŋ
그들(은) 바람부는 날 도 풀 (을) 베고 있다
2. (부정 aaʃiŋ) moriŋ oroondo əməgəl aaʃiŋ ugudʒiraŋ
말 위에 안장 없이 탄다
3. (허용 oodoŋ) ənnəgəŋ əxʉddi inig mʉʉdʉ əbbəsim oodoŋ
이런 더운 날 물에서 헤엄쳐도 된다

4. 몽고어의 보조동사의 예를 몇 가지 들면,

1. a) 본동사 байх (있다)
b) 보조동사 явж байна (걷고 있다)
2. a) 본동사 орхих (버리다)
b) 보조동사 мартаж орхижээ (잊어버리다)
3. a) 본동사 үзэх (보다)

b) 보조동사 явжүз (가 봐)

4. a) 본동사 өгөх (주다)

b) 보조동사 аваачиж өг (가져다 주라)

5. a) 본동사 эхлэх (시작하다)

b) 보조동사 гарч эхэллээ (상연하기 시작하였다)

6. a) 본동사 гарах (나오다, 나타나다)

b) 보조동사 унщиж гарав (읽기 시작하다)

7. a) 본동사 ирэх (오다)

b) 보조동사 гүйж ирэх (달려 온다)

5. 끝으로 튀르크어의 보조동사의 예를 보이면,

1. a) 본동사 olmak(되다, 일어나다) (명사 뒤에서는 보조동사 adam olmak(한 인간이 되다)

b) 보조동사 git-miş- ol-du

가(ㄴ것) 버렸다(되었다)

2. a) 본동사 vermek(주다)

b) 보조동사 evi göster-iver-di-m

집을 보여 주 었다(나는)

3. a) 본동사 gelmek(오다)

b) 보조동사 yapa-gel-di

해 와 ㅆ다

4. a) 본동사 gitmek(가다)

b) 보조동사 ola- git-

(되어 가다)

튀르크어는 V_1 - V_2 사이에 휴지가 없는 것이 되고 있는데, 앞에서 아이누어는 wa, 일본어는 te, 한국어는 ci/ko, 만주어는 -me, -fi(錫伯語 m/mə), 몽고어는 ж/ч 같은 것들을 V_1에 부가하고 보조동사는 자립형식이 되어 있다. 물론 휴지 없이 밀착한 형식을 보여주는 것도 있다.

지금까지 보아온대로 언어에 따라 쓰는 이에 따라 조동사와 보조동사를 구별하기도 하고 합쳐서 어느 하나의 이름으로 쓰기도 한다. 구별하는데는 조동사는 비자립형식, 보조동사는 자립형식이다. 그러한 구별 없이 보조적인 의미를 부가하는 것을 일괄하여 어느 하나의 이름, 주로 조동사의 이름을 부여하기도 한다. 어떻든 알타이제어에는 본동사 다음에 보조적 요소가 후행, 후접하든지 동사 자체가 보조적인 의미역할을 하든지 하는 경우가 어느 언어에서나 보이는 일로서 후핵언어의 술어핵 형성의 공통과정의 하나로 생각된다. 그것은 V핵이나 $\mathcal{V}$핵의 내부요소로 생성된다.

격형태 (보주 8) (p.213)

알타이계제어의 유사한 격형태를 중심으로 그 대비를 보이고자 한다. 필자 나름대로 공통형을 추렸기 때문에 다른 이형(異形)이 있을 수 있다. 또 선행명사의 양성/음성모음에 의한 모음교체형 그리고 말자음(특히 몽고어에서의 H의 유무) 여하에 의한 교체형 모두를 제시 못한 것도 있다.

일람에서 여격과 처격은 언어에 따라서 분석자에 따라서 여위격으로 하나의 격의 용법의 갈래로 보기도 하는 만큼 양자 동형의 것이 많이 나타나 있다. 일본어의 경우도 t/n교체로 보면 동형에서 유래하였다고 할 수 있다.

<table>
<tr><th colspan="2" rowspan="2">언어</th><th colspan="4">구조격</th><th colspan="4">의미격(후치사로 처리되기도)</th></tr>
<tr><th>주격</th><th>속격</th><th>대격</th><th>여격</th><th>처격</th><th>향격</th><th>탈격</th><th>비고</th></tr>
<tr><td colspan="2">아이누어</td><td>∅</td><td>∅</td><td>∅</td><td>∅</td><td>ta</td><td>ta</td><td>kari
oro(wa)</td><td></td></tr>
<tr><td rowspan="3">일
본
어</td><td>고대어</td><td>∅,
i</td><td>na
i, no
ga</td><td>∅, wo</td><td>ni</td><td>te, ta
(접미사)</td><td>gari
(접미사)
he</td><td>kara</td><td></td></tr>
<tr><td>현대어</td><td>∅,
ga</td><td>no</td><td>∅, o</td><td>ni</td><td>de</td><td>e</td><td>kara</td><td></td></tr>
<tr><td>八重山방언</td><td>nu</td><td>nu</td><td>∅, ju</td><td>ni</td><td>kai</td><td>he</td><td>kara</td><td></td></tr>
</table>

<table>
<tr><td rowspan="3">한국어</td><td>고대·중세어</td><td>∅, i</td><td>∅, ɐi</td><td>∅, hɐr
ɐr</td><td>ɐi</td><td>tɐi
e</td><td>ro</td><td>kjəre
−ropɯtʻə</td><td></td></tr>
<tr><td>현대어</td><td>∅,
ka</td><td>∅, ɯi</td><td>∅, ɯr</td><td>eke</td><td>e</td><td>e, ro</td><td>esə
−roputʻə</td><td></td></tr>
<tr><td>제주방언</td><td>∅,
ka</td><td>∅,
i</td><td>∅, ɯr</td><td>hɐnti</td><td>e</td><td>e, re
ro</td><td>esə
−roputʻə</td><td>향격 təre</td></tr>
<tr><td rowspan="3">만주어</td><td>문어</td><td>∅</td><td>i</td><td>be</td><td>de</td><td>de</td><td>i</td><td>ci</td><td>연격 deli</td></tr>
<tr><td>Ibuchi
(依布气)방언</td><td>∅</td><td>∅</td><td>pə [bə]</td><td>tə [də]</td><td>tə [də]</td><td>itɕʻi</td><td>təlie
[dəlie]</td><td></td></tr>
<tr><td>Sibe(錫伯語)</td><td>∅</td><td>i</td><td>−b</td><td>−d</td><td>−d</td><td>tɕi</td><td>dəli</td><td></td></tr>
<tr><td rowspan="2">에웽키어</td><td>방언A</td><td>∅</td><td></td><td>VA(특정)
jA(부특정)</td><td>−du/tu</td><td>dulA/
tulA</td><td>tki/tyki</td><td>duk/tuk</td><td>연격 li/duli
A=모음교체형</td></tr>
<tr><td>방언B</td><td>∅</td><td>ni</td><td>bA/jA</td><td>du/tu</td><td>lA/dAlA</td><td>txAxi</td><td>dixi</td><td>연격 li/duli
A=모음교체형</td></tr>
<tr><td rowspan="2">몽고어</td><td>중세어</td><td>∅</td><td>u(n)
/ü(n)</td><td>∅(부특정)
i/yi(특정)</td><td>dur/dür
a/e</td><td>−du/d
a/e</td><td>tur/tür</td><td>ača/eča</td><td></td></tr>
<tr><td>현대어</td><td>∅</td><td>ы(н)
/ий(н)</td><td>∅(부특정)
ыг/ийг
(특정)</td><td>−д/т</td><td>∅
д/т</td><td>руу/луу</td><td>аас/ээс</td><td></td></tr>
<tr><td rowspan="2">튀르크어</td><td>고대어</td><td>∅</td><td>uŋ
nuŋ</td><td>(ï)r/(i)r</td><td>qa/kä
a/ä</td><td>ta/tä
da/dä</td><td>raru
kärü</td><td>ta/t
tin/din</td><td></td></tr>
<tr><td>현대어</td><td>∅</td><td>in/nin</td><td>∅, i</td><td>de/da</td><td>de/da</td><td>e/a</td><td>den/dan</td><td>여기서의 i는
i=ü=ı=u
교체</td></tr>
</table>

이상에서 공통적인 것을 추려낸다면 먼저 구조격에서,

1. 주격 ∅, i
2. 속격 i (ni)
   u (nu/no)
3. 대격 ∅, i
   특정표현에 a) b계
   b) −r계

일본어의 wo는 한국어의 ɐ에서 유래(감탄사(응낙) Kor. ɐ : Jap. wo)한 듯 생각된다. 대격 wo를 b계로 속단하기 어렵다. 한국어 h(ɯr)의 유래 여하에 따른다고 본다.

4. 처격/여위격에서 유래한 듯

구조격은 본래 아이누어처럼 ∅격이었다고 본다. 주격, 속격, 대격의 i는 강조사에서 유래한 것으로 생각된다. 일본 방언의 nu, 그리고 여기에 제시하지 않았지만 한국어의 주제/주격의 nɐn, 그리고 일본어 속격의 na, no/nu, 튀르크어의 속격의 nuŋ/nin은 모두 연관이 되는 것으로 본다. 일본어의 속격의 no/nu는 주격/속격에 양용되며 한국어의 nɐn은 주격 외에도 연체형어미로 후행명사를 수식하는 구실을 한다.

Murayama(1957)는 Ramstedt와 Poppe가 *-n을 공통 알타이어의 속격어미로 추론한 것에 맞추어 일본어의 nö가 이와 관련되는 것으로 보았다. 이외에도 일본어의 대격의 wo는 만주어의 be, 퉁구스어의 wa, we 대격에 맞추었고 일본어의 여위격 *-yu/*-du (cf. te/de, ta/da)는 알타이어의 *-du, *-da에 맞추었다.

Itabasi(1991:275)는 원시몽고어, 원시퉁구스어의 *i-nu, 원시튀르크어, 원시한국어, 원시일본어의 *i-n의 재구형으로, 원시 알타이어의 속격을 *i-n을 재구하고 이를 *i(주격) + *n(속격)의 복합형으로 분석하였다. 또 속격의 *n은 원시퉁구스어의 *n, *n-ki, 원시몽고어의 *n, *n-ki, 원시퉁구스어의 *n, *n-kai, 원시한국어의 *n(?), *n-ki(?), 원시일본어의 *n, *n-kai에서 반영되는 것으로 하고 있다. 원시일본어의 *n는 고대일본어의 속격 na/nö에서, *n-kai는 속격의 ŋga(が)에서 온다.

필자는 그러한 형태의 복합적인 구성에서 온다기보다 다음과 같은 음운적인 과정을 거쳐서 형태화한 것으로 보고 싶다.

1) NP + *i → NP + ɪ/ɯ 모음을 중설모음으로 보면 그러한 음운실현이 가능하다.

2) NP + ŋ / N + *i 명사의 말음이 모음이면 더욱 매개자음의 개입이 가능하다.

3) NP + ŋ / N + *A 여기서의 *A는 모음교체형(i/a/u/o)을 대표한 것으로 NP의 역할에 따라 분화되어갔다고 보는 것이다.

다음 의미격으로 앞에서 제시한 세 가지를 보면,

5. 처격 ta(da) / te(de)
6. 향격 ta / garu(/i)
7. 탈격 tA / dA, kara

모두 아이누어에서 보이는 것 같은 ta와 같은 기저에서 분화한 듯 보이며, 언어에 따라 dA/tA/rA/kA/A(두자음탈락)로 교체한 것 같다. 한국어의 특이형 향격 ro는 몽고어와 일치하고 향격 e는 튀르크어와 일치한다. 일본어의 특이형인 여격의 ni는 두자음 t/d교체로 보면 유별하지 않으며 향격의 gari는 고대 튀르크어와 연관지을 수 있다.

의미격에서는 아이누어의 탈격의 oro와 한국어의 향격의 ro, 탈격의 ro(put'ə)가, 그리고 제주방언의 향격 təre, 만주어 방언의 탈격의 dəlie와 Evenki의 연격의 duli가 연관된다고 볼 수 있다. 격 쓰임은 조금씩 바뀔 수 있는 것으로도 생각된다.

소유표현 (보주 9) (p.224)

연체격(속격)에서 한국어와 일본어의 쓰임은 다음에서 다름이 있다.

(1) 일본어 私(わたし)の姉(あね) (나의 누님)
作家(さっか)の姉(あね) (작자의 누님/작가인 누님)

곧 일본에서는 속격이나 동격이 같은 형태로 표시되는데 한국어에서는 속격과 동격이 구별되고 있다. 아이누어의 속격은 다음과 같은 두 표현방식이 있다.

(2) 1. ku-kor (나(∅격) 가진) → 나의　　ku-kor hapo(나의 어머니)
　2. ku (나(∅격) → 나의　　ku-saha(나의 누님)

아이누어의 (2) 1.처럼 속격이 소유표현으로 되어 있다. 한국어와 일본어에서도 속격으로 소유표현을 나타낸다.

(3) 私の本(ほん)(나의 책)

Evenki어에서는 다음과 같이 소유물의 뒤에서 소유자를 표현하는 소유표현이 있다.

(4) 1. purta -va -v　　나의 나이프를
　나이프 대격(특정) 나의(1인칭단수 소유격)
　2. asi -va -n　　그의 부인을
　부인 대격(특정) 그의(3인칭단수 소유격)
　3. n'urikte -l -vi　　자기의 머리카락을
　머리카락 을 자기의(재귀소유격) (재귀소유격은 선택적으로 쓰인다)

몽고에서도 그와 같은 소유표현이 있다.

(5) 1. номы минь　　나의 책을 (대격조사 ыг → ы)
　책 을 나의(1인칭소유격)
　2. гэрий минь　　나의 집을 (대격조사 ийн → ий)
　집 을 나의(1인칭소유격)
　3. гэргтээ　　자기의 집에서
　집 처격 자기의(재귀소유격)

재귀소유격도 명사 - 조사 - 재귀소유격의 순인데 대격조사가 탈락하는 경우도 있다.

튀르크어에서는 다음과 같은 소유표현이 있다.

(6) 1. ev im 나의 집
집 나의(1인칭소유격)
2. ben-im ev-im 나의 집
나 의 집 나의
대명사의 소유격

대명사의 소유격을 쓰는 경우는 누구의 집이라는 의미를 강조하는 경우에 쓰는 것이고 생략이 가능하다.

3. ev-im -i 나의 집을
집 나의 을(대격)
4. ev-de kendi 자기의 집에서
집 에서 자기의
5. kendi ev-im 자기(나 자신)의 집
자기의 집 나의

이 경우 kendi 앞에 2.의 대명사소유격(ben-im)이 올 수 없다. kendi가 대신한다고 보면 된다. kendi는 속격으로 쓰이며 수와 인칭에 따라 격변화를 하므로 재귀대명사와도 같다. 4., 5.에서는 소유물의 앞뒤에 나와 있다.

이와 같은 명사 뒤에서의 소유격 표시가 특이한 것으로 지금까지 여겨왔다. 그러나 다음과 같은 한국어나 일본어에서와 같은 표현을 보면 명사 뒤의 소유표현은 구조적으로 유별한 것으로 생각되지 않는다. 소유물을 강조하기 위해 소유자 표시를 명사 뒤에 첨가하는 것은 원래로부터든지 시대와 지역에 따라 파생하였든지 얼마든지 있을 수 있는 일로 생각된다.

일본어에서,

(7) 1. ここにあった本(ほん)私(わたし)の見たの? (여기에 있던 책 내 것 보았니?)

2. あなた持(も)ってきた本自分(じぶん)のどうしたの? (당신 가져온 책 자기 것 어떻게 했어요?)

3. 彼本私のを買ったそうだ。(그가 책 내것을 샀다고 한다)

4. 私彼に本私のをあげたよ。(나 그에게 책 내것 주었어요)

한국어(제주방언)에서,

(8) 1. 여기 있던 책 내껏 보안? (여기 있던 책 내 것 보았니)
2. 느 가져온 책 지껏 어디 버련. (네가 가져온 책 자기 것 어떻게 했어?)
3. 가이 책 내껏 삿젱. (그가 책 내 것을 샀다고 한다)
4. 나 가이한티 책 내껏 주언. (내가 그에게 책 내 것 주었어)

인칭소유격과 재귀소유격의 형상은 Evenki, 몽고어 모두 아래와 같다고 할 수 있다.

(9)

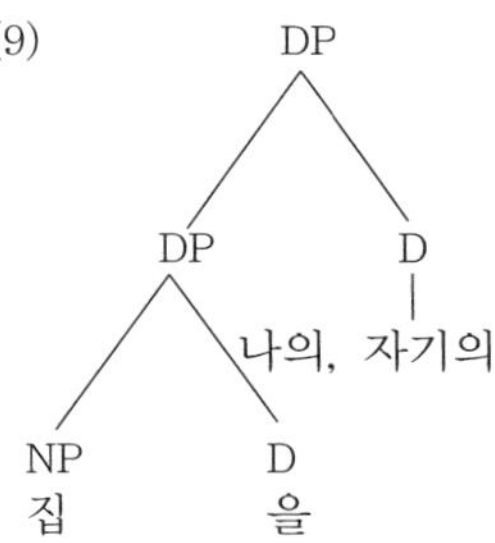

Evenki는 재귀소유격은 선택적으로 쓰이고 몽고어에서는 재귀소유격의 경우 대격을 탈락하는 경우도 있는 것으로 보아 다음과 같이,

(10)

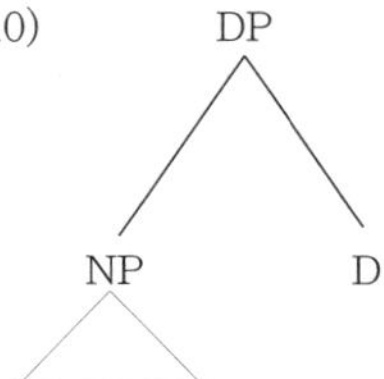

간소화 하는 방향에 있는 것으로 보아진다. 인칭소유격과 재귀소유격이 명사의 뒤에서 나오는 것은 현대의 제주방언을 미루어 예전에는 보통 쓰이던 것으로 생각할 수 있다.

튀르크어의 경우 소유격 접사는 Evenki와 몽고어와는 좀 다르다.

(11)

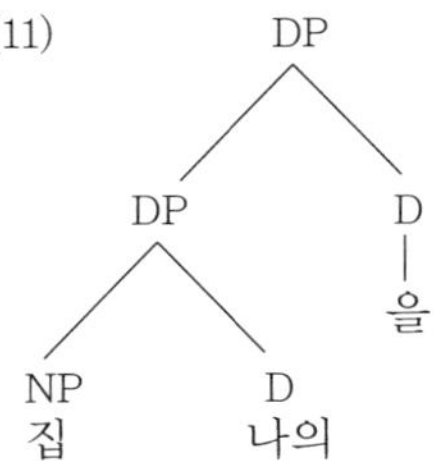

이를 제주방언의 경우도 감안해서 아래와 같이 상정할 수 있다.

(12)

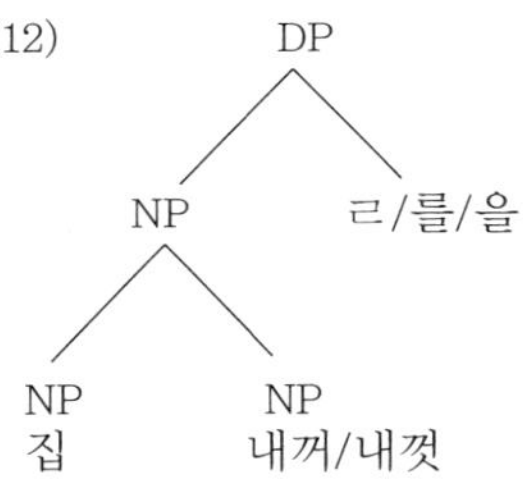

한편 재귀대명사를 재귀소유격으로 친다면,

(13)

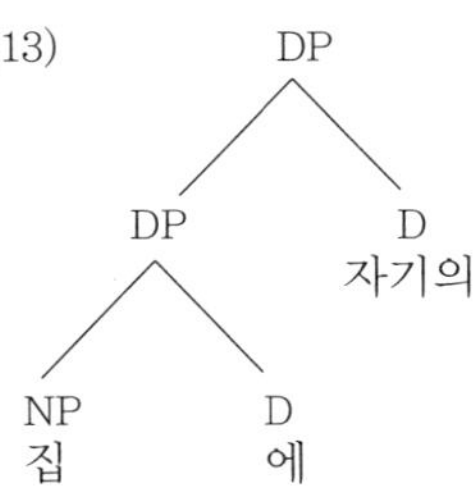

Evenki나 몽고어와도 같아진다. 재귀소유격을 재귀대명사로 분리하면 결국 앞서의 (10)과도 같아진다. 앞에서 보인 한국어나 일본어의 표현이 후첨적인 것으로 본다면 Evenki, 몽고어의 (9) 형상보다 튀르크어의 (11)의 형상에 가까운 것이 된다.

동계어휘 (보주 10) (p.515)

먼저 한국어와 일본어 그리고 아이누어를 중심으로 해서 기타 언어와도 관련되는 어휘를 예시하기로 한다. 김공칠(2000:353-356)에 언급된 한국어와 일본어 그리고 아이누어와의 대응어휘와 김공칠(2006:267-)언급된 부족과 관련된 지명(267-290), 치정(治政)·치제(治制)와 관련된 지명(291-309), 지형어(310-336)는 여기서 줄인다. 다만 비교의 필요상 일부 갖다 쓰는 경우가 있다.

(1) 왕명·관명

1. Kor. 신라 伊伐湌 ibɐr
   Jap. 神武 왕명 ipare(伊波礼) cf.ibaru'威'
   A. ibehe 힘과 칼

2. Kor. 고구려 古雛加(왕의 宗族, 大人)
   동옥저·변한 渠師(족장)
   신라 居西·居世
   백제 吉士·吉次, (鞬)吉支
   Jap. 熊襲(kumaso)의 渠師
   吉支
   kasi(ra) (두목·수령)
   A. ka(最上) kashi(上)

3. Kor. 신라왕명 干
   Jap. kami (神)

A. kami (神)

Man. han (황제)

Mong хан

4. Kor. 신라관명 角(干), 舒発(翰) s(u)bur

Jap. subu (統), suberu (統), subera (皇)

A. shutu (곤봉, 무기)

5. Kor. 탐라 부족장 乙那

Jap. otona (大人)

A. ottena (酋長)

6. Kor. 백제 왕호 於羅瑕 əraha

Jap. arahito (現人神), araka (王殿)

A. araguru (왕)

Mo. албатаи 가신, 관리 erxun (현인(賢人))

Turk. er (전사), eren (현인, 유덕자)

(2) 지역·촌명(村名)

Kor. kodan (里, 隣村)

A. kotan (里)

Ma. hoton (町, 城)

Ev. goorat (町)

Mo. ходөөн (村, 시골)

хот (町)

(3) Kor. mɐsɐr (里·村, 隣村)

Jap. masi(増), masu(益), muro(室), moro(諸), mura(村), (村名)

A. mosir (国土, 世界)

(4) Kor. 신라 수도 徐羅伐 (東原·東野)

Jap. seburi(背振)村 (東原·東野)

A. sapporo(〈sariporo) 札幌 (東原·東野)

말미의 伐(bər), buri, poro도 다음의 대응을 보인다.

(5) Kor. 夫里, 伐

Jap. buri, para(原)

Mo. улс (ulus 〈 *pulus)

Turk. il, vil yet 国·地方

(3) 부모호칭

父 Kor. aba

Jap. abi(倭名類聚抄)

A. ona, acibo, ami(ci) ((우리)아버지)

Man. amə

Ev. ama, ami (Neg. apa)

Mon. ааб

T r. apa

母 Kor. əmə

Jap. əmə, əmi

A. aap, abo

Man. eni

Ev. əni, əniŋ

Mo. эх

어두모음은 아이누어는 a 한 가지로, 다른 언어는 '父'는 a로 '母'는 ə로 공통적이다. 어중자음은 b/m/n의 교체가 보인다.

(4) 계절명

1. 春 Kor. *bɐru 〉 bo(m) cf. paro'直'

Jap. haru(〈baru) cf. hacu'初'

A. aro(paikara) 이른 - (봄)
Mo. хабар
Tur. bahar

한국어의 재구형은 삼국사기지리지 고구려지명 朔州(古貊地-牛首州(首若地)-景德王改爲朔州)今春川에서 朔 = 春의 대응에 의한다. 이 기록에 주목하여 강길운(1975:15)이 朔을 신라어의 '春'의 haru 또는 horu로 읽고 있다(중세어 ᄒᆞᄅᆞ'一日'). 다만 지금의 '봄'과는 다른 연줄로 보고 있다. haru의 두 자음 h는 *p(/b)일 가능성이 있다. 일본어의 두자음 h-는 일반적으로 p(/b)로 소급한다. 튀르크어도 몽골어도 b음을 지니고 있다. 일본어의 haru에는 晴(맑다), 昊(밝다)의 뜻이 있는데 모두 같은 뿌리에서 나왔을 것이다. 한국어의 바로(直), 바르다(正), 발그다(>밝다)도 마찬가지일 것이다. 지명에서의 '牛首'를 '角'으로 풀이된다면 s(u)pur(角), s(u)pere-(早)로 연관되어(김공칠 2006:214, 217), 아이누어의 aro-(paikara)(이른 -(봄))과도 의미상, 어형상으로 맞아들게 된다. 春川은 角干이 다스린 곳이었을 것이다.'春'(歲之始, 四時首)과는 '始'와 '首'의 의미에서 상통하였을 것이다. 한편 角干에는 '直·正·明·淸'의 '春'이 상통하는 것이다. '牛首'를 훈독하여 '쇼(/슈)머리'로 풀어도 결과는 같을 것이다(牛加(관명)의 우두머리는 su | bere(統治)하였다). 다만 '朔'이 뜻하는 '(초)하루'의 '하루'의 두자음이 b(/p)이었겠느냐는 것이다. 하루는 '하나'와도 어원을 같이한다면 더욱 그렇다. 일본어의 h-는 거의 p에서 유래하고, 한국어의 h는 k-와 p-그리고 h-에서 유래한다. 목구멍을 트이면 p > h로, 입술을 트이면 p > h로 변할 계기가 된다. 일본어와의 대응 그리고 '角干'과의 대응을 생각하면 이 경우는 p(/b)에 유래하였을 가능성이 크다. 또 현대어 '봄'으로 *paru에서 어중 r음의 탈락과 모음축약 다음에 명사화 접사 -m(여름의 m도 참조)으로, 가을과 겨울은 l(r))의 부착으로 이루어진 것으로 볼 수 있게 된

다. 심지어는 '朔'의 用字가 (초)하루를 나타내기 위한 것으로 보지 않아도 된다. '始'의 뜻이 있기에 春의 '始, 首'와도 상통한다. 바로(直), 바르-(〉빠르)를 나타낸 것으로 볼 수 있다.

2. 夏 Kor. nyərɯm
Jap. natu
Mo. нажир
Tur. yaz(〈nyaz)

3. 秋 Kor. kɐzɐr
Jap. aki(〈*kaki)
(Mo. namap(〈namur)
Tur. güz

4. 冬 Kor. kjəzɐr
Jap. huju(〈*kjuzju)
(Mo. өбөл)
Tur. kiş

이상에서 만주어는 유사형이 없어서 생략하였고, 튀르크어가 유사성이 돋보인다. 튀르크어와의 관련성은 주목할 일이다. 수렵·유목·농경의 시대적·사회적 차이와 지방의 풍토, 기온차로 계절 감각이 달라서 계절명의 변화도 있었을 터인데 거의가 유사형으로 보인다는 것은 언어지리학적인 변두리 분포에서만 아니고 먼 옛적에 근접지역에 있었을 가능성도 없지 않다.

튀르크어족은 원래 몽골 고원 일대에 살고 있으면서 동서로 이주하기도 하였다. 동쪽에 이주한 이들이 한국과 관련될 수가 있었던 것으로 보인다. 튀르크어족의 중심은 서쪽 내지 서남쪽으로 이동한 이들이다.

아이누어의 계절명은 특이하다.

春 paikara, aro-paikara cf.aro(早)

夏　sak　cf.saha‘始’
秋　chuk　cf.chup‘月’
冬　mata　cf.mata‘再’

만일 cf.의 말과 관련이 된다면 아주 원초적인 의미가 간직된 것으로 보아진다. 추운 지방에 사는 아이누인에게 봄은 이른 계절이고 여름에 활동이 왕성하고 가을에는 달처럼 풍성해진다. 아이누어의 月의 chup은 일본어의 tuki(한국어 tar(〈tat))와도 같이 말자음의 p : k교체가 가능하다. 아이누어의 tuk에는 ‘위로 커진다/퍼진다’의 뜻이 있고 일본어의 tuki(tugi)에도 ‘양이 많다’의 뜻이 있다.

겨울의 mata에 동음의 mata는 일본어의 mata와 마찬가지로 ‘다시’라는 뜻도 있고 ‘되돌아오다’의 뜻도 있다. 추운 겨울이 되돌아왔다는 걱정이 앞서는 듯한 어감이 있는 듯싶다.

이와 마찬가지로 한국어의 봄은 앞에서 본대로 시작되는 계절이고 여름은 열매맺는 계절이고 가을은 수확하는 계절(제주방언 ᄀ슬 ‘秋收’)이고 겨울은 ‘집안에 있는’ 계절과도 같다고 풀이된다면 앞서의 아이누어의 계절명 풀이도 아주 허무맹랑하다 할 수 없다.

(5) 방향어

1. 東　Kor. sɛ(〈hɐi) 東(風) (hɐi 日태양) (cf. EV. sigun 태양)
　　Jap. hi-gashi (hi 日태양)
　　A.　chupka (chup 해·달)
2. 西　nɯs　(西(風))
　　Jap. nisi
　　A.　<u>nish</u>oshitchiwe
3. 南　Kor. ma(前) (南(風))
　　Jap. mahe (前)

4. 北 Kor. hanɯi (北(風))
Jap. kita

한국어의 방향어는 풍명(風名)의 전항에 나오는 것이다. 이들 방향어를 보면 종족의 이동방향을 암시하는 듯싶다. 태양이 뜨는 쪽을 앞으로 해서 향해가는 것이다. 북은 지나온 '끝'의 자리다. 그렇게 보면 한반도에서의 남부와 일본에 향하는 이동 경로와도 같다. 이러한 방향성은 후한서(後漢書) 고구려의 5부의 호칭에 보인다. 기록을 요약하면,

北部 = 後部 = 絶奴部
東部 = 左部 = 順奴部
南部 = 前部 = 灌奴部
西部 = 右部 = 消奴部

와 같은데, 북쪽이 뒤쪽, 동쪽이 왼쪽, 남쪽이 앞쪽, 서쪽이 오른쪽으로 된 형세로서 북에서 남으로 향하는 형국이다.

만주어 amərix는 뒤쪽, 북쪽의 뜻이, julərixi는 앞쪽, 남쪽의 뜻이 있다. Evenki는 방언에 따라 東은 dzəəŋ, 西는 soloki(南은 ʤuligu, 北은 amarila) 등이 보이는데 전자는 順奴部에 후자는 消奴部와 닮아있다. 北과 南은 나중에는 이동방향의 의미가 바래서 음형이 바뀔 수 있다. 혹은 방언이나 고형의 조사에 따라 유사형을 찾을 수 있을지도 모른다. 이러한 일들이 진전이 되면 고구려어와 퉁구스어와는 밀접한 관계에 있었던 것이 되고, 그렇게 되면 일본어가 고구려의 영향을 많아 보았다고 하는 이들이 많을 만큼 일본어도 퉁구스어하고 자연스레 연계가 된다.

한 언어와 다른 언어와의 관계는 Swadesh의 조사 항목을 이용하여 기초어휘를 시험적으로 맞춰 볼 수 있다. 방언의 변이형이 많고 미조사의 것도 있을 터인데 과연 비교에 적절한 어휘를 선택할 수 있었느냐의 문제가 있다. 한국어와 아이누어(김공칠 1977:332-335), 한국어와 일본어(김공칠 1987:203

-216), 한국어와 만주어(金東昭 1972:136-61442), 이들의 언어와 몽고어, 튀르크어를 포함한 것(姜吉云 1988:151-170)처럼 언어간의 관련성의 심천(深浅)을 헤아려 볼 수 있다.

한국어와 일본어의 전체적인 공통어휘표는 김공칠(2006:361-)에 제시되어 있고 알타이어 전체의 공통재구형은 Strostin 외(2003:207-)에 제시되어 있다. 이에 앞서 한국어와 알타이제어의 어휘비교의 논의는 李基文(1977:34-)에 있었으며 일찍이 Ramstedt(1949)에서도 한국어의 어원을 알타이제어와 관련시킨 바 있다. 일본어도 많이 곁들이고 있는데 Aalto (1953)는 이들 알타이제어의 관련어휘를 색인화했으며, 아이누어·일본어·Ryukyu(琉球)어를 묶어서 약 230개를 색인화하였다. 초창기의 작업이니 적절한 비교가 되는지는 신중히 접근할 필요가 있다. 이러한 전체적인 연구의 상으로 볼 때는, 한국어와 일본어가 알타이어계와 관련된다는 흐름으로 가고 있는 것을 외면할 수 없다.

그러나 이들의 예비적인 작업들은 알타이어계의 방대한 분포영역을 고려할 때 대응 예의 적절성 여부 등의 문제점은 있게 된다. 앞으로 개별언어에 대한 철저한 연구를 통하여 그럴듯한 대응 예와 그에 따른 설명이 제시되어야 할 것이다. 한국어와 일본어 사이에서는 음운적 변화의 규칙성(음운교체, CVCV → CCV의 음절구조 분화 여부, yə 개모음의 분화 등)으로 대응의 설명이 제시되기도 하였다(김공칠 2006).

비교적 정세하기 알타이어계의 수많은 언어의 예가 제시되고 시기별의 재구형까지 보이고 있는 Strostin 외(2003)에서도 문제되는 사례가 보인다. 몇 가지 예를 보이면,

*ákå to open, opening : Jpn. *ká-, Kor. *åk-

한국어의 ak-은 아귀(입-아귀), 중세어 아괴(입-아괴)에 근거하는데 의

미상 맞지 않는 것으로 보인다.

필자는 일본어의 ak-는 한국어의 yər-(開)의 개모음이 a음으로 분화한 데서 올 수 있는 가능성을 환기한 바 있다(김공칠 2006:100).

*ěme woman, female : Tung *emV : Mong *eme : Turk *eme : Jpn, *mia : Kor. *amh

일본어는 me(女)보다는 ama(尼, 海人)쪽이 낫다. 아이누어에 ma(여성)가 있다.

*àlu good, beautirul ; Tung *(x)ala ; Mong *(h)olig ; Jpn. *urupa- Kor. *ar-

아이누어에 ara(아름다운)가 보인다. 퉁구스어나 몽고어는 어형상으로나 의미상으로 대응이 어렵지 않나 싶다. 일본어의 *urupa-(麗)도 utuku-(美)에 보다 가까운 점에서 따로 생각해야 되지 않나 싶어진다.

*tḭōli stone Tung *ʒola ; Mong *čilaɤu ; Turk *diāl ; Jpn. *(d)isi ; Kor. *torh

퉁구스어계가 거의 ʒol, ʒolo이고 튀르크어계도 거의 taš이어서 한국어의 torh하고 대응가능성이 있다. 다만 몽골어의 čilaγu(n)과 일본어의 isi와의 대응을 위해 재구형에서 i̯o개모음을 상정한 것 같다. 일본어의 두자음의(*d)의 상정은 무리인 듯싶다. isi(石)와 iso(磯)가 병존하는 점에서 이 둘은 다른데서 유래한 듯 보인다. 한 가지 가정으로, 한자어 石(셕〉석)의 개모음이 si/so로 분화되고 단음절에 i를 얹혀 단어화한 것으로 생각할 수 있다. 한국어나 아이누어에는 명사 앞에 i를 얹혀 구체화하는 일이 많다. 그리고 일본어에서는 말자음 -k를 절단하는 일도 있다. 그리고 몽골어의

čilaɣu(n)은 한국어의 '자갈'에 가깝다고 볼 수 있다.

Strostin의 재구어휘사전은 비교연구에 유효하게 이용할 수 있으나 개별언어에 대한 충분한 이해 없이는 확실하지 않는 점이 있음을 유의할 필요가 있다.

경어표현 (보주 11) (p.564)

아이누어의 경어표현을 金田一(1960:226-)에서 보기로 한다. 1915 ~ 1944년간의 동경대학에서의 강의를 정리한「アイヌ語学講義」안에 언급되어 있다. 주로 대명사와 복수동사에 의한 경칭표현이다. 다음의 예에서 아이누어는 3인칭은 ∅, 시제소는 ∅이다. -pa는 동사의 복수표지이다.

(1) kor-pa 1. 그가 많이 가졌다.
∅주어가 단수인 것은 복수동사가 많이 가짐을 나타낸다.
2. 그들이 가졌다. ∅주어가 복수인 경우 복수동사가 동작주가 복수임을 나타낸다.
3. 그가 가지시다. 복수동사가 경칭을 나타내는 경우가 된다.

(1)에 대해 1., 2., 3.의 해석이 있게 되는데 그 구별은 전후화맥/문맥에서 구별한다.

(1)에 1인칭의 ku-가 사용된 다음 표현은,

(2) ku kor-pa

(1)의 1.의 나는 많이 가졌다의 뜻 뿐이다. ku는 1인칭단수이므로 동작주가 복수일 리가 없고 스스로 높이지 않을 것이므로 1.의 뜻만이다.

대명사의 경칭으로는 1인칭복수 포괄형의 a-와 -an이 있는데, 2인칭에 쓰이면 경칭화하는 것이다. 그 여부는 장면, 문맥에 따라 분별한다.

(3) 1. akore 당신이 주시다.
2. akorepa 당신들이 주시다. pa는 복수표지(-pa도 경칭)
3. akorepare 당신이 많이 주시다. (korepare 많이 주다)
4. akoreparepa 당신들이 많이 주시다.

(4) 1. ku-hopuni 나 일어났다(복수 hopumpa)
2. hopumpa-an (-an은 1인칭복수 포괄형, 자동사의 뒤에 후접한다)
1) 우리는 일어났다.
2) 당신은 일어나셨다. (2인칭의 경칭화, 복수동사)

경칭의 사용에서 아이누어는 한국어처럼 주체존대는 청자와의 관계 여하를 떠나서 쓰이는 점에서 공통적이고, 일본어는 청자와의 관계여하에 따라 주체존대를 하지 않는 경우가 있다는 점이 다르다. 곧 한국에서는 '아버지'의 호칭 그리고 동작'오시다'는 청자와의 상대적 관계에 구애됨이 없이 그대로 쓰이나, 일본어에서는 おとうさん→ちち, いらっしゃいます→来(き)ます→参(まい)ります로 바뀐다.

金田一의 조사 후 약 70년이 지났어도 佐藤(2008)의 조사에도 경칭표현은 변동이 없어 보인다. 정리하면,

(5) 포괄적 1인칭복수 타동사 주격 a- → 2인칭 경칭 타동사 주격
포괄적 1인칭복수 자동사 주격 -an → 2인칭 경칭 자동사 주격

단복의 동사의 구별이 있는 것은 복수형이 사용된다.

평어의 경우는,

(6) e-hopuni 너 일어났다(e 2인칭단수 주격)
eci-hopumpa 너희들이 일어났다(eci 2인칭복수 주격)

경어의 경우는 (4)의 2.의 2)의 경우다.

경칭표현의 명사로서는 친족명칭에 쓰이는 대칭사(対称詞)를 들 수 있다.

(7) ekasi(할아버지), huci(할머니), hapo(아버지), totto(어머니),
unarpe(아주머니)

아이누어에서는 이것을 자칭사(自称詞)로도 쓰는데 한국어나 일본어에서도 보이는 일이다. 보통은 자칭사보다 1인칭단수 대명사를 쓰는 게 일반적인데 이 역시 세 언어에서 공통적이다 할 수 있다.

(7)의 대칭사가 자칭사로 쓰이는 점에서 경칭표현과 무관한 것 같지만, 먼 옛적에 절대경어형의 사용이 있었다면 그러한 사용의 자취로 볼 수 있다.

Poppe(1970b:484-)에서는 몽고어의 경어의 명사와 동사의 논의가 있다. 20개는 다른 언어의 예를 곁들이고 있고, 이어서 16개는 간단히 언급되고 있다. 물론 이외에도 더 많은 것이 있을 것이라고 하였다. 이들 중에 몇 개의 어례를 보이면(현대어는 괄호에 필자가 부기하였다),

(8) gergï (гэргий) 부인, 처에 대한 경어
laγšin (лагшин) 존체, 고귀한 분의 경어(범어에서 유래)
mutur (мутар) 봉인(seal)의 뜻. 경어로 손을 나타낸다(범어에서 유래).

(9) 동사 aǰira- (ажрах) 걷다, 오다, 움직이다. 신이나 성직자, 높은 사람에게만 쓰인 말. 오다, 가다, 살다의 경어로 쓰인다.
kölgele- (хөлөглөх) 경어로 고귀한 분이 말타고 가시다의 뜻이다.
mendüle- (мэндлэх) 태어나다, 탄생의 경어. 이는 명사 mendü(мэнд)(건강)에 동사화접사 le가 붙어서 형성되었다.
morila- (морилох) 말에 타다, 말의 등에 타고 여행가다의 뜻의 말인데, 가다, 오다의 경어(가시다, 오시다)로 쓰인다.

여기서는 대명사에 대해 언급이 없지만 현대어에서 2인칭복수(주격)의 та와 та нар의 양형에서 та형이 경칭으로 쓰이고, 보통 복수형으로는 та на p가 쓰이고 있다. 이상과 같은 아이누어와 몽고어의 경어법의 일면을 보아서 확인할 수는 없지만, 경어법은 한국어와 일본어만의 특유한 것은 아니고 한국어와 일본어에서 쓰이는 비슷한 방식(언어에 따라 들쭉날쭉하겠지만)의 경어 표현이 다른 알타이어계 언어에서도 있었다고 생각된다.

끝맺음

지금까지 일본어의 문법연구의 윤곽과 문법의 형태적, 통사적인 실상 그리고 어휘부에서의 단어형성 그리고 경어법의 쓰임 등을 차례로 살피고, 마지막에 일본어의 형태적 특성을 보다 더 큰 시각에서 파악하기 위해 동계로 추정되는 알타이제어의 경우도 곁들어서 비교되도록 하였다. 일본어의 예어와 예문에 대하여는 일일이 한국어의 대역을 달아서 이해하기 쉽도록 꾀하였는데, 이러한 대역은 동시에 한국어와 일본어의 비교의 잣대가 되기도 한다. 곧 대역이 자연스러운 것은 한국어와 일본어의 문법이 동일한 국면을 지닌다는 것이 되고 부자연스러운 것은 서로가 다른 측면을 지니고 있다는 것이 된다.

물론 이 책에서 논의한 것이 일본어 문법의 전부는 아니지만, 중요한 기본사항은 거의 망라되었다고 보기에 어느 정도의 서로의 이동(異同)이 잡히는 것으로 본다. 품사분류나 기타 문법상의 범주의 차이는 분류상의 관점의 차이에 지나지 않으며, 대역의 요소요소가 자연스럽게 합치하는 여부가 중요하다고 본다. 예컨대 '本を読みます'와 '책을 읽습니다'의 사이에 요소요소가 자연스럽게 맞아들면 되는 것이고, を/을을 조사로 보든 접사로 보든 명사의 어미로 보든 문제될 리 없고, 'ます/습니다'도 조동사로 보든 활용어미로 보든 접미사(혹은 첨사)로 보든 문제될 리 없다. 다만 대역의 합치/불합치 부분을 보면 요소요소의 인식 곧 범주 자체의 인식이 있는 것이므로, 비록 범주명이 서로 다르다 하더라도 범주의 이름으로 이해하고 지

적할 수 있어야 그만큼 문법적 판별력이 표출되는 것이 되기에 범주의 통찰은 소홀히 할 수는 없다. 범주명의 차이점은 합치관계의 인식을 통하여 서로의 문법범주의 관점을 근접하게 할 수도 있다.

이하에서는 이 책에서 보여준 대역이 부자연스러운 부분을 뽑아내고 부각되는 차이성을 다시 음미해보기로 한다.

(1) 한국어는 속격과 동격이 형태적으로 구별되는데 일본어는 구별되지 않는다.

1. 작가의 누님　속격　作家(さっか)の姉(あね)
2. 작가인 누님　동격　作家の姉

외견상 동일한 [$_{NP}$ N__N]의 구조적 관계와도 같지만 한국어에서는 1.은 속격 2.는 지정사 달리 말해서 명사술어의 관형형(연체형)으로 나타낸다. 일본어도 그와 같은 방식으로 '作家である姉'로 나타낼 수 있다.

이 같은 방식으로 한국어와 일본어 모두 경어표현을 곁들일 수 있다.

3. 작가이신 선생님　作家でいらっしゃる先生(せんせい)

(2) 일본어에서는 형식명사 'もの'와 준체조사 'の'로 구별되는 것이 한국어에는 그러한 구별은 없다.

1. 白(しろ)いものが　흰 것이
2. 白いのが　흰 것이
3. 私のものが　나의 것이
4. 私のが　내 것이

4.를 보면 일본어의 'の'에는 속격(의)과 형식명사(것)가 겹치고 있다.

(3) 명사 연속의 NP 안에서 전항의 명사는 일반적으로 속격이 형태적으로 나타나는데 한국어는 추상적인 경우가 많다.

1. 英語の成績 영어(의) 성적
2. 友達の消息 친구(의) 소식

(4) 수동태는 보통 타동사에서 이루어지는 것인데, 일본어에서는 자동사의 수동이 있는 것이 특색이다. 그것을 한국어로 대역하게 되면 어색하기 마련이고, 어휘사용을 달리해서 의역할 수밖에 없다.

1. 雨に降られ。 비를 얻어맞다/비에 젖다

타동사에서 오는 수동태도 대역이 어색한 경우는 얼마든지 있을 수 있다. 이는 구조적인 문제라기보다 어휘적인 문제다. 어휘에 따라서 수동보조어간 또는 수동조동사가 접합되기도 하고 안 되기도 하는 것이다.

2. 英語を話す。 영어를 말하다
3. 英語が話された。 영어를 얻어들었다/영어가 말해졌다

다음처럼 한국어의 수동보조어간과 일본어의 수동조동사의 형태가 일치하는 경우는 그러한 어색함은 없다.

4. 太郎は花子の手を握った。 태랑은 화자의 손을 잡았다
5. 花子の手が太郎に握られた。 화자의 손이 태랑이에게 잡혔다

그러나 이 경우도 일본어의 '握る'를 '잡다'가 아니나 '쥐다'로 맞추면(대

역하면) '쥐어졌다'와 같이 '~지다'수동으로 나타낼 수밖에 없다.

다음과 같은 간접수동문(능동문의 대응형은 없다)의 경우도 대역에 문제되는 것이다. 대역의 정문/비문의 인식이 갈린다.

6. 花子が先生に友達をほめられた。 화자가 선생님한테서 친구를 칭찬받았다

6.의 능동문(대역문)이 다음과 같다면,

7. 先生が花子の友達をほめた。 선생님이 화자의 친구를 칭찬하였다.
8. 花子の友達が先生にほめられた。 화자의 친구가 선생님한테 칭찬받았다.

직접수동문으로 서로 합치한다. 그러나 수동태는 보조어간이 사용되지 않는 -받다 수동이다.

(5) 한국어에는 타동사와 중간동사가 무형교체하는 일이 있어서 타동사 그대로 중간태로 쓰이지만, 일본어에는 그러한 교체가 없어서 타동사 그대로 중간태로 쓰일 수 없다.

1. 차가 잘 움직인다. (중간동사)
2. 차를 움직이다. (타동사)

일본어는 동사의 가능태와 자발태는 피동태를 나타내는 reru/rareru형이 쓰이는데(단 5단의 가능태는 eru), 중간태에도 그것이 쓰인다.

3. 太郎はもうご飯を/が食べられる。(가능태) 태랑은 이젠 밥을/*이 먹을 수 있다.
4. この茸は食べられる種類のものだ。 (중간태) 이 버섯은 먹어진다 (그런 종류의 것이다).

5. この茸は昔から日本で食べられている。(피동태) 이 버섯은 예부터 일본에서 먹히고 있다.

제주방언에서는 중간태와 가능태(그리고 피동태)는 일본어처럼 동형이다.

6. 차가 움직여.(자동) 차를 움직여. (타동) 차는 잘 움직여.(중간)
7. 그릇이 깨져.(수동) 그릇을 깨져/깨진다(가능) 그릇은 잘 깨져.(중간)

(6) 가능표현에서 일본어는 동사에 따라 어간에 가능동사화 접사가 부착하여 이루어진다든지(5단동사의 경우), 아니면 가능조동사가 부착하여 이루어지는데, 한국어는 '할 수 있다'의 연어(連語)를 사용한다. 일본어도 이와 같은 표현(~する事ができる)이 있다. 제주방언에서는 가능접미사가 부착하여 이루어지기도 한다. 1.의 타동문이 2.에서 가능동사문이 되고 있는데 그 대역은 3.의 것과 같게 된다. 다만 제주방언에서는 차이가 없어 보인다.

1. 太郎は韓国語を話す。 태랑은 한국어를 말한다.
2. 太郎は韓国語が/話せる。(가능접미사) 태랑은 한국어가/를 말해진다 (제주방언)
3. 太郎は韓国語を話す事ができる。 태랑은 한국어를 말할 수 있다.
4. 太郎はここで寝られる。(가능조동사) 태랑은 여기서 잘 수 있다. (태랑은 여기서 자진다, 제주방언)
5. 太郎はここで寝る事ができる。 태랑은 여기서 잘 수 있다.

일본어의 가능표현 '~事ができる'표현은 가능동사화 접미사나 가능조동사를 못 붙이는 'する'(하다)동사 같은 것에 쓰이고, 일반적으로는 가능접사(5단동사) 조동사(5단동사 이외)를 붙여서 쓴다.

1.에서의 일본어의 대상의 조사 ga/o의 쓰임은 한국어의 방언에서 보인다. 동사에 중점을 두면 o(대격), 가능동사에 중점을 두면 ga(주격)가 되는

것이다.

(7) 희망표현에서 대상의 격은 대격과 주격으로 나타나고 희망술어가 복합형태인 점은 공통적이다. 다만 한국어의 경우 대상의 격은 대격 쪽이 우세하다고 본다.

1. 私は本を読みたい。나는 책을 읽고 싶다.
2. 私は本が読みたい。나는 책이 읽고 싶다.

(8) 형용동사의 '-だ', 단정조동사의 '-だ'와 같은 -だ의 양면성에 대역의 혼돈이 있을 수 있다.

1. 健康だ(형용동사) 건강하다 健康なら 건강하면
2. 健康だ(명사 + 단정조동사) 건강이다 健康なら 건강이면

1.의 'だ'에는 (하)다의 '하'가, 2.의 'だ'에는 (이)다의 '이'가 생략된 것으로 생각할 수 있다.

형용동사가 술어로 쓰일 때 '명사 + 조동사'로 잘못 분석하지 않아야 한다.

3. 私はお菓子(かし)が好(す)きだ。나는 과자를 좋아한다.

술어로 쓰인 형용동사는 형용사와 마찬가지로 대상의 격에 주격을 취하는데, 대역의 한국어에서는 대격을 취하고 있다. 그것은 타동사로 대역하였기 때문이다. 다음처럼 형용사로 대역하면 일본어의 대상의 주격과도 같아진다.

4. 나는 과자가 좋아/좋다

곧 3.의 대역에서 술어를 동사로 하는가 형용사로 하는가의 차이에 따라

격의 합치가 달라진다. 일본어의 '好きだ'는 형용동사이고 그 대역은 일반적으로 4.보다 3.쪽이다.

한편 3.에서 일본어의 주어(/주제)(私は)는 없어도 되는데, 이에 대한 한국어의 대역에서는 주어를 줄일 수 없다. 타동사문이기에 당연히 그러하다. 그러나 4.에서는 대역이 형용사문이기에 주어(/주제)(나는)가 없어도 된다. 그러한 면에서 형용사로서의 대역이 대상의 격의 면에서나 주어를 줄일 수 없는 점에서 맞아들지만, 의미상으로는 형용사보다 동사쪽이 가까워 그 쪽을 쓰는 것이 보통이다.

(9) 부정사의 위치는 계사문의 경우 한국어나 일본어는 모두 부정사가 맨 뒤에 나오고, 공손이 따를 경우 부정사의 뒤에 이어진다.

1. 学生ではない。 학생이 아니다
2. 学生ではないです。 학생이 아닙니다
3. 学生ではありません。 학생이 아닙니다

3.의 'ありません'의 경우는 공손 다음에 부정이 오는 유별한 것으로 볼 수 있지만, 'で ない'는 보통부정, 'で ありません'은 부정공손으로 짝지을 수 있다.

동사문에서는 부정사의 위치가 한국어와는 다른 면이 있다.

4. 書かない 쓰지 않다
아니 쓴다

곧 한국어에서는 부정사가 동사의 앞뒤에 나오는 경우가 있지만, 일본어에서는 뒤에만 나온다. 고대일본어에서는 한국어처럼 동사 앞에도 나온 흔적이 있다. 아이누어는 한국어처럼 동사의 앞뒤에 나온다.

5. 書きません　쓰지 않습니다

이 경우는 공손이 부정사 앞에 나와 있다. 계사문에서의 (9) 3.에서 언급한 바와 같이 공손과 부정의 전체가 '공손부정형'으로 생각하게 된다. 따라서 5.의 대역은 요소분석으로는 맞지 않지만 공손부정형의 전체형으로 생각하면 어긋나지 않는다.

또 다음과 같은 부정과거의 6.~8.의 형태연결에서,

6. 行か なかっ た　　　가지 않았다
　　부정　과거
7. 行き ませ ん　でした　가지 않았습니다
　　공손 부정 공손과거
8. 行か なかっ た　です　가지 않았습니다
　　부정　과거 공손

보통체의 부정과거는 6.의 방식 뿐이고 한국어의 대역도 잘 맞는다. 공손체의 부정과는 7.과 8.의 두 방식이 있는데, 한국어의 대역은 8.과 합치하나 7.과는 합치하지 않는다. 곧 7.이 일본어 특유의 표현이다. 7.은 동사 – 공손부정형 – 공손과거형으로 생각하면 이중공손형이다. 이는 '공손부정형'에 과거에 나타낼 때' 공손과거형'을 쓴 것에 불과하다.

'과거공손체'의 표현에 1) でした(공손–과거), 2) たです(과거–공손)의 두 가지가 있는데(한국어의 대역은 2)에 맞는다) 그 앞에 7.처럼 '공손부정'을 갖다 대느냐, 8.처럼 '보통부정'을 갖다 대느냐의 차이이다.

(10) 절술어의 공손체 표현에서 한국어와 일본어 사이에 차이가 있다.

1. 동사의 경우　書(か)くので　　쓰므로
　　　　　　　書きますので　쓰므로/쓰오니

2. 형용사의 경우 美しいので 아름다우므로
美しいですので 아름다우므로/아름다오니

3. 형용동사의 경우 静かなので 조용하므로
静かですので 조용하므로/조용하오니

4. 명사술어의 경우 学生なので 학생이므로
学生ですので 학생이므로/학생이오니

이상의 이유절에서 일본어의 경우 공손표현이 쓰이되 동사와 비동사간에 공손어를 달리 쓰이고 있다(ます/です)/ 한국어는 이와 같은 경우에 모든 술어에 공손표현이 없으며, 다만 문어적인 표현인 '-오니'를 동일하게 쓰이고 있다. 그와 같은 -오니 체로 맞춰보면,

5. 家に帰るので 집에 돌아가므로
家に帰りますので 집에 돌아가오니

처럼 대역이 어느 정도 맞아들어간다 할지라도 다음과 같은 'たら'(교과문법은 과거조동사 'た'의 가정형)의 경우는, 1)가정(~면)의 경우는 대역을 맞출 수 있지만, 2)경우(~이니까)에서는 어렵다.

1) 가정	雨が降ったら行きません。	비가 내리면 가지 않겠습니다
	雨が降りましたら行きません。	??비가 내리오면 가지 않겠습니다
2) 경우	雨が降ったら花が落ちた。	비가 내리니까 꽃이 떨어졌다.
	雨が降りましたら花が落ちました。	비가 내리니까(*내리오니까) 꽃이 떨어졌습니다

이러한 미세한 부분은 구조적인 차이라기보다 표현상의 어휘사용의 차이로 한·일어 간에 큰 간격이 있는 것은 아니라고 본다.

(11) 경어표현에서는 형태소의 배열순이 다르게 보이는 것이 있다.

1. 申し上げ(겸양동사) - られ(존경조동사) - まし(공손조동사) - た(과거조동사)
여쭈 셔 읍니다 ㅆ

앞 예에서는 시제 외에는 한국어와 일본의 어순은 같다. 곧 시제소의 위치가 다를 뿐이다.

2. 한국어 시제소가 공손의 앞에 있어서 존경과 공손의 사이에 있다.
일본어 시제소가 맨 끝에 있다.

이는 분석의 차이에서 오는 것으로, 일본어와 대비해서

3. 申し上げ - られ - た 申し上げ - られ - ました
여쭈 시 었다 여쭈 시 었습니다

와 같이 시제소와 공손을 합체적으로 생각한다면 동일한 것이 된다. 앞에서 'です'표현에서 'です'- 현재형, 'でした'- 과거형의 공손표현이 있듯이 'ます'표현에서도 'ます'- 현재형, 'ました'- 과거형으로 처리될 수 있다.

(12) 어휘면에서는 서로 맞지 않는 부분이 있기 마련이다. 대조의 잣대로 쉽게 이용할 수 있는 한자어의 경우에,

1. 한국어 공부(工夫) 본래의 중국어의 뜻은 '궁리한다'는 뜻이다. 중국어에서도 '노력'의 뜻이 있지만 그 때는 '功夫'쪽을 많이 쓴다. 한국어에서는 학습에 힘쓴다는 뜻이다.

2. 일본어 勉強(べんきょう) 본래의 중국어에서는 어려운 일을 무리하게 힘쓴다는 뜻인데, 학문에 힘쓴다는 뜻에는 공통점이 있다. 보통은 한국어의 '공부하다'와 비슷하게 쓰이나, 원래 시킴성이 더 있는 것이다.

한국어, 일본어도 마찬가지로 '학습한다/学習(がくしゅう)する'가 쓰이고 있다. 어형이 다른 '공부하다'와 '勉強する'가 의미상 합치하고 일반적으로 쓰이며, 동형인 '학습한다/学習する'는 배우고 익힌다는 뜻의 유의어가 될 것이다.

한편, 일본의 고유어로 생각하는 '考(かんが)える'(생각하다)동사는 한자어 '勘案(かんあん)'에서 유래한다고 본다. 勘은 kam→kaŋ으로, 案은 an→a(ŋ)으로 발음되는 것인데, 이어질 때 kaŋ-(ŋ)a가 되고 접미사(eru)의 접합으로 하1단동사화한 것이다. 한자어 '勘案'의 의미에는 생각하다는 뜻이 내포되고 있다.

문법적인 어휘에서 중요한 조사와 조동사는 대부분이 한국어와 일본어가 고대에 소급하면 맞아들지만(김공칠 1998), 현대일본어의 비유의 'ようだ'와 양태·전문의 'そうだ'가 외견상 한국어와 맞지 않는 듯이 보인다.

'ようだ'는 한국어의 '양(아마도 한자어 様)이다'에, 'そうだ'는 한국어의 '상(아마도 한자어 狀(상/장))이다'에서 유래한 것으로 본다. 후자의 '상이다'의 예는 제주방언에서 ~할 생이여(~할 모양이여)에서 보인다. '생'은 '상이(다)'에서 역행동화한 것이다.

한국어 한자음 yaŋ과 saŋ은 일본에서는 한자음의 ŋ운미는 u로 받아들여지므로 yau, sau가 되고, 모음 au는 개음(開音)의 o[ɔ:]로 바뀌고 'よう, そう'로 된 것이다. 그러한 한자음 변화의 예로 한국어의 '강(江)'은 일본어에서는 kau 〉 kɔ:로 변하여 'こう'가 되고 있는 것을 들 수 있다.

다만 일본어의 'そうだ'가 양태 외에 전문의 뜻이 더 있는데, 이 역시 사용자의 각도에 다른 면에 불과한 것으로 예컨대, 양태의 '~할 모양이다'의 표현이 자기 위주로 말한 것이라면, 전문은 '한다고 하는 모양이다'처럼 타인의 말을 위주로 하는 데서 오는 것으로 본다. 이와 같이 본래의 동일한 어형과 의미를 가진 어휘적 표현이라도 한 쪽은 역행동화쪽으로 한 쪽은 개음절화와 모음의 축약으로 다른 형태의 것이 되고 있다.

이처럼 본래 동일한 어형이라도 시대의 경과에 따라 지방 분포에 따라

여러 가지 음운적인 현상으로 나타나는 경우가 많다. 예컨대, 일본어의 'いわく'(曰)(가로되)는 한국어의 '입'(口)에서 유래한 것인데, 일본어는 그것에 명사화어미 -ak가 붙어서 ipaku > iwaku로 변했고, 이와 비슷한 변화형에 제주방언의 iwak(이야기)이 있다. 어중 p음 유지형으로 이바기(밀양 등지), 이바구(포항 등지), 이비기(고령 등지), 기타 이약(부산 등지)이 있다. 공통어로 쓰이는 것은 '이야기'다.

어휘는 또 원래 동일한 뜻의 어휘였다 하더라도 어느 한 쪽의 의미확대(다의어)나 축소에 의하여 어긋남이 있기 마련이다. 역사적인 문물의 변화에 따른 인식의 차이, 언어지리학적(방언분화), 사회언어학적(언어사회의 다양화) 변이로 다르게 되는 것은 자연적인 일이다.

지금까지 보아온 대로 한국어와 일본어의 여러 가지 다른 점은 구조적이고 원천적인 문제라기보다 어휘의 형태나 사용 측면의 차이라고 볼 수 있다. 따라서 한국어와 일본어는 거의 동일한 문법을 지닌 언어라고 해도 무방할 것이다.

그래서 일본어의 예문에 달아둔 한국어의 대역은 그 자체가 한국어 문법을 보여주고 있다. 일본인으로서는 그 대역을 이용하여 일본어문법의 처지에서 한국어문법을 익히는 효과를 얻을 수 있다.

이렇게 한국어와 일본어의 문법이 관련되는데 대해, 더 시야를 넓혀서 동계로 추정되는 알타이어계의 다른 언어와 그것이 어떻게 비교될 수 있는가를 논의할 수 있는 부분을 마지막 장에 예시하고 소견을 피력하였다. 문법의 기본 골격인 격조사 체계와 술어의 서술체계, 그리고 비교문법의 잣대의 하나가 되는 대명사와 수사의 체계 그리고 격체계와 관련되는 소유표현과 후치사, 서술체계와 관계되는 복수동사, 보조동사 기타 품사분류, 경어표현, 동계어휘 등이 다루어졌다.

이들의 각 언어 국면은 광대한 지역분포와 장구한 세월의 경과로 여러 가지 다른 모습을 보여주기는 하여도 그 근간은 동일성을 보전하여 온 것으로 판단된다. 이러한 고찰을 통해서 전체적으로 한국어나 일본어는 그러한 알타이어계의 문법과는 유사한 골격을 유지해온, 이들과 가까운 언어임이 확인된다. 이들 중에서 특히 한국어, 일본어, 아이누어는 한국어를 중심으로 한 어군(語群)을 지울 수 있는 가능성이 있다고 보았다. 원시한국어에서 한반도를 경유하여 일본에 맨 처음 파급된 것이 아이누어, 그 다음에 파급된 것이 일본어이다. 그래서 이들을 동부 알타이어로 묶을 수 있다고 본다.

원시한국어는 부족할거 시대는 한반도의 범언어적 성격을 띠고, 원 아이누어가 내포된 상태였다. 원 아이누어가 일본에 건너가서는 아이누어로 분화되었다. 일본어도 한반도 언어의 파급언어로서 각 지방에 잡다하게 분포하고 지방의 일본어로서 변모하고 있었지만, 5세기의 Yamato(大和) 정권의 성립으로 국가적 기반이 형성됨으로써 국가언어로서의 일본어가 성립하였다고 볼 수 있다.

일본에 건너간 아이누어가 일본어의 선(先)언어의 하나로 보고, 만일 일본어가 그 아이누어의 후예언어임이 밝혀지고 인정된다면 일본어의 기원도 서기전 훨씬 이전으로 소급될 수 있다.

참고문헌(1)

참고문헌 (1)에서는 일본어 문법에 관련된 것을, 참고문헌 (2)에서는 일본어문법과 관련된 알타이제어의 것(본문 중의 보주(補注)의 사항) 곧 제7장의 것을 실어서 찾아보기 쉽도록 하였다.

金公七 (1978),『日本語學概論』, 平和出版社.

______ (1983),『日本語音韻論』, 學文社.

______ (1987),『日本語語彙論』, 學文社.

______ (1998),『古代日本語 -文法의 記述과 比較-』, 한국문화사.

김공칠 (2011),『제주방언통사론』, 백산출판.

井上和子 (1999),『生成言語学入門』, 大修館書店.

大槻文彦 (1897),『広日本文典』, 大槻家蔵版.

影山太郎 (1993),『文法と語形成』, ひつじ書房.

賀茂真淵 (1769),『語意考』,「国語学大系 1」, 国書刊行会(1931).

金水敏·今井生義 (2000),『意味と文脈』, 岩波書店.

金水敏 外(2人) (2000),『時·否定ととりたて』, 岩波書店.

金田一春彦 (1950),「国語動詞の分類」,『言語研究』15, 日本言語学会, 金田一春彦(編) (1976) p.5-26 재록.

金田一春彦 編(1976),『日本語動詞のアスペクト』, むぎ書房.

久野暲 (1973),『日本文法研究』, 大修館書店.

______ (1989),『敬語文の構造』, 久野暲 外 編,「日本語学の新展開」, くろしお出版.

契仲 (1697),「和字正濫通妨抄」,『契仲全集』10, 岩波書店(1993).

国語学会 (1975),『国語学大事典』, 東京堂出版.

国際文流基金 (1978),『文法』1, 助詞の諸問題.
小林英夫 訳 (1928),『言語学原論』(Saussure, F, de 著), 岡書院.
佐久間鼎 (1967),『現代日本語研究』, 恒星社厚生閣.
佐藤喜代治 編 (1977),『国語学研究事典』, 明治書院.
柴谷方良 (1978),『日本語の分析』, 大修館書店.
白石大二 (1976),『日本文法論』, 法政大学.
鈴木朖 (1824),「言語四種論」,『国語学大系 I』, 国書刊行会(1939).
鈴木康之 (1997),『日本語文法の基礎』, 三省堂.
谷川士清 (1762),『倭語通言』(吉田·築島(1972) 参照).
築島裕 (1964),『国語学』, 東京大学出版会.
鶴峯戊申 (1833),「語学新書」,『国語学大系 1』, 国書刊行会(1939).
時枝誠記 (1941),『国語学原論』, 岩波書店.
________ (1950),『日本文法 口語』, 岩波書店.
________ (1955),『国語学原論 続編』, 岩波書店.
富樫廣蔭 (1826),「詞王橋」,『国語学大系 1』, 国書刊行会(1939).
中右実 (1991),「中間態と自発態」,『日本語学』10-2, 明治書院.
橋本進吉 (1948),『国語法研究』, 岩波書店.
________ (1958),『国文法体系論』, 岩波書店.
________ (1969),『助詞 ·助動詞の研究』, 岩波書店.
長谷川信子 (1999),『生成日本語学入門』, 大修館書店.
服部四郎 外 (1959),「日本語」,『世界言語概説 下』, 研究社.
原口庄輔·中村捷 編 (1992),『チョムスキー理論辞典』, 研究社出版.
富士谷成章 (1767),「かさし抄」,『国語学大系 1』, 国書刊行会(1939).
__________ (1773),「あゆひ抄」,『国語学大系 8』, 国書刊行会(1939).
吉田東朔·築島裕 (1972),『国語学史』, 東京大学出版会.
益岡隆志 (1997),『複文』, くろしお出版.
松下大三郎 (1905),『日本俗語文典 全』, 誠之堂.
__________ (1930),『増補校訂標準日本口語法』, 勉誠社(1977).
三原健一 (2004),『アスペクト解釈と統語現像』, 松柏社.

三原健一, 平岩健 (2006),『新日本語の統語構造』, 松柏社.

本居宣長 (1779),「詞の玉緒」,『本居宣長全集 5』, 筑摩書房.

柳原伊織 (1978),「據点, 場面, 視点の移動 - 日本語のテンスを考える」,『慶応義塾大学言語文化研究所紀要』10.

渡辺実 (1974),『国語文法論』, 笠間書院.

山田孝雄 (1911),『日本文法学概論』, 宝文館出版.

________ (1931),『敬語法の研究』, 宝文館出版.

Lee 凪子 (1995),『日本語の補文構造 - Lexicase 文法理論による分析-』, くろしお出版.

Aston, W. G (1888), Grammar of the Japanes Spoken Language, Hakubunsya.

Bloch, B. (1946), Studies in Colloquial Japanese, Reprinted Miller, R. A.(ed.)(1970) Bernard Bloch on Japanese, Yale Univ. Press.

Bruzio, L. (1986), Italian Syntax, Reidel.

Chomsky, N (1970), Remarks on Nominalization, Reprinted in Chomsky, N.(1972) Studies on semantics in Generative Grammar, Mouton.

__________ (1981=1982), Lectures on Government and Binding, Foris Publications.

__________ (1986), Knowledge of Language, Praeger.

__________ (1995), The Minimalist Program, MIT Press.

__________ (1998), Minimalist Inquires : the Framework, MIT Occasional papers in Linguistics 15.

Hoffman, J. J. (1868), A Japanese Grammar, Leiden.

Jaeggil, O. and K. J. Safir (1989), The Null Subject Parameters, Kluwer Academic Publications.

Keyser, S. T. and T. Roeper (1984), On the Middle and Ergative Construction in English, Linguistic Inquiry 15-3.

Kuno, S. (1973), The Structure of the Japanese Language, The MIT Press.

Kuroda, S-Y. (1965 = 1979), Generative Grammatical Studies in Japanese Language, Dortoral dissertation, MIT.

Manzini, M. R. and K. Wexler (1987), Parameters, Binding Theory and Learnability, Linguistic Inquiry 18-3.

Nakamura, M (1989), Reflexives in Japanese, 言語研究 95, 日本言語学会.

Scalise, S. (1984), Generative Morphology, Foris Publications.

Shibatani, M (1994), Benefacative Construction : A Japanese-Korean Comparative Perspective, Japanese/Korean Linguistics 4, CSLI Publications.

Tsujimura, N (1996), An Introduction to Japanese Linguistics, Blackwell.

참고문헌(2)

姜吉云 (1975), 「三韓語·新羅語는 土耳其族에 屬한다」, 『국어국문학』 68·69, 국어국문학회.

______ (1988), 『韓國語系統論』, 螢雪出版社.

강신 (2004), 『현대몽골어연구』, 도서출판 문예림.

金公七 (1977), 『方言學』, 正向出版社.

______ (2000), 『아이누語研究』, 한국문화사.

______ (2006), 『한일공통어휘연구』, 한국문화사.

金東昭 (1972), 「國語와 滿洲語의 基礎語彙比較研究」, 『常山李在秀博士還曆記念論文集』, 螢雪出版社.

金芳漢 (1958), 「알타이語一人稱代名詞攷」, 서울대학교 논문집 인문사회과학 7.

成百仁 (1970), 「滿洲語의 疑問法에 對하여」, 『明大論文集』 3.

______ (1999), 「滿洲語動詞活用語尾 -ci, -cibe, -me에 대하여」, 『만주어와 알타이어학연구』, 태학사

송재목 (1998), 「할하몽골어 보조동사구문에 대하여」, 『언어학』 23, 한국언어학회.

______ (2003), 「한국어와 몽골어의 활용어미 대조분석 II : 몽골어 동명사 어미와 연결어미를 중심으로」, 『언어학』 37, 한국언어학회.

李基文 (1977), 「韓國語와 알타이諸語의 語彙比較에 대한 基礎研究」, 『東亞文化』 14, 서울대 東亞文化研究所.

최동원 (2000), 「알타이제어의 어말어미 -m에 대하여 -만주어 종결어미 -mbi를 중심으로-」, 『알타이학보』 10, 한국 알타이학회.

崔鶴根 (1964), 「國語數詞와 Altai語族數詞의 어느 共通点에 對하여-」, 『陶南趙潤濟博士回甲記念論文集』.

上原久 (1960), 『滿文滿洲実録の研究』, 不昧堂.

小沢重男 (1979),『中世蒙古語諸形態の研究』, 開明書林.
________ (1993),『元朝秘史蒙古語文法講義』, 風間書林.
小沢重男(編) (1983),『現代モンゴル語辞典』, 大学書林.
金城朝永 (1974),「那覇方言概説」,『金城朝永全集 上巻』, 沖縄タイム社.
金田一京助 (1960),「アイヌ語学講義」,『アイヌ語研究』, 三省堂.
金田一京助·知里真志保 (1936),『アイヌ語法概説』, 岩波出版.
佐藤知己 (2008),『アイヌ語文法の基礎』, 大学書林.
竹内和夫 (1970),『トルコ語文法入門』, 大学書林.
田村すず子 (1988),『アイヌ語』, 亀井孝 外 編,『言語学大事典』, 三省堂
__________ (1996),『アイヌ語沙流方言辞典』, 草風館.
津曲敏郎 (2000),「滿洲語動詞語尾 -ciの文末用法と -cinaについて」,『알타이학보』 10. 한국알타이학회.
Türeli, O. (1968),『トルコ語文法·会話』.
林徹(編著) (1988),『トルコ語文法の基礎』, 東京外国語大学アジア·アフリカ言語文化研究所.
宮良当壯 (1980),「八重山語彙甲編」,『宮良堂壯全集』8, 第一書房.
山本謙吾 (1959),『滿洲語文語形態論』, 市河三喜·服部四郎(編),『世界言語概説 下』, 研究社.
道布(編者) (1989),『蒙古語簡志』, 民族出版社.
李树兰·仲谦(編) (1986),『錫伯語簡志』, 民族出版社.
趙杰 (1989),『現代滿語研究』, 民族出版社.
朝克 (1995),『鄂温克語研究』, 民族出版社.
朝克(著)·津曲敏郎(編) (1995),『鄂温克語三方言対照基礎語彙集』, 小樽商科大學言語センター.
胡增益, 朝克 (1986),『鄂温克語簡志』, 民族出版社.
Aalto, P.(ed.) (1953), Studies in Korean Etymology 2. (Additional Korean Etymelogies) Helsinky.
Alpatov, V. M. and V. I. Podleskaya (1995), Converbs in Japanese, Haspelmath, M. et al(eds.) Converbs in Cross-Linguistic

Perspective, Mouton de Gruiter.

Batchelor, J. (1887), An Ainu Grammar, The Imperial Univ.

Benzing, J. (1955), Die tungusischen Sprachen, Versuh einer vergleichende Grammatik, Mainz.

Enghebatu, M. (1988), The Conjunctive Verb gɯ- in Spoken Manchu Language, 알타이학보 8. 한국알타이학회.

Gabain, A. v. (1950), Alttürkische Grammatik, Otto Harrasswitz.

Gim Sheon Gi (1968), A Comperative Study of Numerals of Korean, Japanese and Altaic Languages, 明大論文集 1.

Grønbech, K. and J. R. Krueger (1955), An Introduction to Classical(Literary) Mongolian, Otto Herrassowitz.

Hamp, E. P. (1970), On the Altaic Numerals, in Jakobson, R. et al.(eds) Studies in General and Oriental Linguistics, TEC.

Itabashi, Y. (1991), The Origin of the Old Japanese Genetive Case Suffixes *-n/-nö/-ŋga and the Old Korean Genetive Case Suffix *i, In Comparison with Manch-Tungus, Mongolian and Old Turkic, C.A.J. 35 - 3·4.

__________ (1993), A Comperative Study of the Old Japanese and Korean Nominative Case Suffixes i with the Altaic Third Person Singular Pronouns, C.A.J. 37 - 1·2.

Johanson, L (1995), On Turkic Converb Clauses, Haspelmath et al(eds.) Converbs in Cross-Linguistic Perspective, Mouton de Gruter.

Johanson, L. et al.(eds.) (1998), The Turkic Languages, Routledge.

Kullmann, R. (1976), Mongolian Grammar, Jensco Ltd.

Miller, R. A. (1971), Japanese and the Other Altaic Languages, The Univ. of Chicago Press.

Murayama, S. (1967), Vergleichende Betrachtung der Kasus-Suffixe im Altjapanischen, Studia Altaica.

Nedjalkov, I. (1995), Converbs in Evenki, Haspelmath et al(eds.) Converbs in Cross-Linguistic Perspective, Mouton de Gruiter.

Nedjalkov, I. (1997), Evenki, Routledge.

Poppe, N (1954), Grammar of Written Mongolian, Otto Harrassowitz.

_________ (1970), Mongolian Language Handbook, Center for Applied Linguistics.

_________ (1970b), On Some Honorific Expression in Mongolian, Jakobson, R. and S. Kawamoto(eds.) Studies in General and Oriented Linguistics, TEC.

Ramstedt, G. J. (1949), Studies in Korean Etymology, Helsinky.

Róna-Tas, A. (1976) On the Meaning of 'Altaic', Tractata Altaica, Otto Harrassowitz.

Song Jae-mog (1996), The Verbal Noun Suffix - san in Khalkha Mongolian : Past or Perfective, 알타이학보 6, 한국 알타이학회.

Starostin, S.(et al) (2003), Etymological Dictionary of the Altaic Longuges, Brill.

찾아보기

ㄱ

ㄴ

ㄷ

ㅂ

ㅅ

ㅇ

ㅈ

ㅌ

ㅍ

ㅎ

김공칠 저작집 7

일본어 현대문법

2013년 3월 28일 초판 1쇄 펴냄

저　자 김공칠
출판인 김공칠
발행처 백산출판

책임편집 이유나
표지디자인 윤인희

등록 2010년 9월 17일 제 651-2010-000018호
주소 제주시 이도이동 1172번지 11
전화 (064) 722-0238
팩스 (064) 722-0238
메일 imongil@kornet.net

ISBN 978-89-966229-1-8 93730

정가 32,000원